Kyle Harper

FATUM

Das Klima und der Untergang des Römischen Reiches

Aus dem Englischen von
Anna Leube und Wolf Heinrich Leube

Büchergilde Gutenberg

Mit 42 Abbildungen, 9 Tabellen und 26 Karten

Titel der amerikanischen Originalausgabe
The Fate of Rome. Climate, Disease, and the End of an Empire, zuerst erschienen bei Princeton University Press, 2017, Princeton, NJ, und Woodstock, Oxfordshire

Lizenzausgabe für die Mitglieder der Büchergilde Gutenberg Verlagsges. mbH, Frankfurt am Main, Zürich, Wien
www.buechergilde.de
Mit freundlicher Genehmigung des Verlags C.H.Beck, München
Für die deutsche Ausgabe

Satz: Fotosatz Amann, Memmingen
Druck und Bindung: CPI – Ebner & Spiegel, Ulm
Printed in Germany
ISBN 978 3 7632 7205 1

Für Sylvie, August und Blaise

In meinem Anfang ist mein Ende. Nacheinander
Erheben Häuser sich, zerfallen, werden angebaut,
Abgetragen, zerstört, erneuert oder an ihrer Stelle
Ist ein freies Feld, eine Fabrik, eine Autobahn.
Alte Steine werden Neubau, altes Holz neue Feuer,
Einstige Feuer Asche und Asche wird Erde,
Die schon besteht aus Fleisch, Fell, Fäkalien,
Gebein von Mensch und Tier, Stroh und Laub.

T. S. Eliot, «East Coker» in: *Vier Quartette,*
Übersetzung: Nora Wydenbruck,
Amandus-Verlag, ca. 1953

INHALT

300 n. Chr. | 400 n. Chr. | 500 n. Chr. | 600 n. Chr. | 700 n. Chr.

BERGANGSPERIODE
50 – 450 n. Chr.

SPÄTANTIKE KLEINE EISZEIT
450 – 700 n. Chr.

yprianische Pest 249–62

Justinianische Pest
erster Ausbruch 541–43
weitere Ausbrüche bis 749

Bekehrung Konstantins 312

Perserkriege 602–28

Schlacht von Adrianopel 378

reg. Heraclius 610–40

Plünderung Roms 410

Hidschra
Mohammeds 622

Tod Attilas 454

Schlacht von
Yamouk 636

hrtausendfeier 248

Letzter weström. Kaiser 476

reg. Justinian 527–65

rise des 3. Jahrhunderts 250–70

Rückeroberung von Afrika 533–34

okletian 244–312

Theodosius I 347–95

Theoderich
454–526

Mauricius 539–602

Konstantin
272–337

Stilicho 359–408

Gregor der Große 540–604

Justinian
482–565

Claudian 370–404

Mohammed 570–632

Alarich 370–410

Theodora
500–48

Heraclius 575–641

Attila 406–53

Prokop 500–54

Johannes von Ephesus
507–88

PROLOG

DER TRIUMPH DER NATUR

Irgendwann Anfang des Jahres 400 n. Chr. kamen der Kaiser und sein Konsul in Rom an. Niemand konnte sich mehr an eine Zeit erinnern, in der die Kaiser in der alten Hauptstadt residiert hatten. Über ein Jahrhundert lang hatten die Herrscher des Imperiums in Städten gelebt, die näher an der nördlichen Grenze lagen, wo die Legionen das verteidigten, was die Römer für die Trennlinie zwischen Zivilisation und Barbarentum hielten.

Mittlerweile galt ein offizieller kaiserlicher Besuch in der Hauptstadt als Anlass für ein Riesenspektakel, denn selbst ohne die Kaiser waren Rom und seine Bevölkerung immer noch mächtige Symbole des Imperiums. Etwa 700 000 Römer nannten die Stadt ihr Zuhause. Sie genossen all die Annehmlichkeiten, die eine antike, einem Kaiser angemessene Stadt bot. Stolz erklärte ein Verzeichnis aus dem vierten Jahrhundert, Rom verfüge über 28 Bibliotheken, 19 Aquädukte, 2 Zirkusarenen, 37 Tore, 423 Stadtviertel, 46 602 *insulae* (Wohnblöcke mit Mietshäusern), 1790 *domus* (repräsentative Stadthäuser), 290 Kornspeicher, 856 Bäder, 1352 Zisternen, 254 Bäckereien, 46 Bordelle und 144 öffentliche Latrinen. Rom war in jeder Hinsicht ein ganz außergewöhnlicher Ort.[1]

Der Auftritt eines Kaisers in der Stadt setzte eine Reihe sorgfältig inszenierter öffentlicher Rituale in Gang, die dazu dienten, die Vorrangstellung Roms im Reich und zugleich die Überlegenheit des Imperiums über alle übrigen Herrschaftsbereiche in der Welt zu demonstrieren. Die Römer, die sich als stolze Hüter der imperialen Tradition fühlten, legten größten Wert auf diese Art Zeremonie. Sie erinnerten sich gerne daran, dass Rom eine Stadt war, «der sich keine vergleicht, so weit um Erden die Luft kreist, da kein Auge den

Raum, kein Menschengedanke die Schönheit und ihr Lob kein Mund je fasst».[2]

Eine lange kaiserliche Prozession wand sich durch die Straßen bis zum Forum. Dies war der Ort, an dem Cato und Gracchus, Cicero und Caesar ihre politischen Erfolge gefeiert hatten. Die Geister der Geschichte waren willkommene Gefährten an diesem Tag, an dem die Menge sich versammelt hatte, um einer Lobrede auf den Konsul Stilicho zu lauschen. Stilicho war eine eindrucksvolle Gestalt, ein Generalissimus auf dem Zenit seiner Macht. Seine imposante Präsenz war eine Bestätigung dafür, dass Frieden und Ordnung wieder im Reich eingekehrt waren. Die Vorstellung war vertrauenerweckend. Im Jahr 378 n. Chr., kaum eine Generation zuvor, hatten die römischen Legionen bei Adrianopel die schlimmste Niederlage ihrer stolzen Geschichte erlitten. Seither schien die Welt in ihren Grundfesten erschüttert. Goten drangen massenhaft in das Reich ein und bildeten eine unübersichtliche Mischung aus Verbündeten und Feinden. Der Tod von Kaiser Theodosius I. im Jahr 395 machte deutlich, dass sich die östliche und die westliche Reichshälfte auseinanderentwickelt hatten, so unmerklich und unaufhaltsam wie die Kontinentalverschiebung. Innere Zwietracht hatte die afrikanischen Provinzen zu einem gefährlichen Territorium gemacht und die Nahrungsmittelversorgung gefährdet. Doch vorerst hatte der Konsul die Wogen geglättet. Er hatte «das Gleichgewicht der Welt» wiederhergestellt.[3]

Der Dichter, der zu Ehren des Konsuls sprach, hieß Claudian. Gebürtiger Ägypter griechischer Muttersprache, war Claudian einer der letzten bedeutenden Vertreter der klassischen lateinischen Dichtung. Seine Worte zeugen von der tiefen Ehrfurcht, welche die Kapitale dem Besucher einflößte. Rom war die Stadt, die «kleinem Bezirk entstammt, gen Norden und Süden allmählich alles umfasst und die Macht nach niederem Aufgang weit versandt hat, wie Sonne das Licht». Rom war «Mutter des Kriegs und des Rechts», hatte «tausend Schlachten geschlagen» und «ihre Herrschaft über die Erde» ausgedehnt. «Sie allein hat sich die bewältigten Feinde vereinigt, sie als Mutter das Menschengeschlecht mit einer Benennung liebreich, nicht als Herrin, umfasst, sie alle Besiegten ‹Bürger› genannt.»[4]

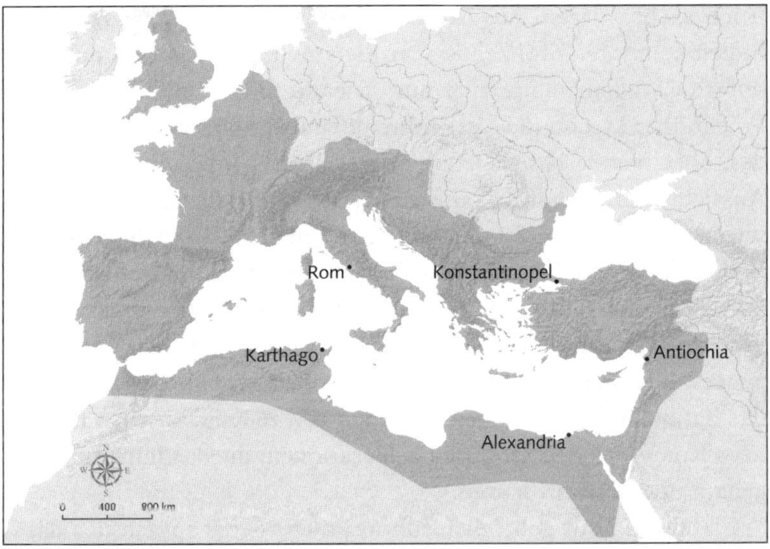

KARTE 1 Das Römische Reich mit seinen größten Städten im vierten Jahrhundert

Und das war keine dichterische Phantasie. Zur Zeit Claudians gab es stolze Römer von Syrien bis Spanien, von den sandigen Wüsten Oberägyptens bis zu den frostigen Grenzen Nordenglands. Nur wenige Reiche in der Geschichte erreichten sowohl die geographische Ausdehnung als auch die Integrationskraft des römischen Commonwealth. Keines verband Größe und Einheit wie das römische, keines hatte so lange Bestand. Kein anderes Reich konnte auf so viele Jahrhunderte ununterbrochener Größe zurückblicken, die überall zutage trat, wenn man sich auf dem Forum umschaute.

Beinahe tausend Jahre lang hatten die Römer die Jahre mit den Namen ihrer Konsuln bezeichnet. Daher war auch Stilichos Name «in die Annalen des Himmels eingeschrieben». Es wurde vom Konsul erwartet, dass er aus Dankbarkeit für diese unsterbliche Ehrung das Volk in traditionell römischer Weise mit aufwendigen und blutigen Spielen unterhielt.

Dank der Rede Claudians wissen wir, dass dem Volk eine exotische Tierschau geboten wurde, die eines Imperiums mit globalem Anspruch würdig war. Eber und Bären waren aus Nordeuropa herbeigebracht worden. Aus Afrika kamen Löwen und Leoparden. Aus Indien stammten Stoßzähne von Elefanten, nicht jedoch die Tiere selbst. Claudian malte sich aus, wie die Boote mit ihrer wilden Fracht über Meer und Flüsse fuhren. (Und er nennt ein überraschendes, aber wunderbares Detail: Die Seeleute waren entsetzt bei der Aussicht, mit einem afrikanischen Löwen auf demselben Schiff zu segeln.) Und als die Stunde schlug, wurden die «Prachtstücke des Walds» und «die Wunder des Südens» sportlich massakriert. Das Vergießen des Blutes der wildesten Tiere der Natur in der Arena brachte die Herrschaft Roms über die Erde und alle ihre Geschöpfe augenfällig zum Ausdruck. Diese blutrünstigen Spektakel stärkten das Band der Zugehörigkeit zwischen den zeitgenössischen Bewohnern Roms und den zahllosen Generationen, die das Imperium aufgebaut und bewahrt hatten.[5]

Claudians Rede gefiel den Zuhörern. Der Senat sprach sich dafür aus, ihn mit einer Statue zu ehren. Doch die selbstbewussten Behauptungen seiner Rede wurden bald darauf Lügen gestraft; zunächst kam es zu einer erbarmungslosen Belagerung durch die Goten, dann ereignete sich das Undenkbare: Am 24. August 410 wurde die Ewige Stadt zum ersten Mal seit achthundert Jahren von einer Armee geplündert. Es war der dramatischste Moment in einer langen Reihe von Ereignissen, die zum Untergang des Römischen Reichs führten. «Mit einer Stadt ging die ganze Welt zugrunde.»[6]

Wie hatte das geschehen können? Eine Antwort auf diese Frage hängt in hohem Maße davon ab, was wir in den Blick nehmen. Im engeren Rahmen spielt die Entscheidung von Menschen eine bedeutende Rolle. Über die strategischen Entscheidungen der Römer in den Jahren, die in das Verhängnis führten, haben Hobbystrategen endlos gerätselt. In einem größeren Rahmen können wir in der imperialen Maschinerie strukturelle Schwächen ausmachen; verheerende Bürgerkriege und ungeheurer Druck auf den Finanzapparat hatten fatale Auswirkungen. Weiten wir den Fokus noch ein wenig, so sehen wir im Aufstieg und Fall von Rom das unvermeidliche Schicksal aller Reiche. In diesem Sinne fällte Edward Gibbon, der große englische Historiker des Untergangs von Rom, letztlich sein Urteil.

ABB. P.1 In Käfigen eingesperrte Löwen auf einem Schiff, römisches Relief, drittes Jahrhundert

Seine berühmten Worte lauten: «Aber das Sinken Roms war die natürliche und unvermeidliche Wirkung übermäßiger Größe. Das Glück brachte den Keim des Verfalles zur Reife, die Ursachen der Zerstörung vervielfältigten sich mit der Ausdehnung der Eroberungen, und sobald Zeit oder Zufall die künstlichen Stützen entfernt hatten, gab der riesenhafte Bau dem Drucke seines eigenen Gewichtes nach.» Der Untergang Roms war nur ein Beispiel für die Vergänglichkeit aller menschlichen Werke. *Sic transit gloria mundi.*[7]

Alle diese Antworten mögen gleichzeitig richtig sein. Das auf diesen Seiten vorgetragene Argument jedoch ist das folgende: Um den langen Zeitraum zu erfassen, den wir als Untergang des Römischen Reichs bezeichnen, müssen wir einen genaueren Blick auf die gewaltige Selbsttäuschung inmitten der triumphalen Zeremonien des Imperiums werfen – den trügerischen Glauben, der sich im blutigen Ritual der inszenierten Schaukämpfe gegen Tiere ausdrückte, dass nämlich die Römer die Kräfte der wilden Natur gebändigt hätten. Während die Römer selbst den Untergang ihres Reichs nicht verstehen und ihn sich kaum vorstellen konnten – weder im kleinen noch im globalen Maßstab –, bedeutete er letztlich den Sieg der Natur über menschliche Ambitionen. Akteure in diesem Drama waren Kaiser, Barbaren, Senatoren und Feldherren, Soldaten und Sklaven. Doch Roms Schicksal wurde ebenso bestimmt durch Bakterien und Viren, Vulkanausbrüche und Sonnenzyklen. Erst in den letzten Jahren haben wir die wissenschaftlichen Werkzeuge an die Hand bekommen, die uns erlauben, einen freilich oft nur flüchtigen Blick auf dieses große Drama der Umweltveränderung zu werfen, in dem die Römer ahnungslose Mitspieler waren.

Das große Nationalepos über die Anfänge Roms, die *Aeneis*, nennt sich bekanntlich Gesang «von Waffen und einem Mann». Die Geschichte von Roms Ende ist ebenfalls eine Geschichte von Menschen. Es gab dramatische Augenblicke, in denen menschliches Handeln über Sieg oder Niederlage entschied. Es gab aber auch umfassende materielle Bedingungen – Agrarproduktion und Steuerwesen, demographische Probleme und soziale Entwicklungen –, die für den Spielraum und den Erfolg der Macht Roms ausschlaggebend waren. Doch schon in den allerersten Versen der *Aeneis* hat der Held gegen tückische Winde während eines heftigen Sturms auf See zu kämpfen, er ist Spielball der elementaren Naturgewalten. In den vergangenen Jahren haben wir gelernt, diese elementaren Kräfte der Natur, die das römische Imperium immer wieder erschütterten, wie nie zuvor sichtbar zu machen. Die Römer hatten ein riesiges Mittelmeerreich in einem besonderen Zeitabschnitt der Klimageschichte geschaffen, der als Holozän bekannt ist und am Ende eines gewaltigen natürlichen Klimawandels lag. Sie hatten ein vernetztes urbanisiertes Reich errichtet, das bis an die Randzonen der Tropen reichte, mit Ausläufern in die ganze bekannte Welt. In einer unfreiwilligen Komplizenschaft mit der Natur schufen sie eine Umwelt von Krankheiten, welche die latenten Kräfte einer pathogenen Entwicklung entfesselte. Bald wurden die Römer von den unheilvollen Auswirkungen von – wie wir heute sagen würden – aufkommenden Infektionskrankheiten heimgesucht. Das Ende des Römischen Reichs ist demnach ein Vorgang, in dem Mensch und Umwelt untrennbar miteinander verbunden sind. Mehr noch, es ist ein Kapitel in der immer noch andauernden Geschichte unseres Verhältnisses zur Umwelt. Das Schicksal Roms kann uns daran erinnern, dass die Natur raffiniert und unberechenbar ist. Die ungeheure Macht der Evolution vermag die Welt in einem einzigen Augenblick zu verändern. Überraschung und Paradox lauern hinter dem Fortschritt.

In diesem Buch soll dargestellt werden, wie die Angehörigen einer der bedeutendsten Zivilisationen der Geschichte erfahren mussten, dass sie die Natur längst nicht so beherrschten, wie sie gedacht hatten.

1

UMWELT UND IMPERIUM

DER ZUSTAND DES RÖMISCHEN REICHS

Der Aufstieg Roms ist eigentlich eine erstaunliche Geschichte, vor allem wenn man bedenkt, dass die Römer erst relativ spät in die machtpolitischen Verhaltnisse im Mittelmeerraum eingriffen. Üblicherweise wird die Geschichte Roms in der Antike in drei Epochen eingeteilt: Monarchie, Republik, Kaiserreich. Die Jahrhunderte der Monarchie liegen im Dunkel der Geschichte, nur legendenhafte Ursprungsmythen erinnern daran, überliefert von Autoren, die später davon berichteten. Immerhin fanden Archäologen in der Umgebung von Rom Spuren menschlicher Besiedelung, die bis auf die Bronzezeit im zweiten vorchristlichen Jahrtausend zurückgehen. Die Römer selbst legten die Gründung ihrer Stadt und die Herrschaft ihres ersten Königs Romulus in die Mitte des achten Jahrhunderts v. Chr. Tatsächlich hatte sich unweit der Stelle, an der Claudian auf dem Forum stand, unter dem ganzen Backstein und Marmor einstmals nichts als eine bescheidene Ansammlung hölzerner Hütten befunden. Diesem Dörfchen hätte damals niemand eine große Zukunft prophezeit.[1]

Jahrhundertelang stand Rom im Schatten seiner etruskischen Nachbarn. Die Etrusker ihrerseits wurden von den politischen Unternehmungen, die sich im Osten und im Süden abspielten, überholt. In der Frühzeit der Antike gehörte der Mittelmeerraum Griechen und Phöniziern. Als Rom noch ein Dorf von Viehdieben war, verfassten die Griechen Epen und lyrische Dichtung, experimentierten mit der Demokratie, erfanden das Drama, die Philosophie und die Geschichtsschreibung, wie wir sie kennen. An Rom näher gelegenen Küsten errichteten die Karthager ein bedeutendes Reich, noch bevor die Römer überhaupt wussten, wie man ein Segel setzt. Fünfundzwanzig Kilometer landeinwärts, an den sumpfigen Ufern des Tiber gelegen, war Rom ein unbedeutendes Kaff, ein Zaungast bei der kreativen Entfaltung der frühen klassischen Welt.[2]

Um das Jahr 509 v. Chr. vertrieben die Römer ihre Könige und führten die Republik ein. Damit begann ihr Auftritt auf der Bühne der Geschichte. Seit der Zeit, von der wir Kenntnis haben, waren die politischen und religiösen Institutionen Roms eine Mischung aus selbst entwickelten und übernommenen Elementen. Die Römer borgten sich ungeniert, was ihnen für ihre Zwecke geeignet erschien. Sogar die erste Kodifizierung römischen Rechts, das Zwölftafelgesetz, hatte man von Athen übernommen, wie man stolz zugab. Die römische Republik war eines der vielen auf Bürgerrecht basierenden politischen Experimente im Mittelmeerraum. Allerdings setzten die Römer eigene Akzente mit der Idee einer quasi-egalitären Politik: besondere religiöse Pietas, radikale Ideologien von bürgerlicher Aufopferung, fanatischer Militarismus, gesetzliche und kulturelle Mechanismen zur Eingliederung ehemaliger Feinde als Bundesgenossen und Bürger Roms. Und auch wenn die Römer nach und nach zu der Überzeugung kamen, von den Göttern sei ihnen ein *imperium sine fine*, ein Reich ohne Grenzen, verheißen, entwickelte sich Roms Schicksal keineswegs zwangsläufig, von einer ins Auge springenden geographischen oder geheimen technischen Überlegenheit konnte keine Rede sein. Ein einziges Mal in der Geschichte wurde die Stadt Zentrum eines großen Imperiums.

Der Aufstieg Roms fiel in eine Periode geopolitischer Wirren im mediterranen Großraum im letzten vorchristlichen Jahrhundert. Republikanische Institutionen und militärische Tüchtigkeit ermöglichten es den Römern, in einem günstigen Moment der Geschichte beispiellose staatliche Gewalt zu konzentrieren. Die Legionen vernichteten einen von Roms Rivalen nach dem anderen. Die Errichtung des Imperiums war ein blutiges Geschäft. Die Kriegsmaschine lief wie geschmiert. Mit roher Gewalt wurden Soldaten im gesamten Mittelmeerraum in rechtwinklig angelegten Kolonien angesiedelt.

Im letzten Jahrhundert dieser Zeit der hemmungslosen Eroberung beherrschten Shakespearesche Charaktere die Bühne der Geschichte. Nicht von ungefähr konzentriert sich das historische Bewusstsein abendländischer Forscher so unverhältnismäßig auf diese letzten Generationen der Republik. Die Errichtung des römischen Imperiums war etwas zuvor noch nie Dagewesenes. Plötzlich strebten Wohlstand und Entwicklung auf hohem Niveau nach Modernisierung und übertrafen alles, was die Spezies Mensch bis dahin gekannt hatte. Die verschieden interpretierbare republikanische Verfassung regte tiefschürfende Betrachtungen an über die Begriffe Freiheit, Tugend, Gemeinschaft. Der Gewinn an imperialer Macht befeuerte beständig Debatten über ihren Gebrauch. Römisches Recht half, Normen für das Regieren aufzustellen, an die sich selbst die Herren des Reichs halten sollten. Aber der Zuwachs an reiner Macht schürte auch die verheerende zivile Gewalt, die in ein Zeitalter der Autokratie führte. In den treffenden Worten von Mary Beard: «Das Imperium schuf die Imperatoren, nicht umgekehrt.»[3]

Als Augustus (reg. 27 v. Chr.–14 n. Chr.) die letzten bedeutenden Randgebiete unter seine Herrschaft gebracht hatte, war es keine Übertreibung, das Mittelmeer als *mare nostrum* – „unser Meer" – zu bezeichnen. Um die Leistung Roms ganz zu ermessen und die Mechanik des frühen Imperialismus zu verstehen, müssen wir ein paar grundlegende Fakten über den Alltag in einer antiken Gesellschaft kennen. Das Leben verlief langsam, organisch, war stets gefährdet und von Zwängen bestimmt. Die Zeit verging im eintönigen Rhythmus von Schritten und Hufen. Die eigentlichen Arterien des Reichs waren die Wasserwege, doch in der kalten und stürmischen Jahreszeit waren diese nicht befahrbar, und so wurde jede Stadt zu einer Insel. Energie war immer bedrohlich knapp. Zur Verfügung standen menschliche und tierische Muskelkraft, Brennholz und Reisig zum Heizen und Kochen. Das Leben spielte sich überwiegend auf dem Land ab, acht von zehn Menschen lebten außerhalb der Städte. Selbst die Städte hatten einen weit ländlicheren Charakter, als wir uns vielleicht vorstellen, sie waren erfüllt vom Blöken und dem Geschrei – und den strengen Gerüchen – der vierbeinigen Mitbewohner. Das Überleben hing von ausreichendem Regen in einer prekären Umwelt ab. Für die überwiegende Mehrheit war Getreide die Hauptnahrung. «Unser täglich Brot gib uns heute», war eine aufrichtige Bitte. Überall lauerte der Tod. In einer Welt, in der Infektionskrankheiten in allen Bevölkerungsteilen wüteten, betrug die durchschnittliche Lebenserwartung ab Geburt etwa 20 bis 25 Jahre. All diese Beschränkungen waren so real wie die Schwerkraft und bestimmten die Gesetze der Bewegung in der Welt, wie die Römer sie kannten.[4]

Angesichts dieser Beschränkungen war die räumliche Ausdehnung des Römischen Reichs umso bemerkenswerter. Ohne Telekommunikation und motorisierten Transport errichteten die Römer ein Reich und verbanden höchst unterschiedliche Teile des Globus miteinander. Im Norden erstreckte sich das Reich bis über den 56. Breitengrad, im Süden bis unterhalb 24° N. «Von allen angrenzenden Reichen der vormodernen Geschichte erreichten oder übertrafen nur das Reich der Mongolen, der Inkas und des russischen Zaren die Nord-Süd-Ausdehnung des römischen Herrschaftsgebietes.» Nur wenige Reiche umfassten Teile der Erde, die von den oberen mittleren Breitengraden bis in die Randgebiete der Tropen reichten, und keines hatte so lange Bestand.[5]

Norden und Westen des Reichs waren beeinflusst vom atlantischen Klima. Sein ökologisches Zentrum war der Mittelmeerraum. Das störungsanfällige, launische mediterrane Klima – trockene Sommer und feuchte Winter bei einer relativ gemäßigten Grundtemperatur – ist ein ganz eigener Klimatyp. Die Dynamik eines riesigen Binnenmeeres in Verbindung mit dem höchst unterschiedlichen Relief seiner Inlandsgebiete bewirkt extreme Vielfalt auf kleinstem Raum. In den südlichen und östlichen Gebieten des Reichs setzte sich der Hochdruck der subtropischen Atmosphäre durch und verwandelte das Land mit der Zeit in eine Wüste. Und in Ägypten, der Kornkammer des Reichs, herrschte wieder ein vollkommen anderes Klima, dank der lebensspendenden Nilfluten, deren Wasser von den Monsunregen im Hochland Äthiopiens gespeist wurden. Über all dies herrschten die Römer.[6]

Die Römer konnten ihre Herrschaft über derart ausgedehnte Gebiete nicht allein mit Gewalt durchsetzen. Um sie aufrechtzu-

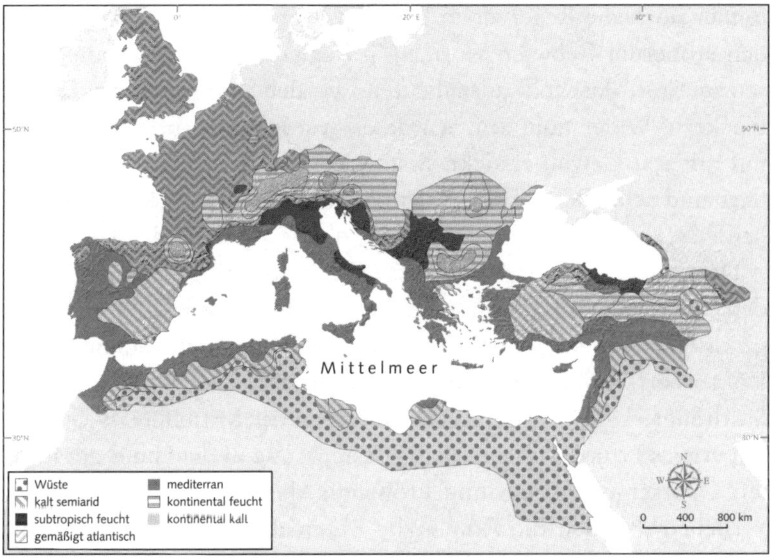

KARTE 2 Ökologische Zonen des Römischen Reichs

erhalten, musste Zwang mit Bedacht eingesetzt werden, und man musste mit Grenzbewohnern und Anrainern des Reichs ständig verhandeln. Im Laufe der langen Dauer des Imperiums schwankte die innere Logik imperialer Macht vielfach zwischen vorsichtig ausgeübtem Zwang und geschickter Verhandlung.

Augustus ordnete das Reich, das wir als das Imperium der hohen Kaiserzeit betrachten. Er war ein politisches Genie, dem ein sehr langes Leben vergönnt war und das dem Todeskampf der republikanischen Verfassung vorstand. Während seiner Herrschaft kam es immer seltener zu Eroberungsfeldzügen, die in der Spätzeit der Republik vom Kampf der Eliten um die Macht befeuert worden waren. Seine Regierungszeit wurde als eine Episode des Friedens gepriesen. Die Tore des Janustempels, die in Kriegszeiten offen standen, waren in sieben Jahrhunderten nur zweimal geschlossen worden. Augustus inszenierte ihre Schließung dreimal. Er schaffte die ständig unter Waffen stehenden Bürgerlegionen ab und ersetzte sie durch Berufsarmeen. In der späten Republik war willkürliche Ausplünderung immer noch die Regel, doch langsam aber sicher begannen sich in den eroberten Gebieten Normen in Regierung und Justiz durchzusetzen. Statt das Volk auszubeuten, wurden jetzt Steuern erhoben. Flackerte Widerstand auf, wurde er, wie in Judäa und Britannien, mit rabiater Gewalt erstickt. Erst vereinzelt, dann aber immer häufiger und schneller wurde in den Provinzen das Bürgerrecht verliehen.

Der große und entscheidende Deal, der das imperiale Regime in den ersten beiden Jahrhunderten kennzeichnete, war die stillschweigende Übereinkunft zwischen dem Imperium und den «Städten». Die Römer herrschten mittels der Städte und deren vornehmer Familien. Sie drängten die städtischen Aristokratien der Mittelmeerwelt in ihr imperiales Projekt. Indem sie die Besteuerung in die Hand der lokalen Oberschicht legten und großzügig das römische Bürgerrecht verliehen, banden die Römer die Eliten dreier Kontinente in die herrschende Klasse ein und konnten so mit nur wenigen hundert hochrangigen römischen Beamten über ein riesiges Reich gebieten. Im Rückblick ist es überraschend, wie schnell das Imperium auf die reine Ausbeutung verzichtete und zu einer Art Commonwealth wurde.[7]

Die Stabilität des Imperiums hing von diesem großen Deal ab. Er war ein Schachzug, und er funktionierte. Während der *Pax romana*, als Ausrauben durch Regieren ersetzt wurde, erlebte das Reich mit seinen vielen Menschen eine Blüte. Es begann mit einer Zunahme der Bevölkerung. Niemals zuvor hatte es so viele Menschen gegeben. Städte wuchsen über ihre alten Grenzen hinaus. Die Besiedelung der Landschaft wurde dichter. Wälder wurden gerodet, Ackerland gewonnen, Bauernhöfe auch in Hanglagen gebaut. Alles Organische schien in der Sonne des Römischen Reichs zu gedeihen. Irgendwann im ersten Jahrhundert dieser Ära wuchs die Bevölkerung Roms als erster Stadt der Welt wahrscheinlich auf über eine Million an und war damit die einzige Millionenstadt im Westen, bis London um das Jahr 1800 diese Größe erreichte. Mitte des zweiten Jahrhunderts lebten insgesamt etwa fünfundsiebzig Millionen Menschen unter römischer Herrschaft, ein Viertel der gesamten Weltbevölkerung.[8]

In einer sich nur langsam bewegenden Gesellschaft kann ein derartiges Wachstum – in diesem Umfang und in diesem Zeitraum – leicht den Untergang bedeuten. Land ist der wichtigste Produktionsfaktor, und Land ist einfach begrenzt. Mit dem Anstieg der Bevölkerungszahlen mussten die Menschen immer mehr in Randgebiete ausweichen und der Umwelt unter immer härteren Bedingungen Energie abgewinnen. Thomas Malthus hat diesen immanenten und paradoxen Zusammenhang zwischen menschlichen Gesellschaften und ihrer Versorgung mit Nahrungsmitteln wohlverstanden: «Die Kraft zur Bevölkerungsvermehrung ist umso vieles stärker als die der Erde innewohnende Kraft, Unterhaltsmittel für den Menschen zu erzeugen, dass ein frühzeitiger Tod in der einen oder anderen Gestalt das Menschengeschlecht heimsuchen muss. Die Laster der Menschheit sind eifrige und fähige Handlanger der Entvölkerung. Sie stellen die Vorhut im großen Heer der Zerstörung dar; oftmals vollenden sie selbst das entsetzliche Werk. Sollten sie aber versagen in diesem Vernichtungskrieg, dann dringen Krankheitsperioden, Seuchen und Pest in schrecklichem Aufgebot vor und raffen Tausende und Abertausende hinweg. Sollte der Erfolg immer noch nicht vollständig sein, gehen gewaltige, unvermeidbare Hungersnöte als Nachhut um und bringen mit einem mächtigen Schlag die Bevölkerungszahl und die Nahrungsmenge der Welt auf den gleichen Stand.»[9]

Dennoch wurden die Römer nicht Opfer einer massiven Hungersnot, und darin muss die verborgene Logik des Erfolgs des Reiches gesehen werden. Anstatt in tieferem Elend zu versinken, erreichten die Römer trotz einer überstürzten demographischen Entwicklung ein wirtschaftliches Pro-Kopf-Wachstum. Es gelang ihnen, der unerbittlichen Logik des Malthus'schen Gesetzes zu trotzen oder sie zumindest zu verzögern.

In heutiger Zeit sind wir an ein jährliches Wachstum von zwei bis drei Prozent gewöhnt, an das wir unsere Hoffnungen und Pensionspläne knüpfen. Das war in der Antike ganz anders. Vorindustrielle Ökonomien waren ihrem Wesen nach ständig von Ressourcenknappheit bedroht und hatten nur beschränkt die Möglichkeit, Energie effizienter und nachhaltiger zu gewinnen und umzuwandeln. Doch die Vormoderne war weder ein langsamer und stetiger Anstieg in

Richtung Moderne, noch trat der sprichwörtliche Hockeyschläger-Effekt ein – die Annahme, es habe eine ewig gleiche, öde Subsistenzwirtschaft geherrscht bis zum spektakulären Durchbruch in der Nutzung von Energie zur Zeit der industriellen Revolution. Vormoderne Gesellschaften waren vielmehr geprägt von Expansionsschüben und anschließender rückläufiger Entwicklung. Jack Goldstone schlug den Begriff «Effloreszenz» für solche Phasen der Expansion vor, wenn die Hintergrundbedingungen eine glückliche Zeitspanne lang zu echtem Wachstum führen. Dieses kann extensiv sein, wenn die Bevölkerung wächst und mehr Ressourcen produktiv genutzt werden können. Aber wie Malthus beschrieben hat, ist diese Art Wachstum letztlich nicht nachhaltig. Vielversprechender ist intensives Wachstum, wenn Handel und Technologie dazu verwendet werden, Energie aus der Umwelt effizienter zu gewinnen.[10]

Das römische Imperium bereitete den Weg für eine Effloreszenz historischen Ausmaßes. Bereits gegen Ende der Republik machte Italien frühe Schritte in Richtung sozialer Entwicklung. Ein Stück weit war die Prosperität Italiens vielleicht nur Ergebnis von Einnahmen und politischen Renditen aus den eroberten Gebieten. Aber neben diesem aus den Provinzen stammenden Wohlstand gab es echtes Wachstum, das nicht nur andauerte, nachdem die militärische Expansion an ihre äußeren Grenzen gestoßen war, sondern sich nun auch in den eroberten Provinzen ausbreitete. Die Römer beließen es nicht bei der bloßen Herrschaft über das Territorium und dem Transfer eines Teils des Überschusses von der Peripherie ins Zentrum. Die Eingliederung ins Imperium wirkte als Katalysator. Langsam, aber stetig verwandelte die römische Herrschaft das Gesicht der unterworfenen Gesellschaften. Handel, Märkte, Technologie, Urbanisierung: Das Imperium und seine zahlreichen Bewohner nahmen die Hebel der Entwicklung in die Hand. Über anderthalb Jahrhunderte lang erlebte das Imperium in großem geographischem Ausmaß sowohl intensives als auch extensives Wachstum. Es widerlegte damit nicht nur Malthus' Berechnungen, sondern gewann zudem politisches Kapital.[11]

Dieser Wohlstand war sowohl Voraussetzung als auch Folge der Ausdehnung des Reichs. Es war ein goldenes Zeitalter. Die Stabilität des Imperiums ermöglichte demographisches und wirtschaftliches Wachstum; auf Menschen und Wohlstand wiederum beruhte die Kraft des mächtigen Imperiums. Soldaten gab es zuhauf. Die Steuersätze waren niedrig, trotzdem sprudelten die Einnahmen reichlich. Die Kaiser zeigten sich großzügig. Der große Deal mit den städtischen Eliten zahlte sich für beide Seiten aus. Der Wohlstand schien für alle und überall auszureichen. Die römischen Armeen waren Feinden an allen Fronten taktisch, strategisch und logistisch überlegen. Die Römer hatten eine Art günstiges Gleichgewicht geschaffen, das vielleicht fragiler war, als sie ahnten. Gibbons berühmtes Werk *Verfall und Untergang des römischen Imperiums* beginnt mit den glücklichen Tagen des zweiten nachchristlichen Jahrhunderts. Sein berühmtes Urteil lautete: «Wenn jemand aufgefordert werden sollte, die Periode in der Weltgeschichte anzugeben, während welcher die Lage des Menschengeschlechtes die beste und glücklichste war, so würde er ohne Zögern diejenige nennen, welche zwischen dem Tode des Domitian [96 n. Chr.] und der Thronbesteigung des Commodus [180 n. Chr.] verfloss.»[12]

Die Römer hatten die äußerste Grenze dessen erreicht, was unter den organischen Bedingungen einer vormodernen Gesellschaft möglich war. Es ist kein Wunder, dass der Fall eines solchen Kolosses, von Gibbon als «diese grässliche Revolution» bezeichnet, Thema fortdauernder Faszination ist.

UNSER LAUNISCHER PLANET

Um 650 n. Chr. war das Römische Reich nur noch der schwache Abglanz dessen, was es einst gewesen war, ein byzantinischer Rumpfstaat mit Konstantinopel, Anatolien und ein paar verstreuten Inseln im Mittelmeer. Westeuropa war in zerstrittene germanische Königreiche zerfallen. Armeen arabischer Glaubenskrieger hatten binnen kurzem das halbe einstige Imperium an sich gerissen. Die Bevölkerung des Mittelmeerraums, die einst fünfundsiebzig Millionen betragen hatte, war ungefähr auf die Hälfte geschrumpft. Rom selbst hatte noch etwa 20 000 Einwohner, die deswegen nicht etwa reicher waren. Im siebten Jahrhundert bestand nur noch eine einzige Route, die den Westen über das Meer mit dem Osten verband. Das Währungssystem war so fragmentiert wie das politische Mosaik des frühen Mittelalters. Es existierten nur noch die primitivsten Finanzinstitutionen. Überall herrschte apokalyptische Angst, in der Christenheit wie auch im aufkommenden Islam. Das Ende der Welt schien nahe.

Dieses Zeitalter wurde gemeinhin als «dunkel» bezeichnet, doch lassen wir dieses Etikett am besten beiseite. Es riecht hoffnungslos nach Vorurteilen aus der Zeit der Renaissance und der Aufklärung und unterschätzt gänzlich die eindrucksvolle kulturelle Vitalität und das fortdauernde geistige Erbe der ganzen Epoche, die mittlerweile als «Spätantike» bezeichnet wird. Allerdings sollte man auch nicht den Zerfall des Reichs beschönigen, den ökonomischen Kollaps und den technologischen Rückschritt. Dies sind harte Fakten, so objektiv wie eine Stromrechnung, die erklärt und mit vergleichbaren Einheiten gemessen werden müssen. Beim Untergang des Römischen Reichs kehrte sich der Prozess der Effloreszenz um in Richtung geringerer Energieeffizienz und geringeren Austauschs. Was wir vor uns haben, ist eine Periode von kolossalem Staatsversagen und Stagnation. In Ian Morris' kühnem Versuch, einen allgemeingültigen Rahmen für soziale Entwicklung zu entwerfen, erscheint der Untergang des Römischen Reichs als der größte einzelne Rückfall *in der ganzen Menschheitsgeschichte.*[13]

An Erklärungen für den Untergang Roms hat es nie gemangelt – es gibt geradezu einen Stau widerstreitender Theorien. Ein deutscher Althistoriker listete 210 Hypothesen auf. Manche halten der Prüfung besser stand als andere; die beiden, die als Anwärter auf die Meisterschaft in einer breit angelegten Erklärung den Spitzenplatz einnehmen, betonen die der Mechanik des imperialen Systems inhärente mangelnde Nachhaltigkeit und den zunehmenden Druck von außen an den Reichsgrenzen. Augustus, der erste Kaiser, schuf den konstitutionellen Rahmen der Monarchie. Nachfolgeregelungen blieben absichtlich unbestimmt, und die Wechselfälle des Schicksals spielten eine gefährlich große Rolle. Im Lauf der Zeit führte der Kampf um Macht und Legitimität zu selbstzerstörerischen Kriegen um das Kommando über die Armeen. Zugleich verdrängte das stetig anwachsende professionelle Korps imperialer Beamten die Netzwerke lokaler Eliten aus der Verwaltung des Reiches und trug zu einer Bürokratisierung und Schwächung des Staates bei. Der zunehmende fiskalische Druck überhitzte das System.[14]

Mittlerweile erstreckte sich das Imperium bis nach Nordbritannien, bis zu Rhein, Donau, Euphrat und den Ausläufern der Sahara. Jenseits der Grenzen träumten neidische und hungrige Völker von einem eigenen Schicksal. Die Zeit war ihr Verbündeter; im Verlauf des Prozesses, den wir heute sekundäre Staatsbildung nennen, wurden die Gegner Roms im Laufe der Jahrhunderte komplexer organisiert und furchteinflößender. Diese Bedrohungen zehrten unaufhaltsam an den Ressourcen der Grenzgebiete ebenso wie an denen des Kernlandes. Zusammen mit dynastischem Zwist erwiesen sie sich als fatal für die Geschicke des Imperiums.

Diese altvertrauten Theorien haben viel für sich und bleiben Bestandteil der im vorliegenden Buch dargestellten Geschichte. Doch in jüngerer Zeit haben es Forscher, die sich mit der Vergangenheit befassen, zunehmend mit dem zu tun, was man *natürliche* Archive nennen könnte. Diese kommen in vielen unterschiedlichen Formen vor: Eisbohrkerne, Felszeichnungen, Versinterungen in Höhlen, Ablagerungen in Seen und Meeressedimente geben Aufschluss über Klimaveränderungen in der Sprache der Geochemie. Jahresringe und Gletscher sind Protokolle der Geschichte der Umwelt. Diese konkreten Zeugnisse bewahren die kodierten Aufzeichnungen der Erdgeschichte. Auch die biologische und die Evolutionsgeschichte haben eine Spur gelegt, der wir folgen können. Menschliche Knochen, ihre Größe, ihre Form und ihre Verletzungen verraten viel über Gesundheit und Krankheit. Die Isotopenchemie von Knochen und Zähnen kann uns Geschichten über Ernährung, Migration und biologische Biographien der schweigenden Mehrheit erzählen. Und das umfangreichste Archiv von allen sind vielleicht die langen Nukleinsäurestränge, die wir Gene nennen. Genomnachweise können sowohl auf die Geschichte unserer eigenen Spezies als auch auf die unserer Verbündeten und Gegner, mit denen wir den Planeten geteilt haben, ein Licht werfen. Die lebende DNA ist ein organisches Archiv der

Evolution. Und dass wir alte DNA aus archäologischen Funden extrahieren und sequenzieren können, ermöglicht uns, den Stammbaum des Lebens bis tief in die Vergangenheit zu rekonstruieren. Mitunter konnten wir dadurch einige der mikrobiologischen Massenmörder der Geschichte mit forensischen Mitteln auf so dramatische und definitive Weise identifizieren wie bei einer Beweisführung im Gerichtssaal. Die Technologie revolutioniert unser Wissen über die Evolution von Mikroben und Menschen.[15]

Die meisten Erzählungen über den Untergang Roms gehen von der stillschweigenden Vermutung aus, dass die Umwelt ein unveränderlicher Hintergrund dieser Geschichte gewesen sei. Als Nebenprodukt unseres Bestrebens, die Geschichte der Erdsysteme zu verstehen, wissen wir heute dank der atemberaubenden Fortschritte, die wir beim Erfassen von Daten zum Paläoklima und zur Genomgeschichte gemacht haben, dass diese Annahme falsch ist. Sie ist auch nicht einfach falsch, sondern vielmehr haarsträubend falsch. Die Erde war und ist eine schwankende Plattform menschlichen Tuns, so instabil wie ein Schiffsdeck in einem Sturm. Ihre physikalischen und biologischen Systeme sind ein sich ständig wandelnder Schauplatz und haben, wie John Brooke es nennt, für eine «stürmische Reise» gesorgt, seit es uns Menschen gibt.[16]

Unser Bewusstsein für den Klimawandel wird verständlicherweise dadurch geschärft, dass die Erdatmosphäre durch die Emission von Treibhausgasen in einem alarmierenden und noch nie dagewesenen Tempo verändert wird. Doch der menschengemachte Klimawandel ist ein Problem neueren Datums – und offengestanden nur ein Teil des Bildes. Bereits lange bevor der Mensch begann, die Atmosphäre mit hitzespeichernden Chemikalien zu belasten, schwankte das Klimasystem aufgrund natürlicher Ursachen. Die längste Zeit der zweihunderttausend Jahre Menschheitsgeschichte lebten unsere Ahnen im Pleistozän, einem Zeitalter heftiger Klimaschwankungen. Kleine Veränderungen der Umlaufbahn der Erde und geringe Abweichungen in der Neigung der Erdachse und der Erdrotation verändern ständig Menge und Verteilung der Energie, die uns von dem uns nächsten Gestirn, der Sonne, erreicht. Das ganze Pleistozän hindurch erzeugte dieser, orbitaler Antrieb genannte Mechanismus Jahrtausende andauernde Eiszeiten. Als dann vor etwa 12 000 Jahren das Eis abschmolz, begann die warme und beständige, Holozän genannte Zwischeneiszeit. Das Holozän bildete den klimatischen Hintergrund für das Aufkommen der Landwirtschaft und die Entstehung komplexer politischer Ordnungen, doch es zeigt sich, dass es eine Zeit ausgeprägter Klimaschwankungen war, die sich dramatisch auf das Leben der Menschen auswirkten.[17]

Während Umlaufschwankungen einschneidende Veränderungen im Klima des Holozäns verursachen, variiert die Sonnenenergie mit ebenfalls erheblichen Folgen in kürzeren Zyklen. Die Sonne ist selbst ein unbeständiger Stern. Der Schwabe-Zyklus (elf Jahre) ist nur einer der bekanntesten in einer Reihe periodischer Schwankungen der solaren Lichtmaschine; einige von ihnen wirken sich drastisch auf die Sonneneinstrahlung aus. Und auch unser Planet hat eine Rolle im natürlichen Klimawandel gespielt: Vulkanausbrüche schleudern reflektierende Sulfat-Aerosole hoch in die Atmosphäre, welche die Erde vor den Sonnenstrahlen abschirmen. Selbst während des gemäßigten Holozäns interagierten orbitale, solare und vulkanische Kräfte mit den grundsätzlich variablen Systemen der Erde und machten das Klima weitaus unbeständiger, als wir es uns vorgestellt haben.[18]

Die Entdeckung eines plötzlichen Klimawandels während des Holozäns ist eine Offenbarung. Wir erkennen, dass die Römer, aus planetarischer Perspektive, Glück hatten. Das Imperium erreichte seine größte Ausdehnung und höchste Prosperität gegen Ende des Holozäns in einer Phase, die römisches Klimaoptimum (Roman Climate Optimum, RCO) genannt wird. Das RCO erweist sich als eine Warmphase mit feuchtem und beständigem Klima fast im ganzen mediterranen Kernland des Imperiums. Dies war ein günstiger Moment, um dank einer Reihe voneinander abhängiger politischer und ökonomischer Bedingungen ein agrarisches Reich zu schaffen.

Neben Handel und Technologie war das Klima ein stiller Partner in einem scheinbaren *circulus virtuosus* von Macht und Prosperität. Als die Römer ihr Reich bis zu seinen Grenzen ausdehnten, hatten sie keine Ahnung von den ungewissen und prekären Umweltbedingungen, auf denen sie es errichtet hatten.

Tabelle 1.1 Römische Klimaperioden

Römisches Klimaoptimum	ca. 200 v. Chr.–150 n. Chr.
Römische Übergangsperiode	ca. 150 n. Chr.–450 n. Chr.
Spätantike Kleine Eiszeit	ca. 450 n. Chr.–700 n. Chr.

Ab der Mitte des zweiten Jahrhunderts ging es mit dem Glück der Römer bergab. Während der Jahrhunderte, die Gegenstand unserer Untersuchung sind, kam es zu einer der dramatischsten Klimaveränderungen im ganzen Holozän. Zunächst begannen drei Jahrhunderte andauernde klimatische Turbulenzen (von 150 bis 450 n. Chr.), die wir «Römische Übergangsperiode» nennen möchten. An entscheidenden Wendepunkten belastete die Unbeständigkeit des Klimas die Kraftreserven des Imperiums und beeinflusste dramatisch den Lauf der Ereignisse. Gegen Ende des fünften Jahrhunderts nehmen wir Anzeichen einer entscheidenden Veränderung wahr, die in der Spätantiken Kleinen Eiszeit ihren Höhepunkt erreichte. Heftige vulkanische Aktivitäten in den Jahren von 530 bis 540 führten zur kältesten Zeitspanne des gesamten Holozäns. Gleichzeitig gingen die Sonneneinstrahlung und damit die zur Erde gelangende Energie auf das niedrigste Niveau in mehreren Jahrtausenden zurück. Wir werden sehen, dass die (reale) Klimaverschlechterung mit einer bis dahin beispiellosen biologischen Katastrophe einherging, so dass vollends zerstört wurde, was vom römischen Staat damals noch übrig war.

Im vorliegenden Buch soll gezeigt werden, dass der Einfluss des Klimas auf die römische Geschichte abwechselnd kaum merkbar und dann wiederum riesengroß war, manchmal positiv und andere Male zerstörerisch. Der Klimawandel war jedoch immer ein *exogener* Faktor, ein echter Joker, der alle übrigen Spielregeln außer Kraft setzte. Von außen her modifizierte er die demographischen und agrarischen Grundlagen des Lebens, von denen die komplexeren Strukturen von Staat und Gesellschaft abhingen. Aus guten Gründen verehrte man in der Antike die furchterregende Göttin Fortuna: Die Menschen ahnten, dass die Mächte, die diese Welt regierten, letztlich unberechenbar waren.[19]

Die Natur verfügte noch über ein weiteres furchtbares Mittel, das über menschliche Gesellschaften hereinbrach wie eine Armee bei Nacht, nämlich Infektionskrankheiten. Biologischer Wandel hatte sogar noch größere Auswirkungen auf das Schicksal Roms als das Klima. Freilich waren und sind beide nicht voneinander unabhängig. Klimawandel und pandemische Infektionskrankheiten überlagerten sich, sind jedoch keine Naturgewalten, die notwendigerweise gleichzeitig eintreten. Mitunter hatten Klimawandel und Seuchen synergetische Wirkungen. Zu anderen Zeiten traten sie nicht zufällig zeitgleich auf, da Klimastörungen einen ökologischen oder evolutionären Wandel hervorrufen können, der eine Seuche zur Folge hat. Im Laufe der Jahrhunderte, die wir betrachten werden, beeinflussten sie oft zusammen das Schicksal des Römischen Imperiums.[20]

Einen grundlegenden Unterschied zwischen Klimawandel und Infektionskrankheiten gibt es jedoch. Bis vor kurzem veränderte sich das Klimasystem gemäß seinem eigenen Tempo und zu den eigenen Bedingungen, ohne vom Menschen beeinflusst zu werden. Im Gegensatz dazu ist die Geschichte der Seuchen weit stärker vom menschlichen Eingreifen geprägt. Schließlich erzeugt eine menschliche Gesellschaft die Umwelt, in der tödliche Mikroorganismen leben, sich ausbreiten und gedeihen. In mancherlei Hinsicht war eine unbeabsichtigte und paradoxe Folge der ambitionierten gesellschaftlichen Entwicklung des Römischen Reichs die tödliche mikrobiologische Umwelt, die diese Entwicklung begünstigte. Die Römer hatten ungewollt Mitschuld an der Entstehung der Krankheitsökologie, die sich demographisch so fatal auswirkte.

Um zu verstehen, wie die Römer lebten und starben – und dabei geht es zunächst gar nicht um das Schicksal des Imperiums –, müssen wir die spezifische Beziehung zwischen der menschlichen Zivilisation und dem Verlauf der Epidemien aufzeigen, mit denen die Römer zu tun hatten. Die Krankheitserreger, die die Mortalität der Menschen bestimmten, bilden nicht etwa eine undifferenzierte Ansammlung von Feinden. Die biologischen Besonderheiten von Keimen sind unbeherrschbare und entscheidende Faktoren der Geschichte. Die Geschichte der Keime wurde in den siebziger Jahren hervorragend erforscht und insbesondere in William McNeills berühmtem Klassiker *Seuchen machen Geschichte* dargestellt. McNeill zufolge knüpften das Aufkommen und danach das Aufeinandertreffen verschiedener neolithischer Keimpools den Verbindungsfaden der Geschichte. Die Landwirtschaft brachte die Menschen in engen Kontakt mit Haustieren; in den Städten verdichtete sich die Bevölkerung, so dass sich die Keime ausbreiten konnten; die Ausweitung von Handelsbeziehungen führte zum «Austausch der Zivilisationskrankheiten», wenn in einer bestimmten Gesellschaft endemische Erreger gierig in bis dahin unberührte Gegenden eindrangen.[21]

In den letzten Jahren begann der Glanz des klassischen Erklärungsmodells zu verblassen. Das Terrain hat sich in aller Stille, jedoch entscheidend verändert. In den siebziger Jahren erlebte die westliche Medizin einen triumphalen Höhepunkt. Die Geißeln der Menschheit kapitulierten eine nach der anderen vor dem wissenschaftlichen Fortschritt. Man redete zuversichtlich von einer Zeit, in der Infektionskrankheiten nur noch der Vergangenheit angehören würden ... Doch die angsteinflößende Auflistung der neu aufkommenden Infektionskrankheiten – HIV, Ebola, Lassa, West-Nil-Fieber, Nipah, SARS, MERS und neuerdings Zika, um nur einige von mehreren hundert zu nennen – zeigt, dass sich die Natur immer wieder etwas Neues einfallen lässt. Und allen diesen neuen Infektionskrankheiten ist tückischerweise eines gemein: Sie entstanden bei wildlebenden, nicht bei domestizierten Arten. Pathogene Evolution und zoonotische Seuchen aus der Wildnis treten in der Dynamik neuer Infektionskrankheiten häufiger auf als früher.[22]

Diese Erkenntnisse müssen noch umfassend und konsequent für eine Erforschung der Vergangenheit eingesetzt werden, doch sie verändern jetzt schon drastisch unser Verständnis des Stellenwerts, den die römische Zivilisation in der Geschichte der Krankheiten einnimmt. Wir müssen uns die römische Welt als ein durch und durch von Mikroorganismen durchsetztes Ökosystem vorstellen. Es beginnt damit, dass das Römische Reich frühzeitig urbanisiert wurde – ein großes, geschäftiges Verteilernetz. Die römische Stadt war ein Wunder an Ingenieurskunst, und fraglos milderten Toiletten, Kanalisation und fließendes Wasser die schlimmsten Auswirkungen des Abfallproblems. Doch diesen Umweltkontrollsystemen standen übermächtige Kräfte gegenüber, sie waren bestenfalls ein nicht sehr stabiler und undichter Damm gegen eine Flut von Keimen. In der Stadt wimmelte es von Ratten und Fliegen; Kleingetier kreischte und quietschte auf Gassen und Höfen. Man wusste nichts von Keimen, Händewaschen war nicht üblich, und Lebensmittel konnten nicht vor Verunreinigung geschützt werden. Die antike Stadt war eine ungesunde Umgebung. Relativ harmlose Krankheiten, die sich auf fäkal-oralem Weg verbreiteten und zu tödlichen Durchfallerkrankungen führten, waren vermutlich die Todesursache Nummer eins im Römischen Reich.

Außerhalb der Städte setzte die Umgestaltung der Landschaft die Römer ebenso gefährlichen Bedrohungen aus. Die Römer veränderten nicht einfach die Landschaft, sie zwangen ihr ihren Willen auf. Sie rodeten Wälder und brannten sie nieder. Sie änderten den Lauf von Flüssen, legten Gebiete trocken und bauten Straßen durch nahezu unzugängliche Sümpfe. Eingriffe des Menschen in eine neue Umgebung sind ein gewagtes Spiel. Sie setzen uns nicht nur unbekannten Parasiten aus, sondern können Kettenreaktionen ökologischer Veränderungen mit unvorhersehbaren Folgen auslösen. Im Römischen Imperium rächte sich die Natur bitter. Die schlimmste Geißel war die Malaria – von Moskitos übertragen, wurde sie zu einer Plage der römischen Zivilisation. Die vielgepriesenen Hügel Roms waren nur Buckel, die sich über einem besseren Sumpf erhoben. Das Tibertal, ganz zu schweigen von den in der ganzen Stadt verteilten Wasserbecken und Brunnen, war ein Paradies für den Krankheitsüberträger, die Ewige Stadt wurde zu einem malariaverseuchten Morast. In Stadt und Land, überall, wo die Anopheles gedieh, brachte die Malaria vielfachen Tod.[23]

Das römische Krankheitsumfeld war auch Folge des hohen Vernetzungsgrads des Imperiums, das eine bis dahin nie dagewesene Binnenzone von Handel und Migration schuf. Auf den Straßen und Schifffahrtsrouten wurden nicht nur Menschen, Ideen und Waren befördert, auch Keime reisten stets mit. Wir können beobachten, wie dieses Muster in unterschiedlichem Tempo zutage tritt. Man kann die Ausbreitung träger tödlicher Keime wie die der Tuberkulose oder der Lepra nachverfolgen, die sich über das Imperium wie Lava ergossen. Wenn sich rasch ausbreitende Infektionskrankheiten schließlich auf das große Förderband des römischen Netzwerks übersprangen, waren die Folgen verheerend.

Wir werden besonderes Augenmerk auf das paradoxe Verhältnis zwischen der sozialen Entwicklung und der Krankheitsökologie des Imperiums richten. Trotz Frieden und Wohlstand waren die Bewohner des Reichs, auch an vormodernen Standards gemessen, nicht gesund. Ein Indiz für ihr niedriges gesundheitliches Niveau war ihre kleine Statur. Ein Mann wie Julius Caesar, der als großgewachsen galt, konnte nur in einer Gesellschaft von Menschen, die im Durchschnitt kaum 1,60 Meter groß waren, aufgefallen sein. Der schlechte Gesundheitszustand der Römer lässt sich auf Infektionskrankheiten zurückführen. Doch wenn wir die spezifischen im Römischen Reich auftretenden Krankheiten genauer betrachten und uns die Muster der Sterblichkeit in Raum und Zeit genauer anschauen, stellen wir bezeichnenderweise fest, dass es solche Muster in der römischen Welt nicht gab. Es kam nicht in größerem Maßstab zu überregionalen Epidemien, meistens waren sie lokal oder regional begrenzt. Das liegt an der Biologie der Erreger selbst: Mikroben, die auf fäkal-oralem Weg übertragen werden oder als blinde Passagiere in Insekten reisen, können sich nur räumlich und zeitlich begrenzt verbreiten. Zu Beginn des zweiten Jahrhunderts erzeugte jedoch die Verbindung von römischer imperialer Ökologie und pathogener Entwicklung eine neue Art von Ausbruch: die Pandemie.[24]

Die Jahrhunderte der spätrömischen Geschichte können als Ära pandemischer Krankheiten betrachtet werden. Dreimal wurde das Imperium durch todbringende Ausbrüche von ungeheurer geographischer Reichweite erschüttert. Im Jahr 165 n. Chr. brach die sogenannte Antoninische Pest aus, vermutlich durch Pocken verursacht, und 249 suchte ein unbekannter Erreger die unter römischer Herrschaft stehenden Gebiete heim. 541 kam dann die erste große Pandemie von *Yersinia pestis*, dem Erreger der Beulenpest, und hielt sich über zweihundert Jahre lang. Das Ausmaß dieser biologischen Katastrophen übersteigt die Vorstellungskraft. Geht es um die Zahl der Todesopfer, war die Antoninische Pest wahrscheinlich noch die harmloseste der drei Pandemien. Es ist zu vermuten, dass sie um die sieben Millionen Menschen dahinraffte. Einige Historiker sprechen von noch weit höheren Zahlen. Der blutigste Tag in der Geschichte des Imperiums war die verheerende Niederlage Roms in der Schlacht bei Adrianopel, als eine erbarmungslose Streitmacht gotischer Invasoren das Gros seiner östlichen Feldarmee überrannte. Bis zu zwanzigtausend Römer verloren an diesem unheilvollen Tag ihr Leben, und auch wenn sie als Soldaten einer größeren Gefahr ausgesetzt waren, zeigt der Vergleich eben: Bakterien sind noch weitaus tödlicher als Barbaren.

Die Verursacher von Massensterben im Römischen Reich entstammten hauptsächlich der Natur. Es waren tödliche, exotische Eindringlinge aus Gebieten jenseits der Grenzen. Deshalb lässt eine allein auf das Imperium beschränkte Geschichte nur eine Art Tunnelblick zu. Die Geschichte von Aufstieg und Fall des Römischen Reichs ist eng verflochten mit der globalen Umweltgeschichte. In römischer Zeit gab es einen Quantensprung in der globalen Vernetzung. Die Nachfrage nach Seide und Gewürzen, Sklaven und Elfenbein beflügelte eine fieberhafte Geschäftigkeit über Grenzen hinweg. Kaufleute zogen durch die Sahara, entlang der Seidenstraßen und vor allem über den Indischen Ozean und zu den Häfen am Roten Meer, die das Imperium angelegt hatte. Der Weg, auf dem die exotischen Tiere zu den Schaukämpfen in den römischen Arenen transportiert wurden, lässt wie eine makroskopische Leuchtspur genau die Wege erkennen, auf denen die Römer mit desaströsen neuen Krankheiten in Kontakt kamen. Das fundamentalste Moment globaler Biodiversität ist der breitengradabhängige Speziesgradient: je näher am Äquator, desto reicher ist alles Leben. In den gemäßigten und den Polarregionen haben regelmäßig wiederkehrende Eiszeiten die Experimente der Evolution hinweggefegt, und in den kälteren Klimazonen gibt es einfach weniger Energie und weniger biologische Wechselwirkung. Die Tropen, wo Zeit und höhere Sonneneinstrahlung zusammen ein unermesslich dichtes Geflecht biologischer Komplexität erzeugt haben, sind ein «Museum» der Biodiversität. Dies gilt ebenso für Mikroorganismen einschließlich pathogener Erreger. Die von Menschen gemachten Netzwerke und Verbindungen breiteten sich über natürlich entstandene Zonen aus. Die Römer trugen dazu bei, eine Welt zu erschaffen, in der kleine Funken einen Flächenbrand von interkontinentalem Ausmaß entfesseln konnten. Die römische Geschichte insgesamt ist ein kritisches Kapitel in der größeren Menschheitsgeschichte.[25]

Die evolutionäre Geschichte der Keime erkennen wir erst ansatzweise, doch wir können einen ernsthaften Beitrag leisten, indem wir die römische Geschichte als ein einzelnes, allerdings vielleicht außergewöhnlich bedeutendes Kapitel in einer viel längeren globalen Geschichte pathogener Evolution begreifen. Die Römer trugen zur Entstehung der mikrobiologischen Umwelt bei, in der das Zufallsspiel der genetischen Mutation seine raffinierten Experimente betrieb. Wenn das Schicksal des Römischen Reichs von der überwältigenden Macht pandemischer Krankheiten geprägt wurde, so war es eine unheilvolle Mischung aus Struktur und Zufall.

Die vordringliche Erforschung der Erdgeschichte und die Genomrevolution lehren uns, dass Klimawandel und neue Infektionskrankheiten immer schon integraler Bestandteil der Menschheitsgeschichte gewesen sind. Die entscheidende Frage ist nicht mehr, ob, sondern wie man den Einfluss der natürlichen Umwelt in Zusammenhang mit der Abfolge von Ursache und Wirkung bringt.

EINE GESCHICHTE DER MENSCHEN

Die Einbeziehung des Wissens aus so unterschiedlichen Bereichen wie den Natur-, Sozial- und Humanwissenschaften wird *Konsilienz* genannt. *Einbeziehung* bedeutet, dass der Historiker alles andere als ein passiver Rezipient neuer wissenschaftlicher Daten ist. Die in diesem Buch vorgestellte Interpretation stützt sich auf unser immer noch zunehmendes Wissen über jene ganz und gar menschlichen Aspekte des Narrativs. Jahrhunderte kontinuierlicher geisteswissenschaftlicher Forschung haben uns geholfen, die Belastungen – genauer gesagt die Funktionsweise – des Römischen Imperiums in einer Detailgenauigkeit zu verstehen, um die uns Gibbon beneidet hätte. Dieses Buch unternimmt den Versuch, auf diesen Einsichten aufzubauen, die so neu, genial und überraschend sind wie die jüngste Genomstudie oder das neueste paläoklimatische Archiv.[26]

Wie lässt sich also die lange Folge bedeutsamer Veränderungen erklären, die ein Reich, das zu einem Zeitpunkt – in der Ära Marc Aurels (161–180 n. Chr.) – integriert, dichtbesiedelt, prosperierend und komplex war, so verwandelten, dass es fünf Jahrhunderte danach nicht mehr wiederzuerkennen war? Es ist eine Geschichte, in der Staatsversagen und Stagnation Hand in Hand gehen. Das Römische Reich entstand in einer malthusianischen Welt der Energieknappheit, war jedoch in der Lage, durch eine kluge Kombination von Handel und technischem Fortschritt diese Begrenzungen zu kompensieren. Die Macht des Reichs war sowohl Voraussetzung als auch Folge von demographischer Expansion und wirtschaftlichem Wachstum. Staat und gesellschaftliche Entwicklung gingen einen gemeinsamen Weg. Zunehmend wirkten Klimawandel und Infektionskrankheiten wechselseitig auf dieses komplexe System ein. Selbst im Bereich der materiellen Umwelt, in der vom Menschen unbeeinflussbare Kräfte wirkten, hingen die Folgen eines Klimawandels von spezifischen Übereinkommen zwischen der Agrarwirtschaft und dem Staatsapparat ab. Und die Geschichte der Infektionskrankheiten ist immer ganz und gar von einer Umwelt bedingt, die von der menschlichen Zivilisation geschaffen wurde.

Selbstverständlich üben Naturkräfte einen erheblichen Einfluss aus, doch hier soll vermieden werden, das Gefüge von Ereignissen reduktionistisch zu simplifizieren. Das Verhältnis zwischen Umwelt und gesellschaftlicher Ordnung war niemals einfach linear. Die Menschen, denen wir auf diesen Seiten begegnen werden, überraschen uns damit, dass sie selbst angesichts größter Herausforderungen angemessen auf ihre Nöte reagierten. Die Fähigkeit, Stress zu verkraften und sich ihm anzupassen, wird mit dem Begriff *Resilienz* bezeichnet. Das Römische Reich kann als ein Organismus mit Batterien gespeicherter Energie und Reserven betrachtet werden, die es in die Lage versetzten, Umwelterschütterungen auszuhalten und sich davon zu erholen. Doch Resilienz hat ihre Grenzen, und ihr in frühen Gesellschaften nachzuspüren heißt auch, auf Zeichen von Dauerstress und auf die Toleranzschwelle zu achten, jenseits deren ein Niedergang und ein Umbau des ganzen Systems drohen.[27]

Das Ende des Römischen Reichs stellt sich aus unserer Sicht nicht als ein kontinuierlicher, zum unvermeidlichen Ruin führender Niedergang dar, sondern als eine lange, verschlungene und durch vielerlei Umstände bedingte Geschichte, bei der ein resilienter politischer Verband zunächst standhielt und sich neu organisierte, bis er, zuerst im Westen, dann auch im Osten, zerfiel. Das Muster des Wandels wird stets als ein extrem durch Zufälle bedingtes Wechselspiel von Natur, Demographie, Wirtschaft und Politik dargestellt werden; sogar so etwas nicht recht Greifbares und Spekulatives wie Glaubenssysteme, die im Laufe jener Jahrhunderte wiederholt erschüttert und neu gestaltet wurden, spielte eine Rolle. Die Aufgabe des Historikers besteht darin, diese Fäden der Geschichte miteinander in der richtigen Weise zu verweben, und zwar mit einem gesunden Respekt vor den Zufällen sowie einer starken Dosis Sympathie für die Menschen, die unter den gegebenen Umständen lebten.

Wenn wir uns daranmachen, eine historische Episode dieser Größenordnung zu untersuchen, ist es sinnvoll, zu Beginn ein paar der wichtigsten Konturen des Narrativs darzulegen. Es ist eine Geschichte mit vier entscheidenden Wendungen, bei denen der Gang der Ereignisse an Dynamik gewann und kurz darauf zerstörerischer Wandel folgte. An jedem Wendepunkt beim Übergang von der hohen Kaiserzeit zum Frühmittelalter werden wir versuchen, den spezifischen komplizierten Verbindungslinien zwischen natürlichen und menschengemachten Systemen auf die Spur zu kommen.

(1) Die erste komplexe Krise zur Zeit von Marc Aurel war vielschichtig und wurde von einer Pandemie ausgelöst, welche die ökonomische und demographische Expansion stoppte. In der Folge ging das Reich gleichwohl nicht unter und zerfiel auch nicht, sondern erstarkte wieder, ohne freilich seine frühere beherrschende Position wiederzuerlangen.

(2) Mitte des dritten Jahrhunderts führte dann eine Verbindung von Dürre, Pestilenz und politischer Krise zur abrupten Auflösung des Imperiums. Beim sogenannten «ersten Fall» des Römischen Reichs beruhte das bloße Überleben eines zusammenhängenden

Reichs auf einem Willensakt mit dem Ziel der Wiederherstellung, die aber nicht ganz gelang. Das Reich wurde zwar wieder aufgebaut, doch in neuer Form: mit einem neuen Typ von Kaiser, einem neuen Typ von Regierung, einer neuen Währung und bald darauf auch einem neuen Glauben.

(3) Dieses neue Reich behauptete sich zunächst, doch in einer entscheidenden und dramatischen, zwei Generationen umfassenden Zeitspanne vom Ende des vierten bis zum Beginn des fünften Jahrhunderts zerbrach seine Einheit endgültig. Völker aus der eurasischen Steppe stürmten gegen das Gebäude der römischen Macht an, und dabei stürzte die westliche Hälfte zusammen. Diese Katastrophe, die Stilicho abzuwenden gesucht hatte, wird am häufigsten für den Fall von Rom verantwortlich gemacht. Im Lauf des fünften Jahrhunderts wurde das Reich – im Westen – zerstückelt. Doch das war noch nicht das große Finale.

(4) Im Osten erfreute sich ein wiedererstandenes Römisches Reich neuer Macht und Prosperität, die Bevölkerung nahm zu. Diese Renaissance wurde von einer der schlimmsten Umweltkatastrophen seit Aufzeichnung der Geschichte jäh beendet: dem Doppelschlag von Beulenpest und einer kleinen Zwischeneiszeit. Der demographische Einbruch führte zu einem langsamen Versagen des Staates, das im endgültigen Verlust von Territorien an die islamischen Armeen gipfelte. Im Überrest des Römischen Reichs, inzwischen nur noch ein byzantinischer Rumpfstaat, lebten die Menschen in einer Welt mit weniger Einwohnern, weniger Wohlstand und in andauerndem Konflikt zwischen rivalisierenden apokalyptischen Religionen, unter anderem dem Christentum und dem Islam.

Der Aufstieg und Fall Roms führt uns vor Augen, dass die Geschichte der menschlichen Zivilisation von Anfang bis Ende ein Umweltdrama ist. Die Blüte des Reichs in den friedvollen Tagen des zweiten Jahrhunderts; das Auftauchen einer Virenart von weit außerhalb der römischen Welt; das Versagen des Staates bei der Versorgung der Bevölkerung in der Folge von Pandemien; der Zusammenbruch des Reichs in einer Verkettung von Klimakatastrophen und Seuchen im dritten Jahrhundert; der Wiederaufstieg des Imperiums unter einem neuen Kaisertypus; die massive Migration quer durch ganz Eurasien im vierten Jahrhundert; das Wiedererstarken der Gesellschaften im Osten in der Spätantike; die Neutronenbombe der Beulenpest; das schleichende Einsetzen einer neuen Eiszeit; der finale Kollaps dessen, was vom Römischen Reich noch erkennbar übrig war, und die blitzschnellen Eroberungszüge der Armeen des Dschihad. Wenn dieses Buch sein Ziel erreicht, wird es nicht mehr so leicht sein, diese Wendungen der Vergangenheit als etwas anderes zu begreifen denn als die kontrapunktische, manchmal parallele, manchmal gegenläufige Bewegung der Menschheit und ihrer Umwelt, sondern man wird sie als absolut untrennbares Zusammenspiel verstehen, ähnlich den Klanglinien einer barocken Fuge.[28]

Das Tempo, in dem unser Wissen zunimmt, ist erfreulich und zugleich beängstigend. Während die Tinte auf diesen Seiten trocknet, ist die Forschung bereits etliche Schritte weiter. Doch damit kann man gut leben, und es lohnt sich, ansatzweise eine vorläufige Karte zu erstellen, die man im Zuge neuer Forschungen zwangsläufig wird ergänzen und korrigieren müssen. Es ist an der Zeit, die im Schicksal einer Zivilisation wirkenden überwältigenden, unheimlichen Kräfte der Natur erneut zu untersuchen, die uns nach wie vor überraschen und faszinieren. Wir brauchen Geduld und auch Phantasie, um zurückzublicken und so zu tun, als würden wir das Ende nicht kennen. Der Ausgangspunkt liegt bei Roms berühmtestem Arzt, der in der Phase von Frieden und Wohlstand aufwuchs und sich wohl kaum vorstellen konnte, dass dynamische Zyklen unseres nächstgelegenen Gestirns oder die zufällige Mutation eines Virus in weit entfernten Wäldern die Grundlagen des blühenden, weltbeherrschenden Reichs erschüttern könnten, in dem er sein Glück zu machen suchte.

2

DAS GLÜCKLICHSTE ZEITALTER

DER BERÜHMTE ARZT UND DIE BERÜHMTE STADT

Der Arzt Galen aus Pergamon wurde in der Mitte der Regierungszeit Kaiser Hadrians im September 129 n. Chr. geboren. Er entstammte zwar nicht der obersten Schicht, doch gehörte er dem Großbürgertum an, für das das Imperium Wohlstand und Chance bedeutete. Pergamon, Galens Geburtsort, zwischen der Ägäischen Küste und den Hügeln Kleinasiens gelegen, war der Typ Stadt, der unter römischer Herrschaft aufblühte, und ein günstiges Pflaster für ein medizinisches Ausnahmetalent wie Galen. Es war eine Hochburg griechischer Tradition, und so konnte sich Galen seine unübertroffenen Kenntnisse der gesamten griechischen medizinischen Literatur verschaffen, einschließlich der Werke von Hippokrates. Pergamons berühmter Tempel des Asklepios (des Gottes der Heilkunst und Sohnes von Apollo, dessen schlangenumwundener Stab das bekannteste Symbol der Medizin ist) war ein Ort, zu dem Genesende pilgerten. Der Tempel war zu Galens Zeit bereits über ein halbes Jahrtausend alt und befand sich auf dem Höhepunkt seiner Beliebtheit. «Ganz Asien» fand sich in diesem Heiligtum ein, und fünf Jahre vor Galens Geburt beehrte Hadrian den Tempel persönlich mit seiner Anwesenheit.[1]

Seinem schon früh erkannten Talent verdankte Galen die angesehene Stelle des Arztes der Gladiatoren in Pergamon, doch der Friede im Imperium eröffnete ihm noch fernere Horizonte. Er bereiste das östliche Mittelmeergebiet, war auf Zypern, in Syrien und Palästina und eignete sich lokales Wissen über Medikamente und

Heilverfahren an. Er hatte in Alexandria die Gelegenheit gehabt, echte menschliche Knochen zu sehen, was einen starken Eindruck bei ihm hinterließ: «Die dortigen Ärzte unterrichten ihre Schüler in Osteologie und demonstrieren dies unmittelbar an den Objekten. Schon allein deshalb empfehle ich einen Besuch in Alexandria.» Mit Sicherheit ermöglichte das Römische Reich Galen, ungewöhnlich umfassende Erfahrung in der Kunst der Medizin zu sammeln. Und es konnte nicht ausbleiben, dass ein Mann mit seinen außerordentlichen Fähigkeiten versucht war, sein Glück in der Hauptstadt zu erproben.[2]

Galen kam 162 n. Chr. nach Rom, im ersten Jahr der Doppelherrschaft der Kaiser Marc Aurel und Lucius Verus. Der Arzt zitierte gerne die Redensart: «Rom war der Inbegriff der ganzen Welt.» Seltene Leiden, von denen Hippokrates (400 v. Chr.) keine Kenntnis gehabt hatte, waren für Galen alltäglich, «wegen der großen Anzahl Bewohner in der Stadt der Römer». «Täglich kann man zehntausend Menschen finden, die an Gelbsucht, und weitere zehntausend, die an Wassersucht leiden.» Die Metropole war ein Laboratorium menschlicher Leiden, und für einen ehrgeizigen Intellektuellen wie Galen war sie eine großartige Bühne und verschaffte ihm einen kometenhaften Aufstieg.[3]

Bald nach seiner Ankunft heilte er einen Philosophen von einem Fieber, obwohl er verspottet wurde wegen des Unterfangens, einen alten Mann im Winter kurieren zu wollen. Sein Ansehen wuchs. Flavius Boethus, geboren in Syrien, der als Konsul die höchsten Ehren des Imperiums erlangt hatte, wollte unbedingt sehen, wie Galen «vorführte, wie Sprache und Atem entstehen». Mit einem feinen Sinn für Inszenierungen vivisezierte Galen vor einem gespannten Publikum ein Schwein, dessen Quieken er durch Abklemmen von Nerven in einer virtuosen Vorführung an- und abstellte. Er heilte Boethus' Sohn und danach seine Frau von schlimmen Beschwerden; der mächtige Mann bedachte Galen mit einem kleinen Vermögen in Gold, und, was noch wichtiger war, er protegierte ihn fortan. Galen erhielt Zugang zu den höchsten Kreisen, ein sensationeller Heilerfolg folgte dem anderen. Als der Sklave eines berühmten Schriftstellers verletzt wurde, bildete sich ein gefährlicher Abszess unter dem Brustbein. Galen schnitt das befallene Gewebe bei einer Operation am offenen Herzen heraus, und trotz seines verhaltenen Pessimismus überlebte der Mann.[4]

Im Alter von Mitte dreißig war Galen zur lebenden Legende geworden. «Groß war der Name Galens.»[5]

Doch nichts hatte den Arzt auf das große Sterben vorbereitet, das als Antoninische Pest in die Geschichte einging. Im Jahr 166, knapp vier Jahre nach Galens Ankunft in der Hauptstadt, näherte sich aus dem Osten eine Seuche der Stadt. Epidemien waren in Rom nichts Ungewöhnliches. Anfangs erschienen Fieber und Erbrechen vielleicht noch als Symptome einer der üblichen Krankheiten mit tödlichem Verlauf, doch es wurde schnell klar, dass etwas Ungewöhnliches im Gange war.[6]

In seinem Hauptwerk, der *Therapeutik*, beschreibt Galen anschaulich, wie er einen jungen Mann behandelte, der «die ersten Anzeichen» der Seuche aufwies. Ein leichter Husten wurde heftiger, und der Patient warf dunklen Schorf aus seiner eiternden Kehle aus. Bald zeigten sich die verräterischen Symptome der Seuche: der schwarze Ausschlag, der den Körper der Opfer von Kopf bis Fuß überzog. Galen hoffte, mit Heilmitteln die Vehemenz der Krankheit mildern zu können, doch das waren nichts als verzweifelte Versuche: Milch von Hochlandkühen, armenischer Straßenkot, Urin eines Knaben. Das Massensterben, das er miterlebte, war nicht nur die vielleicht erste Pandemie in der Geschichte der Menschheit, sondern auch ein Wendepunkt in der Geschichte des Römischen Reichs. Die meisten glaubten, der Gott Apollo habe eine rätselhafte, nie gekannte Strafe verhängt. Für den Wissenschaftler Galen war es schlicht «die große Pest».[7]

Dieses Kapitel versucht, einen Überblick zu verschaffen über das Imperium, in dem Galen aufgewachsen war, bis kurz vor dem Ausbruch der Pandemie. Gibbon hielt diese Zeit für die «beste und glücklichste» in der Geschichte der Menschheit. Natürlich steckt in dieser positiven Einschätzung auch eine gewisse späte Bewunderung für die Herren der römischen Welt. Die Mitte des zweiten Jahrhunderts zum Höhepunkt der römischen Zivilisation zu erklären ist jedoch kein willkürliches oder ästhetisches Urteil. In materieller

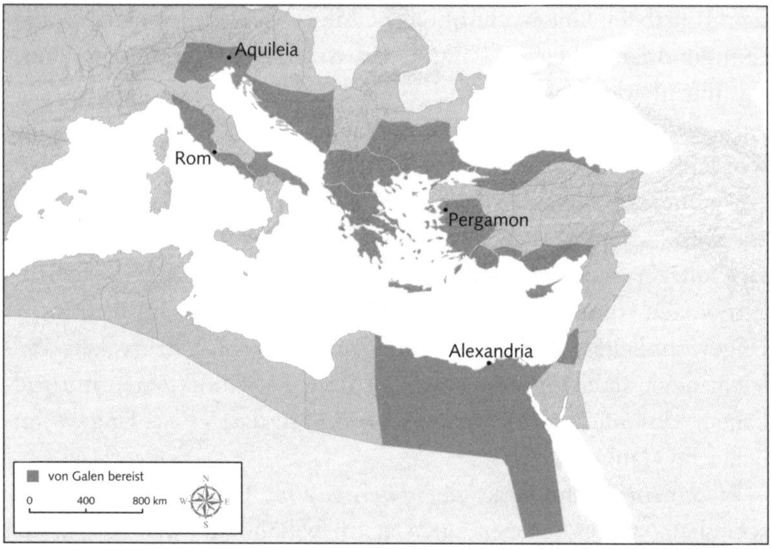

KARTE 3 Die Welt Galens: Provinzen, die Galen mit Sicherheit bereiste

Hinsicht bereitete das Römische Reich den Weg für eine atemberaubende Blüte, eine jener historischen Perioden, in der extensives und intensives Wachstum zusammentreffen und soziale Entwicklung vorantreiben. Das Reich war sowohl Voraussetzung als auch Folge dieses Entwicklungsschubs. Der politische Rahmen und sein gesellschaftlicher Mechanismus bedingten sich gegenseitig.

Gleichzeitig muss betont werden, dass die Pax romana niemals reibungslose Dominanz bedeutete; die Stärke des Reichs ist nicht daran zu messen, inwieweit keine Spannungen und Herausforderungen bestanden, sondern daran, wie gut das Imperium diesen standhielt. Daher ist es umso mehr geboten herauszufinden, warum die Antoninische Pest so oft als Wendepunkt im Geschichtsverlauf erschien. Übliche Erklärungen wie der zunehmende feindliche Druck an den Grenzen und die stärker werdenden politisch-fiskalischen Spannungen behalten ihre Gültigkeit, sind aber nicht ausreichend. Wir wollen deutlich machen, dass die Blüte Roms auf einem prekären und vorübergehenden Zusammentreffen günstiger klimatischer Bedingungen beruhte. Und noch bedeutsamer war, dass die

Strukturen des Reichs die ökologischen Bedingungen für das Aufkommen einer neuen Infektionskrankheit begünstigten, die mit bis dahin nicht gekannter Wucht zuschlug.

Tatsächlich wurde der Verlauf der Geschichte des Reichs von außen durch die Kräfte der Natur gesteuert. Das heißt natürlich nicht, dass das Imperium, wäre es von diesen Katastrophen verschont geblieben, ewig hätte Bestand haben können. Aber sein besonderes Schicksal hing so untrennbar mit dem Ende des Klimaoptimums und der Erschütterung durch die Pandemie zusammen, dass sie in jeder Untersuchung des Schicksals von Rom eine ganz entscheidende Rolle spielen.

DIE AUSMASSE DES IMPERIUMS

Wenn Galen durch die Straßen der Hauptstadt ging, bemerkte er vielleicht unter den vielen Monumenten und Statuen, die die Blicke auf sich zogen, eine noch heute vorhandene Säule mit den Namen der dreißig römischen Legionen. Diese geographisch geordnete Aufzählung begann im Nordwesten und folgte im Uhrzeigersinn den Grenzen des Reichs – ein beruhigendes Abbild römischer Macht. Im Westen bewachten drei Legionen Britannien, vier den Rhein und zehn die Donauprovinzen zwischen den Alpen und dem Schwarzen Meer. Im Osten waren zwischen Kappadokien und Arabien acht Legionen zur Überwachung von Freund und Feind stationiert. Nur zwei hielten die Stellung in Afrika, eine in Ägypten und eine in Numidien. Eine in Spanien und zwei in den Alpen vervollständigten die dreißig. Doch auch in diesem Zustand des Gleichgewichts, vor dem Ausbruch von Krieg und Pestilenz, war das Imperium kein fertiges Projekt. Das Römische Reich war einerseits von Anfang an bestrebt, seinem Territorium neue Völker einzuverleiben, und andererseits, die Sicherheit im Kernland aufrechtzuerhalten. Nie gab es eine vollkommene Balance zwischen diesen beiden widerstreitenden Zielen. Erst im zweiten Jahrhundert waren weite Teile der von den römischen Waffen gesicherten und kontrollierten Territorien des Imperiums einigermaßen befriedet.[8]

Das Römische Reich war im Wesentlichen ein System militärischer Hegemonie, dessen Form von einer Mischung aus geographischen Gegebenheiten und politischen Methoden bestimmt wurde. Es hatte keine natürlichen oder vorgezeichneten Grenzen. Auch nur anzunehmen, es habe klar definierte Grenzziehungen wie in modernen Staaten gegeben, wäre irreführend. Zunächst einmal herrschten die Römer über «Völker» oder «Nationen». Der griechische Historiker Appian, der während der Regierungszeit Hadrians als Prokurator diente, beschreibt zu Beginn seiner *Römischen Geschichte* die «Grenzen all der *Völker*, [...] die seiner [Roms] Herrschaft unterstehen». Er verweist zunächst naheliegenderweise auf die wichtigsten geographischen Gegebenheiten an den Rändern des Reichs, wie zum Beispiel an Rhein, Donau und Euphrat, stellt aber gleich danach fest, dass die Römer auch über Völker regierten, die außerhalb dieser Grenzen lebten. Die Legionen waren in großen Lagern hinter den Grenzen stationiert, zum Schutz, fungierten aber auch als imperiale Polizeitruppe und als Ingenieurskorps. Die Grenzbereiche waren mit einem dichten Netz von kleineren Kastellen, Wachtürmen und Signalstationen versehen, die bisweilen tief in Feindesland reichten. Von den Quaden, einem Volksstamm jenseits der Donau, wird berichtet, sie hätten rebelliert, denn sie wollten sich «mit dem gegen sie gerichteten feindlichen Festungsbau nicht abfinden».[9]

Die Römer des zweiten Jahrhunderts hätten keinen umfassenden Plan akzeptiert, die Expansion zu beenden und es bei der Bewunderung des vollendeten Werks zu belassen. Unter Augustus verlangsamte sich zwar die Expansion, aber sie kam nicht zum Stillstand. Zeitweise wurde das Imperium durch aggressive sowie durch diplomatische Aktionen noch immer ausgeweitet. Selbst Strukturen wie der Hadrianswall, die allem Anschein nach der Verteidigung dienten, waren Kontrollsysteme und nicht Ausdruck hoheitlicher Landesgrenzen. Noch ein Jahrhundert nach dem Bau des Walls gab es vereinzelt Vorstöße ins Innere von Schottland. Marc Aurel trug sich ernsthaft mit dem Plan, große Teile von Zentraleuropa zu annektieren, und die Bemühungen, die Gebiete jenseits des Euphrat unter Kontrolle zu bringen, gaben ständig Anlass zu Konflikten.

Im Zuge der mit der Expansion verbundenen Spannungen wurden nach und nach Linien territorialer Hegemonie gezogen, die wir die Grenzen des Imperiums nennen. Diese Grenzen waren das Ergebnis eines Systems, das die Römer entwickelt hatten und das die Koordinierung militärischer Macht unter den eisenzeitlichen Bedingungen von Kommunikations- und Transportwesen vom Zentrum des Reichs aus erforderte. Die *politische* Koordinierung der Militärmaschinerie war ebenso wichtig wie die rein materielle. Der Kaiser war das repräsentative Oberhaupt des Senatorenstandes, einer kleinen Gesellschaftsschicht, in deren Hand die Kontrolle über die Armeen lag und die diese Monopolstellung im Oberkommando als angestammtes Recht ihres Standes verteidigte. Zur Zeit Marc Aurels bekleideten ungefähr 160 Senatoren Jahr für Jahr irgendwo im Reich ein Amt, und alle wurden sie vom Nervenzentrum der Hauptstadt aus koordiniert.[10]

Die römischen Kaiser hatten zumindest eine vage Vorstellung von den «Nebenkosten des Imperialismus». «Als Gebieter über die besten Teile von Land und Meer wollen sie aber, im Ganzen gesehen, doch lieber durch Klugheit ihren Besitzstand mehren, als ihre Herrschaft ins Grenzenlose ausdehnen, über bettelarme, keinen Gewinn bringende Barbarenvölker, von denen ich in Rom einige zu Gesicht bekam; dort boten sie sich durch ihre Gesandten als Untertanen an, wurden jedoch vom Kaiser als Menschen abgewiesen, die ihm keinerlei Nutzen bringen könnten.» Es hieß, die Römer hätten den Kelten alle ihre Gebiete abgenommen außer denen, in denen es zu kalt war oder deren Böden minderwertig waren: «Was lohnend ist, haben sie [die Römer] auch von diesen [den Kelten] im Besitz».[11]

In den dreißig Legionen standen ungefähr 160 000 Mann unter Waffen. Die Legionen bildeten die Bürgerarmee, die theoretisch allein aus den Reihen der römischen Bürger rekrutiert wurde; diese stammten häufig aus Ansiedlungen von Veteranen, die über das ganze Reich verstreut waren. In Wirklichkeit stellten die Legionen kaum die Hälfte des gesamten Militärs. Hilfstruppen, die in der Provinz rekrutiert wurden und völlig in die Kommandostruktur und die Gesamtstrategie des Imperiums eingegliedert waren, ergänzten die Streitkräfte. Langer Militärdienst war ein probater Weg, um die Privilegien des Bürgerrechts zu erlangen. Nimmt man die Flotte und irreguläre Einheiten hinzu, war die römische Militärmaschine der Kaiserzeit ungefähr eine halbe Million Mann stark: «Dies war nicht nur die größte stehende Armee, welche die Welt je gesehen hatte, sie war auch die am besten ausgebildete und am besten ausgerüstete.»[12]

Der Unterhalt der mächtigsten Streitkraft in der Geschichte war nicht gerade billig. Der Verteidigungsetat war bei weitem der größte Posten der Staatsausgaben. Der gewöhnliche Legionär erhielt im zweiten Jahrhundert einen Sold von 300 *denarii*, ein beträchtliches, jedoch keinesfalls üppiges Salär; Hilfstruppen bekamen vermutlich 5/6 dieser Summe. Die Kavallerie wurde höher besoldet, Offiziere natürlich auch. Ruhestandsboni und Sonderzuwendungen, sogenannte Donative, verursachten weitere Kosten. Alles in allem beliefen sich die Militärausgaben im zweiten Jahrhundert auf circa 150 Millionen *denarii*, etwa zwei bis drei Prozent des BIP des Imperiums (ungefähr der heutige Anteil der Militärausgaben der Vereinigten Staaten). Die Größe der Armee und ihres Budgets war vergleichsweise gewaltig.[13]

Zugleich stellten die von Augustus geschaffenen Rahmenbedingungen – wie Zeitgenossen erkannten – eine deutliche und bewusste Abkehr von der extremen militärischen Ausrichtung der römischen Republik dar, in der die ganze Gesellschaft unter Waffen gestanden hatte. «Solange nämlich der Staat der Römer als Republik regiert wurde und der Senat noch die Feldherren gegen die Feinde entsandte», schrieb ein Historiker im dritten Jahrhundert, «lebten alle Italiker ständig in Waffen.» Im Kaiserreich war das Heer hingegen eine Berufsarmee. Augustus «umgab das Reich stattdessen mit Wachposten und Heerlagern, indem er Söldner für einen vereinbarten Sold wie eine Schutzmauer um das Reich einsetzte». Die Pax romana beruhte auf der Disziplin, der Kampfkraft und der Loyalität einer riesigen bezahlten Armee. Der fiskalische Apparat hinter der militärischen Hegemonie bildete die metabolische Basis des Imperiums.[14]

Die Ausdehnung des Reichs hing somit von drei Faktoren ab: von den geophysikalischen Gegebenheiten, welche die Koordinierung einer so großen Armee über drei Kontinente hinweg bestimmten, von der Notwendigkeit, die senatorische Kontrolle über das Militär zu gewährleisten, und von den Kosten, die eine Streitmacht dieser Größenordnung erforderte. Auf dem Höhepunkt der militärischen Dominanz herrschte immer wieder über längere Zeit Frieden, eine Wohltat, die von Untertanen wie auch von römischen Bürgern geschätzt wurde. Im Zentrum des Reichs konnte man die Schrecken der Kriege an den fernen Grenzen ausblenden. «Sie leben [entsprechend der übrigen Bevölkerung] verstreut im Land, so dass viele der Provinzen gar nicht wissen, wo ihre Besatzung steht [...] So kommt es nämlich, dass alle ihre Abgaben lieber an euch zahlen, als manche sie von anderen eintreiben würden.» «Städte strahlen nun in Glanz und Anmut, und die ganze Erde ist wie ein paradiesischer Garten geschmückt. Rauchwolken aus den Ebenen und Feuersignale von Freund und Feind sind verschwunden, als hätte sie ein Wind davongetragen, jenseits von Land und Meer.»

Diese überschwänglichen Lobeshymnen stammen aus einer berühmten Rede, die von einem ungewöhnlich talentierten und damals noch sehr jungen griechischen Redner namens Aelius Aristides vor Kaiser Antoninus Pius im Jahr 144 n. Chr. gehalten wurde. Auch wenn sich hier ein aufstrebender Mann aus der Provinz lieb Kind machen will, so hinterlässt seine eloquente Lobpreisung dessen, was er als «das größte Reich von unübertroffener Machtvollkommenheit» bezeichnet, doch einen unauslöschlichen Eindruck vom Leben unter der kaiserlichen Regierung. «Das Wort ‹römisch› wurde durch euch nicht zum Namen für eine Stadt, sondern gewissermaßen für ein gemeinsames Volk.» Gibbons positives Urteil über diese Ära rührt sicherlich von solchen liebedienerischen Huldigungen her. Nicht jedes Reich hat seine Untertanen zu derart enthusiastischen Lobhudeleien angeregt, und wir werden bald sehen, dass es eine Menge konkreter Belege dafür gibt, dass das Imperium landauf, landab mit seinen Segnungen zu verführen wusste. Gewiss war die Loyalität städtischer Eliten wie derjenigen, der Aristides angehörte, der Kitt, der das Reich zusammenhielt.[15]

Aristides wurde in Rom schwer krank und stand an der Schwelle des Todes. In der Hoffnung auf Genesung machte er sich auf nach Pergamon zum Heiligtum des Asklepios. Als Junge sah Galen den berühmten Redner, der jahrelang die vom Gott empfohlene ausgefallene Behandlung befolgte. Wir werden Aristides wieder begegnen, als dem ersten bekannten Opfer der Antoninischen Pest.

DER WOHLSTAND DER VÖLKER

Mit etwa einer halben Million Soldaten im aktiven Dienst war allein schon die Truppenstärke ausschlaggebend für die militärische Schlagkraft Roms. Eine Armee dieser Größe aufzustellen scheint in der hohen Kaiserzeit kein übermäßiges Problem gewesen zu sein, jedenfalls nicht im Vergleich zu dem, was bald kommen sollte. In den Worten von Aristides wurden «jeweils nur so viele Männer aus den einzelnen Städten [einberufen], dass sie weder für diejenigen, welche sie versorgen, eine Last bedeuten noch stark genug sein können, um allein für sich die volle Stärke eines eigenen Heeres zu erreichen». Schon der Anreiz eines regelmäßigen Lohns und der Privilegien genügte, doch die Rekrutierung von Soldaten war im Grunde dank des Bevölkerungswachstums relativ einfach. Die Römer waren sich dieser Zusammenhänge durchaus bewusst. Auf dem Triumphbogen Trajans in Benevent beispielsweise sind die ruhmreichen Siege der Armee als unmittelbare Folge des natürlichen Reichtums an Menschen und Naturgütern dargestellt, der Rom von den Göttern beschert worden war.[16]

Zeitgenossen staunten darüber, dass es überall von Menschen wimmelte. In seiner Lobrede auf Rom fragte sich Aristides: «Wer könnte wohl, wenn er so viele von ihr erfasste Berggipfel erblickt, so viele Weideflächen in der Ebene, welche zur Stadt geworden sind, oder so viel Land, das unter dem Namen einer einzigen Stadt vereinigt ist, dies alles noch vollkommen überschauen?» Die archäologischen Überreste der demographischen Expansion in den Provinzen von Syrien bis Spanien und von Britannien bis Libyen legen davon Zeugnis ab. Die Täler waren bevölkert, die Berghänge wurden besiedelt. In den Ebenen wurden Städte aus dem Boden gestampft, und der Ackerbau breitete sich weit über seine bisherigen Grenzen aus. Die Bevölkerung dreier Kontinente stieg unter römischer Herrschaft in einem einzigen Wachstumsschub gleichzeitig an, der in der Zeit der Antoninen seinen Höchststand erreichte.[17]

Bevölkerungszahlen für die antike Welt zu rekonstruieren war schon immer ein schwieriges Unterfangen. Bereits 1750 brachten David Hume und der schottische Geistliche Robert Wallace Argumente für weit auseinanderklaffende Ansichten über die «Bevölkerungsdichte antiker Länder» vor. Die Debatte verlief nicht immer so kollegial wie bei den beiden (Hume half seinem Gegner bei der Korrektur von dessen Manuskript), doch schon damals trat die bis heute bestehende Kontroverse zutage zwischen Vertretern, die die Zahlen hoch, wie Wallace, beziehungsweise niedrig, wie Hume, ansetzen. Selbst in jüngster Zeit gibt es glaubwürdige Untersuchungen, die von Höchstzahlen der Bevölkerung im Römischen Reich zwischen etwa 44 und 100 Millionen ausgehen.[18]

Einigkeit herrscht hingegen weitgehend darüber, dass die Bevölkerung des Reichs in den 150 Jahren nach dem Tod von Augustus (14 n. Chr.) weiterhin anwuchs und vor dem Scheitelpunkt der Antoninischen Pest ihren Höchststand erreichte. Absolute Zahlen bleiben jedoch zwangsläufig Spekulation. Obwohl die zwischen Hume und Wallace begonnene Debatte unter Forschern bis heute andauert, legen stichhaltige Argumente nahe, dass das Imperium um die Zeit, als Augustus starb, etwa 60 Millionen Bewohner umfasste und anderthalb Jahrhunderte später, als Galen erstmals nach Rom kam, annähernd 75 Millionen.[19]

Bevölkerungswachstum war die zwangsläufige Folge zahlloser winziger Veränderungen in der schmalen Spanne zwischen Leben und Tod. In diesen Frühzeiten war die Bevölkerung starkem Druck von verschiedenen Seiten ausgesetzt. Die Sterblichkeit war unerhört hoch, das Leben im Römischen Reich kurz und prekär. Wie wir im folgenden Kapitel sehen werden, war die durchschnittliche Lebenserwartung, auch gemessen an den niedrigen Standards aller unterentwickelten Gesellschaften, in der römischen Welt äußerst niedrig. Bei Geburt betrug sie zwischen zwanzig und dreißig Jahren. Die Todesursache, die sich mit Abstand am gravierendsten auf die Größe der Bevölkerung auswirkte, waren verheerende Infektionskrankheiten.

Der hohen Sterblichkeitsrate entsprach auf der anderen Seite eine hohe Geburtenrate. Dabei trugen die Frauen die Hauptlast, an ihnen

Tabelle 2.1 Die Bevölkerung des Römischen Reichs um ca. 165 n. Chr.

Region	*Bevölkerungszahl (Mio.)*	*Bewohner/km²*
Italien (mit Inseln)	14	45
Iberien	9	15
Gallien & Germanien	12	18
Britannien	2	13
Donauprovinzen	6	9
Griechische Halbinsel	3	19
Anatolien	10	15
Levante	6	43
Ägypten	5	167
Nordafrika	8	19
Gesamt	**75**	**20**

war es, die Verluste auszugleichen und die Reihen wieder zu füllen. Nach römischem Gesetz konnten Mädchen ab zwölf Jahren verheiratet werden, die meisten heirateten mit fünfzehn, sechzehn Jahren. Die Ehe war praktisch die Norm, es gab so gut wie keine alten Jungfern. Die Römer rühmten die Witwe, die unverheiratet blieb, denn sie war die Ausnahme in einer Gesellschaft, in der ständig der Tod lauerte und Wiederverheiratung erwartet wurde. Die Ehe war in erster Linie ein Bund, um Nachwuchs zu zeugen. «Die große Mehrzahl der Ehen [wird] nicht um der Wollust willen, sondern der Erzielung von Nachkommenschaft wegen geschlossen.»[20]

Ab der augusteischen Zeit schuf der Staat starke Anreize zur Förderung der Geburtenrate, bestrafte Kinderlosigkeit und belohnte Kinderreichtum. Frauen, die eine ausreichende Zahl an Kindern zur Welt brachten, genossen große rechtliche Privilegien. Empfängnisverhütung gab es kaum, natürlicher Kindersegen war die Norm innerhalb der römischen Welt. Frauen, die die Menopause erlebten, bekamen *im Durchschnitt* etwa sechs Kinder. Die gesamte Alterspyramide früher Gesellschaften war dominiert von den ganz Jungen. In den Straßen antiker Städte muss es wie in einem Kindergarten geklungen haben. Man darf also getrost annehmen – auch wenn diese Hypothese nur grob zu belegen ist –, dass das Bevölkerungswachstum nicht durch ein Sinken der Sterblichkeitsrate, sondern durch einen Anstieg der Geburtenrate verursacht wurde. Diese Schlussfolgerung stimmt auch weitgehend mit der Theorie von Malthus überein, der zufolge höherer Wohlstand zu höheren Geburtenraten führt: Je mehr Menschen über der Armutsgrenze lebten, desto eher konnten sie die kleinen ökonomischen Vorteile in demographischen Erfolg verwandeln.[21]

Allerdings ist zumindest in einer Hinsicht Zurückhaltung angebracht. Die demographische Entwicklung des Reichs lief nicht wie eine präzise eingestellte Maschine. Auch wenn es so aussieht, als sei die römische Bevölkerung in der Zeit zwischen Augustus und Marc Aurel jährlich um etwa 0,15 Prozent gewachsen (eine Steigerungsrate, die die Bevölkerung innerhalb von anderthalb Jahrhunderten von 60 auf 75 Millionen anwachsen ließ), wurde dies nicht etwa in einem gleichmäßigen Fortschritt durch einen Ausgleich der Sterbedurch eine höhere Geburtenrate erreicht. Die Bevölkerungsbiologie in der römischen Welt war unbeständig. Wo Infektionskrankheiten die Sterblichkeit bestimmen, ist der Tod allgegenwärtig und unvorhersehbar, mit teils unsicheren Ruhephasen und plötzlichen Einbrüchen. Daher erlebte die Bevölkerung im römischen Mittelmeerraum manchmal einen Boom, dann wieder heftige und abrupte Rückschläge. Über längere Zeiträume hinweg und in ausgedehnten Territorien sind durchschnittliche Geburtenraten von großer Bedeutung, eben weil sie die heftigen Schwankungen der epidemisch verursachten Sterblichkeit ausgleichen.

Die Römer lebten und starben in Zeiten, in denen es immer wieder zu gefährlichen Wellen von Infektionskrankheiten kam, nicht in gleichmäßig friedlichen Epochen. Deshalb liefert der langfristige Bevölkerungszuwachs nur ein ungefähres Bild dessen, was tatsächlich ein schwankendes Wachstum war, schubweise unterbrochen vom Hereinbrechen des Todes. Den Römern war bewusst, dass das Leben flüchtig war und der Hauch des Todes ihre hart erkämpften Errungenschaften jederzeit zunichte machen konnte.

Als Marc Aurel und Lucius Verus an der Macht waren, herrschten sie über ein Viertel der Menschheit. Nur wenigen Imperien gelang ein solcher Kraftakt, keinem einzigen in der Eisenzeit, und keines hatte so lange Bestand. Das chinesische Reich der Han-Dynastie bildete das eurasische Gegenstück zum Römischen Imperium. Wie wir sehen werden, schrumpfte in dieser Zeit die Entfernung zwischen beiden Reichen: Ptolemäus äußerte in seinem Handbuch der Geographie, verfasst in der Mitte des zweiten Jahrhunderts, klare Vorstellungen von den Distanzen auf dem Landweg bis zur Hauptstadt von Seres (Serica), und der große Astronom wusste von Seeleuten, die per Schiff den Fernen Osten erreicht hatten. Das China der Han-Zeit ist in vielerlei Hinsicht das passende Vergleichsstück zu Rom, aber seine Bevölkerung erreichte wohl niemals das römische kaiserzeitliche Maximum von ca. 75 Millionen. (Dies kam erst mit der Entwicklung des flächendeckenden Reisanbaus und der Anlage der großen Kanalsysteme.) Ein anderer Gegensatz ist noch aufschlussreicher: Ein chinesischer Autor beklagte in der Mitte des zweiten Jahrhunderts das Gedränge der Menschen im Kernland des östlichen Reiches, in denen «das bebaute Land von Menschen wimmelt und man niemals allein sein kann. Die Bevölkerung geht in die Millionen, es gibt kein verfügbares Ackerland mehr. Die Menschen sind zahlreich, und Land ist knapp.» Auffällig ist, dass es solche Klagen aus dem römischen Bereich nicht gibt.[22]

Im Römischen Reich scheint das Bevölkerungswachstum ohne regelmäßige Einbußen an Erträgen vonstatten gegangen zu sein. Die damaligen Zeitgenossen sangen das Lied vom Wohlstand, nicht den Klagegesang von bitterer Verarmung. Vermutlich sorgten sich die Oberschichten des Römischen Reichs mehr um den Niedergang im Allgemeinen als um das konkrete Elend. Wahrscheinlich war den städtischen Eliten der Alltag der armen Bevölkerung völlig gleichgültig. Aber es ist schwieriger, eine Hungersnot zu ignorieren, und es fällt auf, dass es in der römischen Welt weit und breit keine echte Subsistenzkrise gab. Lebensmittelknappheit war im Mittelmeerraum aufgrund seines von Natur aus instabilen Ökosystems lokal begrenzt. Anders als im Mittelalter, als immer wieder akute Hungersnöte die Bevölkerung heimsuchten, scheint Rom nicht davon bedroht gewesen zu sein. Das Fehlen von Beweisen ist natürlich nicht aussagekräftig, hat aber dennoch etwas zu bedeuten.[23]

Wichtiger sind die verschiedenen Indizien für ein hohes Niveau der Produktion, des Konsums und des Wohlstands im Römischen Reich. Da Wirtschaftsstatistiken im eigentlichen Sinne, wie moderne Staaten sie erfassen, fehlen, wandten sich Historiker auf der Suche nach Wachstum im Römischen Reich ersatzweise archäologischen Hinweisen auf wirtschaftliche Leistungsfähigkeit zu. Spuren römischer Produktivität finden sich in Schiffswracks, in Anlagen zur Eisenverhüttung, in privaten Haushalten und öffentlichen Gebäuden und sogar in Betrieben zur Einsalzung von Fisch. In der Summe ergeben sie das Bild einer leistungsfähigen Wirtschaft gegen Ende der Republik und in der hohen Kaiserzeit. Der große Fleischverbrauch, belegt durch Zehntausende von Schafs-, Schweine- und Rinderknochen, passt kaum zum Bild einer Gesellschaft von Hungerleidern, die zuvor über ihre Verhältnisse gelebt hätten. Es ist bezeichnend, dass gerade Archäologen am meisten von der ökonomischen Entwicklung im Römerreich überzeugt sind.[24]

Dennoch kann der Einwand erhoben werden, diese Indizien seien vieldeutig und wenig schlüssig, besonders wenn man sich für den Pro-Kopf-Verbrauch interessiert. Wie können wir sicher sein, dass sich die vermehrten archäologischen Funde nicht schlicht und einfach auf eine größere Anzahl von Verbrauchern zurückführen lassen? Am aussagekräftigsten sind vielleicht die zahlreichen ägyptischen Papyrusfragmente, die aus römischer Zeit erhalten sind. Dem trockenen Klima des Niltals ist es zu verdanken, dass wir allein aus dieser Provinz ungewöhnlich viele offizielle und private Dokumente besitzen. Sie liefern uns die einzigen chronologisch aufgeführten Listen von Preisen, Löhnen und Mieten aus der römischen Welt. Und gerade weil Ägypten eine der Regionen war, die Rom direkt ausbeutete, können wir sicher sein, dass die Muster, die wir erkennen, nicht auf Raub oder Einkünfte aus politischen Ämtern zurückzuführen sind. Die Papyri legen im Gegenteil nahe, dass die römische Wirtschaft keineswegs einen massiven Einbruch erlebte, sondern vielmehr bestens gerüstet war, eine wachsende Bevölkerung aufzunehmen und echtes Pro-Kopf-Wachstum zu erzielen. Bis zur Antoninischen Pest stiegen die Löhne für ungelernte Arbeiter – Erdarbeiter, Eseltreiber, Fäkalienentsorger – schneller als Preise und Mieten.[25]

Die Fülle monumentaler Ruinen in den zahlreichen Städten des

Imperiums kann gleichfalls als ein Indikator für den realen Wohlstand der unter römischer Herrschaft stehenden Gemeinschaften betrachtet werden. Ausmaß und Charakter des antiken Städtewesens waren Gegenstand lebhafter Auseinandersetzungen unter modernen Historikern, doch lässt sich das Fazit kaum mehr widerlegen: Im Römischen Reich kam es zu einer wirklich einzigartigen Urbanisierung – insgesamt gab es über tausend Städte. An erster Stelle stand die Stadt Rom mit wahrscheinlich über einer Million Einwohnern. Sie war künstlich aufgebläht durch den politischen Anspruch, ein Imperium zu beherrschen, doch war Rom auch Hauptumschlagplatz der gesamten Wirtschaft, Knotenpunkt produktiver Aktivität. Außerdem war Rom nicht die einzige Großstadt. Alexandria, Antiochia, Karthago und andere Metropolen hatten mit Sicherheit mehrere hunderttausend Einwohner (wie auch, jenseits der Reichsgrenzen, die Zwillingsstädte Seleukia und Ktesiphon, die glanzvollen, am Tigris gelegenen Städte des Partherreichs, Drehscheiben des Handels am Persischen Golf). Galen veranschlagte die Einwohnerzahl Pergamons zu seiner Zeit auf 120 000. Vermutlich gab es im ganzen Reich Dutzende weiterer Städte von annähernd dieser Größenordnung.

Im Westen hatte das Imperium einen Bauboom in Gang gesetzt – manchmal entstanden Städte wie aus dem Nichts, manchmal wurden die bescheidenen Behausungen der einheimischen Bevölkerung einfach überbaut. Im Osten lagen die Dinge anders. Stolze, uralte Städte konnten sich der imperialen Geschichte anpassen oder sie ignorieren, je nach den gegebenen Umständen. Zumeist duldeten oder förderten die Kaiser gerne diesen Bürgerstolz. Die hellenistischen Städte im Osten hatten ihre Blütezeit unter römischer Herrschaft, sie dehnten sich weit über ihre alten Grenzen aus und erlebten eine Ära, in der Monumentalbauten entstanden, wie es sie zuvor nicht gegeben hatte. Wir dürfen uns die Städte im Römischen Reich nicht als parasitäre Zentren des Verbrauchs vorstellen, wo man sich an Pacht und Privilegien bereicherte, sie waren vielmehr echte Zentren der Wertschöpfung – mit handwerklicher Produktion, Finanzdienstleistungen, Marktaktivitäten und Austausch von Wissen. Etwa jeder fünfte Bewohner des Reichs lebte in einer Stadt – ein Prozentsatz, der undenkbar wäre ohne ein erhebliches ökonomisches Entwick-

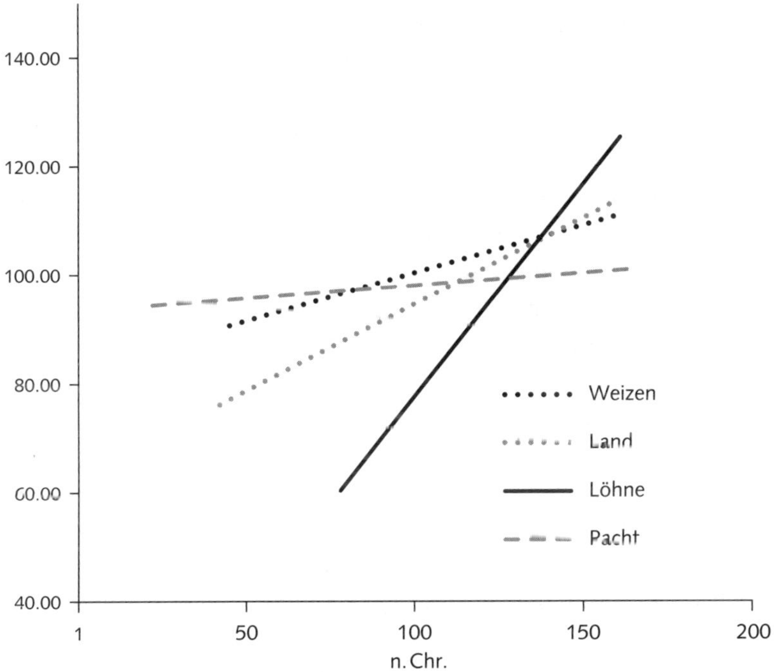

ABB. 2.1 Preisindizes bis zur Antoninischen Pest

lungsniveau. Tatsache ist, dass das Römische Reich über eine lange Periode hinweg städtisches Leben in einer Weise ermöglichte, die es vorher nie gegeben hatte und bis in die Frühe Neuzeit auch nicht wieder geben sollte.[26]

Die Segnungen des imperialen Friedens kamen also vielen zugute, was allerdings nicht heißt, dass die Gewinne gerecht geteilt worden wären, im Gegenteil. Reichtum und Rechtsstatus bildeten die komplizierte Architektur einer hierarchisch gegliederten Gesellschaft. Rechtlich ganz unten stand eine breite Schicht unfreier Personen. Das Römische Reich besaß eines der extensivsten und komplexesten Sklavereisysteme der Geschichte, dessen Langlebigkeit übrigens ein weiteres indirektes Zeichen dafür ist, dass Überbevölkerung die Löhne auf dem freien Arbeitsmarkt nicht so gedrückt hatte, dass Sklavenarbeit überflüssig geworden wäre.

Die große Masse der Bevölkerung bestand aus einfachen, landlosen Menschen, doch eröffneten Märkte und Mobilität in der Stadt wie auf dem Land Chancen für das Wachstum einer stabilen «Mittelschicht». An der Spitze der Pyramide stand die Aristokratie, Reichtum war der Maßstab für die offiziellen Ränge wie städtischer Magistrat, Ritter oder Senator. Auch wenn Erbteilung die Norm war und institutioneller Druck ausgeübt wurde, um allzu riesigen Immobilienbesitz zu verhindern, waren die größten Privatvermögen in der frühen Kaiserzeit wohl die gewaltigsten, die je in der Geschichte der Menschheit angehäuft worden waren. Es besteht kein Zweifel, dass in erster Linie die reichen und mittleren Eliten vom Aufschwung profitierten. Und wenn die Eliten den Löwenanteil der Gewinne an sich rissen, so weisen die gestiegenen Löhne für ungelernte Arbeiter nur umso mehr auf die außergewöhnliche Leistung der römischen Wirtschaft hin.[27]

Es stimmt eben nicht ganz, dass «der Reichtum des Römischen Reichs schlicht auf der enormen Bevölkerungsmenge beruhte, die es beherrschte». Die größte Leistung der römischen Wirtschaft bestand vielleicht einfach darin, dass der Produktivitätsanstieg ausreichte, um viele Millionen neuer Arbeitskräfte zu integrieren, ohne dass es zu einem Überangebot gekommen wäre. Noch bemerkenswerter ist, dass die Wirtschaft nicht nur aufgrund zusätzlicher Arbeitskräfte ein so hohes Wachstumsniveau erreichte. Diese Art intensiven Wachstums rührt von zwei klassischen Mechanismen her: Technologie und Handel. Technische Entwicklung fördert das sogenannte Schumpetersche Wachstum, das heißt, wenn neue Geräte die Produktivität der Arbeit steigern. Handel fördert Smith-Wachstum im Sinne von Adam Smith, dass nämlich Spezialisierung und Wettbewerb freigesetzt werden, die beide in antiken Ökonomien von so großer Bedeutung waren. Sie ergänzen sich, denn sie ermöglichen es Arbeitskräften, Energie zu produktiven Zwecken effizienter zu nutzen. Zwar sollten die Römer nie die Grenzen jeder vorindustriellen Ökonomie durchbrechen, doch verschafften ihnen Handel und Technologie eine längere Phase gesellschaftlicher Entwicklung, eine der wenigen Effloreszenzen der vormodernen Geschichte.[28]

Die Archäologie liefert die besten Beweise für den Fortschritt in

Technologie und Handel, und daher können wir sagen, dass in der Welt der Römer ständig technische, allerdings nie wirklich revolutionäre Innovationen erfolgten. Man muss fairerweise feststellen, dass es abgesehen von einigen spektakulären Verbesserungen im Bauwesen «niemals so etwas wie eine römische Technologie gab» – keinen signifikanten Durchbruch, kein größeres Bündel von Innovationen. Die Gewinne lagen vielmehr in der massenhaften *Verbreitung* technischer Errungenschaften im gesamten Imperium, und in großem Stil wurde Kapital akkumuliert und investiert.[29]

Die Landwirtschaft blieb der wichtigste Sektor; die Verbreitung von Metallwerkzeugen, besseren Pflügen sowie neuen Eggen und neuartigen Mähern aus Gallien brachten echten Fortschritt. Viele landwirtschaftliche Arbeitsabläufe wurden gewaltig verbessert, zum Einsatz kamen leistungsfähigere Schraubenpressen, Maschinen zur Wasserförderung, nicht zuletzt Salzfässer. Zum ersten Mal gab es allerorten Wassermühlen, wie mittlerweile festgestellt wurde. «Die große Zahl der Mühlen im gewöhnlichen zivilen, urbanen wie auch ländlichen Umfeld überall im Imperium zeigt, dass die Wassermühle sehr schnell integraler Bestandteil des ländlichen Lebens wurde, sogar in den trockeneren Zonen des Mittelmeerraums.» In diesem Sektor, der sich raschen Veränderungen verweigerte, war die Gesamtheit der technischen Verbesserungen durchaus beträchtlich.[30]

Auch andere Sektoren veränderten sich nur langsam. Besonders die Keramikherstellung war nicht gerade geprägt von umwälzenden technischen Neuerungen, doch ermöglichten tiefgreifende Veränderungen der Arbeitsabläufe die Massenproduktion einer ganzen Reihe bescheidener Haushaltsgüter. Bergbau und Metallverarbeitung haben in römischer Zeit offenbar einen entscheidenden Wandel erfahren; die leichte Verfügbarkeit von Metall hatte wiederum nicht zu unterschätzende Weiterungen zur Folge. Dass die Römer hervorragende Baumeister waren, muss nicht eigens betont werden. Das Transportwesen wurde ebenfalls erheblich verbessert. In der hohen Kaiserzeit waren die Schiffe größer und schneller als je zuvor. «Erst im fünfzehnten Jahrhundert wurden Schiffe gebaut, die größer waren als die der Römer, und größere Getreidefrachter gab es erst im neunzehnten Jahrhundert.» Das Lateinersegel kam im Mittelmeer in der frühen Kaiserzeit auf, wahrscheinlich wurde es im Zuge des damals boomenden Handels im Indischen Ozean übernommen. Vermutlich trugen auch die mächtigen Hafenanlagen an den römischen Küsten dazu bei, dass die gefährlichen Mittelmeerufer sicherer wurden. Insgesamt kam die Verbreitung dieser Verbesserungen einer stillen Basisrevolution des technischen Fortschritts gleich.[31]

Einen vielleicht noch stärkeren Wachstumsschub brachte der Handel, der während der Pax romana explodierte. Die Zeitgenossen staunten über die Ein- und Ausfuhr von Waren, und Aristides ließ es sich nicht nehmen, in seiner Hymne auf Rom zu vermerken: «So zahllos sind die Lastschiffe, die hier eintreffen und alle Waren aus allen Ländern von jedem Frühjahr bis zu jeder Wende im Spätherbst befördern, dass die Stadt wie ein gemeinsamer Handelsplatz der ganzen Welt erscheint.» Der Verfasser der biblischen *Offenbarung*, längst nicht so wohlwollend, stellt sich die Zerstörung Roms folgendermaßen vor: «Und die Kaufleute auf Erden werden weinen und Leid tragen über sie, weil ihre Ware niemand mehr kaufen wird: Gold und Silber, Edelsteine und Perlen; feines Leinen, Seide, Purpur und Scharlach; wohlriechende Hölzer aller Art und alle möglichen Geräte aus Elfenbein, kostbarem Holz, Bronze, Eisen und Marmor; Zimt, Salbe, Räucherwerk, Myrrhen und Weihrauch; Wein, Öl, feinstes Mehl und Weizen; Rinder und Schafe, Pferde und Wagen und Leiber und Seelen von Menschen.»[32]

Die Stadt Rom war natürlich ein Tempel des Konsums, aber das Geflecht der Handelsbeziehungen dehnte sich wie ein Spinnennetz bis in die letzten Winkel des Reichs aus. Der Frieden, die Gesetzgebung und das Verkehrswesen förderten überall die feinmaschige Durchdringung der Märkte. Die Beseitigung der Piraterie auf dem Mittelmeer in der späten Republik war wohl die entscheidende Voraussetzung für die Ausweitung des Handels; das Verlustrisiko war häufig das größte Hemmnis für den Seehandel. Der Schutzschirm des römischen Rechts verminderte zudem die Transaktionskosten. Die zuverlässige Durchsetzung der Eigentumsrechte und ein allgemeingültiges Währungssystem waren ein Ansporn für Unternehmer und Kaufleute. Erst vor kurzem wurde festgestellt, welche erstaunlichen Fortschritte das römische Kreditwesen machte. Römische

Banken und Netzwerke von Handelskrediten verfügten über einen Standard der Zwischenfinanzierung, der erst wieder im Welthandel des siebzehnten und achtzehnten Jahrhunderts in den fortschrittlichsten Weltgegenden erreicht wurde. Kredite sind der Schmierstoff des Handels, und im Römischen Reich lief das Getriebe auf Hochtouren. Zum Wesen des Imperiums gehörte, dass Handelsschranken systematisch herabgesetzt wurden.[33]

Das Ergebnis war ein goldenes Zeitalter für den Handel. Städte waren die Zentren regionaler Netzwerke, die auf der Landkarte des Handels stets die erste Stelle einnahmen. Der Handel spielte sich überwiegend auf lokaler Ebene ab. Trotz des guten Zustands der römischen Straßen waren die Transportkosten erheblich und die Beförderung auf Flüssen oder dem Meer deutlich billiger als auf dem Landweg. Dennoch war der überregionale Handel beachtlich. Da Behälter aus gebrannter Keramik zur Beförderung flüssiger Güter praktisch nicht kaputtgehen, können wir teilweise ermessen, wie komplex und umfangreich der Weinhandel in der frühen Kaiserzeit war. In einer Welt, die sich nichts aus Bier machte und in der Tabak, Zucker und viele andere Stimulanzien unbekannt waren, bildete Wein das edelste Handelsgut. Die Stadt Rom verbrauchte im Jahr schätzungsweise 1,5 Millionen Hektoliter Wein – ungefähr ein Fünfzehntel der jährlichen Weinproduktion im heutigen Kalifornien.[34]

Dank Handel und Technologie überstanden die Römer während einer langen Phase der Entwicklung die Bevölkerungskrise, doch gibt es keine Anzeichen dafür, dass sie in der Lage gewesen wären, das Wachstum in einem solchen Tempo zu beschleunigen, wie wir es in der modernen Welt für selbstverständlich halten. Der große Aufschwung kam erst, als Wissenschaft und wirtschaftliche Produktion miteinander gekoppelt und fossile Energieträger wie Kohle in großem Maßstab abgebaut wurden. Und so tut es den Leistungen der Römer keinen Abbruch, wenn man feststellt, dass sie über die grundlegende Funktionsweise vormodernen Wirtschaftens nicht hinausgelangten. Sie waren anderen Völkern weit voraus und befanden sich zugleich noch in einem vorindustriellen Zustand. Wir dürfen uns die Entwicklung vormoderner Ökonomie nicht als gleichmäßige Abfolge reiner Subsistenzwirtschaften vorstellen, bevor dann die industrielle Revolution das Wachstumstempo beschleunigte. Vielmehr war der Zivilisationsprozess gekennzeichnet durch aufeinanderfolgende Phasen von Aufstieg und Niedergang, Konsolidierung und Zerfall. Die Auswirkungen reichten weit über die winzige Elite hinaus, die Abgaben aus einer unterschiedslosen Masse von Bauern presste, deren Lebensbedingungen seit Urzeiten immer mehr oder weniger gleich kümmerlich waren. Das Zeitalter des Römischen Reichs war vielleicht die längste und mächtigste dieser Phasen, bevor es in der modernen Wirtschaft zu noch ganz anderen Höhepunkten kam.[35]

Kurz gesagt, die Römer erreichten ein echtes Wachstum innerhalb der Grenzen einer traditionellen organischen Wirtschaft, und dieses Wachstum spielte durchaus eine Rolle für die Geschicke des Imperiums und seiner Bewohner. Doch manches bleibt ungeklärt, wie wir jetzt vielleicht deutlicher als zuvor sehen. Es gibt keine eindeutigen Hinweise darauf, dass die römische Wirtschaft bereits an die harten Grenzen ihrer Möglichkeiten gestoßen wäre. Wenn aber diese Wirtschaft weder dem Niedergang entgegenging noch auf der Schwelle zu unaufhörlichem Wachstum stand, wie kam es dann zu der unmittelbar bevorstehenden Wende? Zugegeben: Die Theorie, dass die Ursache für den Umschwung *innerhalb* des Systems selbst lag, dass der Niedergang der Wirtschaft des Imperiums die unvermeidliche Konsequenz der Überbevölkerung war, leuchtet in gewisser Hinsicht ein. Natürlich mussten irgendwann Probleme auftreten, doch griff die Natur zuerst ein, ohne von der Gesellschaft, die ihre Belastungsgrenze überschritten hatte, dazu provoziert worden zu sein.

Die Geschichte ist voller solcher synkopischer Rhythmen, mit plötzlichen, unerklärlichen Ausschlägen, die aus dem Nichts zu kommen scheinen und das unterbrechen, was nur wie ein Muster aussah. Die längste Zeit haben wir versucht, die Zyklen von Aufstieg und Niedergang in Begriffen zu erklären, die sich nur allzu sehr auf den Menschen bezogen, als seien wir die einzigen Akteure in diesem Spiel. Doch zunehmend erkennt man, dass hinter den Kulissen ein anderer großer Mitspieler agiert, der sowohl die angenehmen als auch die widrigen Bedingungen stellt, unter denen die Menschen ihr Schicksal gestalten. Das Klima war eine Größe, die vieles ermöglichte und anderes destabilisierte, und es sieht ganz so aus, als sei es ein unerlässlicher Mitspieler in der Zeit von Roms Blüte gewesen – und auch danach, als diese Phase so unerwartet zu Ende ging.

DAS RÖMISCHE KLIMAOPTIMUM

Alexandria, am westlichen Ende des Nildeltas an der Mittelmeerküste gelegen, war eine dieser Städte, die unter der römischen Herrschaft florierten. Die Hauptstadt der wissenschaftlichen Forschung (wo Galen echte menschliche Knochen untersuchte) war Heimat und Hauptquartier des großen Ptolemäus, der neben Galen der berühmteste Wissenschaftler des römischen Imperiums war. Wie Galen verknüpfte er das gesammelte Wissen der antiken Welt mit den mühsam erworbenen neuen Kenntnissen des strengen Empirikers. Seine Theorien blieben, wie die Galens, ein Jahrtausend lang gültig, doch machte dieser genaue Beobachter des Himmels Aufzeichnungen über das lokale Wetter in Alexandria, die viele spätere Leser für irritierend unwahrscheinlich hielten. Nach seinen Angaben regnete es in Alexandria jeden Monat im Jahr außer im August. Heute gibt es von Mai bis einschließlich September je etwa einen einzigen Regentag. Diese Differenz konnte kein reiner Zufall sein. Ptolemäus' Beobachtungen lassen auf andere atmosphärische und hydrologische Bedingungen im südöstlichen Mittelmeerraum schließen. Sie sind nur ein – allerdings verblüffender – Beleg dafür, dass sich das Klima der römischen Welt signifikant von unserem heutigen unterschied.[36]

Das römische imperiale Projekt hatte einen Verbündeten, von dem die Römer nichts ahnten: Die Phase des Holozän-Klimas war entscheidend für die Expansion des Reichs. Die letzten vor- und die ersten nachchristlichen Jahrhunderte waren begünstigt durch ein feuchtwarmes, stabiles Klima, das zu Recht als römisches Klimaoptimum bekannt ist. Die gleichzeitige Blüte des Römischen Reichs und des Chinas der Han-Dynastie ist eine der vielen «merkwürdigen Parallelen» der Geschichte: synchrone Wachstumsimpulse sowie Rückschläge in globalem Maßstab, die durch kausale Mechanismen

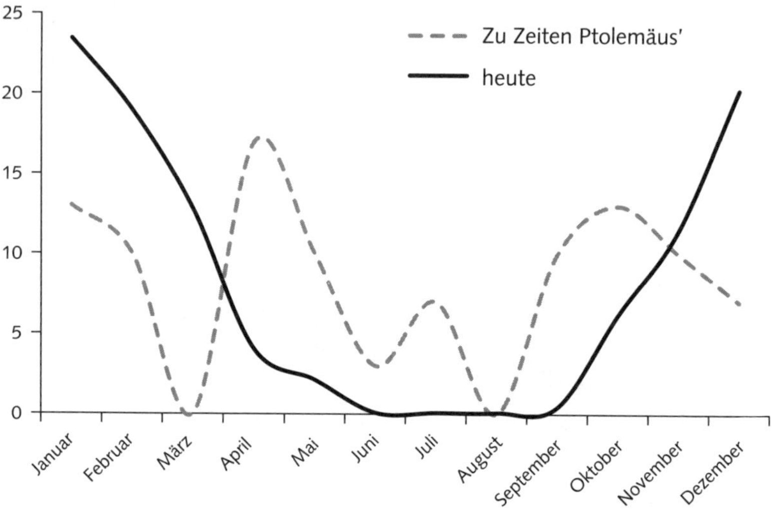

ABB. 2.2 Regentage pro Monat in Alexandria

der gleichen Größenordnung bedingt scheinen. Obwohl immer noch eine genaue Definition fehlt und wir das Phänomen noch nicht ganz verstehen, deutet alles darauf hin, dass Rom unter den günstigen Bedingungen des römischen Klimaoptimums aufblühte. Es lohnt sich, das zu erforschen – nicht allein deshalb, weil das Klima eine so bedeutende Rolle in einer Agrarwirtschaft spielt, sondern auch, weil dadurch betont wird, dass Roms ohnehin kühner Versuch, das Wachstum zu steigern, auf einer Basis sich verändernder Umweltbedingungen beruhte.[37]

Im Jahr 1837 prägte Louis Agassiz den Begriff «Eiszeit» zur Beschreibung der Spuren, die radikal verschiedene Klimata in der Geologie der Alpen hinterlassen haben. In der zweiten Hälfte des zwanzigsten Jahrhunderts wurden seine Erkenntnisse voll und ganz durch Meeresablagerungen und Eisbohrkerne bestätigt, die weit in die Vergangenheit reichende Archive der Klimageschichte konservieren. Unser Planet ist ein ungemein instabiler Ort mit einer Vergangenheit voller Überraschungen. Die letzte Eiszeit war keineswegs eine Periode ununterbrochener Kälte, sondern geprägt von heftigen Ausschlägen des globalen Klimas. Das Klima der letzten hunderttausend Jahre ist als «ständiges Flackern» bezeichnet worden. Unsere Vorfahren, die Jäger und Sammler, überlebten in Zeiten, die nicht nur deutlich kälter, sondern auch viel stärkeren Klimaschwankungen unterworfen waren. In einer Phase, die als letztes glaziales Maximum bezeichnet wird und vor etwa 25 000 Jahren begann, vertrieb die Kälte die Menschen weit nach Süden, und nur noch einige Gebiete Südeuropas blieben bewohnbar. Chicago lag unter dem großen Laurentidischen Eisschild.[38]

Die wilden Ausschläge gingen vor allem mit dem Rhythmus der Mechanik der Himmelskörper einher, geringfügigen Schwankungen in der Rotation und Umlaufbahn der Erde, welche die Menge der Sonnenenergie beeinflussen, die auf die Erde trifft. Die Neigung der Erdachse – dieser geringe Winkel, der die beiden Pole jeweils für ein halbes Jahr näher an die Sonne rückt, wodurch es zu den verschiedenen Jahreszeiten kommt – schwankt in der Tat zwischen ca. 22° und 24,5° in einem Zyklus von 41 000 Jahren. Außerdem ändert sich die Exzentrizität der jährlichen Umlaufbahn der Erde um die Sonne, also die Krümmung der elliptischen Bahn, je nachdem, wie der Planet von der Gravitation anderer Himmelskörper im Sonnensystem angezogen wird. Infolgedessen hat die Rotation der Erde um ihre Achse einen langsam trudelnden Drall ähnlich einem Kreisel. Etwa alle 26 000 Jahre vollführt die Erdachse eine kegelförmige Bewegung im All, die «Präzession» genannt wird. Alle diese orbitalen Parameter überlagern sich, verstärken sich unterschiedlich oder heben sich gegenseitig auf, wodurch das Maß und die Verteilung der Wärme, die durch die Erdatmosphäre dringt, erheblich beeinflusst werden. Im Pleistozän war die Folge dieses planetarischen Schwankens und Taumelns, aus menschlicher Perspektive gesehen, schlicht chaotisch.[39]

Menschliche Zivilisation – Agrarwirtschaft, Staatenbildung, Schrift und so weiter – gehört zu dem ungewöhnlichen kurzen Kapitel der Klimageschichte, das als Holozän bezeichnet wird. Der Einzug dieses gemäßigteren Klimas wurde als «Ende der Herrschaft des Chaos» bezeichnet. Nahezu 12 000 Jahre zuvor war das Eis geschmolzen. Eine günstige Konstellation der orbitalen Zyklen führte zu einer plötzlichen und entscheidenden Erwärmung. Mit dem Abschmelzen des Eispanzers stieg der Meeresspiegel; vor nur 8000 Jahren konnte man von Britannien zu Fuß bis zum Festland spazieren. Im Vergleich zum Pleistozän war das Holozän warm und stabil, doch der natürliche Klimawandel endete nicht mit dem Beginn des Holozäns.

Über die Jahrtausende hat der orbitale Antrieb lange und tiefgreifende klimatische Veränderungen bewirkt. Nach einem frühen Höhepunkt erlebte das Jahrtausende währende Holozän auf der nördlichen Hemisphäre eine abnehmende Sonneneinstrahlung im Sommer und einen langsamen Trend zu einem kühleren Klima. Im mittleren Holozän (ca. 6250–2250 v. Chr.) herrschte ein besonders günstiges Klima. Die Sahara war grün, der Mittelmeerraum fabelhaft fruchtbar. Niederschläge gab es rund ums Jahr. Der Mittelmeerraum wurde immer stärker besiedelt, in einer planlosen Ausbreitung ohne mächtige Königreiche oder Imperien. Der Archäologe Cyprian Broodbank nannte diese glückliche Ära eine Zeit, «wie es gewesen sein könnte».[40]

Ab etwa 2250 begann sich das späte Holozän zu etablieren. Das globale Klima stellte sich um. Es gab eine Süddrift der sogenannten innertropischen Konvergenzzone, in der die östlichen Passatwinde am Äquator zusammentreffen. Die Desertifikation in der Sahara und im Nahen Osten wurde ausgeprägter und irreversibel. Die Monsunregen wurden schwächer. Es gab häufiger El Niños, und die Luftdruckgradienten im Nordatlantik nahmen ab. Die Sommer auf der Nordhalbkugel wurden kühler. Im Mittelmeerraum wurde der vertraute jahreszeitliche Wechsel von Trockenheit und Nässe zunehmend ausgeprägter. Entscheidend ist jedoch, dass der Klimawandel gleichzeitig in unterschiedlichem Ausmaß fortschreitet. Neben diesen Veränderungen, die sich in Zeiträumen von Tausenden von Jahren vollzogen, gab es Perioden, in denen sich das Klima im Lauf von hundert Jahren oder auch nur Jahrzehnten wandelte. Diese kürzeren Phasen kehrten die längerfristigen Trends im späten Holozän um, verdichteten oder beschleunigten sie. Der Klimawandel dieser Zeit ähnelte einem Karussell, das sich gleichzeitig mit unterschiedlichen Geschwindigkeiten in unterschiedliche Richtungen dreht.[41]

Das Klima im Holozän veränderte sich auch in viel kürzeren Zeiträumen. Der orbitale Antrieb kann, obwohl er sich allmählich entwickelt, aufgrund komplexer Rückwirkungen und Schwellenmechanismen im System der Erde plötzliche Veränderungen auslösen. Ruhig verlaufende Prozesse können abrupte Effekte im Klima bewirken. Darüber hinaus wirkten sich im Holozän zwei weitere Antriebsmechanismen mit besonderem Einfluss auf die kürzeren Zeiträume aus: Vulkantätigkeit und Schwankungen in der Sonneneinstrahlung. Bei Vulkanausbrüchen werden Sulfatwolken in die Atmosphäre geschleudert, die die Strahlung in den Weltraum reflektieren. Auch im Pleistozän haben Megavulkane ihre Spuren hinterlassen, insbesondere die Eruption des Toba vor ca. 75 000 Jahren, die einen tausendjährigen Winter verursachte und von der manchmal behauptet wird, sie habe alle bis auf 10 000 unserer Vorfahren ausgelöscht. Schwankungen in der Sonneneinstrahlung tragen ebenfalls als mächtiger Faktor zur Instabilität des Klimas bei. «Betrachtet man die Galaxis als Ganzes, ist die Sonne ein bemerkenswert konstanter Stern.» Aus irdischer Perspektive jedoch ist unser gelbes Gestirn alles andere als unwandelbar. Tief unter der sichtbaren Oberfläche der Sonne pulsiert magnetische Energie. Der Sonnenfleckenzyklus von elf Jahren ist deren bekannteste Erscheinung. Während die Leuchtkraft in diesem Zyklus nur um 0,1 Prozent schwankt, sind die Auswirkungen auf das Klima weithin wahrnehmbar. Andere, längere Zyklen der Sonnenaktivität spielten eine wichtige Rolle im Klimawandel des Holozäns. Besonders der sogenannte Hallstatt-Zyklus, ein Sonnenzyklus mit einer Periodizität von ca. 2300 Jahren, hat tiefgreifende Verschiebungen im Klima des Holozäns verursacht.[42]

Diese globale Antriebsmechanik hat mit dem lokalen Wettergeschehen wenig zu tun. Menge und Verteilung der Energie, die zur Erde gelangt, bewirken Veränderungen, Klimaschwankungen wirken sich jedoch faktisch als variierende Muster von Temperatur und Niederschlagsmenge aus. Im Allgemeinen treten Temperaturschwankungen tendenziell eher großräumig und gleichzeitig in ausgedehnten Gebieten der Erde auf. Veränderungen der Niederschläge hingegen sind weitgehend regional, weil ein breiteres und sensibleres Spektrum von Mechanismen Zeitpunkt, Ort und Intensität der Regenfälle bestimmt.

In den von Rom beherrschten Territorien spielten Schwankungen sowohl der Temperatur als auch der Feuchtigkeit eine Rolle, und die Folgen für das Klima waren mitunter ausschließlich lokal. Das riesige, ungewöhnlich komplexe Römische Reich, dessen Zentrum direkt an der Mittelmeerküste lag, dehnte sich über drei Kontinente aus. Dura Europos, ein bedeutendes Zentrum am Euphrat, das dem Reich einverleibt worden war, lag jenseits des 40. Längengrads Ost; die iberischen Besitzungen des Imperiums erstreckten sich bis zum 9. Längengrad West. Der Hadrianswall liegt nördlich des 55. Breitengrades, entlang der südlichen Ausläufer des Reichs waren römische Kohorten in Syene (24°N) stationiert, und bei Qasr Ibrim (22,6°N) befand sich ein römisches Fort. Erst kürzlich wurden auf den Farasan-Inseln (17°N!) Hinweise auf einen militärischen Außenposten entdeckt, von dem aus der römische Handel auf dem Roten Meer überwacht wurde. Da es am Äquator wärmer ist als an den Polen, bestimmen die Längengrade (Nord–Süd) und nicht die Ost-West-Lage die Klimaunterschiede. Aus klimatischer Sicht war die Nord-Süd-Ausdehnung des römischen Imperialismus absolut außergewöhnlich.[43]

Beeindruckend sind nicht nur die schiere Ausdehnung des römischen Territoriums in alle Richtungen, sondern auch die Eigenheiten des Kerngebiets. Das Bindeglied der Teile des Imperiums war das Mittelmeer, ein riesiges, 2,5 Millionen km^2 großes Binnengewässer. Die Dynamik des Meeres in Verbindung mit den zerklüfteten Landschaften, die es umgeben, macht dieses Gebiet zu einem der komplexesten Spielfelder des Klimas weltweit. Extreme Temperaturen und Wasserknappheit ergeben eine problematische Kombination. In manchen Regionen des Mittelmeerraums, in denen es zu besonders heftigen Stürmen kommt, können sich gewaltige Regenfälle ereignen. Und was auf der Luvseite eines Berges geschieht, kann leewärts ganz anders aussehen. Der Mittelmeerraum ist ein Mosaik von Mikroklimata. Seine vorhersehbare Unvorhersehbarkeit macht ihn zu einem vertrackten Lebensraum. Strategien zur Risikominderung sowie die kapillare Eingliederung unterschiedlicher Landschaf-

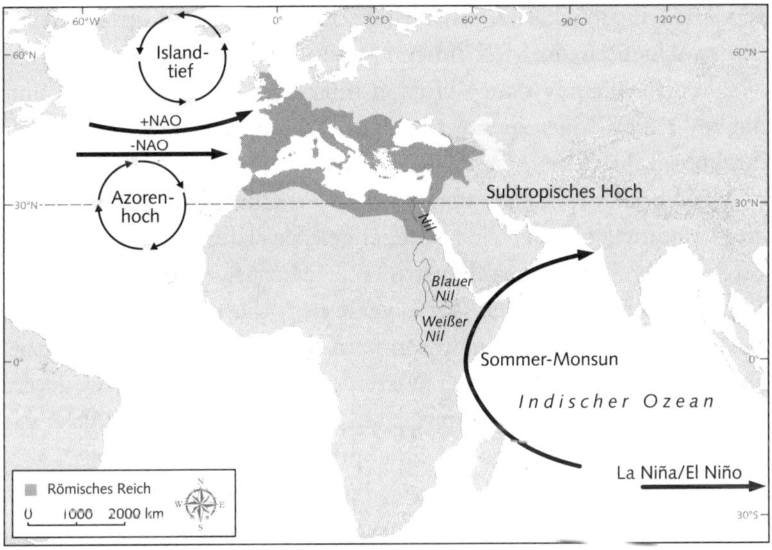

KARTE 4 Globale Klimata und das Römische Reich

ten sind überlebensnotwendig. Aufgrund seiner Lage auf dem Globus und seiner einzigartigen Standorteigenschaften ist Resilienz dort unabdingbar. Wir dürfen uns jedoch durch die Besonderheit der mediterranen Umwelt nicht zu der Annahme verleiten lassen, die Determinanten des lokalen Klimas seien unabhängig von vorherrschenden regionalen und globalen Klimamechanismen. Das westliche Mittelmeer unterliegt dem unmittelbareren Einfluss atmosphärischer Zirkulationen des Atlantiks, während das östliche Mittelmeer Spielball mehrerer globaler Mechanismen ist und der Schwelle des subtropischen Hochdrucks um 30°N ausgesetzt ist, der im Sommer die Niederschläge zurückhält. Kurzum, Klimawandel wird stets im Zentrum lokaler, regionaler und globaler Dynamik erfahren.[44]

Die Problematik anthropogenen Klimawandels macht die Notwendigkeit, das Paläoklima zu verstehen, nur noch dringlicher. Die Historiker sind unversehens zu den großen Nutznießern des Wettlaufs zur Erforschung der natürlichen Archive der Erde geworden, ihrer materiellen Daten, die Hinweise auf die Klimageschichte konservieren. Eisbohrkerne, Jahresringe, Meeresablagerungen, Warven (Jahresschichten) in Seesedimenten, Mineralablagerungen in Höhlen, «Speläotheme» oder «Höhlensinter» genannt, haben uns Einblicke in die Erdgeschichte verschafft. Zusammen mit anderen indirekten Indikatoren wie der schwankenden Größe von Gletschern und der archäologisch feststellbaren Verteilung von Pollen liefern diese materiellen Daten eine Möglichkeit, das Klimageschehen längst vergangener Zeiten zu rekonstruieren. Mittlerweile kann man das römische Klima in einer Weise verstehen, die noch vor ein, zwei Jahrzehnten undenkbar gewesen wäre, und es ist weiterhin spannend mitzuerleben, wie unser Wissen sich ständig rasant erweitert.[45]

Klimaindikatoren drücken sich auf tausendfache Weise aus. Zwar ist der Begriff des römischen Klimaoptimums (gelegentlich auch «römische Warmperiode» genannt) allgemein akzeptiert, doch ist er, was Zeitraum und Eigenart angeht, nur unzulänglich definiert. Die hier vorgeschlagene zeitliche Eingrenzung – von 200 vor bis 150 nach Chr. – ist eine grobe Annäherung auf der Grundlage einer Reihe von Indizien, die jedoch nicht willkürlich herausgegriffen sind. Sie erlauben uns, eine Phase des späten Holozän-Klimas zu beschreiben, die durch Muster globalen Antriebs und mehrere Indikatoren definiert ist, welche eine gewisse Kohärenz aufweisen. Beeinflusst von starker Sonneneinstrahlung und schwacher vulkanischer Aktivität, war das römische Klimaoptimum eine Periode warmen, feuchten und stabilen Klimas in weiten Teilen des Römischen Reichs.[46]

Die Sonne meinte es gut mit den Römern. Wir können die Veränderungen der Sonneneinwirkung anhand physikalischer Leuchtspuren erforschen, die «kosmogene Radionuklide» genannt werden. Kosmische Strahlen – Ströme energiereicher Strahlung – schwirren durch die ganze Galaxis. Sie dringen ständig in die Erdatmosphäre ein und erzeugen Isotope wie Beryllium-10 oder Carbon-14. Beryllium-10-Atome binden sich an Aerosole und sinken binnen zwei oder drei Jahren auf die Erdoberfläche. Der Strom kosmischer Strahlen, die zur Erde gelangen, wird jedoch von der Sonne beeinträchtigt; erhöhte Sonnenaktivität *vermindert* die Erzeugung kosmogener Radionuklide. Demzufolge variieren die Mengen an Beryllium-10 in der Atmosphäre – und damit die in Niederschlägen auf die Erde gesunkenen und in Eisschichten archivierten Anteile – in Einklang mit der Sonnenaktivität. Kosmogene Radionuklide in Eisbohrkernen sind umgekehrt proportional zur Sonnenaktivität und bilden einen sensiblen Indikator für die variable Menge der radioaktiven Energie, die zur Erde gelangt.[47]

Diese Archive zeigen uns, dass das römische Klimaoptimum (RCO) eine Phase starker und gleichmäßiger Sonnenaktivität war. Zwischen einem deutlichen solaren Minimum um etwa 360 v. Chr. und einem weiteren um 690 n. Chr. schwankte die Sonneneinstrahlung nur innerhalb einer geringen Bandbreite und erreichte einen Höhepunkt um 305 n. Chr.[48]

Unterdessen blieben die Vulkane ruhig. Von den zwanzig größten Ausbrüchen der letzten zweieinhalb Jahrtausende ereignete sich keiner zwischen dem Tod Julius Caesars und dem Jahr 169 n. Chr. Zwischen der späten Republik und dem Zeitalter Justinians (530er Jahre) gab es keine Phase extremer nachvulkanischer Abkühlung. Während der gesamten Zeit des RCO waren die Voraussetzungen für die Stabilität des Klimas optimal.[49]

Es wurde wärmer. Schon die Römer empfanden dies so, wie wir von den frühesten Beobachtern des Klimawandels erfahren. Der Naturwissenschaftler Plinius der Ältere beschrieb im ersten Jahrhundert, dass die Buche, die bis dahin nur im Tiefland gewachsen war, auch in den Bergen heimisch wurde. Der Anbau von Wein und Olivenbäumen dehnte sich weiter denn je nach Norden aus. Und diese botanische Migration war nicht nur Ergebnis menschlicher Arbeit. Alpengletscher erzählen Ähnliches: Sie ziehen sich zurück und dringen wieder in einem komplexen Rhythmus vor, je nach anhaltenden Veränderungen der Temperatur und der Niederschläge – gewaltige Bewegungen, die konkrete Spuren hinterlassen. Niederschläge im Winter und vor allem die Sommertemperaturen sind ausschlaggebend für die Balance zwischen Wachstum und Abschmelzen, und einzelne Gletscher haben ihre charakteristischen Eigenheiten. Wo sich diese Zusammenhänge überprüfen lassen und wo es möglich ist, Wachstum oder Rückzug der Gletscher zeitlich einzuordnen, bilden diese ein gefrorenes Verzeichnis der Klimaschwankungen. Dass

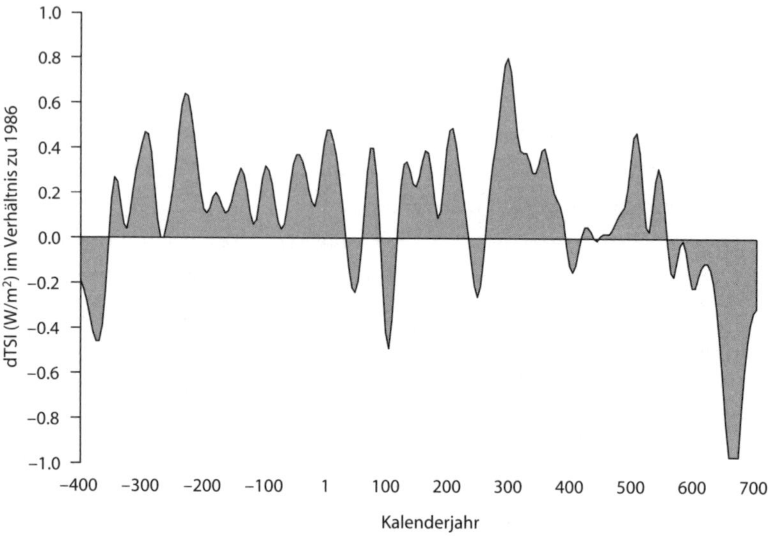

ABB. 2.3 Gesamte Sonneneinstrahlung nach ^{10}Be (Daten aus Steinhilber et al. 2009)

in römischer Zeit eine Wärmeperiode herrschte, ist eindeutig. Nach dem Ende des Vordringens der Gletscher um etwa 500 v. Chr. zogen sie sich Hunderte von Jahren lang zurück, bis in die ersten Jahrhunderte n. Chr. Der Große Aletschgletscher war gegen Ende der frühen Kaiserzeit wohl auf seine heutigen Ausmaße oder sogar noch stärker geschrumpft. Ähnlich ist es beim Mer de Glace im Mont-Blanc-Massiv in den Französischen Alpen. Erst das dritte Jahrhundert n. Chr. brachte die Wende: Die Gletscherzungen bewegten sich wieder talwärts. Das RCO war eine Zeit der Gletscherschmelze in den Alpen.[50]

Auch die Jahresringe bezeugen die Warmzeit im RCO. Das Wachstum der Bäume kann von der Temperatur, der Niederschlagsmenge oder von einer Mischung aus beidem beeinflusst sein. Dank der Dendrochronologie lässt sich das Alter von Holz genau und statistisch zuverlässig bestimmen. Durchgehende, sich überschneidende Reihen regionalen Baumwachstums können für zurückliegende Jahrhunderte erstellt werden und ermöglichen eine präzise und verlässliche Rekonstruktion des Paläoklimas. Leider finden sich im mediterranen Kernland keine Überreste großer alter Baumbestände, aber an einer Reihe von Bäumen in höheren Alpenregionen, die zweieinhalb Jahrtausende alt sind, lässt sich ein enger Zusammenhang sowohl mit lokalen als auch mit *mediterranen* Temperaturen nachweisen. Die höchsten Temperaturen vor dem Einsetzen der modernen Warmzeit wurden Mitte des ersten Jahrhunderts erreicht, worauf ein langsamer und ungleichmäßiger Temperaturrückgang folgte. Tatsächlich war es im ersten Jahrhundert sogar wärmer als in den letzten 150 Jahren.[51]

Schließlich ist auch noch in den Höhlen der römischen Welt ein Temperaturindikator ablesbar. Im Laufe der Jahre wachsen Stalagmiten aus Mineralien im Tropfwasser. Die Kalzite in diesen Höhlenformationen sind ein mineralisches Archiv, das steinerne Gegenstück zu den Jahresringen, und auch sie reichen Jahrtausende weit in die Vergangenheit. Solche mineralischen Ringe beinhalten eine kleine Mischung natürlich vorkommender stabiler Isotopen wie $\partial^{18}O$, eine schwere Form von Sauerstoff, oder $\partial^{13}C$, ein schweres Kohlenstoffisotop. Der Anteil schwererer Isotope in einer Stichprobe wird von den Eigenschaften der physischen Umgebung bestimmt; in Speläothemen können Anteile an schweren Isotopen Aufschluss geben über die lokale Temperatur, die Herkunft, die Menge und die jahreszeitliche Verteilung der Niederschläge sowie über Veränderungen im Ablagerungsprozess an der untersuchten Stelle, die spezifisch für den jeweiligen Boden und die Vegetationsdecke sind. Die zeitliche Einordnung kann stark variieren, von unterjährig bis hundertjährig. Die Karstlandschaft des Mittelmeerraums liefert eine Fülle von Speläothemen, und nahezu alle Wissenschaftler sind sich darin einig, dass sie auf eine außergewöhnliche Warmzeit im frühen Kaiserreich hinweisen.[52]

Die Protokolle der Niederschläge bergen größere Rätsel. Man ist sich nicht sicher, ob es in unterschiedlichen Regionen zu Veränderungen der Niederschläge zur gleichen Zeit und im gleichen Umfang kommt. Ihre Dynamik ist vielschichtiger und subtiler. Gelegentlich gibt es in den Mittelmeerregionen sogar große Verschiebungen in der Regenverteilung. Im RCO sind die Belege für eine feuchtere

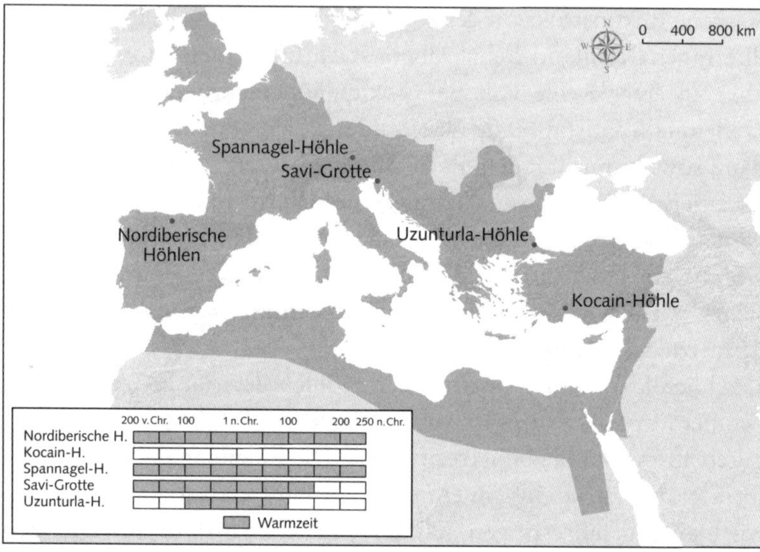

KARTE 5 Temperaturmessungen in Höhlen und das römische Klimaoptimum

Periode jedoch auffallend konsistent und vielfältig. Dies war eine Ära, in der es sowohl im subtropischen Bereich als auch in den mittleren Breiten des Römischen Reichs (im Wesentlichen in der südlichen beziehungsweise der nördlichen Hälfte) ergiebig regnete. Dieser Befund ist bemerkenswert und muss genauer untersucht werden. Dabei kann uns eine Reihe von Indikatoren helfen, sowohl solche physikalischer Natur als auch unterschiedliche Zeugnisse von Menschenhand. Sie können dazu beitragen, das Puzzle der seltsam nassen Welt des frühen Römischen Reichs zusammenzusetzen.

Eine Feuchtwetterperiode im nordwestlichen Mittelmeerraum ist so extrem auffällig, dass die Jahrhunderte der RCO in der einschlägigen Literatur als «Iberisch-Römische Feuchtperiode» bezeichnet werden. Auch im nördlichen Mittelmeerraum weisen die physikalischen Indikatoren eindeutig auf eine Ära der Feuchtigkeit hin. Beobachtungen römischer Autoren sprechen gleichermaßen für ein anderes, nasseres Klima in Rom. Rom war eine «großartige künstliche Landschaft» mitten in einem sumpfigen Schwemmland. Schuld daran war der Tiber, denn trotz der ingeniösen Bemühungen der

Römer, den Fluss zu regulieren, trat er manchmal über seine Ufer. Plinius der Jüngere beschreibt eine Überschwemmung zur Zeit Trajans, die trotz des vom Kaiser gebauten Überlaufkanals den Hausrat der Aristokraten und die Werkzeuge der Bauern durch die Straßen Roms mit sich riss. Überflutungen durch den Tiber sind gut dokumentiert, fanden allerdings in unregelmäßigen Abständen statt. Wir sind auf die schriftlichen Quellen angewiesen, daher hängt unser Wissen über die Überschwemmungen bis zu einem gewissen Grad von der Zahl unserer Belege ab. Aber das Muster spricht eine eindeutige Sprache.[53]

Im Großen und Ganzen lässt sich sagen: Überschwemmungen sind ein extremes Phänomen und besagen nichts über Niederschläge im Allgemeinen. Die verheerenden Überflutungen im Römischen Reich wirkten sich durch die Vernichtung der Wälder in höher gelegenen Regionen noch schlimmer aus. Die Römer verbrauchten große Mengen von Brennmaterial und holzten die Hügel ab, die einst dicht bewaldet gewesen waren und so den Abfluss des Regenwassers gebremst und aufgenommen hatten. Die zeitliche Verteilung der Überschwemmungen bleibt dennoch auffällig, und der Vergleich mit den warmen Jahrhunderten der Klimaanomalien im Mittelalter ist aufschlussreich: In römischer Zeit waren Überschwemmungen häufig, im Hochmittelalter gab es so gut wie keine.[54]

Am meisten überrascht, wie sehr die Überschwemmungen des Tibers von der Jahreszeit abhängen. Die Überflutungen im Winter in Mittelalter und Neuzeit sind so wenig verwunderlich wie der Sonnenaufgang. In römischer Zeit jedoch traten die meisten Fluten im Frühjahr und im Hochsommer auf. Der Dichter Ovid erwähnt, dass es bei den Equirria, Reiterspielen, die Mitte März veranstaltet wurden, regelmäßig zu Überschwemmungen kam. Und die Tatsache, dass im Gegensatz zur Antike im ganzen Mittelalter und in der Neuzeit Vater Tiber niemals im Sommer über die Ufer trat, kann man nicht einfach ausblenden. Dieser Befund wird ebenso bestätigt vom Wetterkalender des weisen römischen Agronomen Columella (1. Jh. n. Chr.), der ebenfalls von viel mehr Niederschlägen im Sommer ausgeht als heutzutage normal sind. Wie im Alexandria von Ptolemäus scheint im Rom der frühen Kaiserzeit ein spürbar ande-

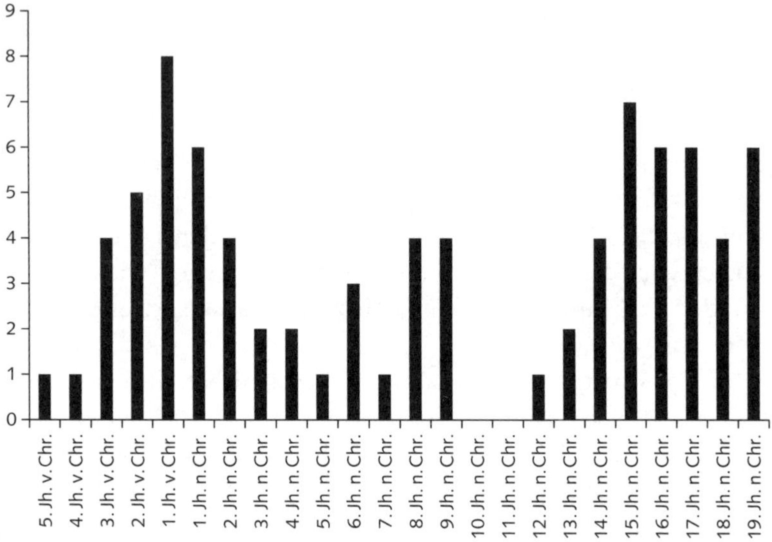

ABB. 2.4 Tiber-Überschwemmungen nach Jahrhunderten (Angaben nach Aldrete 2006)

res Klima geherrscht zu haben. Das Mittelmeerklima der ersten Jahrhunderte unterschied sich zwar wenig, jedoch entscheidend von den nachfolgenden.[55]

Im Süden grenzte das Imperium noch näher an die lebensfeindlichen Dürregebiete. Doch bevor wir auf das römische Nordafrika und die Levante zu sprechen kommen, müssen wir festhalten, dass Klimawandel und Besiedelung durch den Menschen nicht völlig synchron verlaufen. Das günstige Klima war keineswegs der einzige Grund für die Ausweitung landwirtschaftlicher Anbauflächen in römischer Zeit. Das Bevölkerungswachstum trieb die Menschen in Randgebiete. Darüber hinaus ermöglichte das dichter werdende Verkehrs- und Handelsnetz den Bauern, sich in risikoreichere Zonen vorzuwagen. Die Vernetzung milderte die schlimmsten Folgen von Dürrejahren. Außerdem beflügelte das Wachstum der Märkte die Unternehmertätigkeit, und die römische Politik förderte gezielt die Ansiedlung in Randzonen. Die Kapitalzirkulation machte den Bau großer Bewässerungsanlagen überall in semiariden Gegenden

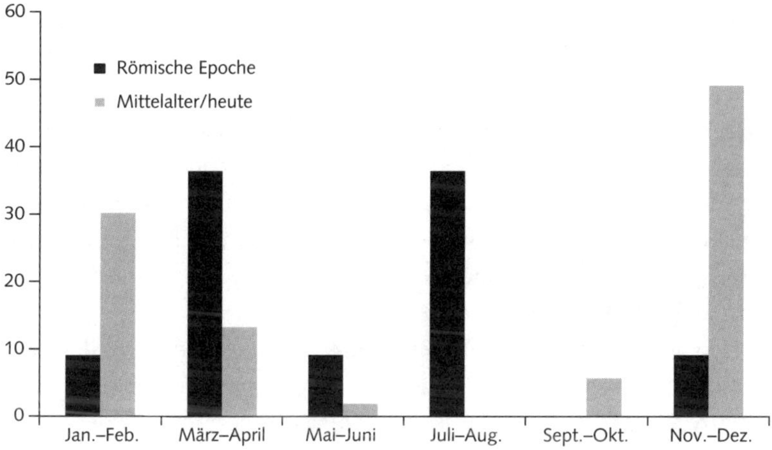

ABB. 2.5 Tiber-Überschwemmungen nach Jahreszeiten (% pro Jahr, Angaben nach Aldrete 2006)

möglich. Der Aufschwung der Wirtschaft im römischen Afrika kam richtig in Gang mit dem Bau von Aquädukten, Brunnen, Zisternen, Terrassen, Dämmen, Reservoirs und Foggaras (unterirdischen Kanälen, die Grundwasser aus höheren Lagen zur Bewässerung tiefer liegender Felder leiten). Sowohl einheimische als auch imperiale wasserbauliche Einrichtungen verliefen kreuz und quer über Berg und Tal. Dank dieser Techniken wurde Wasser sorgfältig gesammelt und in einer semiariden Region verteilt, in der menschliche Ansiedlungen florierten wie nie zuvor.[56]

Darüber dürfen wir jedoch nicht die sowohl positive als auch negative Rolle des Klimas außer Acht lassen. Schon lange wissen wir aus der schriftlichen Überlieferung, dass das Klima im südlichen Mittelmeer damals feuchter war als heute. Plinius der Ältere berichtet, dass Elefanten im Atlasgebirge, dem südlichsten Ausläufer des Reiches, heimisch waren; zu ihrem Aussterben führte vermutlich eine fatale Kombination aus Elfenbeinhandel und allmählicher Versteppung. In römischer Zeit war Nordafrika die Kornkammer Roms und berühmt für seine außerordentliche Fruchtbarkeit; heute werden dort große Mengen Getreide importiert. Die Wüste hat sich in Gebieten ausgedehnt, die im RCO eindeutig landwirtschaftlich genutzt worden waren. Über die Bedeutung des Klimas als Triebfeder dieses Wandels war man sich lange uneins. Eine frühere, eher deterministische Theorie wurde abgelöst von einem subtileren, offenen Ansatz, bei dem der Einfluss des Menschen als ausschlaggebend galt. Aber die ständige Zunahme geophysikalischer Indizien bestätigt die Rolle, die das Klima bei der Aridisierung im späten Holozän spielte. Ein Wendepunkt scheint um das Ende des RCO zu liegen, als die feuchte Zwischenperiode endete und die Wüste wieder langsam auf dem Vormarsch war.[57]

Den spürbarsten Gradmesser langfristiger Veränderung der Niederschläge in Nordafrika findet man wohl jenseits der römischen Grenzen bei den südlichen Nachbarn des Imperiums. Neuere Ausgrabungen im Fessan im Südwesten von Libyen haben überraschende Informationen über die Ausdehnung des Reichs der Garamanten und deren technische Kenntnisse geliefert. Die Wirtschaft beruhte auf dem Trans-Sahara-Handel und auf der Landwirtschaft, die durch Foggaras revolutioniert wurde. Ausgedehnte Bewässerungssysteme verhalfen dem Reich der Garamanten in den ersten nachchristlichen Jahrhunderten zu einer Blüte. Ein schwunghafter Handel mit Rom begann im ersten Jahrhundert und dauerte vierhundert Jahre an. Die Archäologie verfolgt die Spuren des Aufstiegs und Falls einer Zivilisation, von der man heute kaum mehr etwas weiß.[58]

Gegen Ende dieser Periode war das Problem der Wasserknappheit nicht mehr zu bewältigen. «Man kann sogar verfolgen, wie die Reservoirs immer weiter in Richtung Norden versetzt wurden, als der Grundwasserspiegel sank und die Foggaras immer tiefer gegraben werden mussten; die Folge war das klassische Phänomen der Verlegung der Foggara-Oasen, als die Abflussstellen der Foggaras und die sie umgebenden landwirtschaftlichen Flächen und Siedlungen immer tiefer gelegt werden mussten.» Es ist denkbar, dass die Garamanten an einem begrenzten fossilen Grundwasservorrat Raubbau trieben. Nahezu sicher ist, dass sich dort das Klima änderte. Jahresringe von Saharazypressen legen nahe, dass Austrocknung zu einer verzweifelten Suche nach Wasser und einer lang andauernden Krise führte. Wir haben es mit einer ökologisch anfälligen Gesellschaft mit verhältnismäßig geringer Resilienz zu tun, die als besonders empfindlicher Gradmesser für Umweltbelastung gelten kann. Die Garamanten hatten seit eh und je mit Wasserknappheit zu kämpfen, doch die zunehmende Aridisierung nach dem RCO zerstörte die Grundlagen ihrer Existenz und richtete ihre Zivilisation zugrunde.[59]

Mit der Geschichte des Wasserhaushalts im Nahen Osten hat die Forschung sich ausführlich beschäftigt. Die Levante erlebte vor dem Hintergrund langfristiger Austrocknung jahrhundertelang extreme Schwankungen. Die Pegelstände des Toten Meeres, die durch Radiokarbonmessungen in den Sedimenten rekonstruiert wurden, liefern einen Hinweis auf regionale Niederschläge. Das Tote Meer hatte zwischen 200 vor und 200 nach Chr. einen Höchststand. Gegen Ende dieses Zeitabschnitts gingen die Niederschläge zurück. Diese Schwankungen sind im Talmud anschaulich geschildert; die Rabbis, die ihn im zweiten und dritten Jahrhundert verfassten, lebten in einer Welt, in der man nie wusste, ob und wann es regnen würde, und in der Dürre ein riesiges Problem darstellte. «Es sagte Rabbi Eleazar ben Perata: Vom Tage der Zerstörung des Tempels an (70 n. Chr.) kam der Regen nur noch unregelmäßig in die Welt.» Man ist versucht, dies als übertrieben pessimistisch abzutun, doch der Rabbi lag wohl nicht ganz falsch. Ein Speläothem aus der nahegelegenen Soreq-Höhle ist ein Indiz dafür, dass die Niederschläge vom Jahr 100 n. Chr. an unvermittelt nachließen. Offenbar war das dritte Jahrhundert eine Phase der Wasserknappheit, und das Tote Meer erreichte um das Jahr 300 seinen niedrigsten Pegel. Einmal mehr erweist sich das RCO als eine Periode ergiebiger Niederschläge, die nicht von Dauer sein sollte.[60]

In einem ungewöhnlich großen und vielfältigen geographischen Raum, dem Mittelmeergebiet, waren demnach Wärme, Niederschläge und Beständigkeit Kennzeichen des RCO, einer Ära, in der die langfristigen Wirkungen der Schwankungen im orbitalen Antrieb, die das ganze späte Holozän hindurch Abkühlung und Austrocknung auslösten, eine gewisse Zeitlang in der Schwebe blieben, möglicherweise bedingt durch stärkere Sonnenaktivitäten. Im späten RCO kam eine Reihe von Bedingungen zusammen, wie sie in früheren Jahrtausenden vorherrschend gewesen waren, es war so etwas wie die letzte Blüte des mittleren Holozäns. Das mediterrane

Muster mit seinen ausgeprägten saisonalen Niederschlagsschwankungen war noch nicht vollständig ausgebildet. Klimaforscher richten ihr Augenmerk verstärkt auf die Auswirkungen jahreszeitlicher Schwankungen, die zur Erklärung tiefgreifender Veränderungen im Klima des Holozäns beitragen können. Das RCO war vielleicht die letzte Phase des Holozän-Klimas, in dem die Subtropen in diesem Teil des Globus im Sommer bedeutende Niederschlagsmengen erhielten. Schließlich begann sich die Gesamttendenz des späten Holozäns, die einige Jahrhunderte lang nicht zu erkennen gewesen war, unvorhersehbar, aber mit dramatischen Konsequenzen auszuwirken.[61]

Dieses Drama war ein Werk der Natur, doch wenn die endgültige Wendung zur sommerlichen Extremtrockenheit gegen Ende des RCO begann, wird es wahrscheinlicher, dass die Römer selbst eine bescheidene Rolle bei der Beschleunigung des Klimawandels spielten. Orbitale, solare und vulkanische Aktivitäten sind unabhängig von menschlichem Tun, und die Römer verunreinigten die Atmosphäre nicht in so starkem Maße, dass dadurch ein Klimawandel hätte ausgelöst werden können. Doch sie holzten massiv Wälder ab, um Ackerland zu gewinnen, und die römische Wirtschaftsmaschinerie verbrauchte Unmengen an Holz zur Energiegewinnung. Die Römer selbst registrierten diese Entwaldung und hielten sie für einen festen Bestandteil des Zivilisationsprozesses: «So ward mehr ins Gebirge gedrängt allmählich die Waldung, und in der Niederung trat an die Stelle des Waldes der Fruchtbau.» Der Dichter Lukan (1. Jh. n. Chr.) setzte die Ausdehnung des Imperiums nach Mauretanien mit der Ankunft der Axt gleich. Hadrian war so besorgt über den schwindenden Bestand an Langholz, dass er manche syrischen Wälder als kaiserlichen Besitz beanspruchte und ihre Nutzung überwachen ließ.[62]

Seit einigen Jahren herrscht wieder die Überzeugung vor, dass die Abholzung durch die Römer weitreichende Folgen hatte. Die Entwaldung ist in erster Linie deshalb von Bedeutung, weil sie darauf hinweist, dass die Römer an ökologische Grenzen stießen. Sie beeinflusste aber auch das Klima. Der Verlust an Waldfläche verringert die Niederschläge im Mittelmeerraum. Entwaldung verstärkt die

Albedo (die Rückstrahlung von Energie weg von der Erdoberfläche), so dass mehr Wärme vom Erdboden abgestrahlt wird. In der Folge verdampft weniger Bodenfeuchtigkeit in die unteren Schichten der Atmosphäre, und das hat erhebliche Auswirkungen. Einige Klimamodelle zeigen, dass dadurch im Mittelmeerraum, insbesondere im Sommer, weniger Regen niedergeht. Es könnte also sein, dass die Entwaldung mit natürlichen Klimamustern des späten Holozäns einherging und das Klima der Mittelmeerregion in Richtung niederschlagsarme Sommer kippen ließ. In diesem Szenario standen natürliche und anthropogene Ursachen in Wechselwirkung an der Schwelle zwischen dem RCO und den künftigen Jahrhunderten großer Belastung.[63]

Das Klima Roms in den friedvollen Tagen des Imperiums war von größter Bedeutung für die Landwirtschaft. Die Weizenernte hing von Zeitpunkt und Ausmaß sowohl der Wärme als auch der Niederschläge ab. Anhaltende Temperaturunterschiede in der Größenordnung, wie man sie während des RCO erlebte, ermöglichten es den Bauern, ganz neue Gebiete in höheren Regionen für den Getreideanbau zu erschließen. Plinius der Ältere rühmte den hervorragenden italienischen Weizen und erwähnte beiläufig, dass der Weizen, der «in den Berggegenden» wuchs, von minderer Qualität sei; bemerkenswert ist jedoch, dass überhaupt Weizen in den Bergen wuchs. Im hügeligen Italien hätte eine Temperaturerhöhung von einem Grad Celsius nach vorsichtiger Schätzung einen Zuwachs von fünf Millionen Hektar an bebaubarem Ackerland erbracht: genug, um drei bis vier Millionen hungriger Mäuler sattzubekommen.[64]

Während des RCO gab es nicht nur mehr bebaubares Land, sondern dank steigender Temperaturen auch höhere Erträge. Milde Winter (die Zeit der Keimung und des Wachstums der Sämlinge) sind förderlicher als glühendheiße Sommer, doch Wärme ist ein Geschenk für den Bauern, und Wasser ist lebenswichtig für den Stoffwechsel der Pflanze. Im Mittelmeerraum sind Niederschläge knapp und unvorhersehbar. In den Gebieten des einstigen Imperiums ist die Höhe des Ertrags an Weizen stark von den Niederschlägen abhängig. Was wir über das RCO erfahren, bestätigt das, was römische Autoren, die sich mit landwirtschaftlichen Themen befassten, berichteten. Gerne erzählten sie wundersame Geschichten von gewaltigen Ernten, doch was sie für *gewöhnliche* Erträge hielten, scheint übertrieben, gemessen an dem, was wir über die Produktivität der italienischen Landwirtschaft des Mittelalters wissen. Das RCO war ein Segen für den mediterranen Weizenanbau.[65]

Dieses Klima hat vermutlich die größten landwirtschaftlichen Risiken abgeschwächt, dank im Vergleich zu späteren Perioden ergiebigerer und großflächigerer Regenfälle. Die überall in der römischen Welt zu findenden Überreste von Bewässerungstechnologie bezeugen, dass Wasserbewirtschaftung eine Hauptsorge der römischen Bauern war. Die größte Gefahr bestand darin, dass der jährliche Regen unter die kritische Grenze von etwa 200 bis 250 mm für Gerste und 300 mm für Weizen fiel. Die Gefahr, dass es in einem Jahr überhaupt nicht regnete, war ganz real. Gestützt auf modernes Datenmaterial, schätzte Peter Garnsey, dass in Teilen Griechenlands einmal in vier Jahren die Weizenernte, die Gerstenernte einmal alle zwanzig Jahre ausfiel. Daher waren Diversifizierung, gemischter Anbau und andere Formen der Risikominderung im gesamten Mittelmeerraum üblich, um das schiere Überleben zu sichern. Doch regelmäßige Niederschläge während des RCO waren mächtige Verbündete im Kampf gegen wetterbedingte Versorgungskrisen. Angesichts des kolossalen Einflusses der Niederschlagsgrenzwerte und des allgegenwärtigen Risikos in der mittelmeerischen Landwirtschaft gaben die Bedingungen des RCO dem Bauern, der am Rande des Existenzminimums lebte, eine gewisse Sicherheit.[66]

Niederschlagsmenge und Dauer der Wachstumsperiode sind auch für andere Grundnahrungsmittel des Mittelmeergebiets entscheidende Faktoren. Die Römer erkannten, dass frostempfindliche Olivenbäume und Weinstöcke in Regionen angebaut werden konnten, in denen ehemals «wegen der anhaltenden Winterstrenge» der Anbau unmöglich gewesen war. Moderne Karten, die das «Mittelmeerklima» durch die Grenzen, die dem Anbau von Ölbäumen gesetzt sind, zu definieren suchen, führen in die Irre, wenn man nicht berücksichtigt, dass diese Grenzen in der Vergangenheit stets Schwankungen unterlagen. So gab es zum Beispiel im römischen Griechenland schwere Ölpressen an abgelegenen Stellen auf 500 bis 700 Meter über dem Meeresspiegel, weit oberhalb der heutigen Anbaugrenze für Olivenbäume: Entweder schafften die Bauern ihre Ernte zur Verarbeitung den Berg hinauf, oder aber es handelt sich um Relikte hochgelegener Anbaugebiete, die aufgrund des Klimawandels aufgegeben wurden. Kurz gesagt: Dank dem RCO konnten größere Flächen landwirtschaftlich genutzt werden als in den Jahrhunderten zuvor oder danach.[67]

Das Klima war die entscheidende Prämisse für das römische Wunder. Es verwandelte das von Rom beherrschte Land in ein riesiges Gewächshaus. Allein die Randgebiete, die in Italien dank höherer Temperaturen kultivierbar geworden waren, lieferten nach vorsichtigen Schätzungen mehr, als in der Zeit zwischen Augustus und Marc Aurel produziert worden war. Aus dieser Sicht mag die mühevolle Arbeit des Menschen nichtig erscheinen – daher rührt die fatalistische Haltung von Bauern. Die Macht des Klimas zwingt zur Demut.

Erst allmählich beginnen wir, die wellenförmigen Phasen von Wachstum und Schrumpfung zu verstehen, die mit den Phasen der Klimageschichte einhergehen. Die «Natur», von der Malthus in seinen Albträumen verfolgt wurde, erweist sich als sehr real, aber sie ist nichts Stabiles. Vielmehr war die physikalische Umgebung menschlicher Zivilisation ein unberechenbares und unbeständiges Fundament menschlichen Strebens. Wir sollten uns nicht scheuen, der Natur Handlungsmacht bei den wechselvollen Schicksalen der Zivilisation zuzuschreiben, doch schließt ihr wichtiger Anteil die Rolle menschlicher Tätigkeit sowie des reinen Zufalls natürlich nicht aus. Handel, Technologie und Klima trugen gemeinsam zur Blüte Roms bei und verstärkten sich gegenseitig. Eine ausgedehnte, zuverlässige und ertragreiche landwirtschaftliche Produktion kurbelte die Spezialisierung – die Seele des Handels – an. Fruchtbarkeit erzeugte Wohlstand, der zu technologischem Kapital wurde.

Das RCO war der Katalysator für ein in dieser Größenordnung und Zielsetzung beispielloses Experiment in punkto Wachstum. Allerdings hatte das römische Wunder nur so lange Bestand wie die zugrunde liegende Kombination verschiedener Faktoren, die so eng an Kräfte gebunden war, die jenseits des Einflusses des Menschen lagen.[68]

RESILIENZ: BELASTUNG UND BESTÄNDIGKEIT IM RÖMISCHEN REICH

Kaiser Hadrian war ständig unterwegs. Sein zeitgenössischer Biograph schrieb: «Kaum ein anderer Kaiser hat so viele Länder so rasch durchmessen.» Im Jahr 128 n. Chr. führten ihn seine Reisen durch die afrikanischen Provinzen. Hadrian galt als ein zupackender Regent – ein Ruf, der in einer Inschrift aus einem Legionslager in Afrika bestätigt wird; sie gibt eine ausführliche Rede des Kaisers wieder, die er im Anschluss an eine persönliche Inspektion der *legio III Augusta* gehalten hatte. Der kaiserliche Besuch blieb lange im Gedächtnis, allerdings aus einem völlig anderen Grund.[69]

Die Ankunft des Kaisers schien das langersehnte Ende einer Dürreperiode mit sich gebracht zu haben. «Als er nach Afrika reiste, fiel zu seiner Ankunft der erste Regen seit fünf Jahren; dieses Wunder gewann ihm die Herzen der Afrikaner.» Tatsächlich wird auf diese Dürre in zwei zeitgenössischen Inschriften Bezug genommen, die auf Geheiß des obersten Legionskommandeurs angebracht wurden, den Hadrian in seiner Ansprache an die Truppen gerühmt hatte. Ein entferntes Echo dieser schweren Dürre klingt in den ägyptischen Weizenpreisen an: Uns sind zehn verschiedene Preise im römischen Ägypten aus der Zeit vor der großen Seuche überliefert. Am höchsten war der Preis im Jahr 128, während nur vier Jahre zuvor der Preis auf demselben Landgut um ein Viertel niedriger war. Was immer wir von des Kaisers numinoser Macht über den Himmel halten mögen – kluge historische Detektivarbeit hat zutage gefördert, dass er unter anderem eine ganz praktische Maßnahme ergriff: den Bau eines großen Aquädukts, der Wasser nach Karthago leitete. Mit seinen insgesamt über 120 Kilometern Länge gehört er zu den größten Wasserversorgungsanlagen, die je von den Römern gebaut wurden.[70]

Die weitverbreitete Trockenheit der 120er Jahre war vielleicht das erste Anzeichen einer katastrophalen Dürre, die Nordafrika in den folgenden Jahrhunderten heimsuchen sollte. Diese Episode erinnert allerdings auch daran – falls es dessen überhaupt bedurft hätte –, dass das goldene Zeitalter des Imperiums nicht eine Zeit ungestörter Beschaulichkeit war. Die starken Klimaschwankungen des Mittelmeerraums wurden durch das RCO bestenfalls gemildert. Akute epidemische Krisen waren nichts Ungewöhnliches, zumindest auf lokaler und regionaler Ebene. Dynastische Wirren im Innern und geopolitische Spannungen an den Grenzen waren praktisch konstante Begleiterscheinungen des imperialen römischen Unternehmens. In der Regierungszeit von Antoninus Pius, dem krönenden Höhepunkt der Pax romana, verglich der Rhetoriklehrer des künftigen Herrschers Marc Aurel das Imperium mit einer sturmumtosten, von Piraten und feindlichen Flotten bedrängten Insel. Stets drohte Ungemach in der römischen Welt, doch auf seinem Höhepunkt erfreute sich das Reich einer erstaunlichen Fähigkeit, inmitten heftiger Turbulenzen die Ordnung aufrechtzuerhalten.[71]

Resilienz ist die Fähigkeit einer Gesellschaft, Erschütterungen auszuhalten und sich von Schlägen zu erholen. Nicht jede Dürre führt zu Hungersnot, und nicht auf jede Epidemie folgt der Zusammenbruch; wenn es aber doch dazu kommt, brauchen wir, weil Abläufe in der Geschichte eben nicht einfach zufällig sind, gedankliche Instrumente, um die Zusammenhänge zwischen solchen Störungen und ihren Folgen zu erklären. Das Resilienzparadigma ist ein solches Instrument, denn es hilft, das Römische Reich als einen Organismus zu begreifen, der aus voneinander abhängigen ökologischen (landwirtschaftlichen, demographischen) und imperialen (politischen, fiskalischen, militärischen) Systemen besteht. Diese Systeme hatten wiederum bestimmte Funktionen, deren Gelingen durch eine Anzahl von Risiken gefährdet war, die durch menschliches Handeln abgemildert oder durch erlernte Strategien der Abschwächung, Bevorratung und Verwaltung des Überflusses unter Kontrolle gebracht werden sollten. Die Abwehr von Risiken war aufwendig, und die Mittel, sie in den Griff zu bekommen, nicht unbegrenzt; Belastung war ein systemimmanenter Faktor, wechselnde Bedrohungen oder zuvor unbekannte Erschütterungen konnten das Regime prinzipiell gefährden.

Das Resilienzparadigma lässt uns erkennen, warum die Reaktion des Systems auf einen Impuls nicht linear war; Rückkoppelungsmechanismen, kritische Grenzwerte und Eingriffe zu verschiedenen Zeiten bewirkten, dass die eine Dürre vielleicht nur unmerkliche Auswirkungen hatte, während eine andere, ebenso große eine Gesellschaft scheinbar unrettbar in die Katastrophe stürzte.[72]

Das Römische Reich übernahm die zahllosen einfachen Strategien ökologischer Resilienz, die im Mittelmeerraum Zivilisation ermöglichten. Das mediterrane Klima erfordert Anpassungsfähigkeit, und über Jahrtausende sammelte sich landwirtschaftliches Knowhow an, das die Bauern vor Turbulenzen der Natur schützte. Es wurden Strategien der Diversifizierung, der Lagerung und des gemischten Anbaus entwickelt, um die Gefahren der mageren Jahre zu verringern. Wir kennen in der antiken Welt keinen genaueren Beobachter bäuerlicher Lebensformen als Galen. Der Arzt war von Berufs wegen an der Ernährungsweise der Landbevölkerung interessiert. Er listete die exotischen einheimischen Getreidesorten auf, die noch immer an vielen abgelegenen Orten im Römischen Reich angebaut wurden, wo man vielfach widerstandsfähige Sorten bevorzugte. Mit scharfem Auge erkannte er den Griechen fremde Gewohnheiten. «Gerste wird in vielen Teilen der Welt zum Brotbacken verwendet.» Auch in der Gegend um Pergamon fand Galen Bauern, die ihr Brot aus weniger edlem Getreide herstellten, «nachdem sie ihren Anteil Weizen in die Städte gebracht» hatten. Für Zeiten großen Mangels hatten die Bauern Hirsesamen in Reserve. Mit diesem grobkörnigen, aber robusten und schnell wachsenden Getreide wappnete man sich gegen Hungersnöte. Das galt auch für alle anderen Formen der Vorratshaltung, und Galens Schriften sind eine Fundgrube an Informationen über die Lagerung von Eicheln und das Dörren und Einlegen von Hülsenfrüchten, Obst und Gemüse.[73]

Das Mittelmeerklima förderte auch die Entwicklung *kultureller* Normen zur Abschwächung extremer Risiken. Überkommene Ideale der Selbstgenügsamkeit, des Tauschs und der Patronage gingen Hand in Hand. Die Vorstellung von bäuerlicher Autarkie war unrealistisch, erzeugte jedoch einen Geist stolzer Unabhängigkeit. Dion von Prusa, ein griechischer Philosoph und Politiker, der ein paar Generationen vor Galen lebte, beschreibt in seiner berühmten Schrift *Euboikos Orationes* eine Begegnung mit einer Bauernfamilie, die eine Tochter mit einem reichen Mann aus einem Nachbardorf verheiratet hatte. Gefragt, ob sie von dem Mann Hilfe bekämen, verneinte die Bäuerin und betonte schnippisch, dass vielmehr sie es seien, die der Tochter und dem wohlhabenden Schwiegersohn Fleisch, Obst und Gemüse gäben; sie hätten ein wenig Weizen für die Aussaat geborgt, ihre Schulden aber gleich nach der Ernte beglichen. Wiewohl etwas verklärt, erfasst die Geschichte doch den «doppelten Begriff der Selbstgenügsamkeit und der Gegenseitigkeit».[74]

Und Gegenseitigkeit zwischen Ungleichen wurde zur Patronage, eine Tradition, die tief in den stratifizierten Gesellschaften des Römischen Reichs verwurzelt war. In den Briefen des reichen römischen Senators Plinius des Jüngeren bekommen wir beiläufig mit, wie ein wohltätiger Patron aus den höchsten Kreisen seine Klienten mit Geschenken und Vergünstigungen überschüttet. Von den Reichen wurde stets paternalistische Großzügigkeit erwartet, was sicherstellte, dass weniger Begüterte im Notfall auf deren Vorräte zurückgreifen konnten. Natürlich ließen die Reichen sich diese Leistung in Form von Achtung und Loyalität bezahlen, und ständig musste die schmale Grenze zwischen Klientelwesen und Abhängigkeit überwacht werden.[75]

Diese ausgeprägten Resilienzstrategien waren im täglichen Leben der antiken Städte fest verankert. Diversifikation und Vorratshaltung waren entsprechend angepasst. Ganz entscheidend war die Lagerung von Überschüssen in den Städten. Die gewaltigen Dimensionen römischer Einrichtungen zur Lagerung von Lebensmittelvorräten zeugen von der hohen politischen Priorität der Nahrungsversorgung. Außerdem entwickelten sich viele Städte nach und nach an Gewässern, wo sie nicht auf ein einziges Hinterland angewiesen waren. Weiter im Inland liegende Städte litten am meisten unter kurzfristigen Klimaschocks. «Küstenstädte halten einen Engpass dieser Art ohne weiteres aus, denn sie besorgen sich die Dinge, an denen es ihnen mangelt, per Schiff. Wir aber, die wir weit weg vom Meer wohnen, haben nichts von unseren Überschüssen und können auch nicht erzeugen, was uns fehlt, denn wir können weder ausführen, was wir haben, noch einführen, was uns fehlt.»[76]

Wenn sich eine Ernährungskrise abzeichnete, intervenierte die römische Regierung – manchmal, indem sie direkt Lebensmittel lieferte, häufiger jedoch einfach, indem sie übertriebene Korruption verhinderte. In den Jahren 92/93 stieg der Getreidepreis in Pisidien infolge eines bitterkalten Winters sprunghaft an: Dank einer Inschrift wissen wir, dass der römische Statthalter den Wucher für ungesetzlich erklärte und den Getreidepreis auf der bis dahin geltenden Höhe hielt, «damit die Menge der gewöhnlichen Leute die Mittel hatte, das Korn zu bezahlen». Oft griffen auch Privatpersonen ein. In den antiken Städten wurde von besonders Wohlhabenden erwartet, dass sie ihre Mittel sichtbar in öffentliche Güter investierten; diese Kultur des bürgerlichen Euergetismus, die charakteristisch war für die Wirtschaftsethik der antiken Stadt, war nichts anderes als die Ausweitung der Prinzipien von Gegenseitigkeit und Patronage, die den Einzelnen vor den Wechselfällen der Umwelt einigermaßen schützten. Wir wissen von einem hohen Würdenträger aus dem römischen Makedonien, der das oberste Priesteramt innehatte und auf eigene Kosten Straßen reparieren sowie Spiele und Wettkämpfe für das Volk ausrichten ließ. Er finanzierte Tierjagden und Gladiatorenkämpfe; besonders bezeichnend aber war der Verkauf von Getreide unter dem Marktpreis «in Zeiten großer Not».[77]

Die Kaiser wandten diese Strategien in großem Stil an. Trajan war ein «Princeps, der, je nach den Erfordernissen einer augenblicklichen Notlage, den Ertrag der Regionen bald hierhin, bald dorthin schaffen und auch wieder zurückholen lässt, der ein Volk jenseits des Meeres nährt und schützt, als wäre es ein Teil der Bevölkerung Roms». «Mehr als sonst ein Kaiser hatte er [Hadrian] viele [Städte] besucht, und fast allen gewährte er seine Unterstützung, indem er die einen mit Wasser, die anderen mit Hafenanlagen, Getreide, öffentlichen Bauten, Geld sowie, je nachdem, mit verschiedenen Ehren beschenkte.»[78]

Am meisten wissen wir über die Versorgung der Bevölkerung Roms mit Lebensmitteln. Die Ruinen der gigantischen öffentlichen Getreidespeicher, in denen die Nahrungsvorräte der Hauptstadt lagerten, beeindrucken bis heute. Es hieß, Kaiser Septimius Severus habe sich so eifrig um die Versorgung Roms gekümmert, dass bei seinem Tod noch genug Getreide eingelagert gewesen sei, um die Stadt sieben Jahre lang zu ernähren. Unter der Schutzherrschaft des Kaisers hatte das ganze Volk im Imperium einen politischen Anspruch auf Getreidespenden. Das erste Anrecht auf die Freigebigkeit des Kaisers hatte die Bevölkerung Roms. Ein in Ephesus inschriftlich festgehaltenes kaiserliches Schreiben aus dem zweiten Jahrhundert gibt der Stadt die Zusage, dass sie sich ägyptischen Weizen besorgen könne unter der Bedingung, dass die Ernte für Rom ausreiche. «Wenn der Nil so viel Wasser führt wie sonst, worum wir beten, und die Ägypter eine reiche Weizenernte einbringen, dann werdet ihr unter den ersten Empfängern nach dem Heimatland sein.» Im zweiten Jahrhundert erhielten etwa 200 000 Bürger Roms monatlich je 5 *modii* Weizen *[1 modius = 8,63 l]*; das heißt, allein für die öffentliche Versorgung wurden jährlich ca. 80 000 Tonnen Weizen ausgegeben. Um die eine Million Menschen der Hauptstadt zu ernähren, kreuzten ganze Flotten von Getreideschiffen mit großem Laderaum über das Meer. Wenn die Signalschiffe an der Spitze der alexandrinischen Flotte in Sicht kamen, versammelten sich fröhliche Menschenmengen an den Küsten Italiens zu ihrer Begrüßung. Aber besonders bemerkenswert ist, dass der Getreidetransport nach Rom in privater Hand lag. Händler erhielten dafür bescheidene Zuschüsse, doch der Getreidemarkt war so krisenfest, dass Rom in der hohen Kaiserzeit ohne ein aufwendiges System zur Beschaffung von Korn ernährt werden konnte.[79]

Das Versorgungssystem war stabil genug, um unvorhergesehenen kurzfristigen Erschütterungen standzuhalten. Seine Effizienz erkennt man noch deutlicher, bedenkt man, wie vergleichsweise dürftig die Infrastruktur war, die zur Verfügung stand, um die Folgen rasant zunehmenden Bevölkerungswachstums abzumildern. Das folgende Kapitel befasst sich mit dem Umgang Roms mit Seuchen, doch schon an dieser Stelle muss betont werden, dass die Römer tödlichen Krankheiten gegenüber so gut wie hilflos waren. Sie besaßen kaum die Mittel, um die Bedrohung durch Infektionskrankheiten zu entschärfen oder sich von einschneidenden Verlusten an Menschenleben schnell zu erholen. Die Medizin der Antike war wahrscheinlich eher schädlich als hilfreich. Zwar profitierten die Kranken und Siechen von einer Grundversorgung, aber die Verschreibung heißer Bäder und des Untertauchens in kaltes Wasser wie auch die übliche Praxis des Aderlasses konnten nur zur Erhöhung der Todesrate beigetragen haben. Die einfachen Leute nahmen Zuflucht zur Magie, die allgegenwärtig war. Gewiss verfügte der römische Staat bereits über Techniken zur Anwendung der Quarantäne, die im späten Mittelalter aufkam, doch scheint die allgemein übliche Vorgehensweise vor allem von religiösen Vorstellungen bestimmt gewesen zu sein: Bei hohen Verlusten an Menschenleben reagierten Griechen und Römer mit archaischen Opferriten und der Errichtung von apotropäischen Apollo-Statuen, um Seuchen abzuwenden. Es fällt auf, dass selbst Ansätze eines öffentlichen Gesundheitswesens im Römischen Reich fehlten.

Die Sterblichkeit war gravierend, und weil es keine Abhilfe dagegen gab, reagierte die antike Gesellschaft mit einer Steigerung der Geburtenrate. Auch Adoption war eine alltägliche, realistische Reaktion auf die hohe Sterblichkeit, die ständig das Überleben der Familie bedrohte. Die gängige Praxis des Aussetzens von Kindern, die oft zum Tod führte oder Kinder in den Sklavenhandel schleuste, kann als trauriges Ventil in einem System gesehen werden, das um jeden Preis auf eine hohe Geburtenrate setzte. Und schließlich war die Binnenmigration eine Art demographischer Resilienz; eine Abwanderung, meist in Richtung der Städte, schöpfte den Bevölkerungsüberschuss einer Region ab und glich das Defizit einer anderen aus. Doch letzten Endes änderte das nichts an den biologischen Fakten. Die Gesellschaften der späten Eisenzeit hatten kaum Möglichkeiten entwickelt, die Auswirkungen eines Rückgangs der Bevölkerung abzumildern. Sie konnten sich nur langsam von den Rückschlägen endemischer Seuchen erholen. Als Massensterben zum ersten Mal mehr als nur eine lokale Katastrophe war, brachte diese beispiellose Erschütterung das Imperium ins Wanken.[80]

So wie die Gesellschaften der römischen Welt darauf ausgerichtet waren, dem Druck ökologischer Turbulenzen standzuhalten, war auch das imperiale System so gestaltet, dass es die «Pfeil' und

Schleudern» politischer Debakel auszuhalten vermochte. Die Ordnung, die Augustus, der erste Kaiser, errichtet hatte, war auf Dauer angelegt. Rom wurde praktisch von einem Herrscher regiert, der nur dem Namen nach kein Monarch war und ein ausgedehntes Imperium in erster Linie mithilfe der senatorischen Aristokratie verwaltete. Diese Aristokratie war begütert, Landbesitz war Voraussetzung für die Zugehörigkeit, und ihre Mitglieder konkurrierten im Dienst für den Kaiser. Nachfolge über Generationen war selten, was bedeutete, dass die meisten Aristokraten «aus Familien stammten, die nur in einer Generation Vertreter in ein politisches Amt entsandten».[81]

Der Kaiser war der Oberbefehlshaber der Armee, doch die Senatoren wachten eifersüchtig über ihren Anspruch auf die hohen Führungsposten und die prestigeträchtigen Ämter als Statthalter. Die imperiale Aristokratie bedurfte für die Kontrolle des Imperiums nur einer erstaunlich geringen Zahl von Beamten. Diese kleine Schar war nur deshalb erfolgreich, weil sie auf der Basis lokaler Aristokratien funktionierte, die über das ganze Imperium verteilt waren. Die Städte wurden als die «tragenden Pfeiler» des Reiches bezeichnet, und ihren Eliten wurden besondere Anreize geboten, unter anderem das römische Bürgerrecht und eine mögliche Laufbahn bis in die Reichsaristokratie. Die niedrige staatliche Besteuerung ließ der städtischen Oberschicht einen großen Spielraum zur eigenen Bereicherung. Der gewaltige Erfolg des «großen Deals» zwischen der Militärmonarchie und den lokalen Eliten ermöglichte es der imperialen Gesellschaft, tiefgreifende, wenn auch sich allmählich vollziehende Veränderungen zu verkraften – wie den Einzug der provinzialen Oberschichten in Aristokratie und Bürokratie –, ohne dass dadurch die gesellschaftliche Ordnung erschüttert worden wäre.[82]

Im ersten Jahrhundert wurde das Reich, das durch Eroberungen groß geworden war, zu einem symbolisch vereinigten imperialen Territorialstaat mit zwar heterogenen, aber regulären und vernünftigen Steuersätzen. Zwar wurden von Zeit zu Zeit noch großangelegte Eroberungsfeldzüge geführt, doch zumeist war das Heer mit Verteidigungsmaßnahmen, baulichen Aktivitäten und lokaler Überwachung beschäftigt. Durch sorgfältiges Management blieb die

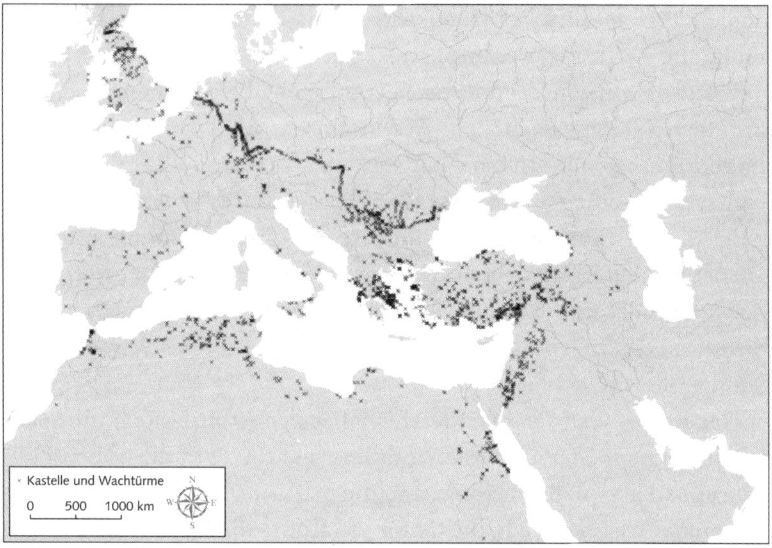

KARTE 6 Spuren römischer imperialer Herrschaft (Angaben nach darmc.harvard.edu)

politische Macht der Armee in der hohen Kaiserzeit meist im Hintergrund. Die fiskalische und militärische Maschinerie des Staates über drei Kontinente hinweg mithilfe der eisenzeitlichen Kommunikations- und Reisemöglichkeiten zu koordinieren ist eine der bewundernswertesten Leistungen jedes vormodernen Gemeinwesens.[83]

Die generelle Stabilität der augusteischen Ordnung täuscht darüber hinweg, dass das Regime ständig von innen und außen bedroht wurde. Als der Geist der Republik aus dem Gedächtnis verschwand, wurde der Gedanke an einen revolutionären Regimewechsel zu einem fernen und unwahrscheinlichen Traum. Der dynastischen Lösung des Augustus war indes kein Erfolg beschieden, und Kaiser, die bei Verstand waren, verwandten große Mühe darauf, ihre Nachfolge reibungslos zu regeln. Doch die Biologie machte oft auf die eine oder andere Weise einen Strich durch die Rechnung, und Erbfolgekrisen waren unweigerlich Begleiterscheinungen des Systems. Die Monogamie wie auch die hohe Kindersterblichkeit brachten es mit sich, dass viele Kaiser keine leiblichen Erben hinterließen. Die jeweilige Regierungszeit der römischen Kaiser war vergleichsweise erstaunlich kurz, was dazu führte, dass die Unsicherheit des dynastischen Systems ein hohes Risiko barg. Längere Regierungszeiten und eine kontinuierliche Nachfolge durch Adoption während Gibbons «glücklichstem Zeitalter» waren die Ausnahme – eine Mischung aus Glück und einer stabilen Regierung. Mitunter, wie z. B. in den Jahren 69, 193 oder 235–238, artete eine problematische Situation in offenen Bürgerkrieg aus, doch bei jedem dynastischen Wechsel sah der neue Chef fast wie der alte aus, kam nur aus einer noch tieferen Provinz.

Es zeugt von großer Kontinuität, dass der Historiker Cassius Dio Anfang des dritten Jahrhunderts Maecenas, dem Berater von Augustus, eine lange Rede in den Mund legen konnte, in der die Grundlagen einer Regierung beschrieben werden, welche die gesamte Zeitspanne von Augustus bis Dio überdauert hatte. Die Stabilität des augusteischen Systems ist ein Beleg für die Resilienz der Aristokratie, der Verwaltung, der Städte und der Idee des Imperiums, die das Regime untermauerte.[84]

Vom imperialen System wurde in erster Linie erwartet, dass es stets siegreich blieb. Victoria wurde als eine Göttin des Reichs verehrt und verkörperte die kriegerische Tapferkeit sowie die von den römischen Waffen garantierte Sicherheit. Die Aufrechterhaltung imperialer Legitimität und militärischer Hegemonie war kostspielig. Das Gesamtvolumen des Staatshaushalts betrug in der hohen Kaiserzeit ungefähr 250 Millionen *denarii*, von denen zwei Drittel vom Militär verschlungen wurden (Gehälter für Zivilpersonen, Versorgung mit Getreide, Infrastruktur und Patronage waren andere wichtige Posten); betrug das BIP etwa 5 Milliarden *denarii*, so beliefen sich die staatlichen Ausgaben auf ca. ein Zwanzigstel des BIP. Die jährlichen staatlichen Einkünfte stammten aus einer Vielzahl unterschiedlicher Land- und Kopfsteuern, aus Straßenzöllen, Erbschafts- und Freilassungssteuern sowie aus umfangreichem, staatlich betriebenem Bergbau.

In gewisser Hinsicht hielt sich die staatliche Besteuerung in Grenzen. Weil sich das fiskalische System schrittweise entwickelte, als die Diplomatie ein brutaleres Vorgehen ablöste, waren die Steuersätze bis zu den Reformen im späten dritten Jahrhundert uneinheitlich. Durchschnittswerte führen in die Irre, aber ein Richtsatz von zehn Prozent auf landwirtschaftliche Erzeugnisse ist eine vertretbare Schätzung. Was die Besteuerung von Weizen betrifft, erhob der römische Staat, *per capita* berechnet, mehr, als die englische oder die französische Regierung im siebzehnten Jahrhundert eintreiben konnte, allerdings wiederum weit weniger als die exorbitanten Sätze, welche die meisten modernen Staaten des achtzehnten Jahrhunderts erhoben.[85]

In der fiskalischen Maschinerie gab es nur ein kleines Polster. Theoretisch ermöglichten die Richtsätze der Staatskasse einen bescheidenen jährlichen Überschuss, tatsächlich aber lagen die Einnahmen im Staatssäckel wohl weit unter den angestrebten Zielen. Dass die Finanzverwaltung unter Druck stand, war offenkundig. Die Abgabenerhebung war häufig Anlass für Widerstand in den Provinzen, und die Steuern konnten nur in Zusammenarbeit der lokalen Eliten mit ihren Vertretern, den *publicani* (Steuerpächtern), erfolgreich eingetrieben werden; im Neuen Testament sind sie als «Zöllner» der Inbegriff der Bösewichte. Die Kaiser waren ständig in Geldnot. (Bekanntlich besteuerte Vespasian die öffentlichen Latrinen und beschwichtigte seinen Sohn Titus, der die Maßnahme kritisch sah, mit den Worten: *pecunia non olet,* Geld stinkt nicht.) Domitian (reg. 81–96 n. Chr.) erhöhte den Jahreslohn der Legionäre um ein Drittel – die einzige Erhöhung in den zwei Jahrhunderten zwischen Augustus und Septimius Severus; seine Großzügigkeit belastete die Staatsfinanzen. Im zweiten Jahrhundert musste Hadrian ausstehende Schulden an den Staat abschreiben, und nur zwei Generationen später tat Marc Aurel nach der Pandemie das Gleiche. Ein solcher Schuldenerlass wurde zwar als generöse Geste ausgegeben, doch ist er ein Zeichen dafür, dass selbst auf dem Gipfel der Prosperität die Finanzierung eines Reichs, das sich über drei Kontinente erstreckte, stets prekär war.[86]

Die militärische Überlegenheit Roms verleitet dazu, den tatsächlichen «Frieden» überzubewerten. In dieser Hinsicht ist Edward Luttwaks *Grand Strategy of the Roman Empire* immer noch sehr instruktiv. Als sich das Römische Reich zum Territorialstaat entwickelte, wurde seine Hegemonie durch einen strategischen Einsatz militärischer Stärke aufrechterhalten. Die Verlagerung von Gewalt an den äußeren Rand der Provinzen hatte oberste Priorität, doch mit der Zeit wurde der Schutz dieses äußeren Randes ein Ziel der staatlichen Politik.

Das System der römischen Grenzsicherung verkörperte die Resilienz des Imperiums; es sollte nachgeben, aber nicht in die Brüche gehen: Es galt abzuwarten, bis die logistische Überlegenheit des Reichs den Gegner in die Knie zwang. Sogar die am weitesten entwickelten Rivalen Roms zogen sich zurück, sobald die Legionen vorrückten. Der römische Frieden bestand also nicht darin, dass über längere Zeit nicht Krieg herrschte, sondern dass er nach außen, hinter die Reichsgrenzen, verlagert wurde. Der Frieden, sofern er je erklärtes Ziel des römischen Staates war, war stets ein Trugbild am Horizont. Selbst in der angeblichen Hochzeit des Friedens zur Zeit der Herrschaft von Antoninus Pius gab es ständig Konflikte innerhalb und jenseits der Grenzen. Für seine Regierungszeit sind eine Rebellion in Griechenland überliefert, ein Aufstand der Juden, umfangreiche militärische Operationen in Britannien, Aufruhr in Dakien, Unruhen in Afrika und eine Erhebung in Spanien. In den Jahren von 155 bis 157 kam es zu einer einschneidenden Geldabwertung. Es ist bezeichnend, dass Aelius Aristides, der Autor der großen Hymne auf das römische Imperium, vermutlich auch der Verfasser einer anderen Rede ist, die lange Zeit in das chaotische dritte Jahrhundert datiert wurde; tatsächlich wird darin wahrscheinlich Antoninus Pius beschrieben als derjenige, der den Staat durch heftige Stürme in den sicheren Hafen führte.[87]

Das Schiff, auf hoher See von Stürmen gepeitscht, war eine berühmte Metapher für das Reich in seiner Blüte. Sie erinnert uns allerdings daran, dass es nicht eine einzige riesige Woge war, die das Staatsschiff zum Kentern brachte. Denn selbst wenn die Katastrophen, die bald das Römische Reich erschüttern sollten, von einer bis dato nicht gekannten Größenordnung waren, so waren ihre Folgen subtil und letztlich erst langfristig bemerkbar. Sogar nach dem Hereinbrechen des Unheils, das am Horizont heraufgezogen war, konnte das Imperium noch seine Resilienzreserven heranziehen, um das Staatsschiff auf Kurs zu halten.

Diese Struktur macht es freilich schwieriger, die römische Geschichte zu schreiben. Viele Vorgänge geschahen gleichzeitig, sowohl innerhalb der verfassten Ordnung Roms als auch jenseits davon, in den Niederungen der Donau sowie auf den Hochebenen Irans. Aber die antoninische Krise beendete eine äußerst günstige gesellschaftliche Entwicklung, die es ermöglicht hatte, selbst angesichts ständiger Spannungen ein Gefühl von Stabilität und unproblematischer Staatsführung aufkommen zu lassen. Als sich nun die Umwelt weniger generös zeigte und ein unbekannter, mikroskopisch kleiner Feind aufgetaucht war, schlimmer als alle Gegner, mit denen es die Römer je zu tun gehabt hatten, begann das Gebäude des Staates zu wanken, und die Gewitterwolken ballten sich am fernen Horizont bedrohlicher denn je zusammen.

DAS NEUE ZEITALTER

Als Galen im Jahr 162 n. Chr. zum ersten Mal nach Rom reiste, musste er wohl den Eindruck bekommen haben, ihm strömten auf Straßen und Schifffahrtswegen massenhaft Truppen entgegen, bestimmt für den Einsatz in den östlichen Provinzen. Die Parther bekamen gerade mit voller Wucht die römische Macht zu spüren. Ihr König Vologaeses IV. hatte die Thronbesteigung von Marc Aurel und Lucius Verus genutzt, um sich mit den frischgebackenen Kaisern zu messen. Lucius Verus wurde nach Antiochia geschickt, das als Hauptquartier für die größte Militäroperation Roms in über einem halben Jahrhundert dienen sollte. Dieser Krieg löste zunächst großen Jubel, dann aber großen Schrecken aus. Die Römer kamen zu der Überzeugung, dass im Lauf des von Lucius Verus geführten Partherfeldzugs die Seuche ins Reich eingeschleppt worden war. Tatsächlich war der Krieg sowohl eine Demonstration römischer Macht auf ihrem absoluten Höhepunkt als auch der Moment, an dem sich fast unmerklich das Blatt wendete.[88]

Lucius Verus und Marc Aurel waren entschlossen, die Muskeln spielen zu lassen. Die Römer mochten eine Schlacht verlieren, doch sie verfügten zweifellos über das, was Luttwak «Eskalationsdominanz» nannte. Nirgends tritt dies klarer zutage als während des Partherfeldzugs. Antiochia war die Kommandozentrale; um die Verbindung zu den Nachschublinien des imperialen Kernlands zu verbessern, gestalteten römische Ingenieure die Landschaft um und ließen einen Kanal ausheben, der den Fluss Orontes besser schiffbar machte. Mindestens drei Legionen wurden von Europa nach Asien verlegt und bewältigten dabei 3600 Kilometer auf römischen Straßen.

Ein ebenso eindrucksvolles Aufgebot militärischen Sachverstandes wurde für diesen Feldzug zusammengestellt. Anders als die meisten ihrer aristokratischen Standesgenossen hatten Marc Aurel und Lucius Verus keine persönliche Erfahrung in der Truppenführung, aber die geballte Kompetenz der Veteranen machte diesen Mangel mehr als wett. Zum Kriegsrat gehörten die höchstdekorierten senatorischen Feldherren aus dem ganzen Reich, unter anderen C. Avidius Cassius, ein Senator syrischer Abstammung und Abkömmling der Seleukiden-Könige, der sich in der Regierungszeit Hadrians ausgezeichnet hatte. Das Kriegskabinett war ein Abbild des römischen Systems der Kaiserzeit: eine senatorische Elite, aufgeschlossen gegenüber Talenten aus der Provinz und geübt, in einem riesigen, manchmal aufsässigen Reich das Kommando zu führen.

In dieser Aufstellung war die imperiale Kriegsmaschine nicht aufzuhalten. Der Krieg hinterließ eine blutige Spur. Einmal mehr demonstrierten die Römer ihre Fähigkeit, Gewalt in großem Ausmaß anzuwenden. Wenn die römischen Armeen geschlossen hinter einer gemeinsamen Führung standen, versammelt auf einem einzigen Schauplatz und sicher an den Nachschub angeschlossen, stellten sie im zweiten Jahrhundert eine unüberwindliche Macht selbst gegenüber dem ärgsten Rivalen des Imperiums dar.[89]

Die Nachricht vom Sieg wurde in der Hauptstadt bejubelt. Als Lucius Verus 166 nach Rom zurückkehrte, erlebte die Stadt ihren ersten offiziellen Triumphzug seit über einem halben Jahrhundert. Doch bald kamen düstere Nachrichten aus dem Osten. Avidius Cassius hatte seinen Armeen gestattet, Seleukia am Tigris, eine hellenistische Gründung mitten in Babylonien, zu belagern. Das reiche Seleukia lag an einer wichtigen Fernhandelsstraße; es galt als «die größte der Städte» und stand den anderen bedeutenden Städten des Imperiums in nichts nach. Seleukia hatte sich schnell ergeben, aber die Römer plünderten die Stadt dennoch und bezichtigten die Bewohner des Verrats. Selbst nach römischen Maßstäben uferten die Gewalttaten aus.

Während der Plünderungen versuchte ein römischer Legionär, eine Truhe in einem Tempel aufzubrechen. Dieser Tempel war das Heiligtum des sogenannten Langhaarigen Apollo. Aus dieser Truhe, so glaubten die Römer, sei ein pestilenzialischer Dampf entwichen, der «alles Land von den Grenzen der Perser bis zum Rhein und Gallien mit Ansteckung und Tod [besudelte]». Das war die offizielle Version, wie diese Pandemie in das Römische Reich eingeschleppt worden sei. In der Tat fielen der Partherfeldzug und die Plünderung Seleukias zufällig mehr oder weniger zusammen mit dem Ausbruch und dem Verlauf der todbringenden Seuche, die unter dem Familiennamen der Kaiser als Antoninische Pest in die Geschichte eingehen sollte. Sie prägte eine ganze Epoche sowohl in der römischen wie auch in der Naturgeschichte.[90]

Während sich die seltsame Krankheit im Imperium verbreitete, brach Galen seine Karriere in Rom ab und entkam mit knapper Not aus der Stadt, «wie ein entflohener Sklave». Er eilte auf dem Landweg nach Brindisium und bestieg das «erstbeste Schiff, das den Anker lichtete». Galen befürchtete, die Kaiser würden ihn aufhalten, und bald bewahrheitete sich seine Vermutung. Lucius Verus starb, aber Marc Aurel ließ Galen nach Aquileia kommen, wo er in Vorbereitung eines Feldzugs gen Norden sein Winterquartier aufgeschlagen hatte. Marc Aurel und Galen sahen sich mit einem todbringenden Ereignis konfrontiert, wie es keiner von beiden je erlebt hatte. Beider Leben sollte von der «Großen Pest» zutiefst geprägt werden. In gewissem Sinn war die Antoninische Pest ein zufälliges Ereignis, das unvorhersehbare Endergebnis jahrtausendelangen Experimentierens der Evolution. Zugleich aber hatte das Imperium mit seinen globalen Verbindungen und schnellen Kommunikationsnetzwerken die ökologischen Bedingungen für das Ausbrechen der ersten Pandemie der Geschichte geschaffen.[91]

3

APOLLOS RACHE

ARISTIDES UND DAS IMPERIUM: REICH, ABER KRANK

Als der begabte Redner Aelius Aristides, dem wir schon mehrfach begegnet sind, im Jahr 144 vor Kaiser Antoninus Pius seine «Romrede» hielt, war er nicht in bester Verfassung.

Wie Galen eine Generation nach ihm, war Aristides, ein ehrgeiziger junger Mann aus der Provinz, nach Rom gekommen, um sein Glück auf der größten Bühne zu versuchen. Sein ganzes Leben lang hatte er sich darauf vorbereitet. Als Sohn der Oberschicht war er in seiner Jugend von einer ganzen Anzahl prominenter Rhetoriklehrer unterrichtet worden. Nach dem Tod seines Vaters machte er eine Schiffsreise auf dem Nil, die ultimative Kavalierstour. Die geheimnisumwitterten Quellflüsse entdeckte er zwar nicht, dafür machte er aber eine Fülle abenteuerlicher Erfahrungen, die er sein Leben lang nutzen konnte. Bald danach brach er auf in die Hauptstadt. Auf dem Landweg reiste er nach Westen auf der Via Egnatia, dem großen römischen Highway durch den Balkan. Unterwegs erkrankte er an einer hartnäckigen Erkältung, die sich durch das trostlose Wetter und die sumpfige Gegend verschlimmerte. Nur mit Mühe konnte er etwas essen, und das Atmen fiel ihm schwer. «Ich geriet mit meinen Zähnen in schwerste Not, so dass ich die Hände vor den Mund hielt, immer darauf gefasst, sie darin auffangen zu müssen.» Die Fieberanfälle setzten ihm zu, und als er in Rom ankam, hatte er «nicht die geringste Aussicht auf Erhaltung des Lebens». Als er dann seine «Romrede» hielt, erhob er sich von dem Bett, in dem er befürchtet hatte zu sterben.[1]

Seine Krankheit in Rom ist nur die früheste Episode dieses intimsten medizinischen Tagebuchs der Antike, der *Heiligen Berichte*. Der Text ist eine Gedenkschrift für den Heilgott Asklepios, den Aristides als seinen Retter betrachtete. Mit der Krankheit begann eine lebenslange Leidensgeschichte und Abhängigkeit von dem Gott. Aristides litt an Darmstörungen, Migräne, Schwindsucht, Katarrh, an Tumoren, Krämpfen und ständig wiederkehrenden Fieberanfällen. Oft suchte er Erholung im Asklepios-Tempel in Pergamon (in gewisser Weise so mondän wie eine Reha-Klinik in Beverly Hills), wo er von Galens Lehrer Satyrus behandelt wurde. In späteren Jahren erinnerte sich Galen an die anfällige gesundheitliche Verfassung des Redners. Heute werden die Leiden, die Aristides aufzählte, mitunter als «psychosomatisch», neurotisch oder hypochondrisch abgetan – doch zu Unrecht. Allein die *Kuren*, die Aristides auf sich nahm, hätten viele kerngesunde Männer umgebracht. Schon die Behandlungen in Rom waren schlimm gewesen. «Schließlich machten die Ärzte lauter Einschnitte hintereinander von der Brust bis an die Blase hinunter. Als sie dann die Schröpfköpfe ansetzten, wurde mir der Atem völlig benommen, und ein lähmender, unerträglicher Schmerz durchzuckte mich. Alles war mit Blut verschmiert, und ich wurde im Übermaß purgiert.» Und dabei war das erst der Anfang. Jahrzehntelang befolgte Aristides Rezepte, deren Bandbreite von sadistisch bis skurril reichte. Es gibt keinen Grund zu bezweifeln, dass sein Gesundheitszustand tatsächlich miserabel war.[2]

Trotz allem schaffte es Aristides, der berühmteste Redner seiner Zeit zu werden. Als Smyrna von einem Erdbeben erschüttert wurde, war Marc Aurel von dem herzzerreißenden Hilfsappell, den Aristides verfasst hatte, zu Tränen gerührt und bot, in höflicher Erfüllung seines Parts in diesem gegenseitigen Geschäft, Hilfe aus der kaiserlichen Kasse an, unerlässlich beim großen Deal zwischen den Kaisern und den Städten. Die *Heiligen Berichte* wurden in der Antike sofort überall positiv aufgenommen – die Zeitgenossen betrachteten Aristides nicht als den Exzentriker, der heute oft in ihm gesehen wird. Die Therapien, die er auf den Rat von Göttern und Ärzten befolgte, waren im zweiten Jahrhundert absolut gängige Praxis. Vielleicht hat Aristides mehr als die meisten anderen gelitten, doch in einer Zeit, da Krankheit für alle eine bedrohliche Realität war, faszinierten seine Hilflosigkeit und seine Suche nach Heilung, denn sie waren ein trauriges Band der Solidarität mit der übrigen Menschheit.[3]

In der fesselnden Schilderung der *Heiligen Berichte* gibt es einen Fall, aus dem wir mit großer Sicherheit schließen können, woran Aristides litt. Er ist keineswegs exzentrisch, sondern bringt ihn der Geschichte seiner Zeit noch näher. Im Hochsommer 165 n. Chr. befand er sich in einer Vorstadt von Smyrna, als «eine seuchenartige Krankheit fast die ganze Nachbarschaft» befiel. Aristides' Sklaven steckten sich an, kurz darauf auch Aristides selbst. «Und wenn ein Mensch sich körperlich anstrengte, so blieb er sogleich krank oder tot vor der Haustür liegen. [...] Alles war voll Verzagtheit, Wehklagen, Stöhnen und Verdrossenheit jeder Art.»[4]

Diese beiläufige Bemerkung ist nur das winzige Teil eines größeren Puzzles, aber es ist der früheste eindeutige Nachweis aus dem Mittelmeerraum für die Seuche, die als Antoninische Pest in die Geschichte einging. Aristides schildert den «brennenden Schmerz» und das «schreckliche vermischte Gallenfieber». Nahrung «zerstörte [ihm] den Rachen». Er stand an der Schwelle des Todes, doch er wurde verschont: Er glaubte, ein Knabe, der im selben Moment starb, als sein Fieber nachließ, sei als eine Art grausiger Ersatz an seiner Stelle gestorben. Man hat vermutet, Aristides' Heilung von der Krankheit habe ihn, den dankbaren Patienten des Asklepios und getreuen Anhänger Apollos, bewogen, die *Heiligen Berichte* zu verfassen als feierliches Geschenk an ein Imperium, das unter dem Albdruck der Pandemie litt. Aristides kann als Symbol einer Gesellschaft gesehen werden, die der Seuche hilflos gegenüberstand – und bald vom Drama einer biologischen Katastrophe erfasst werden sollte, deren Ausmaß selbst in einer Welt, die ständig von tödlichen Epidemien heimgesucht wurde, unbekannt war.[5]

Die 160er Jahre stellten im Römischen Reich eine Zäsur in der Entwicklungsgeschichte einer neuen Infektionskrankheit dar. Es war ein schicksalhaftes Zusammentreffen, jedoch kein unausweichliches. Die Pest war nicht die vorhersehbare Folge übermäßigen Bevölkerungswachstums, und wir sollten das Römische Reich nicht als Opfer eines Malthus'schen Zusammenbruchs hinstellen, bei dem der Bevölkerungszuwachs die Kapazitäten der vorhandenen Ressourcen überfordert hätte. Gleichwohl war die Seuche auch kein reines Zufallsprodukt. Die im Imperium angelegten *ökologischen* Bedingungen begünstigten ein solches Ereignis. Um die Rolle von Krankheiten in der römischen Welt zu verstehen, müssen wir das Reich als einen Lebensraum für seine unsichtbaren Bewohner in den Blick zu nehmen versuchen. Das dichtbewohnte städtische Habitat, die rücksichtslose Veränderung der Landschaft, die enge Vernetzung innerhalb und besonders außerhalb des Imperiums, all dies trug zu einer einzigartigen mikrobiellen Umwelt bei.

In diesem Kapitel soll all das geschildert werden, was sich über die Biologie des Sterbens im Römischen Reich sagen lässt, und dabei das Spektrum spezieller Mikroben, die das Imperium heimsuchten, in den Vordergrund gerückt werden. Die Zivilisation der Römer ist vielleicht die früheste, die sich für ein so gewagtes Unterfangen eignet. Erforscher der römischen Vergangenheit haben einige überraschende Dinge entdeckt, die dabei hilfreich sein können, denn es gibt nicht nur die zahlreichen Schriften medizinischer Genies wie Galen, sondern auch das Zeugnis von Steinen, Knochen und Genomen. Die formelhaften Aussagen auf Grabinschriften, die konkreten Beweise auf Skeletten und zunehmend die molekularen Hinweise auf die Krankheitserreger selbst tragen zu einem genaueren Bild vom Gesundheitszustand und der Humanbiologie im Römischen Reich bei. Was dabei erkennbar wird, ist unweigerlich eher widersprüchlich als schlüssig. Doch offenbar haben die Römer ihr Imperium in einer kritischen Periode errichtet, und erst jetzt erkennen wir allmählich die vagen Umrisse einer neuen Entwicklungsgeschichte der Infektionskrankheiten, in der die Jahrhunderte der römischen Zivilisation eine besonders wichtige Phase bilden.

Sogar gemessen an Standards unterentwickelter Gesellschaften war der Gesundheitszustand der Bewohner des Reichs schlecht. Sie waren gewissermaßen, wie Aristides, reich, aber krank. Die übelriechenden Städte waren Brutstätten für einfache Darmparasiten. Der brutale Umgang mit der Landschaft hatte Plagen wie Malaria zur Folge. Die dichten Verbindungsnetze trugen zur Verbreitung chronischer Krankheiten im ganzen Imperium bei. Doch wirklich entscheidend wurde der Moment, als eine akute, von Mensch zu Mensch übertragene Infektionskrankheit ihren Weg in das Reich fand. Was Galen als die «Große Pest» bezeichnete, waren aller Wahrscheinlichkeit nach die Pocken, eine Seuche, die bestens gerüstet war, über das Römische Reich herzufallen, breitete sie sich doch auf den Straßen und den Schifffahrtsrouten, die das Mosaik der Städte und Völker miteinander verbanden, in rasender Geschwindigkeit aus. Das Römische Reich bereitete der Pandemie den Weg, indem es neue Zugänge für das Eindringen der Keime und neue «Highways» für die Übertragung innerhalb der Reichsgrenzen schuf.

Die Antoninische Pest war anders als alles bisher Dagewesene. Die Seuche weckte eine religiöse Urangst in der Bevölkerung. Nicht von ungefähr wurde letztlich Apollo dafür verantwortlich gemacht, ein vielgestaltiger Gott, der mühelos alle Grenzen überwand und seit den Tagen von Kaiser Augustus mit der Vorstellung vom Imperium selbst eng verbunden war. Die pandemische Ausbreitung des unbekannten Erregers wurde erst durch die Beschaffenheit des Reichs und dessen globale Ausläufer ermöglicht und markierte den Beginn eines neuen Zeitalters.

HIN ZU EINER KRANKHEITSÖKOLOGIE DES RÖMISCHEN REICHS

Bevor es ein öffentliches Gesundheitswesen und antibiotische Arzneimittel gab, waren ansteckende Krankheiten der Volksfeind Nummer eins für die Menschheit. Hauptsächlich waren Infektionskrankheiten, von banalen Staphylokokkeninfektionen bis hin zu gewaltigen Superkillern wie Pocken und Beulenpest, die Ursache menschlicher Sterblichkeit. Doch die tödlichen Erreger, die die Menschheit bedrohten, veränderten sich im Lauf der Geschichte und waren von Ort zu Ort unterschiedlich. Der römische Krankheitspool war ein Produkt von Zeit und Ort. Man stelle sich vor, man blickt aus der Sicht eines Krankheitserregers auf die Welt und nimmt teil an der evolutionären Reise jener mikroskopischen Organismen, die mit uns den Planeten bewohnen. Man darf die Erfahrung der Römer mit Krankheitserregern nicht etwa als bloß irgendein weiteres Ereignis im rasch wechselnden Auftauchen und Verschwinden der Keime verstehen. Das hieße völlig misszuverstehen, welch große Bedeutung das erste Jahrtausend in der fortschreitenden Geschichte der Infektionskrankheiten und das zufällige Zusammentreffen der römischen Zivilisation mit bestimmten Erregern zu einem bestimmten Zeitpunkt hatten.[6]

Durch die Genom-Revolution ist die Geschichte der Krankheiten derzeit in Bewegung geraten. Dank sinkender Kosten für die Genom-Sequenzierung sowie neuer Techniken zur Wiederherstellung schwer entzifferbarer DNA aus archäologischen Funden können wir allmählich tiefer denn je in die Vergangenheit blicken. Genome stellen evolutionäre Zusammenhänge her, und so können wir Darwins «großen Baum des Lebens [...], der mit seinen toten und abgebrochenen Ästen die Erdrinde bedeckt und mit seinen schönen und sich ständig weiter teilenden Verzweigungen ihre Oberfläche bekleidet», rekonstruieren. Systeme genetischer Verwandtschaft – bekannt als phylogenetische Bäume – liefern uns Karten der mikrobiologischen Vergangenheit, die entwicklungsgeschichtliche Zusammenhänge beschreiben, dank deren wir die Geschichte eines Organismus in Raum und Zeit verorten können. Wenn auch noch archäologische Genome zurückverfolgt werden können, zeigen sie uns nicht nur die Existenz einer bestimmten Spezies an einem bestimmten Ort zu einer bestimmten Zeit in der Vergangenheit an, sondern helfen uns, mikrobielle Phylogenien und damit auch unser Verständnis einer pathogenen Evolution zu erweitern und zu bereichern.[7]

Erst jetzt beginnen diese biologischen Archive eine Vorstellung zu erschüttern, die noch vor einer Generation Geltung hatte, bevor sich molekularbiologische Nachweise durchsetzten. Damals ging man davon aus, dass Menschen aus dem Paläolithikum einen Satz Keime und Parasiten quasi als «Erbe» unserer hominiden Vorfahren mitgebracht hätten. Diese Erreger waren alte Bekannte, die so gut an das Zusammenleben mit dem Menschen angepasst waren, dass viele von ihnen als harmlose Plagegeister betrachtet wurden. Als sich unsere Ahnen, die Jäger und Sammler, über den ganzen Planeten verteilten, wurden sie unterwegs von neuen Parasiten befallen, «Souvenirs» von ihren Wanderungen. Doch immer noch war die pathogene Belastung insgesamt gering. Dann kam mit der Neolithischen Revolution gewissermaßen der Urknall hochansteckender Krankheiten. Als unsere bis dahin nomadischen Vorfahren in Städten zu siedeln begannen, konnte sich Ungeziefer in dicht bevölkerten Orten ausbreiten, Krankheiten wurden von Haustieren auf den Menschen, mit dem sie Seite an Seite lebten, übertragen. Nach McNeills konkurrenzlosem Meisterwerk *Seuchen machen Geschichte* aus der Zeit vor der molekularen Erforschung von Seuchen verursachte die Entwicklung fortschrittlicherer Gesellschaften einen «Austausch der Zivilisationskrankheiten» Eurasiens. Als unterschiedliche Gesellschaften im frühen Neolithikum miteinander in Kontakt traten, flossen die einzelnen kleineren Herde endemischer Krankheiten zusammen, mit verheerenden Auswirkungen. Die globale Vernetzung veränderte zunächst die Alte Welt und in der Folge die Weiten jenseits des Ozeans.[8]

Dies ergab eine eher provisorische Geschichte, die aus Schnipseln der Epidemiologie, der Geographie, der Tiermedizin und – erst in späteren Phasen – von Textquellen zu einem kohärenten Narrativ zusammengefügt werden konnte. Es war eine geniale Konstruktion, und es ist erstaunlich, wie gut sie sich im Großen und Ganzen gehalten hat. In manchen Bereichen bestätigte der molekulare Befund ganz unmittelbar die Annahmen der älteren Historikergeneration. In einigen Fällen stellte sich heraus, dass die engere Beziehung zwischen Mensch und Haustier zu einer wichtigen mikrobiellen Brücke wurde: Zum Beispiel sind Masern eine Rinderkrankheit, die (allerdings erst in spätrömischer Zeit) auf den Menschen übertragen wurde. Andere Male war die Genealogie der Keime – genauso wie die der Menschen – voller Überraschungen. Tuberkulose zum Beispiel ist der Vorfahr der Rinder-TB: Durch uns wurden die Kühe krank, nicht umgekehrt. Doch die konzeptionelle Revolution ist tiefgreifend, und ihre erstaunlichste Entdeckung ist die permanente Dynamik und die unheimliche Kreativität der Evolution selbst.[9]

Die ersten Menschen lebten in einer ganz anderen Keimumgebung, doch manche Erreger kennen wir noch heute. Bestimmte

Virusstämme – wie die Familie der Picornaviren, zu der lästige, aber auch gefährliche Enteroviren und Rhinoviren (mit anderen Worten, die Erreger gewöhnlicher Erkältungen) gehören – sind vielgestaltig, weltweit verbreitet und kommen bei einer Vielzahl von Wirbeltieren vor, das heißt, sie waren schon unter uns, bevor wir wurden, was wir sind. Andere Bakterien, die sich in einer bestimmten Umgebung oder in tierischen Wirten hielten und vom Menschen unabhängig waren, brauchten nicht auf die Zivilisation zu warten, um uns großen Schaden zuzufügen. Die afrikanische Trypanosomiasis oder Schlafkrankheit wird von der Tsetsefliege übertragen und ist seit prähistorischer Zeit eine Geißel der Menschheit. Und eine beschränkte Anzahl Erkrankter konnte sogar chronische Ansteckungskrankheiten überleben. Yaws (oder Frambösie), ein tropischer, mit dem Syphilisbakterium verwandter Erreger, ist sehr alt. Eine derzeit laufende genetische Studie verspricht, neues Licht auf die Vielzahl von Krankheiten zu werfen, von denen unsere paläolithischen Vorfahren betroffen waren.[10]

Es gab wohl auch nicht mehr rekonstruierbare Kapitel in dieser Geschichte, in denen Infektionskrankheiten plötzlich auftauchten und ebenso plötzlich wieder verschwanden. Solange die Menschen in weit verstreuten Horden umherstreiften, verebbten akute, tödliche Krankheiten von selbst; der Erreger steckte so viele Menschen so schnell an, dass die betroffene Bevölkerungsgruppe kollabierte, bevor er auf andere Menschen überspringen konnte. Unsere jagenden und sammelnden Vorfahren waren also nicht nur den vielen weniger virulenten Bazillen ausgeliefert, die uns bis heute plagen, sondern auch gefährlichen Neuheiten der Evolution, die von Wildtieren übertragen wurden. Diese Erreger starben jedoch bald aus oder verschwanden in der Natur, und alles in allem lebten die Menschen im Paläolithikum in einer harmloseren Krankheitsumgebung.[11]

Die Neolithische Revolution markiert einen entscheidenden Übergang. Die Menschen wurden sesshaft, ihre Ernährung wurde weniger abwechslungsreich, die Besiedelung dichter, die Landschaft umgestaltet, neue Fortbewegungs- und Kommunikationstechniken wurden entwickelt. All dies hatte sowohl für die mikrobielle Umgebung als auch für die Struktur und Verteilung der Bevölkerung Folgen. In manchen Fällen traten diese sicherlich nahezu sofort ein; Krankheiten, die lange kaum eine Rolle gespielt hatten, gediehen unter den neuen Bedingungen prächtig. Hygiene und Verdichtung waren die elementaren Probleme des Stadtlebens, daher müssen wir unser Augenmerk auf die einfachen Erkrankungen richten, die jedoch schwerwiegende Folgen hatten: auf typhus- und paratyphusartiges Fieber, Rhinoviren und andere Parasiten, die in der Nahrung und in Fäkalien enthalten sind; sie sind die Hauptverursacher der Mortalität in den antiken Städten von Anbeginn der Geschichte der Zivilisation. Die Geißeln im städtischen Leben der Frühzeit waren nicht die großen berüchtigten Killer, sondern banaler, alltäglicher Durchfall, Fieber und Erkältungskrankheiten.

Obwohl die Neolithische Revolution nach wie vor von großer Bedeutung ist, scheint sie nach heutigem Stand nicht der «Urknall» in der Geschichte der Infektionskrankheiten zu sein. Das Aufkommen der Landwirtschaft gilt nun nicht mehr als das entscheidende Moment, denn es geht nicht mehr um einen bestimmten Zeitpunkt, an dem die Menschheit mehr oder weniger permanent in verhängnisvolle engere Berührung mit potentiell tödlichen Erregern kam. Die Erfahrung des zwanzigsten Jahrhunderts hat das eindrücklich gezeigt: Bislang unbekannte Infektionskrankheiten sind eine ständige Bedrohung. Nutztiere sind nur ein kleiner Teil des biologischen Sammelsuriums, aus dem neue Krankheitserreger entstehen. Nur zu einem kleinen Teil werden neue Krankheiten von Nutztieren übertragen. Dass in der Wildnis neue Feinde auftreten können, zeigen die Plagen aus jüngster Vergangenheit: Zika, Ebola und Aids. Kurzum, die Natur steckt voller wilder Keime und potentieller neuer Widersacher, und Genmutation brütet ständig neue gefährliche molekulare Experimente aus. Diese tückischen Experimente der Evolution breiten sich weder gleichmäßig noch zufällig rund um den Globus aus. Am meisten leiden bis heute die Tropen unter ansteckenden Krankheiten, und das war schon immer so. Der Breitengrad ist der wichtigste Gradmesser für die Biodiversität auf dem Planeten, und das gilt nicht nur für Mikroorganismen. In den niedrigeren Breiten, die von wiederholten Eiszeiten verschont blieben, ist die Uhr der

Evolution einfach länger gelaufen. Außerdem gelangt dort mehr Sonnenenergie auf die Erde, was zu mehr Leben und größerer Komplexität führt. Die Biogeographie der Infektionskrankheiten folgt demnach nicht der räumlichen Ausbreitung von Ackerbau und Viehzucht, sondern sie gehorcht vielmehr den tiefer gründenden Prinzipien geographischer Ökologie. Wir werden sehen, dass wohl zwei der drei großen römischen Pandemien Importe aus südlichen Gefilden waren, während die dritte, die Beulenpest, vermutlich von Nagetieren stammte, die in der Steppe heimisch waren. Infektionskrankheiten können nahezu überall entstehen, doch bestimmte Teile des Globus sind dabei eindeutig im Nachteil.[12]

Die entscheidende Schnittstelle zwischen den Menschen und den neuen Krankheiten ist nicht der Bauernhof, sondern das gesamte Spektrum der Vögel, Säugetiere und anderer Geschöpfe, die die nächsten potentiellen Humanpathogene ausbrüten. So boten allein schon die zunehmende Anzahl von Menschen und die Vernetzung einst getrennt lebender Gruppen ideale Voraussetzungen für Erreger, die in der Lage waren, Menschen zu infizieren. Nachdem die Menschen nahezu jeden Winkel des Planeten besiedelt hatten, wurde die Schnittfläche zwischen ihnen und dem Bereich evolutionärer Experimente enorm ausgeweitet; indem sich die Menschheit so stark vermehrte, dass nun Milliarden die Erde bevölkern, wurde die Gefahr, dass Mikroben zu tödlichen Krankheitserregern wurden, gewaltig erhöht. Und die Verbindungen, die wir im Lauf der Zeit zwischen menschlichen Gesellschaften hergestellt haben, bringen nicht nur alte Keimpools zusammen, sondern machen auch bislang voneinander getrennte Gruppen zu einer Metapopulation, in der sich umherschweifende Killerviren ausbreiten können. Das große Drama der Geschichte der Krankheiten war das ständige Auftauchen unbekannter Keime tierischen Ursprungs, die auf Menschengruppen trafen, die sich, in immer größeren Verbänden lebend, gegenseitig ansteckten.[13]

Ökologie und Evolution sind der Motor der Geschichte der Infektionskrankheiten. Sie entwickelten sich letztlich nicht aufgrund unbeabsichtigter Nebenwirkungen der Haustierhaltung, sondern vielmehr durch die rasante Zunahme der Ackerbau und Viehzucht betreibenden Bevölkerungsgruppen an Größe und Komplexität, und in der Folge durch die Verbindung dieser Gruppen untereinander und mit Teilen der Welt, die «Hotspots» evolutionärer Gärung sind. Dieses Bild ist noch recht unscharf, doch das wird sich bald ändern. Die Genombelege deuten immer weniger auf das *frühe* Neolithikum, sondern auf die späteren Jahrtausende als Periode wichtiger Veränderungen. Die Bronzezeit mit ihren Techniken der Metallverarbeitung und ihren Verbindungsnetzen erweist sich vermutlich als biologisch unbeständiger und interessanter, als man bislang gedacht hatte: In ganz Zentraleurasien fanden sich archäologische Belege für Seuchen. Und es scheint, als sei es bereits in der Eisenzeit, die dann in die antike Welt überging, zu Ausbrüchen schlimmer Krankheiten wie der Tuberkulose gekommen.[14]

Die Geschichte der Krankheiten und der menschlichen Zivilisation ist voller Paradoxa und unbeabsichtigter Folgen.

KRANKHEIT, GESUNDHEIT UND STERBLICHKEIT IM IMPERIUM

Die Stadt Rom war ein Wunder ihrer Zeit. Eine Passage aus dem Talmud beschreibt das Gefühl der Unermesslichkeit, das den Besucher der Hauptstadt ergreifen konnte: «Die große Stadt Rom hat 365 Straßen, in jeder Straße stehen 365 Paläste. Jeder Palast hat 365 Stockwerke, jedes enthält genug, um die ganze Welt zu ernähren.» Das ganze Imperium war ein Gegenstand der Ehrfurcht. «Die Macht der Römer dagegen beherrscht siegreich die Erde; ja selbst über deren Grenzen hinaus dehnten sie ihr Reich aus.» Aber die Pracht Roms war vielleicht für seine unsichtbaren Bewohner ein ebenso großer Segen wie für die Menschen, die es erbaut hatten.[15]

Im Imperium entstand eine Krankheitsökologie, von deren weitreichenden Folgen die Römer noch nicht einmal etwas ahnten. Es kam zu einer Ballung von Menschen in den Städten, wie es sie noch nie gegeben hatte und jahrhundertelang nicht mehr geben sollte. Handel, Transport und Vernetzung in außergewöhnlich großen und vielfältigen geographischen Räumen wurden gefördert. Die unter römischer Herrschaft betriebene Veränderung der Umwelt war die umfangreichste in der Zeitspanne zwischen dem Neolithikum und der industriellen Revolution. Die Handelsbeziehungen, die die Römer mit Völkern jenseits ihrer Grenzen verbanden, insbesondere in Afrika und Asien, erweisen sich als enger, als man früher angenommen hatte. Und nach einer Phase der Stabilität während des römischen Klimaoptimums zeichnete sich, unbeeinflusst durch den Menschen, im späten zweiten Jahrhundert ein heftiger klimatischer Umschwung ab.

Die winzigen Eindringlinge, die das Römische Reich heimsuchten, sind für uns heute beinahe ebenso unsichtbar, wie sie es für die damaligen Menschen waren, die von den Erregern nichts ahnten. Nur auf indirektem Weg können wir hoffen, eine Vorstellung vom Gesundheitszustand der Bewohner des Reichs zu gewinnen. Das Bild ist sehr lückenhaft, und es ist irreführend, überhaupt von *der* Krankheitsökologie im Singular zu sprechen. Wie wir sehen werden, trug das Imperium selbst zur mikrobiellen Vereinheitlichung bei, und die Epoche der Römer war zwar eine bedeutsame Phase in der Geschichte der Krankheiten, doch innerhalb der ausgedehnten Territorien des Reichs gab es zahllose lokale Keimökologien, Unterarten und Varianten, die je nach der jeweiligen Umwelt in kleinem Maßstab einen großen Unterschied ausmachten. Wenn wir nun die Bewohner Roms aus der Nähe oder aus der Ferne betrachten, können wir einem Imperium nicht gerecht werden, dessen Keimökosystem eher einem bunt gemischten und extrem uneinheitlichen Feuchtgebiet ähnelte als einem einzigen homogenen Pool.

Der letztlich gültige Maßstab für den Gesundheitszustand einer Gesellschaft ist die durchschnittliche Lebenserwartung. Die Lebenserwartung ab Geburt war ein beliebter Forschungsgegenstand jener Historiker, die sich mit der römischen Demographie befassten, und wie bei der Suche nach dem Gral verschwand das ersehnte Objekt stets hinter dem Horizont, sobald es greifbar nahe schien. Wir wissen bis heute nicht, wie hoch die Lebenserwartung der Römer war. Unsere Unkenntnis beginnt mit der gewichtigen Frage nach der Kindersterblichkeit. Im alten Rom wurden Säuglinge offenbar bedrohlich früh abgestillt, so dass sie nicht mehr durch die Immunität der

Mutter geschützt und Krankheitserregern in der Nahrung und im Wasser ausgesetzt waren. Vermutlich haben bis zu 30 Prozent der Lebendgeburten das erste gefährliche Jahr nicht überstanden, und daher sind Aussagen über eine «durchschnittliche» Lebenserwartung mit höchster Vorsicht zu betrachten.[16]

Am ehesten lassen sich Rückschlüsse aus Fragmenten von Volkszählungsdaten ziehen, die auf Papyri einer Provinz, nämlich Ägypten, erhalten sind. Diese Dokumente liefern ein Profil der Altersverteilung der registrierten Bevölkerung. Diese Verteilung kann nun mit abstrakten Mortalitätslisten abgeglichen werden, die Mustersterbetafeln genannt werden. Davon ausgehend wurde vorgeschlagen, im römischen Ägypten die Lebenserwartung bei Geburt (eo) mit 27,3 bei den Frauen und 26,2 bei den Männern anzusetzen. Natürlich können wir nicht genau beurteilen, wie korrekt der römische Staat die Gesamtbevölkerung erfasste, doch kann man davon ausgehen, dass die Schätzung eher zu niedrig als zu hoch war. Noch bedauerlicher ist, dass die Mustersterbetafeln ausgehend von modernen Bevölkerungen erstellt sind und nicht exakt den Lebensverhältnissen in der Antike entsprechen. Daher lassen die Volkszählungsdaten auf den Papyri eher an eine Tendenz denn an ein schlüssiges Resultat denken. Letzten Endes scheint es am realistischsten, die Lebenserwartung bei Geburt im Römischen Reich zwischen 20 und 30 Jahren anzusetzen, und in diesem Teil des Imperiums wahrscheinlich um die 25 Jahre.[17]

Eine der Teilgruppen der Bevölkerung, die wir am besten kennen, sind die römischen Kaiser; die meisten starben ebenfalls früh. Diese kleine, jedoch signifikante Auswahl verweist darauf, dass die Herrscher Roms die gleiche niedrige Lebenserwartung hatten wie die Ärmsten ihrer Untertanen. «Die potentiellen Vorteile einer üppigen Ernährung werden mehr als aufgehoben dadurch, dass die Menschen permanent aggressiven Erregerstämmen ausgesetzt waren.» Die Reichen waren wohl besser dran, sie hatten genügend zu essen, bequemere Wohnungen und vor allem die Möglichkeit, sich während der tückischen Sommermonate auf ihren Landsitz zurückzuziehen. Doch all dies erwies sich als unzureichend, wie uns das Privatleben des Kaisers Marc Aurel deutlich vor Augen führt. Seine

ABB. 3.1 Goldmünze (Aureus) zu Ehren der Fruchtbarkeit der Kaiserin: Fecunditas Augustae

Frau Faustina war acht, Marcus siebzehn Jahre alt, als man sie 138 n. Chr. verlobte. Im April 145, als Faustina fünfzehn war, heirateten sie. In den folgenden fünfundzwanzig Jahren gebar sie mindestens vierzehn Kinder. Nur zwei davon – ein Junge und ein Mädchen – haben mit Gewissheit ihre Eltern überlebt. Aus den Briefen des Kaisers erfahren wir etwas über die Fieber- und Durchfallerkrankungen, die so viele kleine Sprösslinge der kaiserlichen Dynastie das Leben kosteten, und über einen stoischen, leidgeprüften Vater. Kein Wunder, dass er Galen, dessen Karriere auf dem Zenit stand, zum Leibarzt seines Sohnes Commodus berief.[18]

So weit die schriftlichen Quellen – wo uns dieses Beweismaterial im Stich lässt, können wir Knochen zu Rate ziehen. Skelette erzählen Geschichten, Wirbelsäulen und Bandscheiben zeugen von kräftezehrender chronischer Krankheit oder von der Abnutzung durch Schwerarbeit. Die Hirnschale und die Augenhöhlen können eindeutige Belege für ein Leiden namens «porotische Hyperostose» liefern, das einen Indikator für körperliche Belastung darstellt. Die chemische Analyse stabiler Isotopen vermag Ernährungs- und Migrationsmuster nachzuverfolgen. Zähne sind ein Protokoll der Ernährung und des Gesundheitszustands insgesamt. Durch den einseitigen Verzehr von Kohlehydraten werden sie angegriffen, und die

Streifen im Zahnschmelz können auf Stress in den Entwicklungsphasen hindeuten. Kurzum, die biologische Bürde, die auf den Bewohnern des Römischen Reichs lastete, lässt sich an ihren Knochen ablesen.[19]

Wie die schriftlichen Aufzeichnungen sind auch die Befunde auf Knochen oft nicht eindeutig und werden nicht immer unvoreingenommen interpretiert. Doch können bei sorgfältigem Vorgehen diese Gefahren minimiert werden, und das große Versprechen der Bioarchäologie beruht auf der schieren Masse und Verbreitung der osteologischen Überreste. Leider wurde das Potential der von Knochen abzulesenden Daten für die römische Archäologie von der Wissenschaft noch nicht vollständig ausgewertet. Erst allmählich werden alte Hindernisse überwunden. Unangemessen standardisierte Methoden, eingeschränkter Austausch von Daten und begrenzter Zugang zu Material sowie heftige Unstimmigkeiten unter den Wissenschaftlern haben die möglichen Schlussfolgerungen eingeschränkt. Doch zum Glück gibt es immer mehr hervorragende Arbeiten, die nicht zuletzt aus der Inselprovinz Britannien stammen.[20]

Der interessanteste Aspekt des Beweismaterials, das Skelette liefern, besteht möglicherweise schlicht in der Länge der Knochen, die aus römischer Zeit erhalten sind. Die Körpergröße ist ein ungefährer, aber nützlicher Indikator für körperliches Befinden und variiert je nach Zeit und Raum. Zwar beeinflussen die Gene die Statur, doch ebenso befördern oder behindern soziale Faktoren das Wachstum. Körpergröße ist eine Funktion der «Netto-Ernährung»: die Nahrungsaufnahme des Körpers minus den Aufwand, den der Stoffwechsel für Arbeit und Krankheit in der Wachstumsphase aufbringen muss. Die Wachstumskurve des Körpers ist formbar, jedoch nur in den ersten zwanzig Lebensjahren; der Körper kann nach Zeiten der Not und Entbehrung das Wachstum «aufholen», solange dieses noch nicht beendet ist. Proteine sind ideale Aufbausteine, daher bringt fleischliche Nahrung einen Wachstumsschub. Ernährung spielt also eine entscheidende Rolle. Zugleich aber bedeutet eine Infektionskrankheit hohe Kosten in der Nettobilanz der Ernährung. Das Immunsystem verschlingt große Anteile aus dem Stoffwechsel, und viele Krankheiten hemmen die Aufnahme von Nährstoffen. Auch der Gesundheitszustand der Mutter hat tiefgreifende Langzeitwirkungen auf das Befinden ihres Sprösslings.[21]

In der Neuzeit hat die wirtschaftliche Entwicklung einen globalen «Wachstumsschub» ausgelöst. Um etwa 1850 war der durchschnittliche Niederländer 1,64 bis 1,65 Meter groß; heute misst er 1,83 Meter; das heißt, Niederländer sind die größten Menschen auf der Welt. In einigen Teilen Asiens ist die Veränderung verblüffend: 1950 waren japanische Männer im Durchschnitt 1,60 Meter groß; heute messen sie 1,73 Meter. In den entwickelten Ländern sind wir heute ungefähr so groß, wie unsere Gene es ermöglichen, und insgesamt haben die Menschen der Moderne beinahe 15 Zentimeter zugelegt.[22]

Im Prinzip stellen die Hunderttausende von Skeletten in Museumsdepots ein potentielles Archiv der Geschichte der Körpergröße dar. In der Praxis ist es freilich alles andere als einfach, aus Knochen Erkenntnisse zur Körpergröße abzuleiten, und immer noch fehlt eine solide Studie, die verschiedene Regionen des Imperiums umfasst. Zweifellos ist die geschätzte Körpergröße von größerem Interesse als die Länge von Knochen, doch wirft die Umrechnung von Knochen- in Körpergröße ein paar vertrackte Fragen auf. Eine Möglichkeit, diese methodologische Herausforderung zu meistern, besteht darin, sowohl die geschätzten Körpergrößen als auch die Oberschenkelmaße zu berücksichtigen. Weil Oberschenkelknochen weniger empfindlich als andere Knochen auf Stress reagieren, sind sie gut erhalten und einfach zu messen.[23]

In Britannien war die römische Eroberung eine Katastrophe für den allgemeinen Gesundheitszustand, der Fall des Imperiums dagegen biologisch ein Segen. Die erwachsenen männlichen Bewohner des römischen Britannien waren klein, im Durchschnitt wahrscheinlich nur etwa 1,64, die Frauen 1,54 Meter groß. Nun zeigt die beste Studie für das römische Britannien eine durchschnittliche Oberschenkellänge der Männer von 444, die der Frauen von 413 Millimeter; nach dem Ende der römischen Herrschaft betrugen die Maße für Männer 465, für Frauen 429 Millimeter. Bestimmt hätten die Menschen im frühen Mittelalter auf ihre römischen Vorfahren herabgesehen.[24]

Tabelle 3.1 Länge der Oberschenkel in Britannien (Angaben nach Gowland und Walther 2018)

	römische Oberschenkel		*angelsächsische Oberschenkel*	
	mittlere Länge	*Anzahl*	*mittlere Länge*	*Anzahl*
Männer	444,0	290	464,8	155
Frauen	412,9	231	429,22	130

In Italien waren die Menschen während der gesamten römischen Periode kleiner als in der Eisenzeit und dann wieder im Frühmittelalter. Es gibt eine Metastudie, die ziemlich gute Werte für die durchschnittliche Größe der Römer angibt, doch sie ist problematisch. Die zugrunde liegenden Proben sind nicht vertrauenerweckend. Wichtiger noch ist Folgendes: Wenn wir auch nur ungefähre chronologische Werte zu denselben Daten dazunehmen und die Analyse mit neueren Funden anreichern, wird deutlich, dass die Italiker in der römischen Kaiserzeit kleiner waren als ihre Vorfahren in der Eisenzeit und der frühen Republik.[25]

Derzeit gibt es nur eine einzige epochenübergreifende verlässliche Studie zur Körpergröße im römischen Italien, und sie weist nach, dass die vorrömischen Völker Italiens deutlich größer waren als die Römer. Die durchschnittliche Länge männlicher Oberschenkelknochen verringerte sich von 454 auf 446 Millimeter. Bei Frauen war der Unterschied sogar noch größer: Von einem Durchschnitt vor der Römerzeit von 420 Millimeter sank er auf 407 in der römischen Epoche. Im Mittelalter nahm die durchschnittliche Größe wieder zu und übertraf den Durchschnitt der Eisenzeit. Männliche Oberschenkelknochen waren nun 456 Millimeter lang, die der Frauen erreichten wieder die durchschnittliche Länge von 420 Millimeter. Außerdem wurden Speiche und Schienbein in römischer Zeit sogar noch deutlich kürzer, nämlich um drei bis vier Prozent, was einen ungefähr doppelt so großen Unterschied wie bei den Oberschenkelknochen ausmacht. Die Autoren der Studie veranschlagen die durchschnittliche Körpergröße in Italien zur Zeit des Römischen Reichs auf ungefähr 1,64 Meter bei den Männern und 1,52 Meter bei den Frauen.[26]

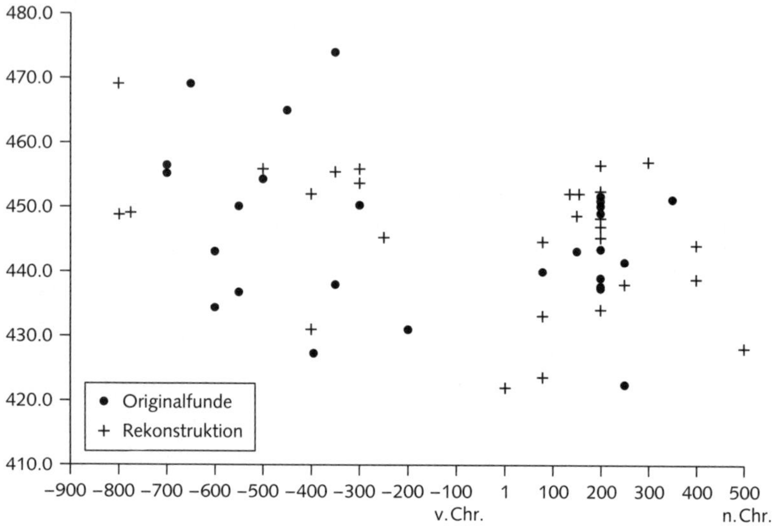

ABB. 3.2 Durchschnittliche Länge männlicher Oberschenkelknochen in Italien (in Millimetern) (vgl. Anhang A)

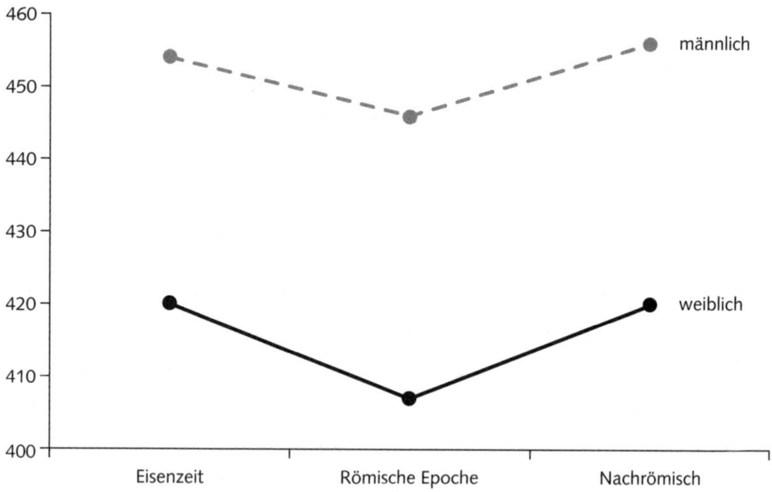

ABB. 3.3 Durchschnittliche Länge der Oberschenkelknochen in Italien (in Millimetern) (Daten von Giannecchini und Moggi-Cecchi 2008)

Warum waren die Römer so klein? Mangelernährung wäre an sich schon eine plausible Erklärung, und es wäre unklug, das Argument von der Hand zu weisen. Doch wir sollten nicht vorschnell auf einen direkten Zusammenhang zwischen geringer Körpergröße und schlechter Ernährung schließen und stattdessen in Betracht ziehen, dass zumindest zum Teil Krankheiten dafür verantwortlich waren. Es gibt gute Gründe, an der Ernährung als Hauptursache zu zweifeln. Lange war man auf eher vage schriftliche Belege aus der Oberschicht angewiesen, wenn man Schlussfolgerungen über die Ernährung der Römer zog. Heute werden die chemischen Signaturen dessen, was die Römer aßen, in ihren Knochen aufgespürt. Stabile Kohlenstoff- und Stickstoffisotope kommen in der natürlichen Umgebung vor; aufgrund des Gewichts ihrer zusätzlichen Neutronen werden schwere Isotope in der Natur auf leicht unterschiedlichen Bahnen recycelt. Zum Beispiel verraten Stickstoffisotope viel über die Position, die ein Lebewesen in der Nahrungskette einnimmt. Das Knochengewebe von Lebewesen an der Spitze dieser Pyramide ist verhältnismäßig reich an schweren Isotopen. Daher spiegeln stabile Isotopenverhältnisse die Herkunft der Nährstoffe wider, aus denen menschliche Knochen bestehen.[27]

Doch auch hier ist Vorsicht geboten, denn es gibt nicht viele Befunde, und das Vorhandene belegt überdeutlich, dass es so etwas wie eine «römische Ernährung» nie gab, sondern allenfalls eine Mischung aus sozial und regional unterschiedlichen Nahrungsmitteln. Immerhin weiß man, dass selbst arme Römer nicht vom Brot allein lebten. Sogar in sehr bescheidenen Gräbern fanden sich in den menschlichen Überresten tierische Nahrungsanteile, insbesondere Proteine von Fisch. Die meisten Studien konzentrierten sich auf die Bevölkerung in und um Rom selbst, aber Funde aus Britannien lassen ebenfalls auf eine Ernährung schließen, die Fleisch und geringe Mengen Meeresfrüchte umfasste. Der chemische Aufbau der menschlichen Knochen stimmt überein mit der großen Zahl von Tierknochen, die bei Ausgrabungen im römischen Umfeld gefunden wurden und eindeutig auf den Verzehr von Fleisch schließen lassen. Ohne Zweifel lebten in einer hochstratifizierten Gesellschaft wie der römischen viele Menschen am Rand des Existenzminimums. Hier ist noch viel zu erforschen, doch bis jetzt beweisen die Knochen nicht eindeutig, dass Mangelernährung die Ursache für den kleinen Wuchs der Römer war.[28]

Die Schlüsse, die aus dem Zustand der Zähne zu ziehen sind, weisen in die gleiche Richtung und legen nahe, dass Krankheiten insgesamt eine enorme Rolle für den Gesundheitszustand der Römer spielten. Eine wichtige Studie verglich Gebisse von zwei Fundorten aus der Kaiserzeit mit denen einer frühmittelalterlichen Bevölkerungsgruppe. Keine der beiden Epochen hätte für Mundhygiene werben können, aber die Gebisse waren unterschiedlich geschädigt. Die Zähne aus dem Frühmittelalter hatten mehr an Karies gelitten, die durch einseitige Ernährung mit Kohlenhydraten verursacht worden war. Die Zähne aus römischer Zeit dagegen wiesen häufiger Wachstumsstörungen auf, «Zahnschmelzhypoplasie» genannt. Dieser Defekt tritt in der Kindheit auf, wenn der Körper so belastet ist, dass kein Zahnschmelz produziert wird. Schuld daran ist Mangelernährung oder eine Infektionskrankheit – oder beides zusammen. Eine andere Studie über siebenundsiebzig Landarbeiter aus einem Friedhof der Kaiserzeit in den Randbezirken von Rom weist eine große Häufigkeit von Wachstumsschäden im Zahnschmelz aus, aber kaum andere orale Krankheitsbilder. Bei der Ernährung dieser Bevölkerungsgruppe war Fleisch ein wichtiger Bestandteil, raffinierte Kohlehydrate spielten dagegen nur eine geringe Rolle. Viel Arbeit liegt noch vor uns, aber schon jetzt lässt sich aufgrund der Gebisse sagen, dass die römische Bevölkerung schlimmen physischen Belastungen ausgesetzt war, wobei Krankheit den Hauptfaktor darstellte.[29]

Es lohnt sich, auf ähnliche Rückschlüsse hinzuweisen, die aus einer ungewöhnlich signifikanten Reihe von Bestattungen im römischen Dorset im Südwesten von England gezogen wurden. Bis ins zweite Jahrhundert äscherten die Römer ihre Toten ein, weshalb gerade für die späte Republik und die frühe Kaiserzeit viele Lücken bestehen. Doch die Erdbestattungen, die in Dorset über lange Zeit hinweg stattfanden, bieten uns die seltene Gelegenheit, den Beginn und das Ende der römischen Herrschaft zu verfolgen. Gleich nach ihrer Ankunft errichteten die Römer die erste Stadt im römischen

Stil, mit Bädern, Aquädukten, Abflusskanälen, Heizungssystemen und Latrinen. Trotz dieser Annehmlichkeiten mag eine plausible Antwort auf die Frage: «Was haben die Römer je für uns getan?», die folgende sein: «Sie haben uns krank gemacht.» Die Sterblichkeitsrate ging in die Höhe. Am meisten litten die ganz Alten und die ganz Jungen – genau die Altersgruppen mit dem schwächsten Immunsystem. Den Männern erging es schlechter als den Frauen, was einmal mehr bestätigt, dass Frauen von Natur aus ein besseres Immunsystem haben als Männer. Verstädterung, soziale Stratifizierung und Mobilität machten die Bevölkerung anfälliger für Infektionskrankheiten. Ähnliche Muster finden sich in York im Osten von England, wo die Herrschaft des römischen Imperiums eine ungesündere Umwelt zur Folge hatte, was sowohl zu Abstrichen im Nahrungsspektrum als auch zu größerer Anfälligkeit für ansteckende Krankheiten führte. Die römische Zivilisation war in den Provinzen eine Gefahr für die Gesundheit.[30]

Alle diese Befunde lassen den Schluss zu, dass – nicht zum letzten Mal in der Geschichte – ein verfrühter Sprung in der gesellschaftlichen Entwicklung mit einem biologischen Rückschlag einherging. Als die Niederländer im Goldenen Zeitalter die höchsten Einkommen erzielten, die es je gegeben hatte, stagnierte ihre durchschnittliche Körpergröße. Zur Zeit der industriellen Revolution verschlechterte sich bekanntlich das Allgemeinbefinden und die durchschnittliche Körpergröße sank. In den Vereinigten Staaten kennt man diese brutale Begleiterscheinung der Modernisierung als das Antebellum-Paradox. Bevor gestiegene Löhne und ein öffentliches Gesundheitswesen beengte Wohnverhältnisse und desaströse Arbeitsbedingungen kompensieren konnten, erreichten die Kinder nicht mehr die Körpergröße ihrer Eltern und Großeltern.

In der Modernisierungsphase Englands hemmten Rachitis, rheumatisches Fieber, Atemwegserkrankungen und Diarrhö auf tragische Weise das Wachstum von Millionen von Menschen während der ersten stürmischen Wellen der Industrialisierung. Die Hauptleidtragenden waren Kinder. Malthus hatte eine vage Vorstellung von den Auswirkungen der urbanen Krankheitsökologie. «Sicherlich scheinen die großen und selbst die mittleren Städte gewisse

Eigenschaften zu haben, die für das allererste Lebensstadium ganz besonders ungünstig sind, und derjenige Teil des Gemeinwesens, auf den jene Sterblichkeit hauptsächlich entfällt, scheint nahezulegen, dass sie mehr von der eingeschlossenen und verdorbenen Luft herrührt, die den zarten Lungen der Kinder schädlich sein dürfte.»[31]

Die Römer erlebten eine eigene Version dieses Paradoxons, doch kam ihnen weder ein bahnbrechendes technologisches Wachstum noch eine Erneuerung des öffentlichen Gesundheitswesens zu Hilfe. Die Römer waren dem eigenen Fortschritt und seinen vertrackten ökologischen Auswirkungen hilflos ausgeliefert. Alles deutet darauf hin, dass die Bevölkerung unter extremer pathogener Belastung litt, und zwar trotz – oder auch in gewissem Sinne wegen – des Erfolgs der römischen Wirtschaft.

Wir wünschten, wir hätten Statistiken über die Todesursachen, wie sie gegen Ende des Mittelalters aufkamen, um uns ein genaueres Bild vom gesundheitlichen Befinden der Römer machen zu können. Es fehlen eindeutige Angaben darüber, welche Mikroorganismen die Römer in welchem Umfang krank machten. Wir können jedoch versuchen, uns einige der spezifischen Gesundheitsmilieus des Römischen Reichs vorzustellen, und nach versteckten Hinweisen forschen, um ein paar der gefährlichsten Krankheitserreger in römischer Zeit zu ermitteln.

In erster Linie waren die Römer Opfer ihrer großen Vorliebe für ein Leben in der Stadt. Aufgrund der Massenquartiere, der Vorratshaltung, der Abfall- und Abwasserentsorgung und ihrer hygienischen Einrichtungen haben Städte eigene Krankheitsökologien. Römische Städte zogen Zuwanderer an, die auf der Suche nach einem Auskommen, neuen Möglichkeiten oder Vergnügungen waren, und nicht wenige wurden zwangsweise auf die großen Sklavenmärkte verfrachtet, die es überall in der römischen Welt gab. Da sie zuvor nicht mit den lokalen Erregergruppen in Berührung gekommen waren, waren Zuwanderer immunologisch anfällig, und sicherlich kamen unverhältnismäßig viele von ihnen ums Leben. Die Römer, die in Städten lebten, wurden zu Opfern des urbanen «Friedhofeffekts», der vergleichsweise hohen Sterberate in den Städten. Die schnell voranschreitende Entwicklung begünstigte das Wachstum der Städte, doch gerade dies barg große Gesundheitsrisiken.[32]

Wir sollten allerdings festhalten, dass die Römer sogar in der Stadt einige erstaunliche Vorteile genossen. Römische Bauingenieure leiteten reichlich Frischwasser in die Stadt. Aquädukte führten vom höhergelegenen Land in die Städte und versorgten viele Teile des Imperiums regelmäßig mit sauberem Wasser – wahrscheinlich die allerwichtigste Ressource, was die Gesundheit betraf. Der ständig fließende Strom diente nicht nur als Trink- und Badewasser, sondern spülte auch die Kanalisation durch. Eindrucksvoll sind auch immer noch die öffentlichen Latrinen des Reichs. In der frühen Kaiserzeit ließen die Principes prachtvolle Toiletten errichten – man hat sie «Markenzeichen» der Romanisierung genannt –, Mehrsitzer mit fünfzig, manchmal sogar hundert Plätzen. Sie bestanden aus eng nebeneinanderliegenden schwarzen Löchern in marmornen Sitzbänken ohne Deckel. Das beliebteste Dekorationsmotiv war die Göttin Fortuna – ein Thema, das zum Nachdenken anregte. Die eindrucksvollen Überreste der Aquädukte, der Kanalisation und der Latrinen waren für manche heutige Historiker der Beleg, dass den Römern wohl die schmutzigsten Auswirkungen des vormodernen Urbanismus erspart geblieben seien.[33]

Es gibt dennoch gute Gründe, nicht übertrieben optimistisch zu sein. Fachleute schätzen heute die römische Kanalisation trotz deren massiver Bauweise als nicht besonders effizient ein. Sie taugte eher zur Ableitung von Regenwasser als zur Abwasserentsorgung. Die riesigen öffentlichen Toiletten scheinen mehr um der imperialen oder bürgerlichen Eitelkeit willen errichtet worden zu sein und nicht so sehr aus praktischen Hygienegründen. Wichtiger wäre die Abwasserentsorgung in privaten Haushalten gewesen, doch waren Toiletten in den Häusern oft nicht an die Kanalisation angeschlossen: Der Gestank, die Gefahr des Überlaufens und das Überhandnehmen von Ungeziefer überwogen die Vorteile. Für die auf den Hügeln errichteten Villen der Reichen mag die Situation erträglich gewesen sein, für die übrige Bevölkerung bedeutete es, von den Ausscheidungen der Masse umgeben zu sein. In römischen Häusern gab es vor allem Sickergruben, und Nachttöpfe kamen nie aus der

Mode. Private Latrinen wurden häufig neben der Küche installiert. Offenbar benutzten die Römer Schwämmchen – und zwar mehrfach – zu dem Zweck, für den wir Toilettenpapier verwenden. In den Worten eines Historikers: «Die hygienischen Konsequenzen der Verwendung eines solchen Hilfsmittels sind bestenfalls zweifelhaft.»

Schätzungen zufolge fielen allein in der Stadt Rom täglich über 100 000 Pfund menschlicher Exkremente an, die umständlich und nur zum Teil aus der Stadt geschafft wurden, und dazu kamen noch die Ausscheidungen der zahllosen tierischen Mitbewohner. Es gab auch einen lebhaften Handel mit menschlichen Fäkalien, die als Dünger und beim Gerben Verwendung fanden. Daher überrascht es nicht, dass eine umfangreiche neue Studie zu den fäkalen Überresten Roms ergeben hat, dass die Römer – in der kaiserlichen Kapitale und nicht nur dort – von den verräterischen Parasiten einer unhygienischen Gesellschaft, besonders vom Spulwurm und vom Bandwurm, schlimm befallen waren. Mit der Ausweitung des Imperiums nahm der Befall mit Darmwürmern erheblich zu. Die Umweltprobleme urbanen Lebens waren für die Bewohner des Reichs erdrückend geworden, gerade dann, als man hätte erwarten können, dass sie die unsichtbare Flut zurückgedrängt hätten.[34]

Ein überraschender Punkt, an dem die römische Krankheitsökologie ihre Spur und auch Indizien für ihre Eigenart hinterlassen hat, ist das jahreszeitlich bedingte Sterben. In heutigen Gesellschaften, in denen ansteckende Seuchen weitgehend überwunden sind, kommt der Tod zu allen Jahreszeiten. Wo aber diese Krankheiten Hauptursache der Todesfälle waren, erschien der Sensenmann in ungleichmäßigem Rhythmus. Tödliche Mikroben reagieren empfindlich auf die Umwelt, genau wie ihre Überträger, etwa Fliegen oder Moskitos. Die über das Jahr verteilten Muster der Sterblichkeit können auf Keime verweisen, die je nach Jahreszeit virulent sind. An jahreszeitlich bedingter Mortalität lässt sich eine Menge ablesen, und im Fall des Römischen Reichs verfügen wir über eine Fülle von Daten hierzu. Bei Heiden wurde die Dauer ihres irdischen Lebens auf dem Grabstein vermerkt, bei Christen wurde das Datum ihres Todes festgehalten, das als Datum ihrer Wiedergeburt im Jenseits galt. Da-

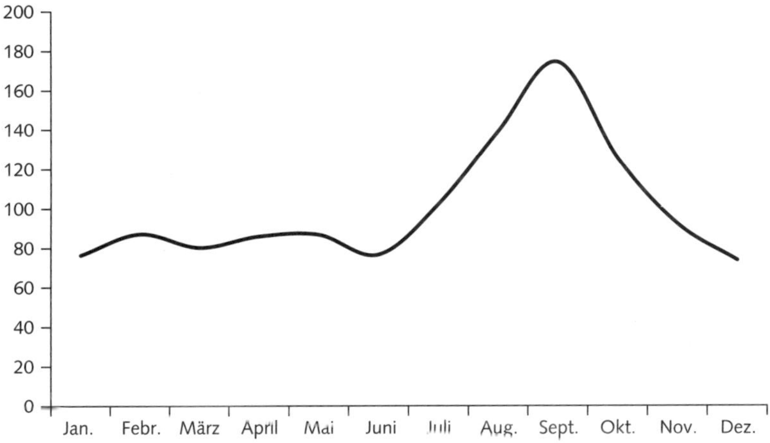

ABB. 3.4 Jahreszeitlich bedingte Mortalität in Rom

durch ist uns, ganz nebenbei, ein Protokoll des Sterbekalenders im alten Rom erhalten geblieben.

Die christlichen Grabinschriften der Spätantike (von ca. 250 bis 550 n. Chr.) überliefern über 5000 Todesdaten, eine Auswahl von Menschen, die überwiegend im Alter zwischen zehn und vierzig Jahren verstorben sind.[35]

Spätsommer und Frühherbst waren die Zeit, in der die Todesrate anstieg. Die Römer wussten, dass die Hundstage im Sommer gefährlich waren. Allein schon der Ausschlag der Kurve ist historisch außergewöhnlich und lässt einen extrem tödlichen Krankheitserregerstamm im alten Rom vermuten – ein Eindruck, der zusätzlich noch verstärkt wird durch den hohen Anteil junger Erwachsener unter den Verstorbenen, eigentlich des widerstandsfähigsten Teils der Bevölkerung. Bei der jahreszeitlich bedingten Mortalität ist zwischen Männern und Frauen kein signifikanter Unterschied erkennbar, anders als beim Lebensalter. Zwar starben Kinder, Erwachsene und ältere Menschen insbesondere im Spätsommer und Frühherbst, doch Ältere starben auch vermehrt im Winter aufgrund ihrer Anfälligkeit für winterliche Atemwegserkrankungen. Am überraschendsten war, dass bei Erwachsenen zwischen fünfzehn und neunundvierzig Jahren die Sterblichkeit am höchsten war, mit einem massiven

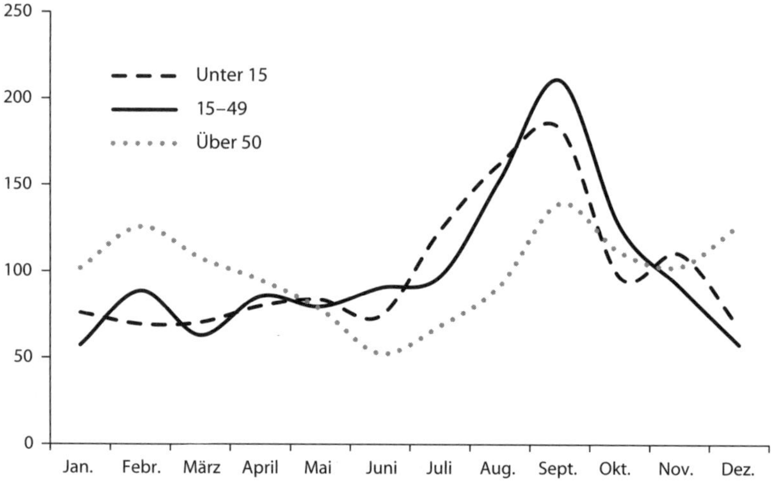

ABB. 3.5 Jahreszeitlich bedingte Mortalität in Rom, aufgeschlüsselt nach Lebensalter

Anstieg im September. Möglicherweise waren viele von ihnen Zuwanderer, die noch keine Immunität gegen den lokalen Keimpool erworben hatten und in der Stadt eine Umgebung voller unbekannter biologischer Feinde vorfanden.[36]

Wie bereits angesprochen, schieden die römischen Kaiser nach dem gleichen Muster von dieser Erde wie ihre Untertanen. Die Daten der jahreszeitlich bedingten Mortalität sprechen ebenfalls dafür, dass der römische Keimpool keine Rücksicht auf den Stand einer Person nahm. Nach den Inschriften auf den eleganten Sarkophagen mit den sterblichen Überresten der Reichen und Berühmten zu schließen, traf die sommerlich-herbstliche Todeswelle alle gleichermaßen. Auch noch die bescheidensten eingeritzten Graffiti an den Wänden der Katakomben lassen ein ähnliches Muster für die aus der Mittelschicht oder den unteren Klassen stammenden Toten erkennen. Das fiel auch dem Doktor Galen auf, der natürlich die Oberschicht behandelte und feststellte, dass der Herbst eine todbringende Jahreszeit war. Seiner Meinung nach waren es die extremen täglichen Temperaturschwankungen mit heißen Tagen und kalten Nächten, die den Körper aus dem Gleichgewicht brachten. «Dieses unregel-

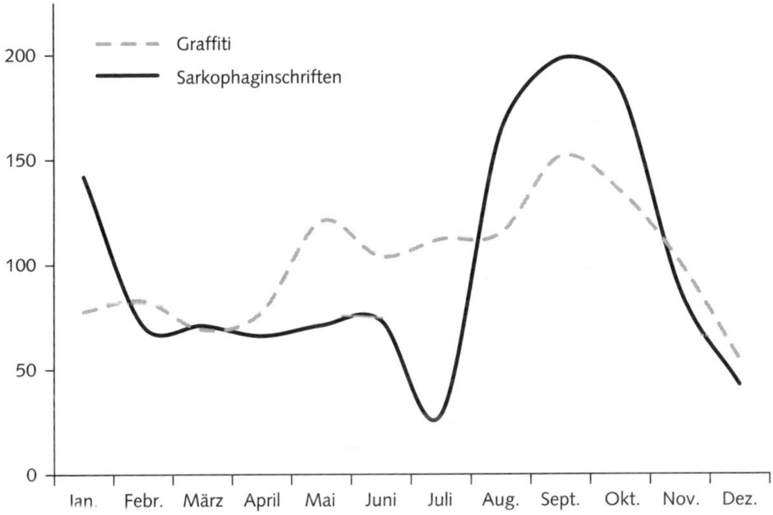

ABB. 3.6 Jahreszeitlich bedingte Mortalität in Rom, Verteilung nach sozialer Schicht

mäßige Auf und Ab macht den Herbst zu der Jahreszeit, die am förderlichsten für Krankheit ist.» Kurz und gut, die Vorteile besserer Ernährung und gesünderer Wohnstätten bewahrten die Eliten am Ende nicht vor der Keimumgebung der Stadt. Sie gingen den Weg allen Fleisches, genauso wie die Geringsten unter ihnen.[37]

Schuld an dem Anstieg der Mortalität ab dem Sommer waren die typischen Magen- und Darmkrankheiten, die man sich über Nahrung und Wasser zuzog. Eine Reihe akuter Durchfallerkrankungen muss in Rom hyperendemisch gewesen sein. Alles deutet auf bazilläre Dysenterien und typhöse Fieber hin. Bazilläre Durchfallerkrankungen, insbesondere die Shigellose, werden auf fäkal-oralem Weg durch kontaminierte Nahrung und verunreinigtes Wasser übertragen. Fliegen können das Bakterium in sich tragen, und mangelnde persönliche Hygiene fördert ihre Verbreitung. Die Shigellose bricht plötzlich aus, typisch sind Fieber und blutiger Stuhl. Durch *Salmonella typhi* ausgelöstes typhöses Fieber stellte ebenfalls eine schwere Bedrohung dar. Salmonellen sind in der Natur weit verbreitet und halten sich in vielen Tieren auf, doch kommt die *S. typhi* nur beim

Menschen vor. Auch diese Krankheit wird fäkal-oral übertragen, besonders im Wasser. Sie beginnt schleichender als die Shigellose, doch war ihr Ausgang in einer Gesellschaft ohne medizinische Überwachung meist tödlich. Das Zusammenwirken von sommerlicher Hitze und mangelhaften sanitären Anlagen führte zum Anstieg der Mortalität in der heißen Jahreszeit. Das mächtige Rom wurde von den einfachsten Keimen bezwungen. Wie unwahrscheinlich es auch klingen mag: Durchfall war vermutlich die Todesursache Nummer eins im Imperium.[38]

Das Sterben im alten Rom ging bis in den Herbst weiter. Hier liegt der Schlüssel, der uns auf die Spur einer furchtbaren Krankheit bringt, die den ganzen römischen Mittelmeerraum heimsuchte: die Malaria. Diese Krankheit wird durch Plasmodien ausgelöst, einzellige Parasiten mit komplexen Lebenszyklen; auf den Menschen wird sie von der Anopheles übertragen. Unterschiedliche Arten von Plasmodien können den Menschen befallen, so das *Plasmodium malariae* und das *Plasmodium vivax*; doch wurde die Mortalität in der römischen Welt ganz besonders durch den gefährlichsten Vertreter ihrer Art, das *P. falciparum,* bestimmt, einen virulenten Erreger, der das «semitertiane Fieber» auslöste, von den antiken Autoren so genannt wegen seines wellenartigen Verlaufs, gekennzeichnet durch seine akute Intensivierung an ungefähr jedem zweiten Tag. Auch heute noch verursacht die Malaria Morbosität und hohe Sterberaten und trifft ohne Vorwarnung besonders die Jungen und die Erwachsenen. Wo sie endemisch auftritt, hat sie «eine furchtbare Macht, da sie über demographische Muster entscheidet». Die Malaria schwebte gleich einem Leichentuch über der Stadt Rom und Kerngebieten des Imperiums.[39]

Das Wort Malaria bedeutet «schlechte Luft», und Malaria ist die ultimative Umweltseuche. *Plasmodium* ist ein alter Widersacher aus den afrikanischen Tropen, doch Genomanalysen haben gezeigt, dass *P. falciparum* der rezente Abkömmling eines vom Gorilla stammenden Erregers ist, der vermutlich erst vor 10 000 Jahren auf den Plan trat. Zu der Zeit, als die Römer ihr Imperium errichteten, war Malaria keine unbekannte Krankheit, allerdings war die spezifische Struktur der imperialen Ökologie Roms der Malaria besonders för-

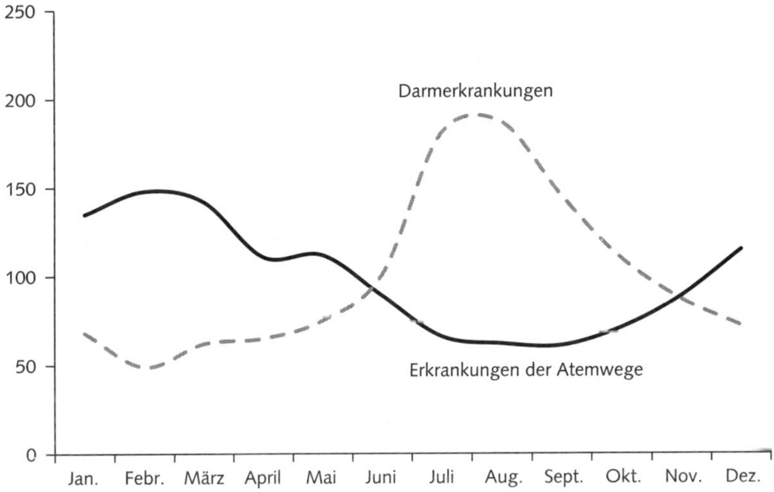

ABB. 3.7 Ursachenspezifische Mortalität in italienischen Städten 1881–82 (Angaben nach Ferrari und Livi Bacci 1985)

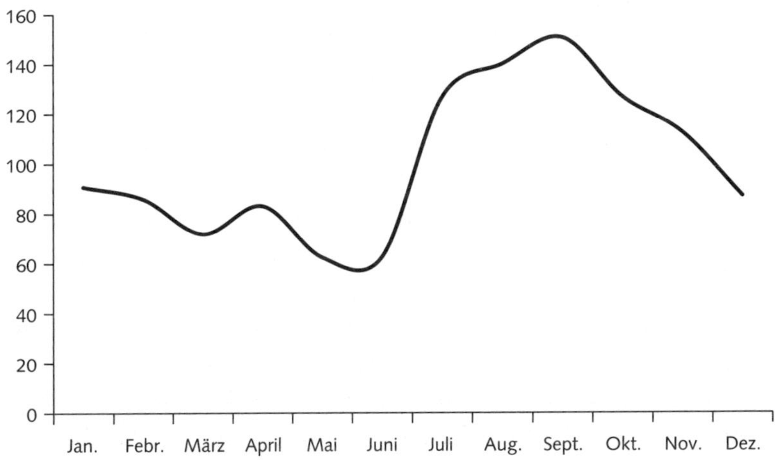

ABB. 3.8 Jahreszeitlich bedingte Mortalität durch Malaria in Rom, 1874–76 (Angaben nach Rey und Sormani 1878)

derlich. Ihre DNA wurde unlängst aus archäologischen Funden aus der Kaiserzeit sequenziert, die von zwei Orten in Süditalien stammen und den Erreger eindeutig nachweisen. Malaria entstand vor allem in Sumpfgebieten und war endemisch in Mittel- und Süditalien und vergleichbaren Regionen. Und direkt im Herzen des Imperiums, in Rom, können wir anhand von dokumentarischen und literarischen Quellen die Ökologie und die Auswirkungen eines bestimmten endemischen Krankheitserregers in ungewöhnlich detaillierter Form nachverfolgen.[40]

Dank der Arbeiten von Robert Sallares besitzen wir eine ausführliche Geschichte der Malaria und ihrer besonderen Beziehung zu Rom. Die antiken medizinischen Quellen sind ein wertvolles Zeugnis über die Verbreitung der Malaria in der Hauptstadt. Der wichtigste Zeuge von allen war kein anderer als Galen. Seine sorgfältige Arbeit über intermittierendes Fieber spiegelt die Bedeutung der Malaria im Rom des zweiten Jahrhunderts wider. «Wir brauchen weder Hippokrates' Wort noch das irgendeines anderen als Zeugen, dass es dieses [semitertiane] Fieber gibt, denn wir sehen es deutlich jeden Tag und ganz besonders in Rom. So wie andere Krankheiten andernorts typisch sind, so grassiert dieses Übel in Rom.» Es kam «vor allem in Rom vor», dessen Bewohner, wie Galen bemerkte, mit diesem heimtückischen Fieber «bestens vertraut» waren.[41]

Die räumliche Dynamik der Malaria hängt von der geographischen Verbreitung der Moskitos ab. Den Römern war bewusst, dass sich Seuchen in Sumpfgebieten besonders gut entwickelten. Römische Autoren, die sich mit Landwirtschaft oder mit Architektur befassten, schrieben kluge Dinge darüber, wo und wie man Häuser bauen sollte, welche die tödlichen Ausdünstungen der Sümpfe abhalten konnten. Rom selbst war berüchtigt für seine schlechte Luft. Seine stehenden Gewässer waren ideale Brutstätten für die Anopheles. Das Auftreten der Malaria ist in der Regel ein lokales Phänomen, und es überrascht nicht, dass die Muster jahreszeitlich bedingter Mortalität in anderen Teilen des Reichs – ebenfalls von antiken christlichen Grabsteinen abzulesen – bisweilen stark von denen der Hauptstadt abwichen. In Norditalien hatte die Sterblichkeit ihren Höhepunkt im Sommer und nahm im Herbst ab, während in Süditalien, wo die Anopheles gedieh, der Anstieg der Mortalität im Herbst auf die todbringenden Auswirkungen des *P. falciparum* hinweist.[42]

Die römische Zivilisation scheint gerade aufgrund ihrer Eigenart das Seuchenpotential der Umgebung freigesetzt zu haben. Durch die Ausweitung der Landwirtschaft stieß die Zivilisation immer mehr in Lebensräume vor, in denen Moskitos besonders gute Bedingungen vorfanden. Entwaldung begünstigte die Bildung von Tümpeln und verwandelte den unwirtlichen Wald in Felder, wo sich die Moskitos leichter vermehrten. Die Römerstraßen – wie beispielsweise die Via Appia, die Trajan pflastern ließ und die direkt durch die malariaverseuchten Pontinischen Sümpfe führte – «spielten eine maßgebliche Rolle bei der Entstehung neuer Brutstätten für die Anopheles». Städtische Gärten und Wasseranlagen brachten Moskitos und Menschen in gefährliche Nähe zueinander. Die römischen Ingenieure waren Meister in der Verwandlung der Umwelt, und das war ihnen auch bewusst. «Wenn man den Überfluss an Wasser in der Öffentlichkeit, in Bädern, Fischteichen, Kanälen, Häusern, Gärten und Landgütern nahe bei der Stadt, die Wege, die das Wasser durchläuft, die errichteten Bogen, die durchgrabenen Berge und eingeebneten Täler sich genau vergegenwärtigt, wird man gestehen müssen, daß es auf der ganzen Erde nie etwas Bewundernswerteres gegeben hat.» Doch die Verwandlung der Umwelt brachte die enorme Vermehrung der Stechmücken mit sich. Auf diese Weise produzierten die Römer, ohne es zu wollen, massenhaft Moskitos.[43]

Die Malaria ist nicht einfach eine Seuche unter anderen. Weil sie sich heimtückisch mit anderen Erregern verbindet, übersteigt ihr unheilvoller Einfluss bei weitem die Gefahren einer Primärinfektion. Mit der Malaria geht massive Unterernährung einher, ihre Opfer bleiben anfällig für andere Infektionen. Galen kannte die übliche tödliche Form der Malaria, die besonders die Kinder traf; wer die Krankheit überlebte, litt unter Umständen jahrzehntelang an Wachstumsstörungen und einem geschwächten Immunsystem. Malaria begünstigt auch vitaminmangelbedingte Krankheiten wie Rachitis und kann die Anfälligkeit für Atemwegserkrankungen wie Tuberkulose erhöhen. Eine malariaverseuchte Umgebung scheint die Zersetzung allen Lebens zu beschleunigen. «Warum werden die Menschen an Orten mit frischer und sauberer Luft nur allmählich alt, während sie an tiefgelegenen und sumpfigen Orten so schnell altern?»

Der Tod konnte auch rasch eintreten, und wahrscheinlich waren die Zuwanderer besonders anfällig. Viele Reisende erlagen in Rom der Malaria. Jahrhunderte nach Galen steckte sich die Mutter von Augustinus in Ostia, dem Hafen von Rom, mit Malaria an und starb nach sieben Tagen des Leidens.[44]

Die Gebiete, in denen sich Malaria ausbreitet, reagieren empfindlich sowohl auf kurz- als auch auf langfristige Klimaänderungen. Die Umgebungstemperatur beeinflusst die Bildung der Plasmodiensporen im Körper der Mücke, und die Brutstätten der Anopheles verändern sich je nach Feuchtigkeitsgrad. Die antiken Zeitgenossen spürten diese Umwelteinflüsse deutlich. Ein Text aus römischer Zeit vermerkte, dass nach einem schwülen Frühjahr, auf das ein trockener Sommer folgte, ein todbringender Herbst kam. Das feuchte Klima des Mittleren Holozäns war günstig für die Brutvorlieben des Krankheitsüberträgers, und vielleicht wanderte die Malaria gerade in diesen Jahrtausenden der im Entstehen begriffenen Zivilisation in den ganzen Mittelmeerraum ein. In den von Rom beherrschten Gebieten, an der Schwelle zwischen den gemäßigten Breiten und den Subtropen, reagierte die Malaria außerordentlich empfindlich auf Klimaschwankungen. Aber wir müssen auch die Kehrseite der Medaille in Betracht ziehen. Wenn das römische Klimaoptimum tatsächlich eine Feuchtperiode war, war es zugleich ein Paradies für die Moskitos und die Parasiten, deren Träger sie waren.[45]

Malaria war in Rom und anderen Kerngebieten des Imperiums endemisch. Bei entsprechenden Umweltbedingungen konnte sich die Krankheit plötzlich zur Seuche in großem Maßstab entwickeln. Galen war die altbekannte Weisheit vertraut: «Wird das ganze Jahr nass oder heiß, kommt es zwangsläufig zu einer großen Seuche.» In der Frühen Neuzeit kam es in Rom und Umgebung alle fünf bis acht Jahre zu einem schlimmen Ausbruch von Malaria. Mit Sicherheit war sie eine der Hauptursachen für die endemische Mortalität im alten Rom. Der Tod war kein ständiger Begleiter – er kam zu bestimmten Jahreszeiten und war freilich besonders präsent in Jahren, in denen eine Epidemie herrschte. Die Ausschläge konnten gewaltig sein. Die Menschen waren bestens vertraut mit dem Chaos, das epidemische Mortalität anrichtete, und achteten argwöhnisch auf Anzeichen einer aufkommenden Pestilenz. «So versetzt ein einziger Kranker nicht einmal ein Haus in Unruhe; aber wenn durch zahlreiche Todesfälle offenkundig ist, es grassiert eine Seuche, gibt es Entsetzen in der Bürgerschaft und Flucht, und zu den Göttern selbst erhebt man flehend die Hände.»[46]

Die antiken Quellen verzeichnen, wann eine Epidemie ausbrach und wann sie zu Ende ging. Moderne Historiker haben wahrscheinlich dem Umstand nicht genügend Beachtung geschenkt, dass die meisten Epidemien der Antike von innen kamen und regional begrenzt blieben. Die Auflistung aller bekannten Seuchenjahre zwischen dem Jahr 50 v. Chr. und der Antoninischen Pest ist aufschlussreich. Diese Liste ist nicht lang, vermutlich weil Seuchen nichts Besonderes waren, so dass viele mit Stillschweigen übergangen wurden. In der üblichen griechischen und lateinischen Terminologie lautet das Wort für «Seuchen» *loimoi* bzw. *lues*, was zeigt, dass die unterschiedlichen Verursacher der Seuchen nicht erkannt wurden. Seuchen wurden vom Miasma ausgelöst, dem Pesthauch, von verschmutzter Luft, einem erzürnten Gott oder von einer undurchschaubaren Mischung aus göttlichem Zorn und Umweltstörungen. Meist könnte es sich um Malaria gehandelt haben, aber das lässt sich schwer sagen; sogar die Ereignisse im weiteren Umkreis könnten durch klimatische Schwankungen ausgelöst worden sein.[47]

Was die Zeit vor dem Auftreten der Pandemie betrifft, so waren die Seuchen, die in der antiken Geschichtsschreibung erwähnt werden, zumeist wohl Abarten aus dem brodelnden Pool endemischer Krankheiten. Malaria und bazilläre Dysenterie können im Lauf der Jahre in unterschiedlichen Formen auftreten. Nicht von ungefähr glaubte der Naturforscher Plinius der Ältere, dass betagte Menschen vom Ansturm der Seuche verschont blieben: Das lässt darauf schließen, dass ihre Immunisierung aus früheren Infektionen sie zum Teil schützte, wenn regionale Seuchen plötzlich zu Massensterben führten. Der enge Zusammenhang zwischen Jahren, in denen sich Epidemien ereigneten, und kurzfristigen Umweltturbulenzen wie Überschwemmungen verrät auch den fatalen Beitrag des lokalen Sortiments von Krankheiten, das durch Klimaveränderung zu einem rasanten Anstieg der Mortalität führte. Die römische Welt war wiederholt Opfer ihrer eigenen brodelnden Mikrobensuppe. Es waren keine mobilen, von außen eingedrungenen exotischen Erreger, die Rom zu schaffen machten.[48]

Von Überträgern abhängige Epidemien, die aus Krankheiten wie Malaria oder Dysenterie entstanden, waren ortsgebunden. Die Verbindungsnetze zwischen den verschiedenen Teilen des Imperiums waren geeignet, die Übertragung von Mikroben zu begünstigen, aber die ansteckenden Krankheiten, die davon anscheinend als Erste profitierten, waren keine akuten Infektionen. Vielmehr nutzten chronische Infektionen wie Tuberkulose und Lepra die Gelegenheiten, die ihnen das Transportsystem des Reichs bot. Tatsächlich legt eine Kombination schriftlicher, archäologischer und aus Genomen gewonnener Belege nahe, dass das Römische Reich eine entscheidende Rolle in der Geschichte sowohl der TB als auch der Lepra spielte.

Tuberkulose ist eine verheerende Atemwegserkrankung, verursacht vom *Mycobacterium tuberculosis*. Lange hat man geglaubt, sie sei ein alter Widersacher, doch die Genomanalyse legt nahe, dass sie möglicherweise erst vor 5000 Jahren auftauchte. Durch Tröpfchen direkt von Mensch zu Mensch übertragen, liebt das Bakterium enge und schmutzige Städte. Die Krankheit kann sich wochen- oder gar jahrelang hinziehen und plagt ihre Opfer mit Husten und Auszehrung. Bis ins zwanzigste Jahrhundert war TB eine der Hauptursachen für Morbosität und Mortalität und ist bis heute weltweit eine tödliche Gefahr geblieben. Wie Malaria kann diese Krankheit eine schwere Belastung für die Gesellschaft sein, in der sie sich ausbreitet.

Bereits die ersten griechischen Autoren medizinischer Texte kannten die TB, und sie war im Römischen Reich bestimmt nicht unbekannt. Aber jüngere Untersuchungen haben ergeben, dass sich in der Evolutionsgeschichte des Erregers, die zu den tödlichsten modernen Bazillus-Stämmen führte, vor ungefähr 1800 bis 3400 Jahren etwas Entscheidendes ereignet hatte. Dies ist freilich eine große Zeitspanne, doch künftige Arbeit wird hoffentlich eine engere Eingrenzung erbringen. Aber bis dahin bietet die Analyse von Skeletten Anhaltspunkte: Anders als die meisten Infektionskrankheiten hin-

Tabelle 3.2 Alle bekannten Epidemien zwischen 50 v. Chr. und 165 n. Chr.

Jahr	*Quelle*	*Ereignis*
43 v. Chr.	Cassius Dio 45.17.8	Schlimme Pestilenz «fast in ganz Italien»; sicherlich ein dramatisches Jahr in der Klimageschichte, das auf einen gewaltigen Vulkanausbruch im Jahr 44 folgte; Dio bringt sie in Zusammenhang mit der Tiber-Überschwemmung; darauf folgend vielleicht Malaria.
23 v. Chr.	Cassius Dio 53.33.4	Ungesundes Jahr in Rom; Tiberhochwasser.
22 v. Chr.	Cassius Dio 54.1.3	Pestilenz in ganz Italien; mit einer Tiber-Überschwemmung in Verbindung gebracht; Dio spekuliert: «meiner Vermutung nach erging es den auswärtigen Gebieten nicht anders»; die Stelle steht im Kontext von fürchterlichen Ereignissen, die den römischen Senat dazu veranlassten, Augustus als Konsul oder Diktator zu wünschen.
65 n. Chr	Tacitus, Annalen 16.13 Sueton, Nero 39 Orosius 7.7.10–11	Sturm in Italien; furchtbare Seuche im Herbst rafft 30 000 Menschen dahin.
77 n. Chr.	Orosius 7.9	Seuche im 9. Regierungsjahr Vespasians.
79/80 n. Chr.	Sueton, Titus 8.3. Epit. de Caes. 10.13 Hieronymus, Chron. ann. 65 Cassius Dio 66.23.5	Ausbruch des Vesuvs schleuderte Asche weit über das Land; beispiellose Seuche in Rom: täglich 10 000 Opfer.
90 n. Chr.	Cassius Dio 67.11.6	Menschen starben, von Nadeln beschmutzt, nicht nur in Rom, sondern praktisch auf der ganzen Welt. (Diese obskure Anmerkung konnte nicht geklärt werden, Dio behauptet nicht direkt, es sei eine Epidemie gewesen.)
117–138 n. Chr.	Hist. Aug. Hadrian 21.5	Hungersnöte, Seuchen, Erdbeben zur Zeit von Hadrian.
ca. 148 n. Chr.	Galen, Anat. Admin. 1.2 Galen, Ven. Art. Dissect. 7	«Anthrax»-Epidemie in «vielen Städten Asiens».

terlässt die Tuberkulose in den Knochen der Opfer spezifische Schäden, Spuren, die archäologisch verfolgt werden können. Diese Spuren sind verschwindend gering in vorrömischen Skeletten, so wurde nur ein einziger möglicher Fall in England gefunden. In den Jahrhunderten römischer Herrschaft werden die durch TB verursachten Schäden viel offensichtlicher. Man hat das Imperium als «Wendepunkt in der Ausbreitung der Tuberkulose in Europa» bezeichnet. Die Evolutionsgeschichte der Tuberkulose scheint sich mit der des Römischen Reichs in schicksalhafter Weise zu überschneiden. Möglicherweise begünstigte die Eingliederung weit voneinander entfernter Städte die Verbreitung eines der größten Killer in der Geschichte.[49]

Im Römischen Reich beschleunigte sich auch die bis dahin im Schneckentempo voranschreitende Verbreitung der Lepra in Europa. Lepra ist eine chronische, durch die Bakterien *Mycobacterium leprae* und *M. lepromatosis* verursachte Infektion. Sie wird von Mensch zu Mensch übertragen und bietet ein komplexes Krankheitsbild. Insbesondere zerstört die Krankheit Nerven, zersetzt Haut und Knochen, verursacht Taubheit und entstellt vor allem das Gesicht. Sie nimmt einen langsamen Verlauf, ist qualvoll und kräftezehrend.

Lepra ist vermutlich eine Hunderttausende von Jahren alte Krankheit, doch ganz sicher ist man sich in dieser Frage nicht. Bislang stammen die frühesten bekannten Fälle weltweit aus dem Indien des zweiten vorchristlichen Jahrtausends. Die Krankheit verbreitete sich von Indien nach Ägypten in den Jahrhunderten, bevor die Römer ihre Herrschaft ausdehnten, doch hielten Plinius der Ältere und Plutarch gegen Ende des ersten bzw. zu Beginn des zweiten Jahrhunderts sie für eine neue Seuche. Der Arzt Rufus von Ephesus wunderte sich, warum die berühmten Doktoren der Vergangenheit sie nicht beschrieben hatten. Lepra taucht jedenfalls eindeutig in archäologischen Kontexten im Römischen Reich auf. Erst kürzlich wurden in einer römischen Nekropole aus der Kaiserzeit aus dem Skelett eines vier- oder fünfjährigen Kindes die DNA-Spuren von *M. leprae* geborgen. Die globale genetische Diversität des *M. leprae* zeigt, dass zwei der Hauptformen des Leprastammes um die frühe Kaiserzeit auftauchten. Der Genombeweis spricht also dafür, dass sich das tödliche Bakterium zu Beginn des ersten Jahrtausends verbreitet haben muss.[50]

Wir müssen zu verstehen versuchen, wie sehr der Mortalitätsverlauf im Römischen Reich von den Umständen bestimmt wurde: Die Muster der Mortalität richteten sich nämlich danach, was bestimmte mikrobiologische Organismen brauchten, wie sie funktionierten und welchen Beschränkungen sie unterlagen. Diese Mikroben hatten ihre spezifischen Waffen und artbedingten Grenzen. Malaria war oft todbringend, war jedoch vom Habitat und dem Lebenszyklus ihres Wirtstiers, der Stechmücke, abhängig. Shigellose gedieh in den engen, schmutzigen Städten, war dort jedoch auf den fäkal-oralen Übertragungsweg angewiesen. Tuberkulose und Lepra, die direkt von Mensch zu Mensch übertragen werden, profitierten von den unendlichen Perspektiven, die durch das römische Verkehrsnetz eröffnet wurden, doch sie waren träge Migranten. Die Grenzen dieser Krankheitserreger – wie auch die anderer, die nicht so leicht nachweisbar sind – waren biologisch bestimmt und nicht etwa in der Krankheitsökologie des Imperiums angelegt. Dem passenden Erreger konnten die Bedingungen des Reiches ungeahnte Möglichkeiten eröffnen.

In den *Moralia* des großen Plutarch, des für seine Biographien berühmter Griechen und Römer gefeierten Autors, gibt es eine Stelle, an der die Frage gestellt wird, ob es *neue* Krankheiten auf der Welt geben könne. Diese Art nebulös wissenschaftlicher Gespräche war bei der gebildeten römischen Aristokratie *en vogue*. Bei Plutarch tritt ein Sprecher auf, der den Standpunkt vertritt, neue Krankheiten seien möglich, und zwar deshalb, weil es immer noch unerforschte Nahrungsmittel oder neue Marotten gebe, die dem Körper auf neuartige Weise zusetzten, wie zum Beispiel die befremdliche Mode heißer Bäder. Sein Disputant behauptet, dass neue Krankheiten prinzipiell undenkbar seien. Der Kosmos sei in sich geschlossen und vollkommen, und die Natur könne nichts Neues erfinden. Auch die großen Ärzte aus früherer Zeit würden diesen Gedanken entschieden zurückweisen. Und dann, in einem dieser bedeutungsvollen Momente des Irrtums, da man den Urgrund einer alten Denkweise einen Augenblick lang deutlich zu erkennen scheint, beharrte er darauf, dass «Krankheiten keine eigenen Samen» haben. Die schmerzliche Ironie der Geschichte wollte, dass im selben Moment, als Plutarch seine gelehrte Abhandlung verfasste, die Natur in weiter Ferne die Samen einer neuen Seuche säte, eines Feindes, den die meisten biologisch gesetzten Grenzen nicht aufhalten konnten, die bis dahin die bekannten Krankheitserreger der römischen Welt in Schach gehalten hatten.[51]

Die beruhigende klassische Vorstellung von der einen unwandelbaren Natur sollte drastisch zunichte gemacht werden. Die ungezähmte Natur machte sich daran, etwas Neues, etwas Rabiates und Gewaltiges zu schaffen.

DIE RÖMER UND GLOBALE NETZWERKE

Die Nacktsohlen-Rennmaus, *Gerbilliscus kempi*, ist ein Nager, der in Habitaten wie den offenen Savannen und trockenen Wäldern Afrikas lebt, in den Gebieten zwischen der Sahara und den feuchtwarmen Tropen. Sie stammt ursprünglich aus einer gemäßigten Klimazone zwischen Westafrika und Südäthiopien. Viele Nagetiere dienen dem Virenstamm, der als Orthopockenvirus bekannt ist, als Wirt. Die Nacktsohlenmaus ist jedoch die einzige bekannte Spezies, die das *Tatera*-Pockenvirus in sich trägt, und dieses Merkmal macht unsere Rennmaus zu einem außergewöhnlich interessanten Nager. Das *Tatera*-Pockenvirus ist der nächste Verwandte des Kamelpockenvirus. Diese beiden stehen ihrerseits der Spezies *Variola major*, besser bekannt als Pockenvirus, sehr nahe.

Diese drei Virusarten entstanden beinahe gleichzeitig aus einem gemeinsamen Vorläufer als eine genetische Abweichung, die sie von den Orthopockenviren eines Nagetier-Stammvaters trennten. Menschen, Kamele und Nacktsohlen-Rennmäuse sind jeweils die einzigen Wirte ihres Pockenvirus. Dieser evolutionäre Vorgang der Abspaltung ereignete sich irgendwo in Afrika. Der Lebensraum der Nacktsohlen-Rennmaus in Verbindung mit der Evolutionsgeschichte, die im Genom der Orthopockenviren kodiert ist, weist nach Afrika als den wahrscheinlichsten Ursprung der Pocken.[52]

Das Römische Reich war in den Jahrhunderten, die mit der Regierung Marc Aurels begannen, wiederholt von biologischen Katastrophen heimgesucht worden, die ihren Ursprung jenseits seiner Grenzen hatten. Die weitverzweigten Handelsbeziehungen, durch die Rom mit unbekannten Infektionskrankheiten aus der Welt außerhalb seiner Grenzen in Berührung kam, waren die verhängnisvollste Komponente der römischen Krankheitsökologie. Ein ausgedehnter grenzüberschreitender Handel war die Begleiterscheinung der historisch frühen ökonomischen Entwicklung Roms. Langsam beginnen wir, Ausmaß und Effizienz der Handels- und Verkehrsnetze zu erkennen, die in einem großen Bogen vom Roten Meer bis zum Golf von Bengalen reichten und das Mittelmeer mit Arabien und Äthiopien, Indien und dem Fernen Osten verbanden. Lange zweifelten Forscher an der tatsächlichen Bedeutung dieses Handelsnetzes, doch in den letzten Jahrzehnten hat sich das gründlich geändert. Archäologische Grabungen, die zufällige Entdeckung neuer Dokumente und eine neue Würdigung der Dynamik des römischen Handels insgesamt haben uns die Augen geöffnet für das wahre Ausmaß des Austauschs über den Indischen Ozean.

Man war daran gewöhnt, in der Rückschau den Atlantik als den eigentlichen Seeweg zu sehen, der die Menschheit der ganzen Welt miteinander verband und den Aufstieg des modernen Kapitalismus beflügelte. Doch im ersten und zweiten Jahrhundert, als der Atlantik noch eine unüberwindliche Barriere darstellte, schien der Indische Ozean im Begriff zu sein, der Dreh- und Angelpunkt des Erdballs zu werden. Der Aufstieg des Römischen Reichs war hierfür der Katalysator. Die Eroberung Ägyptens führte die Römer an die Grenzen des nubischen Königreichs von Meroë, in das im Entstehen begriffene Königreich von Aksum in Äthiopien sowie zu den Reichen entlang der arabischen Ostküste. Zur Zeit von Augustus befuhr eine starke Flotte das Rote Meer. Die römische Herrschaft behauptete sich entlang der südöstlichen Grenze. Römische Straßen und Kanäle, die den Nil mit dem Roten Meer verbanden, kurbelten den Handel an. Lukrative Zölle auf eingehende Güter waren ein guter Grund, die Handelswege zu schützen und auszubauen. Das Vordringen der römischen Macht in das Rote Meer wurde anschaulich bestätigt durch die Entdeckung zweier lateinischer Inschriften auf den Farasan-Inseln an der Stelle vor der Küste, wo heute die Grenze zwischen Saudi-Arabien und dem Jemen verläuft. Aus den Inschriften erfahren wir, dass im gleichen Jahr, in dem Aristides seine Rede auf Rom hielt, eine Abteilung der *legio II Traiana* eine Präfektur und ein Kastell auf einer Insel errichtet hatte, die 1000 Kilometer südlicher lag als der südlichste römische Hafen in Berenike in Ägypten.[53]

Nie zuvor war die Welt so klein. Der Geograph Strabo schrieb, dass mit der Ankunft der Römer die Zahl der Schiffe, die jedes Jahr von Myos Hormos nach Indien segelten, von 20 auf 120 gestiegen war. Als Ptolemäus in der Mitte des zweiten Jahrhunderts sein *Handbuch der Geographie* in Alexandria verfasste, bezog er viele seiner Informationen über den Osten von den «Indien-Fahrern», jedoch mit dem gebotenen Vorbehalt gegenüber solchen Zeugen: «diese [Händler] aber [...] kümmerten sich nicht darum, den wahren Sachverhalt in Erfahrung zu bringen, da sie sich mit den Handelsgeschäften beschäftigten und zudem gerne die Distanzen aus Prahlerei übertrieben». In seiner Lobrede auf Rom versicherte Aelius Aristides, die Schiffsladungen aus Indien und dem Jemen hätten ein so großes Ausmaß angenommen, dass man vermuten müsse, die Römer hätten die Gärten dieser fernen Länder komplett geplündert. Er selbst hatte den Nil unter dem Schutz und Schirm Roms stromaufwärts bis nach «Ethiopia» bereist auf der Suche nach den Quellen des Flusses. Was ein paar Generationen zuvor noch ein unvorstellbares Abenteuer gewesen wäre, war nun eine friedliche touristische Reise geworden.[54]

Der römische Konsumerismus und die Mobilisierung von Kapital kurbelten den Handel mit dem Osten an. «Der Handel mit Indien wurde nicht eröffnet, sondern explodierte förmlich.» Importiert wurden Luxuswaren wie Seide, Gewürze, Schildpatt, Elfenbein, Edelsteine und exotische Sklaven. Die *Umsegelung des Roten Meeres*, der Text eines «Geschäftsmannes, nicht eines Gelehrten», ist ein typisches Produkt der Zeit. Er bezeugt, wie hochentwickelt die Handelsbeziehungen zwischen Ostafrika und dem indischen Subkontinent waren. Verfasst wurde er etwa um 50 n. Chr. von einem

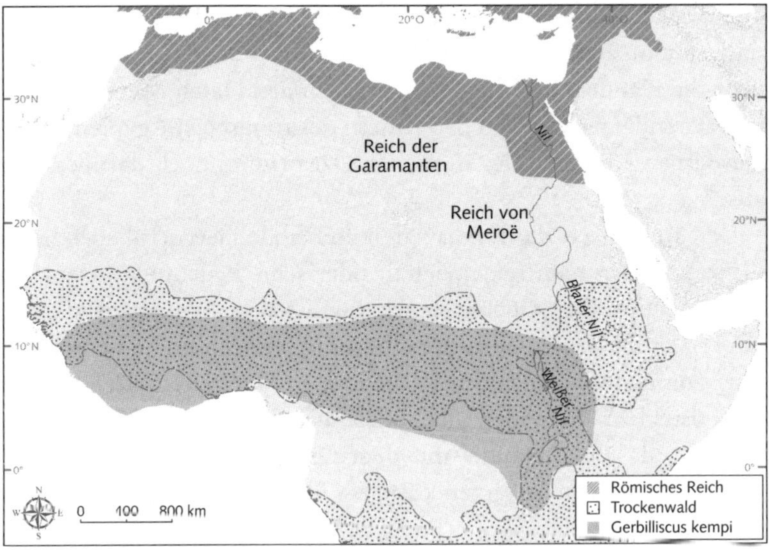

KARTE 7 Verbreitungsgebiet der Nacktsohlen-Rennmaus

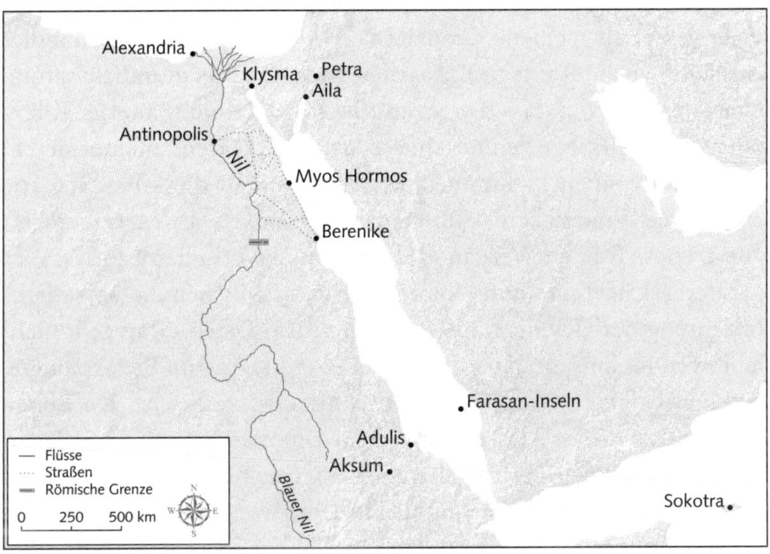

KARTE 8 Die Römer am Roten Meer

griechischen Kaufmann, der sich auf den Monsun-Routen auskannte, und er gibt anschaulich die Ansicht eines mitteilsamen Kapitäns über die Handelsverbindungen zwischen den Häfen Myos Hormos und Berenike wieder, von den Küsten des römischen Ägypten bis zu den fernen Gestaden des Indischen Ozeans und noch darüber hinaus.[55]

Den Stellenwert der Luxuswaren im Handel hervorzuheben heißt nicht, sein Ausmaß, seine Vielfalt oder seine Bedeutung insgesamt zu schmälern: Eine Gebührenordnung listet 54 Artikel auf, die der imperialen Besteuerung in Alexandria unterlagen und eine Vorstellung von dem Sortiment an hochwertigen Waren vermitteln, die in den östlichen Regionen gehandelt wurden. Plinius der Ältere schätzte, dass der Handel mit dem Osten das Imperium jährlich hundert Millionen Sesterzen kostete – über 22 000 Pfund Gold und etwa ein Sechstel des Armeebudgets. Plinius hatte eine Vorliebe für griffige Summen (außerdem erlaubte er sich damit einen Seitenhieb auf die frivolen Ansprüche römischer Frauen), und seine Angaben schienen übertrieben, bis ein Papyrusfragment auftauchte, das einen Vertrag zwischen einem Finanzier in Alexandria und einem Händler enthielt, der die Route von Ägypten nach Muziris in Indien befuhr. Dort erfahren wir, dass das Schiff (die *Hermapollon*) auf der Rückfahrt Elfenbein, Narde und andere kostbare Waren, unter anderem etwa 544 Tonnen Pfeffer, geladen hatte. Allein diese Fracht hatte einen Wert von sieben Millionen Sesterzen, etwa den Gegenwert von 23 000 Tonnen Weizen oder 200 km^2 ägyptischen Landes.

Literarische Texte und Dokumente unterstreichen die vorrangige Bedeutung der Gewürze im Handel mit dem Osten. Man geht nicht fehl, wenn man sagt, dass der Handel vor allem vom Bedarf an Gewürzen beflügelt wurde. Das berühmteste römische Kochbuch stammt aus dieser Ära, und es verrät eine aus unserer Sicht leicht übertriebene Vorliebe für schwarzen Pfeffer. Im Jahr 92 n. Chr. errichtete Kaiser Domitian mitten in Rom ein Gewürzviertel an der Stelle, wo heute die Ruinen der Maxentius- und Konstantin-Basilika das Forum überragen. Pfeffer war nicht nur ein exotischer Luxus. Ein Pfund davon kostete so viel wie mehrere Tageslöhne, und wir finden ihn auf einer Bestellliste für Soldaten, die am Hadrianswall

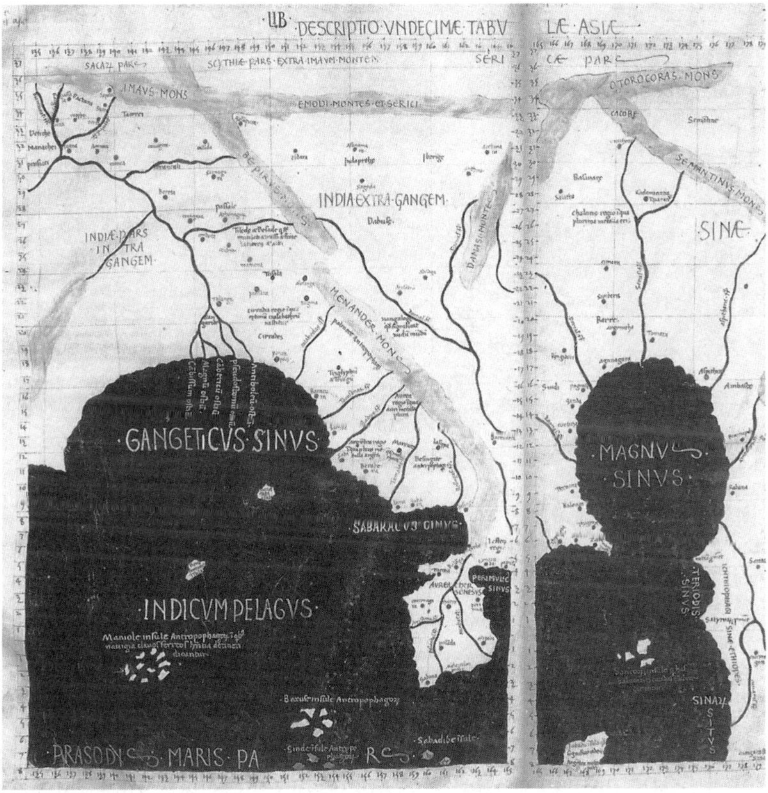

ABB. 3.9 Die Welt des Ptolemäus (Handschrift aus dem 15. Jahrhundert, Harley 7182)

stationiert waren. Es war nicht das letzte Mal, dass Konsumentenwünsche zu einer globalen Umwälzung mit ungeahnten Folgen führten.[56]

Unsere Informationen stammen hauptsächlich von römischer Seite, aber wir dürfen nicht vergessen, dass auch einheimische Seeleute am Handel beteiligt waren und der Warenstrom in viele verschiedene Richtungen verlief. Römische Keramik und römische Münzen wurden auf dem ganzen indischen Subkontinent gefunden. Ein tamilisches Gedicht bringt die Bewunderung für den «kühlen und duftenden Wein» aus dem Westen zum Ausdruck. Indische

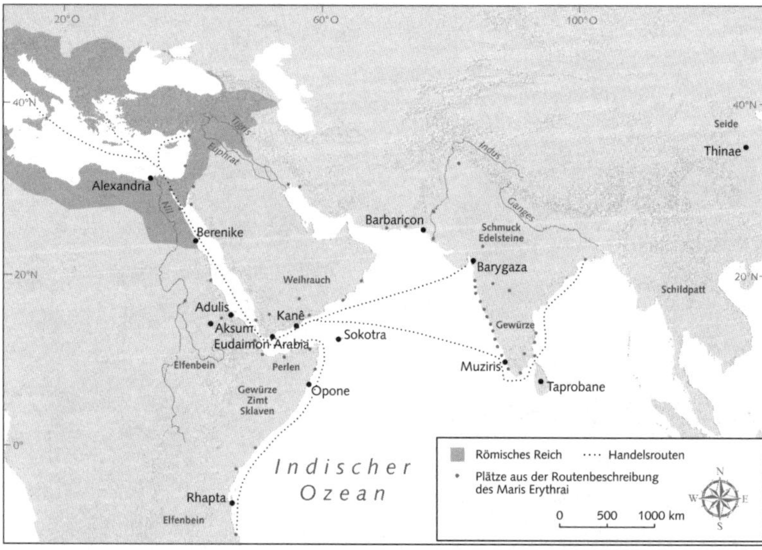

KARTE 9 Die Römer und der Indische Ozean

Dichter beschreiben die «schönen großen Schiffe» der Abendländer, die in Muziris anlegten, der Stadt, an deren Hafen die *Hermapollon* ablegte; sie brachten Gold und kehrten «mit Pfeffer beladen» zurück. Bestimmt gab es dort eine ständige römische Handelsniederlassung. Die *Tabula Peutingeriana*, die wichtigste erhaltene Landkarte aus römischer Zeit, verzeichnet einen Augustustempel in Muziris: ein religiöses Bauwerk westlicher Kaufleute, die Güter und Götter in den Osten und zurück beförderten. Der Handel entlang der Küste Indiens verlief über Wege, die weit ins Inland durch das Kuschan-Reich führten, bis zu den Seidenstraßen und nach China. Die Chinesen waren für die Römer das «Seidenvolk». Seide war eine begehrte Handelsware mit einem wichtigen Absatzmarkt im Westen, und in der frühen Kaiserzeit verlief der Handel hauptsächlich über den südlichen Seeweg.[57]

Dass sich Rom und China allmählich gegenseitig wahrnahmen, zeigt, dass die Welt kleiner geworden war. Die *Umsegelung des Roten Meeres* ist der früheste abendländische Text, der die Han-Dynastie erwähnt. Ab dem zweiten Jahrhundert taucht in chinesischen Schriften immer häufiger das *Da Qin*, das «große China» – in anderen Worten: Rom – fern im Westen auf. Als Ptolemäus sein *Handbuch der Geographie* schrieb, waren römische Kaufleute schon über die malaiische Halbinsel hinausgesegelt. Chinesische Annalen berichten von der Ankunft einer römischen Gesandtschaft, die im Auftrag von «Antun», also Marcus Aurelius Antoninus, nach China gekommen war. Es wurde zu Recht vermutet, dass dies keine offizielle Gesandtschaft war, sondern eine abenteuerlustige Truppe von Kaufleuten, die in den Golf von Thailand eingefahren und dort von Truppen des chinesischen Kaisers aufgegriffen worden waren. Als jene Westler dann völlig unvorbereitet am kaiserlichen Hof eintrafen, machten die den Chinesen angebotenen Waren – Stoßzähne von Elefanten, Rhinozeroshörner und Schildpatt – keinen Eindruck. Doch war dies «die allererste Begegnung». Im selben Jahr kehrten Lucius Verus und seine Armee vom Partherfeldzug zurück.[58]

Ostafrika war fester Bestandteil dieser Welt. Der Autor der *Umsegelung des Roten Meeres* beschrieb Adulis an seiner «tiefen Bucht», mit Straßen, die weit ins Hinterland reichten bis zu der bedeutenden Stadt Aksum, die bereits Umschlagplatz für den Elfenbeinhandel war und bald zum Hauptakteur an der Südgrenze des Reichs werden sollte. Aus Ostafrika bezog Rom die exotischen Tiere, die die Phantasie der Römer anregten. Kaiser Domitian hatte offenbar den Import eines Nashorns nach Rom organisiert und es vielfach auf seinen Münzen dargestellt. Jenseits von Aksum stand das Horn von Afrika unter der strengen Herrschaft eines Königs namens Zoskales, der «eifersüchtig über seine Besitztümer wachte und immer bestrebt war, noch mehr zu bekommen, aber in anderer Hinsicht ein vortrefflicher Mann war, der sehr gut Griechisch lesen und schreiben konnte». Der Autor der *Umsegelung* hatte klare Vorstellungen davon, was entlang der afrikanischen Küste bis hinunter nach Daressalam gekauft und verkauft werden sollte.[59]

Rom stieß «sämtliche Tore des Erdkreises» auf. Der griechische Redner Dion bemerkte, das römische Alexandria liege «gewissermaßen an der Nahtstelle zwischen der ganzen Welt und den abgelegenen Völkern, gleich dem Marktplatz einer Stadt, wo sich alle an einem Ort einfinden». Dort konnte er im bunten Treiben der Stadt «nicht nur Äthiopier und Araber sehen, sondern sogar Baktrier, Skythen, Perser und etliche Inder». Diese Mischung unterschiedlicher Menschen war ein Merkmal der damaligen Zeit. Erst kürzlich wurden in einer Höhle auf Sokotra, einer Insel 240 km vor der Spitze des Horns von Afrika, Graffiti entdeckt, die uns einen überraschenden Blick in diese Welt erlauben. Über 200 Ritzzeichnungen aus römischer Zeit dokumentieren, dass sich hier indische, südarabische, aksumitische, palmyrenische, baktrische und griechische Kaufleute begegnet sind. Die Insel unterstand (und untersteht bis heute) Hadramaut im Jemen, aber ihre verschiedenartigen Graffiti zeugen von der kinetischen Energie des Indischen Ozeans. Aufgrund seiner geographischen Lage wurde Sokotra eine Art Zwischenstation, und in den ersten Jahrhunderten unserer Zeitrechnung war die Insel ein Ort der Begegnung in einem Winkel der Erde, der die Kinderstube der beginnenden Globalisierung war.[60]

Die Händler, die dicht an der afrikanischen Küste entlangfuhren und die Monsunwinde nutzten, waren auch Akteure eines unsichtbaren Austauschs. Wo Güter und Götter verkehren, verkehren auch Keime. Die eigentliche biologische Bedeutung des Verkehrs auf dem Indischen Ozean bestand nicht darin, dass er «die Pools der eurasischen Zivilisationskrankheiten» miteinander verschmolz, sondern dass er einen Supraleiter für neu aufkommende Infektionskrankheiten bildete. Die Tropen sind ein evolutionäres Treibhaus für Krankheiten. Zentralafrika gehört zu den Regionen, in denen es weltweit die größte Vielfalt an Wirbeltieren und auch an Mikroben gibt. Deshalb war und bleibt diese Zone ein gefährlich produktives Experimentierfeld der Evolution, die Wiege einer unverhältnismäßig großen Zahl von Krankheitserregern, die dem Menschen Schaden zufügen können. Das Drama der Chronik der Krankheiten liegt in der permanenten Kollision von pathogener Evolution und Konnektivität der Menschen. Im Römischen Reich trafen beide Faktoren zusammen, und das war von besonderer Tragweite.[61]

DIE GROSSE SEUCHE

Es ist erstaunlich, dass wir überhaupt so viel über diese todbringende Katastrophe wissen, die als Antoninische Pest bekannt wurde. Zugleich sehen wir zwangsläufig das Auftreten von Krankheiten, die sich vor fast zweitausend Jahren verbreiteten, verzerrt, wie durch Glas. Und das Rätsel beginnt bereits damit, dass wir nicht sicher wissen, wie die Pandemie ins Römische Reich eingeschleppt wurde.

Die Römer glaubten, das große Sterben habe mit der Plünderung von Seleukia am Tigris angefangen. Tatsächlich war die Stadt ein Hauptumschlaghafen am Persischen Golf, und persische Kaufleute befuhren die Seewege des Indischen Ozeans. Es ist sehr gut möglich, dass ein Ableger der Pandemie durch den Golf nach Seleukia führte und mit der rückkehrenden römischen Armee eingeschleppt wurde. Doch wahrscheinlich brach die Seuche nicht dort aus.

Die ruchlose Plünderung der Stadt und das Austreten giftiger Dämpfe aus einem Apollotempel waren eine Mär, die böswillig verbreitet wurde, um im Nachhinein den Mitkaiser Lucius Verus und seinen General Avidius Cassius zu diffamieren. Weil der syrische General später versuchte, Marc Aurel die Herrschaft über das Imperium zu entreißen, wurde sein Name in den Annalen der offiziellen Historiographie geächtet. Eigentlich hätte man der Legende gar nicht glauben dürfen. Es gibt Indizien dafür, dass die Seuche bereits mindestens ein Jahr vor Beendigung des Partherkrieges im Reich aufgetreten war. In seinen Reden verortet Aelius Aristides die Seuche im westlichen Kleinasien im Jahr 165. Ferner wurde in jenem Jahr im hügeligen Inneren von Kleinasien, im Hinterland der alten Stadt Hierapolis in Phrygien, dem Apollo Alexikakos, dem «Abwender des Bösen», eine Statue errichtet. Dieser Apollo hatte eine glorreiche Vergangenheit: Er hatte die Pest von Athen abgewendet, der berühmteste Fall einer Seuche bei den Griechen. Für sich allein genommen, wäre ein solches Standbild noch kein Beweis für die Epidemie, aber es ist ein weiteres Indiz für das Eindringen der Seuche in das Imperium *vor* der Rückkehr der römischen Armeen.[62]

Sehen wir einmal von der Entstehungsgeschichte ab, die die Römer der Pandemie zuschrieben, scheinen andere Anhaltspunkte über den Weg, den sie nahm, bedeutsamer. Mit an Sicherheit grenzender Wahrscheinlichkeit wurde die Seuche über das Rote Meer in das Imperium eingeschleppt. In der Lebensbeschreibung das Kaisers Antoninus Pius (reg. 138–161 n. Chr.) liegt uns der ungewöhnliche Bericht über eine Seuche in Arabien in der Zeit seiner Regierung vor. Das mag an sich noch nicht viel heißen, aber eine sabäische Inschrift, die in der Gegend von Qaran entdeckt wurde, wo die südarabischen Königreiche im alten Jemen aneinandergrenzten, bestätigt das Massensterben ausdrücklich. Die Inschrift etwa aus dem Jahr 160 n. Chr. bezieht sich auf eine Pestilenz, die die Stadt Garw *(Bait al-Ahraq)* heimsuchte und vier Jahre zuvor «das ganze Land» verseucht hatte. Die Pestilenz des Jahres 156 n. Chr. in Arabien kann nicht mit Sicherheit als Vorbote der Antoninischen Pest gelten, aber die zeitliche Nähe ist doch sehr auffällig. Wenn die Pestilenz tatsächlich in Afrika ausgebrochen war, ist es wahrscheinlich, dass die Seuche in Arabien für die Römer eine Vorahnung des Sturms war, der sich am Horizont abzeichnete. Ein neuer Bazillus war aus den Tiefen des Kontinents entkommen und hatte seinen Weg in die vielversprechenden Netzwerke der Welt des Indischen Ozeans gefunden.[63]

War ein Erreger mit nur wenigen biologisch festgelegten Einschränkungen erst einmal auf römischem Boden, war er praktisch kaum mehr aufzuhalten. Das Vordringen der Seuche Richtung Westen lässt sich anhand von Galens Fluchtweg erschließen. Er verließ Rom, als sein Stern im Aufgehen begriffen war. Seine Flucht gibt Rätsel auf, denn er hat zwei divergierende Berichte darüber verfasst. In einer frühen Schrift führt er seine Rückkehr nach Pergamon auf obskure Umstände in seiner Heimatstadt zurück: Ein politischer Zwist habe ein Ende gefunden. In seiner späteren Abhandlung *Über seine eigenen Bücher* gesteht er, dass die «große Seuche» der Anlass für seine Abreise war. Es ist nicht klar, ob er vor der Gefahr floh oder ob er seiner Heimatstadt zu Hilfe eilen wollte. Jedenfalls ist es bisher unkommentiert geblieben, wie außergewöhnlich es war, dass man das Nahen einer Seuche *sehen* konnte, die von außen über das Mittelmeer hereinbrach. Galen entkam der Stadt, kurz bevor die

Seuche Rom erreichte. Mitte oder gegen Ende des Jahres 166 n. Chr. war sie in der Hauptstadt angelangt. Die Metropole wurde zu einem Sprengsatz, der seine Splitter über das ganze westliche Mittelmeer verteilte. Im Jahr 168 wütete die Pandemie unter den Truppen in Aquileia und breitete sich von einer Region zur nächsten in ungleichmäßigen Spiralbewegungen über den ganzen Westen aus. Laut der Chronik des Hieronymus war von der Armee im Jahr 172 nichts mehr übrig.[64]

Das sind die flüchtigen Schatten der ersten Welle der Krankheit, die von Osten nach Westen über das Imperium zog. Ansonsten sind konkrete Belege für die Seuche allenfalls zufällig, was nicht verwundern kann. Im Nildelta richtete sie Chaos und Verwüstung an, wovon wir per Zufall durch ein verkohltes Dokument erfahren, das in dieser Region gefunden wurde. Ein zeitgenössischer medizinischer Text, der irrtümlich Galen zugeschrieben wurde, behauptet, dass die Seuche «gleich einer Bestie nicht nur heimtückisch ein paar Menschen getötet, sondern in ganzen Städten gewütet und sie zerstört» habe. Gallien und Germanien waren ebenso betroffen. Marc Aurel musste die Aufnahmebestimmungen für die exklusivste Gemeinschaft der Stadt lockern und Männer, deren Vorfahren bis vor kurzem noch Sklaven gewesen waren, in den erlauchten Areopag eintreten lassen. Es war schockierend, dass die Stadt in den Jahren 167, 169 und 171 keinen obersten Magistrat finden konnte; einige Jahre danach klagte ein Redner aus Athen in einer Rede vor dem Kaiser: «Glücklich die, welche während der Seuche umgekommen sind!» Eine Inschrift in Ostia, dem Hafen Roms, erinnert an eine Vereinigung von Kaufleuten aus dem Osten, die viele ihrer Mitglieder verloren und Mühe hatte, die geforderten Gebühren zu bezahlen. Die Seuche drang weit in das Innere Kleinasiens und nach Ägypten vor und erreichte auch das Gebiet nördlich der Donau. Überall, wo man Hinweise auf die Plage vermuten könnte, werden sie auch gefunden. Dieses Massensterben ist das erste, das wirklich den Namen Pandemie verdient.[65]

Das Ausmaß der Antoninischen Pest erstaunte die zeitgenössischen Beobachter, die zwar Epidemien erlebt hatten, jedoch keine, die sich so weit verbreiteten. Die Reaktion auf die Krise war in erster Linie eine religiöse. Schon immer hatten Seuchen das Gefühl der Hilflosigkeit und des elementaren Schreckens hervorgerufen, und die Antoninische Pest rührte tief an religiöse Ängste. Seit Urzeiten wurde der Gott Apoll mit Pestilenz in Verbindung gebracht; bei Homer war er der Bogenschütze, der mit seinen Pfeilen die Seuche aussandte. Und eben aus dem Tempel des Langhaarigen Apolls in Seleukia sollte ja Gerüchten zufolge der giftige Pesthauch entwichen sein. Ein paar der bemerkenswertesten Zeugnisse vom Ausmaß der Pest finden sich in den Relikten, die dokumentieren, wie man überall im Reich verzweifelt versuchte, den Gott zu besänftigen, dessen Zorn die Katastrophe zugeschrieben wurde.

Der antike Polytheismus war eine dezentrale Religion, deren Tempel und Priesterschaften in loser Verbindung zum Leben der Städte und Dörfer des Imperiums standen. Es war eine Zeit tiefer Frömmigkeit, aber auch eine Zeit, in der die Götter auf die vielfältigste Weise verehrt wurden, und diese Toleranz begünstigte eine «Demokratisierung» religiöser Autorität. Angesichts der Angst vor der Seuche hatten geschäftstüchtige Wahrsager aller Art leichtes Spiel. In höchst einprägsamer Weise zieht der boshaft-witzige Satiriker Lukian in einem seiner Werke über einen zeitgenössischen Scharlatan namens Alexander von Abonoteichus her, der allen Völkern «in jede[m] Winkel des Römischen Reichs» Orakel verkündete, um die Seuche zu bannen, unter anderem eines, in dem der Langhaarige Apoll angerufen wird. Alexander empfahl, bestimmte heilige Worte zur Abwehr der Seuche auf die Türschwelle zu schreiben, doch laut Lukian fielen gerade diejenigen, die diesem Rat folgten, der Pestilenz zum Opfer. Das belegt, dass die große Furcht vor der Rache Apolls real war, und die meisten Bewohner des Reichs teilten wahrscheinlich eher Alexanders abergläubische Angst als Lukians kühle Abgeklärtheit.[66]

Tatsächlich kennen wir eine Menge Inschriften, die die weite Verbreitung dieser Art religiöser Reaktion auf die Krise zeigen. Nicht weniger als elf in Stein gemeißelte Inschriften (zehn auf Lateinisch, eine auf Griechisch) wurden in den entferntesten Winkeln des Imperiums gefunden. Der kurze Satz lautete: «Den Göttern und Göttinnen gemäß der Deutung Apollos in Klaros.» C. P. Jones hat brillant dargelegt, dass es sich um Inschriften zur Abwendung von Unheil handelt, die auf Platten graviert und in Wände eingelassen waren, um die tödliche Krankheit zu bannen. Weitere Indizien kommen ans Licht. Ein aus dem römischen London stammendes Amulett aus Zinn wurde jüngst publiziert, das eine längere Version desselben apotropäischen Zaubers vom Orakel Apollos enthält. In einer überzeugenden Rekonstruktion des Textes auf dem Amulett hat Jones gezeigt, dass der Gott in der Tat das Küssen verboten hat; der Kuss war in der Antike im Mittelmeerraum eine wichtige Form der Begrüßung, und wenn die Seuche direkt übertragbar war, so kann der Rat in medizinischer Hinsicht nur empfehlenswert gewesen sein.[67]

Lange bevor die Pest ausbrach, war Apoll zu einem der meistverehrten synkretistischen Götter des Imperiums geworden. Seine Tempel in Didyma und Klaros waren berühmte Zentren, an denen man mit dem Heiligen kommunizierte und wo Glaubensvorstellungen und Bräuche einer weit verstreuten und religiös heterogenen Bevölkerung zusammenfanden. Zur Zeit der Seuche schickten Städte aus der ganzen griechischen Welt auf der verzweifelten Suche nach Antworten Gesandtschaften los, und an mindestens sieben verschiedenen Orten finden sich in Stein graviert Apolls weitschweifige Antworten an die verzagten Ratsuchenden. «Wehe, wehe, ein schlimmes Leid kommt über das Land, ein unentrinnbarer Seuchendämon, der in der einen Hand ein strafendes Schwert hält und in der anderen die frisch getöteten, schlimm entstellten und sehr beklagten Leichen der Menschen in die Höhe hält. Er zermürbt ganz und gar die umgepflügte Ebene, mäht dahin den Neugeborenen, alles was wachsen soll, geht zugrunde, und er bringt es mit Gewalt fertig, die Männer ganz und gar durcheinanderzubringen und zu entkräften.» Apoll wies die Stadtbewohner an, mit Sühneopfern die Häuser zu reinigen und die Pestilenz durch Ausräucherung zu vertreiben. (Dieser Rat war auch schon ein halbes Jahrtausend zuvor vom berühmten Arzt Hippokrates erteilt worden.)

In anderen Fällen befahl das Orakel Trank- und Tieropfer, um das schwere Leid zu lindern. «Nicht ihr allein werdet geschädigt durch das verderbliche Leidertragen der schwer zu heilenden Pest, sondern viele Städte und Völker stöhnen über den Groll der Götter.»

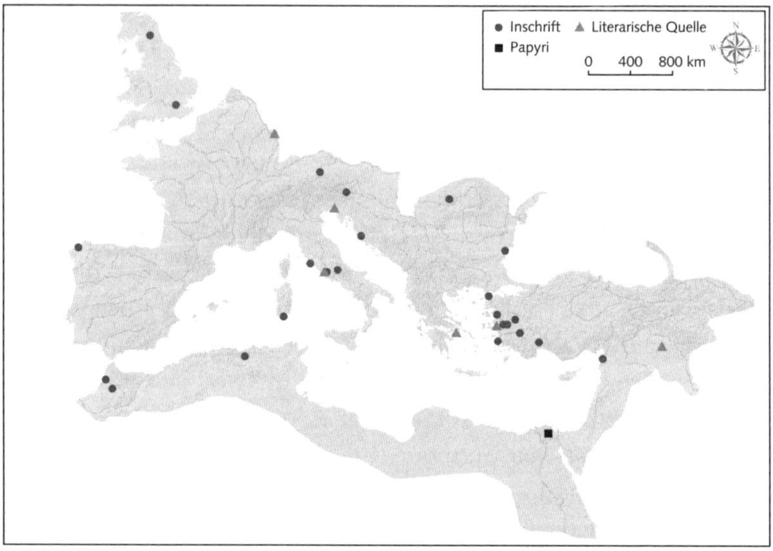

KARTE 10 Mögliche Hinweise auf die Antoninische Pest

Manchmal gab der Gott ein Standbild von sich in Auftrag, das vor den Stadttoren zu errichten war und ihn mit seinem Bogen zeigte, ihn, «der sich auszeichnet durch seinen Bogen, welcher die Krankheiten vernichtet, gleichsam wie er weit hinweg schießt die unbewässerte Pest».

Kein anderes Ereignis hat sich so nachdrücklich in den antiken Inschriften niedergeschlagen wie der Boom des Apollokults, den die Antoninische Pest auslöste. Diese Zeugnisse, von denen es noch viel mehr gegeben haben muss, lassen ahnen, wie groß die Angst war. In dieser verzweifelten Situation nahm die Apolloverehrung ganz neue Dimensionen an, und obwohl die apotropäischen Inschriften eher ein Beleg für die Angst vor der Seuche als für diese selbst sind, sind sie doch eine Art Indiz für die große Verbreitung der Antoninischen Pest.[68]

Wir fragen uns natürlich, welcher Krankheitserreger für ein todbringendes Ereignis von solchen Ausmaßen verantwortlich ist. Die Frage stellt sich nicht aus bloßer morbider Neugier. Die Biologie eines Erregers bestimmt die Dynamik und die Ausmaße eines Krankheitsausbruchs, und wenn wir wissen, welcher Bazillus hinter der Antoninischen Pest steckte, können wir hoffen, bestimmte fehlende Teile des Puzzles zu ergänzen. Der einzige Erreger, der ernstlich in Frage kommt, ist das Pockenvirus, und die Althistoriker sind sich darüber praktisch einig. Ich möchte hier zeigen, dass die Pocken in der Tat die plausibelste Hypothese darstellen, in mancherlei Hinsicht sogar noch plausibler als bislang angenommen. Doch ohne eindeutige molekulare Identifizierung sind endgültige Schlüsse problematisch. Es bleiben Unsicherheiten, die genauere Betrachtung verdienen. Und die Geschichte der Pocken im Lichte der Genomanalyse befindet sich im Umbruch. Es könnte sich am Ende herausstellen, dass die Etikettierung des Erregers als «Pocken» eine verzeihliche, doch grobe Simplifizierung einer interessanteren und komplexeren evolutionären Realität ist.

Außer der Sequenzierung des Genoms des Bazillus unmittelbar aus archäologischen Überresten eines Opfers hängt die Identifizierung eines historischen Erregers von unserem Wissen über seine Pathologie und Epidemiologie ab, seine spezifische Wirkung auf Individuen und ganze Populationen. Jede Identifizierung muss wiederum zumindest mit dem in Einklang stehen, was über die Phylogenese eines Verdächtigen, über seine Familiengeschichte bekannt ist. Bei unserer Suche nach der Identität der Antoninischen Pest haben wir jedenfalls das seltene Glück, dass der berühmteste Arzt der Antike vor Ort war. Galen behandelte «zahllose» Opfer während der «großen Pestilenz», und obwohl er keine spezielle Abhandlung über die Krankheit verfasste, hinterließ er verstreute und mitunter detaillierte Berichte über seine Beobachtungen.

Vorsicht ist allerdings angebracht. Retrospektive Diagnose ist eine gewagte Sache, selbst bei einem Beobachter wie Galen. Wir dürfen nicht vergessen, dass Galen nicht für uns Heutige schrieb, und in der Medizin sind Erfahrung und Beobachtung stets durch Begriffe und Erwartungen gefiltert, die der kulturelle Hintergrund bereitstellt. Bei all seiner Meisterschaft war Galens Sicht durch seine Säftelehre deutlich eingeschränkt: den Glauben, der Körper sei eine Mischung aus vier Säften und Gesundheit sei dann gegeben, wenn sich diese im Gleichgewicht befänden. Galen hatte keine Vorstellung von einem ansteckenden Bazillus, und wie viele seiner Zeitgenossen hielt er die Möglichkeit einer bis dahin unbekannten Krankheit offenbar für ausgeschlossen. Für ihn war die Antoninische Pest immer «die große» oder «am längsten dauernde» Seuche, von anderen Epidemien nur durch ihr Ausmaß, nicht aber durch ihre Eigenart unterschieden. Er lebte in einer Welt, in der eine Unmenge von Infektionskrankheiten ständig und gleichzeitig präsent war, und er versuchte nicht, die Symptome zu bestimmen, die durch diesen speziellen Erreger verursacht wurden. Seine Texte für eine retrospektive Diagnose zu benutzen erinnert daher ein wenig an den Versuch, die Zutaten eines Eintopfs anhand seiner Aromen zu ermitteln.

Allerdings hat Galen, auch wenn er bei seinen Beobachtungen stets von seiner Säftelehre ausging, ein paar prägnante klinische Aufzeichnungen hinterlassen. Er begriff als Ursache der Seuche ein Übermaß der sogenannten schwarzen Galle, wörtlich der «Melancholie», möglicherweise aufgrund der Beobachtung der Symptome der Erkrankten. Aus seiner Sicht gehörten dazu Fieber, schwarzer pustulöser Hautausschlag, Bindehautentzündung, Geschwürbildung tief in der Luftröhre und schwarzer oder blutiger Stuhl. Wer eine «trockene» Konstitution besaß, hatte die größten Chancen, eine Ansteckung zu überleben.[69]

Galens ausführlichste Fallbeschreibung steht im fünften Buch seines Hauptwerks *Therapeutik*, und zwar im Zuge einer längeren Erörterung über die Wundbehandlung. Um Wunden zu heilen, müssen sie zunächst getrocknet werden. Galen beschreibt einen an der Seuche Erkrankten, bei dem sich tief in der Trachea und im Bronchialbaum Geschwüre gebildet hatten. Er glaubte, ein Mittel gefunden zu haben, mit dessen Hilfe er die inneren Geschwüre des Patienten trocknen und ihm so das Leben retten könnte. Am neunten Tag brachen am ganzen Körper des Mannes Geschwüre auf, «wie bei den meisten anderen, die geheilt wurden». Er hustete Krusten. Galen legte den Patienten auf den Rücken und verabreichte ihm eine abtrocknende Flüssigkeit in den Mund. Der Mann wurde wieder gesund. Der genesende Patient wollte unbedingt nach Rom, «wo die Seuche wütete», doch er konnte erst am zwölften Tag aufstehen. Dieser Fall regte Galen zu seinen wichtigsten generellen Überlegungen zur Pathologie der Seuche an. Wer überlebte, «schien mir im Vorhinein getrocknet und gereinigt». Erbrechen war demnach ein positives Zeichen. Bei denen, die später überlebten, zeigten sich schwarzverkrustete Pusteln am ganzen Körper; in den meisten Fällen waren es «Geschwüre», und bei allen Überlebenden wurde «Trockenheit» beobachtet.[70]

Galen war der Meinung, das Fieber reinige das Blut der Patienten. «Diese *Exanthemata* [extrusive Pusteln] bedürfen keiner trocknenden Behandlung, denn sie entwickeln sich von selbst in folgender Weise: Bei einigen, bei denen sich auch Geschwüre gebildet hatten, fiel die Kruste ab, die sie als Schorf bezeichnen, und was dann zurückblieb, kündigte schon die Heilung an und vernarbte nach einem oder zwei Tagen. Bei anderen, die keine Geschwüre bekamen, waren die Pusteln trocken, juckten und fielen in Schuppen ab, und alle diese Patienten wurden gesund.» In seiner Abhandlung *Über die schwarze Galle* beschreibt Galen die schwarzen Pusteln, die den ganzen Körper bedeckten, austrockneten und sich dann wie Schuppen ablösten, manchmal erst viele Tage nach dem, was Galen als den Wendepunkt der Krankheit bezeichnet. Diese klinischen Beobachtungen beschreiben den Verlauf blasiger und danach pustulöser Läsionen, die abfielen und vernarbten, jedoch keine erkrankte Haut an ihrer Stelle hinterließen.[71]

Eine Pockeninfektion kommt der von Galen beobachteten Krankheit am nächsten. Es lohnt, sich den Verlauf der Ansteckung durch das Virus *Variola major* noch einmal genau vor Augen zu halten, wie er von Ärzten auf der ganzen Welt in den Jahrzehnten bis zur Ausrottung der Seuche beobachtet wurde. Die Pocken sind eine von Mensch zu Mensch übertragene Krankheit. Man steckt sich mit dem Virus über die Atmung durch Tröpfchen an, die von einer infizierten Person beim Niesen oder Husten abgegeben werden. Sobald Pockenvirionen ein neues Opfer befallen hatten, war das Virus extrem pathogen: Die meisten infizierten Personen erkrankten in unterschiedlicher Weise. Zunächst vermehrte sich das Virus in der Schleimhaut, dann mit rasender Geschwindigkeit in den Lymphknoten und in der Milz. Die Pocken überwanden die anfängliche Immunreaktion, und der Körper begann sich heftig zu wehren.

Tabelle 3.3 Galens ansteckender Ausschlag

Exanthēmata melana: schwarzer extrusiver/pustulöser Ausschlag. Das griechische Wort beinhaltet ein Aufplatzen (etymologisch «Aufblühen», wie eine Blume), Pusteln, die sich auf der Haut bilden.
Helkos: Wunde, offene Stelle. Für Galen bedeutet es eine Verletzung der Unversehrtheit des Fleisches (Galen K10.232). Er betonte mehrmals, dass bei Opfern der Seuche «alle» Wunden «trocken und rau» waren.
Ephelkis: Schorf. Das natürliche Verschorfen einer Wunde oder Verletzung.
Lemma: was sich ablöst. Das Wort wird für Fischschuppen verwendet. Bei Galen wurde den Erkrankten, deren Ausschlag nicht zu offenen Wunden wurde, der Schorf wie Schuppen abgekratzt.
Epouloō: vernarben, häufig bei Galen so benannt.

Diese Inkubationsphase konnte verhältnismäßig lange dauern, zwischen sieben und 19 Tagen, meistens jedoch etwa zwölf. Während dieser trügerischen Atempause war der Patient nicht ansteckend, doch er war nicht ans Bett gefesselt, konnte also noch reisen, so dass sich das Virus rasch und weit verbreiten konnte.

Die ersten Symptome waren plötzlich auftretendes Fieber und Unwohlsein. Der Erkrankte war sehr bald ansteckend. Es folgten Erbrechen, Durchfall und Rückenschmerzen. Meistens sank das Fieber innerhalb weniger Tage, gleichzeitig mit dem Auftauchen der ersten Anzeichen der Hauterkrankung. Im Rachen oder im Mund bildeten sich schmerzhafte Läsionen. Ein fleckiger Ausschlag erschien im Gesicht und am ganzen Körper, am stärksten im Gesicht und auf den Extremitäten, weniger am Rumpf. Wenn der Ausschlag zu «blühen» anfing, veränderte er sich innerhalb von etwa zwei Wochen: Die Pocken bildeten sich und wurden blasig. Danach wurden die Blasen pustulös und begannen nach ungefähr fünf Tagen zu verschorfen. Während des Fiebers und des beginnenden Ausschlags war der Patient hochinfektiös und blieb ansteckend, bis sich der Schorf ablöste. Danach blieben entstellende Narben zurück. Der gesamte Krankheitsverlauf dauerte etwa 32 Tage.[72]

Dies war der normale Verlauf einer Pockeninfektion, aber es gab auch Abweichungen. In manchen Fällen konnte es bei einer normalen Ansteckung zur Ausbildung blutiger Pusteln kommen. Bei einem

Tabelle 3.4 Verlauf der Pockeninfektion

Tag	*Ansteckung*	*Krankheitsbild*
1	nein	Keine Symptome
2		
3		
4		
5		
6		
7		
8		
9		
10		Fieber, Unwohlsein etc.
12		
13		
14	ja	
15		Fleckiger Ausschlag
16		Papulöser Ausschlag
17		
18		
19		Blasiger Ausschlag
20		
21		Pustulöser Ausschlag
22		
23		
24		
25		Verschorfung/Kruste
26	leicht	
27		
28		
29		
30		
31	nein	Vernarbung
32		

«frühen hämorrhagischen» Typus der Infektion wurde der Erkrankte bald, zuweilen schon am zweiten Tag nach der Ansteckung, vom Fieber erfasst. Der Körper blutete an mehreren Stellen, und während die Haut matt wurde, starb der Patient, bevor der charakteristische Ausschlag seinen Verlauf nahm. Bei einem «späten hämorrhagischen» Typus zeigte sich die Blutung erst, nachdem sich die Pusteln gebildet hatten, aus denen nun Blut sickerte. Hämorrhagische Pocken beider Typen trafen überwiegend Erwachsene und verliefen in der Regel tödlich.[73]

Das Krankheitsbild der Pocken konnte dem anderer Krankheiten mit pustulösen Ausschlägen ähneln, zum Beispiel den Windpocken oder den Masern, insbesondere in der Anfangsphase oder bei leichten Fällen. Die Masern kündigen sich mit einem zwei- bis viertägigen Fieber an, begleitet von Husten und Bindehautentzündung; danach breitet sich ein Ausschlag am Kopf und am übrigen Körper aus, der etwa acht Tage anhält. Anders als bei den Pocken stülpt sich der Ausschlag der Masern nicht auf der Haut aus und hinterlässt auch keine Narben. Bei einer Windpockeninfektion treten Fieber und Ausschlag gleichzeitig auf; Hautverletzungen sind oberflächlicher als bei den Pocken, breiten sich vor allem auf dem Oberkörper aus und verschwinden bald wieder. Die Erkennungsmerkmale der Pocken sind hingegen stark hervortretende Pusteln, die sich gleichzeitig auf dem ganzen Körper bilden, zwei Wochen bestehen bleiben und stärker Gesicht und Extremitäten als den Körper betreffen, manchmal sogar Handflächen und Fußsohlen.

Was Galen beobachtete, entspricht der Symptomatik der *Variola major*. Bei einer Pockeninfektion tritt der Tod etwa zehn Tage nach dem Auftreten der Symptome ein, was mit Galens Annahme, dass neun bis zehn Tage die kritische Zeit seien, übereinstimmt. In allen Fällen trat Fieber auf, das jedoch nicht ungewöhnlich hoch war, was mit großer Wahrscheinlichkeit auf Pocken hindeutet. Galen hielt es für ein gutes Zeichen, wenn die Pusteln dicht beieinander lagen, im Gegensatz zu den heutigen Ärzten, für die ineinander übergehende Läsionen nichts Gutes verheißen. Galen bezog die Teilpopulation der Überlebenden in seine Beobachtungen ein. Das Fazit einer Studie von Littman und Littman ist eindeutig: Galen hatte es mit der hämorrhagischen Form der Pocken zu tun. Das Indiz dafür sah Galen im tiefschwarzen Stuhl, einem Vorboten des Schlimmsten. Er nahm an, dass das Übermaß an schwarzer Galle, unter dem alle Opfer der Seuche litten, als verschorfender schwarzer Hautausschlag oder als blutiger Stuhl auftrat. Ersteres war für den Patienten Anlass zur Hoffnung, das zweite bedeutete, dass das Blut «vollständig gekocht» war. Galen unterscheidet nicht zwischen Pusteln, die gleichzeitig oder nacheinander auftraten, ob sie hauptsächlich den Leib oder die Extremitäten befielen oder ob sie auch an Handflächen und Fußsohlen auftauchten; seine Schilderung lässt keine eindeutige Diagnose zu. Aber der von ihm beschriebene Ausschlag vom ersten Auftreten erhöhter Läsionen bis zur Verkrustung und Vernarbung weist auf die Pocken als Verursacher der Antoninischen Pest, auch wenn uns eine kulturelle Kluft von dem antiken Arzt trennt.[74]

Die Pocken sind keine besonders alte Krankheit, und der Genomnachweis deutet immer mehr darauf hin, dass das Virus ein kurzes, wenngleich ereignisreiches Leben hatte. Die molekulare Datierung ist eine Methode zur Bestimmung, wie lange ein evolutionärer Vorgang zurückliegt: Sie zeigt an, wie lange es möglicherweise gedauert hat, bis ein bestimmtes Niveau an genetischer Vielfalt erreicht wurde. Eine Analyse ergab, dass das Pockenvirus sich von seinem jüngsten mit dem *Tatera*-Pockenvirus gemeinsamen Vorfahren erst vor 2000 bis 4000 Jahren in Afrika abspaltete. Die Pocken bevölkerten die «Krankheitspools der zivilisierten Welt» Asiens nicht etwa seit Urzeiten. Und eine neue Genomstudie legt nahe, dass das Pockenvirus um das sechzehnte Jahrhundert eine entscheidende evolutionäre Veränderung durchmachte und eine virulentere Form des Virus sich in jenem Zeitalter der Entdeckungen und der Bildung großer Reiche global verbreitete. Die Geschichte der Seuche zwischen ihren Anfängen und ihrer modernen Entwicklung bleibt ungeklärt.[75]

Die frühesten schriftlichen Hinweise auf Pocken stammen erst aus dem ersten Jahrtausend. Abgesehen von der Antoninischen Pest gibt es mögliche Anzeichen von Pockenepidemien im China des vierten Jahrhunderts. Ein erschütternder Bericht über eine Pestilenz in Edessa im späten fünften Jahrhundert lässt höchstwahrscheinlich auf Pocken schließen. Außerdem gibt es eine Reihe medizinischer Texte aus dem sechsten Jahrhundert mit Beschreibungen von Pocken; einer stammt von einem Arzt namens Aaron aus Alexandria, andere sind klassische Texte der mittelalterlichen indischen Medizin wie das *Madhava nidanam*, das im frühen achten Jahrhundert von Madhava-kara verfasst wurde. Im späten neunten und frühen zehnten Jahrhundert widmete der persische Arzt Rhazes der Differentialdiagnose von Pocken und Masern eine vorzügliche Abhandlung.[76]

Ein vollständigeres Bild wird sich wohl ergeben, wenn mehr Genomdaten aus archäologischen Funden auftauchen. Eine derzeitige Hypothese besagt, dass sich *Variola* aus dem Orthopockenvirus eines Nagetiers entwickelt habe und in Afrika zu einem obligaten Humanpathogen geworden sei, und zwar einige Zeit vor der Antoninischen Pest. Das biologische Agens der Seuche des zweiten Jahrhunderts könnte ein besonders virulenter, inzwischen ausgestorbener Stamm von *Variola* sein oder eine alte Form des Virus, das sich im Mittelalter zu einer abgeschwächten Form der Pocken entwickelt hat. Es könnte aber auch von einem ganz anderen biologischen Agens herrühren, wofür es derzeit allerdings keinen echten Anwärter gibt. Die Genomanalyse wird zu gegebener Zeit Auskunft geben. In jedem Falle war die Entwicklungsgeschichte humaner Krankheitserreger in den vergangenen Jahrtausenden stürmisch.

Nicht vielen Keimen gelingt, was diese Pestilenz zustande brachte, besonders was ihre transkontinentale Verbreitung innerhalb weniger Jahre betrifft. Alles deutet darauf hin, dass die Antoninische Pest eine hochansteckende, direkt übertragbare Infektionskrankheit war. Zwar stellten sich die Menschen der Antike die Pestilenz als ein Miasma vor, eine Luftverpestung ähnlich einer Giftwolke, aber wir dürfen die Verbreitung der Seuche nicht deshalb als eine Folge von immer größeren konzentrischen Kreisen auffassen. Das hieße die Hoffnung aufgeben, die Übertragungswege und die Bevölkerungsdynamik der Antoninischen Pest zurückverfolgen zu können. Die Pandemie erinnert eher an eine giftige Flipperkugel, die bei jeder Kollision splittert und an jeder Kontaktstelle giftige Schlieren abstrahlt. Die Ansteckungswege waren chaotisch, jedoch zugleich strukturiert durch die Möglichkeiten und Beschränkungen des von den Römern errichteten urbanen und vernetzten Imperiums. Die Pandemie bewegte sich von Südosten nach Nordwesten, doch ihr Fortschreiten war unvorhersehbar, da sie von mobilen Menschen, nicht von Winden weitergetragen wurde. Ein Pfeil würde das Bild verzerren, es sei denn, man berücksichtigt fraktale Komplexität in allen möglichen Richtungen.[77]

Das ganze Ausmaß des Problems, vor dem wir stehen, wird deutlich, wenn wir uns vor Augen führen, dass heutige Historiker die Zahl der Todesopfer irgendwo zwischen zwei Prozent und über einem Drittel der Bewohner des Reichs ansetzen – eine Spanne von 1,5 bis 25 Millionen Toten! Dies sind die unvermeidlichen Unwägbarkeiten, wenn man sich mit einer Krankheit befasst, die sich vor zweitausend Jahren ereignete. Es gab noch keine Sterbetafeln, und wir sind auf die Zufälle angewiesen, die uns einen Blick auf die Folgen der Seuche an bestimmten Orten zu einem bestimmten Zeitpunkt erlauben. Beides ist von entscheidender Bedeutung, erfordert aber eine vorsichtige Betrachtung, denn sämtliche Auswirkungen einer todbringenden Krankheit sind in hohem Maße durch zugrunde liegende soziale und ökologische Faktoren bedingt, und diese waren selbst im Römischen Reich höchst unterschiedlich. Die Pestilenz wurde in einem Dorf anders erlebt als in einem Militärlager oder einer großen Stadt.[78]

Und schließlich hängt das Verhalten eines Erregers innerhalb einer Population entscheidend von der Art und den Mitteln seiner Übertragung ab. Die Dynamik einer Epidemie fußt auf einigen wenigen Parametern: der *Gesamtzahl der Kontakte*, dem *Übertragungsrisiko* und der *Anzahl der tödlich verlaufenen Fälle*. Die Zahl der mit der Seuche angesteckten Erkrankten wurde bestimmt von der Gesamtzahl der Kontakte multipliziert mit dem Übertragungsrisiko – die Anzahl der Menschen, mit denen der infizierte Patient in Berührung kam, und die Wahrscheinlichkeit, dass diese angesteckt wurden. Im Allgemeinen ist das Übertragungsrisiko nahezu rein biologisch bestimmt. Das Pockenvirus war zwar hochansteckend, jedoch nicht in dem Maße wie das Masern- oder Grippevirus. In einem Bericht aus dem ländlichen Pakistan heißt es, dass 70 Prozent der Menschen, die in einem kleinen Haushalt zusammen mit einer infizierten Person lebten, sich mit Pocken ansteckten, und 70 Prozent ist auch die Zahl, die üblicherweise angegeben wird. Galen, der recht mitteilsam war, was seine eigene Krankengeschichte betraf (in seiner Jugend hatte er viermal Fieber), machte keine Angaben über eine etwaige Ansteckung, obwohl er Hunderte von Erkrankten behandelte. Eine Ansteckung war also wahrscheinlich, aber nicht zwangsläufig, nicht einmal unter denen, die der Krankheit direkt ausgesetzt waren. Nur wenige Menschen besitzen passive oder angeborene Immunität gegen Pocken, doch wer sie überlebt, ist weitgehend resistent.[79]

Die interessanteste Variable war die Gesamtzahl der Kontakte. Der tatsächliche Weg, auf dem der Erreger übertragen wird, beeinflusst den Verlauf der Epidemie am meisten. Das Pockenvirus zum Beispiel wurde über die Luft, durch Husten, Niesen oder über den Speichel eines Erkrankten, verbreitet und über Nase oder Mund des nächsten Opfers aufgenommen. Aufgrund der langen Inkubationszeit von rund 12 Tagen konnten die Infizierten das Virus an andere Orte tragen, bevor sie bettlägerig wurden. Etwa zwölf Tage lang war der Patient hoch ansteckend und blieb es potentiell noch so lange, bis die Pusteln verschorften. Zwar wurde das Virus über die Luft übertragen, doch kam es nicht allzu weit – nur ungefähr einen guten Meter. Es überrascht nicht, wenn in Berichten wie dem von Aelius Aristides geschildert wird, wie in seinem Haushalt einer nach dem anderen von der Seuche dahingerafft wurde. Aber das stärkste Hemmnis für die Verbreitung des Pockenvirus ist seine geringe Reichweite und die Bewegungsunfähigkeit der Erkrankten in der Infektionsphase. Alles, was unmittelbar Einfluss darauf hat, wie viele Menschen in den gefährlichen Umkreis geraten, wirkt sich auf die Dynamik des Ausbruchs einer Infektionskrankheit aus: von den kulturellen Normen der Krankenpflege bis hin zu den ausgedehnten Verkehrsnetzen. Die Antoninische Pest reichte also nur einen Meter weit – was aber, millionenfach wiederholt, zum Problem wird.[80]

Eine Reihe struktureller Faktoren kam zusammen, erhöhte die Zahl der Kontakte und schuf eine Umgebung, die für die Verbreitung eines ansteckenden, direkt übertragbaren Krankheitserregers von Vorteil war. Ein dichtes und effektives Verkehrsnetz verband die verschiedenen Teile des Reichs zu Land und zu Wasser. Dennoch dauerten Reisen lang und waren kostspielig, was die Verbreitung des Erregers bremste. Verstädterung begünstigte dichte Bebauung, häufig mit überbelegten Haushalten. Der Großteil der Bevölkerung lebte jedoch auf dem Land. Die kulturellen Bedingungen der Gesellschaften unter römischer Herrschaft machten sie überraschend anfällig für eine akute Infektionskrankheit. Wegen des Fehlens einer Keimtheorie (obwohl *Ansteckung* nicht völlig unbekannt war) konnte es keinen wissenschaftlichen Grund geben, sich vor den Infizierten in Acht zu nehmen, und die großflächige ärztliche Versorgung auf der Basis von Hausbesuchen trug dazu bei, dass sich die Seuche in den Städten ausbreitete. Die neue Krankheit traf im Römischen Reich auf eine Gesellschaft, die nicht gelernt hatte, die Angriffe einer solchen Krankheit wie derjenigen abzuwehren, der sie sich jetzt zu stellen hatte. Freilich kann man gleichwohl annehmen, dass die Ermahnungen Apollos hinsichtlich des Küssens oder die Warnungen des erkrankten Marc Aurel an die Adresse seines Sohnes Commodus bedeuten, dass man sich der Ansteckungsgefahr einigermaßen bewusst war.

Die Anzahl der tödlich verlaufenden Fälle einer Krankheit hängt ab von einer Kombination aus pathogener Virulenz und biologischem Status der Bevölkerung. Selbst ein so letales Virus wie das Pockenvirus hatte eine Todesrate von 30 bis 40 Prozent, so dass also die Mehrzahl der Infizierten am Leben blieb und immun wurde. Die Pocken waren vor allem für ganz junge und ganz alte Menschen mit schwachem Immunsystem gefährlich. Die Sterberate insgesamt wurde also bestimmt von der Altersstruktur der Bevölkerung, die von einem virulenten Erreger befallen war. Darüber hinaus konnte eine vorab existierende pathogene Belastung Einfluss darauf nehmen, wie tödlich der Verlauf einer Krankheit sein würde. In der Neuen Welt zum Beispiel war «die pathogene Belastung in niedrig gelegenen feuchten und warmen Zonen höher als anderswo und interagierte negativ mit den neuen, aus Europa eingeschleppten Krankheiten». Die Antoninische Pest wirkte mit den ungünstigen Umweltbedingungen zusammen, wodurch sich die Sterberate erhöhte.[81]

Andere Faktoren wiederum trugen dazu bei, sie zu verringern. In den Städten wurden die Kranken dank bestimmter medizinischer Organisationen gepflegt; auch wenn Ärzte wie Galen Aderlässe und allerlei «Trockenmittel» anwendeten, die die Sache eher verschlim-

Tabelle 3.5 Die epidemiologischen Faktoren der Antoninischen Pest

Gesamtzahl der Kontakte	*Übertragungsrisiko*	*Anzahl der tödlich verlaufenen Fälle*
+ Verkehrswege + Bevölkerungsdichte + Zusammenleben zahlreicher Familien + Fehlen einer Keimtheorie + medizinische Infrastruktur + mangelnde Lernfähigkeit	viell. 0,70 für *Variola major*	+ Altersstruktur + pathogene Belastung – medizinische Infrastruktur – kein Zusammenbruch der Gesellschaft +/– Versorgung
+ erhöhte Mortalität	– verringerte Mortalität	

merten, so ist doch der Wert einer Grundversorgung der Kranken mit Nahrung und Wasser kaum zu überschätzen. Oft geht es dabei um Leben oder Tod. Galen vermerkt, dass Patienten, die Nahrung zu sich nehmen konnten, überlebten, während die anderen durchweg starben. Keine der schriftlichen Quellen zur Antoninischen Pest berichtet von sozialem Chaos inmitten der Pestilenz; der soziale Zusammenhalt scheint funktioniert zu haben, ausgenommen vielleicht bei einer komplexen Krise im Nildelta, wo ökologischer Wandel, Gewaltausbrüche, Steuerlasten und Seuche zu einer völligen Auflösung sozialer Strukturen führten. Es hieß, Marc Aurel habe in Rom für die Bestattung der Armen öffentliche Gelder bereitgestellt; wir wissen nicht, ob das auch in anderen Städten geschah.[82]

Nach einer langen Pause kehrte die Seuche mindestens ein zweites Mal mit Macht zurück. Das Muster entspricht tatsächlich dem, das man von einem direkt übertragenen Virus erwarten kann, das den Überlebenden stabile Immunität verleiht. Ist eine Population groß genug, kann sich das Virus klammheimlich in irgendwelchen Winkeln der Stadt verbergen oder weiterhin die nächsten Städte oder Dörfer heimsuchen, bevor es wieder an die alte Stätte zurückkehrt. Sobald die Zahl an anfälligen Wirten wieder steigt, ist ein erneuter

Ausbruch der Seuche möglich. Der erste Schub der Pocken machte sich um 165 n. Chr. im Reich bemerkbar, und danach suchte die Krankheit verschiedene Regionen bis mindestens in das Jahr 172 heim. Ihre Verbreitung wurde durch die Überlagerung von Physiogeographie und Handels- und Verkehrsnetzen bestimmt, in Kombination mit dem biologischen Rhythmus des Krankheitserregers.

Als sich die Pestilenz im ganzen Imperium ausbreitete, gingen viele ihrer Ausläufer vermutlich rasch aufgrund der ihr eigenen Dynamik ein. Metropolen wie Rom oder Alexandria hingegen waren beim ersten Ansturm nicht nur regelrechte Keimschleudern, sondern dank ihrer riesigen Einwohnerzahl konnte sich der Bazillus, in geringer Anzahl, anschließend unbemerkt verbergen. Als dann Geburten und Zuwanderung die Zahl möglicher Wirte wieder erhöhten, wurden die großen Städte zu Zeitbomben, die nur darauf warteten, zu explodieren, und dabei den Erreger erneut in ihrem Hinterland zu verbreiten. So verwundert es nicht, dass Hinweise auf die Pestilenz im Jahr 182/83 n. Chr. in Noricum und 178/79 in Ägypten auftauchen, wovon wir aus zufällig erhaltenen Papyri und Inschriften Kenntnis haben. Man ist versucht zu postulieren, dass in dieser Zeit eine neue Welle von Alexandria ausging. Eine zweite Eruption im Westen wird für das Jahr 191 in Rom eindeutig bezeugt. Bei diesem erneuten Ausbruch starben jeden Tag über 2000 Menschen, zum Entsetzen einer breiten Öffentlichkeit, die vielleicht schon geglaubt hatte, das Schlimmste überstanden zu haben.[83]

Die meisten schriftlichen Zeugnisse betrachten die todbringende Pandemie überblicksweise. In einigen wenigen aufschlussreichen Fällen haben wir die Gelegenheit, unseren Gegenstand im Detail zu betrachten. In einem Fall liefert uns eine verkohlte Papyrusrolle aus dem Nildelta am Beispiel von etwa zwei Dutzend Dörfern in der Umgebung von Mendes eine Nahaufnahme dessen, was «demographisches Ausbluten» genannt wurde. Die Entvölkerung in diesen Dörfern, die keine Chance hatten, ihre Steuerschulden zu begleichen, begann wohl in der Mitte des zweiten Jahrhunderts, als es zu komplexen hydrologischen Veränderungen im Flussdelta kam. Ein Text aus dem Jahr 170 n. Chr. registriert die vollständige Entvölkerung der Dörfer, die einst in diesem Delta verstreut lagen. Vom Dorf

Kerkenouphis heißt es, im Jahr 168/69 habe es wegen eines Banditenaufruhrs, der Steuerflucht und der «Seuche» keinen einzigen Bewohner mehr gegeben. In diesem Fall trug die Seuche dazu bei, ein randständiges und notleidendes Umfeld vollends zu ruinieren.[84]

Wie tödlich die zweite Welle der Krankheit war, ist in einem Dorf namens Soknopaiou Nesos weit stromaufwärts im Fayyum-Becken belegt. Der am Nordufer des Moeris-Sees direkt an der Grenze zur Wüste gelegene Ort war das Zentrum des Kults des Krokodilgottes samt seines Tempels und seiner Priester; die Bewohner lebten von Fischfang, Ackerbau und Karawanenhandel. Im Winter 178/79 n. Chr. kehrte die Epidemie in das Dorf zurück. Von den 244 erwachsenen Männern, die Ende 178 am Leben waren, starben 59 im Januar und weitere 19 im Februar 179. Ein Papyrusdokument liefert uns einen Blick auf die Opferzahlen und belegt eine Sterberate von 32 Prozent in der am wenigsten anfälligen Bevölkerungsgruppe – im Zeitraum von zwei Monaten, während der zweiten Welle. Wenn die Sterblichkeitsrate 50 Prozent betrug, hätten doppelt so viele Opfer, 156 von den 244 männlichen Einwohnern, sich anstecken können. Dieser Mikrokosmos zeigt, dass die tatsächliche Kontaktrate in diesem dicht besiedelten Winkel des Imperiums gefährlich hoch sein konnte. Ein Dorf wie Soknopaiou Nesos war biologisch mit der weiten Welt verbunden, und war das Virus erst einmal in eine Siedlung eingedrungen, konnte es sich rasend schnell verbreiten.[85]

Diese beiden kleinen Fallstudien sind zwar durchaus relevant, doch darf man sie nicht für repräsentativ halten. Die Dörfer im Nildelta waren unbedeutende Siedlungen in einer unbeständigen Umwelt, die mit einer komplexen Krise zu kämpfen hatten. Das Dorf im Fayyum war wie ganz Ägypten außergewöhnlich dicht besiedelt und in Kontakt mit den benachbarten Orten im Tal. Beide Dörfer dürften weit schwerer betroffen gewesen sein als der Durchschnitt der Ortschaften des Imperiums.

Das Militär wurde von der Seuche besonders schlimm heimgesucht. Für das Jahr 172 berichtet die Historiographie, dass die Armee nahezu ganz ausgelöscht wurde. Die Biographie Marc Aurels berichtet von Notaushebungen von Sklaven und Gladiatoren, ja sogar Briganten wurden eingezogen. Die prekäre Lage der Armee ist in einer Inschrift aus einer zentralgriechischen Stadt dokumentiert, in der normalerweise keine Legionäre rekrutiert wurden: Sie entsandte im Jahr 170 n. Chr. über 80 Mann in den Kriegsdienst, was als Hinweis auf einen «ernsten Personalmangel» bezeichnet wurde. Doch das auffälligste Indiz für die demographischen Auswirkungen der Seuche auf die Armee stammt von einer Liste von Veteranen, die im Jahr 195 nach ihren fünfundzwanzig Dienstjahren aus der *legio VII Claudia* entlassen wurden. Unter der Annahme eines jährlichen Zu- und Abgangs in einer römischen Legion zeigt die plötzliche Zunahme von Ruheständlern in diesem Jahr, dass die Legion etwa 15 bis 20 Prozent, wenn nicht sogar mehr ihrer Männer bei der ersten Welle der Pandemie verloren hatte und dass in den darauffolgenden Jahren ihre Reihen sofort wieder aufgefüllt worden waren. Zwar hatte das Leben in den einfachen Soldatenunterkünften die Übertragung des Erregers vielleicht beschleunigt, doch hätten die Legionäre, Männer in den besten Jahren, bei solider Ernährung und Versorgung signifikant niedrigere Sterberaten als andere Opfer der Seuche aufweisen müssen. Auch dieses Beispiel ist nicht repräsentativ, doch illustriert es sehr gut, wozu das Killervirus fähig war, wenn es einmal unter bestimmten Bedingungen entfesselt worden war.[86]

Manche Historiker haben argumentiert, die drastischen demographischen Auswirkungen der Pandemie seien dadurch belegt, dass datierte Dokumente für diese Zeit plötzlich fehlen – unter anderem ägyptische Papyri, Bauinschriften, Entlassungsurkunden von Militärs und Ähnliches. Dieser Gedankengang leuchtet ein, erlaubt aber keinen eindeutigen Schluss, vor allem weil solche Lücken in der Aufzeichnung zwar auf eine Krise hinweisen, nicht aber auf deren Ursache. Eine Seuche von diesen ungewöhnlichen Ausmaßen ist jedoch der bei weitem nächstliegende Grund, und die spezifisch demographischen Ursachen dessen, was sich bald zu einer Systemkrise ausweitete, werden, davon unabhängig, von den langfristigen Veränderungen im Niveau des Realpreises bestätigt.[87]

Während der Seuche scheint der Silberabbau plötzlich zum Stillstand gekommen zu sein, wodurch kurzfristig eine Währungskrise ausgelöst wurde. In der ägyptischen Provinzialmünzprägung kam es ab 164/65 n. Chr. zu einer Abwertung der Silbermünzen, die sich in den Jahren 167/68 noch verstärkte. Zwischen 170/71 und 179/80 wurden in Alexandria überhaupt keine Silbermünzen mehr geprägt – eine auffällige Lücke in der Münzproduktion einer Provinz. Parallel dazu war auch die städtische Münzprägung in Palästina (von 166/67 bis 175/76) und in Syrien (von 169 bis 177) unterbrochen, was ein weit größeres Problem vermuten lässt: Bereits der Feldzug gegen die Parther und die Kosten der Kriegsmaschinerie belasteten das Finanzsystem des Imperiums, doch durch die Pestilenz geriet es in eine kritische Lage. Ab den späten 160er Jahren und die 170er Jahre hindurch gerieten Währungs- und Finanzinfrastruktur ins Wanken.

In Ägypten können wir die durch demographische und monetäre Erschütterungen verursachten raschen Preisschwankungen verfolgen. Die Nominalpreise – ausgedrückt im Nennwert der Währung, in diesem Fall der Drachme – verdoppelten sich. Das Geld verlor die Hälfte an Kaufkraft, ablesbar an einer Reihe von Warenpreisen, einschließlich des Preises für das Grundnahrungsmittel Weizen.[88]

Die Auswirkungen der Seuche waren gravierend. Die Realpreise für Land – ausgedrückt in Weizen – stürzten ab. Auf einmal war Land weniger wert, vermutlich weil die Nachfrage eingebrochen war. Die Auswirkungen auf die Reallöhne waren für alle Seiten von Nachteil. Obwohl es vermutlich an Arbeitskräften mangelte und die Überlebenden von der hohen Sterberate in Form höherer Löhne hätten profitieren können, verhinderte der Konjunkturabschwung – Ertragseinbußen wegen des Rückgangs des Handels oder der Verringerung technischen Kapitals – jeglichen Gewinn für den gewöhnlichen Arbeiter. Aber der reale Pachtzins für Land verweist auf eine einschneidende Verschiebung des relativen Gewichts von Land und Arbeit. Der Zins, den Pächter für Ackerland bezahlen mussten, sackte ab und blieb jahrzehntelang auf diesem Niveau.[89]

Angefangen bei den Relikten, die von einer beispiellosen religiösen Reaktion zeugen, bis zu den literarischen Quellen über ein todbringendes, das ganze Imperium umspannendes Geschehen, von den flüchtigen Einblicken in den Mikrokosmos der verheerenden Seuche bis zum großen Überblick über die ökonomischen Folgen, lassen

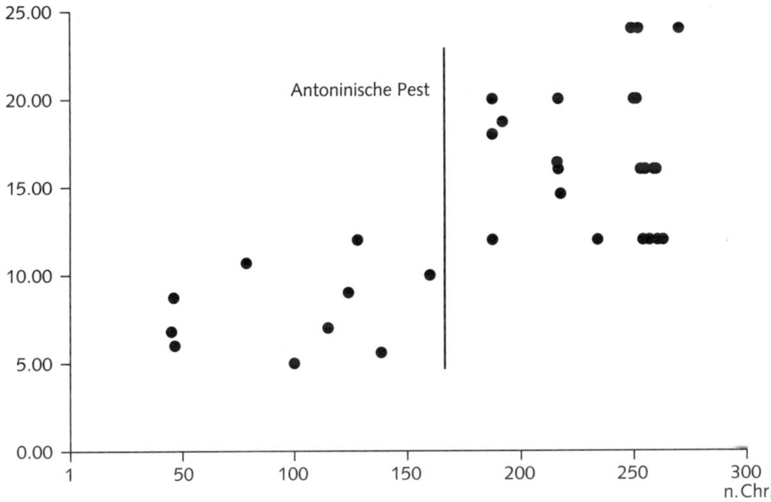

ABB. 3.10 Weizenpreise (Drachmen pro Artabe)

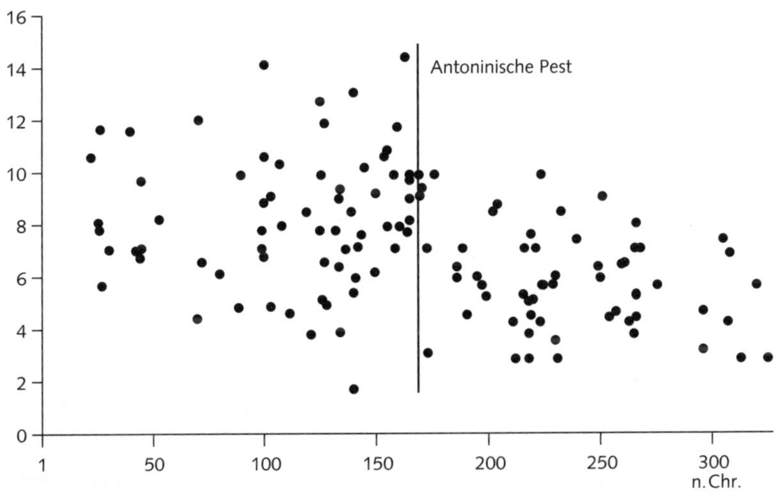

ABB. 3.11 Pacht in Naturalien (Hektoliter Weizen pro Hektar)

alle Indizien den Schluss zu, dass die Antoninische Pest ein Ereignis von einer Größenordnung war, die das Imperium nie zuvor gekannt hatte.

Die Forschung verlangt nach einer vollständigen Totenliste, einer grausigen Bilanz der Pandemie. Bei der Antoninischen Pest müssen wir mit höchst unterschiedlichen Opferzahlen innerhalb des unter römischer Herrschaft stehenden geographischen Raums rechnen. Zum Reich gehörende Küstenregionen waren einer landesweiten Pandemie am stärksten ausgesetzt. Große Teile der ländlichen Gebiete waren aufgrund ihrer Abgeschiedenheit eher geschützt; ägyptische Dorfbewohner waren schlechter dran als Bauern in Provinzen mit verstreut liegenden Siedlungen, wie sie für den Westen charakteristisch waren. Die Altersstruktur des Imperiums hatte zur Folge, dass unzählige Säuglinge und Kleinkinder von der Seuche hinweggerafft wurden – eine ganze Generation fehlte. Auch die bereits vorhandene Belastung durch Pathogene dürfte die Todesraten in die Höhe getrieben haben.

Die meisten Schätzungen zur Gesamtzahl der Opfer der Antoninischen Pest gehen von 10 bis 20 Prozent aus. Das einzige epidemiologische Modell der Seuche – ausgehend von der Annahme, dass es tatsächlich der Pockenerreger war – ergab eine geschätzte Sterberate von 22 bis 24 Prozent für das Imperium als Ganzes. Vorstellbar sind sehr hohe Kontakt- und Todesraten für die Kernbereiche des Imperiums und auf der anderen Seite wirksame Puffer im umfangreichen Hinterland und in der Peripherie des imperialen Territoriums. Die Sterberate in der Armee von 15 bis 20 Prozent dürfte die oberste Grenze dessen gewesen sein, was im Kernland des Reichs denkbar war, das eng mit den Küstenorten verbunden war. Auch wenn wir den niedrigeren Wert für die Stadt Rom veranschlagen, hieße das, dass mindestens 300 000 Einwohner angesteckt wurden und die Hälfte davon umkam. Es ist kein Wunder, dass eine solche Katastrophe das Entsetzen hervorrief, von dem alle unsere Quellen berichten. Letztlich ist unsere Unkenntnis, insbesondere was die Verbreitung der Seuche in den ländlichen Gebieten angeht, zu groß, als dass wir irgendetwas Verbindliches annehmen könnten. Eine vorsichtige Schätzung von etwa 10 Prozent scheint realistisch, wenn wir tatsächlich die Gesamtbevölkerung des Imperiums in Betracht ziehen, vielleicht doppelt so viel in den am meisten von der Pandemie betroffenen Regionen. Wenn das Virus 7 oder 8 Millionen der

75 Millionen Seelen des Reichs hinweggerafft hat, war dies, absolut betrachtet, die bis dahin schlimmste Seuche in der Geschichte der Menschheit.[90]

Im Lauf der Geschichte sind viele Krankheitserreger als Senkrechtstarter aus Wald und Flur entkommen, nur um in rasendem Tempo alle verfügbaren Wirte in einem kleinen Stamm oder Dorf zu befallen und sich am Ende selbst auszulöschen. Diese evolutionäre Sackgasse wäre vielleicht das Schicksal des Bazillus gewesen, der die Antoninische Pest verursachte, wäre er nicht genau in dem Moment der Geschichte auf die Bühne zurückgekehrt, als die Verbindungswege, die ihn in die Welt hinausführten, eine vorher nie gekannte Vielfalt erreichten. So gesehen wurde der Lauf der römischen Geschichte durch das zufällige Zusammentreffen mikrobieller Evolution und menschlicher Gesellschaft bestimmt.[91]

RESILIENZ UND DAS NEUE GLEICHGEWICHT

Die Antoninische Pest markiert einen Wendepunkt, das Ende einer bestimmten Entwicklung des römischen Staates und seiner Gesellschaft. Wir sollten dieses Ereignis jedoch nicht als Verhängnis betrachten, welches das imperiale Projekt letztlich zum Untergang verdammt hätte. Auch wenn das Imperium insgesamt eine Sterberate von bis zu 20 Prozent gehabt haben sollte, wäre die Zahl der Bevölkerung allenfalls auf den Stand der spätaugusteischen Zeit gesunken. Einerseits war das Ende eines anderthalb Jahrhunderte andauernden starken Wachstums von einem Moment zum andern ein schwerer Schlag, andererseits war das augusteische Reich keineswegs dünn besiedelt gewesen. Und die Antoninische Pest zerstörte nicht die innere Logik der demographischen Entwicklung des Reichs. Hierin liegt vielleicht der wichtigste Unterschied zwischen dem Römischen Imperium und den Bevölkerungen der Neuen Welt, die von epidemischen Krankheiten, unter anderem den Pocken, so stark dezimiert wurden. Das Zusammenwirken von Kolonisierung, Versklavung und Ausbeutung der Ressourcen setzte diesen taumelnden Gesellschaften heftig zu; die tatsächlichen Folgen der mikrobiellen Expansion machten sich erst auf lange Sicht bemerkbar. «Die langfristige Auswirkung der neuen Krankheiten war umso negativer, je mehr das demographische System ‹geschädigt› wurde und je weniger es in der Lage war, sich nach einem Schock wieder zu erholen.»[92]

Und genau diese Art Schädigung trat in der Folge der Antoninischen Pest nicht ein. Im Gegenteil, bei den Überlebenden der Seuche steigerte sich in den folgenden Jahrzehnten die Geburtenrate auf ein Maximum. Nach der zweiten Welle der Seuche gab es, soweit man weiß, keine größeren Epidemien mehr bis zum Ausbruch der Cyprianischen Pest im Jahr 249 n. Chr. Falls es sich um die Pocken gehandelt hatte, gibt es keinen Hinweis darauf, dass sie in den größeren Städten des Reichs endemisch geworden wären. In den auf die Seuche folgenden Generationen wuchs die Bevölkerung wieder, erreichte allerdings nicht mehr ihren früheren Höchststand. Selbst das Dorf Soknopaiou Nesos scheint wiederaufgeblüht zu sein. Die Antoninische Pest löste im Imperium kein demographisches Chaos aus, von dem es sich nicht hätte wieder erholen können.

Doch der Schock dieser bislang größten todbringenden Katastrophe brachte das Imperium an die Grenze seiner Kapazitäten. Die unmittelbare politische Bedrohung war schwerwiegend, die fiskalische Krise konfrontierte das Reich mit akuten Herausforderungen; um 168 versteigerte Marc Aurel die Palastschätze, um Gelder aufzubringen. Elementare Arbeitsabfolgen in der Landwirtschaft waren zum Erliegen gekommen. Galen berichtet von «etliche Jahre andauernden Hungersnöten unter vielen der Rom untergebenen Völker». Hungrige Städter strömten aufs Land, und «gemäß ihrer üblichen Praxis, einen für das ganze Jahr ausreichenden Vorrat an Weizen einzusammeln», räumten sie die Felder ab und überließen es den Bauern, nach Essbarem zu suchen und sich mit Zweigen und Gras am Leben zu erhalten. Es ist bemerkenswert, dass dieses anschaulichste Zeugnis einer Hungersnot so großen Ausmaßes im Gefolge der Pandemie verfasst wurde. Doch im großen Ganzen geriet das Gefüge des Imperiums nicht ins Wanken.[93]

Die Auswirkungen der Pandemie waren letztlich subtiler. Wenn auch die Gesamtbevölkerung etwa auf das Niveau der augusteischen

Zeit zurückgegangen war, hatten sich die politischen und moralischen Einstellungen in der Zwischenzeit verändert. Nicht zuletzt galt dies für die gewichtigeren Zuständigkeiten der Regierung. Ein Imperium, das auf Hegemonie und Eroberung gesetzt hatte, war zu einem Flächenstaat geworden, in dem seine verschiedenen Völker nach und nach zu einem Gemeinwesen zusammengewachsen waren, dem ihre Loyalität galt. Die Bürger und Untertanen des Reichs wiederum erwarteten von ihrer Regierung Frieden und Aufrechterhaltung der Ordnung. Per Zufall wissen wir von einem Statthalter in Ägypten, der nach der Pestilenz von den Bewohnern seiner Provinz während einer dreitägigen Sitzung 1804 Bittgesuche erhielt. Zur Zeit Marc Aurels hatte sich der große Deal zwischen Imperium und städtischen Eliten im gesamten Reich als erfolgreich erwiesen, war jedoch nie ganz stabil. Der Provinzadel strebte selbst in die höchsten Ränge der imperialen Gesellschaft, und das Reich benötigte seine Dienste in größerem Maße denn je. Sein Wohlstand und seine Leistungen für den Staat verlangten nach einer Position, die Augustus nicht hatte vorhersehen können. Während der Regierungszeit Marc Aurels eröffneten die Erfordernisse von Krieg und Pest sowie die tolerante Haltung dieses Philosophenkaisers den talentierten Männern aus der Provinz mehr Möglichkeiten denn je. Die Pandemie beschleunigte die Autonomie der Provinzen gegenüber dem Reich.[94]

Jenseits der Grenzen fanden noch größere Veränderungen statt. Die Nähe zum Imperium beflügelte die Staatenbildung in den Gefilden der Barbaren, und der Aufstieg ernstzunehmender Feinde jenseits der Donaugrenze hatte eine tiefgreifende geopolitische Verlagerung zur Folge. Der Abzug von drei Legionen und ihre Verlegung nach Osten wegen des Partherfeldzugs war ein kalkuliertes Risiko. Lucius Verus plante, die Dinge im Osten zu regeln, um sich dann dem Problem im Norden zu widmen. Solange er die Operationen leitete, blieb Marc Aurel in Rom und hatte bereits zwei neue Legionen für die Maßnahmen im Norden ausgehoben. Die zeitliche Koordination stellte sich als höchst mangelhaft heraus. Verus' siegreiche Armeen schleppten sich nach Hause, verfolgt von der Pestilenz. Unterdessen war die Seuche in den Westen vorgedrungen. Die Expedition in den Norden wurde um ein Jahr verschoben. Die Nachrichten von der Front waren düster: Die Markomannen und die Quaden forderten Siedlungsraum im Reich, andernfalls drohten sie mit Krieg. Als dann Marc Aurel und Lucius Verus zu ihrem Feldzug nach Norden aufbrachen, wurde die Armee in ihrem Winterquartier in Aquileia von der Seuche heimgesucht. Wie Galen befürchtet hatte, wurde er vom Kaiser herbeordert, Verus selbst erlag der Krankheit.[95]

Die Kricge Marc Aurels im Norden werden oft als Wendepunkt im Schicksal des Imperiums betrachtet. Etwas hatte sich geändert, sogar die «Eskalationsdominanz» der Römer schien zu versagen. Starke Verbände bewaffneter Barbaren drangen tief in das Reich ein, sowohl über die Alpen kommend als auch vom Balkan herauf. Sein letztes Jahrzehnt verbrachte Marc Aurel mit einem zermürbenden und nicht entschlossen genug geführten Feldzug, der durch den Versuch von Avidius Cassius, sich des Throns zu bemächtigen, unterbrochen wurde. Der syrische Senator, der Seleukia geplündert hatte, wurde aus Gründen abtrünnig, die bis heute nicht geklärt sind. Die Rebellion wurde erstickt, doch lenkten die Auseinandersetzungen von den Operationen an der Nordgrenze ab. Und sie waren auch ein Vorgeschmack künftiger Rebellionen.

Sein letztes Lebensjahr verbrachte der Kaiser, der der Lehre der Stoiker anhing, an der Donau, wo er Siege für sich verbuchte, deren Folgen bedeutungslos waren. Allein die Aufrechterhaltung des Imperiums beanspruchte inzwischen viele Kräfte des Reichs, und der Resilienzspielraum war verloren gegangen. Die römische Expansion beruhte auf dem Wachstum, das sie ermöglicht hatte. Die Seuche erschütterte das gesamte System. Unmittelbar war der Verlust an Menschenleben beim Militär zu spüren, weil es schwieriger wurde, Soldaten zu rekrutieren, und die Anreize dementsprechend erhöht werden mussten. Auf längere Sicht wirkte die Krise unterschwellig weiter. Die Provinzialen waren über den Dienst am Imperium zu ihrer herausgehobenen Stellung gelangt, und die Rechnung wurde bald präsentiert.[96]

Der Senator und Geschichtsschreiber Cassius Dio, einer jener Männer aus der Provinz, die nach der Krise in die führenden Kreise des Imperiums aufstiegen, machte sich Gedanken über das zwiespältige Erbe des Kaisers Marc Aurel und seines Zeitalters. Der Philosophenkaiser «durfte nicht das verdiente Glück genießen; denn er besaß keinen kräftigen Körper und hatte es sozusagen während seiner ganzen Regierung mit zahllosen Übeln zu tun. Doch von meiner Seite aus genießt er gerade deshalb umso größere Bewunderung, dass er inmitten nie gekannter und ungewöhnlicher Bedrängnisse selbst durchhielt und das Reich rettete.» Dies scheint noch heute ein faires und abgewogenes Urteil über die Leistungen eines Mannes zu sein, dessen Schicksal es war, gegen die Strömungen der Zeit anzukämpfen.

Trotz der guten Dienste, die Marc Aurel dem Reich erwiesen hatte, wurde die wundersame Effloreszenz der Pax romana in ihrer Blüte gekappt. Das Reich überlebte, aber die frostigen Winde eines neuen Zeitalters kündigten sich schon in den philosophischen Gedanken des Kaisers an, die wir aus seinem bedeutenden Tagebuch kennen. «Der eine hat den anderen beerdigt und war dann selbst an der Reihe, und so weiter. Das geschah alles in kurzer Zeit. Kurz und gut: Stets das Menschliche betrachten als eine Erscheinung, die nur einen Tag dauert und belanglos ist, gestern noch ein Tropfen Schleim, morgen Mumie oder Asche. [...] Gleich sein der Klippe, an der sich pausenlos die Wellen brechen. Sie aber steht fest, und um sie herum beruhigt sich die Brandung.»[97]

Das Römische Reich schaffte es immer wieder, allen Stürmen zu trotzen, doch die Ära der Pandemien war angebrochen, und bei künftigen Begegnungen mit neuen Keimen erwies sich das Imperium den Herausforderungen, die die Natur noch auf Lager hatte, als nicht wirklich gewachsen.

4

DAS GREISENALTER DER WELT

TAUSEND JAHRE IMPERIUM

Am 21. April 248 n. Chr. feierte die Stadt Rom ihr tausendjähriges Bestehen. Drei Tage und drei Nächte lang erfüllten der Rauch verbrannter Opfergaben und der Klang heiliger Gesänge die Straßen. Ein wahrer Tierpark mit den ausgefallensten Geschöpfen aus der ganzen Welt wurde für das Volk aufgeboten und abgeschlachtet: zweiunddreißig Elefanten, zehn Elche, zehn Tiger, sechzig Löwen, dreißig Leoparden, sechs Nilpferde, zehn Giraffen, ein Nashorn (alles schwer aufzutreiben, aber unvergleichlich aufregend) und zahllose andere wilde Tiere, ganz zu schweigen von den tausend Gladiatorenpaaren. Diese *ludi saeculares*, die traditionellen «Jahrhundertspiele», die Rom jeweils zur Feier seiner hundertsten Geburtstage abhielt, ließen eine Menge archaischer Erinnerungen aufleben, «geschickt inszeniert, um die abergläubischen Gemüter mit tiefer und feierlicher Ehrfurcht zu erfüllen», wie Gibbon es ausdrückt. Die Feier enthielt immer noch düstere Anklänge an die Unterwelt und die Abwendung der Pestilenz. Trotz der absichtsvollen Primitivität der Rituale konnten die *ludi saeculares* wie so manches andere als kreative Wiederentdeckung ihres imperialen Begründers Augustus aufgefasst werden. Sie waren in jeder Hinsicht eine imperiale Angelegenheit, eine inszenierte Zurschaustellung der ehrfurchtgebietenden Macht, die Rom jahrhundertelang ohne Unterbrechung ausgeübt hatte. Die Zeitgenossen waren sich freilich nicht bewusst, dass sie Zeugen einer Art Abschied waren, der letzten säkularen Spiele, die Rom noch erleben würde.[1]

ABB. 4.1 Silbermünze (Antoninianus) des Kaisers Philippus Arabs zur Feier des tausendjährigen Bestehens von Rom

Aus der Distanz ist es leicht, in dieser überschwenglichen Feier des römischen Jahrtausends ein Stück Verdrängung zu sehen – die Einwohner Roms verhielten sich nicht viel anders als die Passagiere der Ersten Klasse kurz vor dem Untergang der *Titanic.* Aber wir dürfen im Nachhinein nicht zu viel hineininterpretieren. Im Jahr 248 bot Rom allerhand, um das Gefühl von Vertrautheit und Zuversicht zu vermitteln. Erst eine Generation zuvor war der «Nabel der Stadt», der *umbilicus urbis,* umfassend saniert worden, ein Denkmal, das bekräftigte, dass Rom das Zentrum der Welt war. Das *pomerium*, die sakrale Begrenzung der Stadt, blieb eine imaginäre Linie in einer nicht ummauerten Stadt, die sich bis in das hügelige Hinterland erstreckte. Die Münzen, unter anderen die speziell zu Ehren der Spiele von 248 geprägten, waren immer noch aus massivem Silber, und noch heute spürt man, hält man eine davon in der Hand, dass das wertvolle Metall allgemeines Vertrauen in den verlässlichen Wert des imperialen Geldes vermittelte. Wir bekommen eine Ahnung von den vertrauensvoll patriotischen Gebeten, die bei den Spielen geflüstert wurden: «Für die Sicherheit und den ewigen Bestand des Imperiums sollst du mit der gebührenden Anbetung und Verehrung der unsterblichen Götter häufig die heiligen Schreine aufsuchen und Dankopfer darreichen, damit die unsterblichen Götter das, was unsere Vorväter errichtet haben, künftigen Generationen übergeben.» Die Säkularspiele waren ein allumfassender Akt der Frömmigkeit, bei dem die ältesten Quellen kultischer Energie mobilisiert wurden und sowohl Dank entrichtet als auch um den Fortbestand des Reiches gebetet wurde.[2]

Der Kaiser, der bei diesem Spektakel den Vorsitz führte, war Marcus Julius Philippus, auch genannt «Philipp der Araber». Er stammte aus dem Süden Syriens und war kein auffälliger Außenseiter. Die stetige Integration der Provinzen hatte die Unterscheidung zwischen Herrschern und Untertanen längst verwischt. Philippus' Regentschaft begann unter chaotischen Verhältnissen, mitten während einer gescheiterten Invasion durch Roms östlichen Nachbarn, bei der sein Vorgänger ums Leben gekommen war. Doch Philippus rettete die römische Armee mit Geschick und für teures Geld, machte sich auf nach Rom und ließ die östlichen Provinzen befriedet mit seinem Bruder als Statthalter zurück. Er begann seine Regierung mit einer eindrucksvollen Demonstration von Tatendrang: In Ägypten wurden Verwaltungsreformen eingeleitet, und in so entfernten Gegenden wie Mauretanien und Britannien sieht man noch heute Spuren einer umfangreichen Straßensanierung. Er errang einen überzeugenden Sieg über die Barbaren im Norden, und im Jahr 248 konnte er nach Rom zurückkehren und das Jahrtausendjubiläum feiern. Philippus erkannte klar, dass die Stadt selbst als Ort, wo sich die Macht konzentrierte und Volk, Armee und Senat eine Einheit bildeten, Ehrerbietung verlangte. Immer noch war es Rom, wo Feldzüge geplant, Karrieren geschmiedet und über Schicksale entschieden wurde.[3]

Das Rom des Philippus wäre Augustus vertraut vorgekommen. Dabei befinden wir uns nur eine Generation später in einer wahrhaft fremden Welt. Die gelassene Zuversicht des Imperiums war tief erschüttert. Hoch aufragende Befestigungen, die Aurelianischen Mauern, umgaben die Stadt, wo kurz zuvor noch Distanz und Mystik ausreichend Schutz zu bieten schienen. Das Silber war aus den Münzen verschwunden, nunmehr primitive dünne Plättchen, die von den Prägestätten massenhaft ausgespuckt wurden. Ein ganz neuer Typ Mann – der Donau-Soldat, mit wenig Sinn und Ehrfurcht für die Stadt als solche – hatte dem senatorischen Geldadel endgültig die Kontrolle über den Staat entrissen. Karrieren wurden nicht mehr in der alten Hauptstadt gemacht und vereitelt, sondern in den Lagern der Garnisonsstädte im Norden. Im Untergrund der Kaiserstadt, im Labyrinth der Begräbnisstätten, der Katakomben, gibt es Hinweise darauf, dass der obskure Kult des Christentums sich nun zum ersten Mal in geradezu unheimlichem Tempo aus seiner Randexistenz fortentwickelte. Kurz, in der Zeitspanne einer einzigen Generation wurden die Umrisse eines gänzlich neuen Zeitalters erkennbar, der Ära, die wir die «Spätantike» nennen.

Von der Generation, die diesen abrupten Wandel erlebte, wissen wir so gut wie gar nichts. Der Mord an Philippus Arabs im Jahr 249 setzte eine Spirale der Auflösung in Gang, die die gesamte imperiale Ordnung erfassen sollte. Historiker kennen diese Zeit als «Krise des dritten Jahrhunderts». Das Imperium schien unter einem schlechten Stern zu stehen. Aggressive Feinde an den östlichen und nördlichen Grenzen drangen gleichzeitig in das Reich ein; das fragile dynastische System war in Gefahr, während Usurpatoren in schneller Folge einander ablösten und im Kampf um die Krone das Blut der Bürger vergossen. Die fiskalische Krise war die unvermeidliche Folge von Krieg und finsteren Machenschaften.

Im Nachhinein hatten Historiker kein Problem, die Wurzeln der Krise auszumachen. Die Vielzahl der Ursachen lassen die Krise des dritten Jahrhunderts nahezu unausweichlich, ja geradezu überdeterminiert erscheinen. Vielleicht ist das Letzte, was wir brauchen, noch ein weiterer Grund in der langen Reihe der Ursachen. Die Krise der Umwelt sollte aber mit einbezogen werden angesichts der eindrücklichen Belege für die Auswirkungen des Klimawandels und der pandemischen Krankheit. Vielleicht verleiht dies auch ein gesundes Gefühl für die Umstände der Krise, die nicht einfach die unvermeidliche Freisetzung eines lange aufgestauten Drucks war. Die Verkettung ganz spezieller und unvermittelter Schläge, die das Imperium in den 240er und 250er Jahren trafen, überforderte das System und überschritt seine Resilienzschwelle. Eine verheerende Dürre und eine pandemische Seuche von ähnlichem Ausmaß wie die Antoninische Pest erschütterten das Reich mit einer Wucht, die gewaltiger war als das Eindringen der Goten und Perser zusammengenommen. Der Zusammenbruch der Grenzen, der Dynastien und des Finanzwesens war ebenso *Folge* wie Ursache der Krise. Das Gebäude des Imperiums brach an den Nahtstellen struktureller Brüchigkeit ein, aber die Schläge von außen trafen mit zusätzlicher zerstörerischer Kraft.[4]

Das Wort «Krise» stammt aus der griechischen medizinischen Terminologie. Die Krise ist die entscheidende Wende bei einer akuten Krankheit, der der Patient entweder erliegt oder von der er genest. Es ist eine treffende Metapher für das Imperium in der Mitte des dritten Jahrhunderts. Wir erinnern uns, dass es um das Jahr 260 n. Chr. keine Garantie für Roms Zukunft gab: Das Grenzsicherungssystem war völlig gescheitert; große Teile des Reichs sowohl im Westen wie im Osten hatten sich unter abtrünnigen Machthabern abgespalten; fundamentale Usancen des Regierens waren verlorengegangen, und die zentrifugalen Kräfte hatten sich vermutlich bereits durchgesetzt.

Und doch erholte sich der Patient. Unter der energischen Führung einer Reihe von Offizieren aus der Donauregion wurde der Großteil des Reichs wiederhergestellt. Doch da kommt die Krisen-Metapher an ihre Grenzen. Der geheilte Patient war nicht mehr derselbe wie vorher. Das wiedererstandene Imperium beruhte auf einem neuen Gleichgewicht, kannte neue Spannungen und neue Harmonien zwischen Staat und Gesellschaft. Es bedurfte mehr als einer Generation, um zu lernen, dieses Gleichgewicht auszutarieren, aber was aus den Trümmern der Krise hervorgegangen war, wurde zu Recht als ein «neues Imperium» bezeichnet. Während die antoninische Krise die Batterien gespeicherter Energie angezapft, die Fundamente indes intakt gelassen hatte, kam es aufgrund der Krise des dritten Jahrhunderts zu einer radikalen Verwandlung. Das wurde später als der erste Fall des Römischen Reichs bezeichnet, und selbst in diesem schwach beleuchteten Winkel der römischen Vergangenheit können wir erkennen, dass die Umwelt eine Hauptrolle bei der Schicksalswende des Reichs spielte.[5]

Falls die *ludi saeculares* dazu bestimmt waren, die Gunst der Götter zu beschwören und die Pestilenz zu bannen, erwiesen sich die Rituale bald als eklatanter Fehlschlag. Das konnte den Zeitgenossen nicht entgangen sein.

DIE LANGE EPOCHE DER ANTONINEN: DAS IMPERIUM UNTER DEN SEVERERN

Die Ehe Marc Aurels und seiner Frau Faustina war selbst für römische Verhältnisse sehr fruchtbar. Aber von ihren vierzehn Kindern überlebte nur ein einziger männlicher Nachkomme seine Eltern: Commodus, der unter Galens ärztliche Aufsicht gestellt worden war. Und einer genügte. Die Serie der Kaiser ohne männlichen Erben ging zu Ende, und umgehend kehrte das Imperium vom Adoptivkaisertum zum biologischen Erbfolgeprinzip zurück. Commodus, der siebzehnte römische Kaiser, war der Erste, der als Thronanwärter geboren wurde und von der Wiege an als Prinz erzogen wurde.

Während seiner zwölf Regierungsjahre fasste das Reich nach dem Trauma von Krieg und Pestilenz wieder Tritt. Doch Commodus fehlte die Bürgernähe seines Vaters, und die Beziehungen zum Senat verschlechterten sich zusehends. In den Jahren 190/91 kehrte die Seuche mit voller Wucht in die Stadt zurück, und zugleich kam es zu einer gravierenden Hungersnot, die sich von Ägypten ausgehend nach Rom ausbreitete. Gegenseitige Anschuldigungen machten die Runde. Der Senat warf den Kumpanen des Kaisers ihre Vergehen vor. Mit Bedacht wurde eine Verschwörung ausgeheckt; vor den Augen des Kaisers wurden zuverlässige Männer auf wichtige Posten gesetzt; am Neujahrsabend des Jahres 192 wurde Commodus in seinem Palast erdrosselt. Die Dynastie war gestürzt.[6]

Der Gewinner des imperialen Glücksspiels war schließlich ein Senator mittleren Ranges, ein Mann von kleinem Wuchs und durchschnittlichen Fähigkeiten namens Septimius Severus. Seine Geschichte war typisch römisch. Geboren wurde er 145 n. Chr. mitten in der Regierungszeit von Antoninus Pius, gerade ein Jahr nachdem Aelius Aristides seine Lobrede auf die Größe Roms gehalten hatte. Seine Heimatstadt war Leptis Magna, eine punische Stadt an der Mittelmeerküste, die eine Art Modell der Romanisierung war. Die erste lateinische Inschrift der Stadt stammt aus dem Jahr 8 v. Chr. Ein Tempel der punischen Gottheit Milk'ashtart wurde als Tempel von «Roma und Augustus» neu geweiht. Die Ausstattung einer griechisch-römischen Stadt folgte bald darauf: Amphitheater, Säulenhallen, Bäder, Aquädukt, Bogengänge. Ende des ersten Jahrhunderts wurde Leptis zum *municipium* erhoben, zu einer Stadt, deren gewählte Magistrate automatisch römische Bürger wurden. Unter Trajan wurde Leptis eine *colonia*, und alle seine Einwohner waren fortan römische Bürger. In einer Stadt, in der viele durch das Geschäft mit Olivenöl reich geworden waren, gehörten Septimius Severus' Vorfahren zu den angesehensten Bürgern, die in die höchsten Kreise der römischen Gesellschaft aufgestiegen waren. Sie ebneten Septimius den Weg zu einer Karriere als Senator, die ihn von Syrien bis Gallien führte. Als Commodus durch den Putsch abserviert wurde, war Septimius gerade zum Statthalter der militarisierten Provinz Oberpannonien ernannt worden. Die Lage in Rom geriet außer Kontrolle, und Septimius wurde von seinen Truppen zum Kaiser ausgerufen.[7]

Obwohl er selbst fest an die Astrologie glaubte, stand sein Erfolg nicht in den Sternen geschrieben. Dennoch wurde Septimius Severus der Begründer einer der einflussreichsten Dynastien Roms.

Sie hatte mehr als vier Jahrzehnte Bestand. Man muss sie im rechten Licht sehen – Septimius stilisierte sich bald zum Sohn der antoninischen Dynastie. Das war zwar eine kühne Erfindung, doch brachte die Werbung mit dem antoninischen Erbe treffend zum Ausdruck, dass das Imperium eher eine Verlängerung der vorherigen Ära war als eine Vorahnung düstererer Zeiten, die sich am Horizont abzeichneten. Historiker haben unlängst die Krise des dritten Jahrhunderts in ihrem zeitlichen Umfang reduziert auf eine begrenzte Spanne zwischen der Mitte der 240er Jahre bis zur Mitte der 270er Jahre. Mit dieser kürzeren und drastischeren Krise geht unweigerlich die Rehabilitierung der Severer-Dynastie einher. Das negative Urteil der antiken Zeitgenossen hat lange Zeit die Meinung der heutigen Historiker beeinflusst. Cassius Dio hielt das Ende der Regierungszeit Marc Aurels für das Ende eines goldenen Zeitalters und den Beginn eines «eisernen und rostigen Kaisertums». Aber Pessimismus gehörte in der römischen Geschichtsschreibung zum guten Ton (alles wurde immer schlechter), und bei Dio spiegelt sich die hochmütige Verachtung des Senatorenstandes gegenüber den späteren Vertretern der Dynastie der Severer wider, in der Frauen eine führende Rolle spielten. Die tiefwurzelnden misogynen Tendenzen und das gespannte Verhältnis zwischen Kaiser und Senat sollten jedoch die Leistungen einer offenkundig erfolgreichen Kaiserdynastie nicht schmälern.[8]

Septimius Severus, ein vermögender Senator, stammte aus einem wichtigen Handelszentrum an der Mittelmeerküste und war alles andere als ein Mann der Armee. Seine militärischen Qualifikationen zum Zeitpunkt seiner Thronbesteigung waren bestenfalls bescheiden, weit weniger beeindruckend als die anderer Dynastiebegründer wie Augustus, Vespasian oder Trajan. Septimius musste seine militärische Laufbahn erst noch begründen und die unschöne Erinnerung an einen erbitterten Bürgerkrieg mit einem hastigen, aber erfolgreichen Einmarsch in Parthien und einem massiven Militäreinsatz zum Abschluss der Eroberung Nordbritanniens auslöschen. Septimius machte sich keine Illusionen darüber, was er der Armee verdankte. Der Rat, den er seinen Söhnen gab, zeigt seine pragmatische Einstellung: «Bleibt einträchtig, bereichert die Soldaten und schert euch um all das andere den Teufel!» Nach Commodus' Tod wurde das wahre «Geheimnis des Imperiums» offenbar, dass nämlich die Armee als Instrument benutzt werden konnte, um mit nackter Gewalt die Macht zu ergreifen. Doch im Fall von Septimius wurde dieses Instrument noch immer von einem Mann aus dem Senatorenstand gehandhabt, einem Befehlshaber aus den Reihen der Zivilpersonen. Und der Befehlshaber belohnte, in Einklang mit den besten römischen Traditionen, im Gegenzug seine treuen Gefolgsleute.[9]

Septimius' Triumph war ein Segen für die Provinzialen. Die Söhne und Enkel römischer Siedler rund um das westliche Mittelmeer hatten ab dem späten ersten Jahrhundert einen unaufhaltsamen Aufstieg erlebt. Doch bei den Severern beobachten wir den massiven Einzug einer aus den Provinzen stammenden Elite in den Senat und den Kaiserpalast. Die Kriege unter Marc Aurel, in Verbindung mit dem demographischen Umbruch durch die Pandemie, hatten den Zugang talentierter Männer aus der Provinz in die höheren Ränge des imperialen Systems beschleunigt. Eine ganze Brigade fähiger und reicher Afrikaner «stürmten die Höhen» unter der Herrschaft der Antoninen. Ihnen folgte Septimius, und die von ihm begründete Dynastie setzte das ganze Potential der Provinzen frei.[10]

Nach dem Tod seiner ersten Frau, eines Mädchens aus seiner Heimatstadt, von dem man nicht viel weiß, machte Septimius, damals Statthalter in Gallien, passenderweise einer Tochter aus der syrischen Aristokratie namens Julia Domna einen Heiratsantrag. Das Verlobungsangebot machte eine Reise von gerade mal 4400 Kilometern von Lugdunum nach Emesa! Diese Ehe wurde zum Herzstück einer libysch-syrischen Dynastie, die einen charakteristischen Stil und eine neue Offenheit in die imperiale Kultur einbrachte. Unter Septimius unterschied sich Ägypten in keiner Weise mehr vom Mainstream der imperialen Gesellschaft – Alexandria erhielt einen eigenen Stadtrat, und Ägypter wurden in den Senat aufgenommen. Septimius schämte sich seiner libyschen Wurzeln nicht, und für Nordafrika begann eine Glanzzeit. In seiner Jugend hatte Septimius einen Traum: Er schaute von einem Berg hinunter auf die ganze Welt und sah, wie sie in schöner Eintracht sang. Septimius hatte viele Träume, aber dieser eine fängt etwas ein, was seine Dynastie tatsächlich verwirklichte.[11]

Der krönende Abschluss blieb seinem Sohn Caracalla überlassen. Im Jahr 212 gewährte er auf einen Streich allen freien Bewohnern des Imperiums das römische Bürgerrecht. Die *constitutio Antoniniana* beseitigte vollends die bereits belanglos gewordene Unterscheidung zwischen imperialen Herrschenden und kolonisierten Untertanen. Die allgemeine Verleihung des Bürgerrechts bestätigte nachträglich, dass das Römische Reich ein Territorialstaat geworden war. Dies war ein Wendepunkt. Nur kurz nach Inkrafttreten des Edikts wollten die Bewohner eines abgelegenen, in den Bergklüften Südmakedoniens versteckten Dorfes herausfinden, was ihr neuer Status für die herkömmliche Beziehung zwischen Herren und ihren freigelassenen Sklaven bedeutete. Etwas später finden wir Frauen in den Randzonen der syrischen Wüste, die ihre Rechte auf Grundbesitz geltend machten, indem sie sich auf die Gesetzgebung des Kaisers Augustus beriefen. Im Lauf des dritten Jahrhunderts setzte sich das römische Recht immer mehr durch, und die neuen Bürger lernten bald, es für ihre Zwecke zu nutzen. Am Ende des Jahrhunderts warnte ein traditionelles Handbuch für Redner davor, einer Stadt durch das Loblied auf ihre Gesetze zu schmeicheln, «da die Gesetze der Römer von allen genutzt werden».[12]

Nicht von ungefähr war die Epoche der Severer der Höhepunkt des klassischen römischen Rechts. Der Großteil des *Codex Iustinianus* besteht aus Exzerpten von Juristen der Severerzeit. Die konservativste aller intellektuellen Disziplinen fand ihre besten Vertreter in einer Reihe von Beamten aus den östlichen Winkeln des Reiches. Die Juristen Papinian und Ulpian waren beide Syrer, und beide dienten in der Verwaltung der Severer auf den höchsten Ebenen. Die Verbreitung des Bürgerrechts ging mit einer professionelleren Rechtspraxis einher, und von Ulpian wissen wir, dass eine seiner bedeutendsten Schriften aus der Notwendigkeit entstand, den Statthaltern Mittel an die Hand zu geben, den Ansprüchen der neuen Bürger zu begegnen. Im heutigen Beirut wurde eine juristische Hochschule gegründet, die bald zum Mittelpunkt des Rechtswesens und der Ausbildung wurde. Nichts zeugt mehr von der Dezentralisierung imperialer Kultur im Zeitalter der Severer als der Beitrag der Provinzen zur römischen Jurisprudenz.[13]

Die fähigen Männer aus den Provinzen fanden in den wachsenden Rängen der imperialen Verwaltung ein Betätigungsfeld. Das frühe Römische Reich war durch einen «Mangel an Beamten» gekennzeichnet; die Zentralverwaltung bestand aus einer Handvoll von Beamten, um das Funktionieren des öffentlichen Lebens kümmerten sich die lokalen Eliten. Die Expansion der zentralen imperialen Ämter war ein unvermeidlicher und organischer Prozess, der sich parallel zur Romanisierung und der Verbreitung marktorientierter Einrichtungen vollzog. Unter den Severern beschleunigte sich diese Entwicklung. Die zweite aristokratische Schicht, die der Ritter, wurde drastisch erweitert; im dritten Jahrhundert gab es immer noch adlige Ritter, doch verstärkte eine wachsende Zahl ziviler und militärischer Ämter die Reihen des imperialen Ritterstandes. Zwischen Senatoren- und Ritterstand gab es unter den Severern augenscheinlich keine Konflikte oder Spannungen. Während Septimius' Regierungszeit «hatten Senatoren praktisch sämtliche Posten in der Verwaltung und im Oberkommando der Armee inne». Im Reich der Severer wurde zwar die hervorgehobene Stellung des Senats in der Führung des Reichs respektiert, aber die Reihen im Dienst am Imperium waren jetzt breiter aufgestellt und repräsentierten das riesige Territorium unter römischer Herrschaft besser.[14]

Der bedeutendste politische Wandel in der Zeit der Severer war die schleichende Übernahme der Macht durch die Armee. Augustus hatte die Armee als politisches Instrument erfolgreich entwaffnet, doch die Ereignisse, die Septimius auf den Thron brachten, warfen ihre Schatten voraus. Septimius war noch nicht lange Kaiser, als er den Sold der Truppen verdoppelte. Der einfache Legionär bekam statt 300 nun 600 *denarii* pro Jahr. Diese Anerkennung war längst überfällig. Die Soldaten hatten seit 83–84 n. Chr., während der Regierungszeit Domitians, keine Lohnerhöhung mehr bekommen. Wenn das ägyptische Dokument auch für andere Territorien Gültigkeit hat, verdoppelten sich in den Jahren nach der Antoninischen Pest die Nominalpreise, so dass die Erhöhung unter Septimius eine verspätete Angleichung an die Lebenshaltungskosten war.[15]

Doch die Solderhöhung könnte auch Zeichen für etwas noch Hintergründigeres sein. Dem römischen Staat war es stets gelungen, eine Armee von nahezu einer halben Million Mann unter Waffen zu halten. Die höhere Besoldung ist nur ein einzelnes Anzeichen dafür, dass die Rekrutierung von Soldaten in den kommenden Jahren schwieriger zu werden drohte. Doch von Krise konnte noch keine Rede sein: Septimius stellte offenbar mühelos drei neue Legionen auf, und die Rekrutierung erfolgte weiterhin auf freiwilliger Basis. Er gewährte Legionären im aktiven Dienst das Recht zu heiraten und brach damit mit einer jahrhundertealten Tradition, in der Ehelosigkeit fester Bestandteil der Disziplin einer Berufsarmee war. Dieses Recht war sicherlich kein geringer Anreiz, in den Militärdienst zu treten, und es änderte nach und nach das Gesamtbild des Militärs. Septimius' Zugeständnisse an die Truppe waren teils Machtpolitik, teils überfällige Anpassung und teils Rekrutierungsstrategie.[16]

Die Politik der Severer trug reiche Früchte. Die Kultur blühte auf, und mehr Menschen denn je hatten daran teil. Der Zustrom an Talenten aus der Provinz gab der Kultur neue Impulse. Die alte

Hauptstadt blieb das Zentrum kaiserlicher Patronage. Das ehrgeizige Bauprogramm von Septimius wetteiferte stolz mit den Bauten von Kaiser Augustus. Der Septimius-Severus-Bogen erforderte einen Umbau des *umbilicus urbis*, der an den goldenen Meilenstein von Augustus grenzte, wo alle Straßen symbolisch zusammenliefen. Der großartige Friedenstempel, der durch einen verheerenden Brand zur Zeit von Commodus zerstört worden war (sehr zum Leidwesen Galens, der Schriften und wertvolle Medikamente bei der Katastrophe verlor), wurde mit großem Einsatz wieder aufgebaut. Gewaltige Säulen aus rotem Assuan-Granit beeindruckten den Betrachter von außen, im Inneren sollte eine 18 mal 12 Meter große marmorne Stadtkarte, die *Forma Urbis Romae*, auf der jeder Winkel der Stadt verzeichnet war, den Besucher faszinieren. Septimius ließ das Septizodium errichten, eine monumentale Brunnenanlage, auf deren Fassade die sieben planetarischen Götter geehrt wurden, an der Stelle, wo die Via Appia um den Fuß des Palatins im Herzen der Stadt entlangführt. Caracalla finanzierte riesige Bäder, und Alexander, mit dem die Dynastie der Severer endete, ließ den letzten Aquädukt von Rom erbauen. Rings um die Stadt entstanden große Wassermühlen und gigantische Getreidespeicher.[17]

Damals ahnte keiner, dass er die letzte große Blüte öffentlicher Monumentalbaukunst im Mittelmeerraum der Antike erlebte. Auf sie folgte abrupt eine Unterbrechung, bevor in der Spätantike im Kirchenbau der Geist der Monumentalität in neuem Gewand wiederaufgenommen wurde. Der Bauboom ist nur eines von mehreren Zeichen dafür, dass die Ära der Severer eine Zeit ökonomischen und demographischen Wiederaufschwungs war.

In diesen Jahrzehnten erklärte der gestrenge Kirchenmann Tertullian: «Es ist klar ersichtlich, dass die Welt intensiver bebaut wird als in den alten Zeiten. Überall kreuzen sich Straßen, man kennt sie alle, alle sind offen für das Geschäft. Aus einstmals berüchtigter Einöde sind die schönsten Ländereien, aus tiefen Wäldern ist fruchtbares Ackerland geworden. Wilde Tiere flüchten vor unseren Herden. In der Wüste wird gesät, auf steinigen Feldern wird angepflanzt. Die Sümpfe wurden entwässert, und dort stehen heute mehr Städte als einst Häuser. Niemand fürchtet sich mehr vor der einsamen Insel oder graut sich vor ihren schroffen Klippen. Überall stehen Häuser, überall gibt es Menschen, überall in der Stadt ist Leben! Und der beste Beweis dafür ist die Überfülle an Menschen.» Man könnte diese rosigen Ansichten in Zweifel ziehen, wenn sie in schmeichlerischer Absicht vorgetragen worden wären, aber Tertullian ging es um etwas Ernsteres: Der begabte Polemiker brauchte einen glaubwürdigen Beweis gegen die Lehre von der Seelenwanderung, und die unerhörte Zahl der auf Erden wandelnden Menschen schien ein offenkundiger Widerspruch zu dieser Lehre.[18]

Der demographische Aufschwung vollzog sich ohne Unterbrechung durch größere Epidemien. Obwohl das Pockenvirus in den bedeutenderen Städten des Reichs hätte endemisch werden können, haben wir keine Berichte über die Krankheit zwischen ihrem Wiederauftreten in Rom in den Jahren 190/91 n. Chr. und vereinzelten Indizien in späteren Jahrhunderten. Das Fehlen eines Belegs beweist natürlich noch nichts, aber unter dem Strich legt das Schweigen nahe, dass die Pandemie sich selbst auslöschte oder sich in Winkel verkroch, wo ihre Wirkung begrenzt war. Ihr Rückzug machte den Weg frei für ein Anwachsen der Bevölkerungszahlen.

Manche Papyrologen gewannen den Eindruck, dass die Bevölkerung Ägyptens wieder zunahm, auch wenn sie nie mehr den Höchststand der Zeit vor den Antoninen erreichte. Das von der Seuche heimgesuchte Dorf Soknopaiou Nesos existierte offenbar auch noch während der Zeit der Severer und wird zumindest bis 239 n. Chr. erwähnt. Das Dorf Karanis lebte im frühen dritten Jahrhundert wieder auf und verschwand buchstäblich in der Mitte des Jahrhunderts, bevor es sich an dessen Ende erneut erholte. Andere Fälle zeigen das gleiche Muster. Die Einwohnerzahl von Oxyrhynchus, einer der am besten dokumentierten Städte im römischen Ägypten, soll im Jahr 199 11 901 betragen haben und wuchs auf etwa 21 000 im Jahr 235: Obwohl die Wachstumsrate, die diese Zahlen unterstellen, zu hoch ist, weist sie zumindest doch in eine Richtung. Grob gesagt stimmen die literarischen Zeugnisse, die Papyri und die archäologischen Befunde darin überein, dass das Zeitalter der Severer eine Periode erneuten Bevölkerungswachstums war.[19]

Unter den Severern fand das Imperium sein Gleichgewicht wieder.

Wenn es ein zersetzendes Moment innerhalb der neuen Ordnung gab, dann war es die unverhüllte Manifestation der Macht der Armee. Der Geist konnte nicht mehr in die Flasche zurückgeschickt werden. Caracalla, der Sohn und Nachfolger von Septimius, stellte sich selbst, nachdem er seinen Bruder beseitigt hatte, hinter seine Soldaten. Er erhöhte den Sold des einfachen Legionärs noch einmal um 50 Prozent auf 900 *denarii* im Jahr. Obwohl Septimius zu Beginn seiner Regentschaft die Silbermünzen abgewertet hatte, waren die Auswirkungen nur minimal. Entweder aus fiskalischer Notwendigkeit oder aber aus purer Überheblichkeit griff Caracalla tiefer in die Trickkiste. Er brachte eine neue Silbermünze heraus, den *antoninianus*, mit dem Nennwert von zwei *denarii*, doch mit bloß 80 Prozent des Silbers von zwei *denarii*. Allerdings scheint die Einführung der neuen Münze keine Unruhen hervorgerufen zu haben. Die kaiserliche Regierung beharrte darauf, dass die staatlich ausgegebene Münze einen durch Anordnung festgelegten Nennwert besitze, der vom Marktwert des kostbaren Metalls unabhängig sei. Das funktionierte erstaunlicherweise – die *denarii* mit höherem Silbergehalt wurden nicht aus dem Verkehr gezogen, und es gibt keine Hinweise auf eine auch nur geringe Inflation. Die Münze wurde immer mehr zu einer allgemein anerkannten Währung. Nur im Nachhinein sieht es so aus, als habe Rom eine Brücke über den Abgrund gebaut.[20]

Abgesehen von einem kurzen Zwischenspiel nach dem Tod Caracallas war die Dynastie der Severer bis 235 an der Macht. Alexander Severus, ihr letzter Vertreter, wurde von seinen eigenen Leuten auf einem Feldzug entlang des Rheins umgebracht. Der Anwärter auf die Nachfolge war ein Mann namens Maximinus, ein Ritter aus dem niederen Militäradel vom Unterlauf der Donau. Er war der erste wirkliche Außenseiter auf dem Kaiserthron. Maximinus blieb als Barbar in Erinnerung. Auf einem Feldzug im Norden simulierte er anscheinend eine Krankheit, obwohl der Senat seine Herrschaft bestätigt hatte. Nach dem Silbergehalt seiner Münzen zu urteilen, war er in der Lage, trotz der Kosten seiner Militäroperationen die finanzielle Balance der letzten Severer zu wahren. Aber in seiner Missachtung der Machtpolitik Roms war er seiner Zeit zu weit voraus.

Im Frühjahr 238 n. Chr. brach seine Herrschaft zusammen. Es war eine Legitimationskrise wie aus dem Lehrbuch: Der Aufruhr begann im fernen Nordafrika, wo die Einheimischen sich weigerten, den drückenden Forderungen seiner Steuereintreiber nachzugeben. Senatoren schafften es in einem reichlich stümperhaften Staatsstreich, sein Regime zu stürzen. Maximinus' Karriere zeigt, dass sich eine Geschichte manchmal zuerst als Farce, nicht als Tragödie ereignet. Maximinus war ein Vorläufer, doch das Zeitalter der Soldatenkaiser war noch nicht angebrochen.[21]

DAS GREISENALTER DER WELT: KLIMAWANDEL IM DRITTEN JAHRHUNDERT

Im Rückblick kann man nicht umhin, die Karriere von Maximinus als ein Vorspiel zu sehen. Doch der nächste Akt lässt das noch nicht ahnen. Im Jahr 238 nahm der Senat die Dinge wieder in die Hand, und bald war der dreizehnjährige Gordian III. allein an der Macht. Er wurde von den letzten Getreuen der severischen Elite kompetent beraten, brach in den Osten auf, um den persischen Angriff in Nordmesopotamien abzuwehren, und traf 242, genau achtzig Jahre nach Lucius Verus, mit einem massiven Truppenaufgebot in Antiochia ein. Zwei Jahre später, nach einem stümperhaften Feldzug, war Gordian III. tot – weit hinter den feindlichen Linien ums Leben gekommen. Zum Kaiser wurde Philippus Arabs ausgerufen, der sich beeilte, die Armee für ein Lösegeld von 500 000 *aurei* (Goldmünzen) freizukaufen. Die Lage war nicht verzweifelt. «In aller Ruhe» marschierte er nach Rom, machte Halt in Städten in Kleinasien und auf dem Balkan, «ganz in der Art von Fürsten, die ein friedlicheres Reich beherrscht hatten». In Rom angekommen, ließ er sich im Kaiserpalast nieder. Innerhalb kurzer Zeit erwies er sich als tüchtiger Administrator. Einem Bürger Roms hätte man wohl nachgesehen, wenn er geglaubt hätte, unter Philippus' Regierung gehe alles seinen gewohnten Gang. Doch ein Jahr nach der ausgelassenen Tausendjahrfeier Roms fing das Gewebe des Imperiums an, sich langsam aufzulösen.[22]

Dynastische Instabilität war im Römischen Reich auch schon vorher nichts Unbekanntes. Es hatte demütigende Verluste hinnehmen müssen und Jahre der Not überstanden. Doch was sich in den späten 240er Jahren abzeichnete, war ohne Beispiel: ein kompletter Zusammenbruch der Grenzsicherung, der totale Kollaps eines veralteten Währungssystems, nicht nur vorübergehende Rivalität mehrerer Kaiser innerhalb des römischen Territoriums. In den folgenden Jahren machte ein rascher Wandel jegliche institutionalisierte zentrale Kontrolle zunichte. Die Krise war «so extrem, dass das Überleben des Imperiums fast an ein Wunder grenzte». Tatsächlich war die Resilienzmarge durch die fortschreitende Zeit und die schwierigen Umstände aufgebraucht. Doch die Zeitgenossen waren sich durchaus im Klaren über den plötzlich auftauchenden, dramatischen umweltbedingten Hintergrund der Krise, und zu der langen Reihe der Ursachen hinter der Krise müssen wir auch die Erschütterungen durch die Klimaturbulenzen und die Pandemie zählen.[23]

Christen waren es, die in diesen unruhigen Zeiten den Begriff prägten, sie lebten im «Greisenalter der Welt». Diese Metapher entwickelten sie in einem Kampf der Ideen. Ausgerechnet mitten in der Krise brach nämlich zur Unzeit ein öffentlicher Streit über die Natur der Götter aus. Die Kaiser gaben alsbald den Christen die Schuld an der Krise, weil sie, so der Vorwurf, die Götter nicht in gebührender Weise verehrten. Die Christen erhoben dagegen Protest und erklärten, die Welt selbst sei einfach im Begriff zu vergreisen. Wir tun gut daran, diese Polemik ernst zu nehmen, denn sie wurde in einer sehr spezifischen Tonart von bestens geschulten Rhetorikern vorgebracht. Weniger als eine Generation nachdem Tertullian sich an der überschäumenden Vitalität der Zivilisation im römischen Afrika ergötzt hatte, war Cyprian, auch er ein Karthager, zu der Auffassung gelangt, es sei offenkundig, dass «die Welt bereits alt geworden ist, dass sie nicht mehr in ihrer früheren Kraft steht und sich nicht mehr derselben Frische und Stärke erfreut, in der sie ehemals prangte. […] Nicht mehr reicht im Winter des Regens Fülle aus, um die Samen zu nähren, nicht mehr stellt sich im Sommer die gewohnte Hitze ein, um das Getreide zur Reife zu bringen, nicht mehr kann sich der Frühling seiner früheren Milde rühmen, und auch der

Herbst spendet uns die Früchte der Bäume nicht mehr in so reicher Menge.»[24]

Wissenschaftler haben die Schriften der antiken Philosophen auf der Suche nach der Herkunft von Cyprians Metapher durchstöbert, doch irgendwie haben wir ihren naheliegenden Ursprung nicht ernst genommen, nämlich die biologischen Bedingungen des Alterns. Alt zu werden bedeutete in der Antike, zu erkalten und auszutrocknen. Die Jungen waren heiß, saftig und energiegeladen. Diese Auffassung wurde in Gesprächen über die Ernährung ganz klar zum Ausdruck gebracht. So sollten die Jungen sich zum Beispiel beim Wein in Acht nehmen, der ihre bereits heiße Konstitution zu überhitzen drohte. Durch ein Übermaß an Hitze verloren sie ihre Selbstbeherrschung, und seine enthemmende Wirkung machte den Wein, in den Worten eines Romans aus dem zweiten Jahrhundert, zu einer Art «Brennstoff». Die Älteren dagegen wurden vom Wein belebt, und der Körper trocknete nicht so schnell aus. Galen schrieb wiederholt von der «Trockenheit des Körpers alter Leute. Der Grund für das Austrocknen der einzelnen Körperteile besteht darin, dass alte Menschen wegen der geringen Wärme nicht mehr so viel Nahrung aufnehmen können.» Altern war eine anhaltende Verdunstung, die letztlich zu einem kalten Tod führte. «Da der Tod ein Erlöschen der angeborenen Hitze ist, ist das Altern gewissermaßen ihr Dahinschwinden.»

Diese Sicht auf das Alter hatte Cyprian im Sinn, als er behauptete, die Welt sei grau geworden. «So sendet die Sonne bei ihrem Untergang Strahlen mit weniger hellem und feurigen Glanze aus […]. Die Quelle, die ehedem aus überströmenden Adern reichlich hervorsprudelte, wird altersschwach und versiegt und lässt kaum mehr in kleinen Tropfen ihr Nass heraussickern.» Für Cyprian war die Welt als solche kalt und trocken geworden, ein alter bleicher Mann auf der Schwelle zum Grab.[25]

Die natürlichen Archive liefern den Beweis für das schriftliche Zeugnis der Menschen. Im späten zweiten Jahrhundert gingen die heiteren Tage des römischen Klimaoptimums ihrem Ende zu. Es gab keinen abrupten Einschnitt, das RCO endete ganz allmählich, und an seine Stelle trat die etwa dreihundert Jahre dauernde spätrömische Übergangsperiode, eine Zeit des Schwankens, der Planlosigkeit, der größeren klimatischen Umschwünge. Die Schwankungen wirkten sich global aus. Die Veränderlichkeit der Sonneneinstrahlung war die externe Hauptursache. Die Sonne strahlte nicht mehr so hell am römischen Himmel. Die Berylliumisotope weisen für die 240er Jahre eine steil abfallende solare Einstrahlung aus. Darauf folgte eine Abkühlung. Nach Jahrhunderten der Schmelze begann das Eis des Großen Aletschgletschers wieder zu Tal zu fließen. Das Gleiche geschah am Mer de Glace im Mont-Blanc-Gebiet. Aufzeichnungen aus so weit voneinander entfernten Gegenden wie Spanien, Österreich und Thrakien zeigen übereinstimmend eine Periode des Temperaturrückgangs. Wahrscheinlich spürte Cyprian tatsächlich den frostigen Wind einer kühleren Zeit in der Mitte des dritten Jahrhunderts.[26]

Das herausragende Merkmal des römischen Klimaoptimums war die außergewöhnliche Feuchtigkeit im gesamten Mittelmeerraum. In dieser Klimaperiode war auf dem langen Weg des Holozäns in Richtung größerer Trockenheit eine Pause eingelegt worden. Und als das RCO kippte, traten die Auswirkungen eines längeren trockenen Zyklus deutlich zutage.

Kurzfristig zeichnen sich die 240er Jahre als eine Zeit bedrohlicher Dürre im südlichen Teil des Mittelmeerraums aus, also in Cyprians Nordafrika. Die öffentliche Verteidigung des Christentums durch den Bischof richtete sich an eine Gesellschaft, die kurz zuvor eine qualvolle Dürreperiode überstanden hatte. Die Christen wurden zwangsläufig verantwortlich gemacht, «wenn nur selten Regen vom Himmel fällt, wenn die Erde unter einer dichten Staubschicht begraben liegt, wenn die unfruchtbare Scholle kaum mehr magere und blasse Kräuter hervorzubringen vermag, [...] wenn Trockenheit die sprudelnde Quelle zum Stillstand bringt». Das Versagen des Himmels brachte den Hunger in die Städte, Cyprian kritisierte scharf die vollen Speicher der Reichen, die aus der Krise Gewinne herausschlagen wollten. Die gesamte Krise war eine Botschaft, eine Aufforderung, sich einem Glauben anzuvertrauen, der ein Leben jenseits irdischer Not verhieß. «Mag auch der Weinstock enttäuschen und der Ölbaum trügen, mögen auch die Gräser vor Trockenheit absterben und das glühende Feld verdorren, was kümmert das die Christen?» Die verdorrende Landschaft war der Hintergrund von Cyprians Auftritt als ein Wortführer der Christenheit.[27]

Zur selben Zeit herrschte auch in Palästina Dürre. Im landwirtschaftlichen Gürtel der Levante, an der Grenze zur Wüste gelegen, wartete man jedes Jahr sehnsüchtig auf Regen. In den rabbinischen Schriften des zweiten und dritten Jahrhunderts werden Niederschläge geradezu als Wunder betrachtet. Man ging generell von der Unwirtlichkeit der ganzen Region aus; seit der Zerstörung des Tempels im Jahr 70 n. Chr. herrschte Dürre im Land. Die Denkmäler rabbinischer Literatur sind vielleicht nicht die zuverlässigsten Orte, um nach unvoreingenommenen Aufzeichnungen über das Klima zu suchen, doch Erinnerungen an die Dürre tauchen bei den rabbinischen Gelehrten der 230er und 240er Jahre immer wieder auf, und wir können ihren Legenden vielleicht ein historisches Substrat unterlegen. Ḥanina bar Ḥama, ein Schützling des großen Judah I., war ein bedeutender Rabbiner, der in der Schule von Sepphoris eine führende Rolle spielte und hochbetagt um das Jahr 250 starb. In den Geschichten, die man sich über ihn erzählte, ist die Dürre omnipräsent. In einer Episode blieb der Regen sowohl in Galiläa als auch im Süden in Judäa aus. Ein Rabbi im Süden veranlasste ein allgemeines Fasten und bewirkte dadurch, dass der Regen kam, während die Dürre in Sepphoris anhielt, «weil ihre Herzen verhärtet» waren. Schließlich kam der Regen doch, aber die Erinnerung an eine epochale Dürre und ihr lang ersehntes Ende war mit der Erinnerung an diesen großen Rabbi verknüpft.[28]

Geriet das Imperium in Bedrängnis, konnte es sich auf Ägypten verlassen. Das grüne Band des Niltals war von außerordentlicher Fruchtbarkeit. Dadurch war das Reich letztlich abgesichert. Die einzigartige Ökologie des Tals schützte Rom vor den kleineren Kapriolen des Mittelmeerklimas. Der Nil besitzt zwei Quellflüsse. Der Weiße Nil mit seiner gleichmäßigen Wasserführung entspringt in Ostafrika. Die alljährliche Nilschwemme mit Hochwasser und Schlamm ist das Werk des Blauen Nils. Etwa 90 Prozent seines Wassers stammen aus den Monsunregen, die im Sommer in Ostafrika niedergehen; der Blaue Nil nimmt das Wasser des äthiopischen Hochlands auf und vereinigt sich bei Khartum mit dem gleichmäßig fließenden Weißen Nil. Das Ergebnis ist die größte natürliche Bewässerungspumpe der Welt, die schon Jahrtausende vor den Römern von Menschen in Betrieb genommen wurde. Das lebenspendende Wasser und der fruchtbare Nilschlamm machten die ägyptische Landwirtschaft außerordentlich ertragreich. Ägypten war die Kornkammer Roms und ein Segen für einen Großteil des Imperiums.[29]

Der jährliche Anstieg und Rückgang des Nilwassers verlief in einem heiligen Rhythmus, jeweils voraus gingen ihm hoffnungsvolle Gebete. Die alten Ägypter wussten nur allzu gut, dass die göttliche Gabe der Flut nicht immer gleich war. Im Lauf seines Lebens sah jeder Priester und jeder Bauer gute und schlechte Jahre vorüberziehen. Aber was selbst ihr geschultes Auge nicht wahrnehmen konnte, waren die unmerklichen, aber schließlich entscheidenden Zyklen der Veränderung, die sich hinter den jährlichen Schwankungen abspielten.

In den Jahrtausenden des späten Holozäns, als sich der Monsungürtel und damit die innertropische Konvergenzzone nach Süden verschoben hatte, nahm der Wasserdurchfluss des Nils allmählich ab. Vor dem Hintergrund dieser säkularen Verschiebung war die Nilschwemme in kürzeren, Jahrzehnte oder Jahrhunderte dauernden Zeiträumen abwechselnd verlässlich oder auch nicht. Wie die Konjunkturzyklen in der Wirtschaft hatten die Nilschwemmen lang andauernde Schwankungen, die die Zivilisation entlang des Tales und darüber hinaus beeinflussen konnten. Für die Zeit nach 641 n. Chr. können diese Phasen in den ältesten von Menschenhand aufgezeichneten Daten zur Klimamessung verfolgt werden: den in arabischen Chroniken verzeichneten Messungen des Nilometers. Für die Zeit davor sind die Aufzeichnungen lückenhaft. Doch weisen die Belege, die wir besitzen, darauf hin, dass die Nilschwemme in den Jahrhunderten römischer Herrschaft starken Schwankungen unterlag.[30]

Auch die Pegelstände des Nils legen nahe, dass die Erbauer des Römischen Reichs von einem perfekten Timing profitierten. Michael McCormick hat zusammen mit mir eine Datenbank der Nilschwemmen für die frühen Jahrhunderte des Reichs auf der Grundlage früherer Abgleiche der Daten auf Papyri (die oft indirekt und fraglich

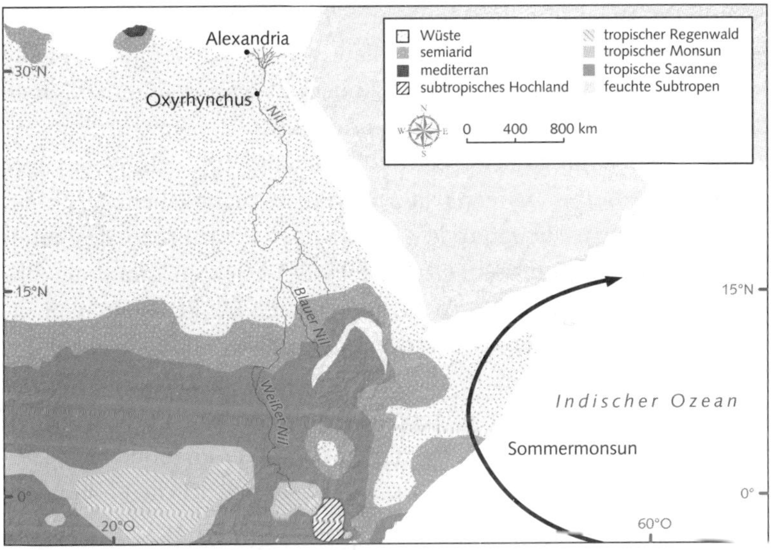

KARTE 11 Hydrologie des Nils und Klimamechanismen

sind) zu guten und schlechten Überflutungen in römischer Zeit zusammengestellt. Die Messdaten des Nils lassen sich in zwei Phasen trennen; die eine beginnt mit der Eroberung Ägyptens durch Augustus und geht bis ca. 155 n. Chr., die andere reicht von 156 bis zum Ende des dritten Jahrhunderts. Die erste Phase ist durch verlässlichere und reichlichere Fluten gekennzeichnet, in der späteren kam es zu unverhältnismäßig vielen unergiebigen Überschwemmungen.

Ferner taucht genau in den Jahren des Umschwungs – den Jahren um 150 – zum ersten Mal eine neue Art Dokument in den Papyri auf: die «Erklärung nicht gefluteten Landes». Die Herkunft des Begriffs liegt im Dunkel, doch es ist gut möglich, dass diese Erklärungen eine Reaktion auf den Beginn eines unregelmäßigeren Verlaufs der Nilschwemmen waren.[31]

Leider gibt es keine unmittelbaren Belege für diese Schwankungen. Es besteht ein enger Zusammenhang zwischen den Nilschwemmen und der Form globaler Klimaschwankung, die als El-Niño-Süd-Oszillation (ENSO) bekannt ist. In El-Niño-Jahren wird der östliche

Pazifik erwärmt, und die Monsunregen bleiben im Westen aus. Ein starker El Niño korreliert mit niedrigen Nilschwemmen. Heute kommt es alle drei bis fünf Jahre zu dem El-Niño-Phänomen, doch seine Periodik änderte sich im Lauf der Zeit.

Es gibt auch nur ganz wenige und ungenaue Aufzeichnungen über die ENSO, die bis ins erste Jahrtausend zurückreichen. Doch ein Sedimentsatz aus Ecuador legt nahe, dass es während des römischen Klimaoptimums sehr selten zu ENSO-Effekten kam (ungefähr einmal alle 20 Jahre). Das Ausbleiben der ENSO bedeutete eine effektive und verlässliche Nilschwemme und verdeutlicht ebenfalls, dass das RCO Merkmale aufwies, wie sie das mittlere Holozän kennzeichneten. In den folgenden Jahrhunderten der römischen Übergangsperiode kam es sehr häufig zu ENSO-Phänomenen – ungefähr in jedem dritten Jahr. Mit dem außerordentlichen Glück der Römer war es vorbei, nachdem sie lange von der ägyptischen Getreideproduktion profitiert hatten, die ungewöhnlich günstige Bedingungen voraussetzte.[32]

Es besteht jedenfalls kein Zweifel, dass ausgerechnet in dem Moment, da die Römer am dringendsten ein bisschen Glück gebraucht hätten, der Nil sie im Stich ließ.

Im Jahr 244 n. Chr. stieg das Nilwasser nicht an. Im Jahr 245 oder 246 war die Überflutung unzureichend. Im März 246, vor der Ernte, trafen staatliche Beamte in Oxyrhynchus Notfallmaßnahmen, wie es sie nie zuvor gegeben hatte. Sie ordneten an, alle privaten Getreidevorräte innerhalb von vierundzwanzig Stunden zu melden, und zwar unter Androhung drakonischer Strafen. Der Staat führte Zwangsaufkäufe zu erschreckend hohen Preisen von 24 *drachmai* pro *artaba* durch. Normalerweise setzte die Regierung Preise fest, die für sie selbst günstig waren, aber 24 *drachmai*, das war richtig teuer: etwa das Doppelte dessen, was man selbst in einer akuten Notsituation, die den Getreidepreis hochtrieb, erwarten würde. Zwei Jahre später, 248, war der Weizenmangel immer noch ein Riesenproblem. Ein Papyrus aus demselben Jahr berichtet von der «gegenwärtigen Notlage» und einem Gedränge in den Ämtern, in denen Nahrungsmittel an die Bevölkerung ausgegeben wurden. In einem anderen Papyrus aus dem Jahr 248 wird erwähnt, jemand

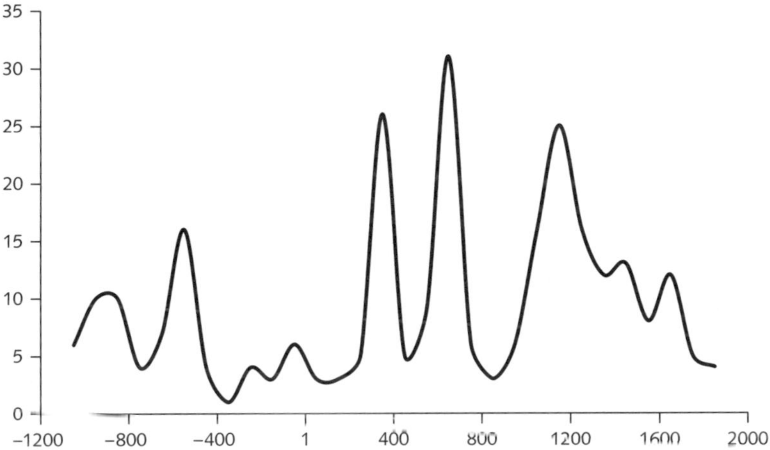

ABB. 4.2 El Niños pro Jahrhundert (Angaben nach Moy et al. 2002)

habe sich geweigert, die obligate Lebensmittelabgabe zu leisten, und seine ganze Habe drangegeben, um sich dieser Pflicht zu entziehen. Zur gleichen Zeit erklärte der Bischof von Alexandria, das Flussbett sei ausgetrocknet wie die Wüste; wenn es sich nicht einfach um eine rhetorische Figur handelt, deutet es darauf hin, dass sowohl der Weiße als auch der Blaue Nil wenig Wasser führten. Jedenfalls haben wir es mit der schwersten Umweltkrise zu tun, die sich je in den sieben Jahrhunderten des römischen Ägypten feststellen lässt.[33]

Die Klimaturbulenz kam zu einem ungünstigen Zeitpunkt. Man hat viel Aufhebens von der exorbitanten Summe von 500 000 *aurei* gemacht, mit der der Rückzug der römischen Armee aus Persien erkauft worden war. Aber wir können die enorme Auswirkung einer Dürre auf Provinzebene in Ägypten in etwa abschätzen. Die Weizenernte auf einem Stück Land hing von vielen Faktoren ab, unter anderem von der Qualität des Ackerbodens. Und der Nil war der stille Partner im Landwirtschaftsbetrieb. Wir wissen von einem Anwesen im dritten Jahrhundert, wo die Weizenerträge auf einer Reihe von kultivierbaren Feldern innerhalb derselben Gegend im Zeitraum von wenigen Jahren zwischen 7 und 16,6 *artabas* (Trockenmaßeinheit, entspricht 38,8 Litern) pro *aroura* (entspricht 0,2756 Hektar) lagen. Bei einem durchschnittlichen Ertrag von etwa 12 *artabas* pro *aroura* belief sich die jährliche Gesamtproduktion Ägyptens auf geschätzte 83 Millionen *artabas*. Wenn bei einer schwachen Nilflut die Erträge, vorsichtig geschätzt, auch nur um 10 Prozent sanken, kostete das die Provinz 8,3 Millionen *artabas*, was bei damaligen Preisen etwa einer Million *aurei* entsprach, also dem Doppelten der Zahlung an den persischen König Shapur.

Der römische Staat bezog jährlich mindestens 4 bis 8 Millionen *artabas* Weizen aus Ägypten; wenn eine Dürre den Staat nur 20 Prozent seiner jährlichen Steuereinkünfte aus Ägypten kostete, bedeutete das einen Verlust von 96 000 bis 192 000 *aurei*. Tatsächlich konnte der Schaden um ein Vielfaches höher sein: Blieb im ägyptischen Mittelalter die Nilschwemme aus, folgte häufig eine furchtbare Hungersnot. Mehrere schwache Nilschwemmen nacheinander waren noch weitaus schlimmer, denn die Resilienzmargen wurden kleiner. Wir können es zwar nicht genau und nicht mit Sicherheit sagen, aber der Schluss liegt nahe, dass die Dürre zumindest am Beginn der Krise eine mindestens ebenso große Rolle spielte wie die versenkten Kosten der gescheiterten Invasion.[34]

Die Herausforderung für uns besteht jetzt darin, unsere Kenntnis von dem, was als nächstes kommt, vorerst beiseite zu lassen. Die ganze Zeit, die der Krise vorausging, war nicht einfach der Auftakt für das Unausweichliche. Den Severer-Kaisern und ihren Nachfolgern war es gelungen, eine Art prekäres Gleichgewicht herzustellen, aber das Zusammentreffen geopolitischer und umweltbedingter Erschütterungen bildete eine gefährliche Bedrohung für die neue Ordnung. Allein schon die Dürreperioden der 240er Jahre hätten das imperiale System an die Grenzen seiner Belastbarkeit gebracht, doch dazu kam dann noch eine weitere Katastrophe. Nicht zum letzten Mal folgte unmittelbar auf globale Klimakapriolen eine unbekannte Infektionskrankheit. Die entsetzlichen Auswirkungen einer neuen Pandemie waren am Ende so groß, dass die Strukturen des Reichs überfordert waren. Nur wenige Jahre nach der triumphalen Feier, die Roms Ewigkeit zelebrierte, war der Fortbestand des Imperiums völlig ungewiss.

DIE CYPRIANISCHE PEST: DIE VERGESSENE PANDEMIE

Cyprian wurde in der Blütezeit des römischen Karthago unter der Regierung von Septimius Severus in einer Familie von bescheidenem Wohlstand geboren. Er erhielt eine liberale Erziehung und wurde Rhetoriklehrer. Mehr wissen wir nicht über die frühen Jahre eines Mannes, der zur bedeutendsten Persönlichkeit der westlichen Kirche im dritten Jahrhundert werden sollte.

Die dürftigen biographischen Details erklären uns nicht, warum Cyprian um 245/46 die äußerst ungewöhnliche Entscheidung traf, Christ zu werden. Im frühen dritten Jahrhundert gab es wahrscheinlich kaum mehr als ein paar hunderttausend im ganzen Reich verstreute Christen. Die heidnischen Götter herrschten immer noch uneingeschränkt in den Heimstätten und den Tempeln des Imperiums. Wir müssen uns klarmachen, welch ein Glücksfall es für die christliche Bewegung in Karthago war, einen nicht nur des Lesens und Schreibens kundigen, sondern sogar wahrhaft gebildeten Neuzugang zu bekommen. Es war ein Geschenk des Himmels. Man nutzte schleunigst die Gelegenheit, und im Jahr 248 war Cyprian Bischof von Karthago. Die zehn Jahre seines Episkopats bis zu seinem Märtyrertod im Jahr 258 erwiesen sich als mit die folgenreichsten in der Geschichte der Kirche, zum großen Teil aufgrund der Seuche, die im historischen Gedächtnis mit seinem Namen verbunden ist.[35]

Die Schriften des Bischofs liefern das anschaulichste Zeugnis, das über die Epidemie erhalten ist; sein Name wurde in christlichen Chroniken bald mit diesem Ereignis verbunden. Die Bezeichnung Cyprianische Pest führte oft in die Irre. Die gängige Auffassung, dargestellt in den fundierten Bänden der *Cambridge Ancient History*, beschreibt die Seuche als «eine, die in der Mitte des dritten Jahrhunderts Afrika heimsuchte». Weil William McNeill in seiner Geschichte der Infektionskrankheiten auf die Cyprianische Pest eingeht, wird sie in den allgemeinen Geschichten der Krankheiten immer noch genannt, doch ist sie bei Althistorikern völlig in Vergessenheit geraten. In den maßgeblichen jüngeren Studien über diese Zeit wird sie nicht einmal beiläufig erwähnt.[36]

Dieses Versäumnis hat viele Ursachen, unter anderem sich wandelnde Moden, wobei versucht wurde, das Ausmaß der Krise des dritten Jahrhunderts infrage zu stellen. Ein tieferer Grund liegt darin, dass nicht erkannt wurde, wie außergewöhnlich große pandemische Ereignisse gewesen sind. Der einfache Tatbestand, dass eine todbringende Seuche gleichzeitig an weit voneinander entfernten Ecken des Reichs bezeugt ist, verdient genaue Betrachtung. Die Cyprianische Pest war nicht nur eine Episode im Leben Karthagos im dritten Jahrhundert, sondern sie war eine Kontinente übergreifende Seuche von gewaltigem Ausmaß.

Sie verheerte das Land in einem geschichtlichen Zeitabschnitt, über den grundlegende Fakten zum Teil kaum oder gar nicht bekannt sind. Doch praktisch alle unsere Quellen – Inschriften, Papyri, archäologische Funde und schriftliche Zeugnisse – stimmen darin überein, dass eine weit verbreitete Pandemie das Zeitalter prägte. In einer neueren Studie konnte ich mindestens sieben Augenzeugen und weitere sechs voneinander unabhängige Berichterstatter zählen, deren Zeugnis wir auf die Erfahrung mit der Seuche zurückführen können. Was uns jedoch bitter fehlt, ist ein Galen. Der Glücksfall, über das Zeugnis eines bedeutenden Arztes zu verfügen, der viele schriftliche Dokumente hinterlassen hat und uns anleiten könnte, hat sich nicht wiederholt. Doch jetzt sind zum ersten Mal christliche Überlieferungen erhalten. Die Kirche erlebte während der Seuche einen gewaltigen Zulauf, und das Massensterben hinterließ einen tiefen Eindruck im christlichen Gedächtnis. Heidnische und christliche Quellen bestätigen sich nicht nur gegenseitig: Ihr unterschiedlicher Ton bereichert unser Verständnis von der Seuche, das wir sonst so nicht hätten.[37]

Die Seuche kam aus Äthiopien und breitete sich nach Norden und Westen im Reich aus. So erzählen es uns die Chroniken, und wir könnten mutmaßen, wir hätten es mit einer getreuen Nachahmung des Berichts über die Pest bei Thukydides zu tun, dem Vorbild literarischer Beschreibung einer Seuche, das jedem gebildeten Griechen vertraut war. Aber zwei aufschlussreiche Indizien erhärten die Vermutung, dass erneut ein mikrobieller Erreger aus dem Südosten in das Imperium eingedrungen war. Zum einen entdeckten Archäologen im antiken Theben in Oberägypten nahe bei einer Stelle, wo

Leichen abgelegt worden waren, ein Massengrab. An dieser Stelle war Kalk gemischt worden, den man über Leichen streute, die dann in aller Eile verbrannt wurden. Die Deponie stammt aus der Mitte des dritten Jahrhunderts, und die Tatsache, dass die Leichen verbrannt und dann massenhaft entsorgt wurden, ist so singulär, dass sich vermuten lässt, etwas an der Seuche habe die Bewohner derart verstört, dass sie zu so extremen Maßnahmen griffen. Das eindeutigere Indiz für den südlichen Ursprungsherd der Pandemie liefert der Bischof von Alexandria, der die Seuche in der ägyptischen Metropole auf mindestens das Jahr 249 datiert. Der erste datierbare Nachweis der Pandemie im Westen stammt aus Rom im Jahr 251. Die Chronologie bekräftigt, dass die Seuche von Osten herkam, und bestätigt die Chroniken.[38]

Die Cyprianische Pest wütete jahrelang. Die Chroniken berichten von einer fünfzehn Jahre andauernden Seuche, jedoch ist nicht ganz klar, welche Zeitspanne gemeint ist. Vielleicht gab es um 260 eine zweite Welle. Angeblich wurde Kaiser Claudius II. im Jahr 270 von einer Seuche dahingerafft, ob aber sein Tod tatsächlich mit dieser Pestwelle zusammenhängt, liegt völlig im Dunkeln. Die Quellen betonen, dass sich die tödliche Krankheit über lange Zeit im Imperium ausbreitete und mindestens zweimal in Rom selbst zuschlug. Eine der späteren Chroniken erwähnt das bezeichnende Detail, dass manche Städte zweimal betroffen waren. Leider wissen wir darüber nichts Genaueres. Die Cyprianische Pest bildet den Hintergrund der Geschichte des Imperiums von ca. 249 bis 262, möglicherweise sogar mit Nachwirkungen bis etwa 270.[39]

Die geographische Reichweite der Pestilenz war enorm. «Es gab fast keine römische Provinz, keine Stadt, kein Haus, das nicht von jener allgemeinen Seuche erfasst und verödet wurde.» Sie «verwundete das Antlitz der ganzen Erde». Sämtliche vorhandenen Quellen erwähnen die Cyprianische Pest. Sie befiel die größten Städte wie Alexandria, Antiochia, Rom und Karthago. Sie suchte die «griechischen Städte» heim, aber auch eher abgelegene Orte wie Neocaesarea im Pontus-Gebirge und Oxyrhynchus in Ägypten. Einem anderen Bericht zufolge verwüstete sie Stadt und Land gleichermaßen; sie «befiel die Städte und Dörfer und raffte hinweg, was noch vom

Menschengeschlecht übriggeblieben war; noch nie zuvor hatte sie in den vergangenen Zeiten so grässlich unter der Bevölkerung gewütet». Die Cyprianische Pest war eine Seuche, die sich im gesamten Imperium ausgebreitet hatte.[40]

Das Fehlen eines ärztlichen Zeugen wie Galen wird teilweise ausgeglichen durch die lebhafte Schilderung der Krankheit in Cyprians Predigt über die Sterblichkeit. Der Priester gedachte ein von unermesslichem Leid erfasstes Publikum zu trösten, denn die Seuche verschonte ja seine Christen nicht.

«So haben wir auch die Augenschmerzen, die Fieberanfälle und die allgemeine Gliederschwäche mit den anderen gemeinsam, solange wir in der Welt dieses Fleisch gemeinsam an uns tragen.» Cyprian versuchte, die Opfer der Krankheit zu adeln, und verglich ihre Standhaftigkeit im Leiden und Sterben mit der heroischen Unbeugsamkeit der Märtyrer. Der Bischof beschwor vor seinen Zuhörern die Krankheitssymptome. «Dass jetzt beständiger Durchfall die Körperkräfte verzehrt, dass das tief im Innern lodernde Feuer immer weiter wütet und den wunden Schlund ergreift, dass fortwährendes Erbrechen die Eingeweide erschüttert, dass die Augen durch den Blutandrang sich entzünden, dass manchen die Füße oder irgendwelche anderen Körperteile von zerstörender Fäulnis ergriffen und abgefressen werden, dass infolge der schweren Schädigung des Körpers durch die eintretende Ermattung der Gang gelähmt, das Gehör abgestumpft oder die Sehkraft getrübt wird, all das dient nur dazu, den Glauben zu erweisen.»[41]

Cyprians Bericht ist wesentlich für unser Verständnis von der Seuche. Das Krankheitsbild umfasste Müdigkeit, blutigen Stuhl, Fieber, Wunden in der Speiseröhre, Erbrechen, Bindehautblutungen und eine massive Infektion der Extremitäten; Entkräftung, danach Gehörverlust und Erblindung. Der Bericht kann noch durch vereinzelte, freilich vage Hinweise anderer Zeugen ergänzt werden. Laut Cyprians Biograph war die Heftigkeit des Ausbruchs typisch für die Krankheit: Sie «raffte tagtäglich unzählige Menschen, jeden an seinem Ort, in plötzlichem Anfall hinweg». Aus größerer Distanz zu den Ereignissen betont eine volkstümliche Überlieferung im Norden Kleinasiens die schiere Geschwindigkeit, mit der die Seuche voran-

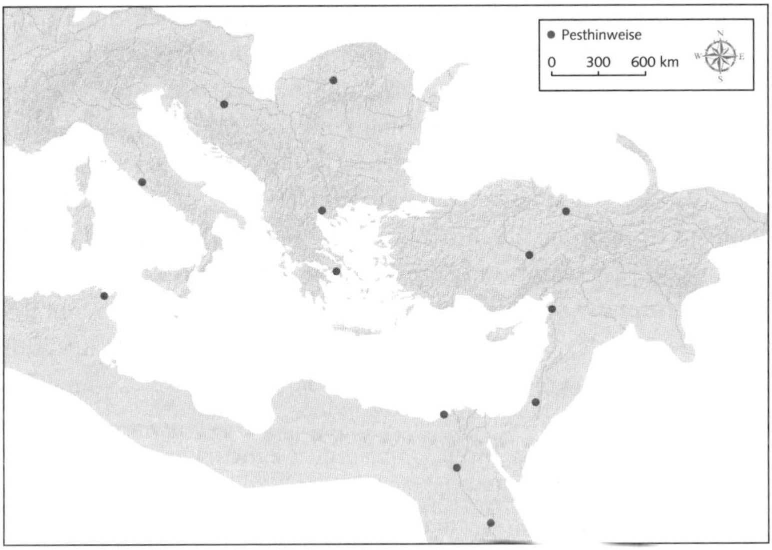

KARTE 12 Hinweise auf die Cyprianische Pest

schritt. «Denn als einmal die Krankheit über die Menschen hereingebrochen war, verbreitete sie sich unerwartet schnell wie ein verheerendes Feuer über die Häuser, und es füllten sich die Tempel mit denen, die an der Krankheit hinsiechten, die in der Hoffnung auf Genesung sich dahin flüchteten.» Dieselbe Quelle erinnert an den unstillbaren Durst, an dem die Erkrankten litten (und dort stoßen wir schließlich möglicherweise auf eine ausschmückende Nachahmung von Thukydides). «Die Quellen, Kanäle und Brunnen wurden von denen umlagert, welche in Folge der bedrängenden Krankheit der Durst verzehrte. Doch war bei ihnen das Wasser nicht im Stande, die Hitze der Krankheit zu dämpfen, indem der Zustand derer, welche einmal von der Krankheit ergriffen waren, vor und nach dem Gebrauch des Wassers sich gleich blieb.»[42]

Der Verlauf der Krankheit löste Angst und Entsetzen aus. Dieser Eindruck wird auch von einem anderen nordafrikanischen Augenzeugen bestätigt, einem Christen aus dem Umkreis Cyprians, der das Ungewöhnliche an der Seuche hervorhob. «Sehen wir nicht täglich die Riten des Todes? Sind wir nicht Zeugen einer sonderbaren

Form des Sterbens? Erblicken wir nicht Katastrophen durch eine unbekannte Art Plage, hervorgerufen von schlimmen und lang anhaltenden Seuchen? Und die Verheerung verwüsteter Städte?» Die Pestilenz, so meinte er, sei eine offenkundige Ermutigung zum Martyrium, denn wer den ruhmreichen Tod des Märtyrers starb, dem blieb das «gewöhnliche Schicksal derer erspart, die mitten in der blutigen Zerstörung furchtbarer Seuchen» zurückblieben. Die Cyprianische Pest war keine erneute Runde im periodischen Ablauf wiederkehrender epidemischer Mortalität. Sie war etwas qualitativ Neues – und die Beschwörung ihrer «blutigen» Zerstörungskraft war wohl nicht bloße Rhetorik, wenn hämorrhagische Symptome im Spiel waren.[43]

Die Krankheit hatte ihren Ursprung in exotischen Gefilden und wanderte vom Südosten in den Nordwesten. Im Lauf von zwei oder drei Jahren verbreitete sie sich von Alexandria aus in anderen bedeutenden Küstenorten. Die Pandemie erfasste Gebiete nah und fern, große und kleine Siedlungen bis weit ins Innere des Imperiums. Sie schien «außergewöhnlich hartnäckig», kehrte das im Römischen Reich übliche jahreszeitlich bedingte Sterben um, das im Herbst begann und im folgenden Sommer abflaute. Diese Pestilenz machte keinen Unterschied, sie schlug wahllos zu, ungeachtet des Alters, des Geschlechts oder der gesellschaftlichen Stellung ihrer Opfer. Die Seuche drang ein «in jedes Haus».[44]

Ein Bericht machte, wie zu erwarten war, die «verunreinigte Luft» verantwortlich, die sich im Reich verbreitete. Doch eine andere Quelle, die auf einen zuverlässigen zeitgenössischen Historiker aus Athen zurückgeht, stellte fest, dass «die Krankheit über die Kleider oder einfach über den Anblick übertragen» wurde. Diese Aussage ist bemerkenswert; in einer Kultur, die auch nicht die geringste Vorstellung von Keimen besaß, verrät dieser Kommentar eine Ahnung, dass es so etwas wie Ansteckung geben könnte. Die Besorgnis, die Krankheit könnte durch Kleidung oder einen Blick übertragen werden, deutet an, dass zumindest ein vages Bewusstsein von einem infektiösen Ursprung bestand. Und es könnte ein weiterer Hinweis darauf sein, dass die Krankheit die Augen angriff. Die Menschen der Antike hatten viele ausgefallene Vorstellungen von der Macht des

Blicks, unter anderem glaubten sie, dass er fühlbar war und das Auge eine Flut feinster Partikel absondern konnte. Die blutunterlaufenen Augen der Kranken dürften ein furchterregender Anblick gewesen sein in einer Kultur, in der die Augen nach jemandem greifen und ihn berühren konnten.[45]

Die Zahl der Todesopfer war immens hoch. In dem bereits erwähnten, erstaunlich detaillierten Bericht des Bischofs von Alexandria heißt es: «Und da fragt man, woher die andauernde Pest, die schweren Krankheiten, die verschiedenartigen Seuchen, das mannigfaltige und häufige Sterben der Menschen kommen und warum die so große Stadt, einschließlich der kleinen Kinder und der ältesten Greise, an Einwohnern nicht mehr die Zahl derer aufweist, die sie vormals als das sogenannte beginnende Alter verpflegte. Dieser Vierzig- bis Siebzigjährigen waren seinerzeit so viele, dass ihre Ziffer heute nicht mehr erreicht würde, selbst wenn man die Leute vom vierzehnten bis zum achtzigsten Lebensjahre in das Verzeichnis der öffentlich Verpflegten eintrüge und mitzählte. Und die dem Aussehen nach Jüngsten sind gleichsam Altersgenossen der betagtesten Greise von einst geworden.» Die Zählung besagt, dass die Bevölkerung der Stadt um rund 62 Prozent abnahm (von ca. 500 000 auf 190 000). Nicht alle müssen an der Seuche gestorben sein. Manche mögen vor dem Chaos geflohen sein, manches verdankt sich vielleicht einer überreizten Rhetorik. Aber die Anzahl der Bürger, die von der öffentlichen Hand mit Getreide versorgt wurden, ist ein unbestreitbar glaubwürdiges Detail, und alle anderen Zeugen sind sich einig über das Ausmaß der Mortalität. Ein Athener Historiker behauptet, es seien täglich 5000 Menschen gestorben. Alle Zeugen bescheinigen ausnahmslos – dramatisch, wenn auch unpräzise –, dass die Entvölkerung Folge der Pestilenz war. «Das Menschengeschlecht [wird] durch die Verheerung der Pest vernichtet.»[46]

Diese zufälligen Hinweise reichen nicht aus, um den Krankheitserreger der Cyprianischen Pest eindeutig zu bestimmen. Doch die Auswahl Verdächtiger, die eine Seuche dieses Ausmaßes zu verursachen imstande sind, ist nicht groß, und einige mögliche Erreger können mit großer Wahrscheinlichkeit ausgeschlossen werden. Die Beulenpest passt weder zum Krankheitsbild noch zur Saisonbedingtheit und auch nicht zur demographischen Dynamik. Cholera, Typhus und Masern sind denkbar, doch bei jeder dieser Möglichkeiten ergeben sich unüberwindbare Probleme. Hingegen könnte es sich um die Pocken gehandelt haben. Die zwei Generationen dauernde Unterbrechung zwischen dem Ausbruch unter Commodus und der Cyprianischen Pest bedeutet, dass tatsächlich die gesamte Bevölkerung erneut für den Erreger anfällig gewesen sein konnte. Die hämorrhagische Variante der Krankheit könnte auch einige der von Cyprian beschriebenen Merkmale erklären.

Trotzdem sind die Argumente, die für die Pocken sprechen, schwach. Ein nordafrikanischer Autor behauptete, es habe sich um eine noch nie dagewesene Krankheit gehandelt (wobei natürlich fraglich ist, ob er sich überhaupt an eine frühere Pockenepidemie erinnern konnte). Keine unserer Quellen beschreibt den Ausschlag am ganzen Körper, das unverkennbare Merkmal der Pocken. In Eusebius' Kirchengeschichte, verfasst im frühen vierten Jahrhundert, wird von einem pockenähnlichen Ausbruch in den Jahren 312/13 berichtet. Eusebius nannte sie eine «andere Krankheit» als die Cyprianische Pest und beschrieb auch genau den pustulösen Ausschlag. Die exotische Herkunft dieser Seuche im dritten Jahrhundert, die einmal mehr ihren Ursprung außerhalb des Imperiums hatte, legt nicht den Ausbruch eines mittlerweile endemischen Erregers nahe. Auch passen die verfaulenden Glieder und die dauerhafte Schwächung durch die Cyprianische Pest nicht zu den Pocken. Keines dieser Indizien lässt einen endgültigen Schluss zu, doch insgesamt genommen sprechen sie gegen eine Identifizierung als Pocken.[47]

Jede Festlegung ist notwendigerweise höchst spekulativ. Wir stellen zwei mögliche Anwärter vor. Der erste ist die pandemische Grippe. Das Grippevirus war für einige der schlimmsten Pandemien der Menschheitsgeschichte verantwortlich, unter anderem für die «Spanische Grippe», eine Epidemie, die am Ende des Ersten Weltkriegs etwa 50 Millionen Opfer forderte. Das Fehlen klarer Hinweise auf Grippe in der antiken Welt ist rätselhaft, denn die Grippe war bestimmt nicht unbekannt in der Antike. Sie ist eine in vielen Formen auftretende, hochansteckende akute Atemwegserkrankung. Die meisten Arten sind relativ harmlos und verursachen vertraute, der

Erkältung ähnliche Symptome. Andere, seltene Grippeformen sind bedrohlicher. Zoonotische Formen der Krankheit, besonders die, welche in wildlebenden Wasservögeln entstehen, können auf andere Lebewesen übertragen werden, unter anderem auf Schweine, Hühner und Menschen. Wenn diese Stämme die Fähigkeit entwickeln, sich direkt von Mensch zu Mensch zu verbreiten, sind die Folgen katastrophal. Im 20. Jahrhundert gab es weltweit vier Ausbrüche, und die Vogelgrippe (mit einigen gefürchteten Stämmen wie z. B. H5N1) ist bis heute eine bedrohliche Krankheit.[48]

Zoonotische Influenzaerreger sind heimtückisch und führen vielfach zum Tod des Erkrankten. Sie lösen eine überhitzte Immunreaktion aus, die ebenso gefährlich ist wie die virale Pneumonie selbst; demzufolge sind paradoxerweise die Jungen und Gesunden durch die Vitalität ihres eigenen Immunsystems gefährdet. Da im Bericht über die Cyprianische Pest keine Symptome für Atemwegserkrankungen auftauchen, ist es unwahrscheinlich, dass es sich um eine Grippeepidemie handelte. Doch es lohnt sich, einige Beobachtungen der Pandemie von 1918 zu betrachten: «Blut floss aus Nase, Ohren und Augenhöhlen; manche Patienten starben unter unerträglichen Schmerzen, andere im Delirium. [...] Die Schleimhäute in Nase, Gaumen und Rachen entzündeten sich. Die Bindehaut, die zarte Membrane am Augenlid, entzündete sich ebenfalls. Die Patienten litten an Kopf- und Gliederschmerzen, an Fieber und häufig an völliger Erschöpfung und Husten. [...] Häufig furchtbare Schmerzen. [...] Blausucht. [...] Dann trat Blut aus dem Körper aus. Der Anblick des aus Nase, Mund und sogar aus den Ohren oder um die Augen herum sickernden oder sogar herausspritzenden Blutes war entsetzlich. [...] 5 bis 15 Prozent aller ins Krankenhaus eingelieferten Patienten litten unter Nasenbluten.» Eine Grippeepidemie könnte tatsächlich eine Erklärung für die Cyprianische Pest sein.[49]

Das Auftreten der Krankheit im Winter deutet auf einen Keim hin, der bei engem zwischenmenschlichen Kontakt und direkter Übertragung gedieh. Die Lage des Römischen Reichs zwischen manchen Hauptflugrouten der Zugvögel und die intensive Schweine- und Geflügelhaltung – vor allem von Hühnern und Enten – bildeten eine Gefahr. Klimaschwankungen können Flugrouten wildlebender

Wasservögel umlenken, und die starken Klimaausschläge in den Jahren um 240 könnten leicht einem fremdartigen zoonotischen Erreger den Anstoß gegeben haben, in ein neues Territorium einzudringen. Die Grippe ist also möglicherweise ein Erreger der Seuche.

Wahrscheinlicher als Verursacher der Cyprianischen Pest ist jedoch ein virales hämorrhagisches Fieber. Die Symptome waren plötzlich einsetzendes hohes Fieber, begleitet von heftigen Magen- und Darmbeschwerden, blutender Bindehaut, blutigem Stuhl, Speiseröhrenläsionen und Gewebstod an den Extremitäten. Sie passen zum Krankheitsverlauf einer Infektion, die von einem Virus verursacht wird, das plötzlich ausbrechendes hämorrhagisches Fieber auslöst. Diese Art Fieber sind zoonotische Krankheiten, die von unterschiedlichen Stämmen der RNA-Viren erzeugt werden. Die Flaviviren verursachen Krankheiten wie das Gelbfieber und das Denguefieber, die Ähnlichkeiten mit den von Cyprian beschriebenen Symptomen aufweisen. Sie werden jedoch von Moskitos verbreitet, und deren geographische Reichweite und das Tempo ihrer Ausbreitung sowie das Auftreten der Cyprianischen Pest im Winter schließen ein von Moskitos übertragenes Virus aus.[50]

Andere Stämme viraler hämorrhagischer Fieber werden von Nagern oder direkt von Mensch zu Mensch übertragen. Arenaviren wie das Lassa-Fieber werden durch Nagetiere verbreitet. Altwelt-Arenaviren sind in stehenden Gewässern in Afrika endemisch, und es ist denkbar, dass die Cyprianische Pest durch einen solchen Erreger ausgelöst wurde. Allerdings tauchen von Nagetieren übertragene große Pandemien wahrscheinlich erst mit der Justinianischen Pest auf. Die charakteristische Biologie des Pestbakteriums und seine komplizierte artübergreifende Dynamik befähigen die Beulenpest, sich über ganze Kontinente auszubreiten. Die Geschwindigkeit der Verbreitung und das Ausmaß der Katastrophe während der Cyprianischen Pest machen es unwahrscheinlich, dass es sich um ein Arenavirus handelt.

Das Tempo der Verbreitung legt eine direkte Übertragung von Mensch zu Mensch nahe. Der Glaube, dass die Versorgung der Kranken und der Umgang mit den Toten höchst riskant seien, bestätigt diese Annahme. Nur ein einziger Stamm hämorrhagischer Viren scheint am besten sowohl zur Pathologie als auch zur Epidemiologie der Cyprianischen Pest zu passen: Filoviren, deren berüchtigtster Vertreter das Ebola-Virus ist.[51]

Filoviren sind Millionen Jahre alt. Fragmente ihres genetischen Materials sind von alters her im Genom von Säugetieren eingeschlossen, und seit Jahrmillionen haben sie Fledermäuse, Insektenfresser und Nagetiere infiziert. Dabei wurden Filoviren wie das Ebola- und das Marburg-Virus erst in der zweiten Hälfte des zwanzigsten Jahrhunderts im Zuge einer Reihe kleinflächiger Ausbrüche erkannt. Die Ebola-Epidemie von 2014 lenkte das Augenmerk stärker auf diese Stämme. Man hält Fledermäuse für die natürlichen Wirte des Ebola-Virus, doch ist dieser Verdacht noch nicht bestätigt worden. Das Ebola-Virus erregt die Aufmerksamkeit der Öffentlichkeit wegen seines grauenhaften klinischen Verlaufs und seiner extrem hohen Todesrate.

Um eine Epidemie auszulösen, muss das Ebola-Virus zunächst von seinem Wirt auf den Menschen überspringen; dies geschieht wahrscheinlich, wenn Menschen mit infizierten Fledermäusen oder Menschenaffen in Kontakt kommen. Sobald sie infiziert sind, leiden die Erkrankten (nach einer kurzen Inkubationszeit von durchschnittlich 4 bis 10 Tagen, manchmal auch länger) an heftigem Fieber und Multiorganversagen, das heißt, dass gleichzeitig die inneren Organe wie Magen-Darm-Trakt und das Gefäßsystem lahmgelegt werden. Blutungen an den Schleimhäuten im Auge und andere schwere hämorrhagische Symptome erinnern an die verstörenden Berichte Cyprians. Gewebenekrose und dauerhafte Entstellung der Glieder passen gut auf Cyprians Beschreibung von Extremitäten, die zu verfaulen beginnen und irreversibel geschädigt werden. Selbst bei modernen Behandlungsmethoden sind die Sterberaten extrem hoch: 50 bis 70 Prozent. Der Tod tritt gewöhnlich nach 6 bis 16 Tagen ein; Überlebende gelten als immun. Das Ebola-Virus wird durch Körperflüssigkeiten übertragen, nicht durch Tröpfchen über die Luft; es verbreitet sich leicht innerhalb einer Hausgemeinschaft. Pflegepersonal ist besonders gefährdet, und Tote bleiben Ansteckungsherde. Traditionelle Begräbniszeremonien waren sogar bei Ausbrüchen in jüngerer Zeit ein hoher Risikofaktor.[52]

Eine retrospektive Diagnose anhand von Horrorberichten medizinischer Laien nach fast zweitausend Jahren zu erstellen ist nicht besonders glaubwürdig. Doch die hämorrhagischen Symptome, die ekelerregenden Aspekte und die Betonung der Neuartigkeit der Krankheit passen alle zum Filovirus. Ein Erreger wie das Ebola-Virus konnte sich so schnell verbreiten wie die Cyprianische Pest, doch da er von der Übertragung durch Körperflüssigkeiten abhängig war, konnte er die langsame, «außergewöhnlich hartnäckige» Dynamik aufweisen, die den zeitgenössischen Beobachtern so auffiel. Die Angst vor der Berührung mit todbringenden Leichen während der Pandemie des dritten Jahrhunderts erinnert an die jüngste grausige Erfahrung mit dem Ebola-Virus. Die Ungewissheit resultiert aus unserer großen Unkenntnis der langen Geschichte von Krankheitserregern wie dem Ebola-Virus, das in menschlichen Populationen noch nie endemisch wurde. Als Historiker halten wir uns verständlicherweise an bekannte Verdächtige. Doch unser geschärfter Blick auf die ungebrochene Virulenz neuer Krankheiten an der Grenze zwischen menschlicher Gesellschaft und wilder Natur legt den Verdacht nahe, dass schwere Seuchen wie die Cyprianische Pest in der Vergangenheit durch zoonotische Krankheiten ausgelöst wurden, die Chaos und Verwüstung anrichteten und deren Erreger sich danach wieder in ihre tierischen Wirte zurückzogen.

Das Römische Reich wurde einmal mehr Opfer einer solchen eingeschleppten Seuche. Die globalen Klimaschwankungen der 240er Jahre, die eindeutig die Monsun-Systeme beeinflussten, hatten ökologische Veränderungen zur Folge, die möglicherweise zum Ausbruch der Cyprianischen Pest führten. Über ein Jahrzehnt lang bahnte sie sich ihren Weg durch das Imperium, verbreitete sich sehr schnell, verschwand aber nur langsam. Die Pandemie traf Soldaten und Zivilpersonen, Stadt- und Dorfbewohner gleichermaßen. Heidnische und christliche Autoren mit höchst unterschiedlichen Ansichten und Beweggründen, die aus den fernsten Teilen des Imperiums berichteten, waren sich darin einig, dass diese Pest anders war als alles, womit das Reich es bis dahin zu tun gehabt hatte.

Während der Antoninischen Pest wurde die Struktur des Reichs hart getroffen, jedoch nicht zerstört. Als 249 die Cyprianische Pest

Tabelle 4.1 Die Cyprianische Pest

Krankheitsbild	*Epidemiologie*
Heftiges Fieber	Exotischer Ursprung, Ost-West-Verlauf
Schwäche	Binnen 2 Jahren im ganzen Reich
Blutige Diarrhö	«hartnäckig», 15 Jahre andauernd
Speiseröhrenhämorrhagie	Gefährlich für Pflegepersonal
Fortgesetztes Erbrechen	Ansteckung durch Leichen
Bindehautblutung	Direkt übertragbar, durch Blickkontakt
Verfaulen der Gliedmaßen	Ganze Hausgemeinschaften betroffen
Dauernde Behinderung	Unterschiedslos
Erblindung, Gehörverlust	Betraf Stadt und Land
	Höhepunkt im Winter
	Hohe Sterberate
	Vorausgehende schwere Dürre

kam, war vieles anders. Die Energiereserven waren erschöpft, und vielleicht war dieser mikrobielle Widersacher auch einfach bösartiger. Diesmal konnte das Zentrum nicht standhalten. Vieles an der Cyprianischen Pest muss im Dunkeln bleiben, aber eines ist sicher: Unmittelbar darauf kam Anarchie in die Welt.

DIE BLUTGETRÄNKTE FLUT

Bei den Hundertjahrfeiern besangen Knaben- und Mädchenchöre die unumstrittene Vormachtstellung des Imperiums. Im Jahr 248 funktionierte das Reich. Es gab einen einzigen Kaiser, und zwar in Rom, der Stadt, deren Bewohner das symbolische Zentrum des Reichs waren. Philippus' Legitimität war vom Senat und der Armee bestätigt worden. Selbst in Dürrejahren konnte er mit dieser Rückendeckung die Maschinerie eines Imperiums kontrollieren, das sich von Britannien bis Ägypten und von Syrien bis nach Spanien erstreckte. Jedes Jahr erbrachte die Steuererhebung genügend Getreide, um das Volk und die Armee zu ernähren. Mit den Geldeinnahmen und den Erträgen aus den imperialen Silberminen in Zentraleuropa konnte der Kaiser die Soldaten bezahlen, die entlang der endlosen Grenze stationiert waren. Der Sold für die Soldaten hatte realen Wert; der *denarius* war, wie zu Zeiten des Septimius, überall akzeptiertes Zahlungsmittel. Das Imperium gehorchte einem einzigen Mann, doch das gewaltige Gebäude war im Begriff zu bröckeln. Philippus' spätere Münzprägung lässt darauf schließen, dass zuvor nicht gekannte Probleme aufkamen. An der Nordgrenze rebellierte die Armee, und kurz darauf setzte sich Decius, der Mann, der die Revolte unterdrücken sollte, selbst auf den Thron. Das Imperium war an einen Punkt gelangt, an dem es kein Zurück mehr gab.[53]

Mit Philippus' Tod begannen zwei chaotische Jahrzehnte. Zwischen der Tausendjahrfeier im Jahr 248 und der Thronbesteigung des Soldatenkaisers Claudius II. im Jahr 268 ist die römische Geschichte ein wirres Durcheinander heftiger Fehlschläge. Die strukturelle Einheit zerfiel, das Grenzsicherungssystem brach zusammen. Die fehlende Legitimität lud einen Usurpator nach dem anderen dazu ein, nach dem Thron zu streben. Das Reich zerfiel in Teile, und nur dank des spektakulären Erfolgs späterer Kaiser, denen es gelang, die Teile wieder zusammenzusetzen, konnte verhindert werden, dass dies zum letzten Akt der Geschichte der römischen Kaiser wurde. Eine permanente Finanzkrise machte Steuererhebungen und die Aufrechterhaltung einer stabilen Währung illusorisch. Dadurch wurde in Frage gestellt, was den Römern als fundamentaler Grundsatz für ein Imperium galt: Ein Imperium braucht in jedem Fall Geld. «Unmöglich können wir nämlich uns ohne Soldaten am Leben erhalten, und ebenso wenig werden uns ohne Sold Männer als Soldaten zu Diensten sein.» Als sich das Währungssystem auflöste, begann auch die Infrastruktur der römischen Privatwirtschaft zu bröckeln. Einmal in Gang gekommen, war die Auflösung kaum mehr zu stoppen. Das Imperium war in einen sich immer schneller drehenden Teufelskreis geraten.[54]

An sich ließen sich die römischen Grenzen gut verteidigen, doch unüberwindlich waren sie nicht. Aber in den frühen 250er-Jahren brach das Verteidigungssystem fast gleichzeitig an allen wichtigen Fronten zusammen. Ein späterer Geschichtsschreiber schildert das

Ausmaß der Katastrophe: «Die Alamannen drangen nach Verwüstung Galliens bis Italien ein; Dakien, das von Traian über die Donau hinaus hinzugewonnen worden war, ging verloren, Griechenland, Makedonien, Pontus und Kleinasien wurden durch die Gothen verwüstet, Pannonien von den Sarmaten und Quaden verheert, die Germanen drangen bis nach Spanien ein und eroberten die bedeutende Stadt Tarraco, die Parther beanspruchten nach Besetzung Mesopotamiens allmählich auch noch Syrien für sich.» Die militärische Krise war gekennzeichnet durch die Verkettung einer Reihe von Angriffen auf vielen verschiedenen Schauplätzen mit dem Einfall von Barbaren in das weniger geschützte, normalerweise von der Gewalt an der Peripherie des Reichs abgeschottete Landesinnere. Der Blutgeruch schien Angreifer anzulocken wie nie zuvor.[55]

In den Worten eines Orakels «wird die ganze Welt ins Chaos gestürzt werden mit der Zerstörung der Menschheit durch Pestilenz und Krieg». Den Zusammenhang zwischen der Pestilenz und der Unsicherheit an den Grenzen sahen die Zeitgenossen ganz deutlich. Nüchterne Quellen stellten eine ursächliche Verbindung her zwischen dem der Seuche geschuldeten Bevölkerungsverlust und der militärischen Notlage. Eine Quelle berichtete, der Perserkönig Shapur I. sei deshalb vorgerückt, weil er erkannt habe, dass die römische Armee durch das große Sterben dezimiert war. Die Soldatenunterkünfte begünstigten die Verbreitung eines Virus, das von einem Opfer zum anderen übertragen wird. Keime waren die erste, unsichtbare Angriffswelle bei den großen Invasionen.[56]

In den frühen 250er Jahren brachen die Grenzen ein. Als Erste überrannten im Jahr 250 die Karpen und die Goten die Donaufront. Im Sommer 251 wurde Decius mit seiner Armee in der Schlacht von Abritus von dem erfahrenen gotischen Heerführer Kniva niedergemacht. Die Römer verloren die Kontrolle über die gesamte Donaugrenze.

Als nächstes fiel die Euphratfront. Im Jahr 252 ging Shapur I. im Osten zum Angriff über. In einem Blitzfeldzug, anders als alles, was die östlichen Provinzen je erlebt hatten, wurde Syrien überrannt, und die persischen Armeen plünderten das Innere Kleinasiens. Zu gleicher Zeit stachen neue Gotenstämme in See und randalierten vom Schwarzen Meer bis in die Ägäis. Auch weit entfernte wehrlose Städte wie Ephesus wurden verwüstet.

Mitte der 250er Jahre brach auch die Rheingrenze zusammen. Franken und Alamannen überfielen die reichen Provinzen Galliens ungefähr ab dem Jahr 256. Nahezu eine Generation lang waren diese Gebiete Opfer von Raubzügen in großem Stil. Als der Kaiser Gallienus versuchte, mit einer Operation im Norden dagegenzuhalten, war das Herz des Imperiums entblößt, und um 260 erreichte eine Invasionsarmee aus dem oberen Donauraum Außenbezirke von Rom. Im selben Jahr erfuhr Gallienus, dass sein Vater und Mitkaiser Valerian schmählich von Shapur I. lebend gefangen worden war. Das große, in die Felsklippen bei Naqš-i Rustam gemeißelte Siegesdenkmal feiert die Niederlage der Römer. An allen Fronten – auch in Nordafrika und Ägypten war es zu Gewaltausbrüchen gekommen – war das Römische Reich schwer angeschlagen.[57]

Gleichzeitiger Druck auf die beiden wichtigsten Grenzen war schon immer desaströs gewesen. Und nun waren die Feinde noch furchteinflößender. Die Perser hatten eine ausgezeichnete Führung. Das Bündnis der Goten bedeutete, dass sich die Feinde jenseits der Nordgrenze mittlerweile auf einem höheren Entwicklungsstand befanden. Nach und nach war es nämlich zu einer «technologischen Konvergenz» zwischen den Römern und ihren germanischen Nachbarn gekommen – eine Gefahr für das ganze Römische Reich. Als aber die Pestilenz den römischen Grenzschutzwall schwächte, war das strukturell fragile Imperium beutegierigen und ehrgeizigen Völkerschaften von weit jenseits seiner Grenzen ungeschützt ausgesetzt, Völkern, die einen alten Groll gegen das kriegerische Imperium hegten. Es besteht kaum ein Zweifel daran, dass die Pandemie eine Ursache für die militärische Krise war. Sie legte die latente Bedrohung offen und ermöglichte das Überrennen der Grenzen durch eine gewalttätige Flut.[58]

Wir hören von hastig einberufenen Volksmilizen, die tief im Landesinneren ihre Städte verteidigten, und von Mauern, die in Eile errichtet wurden. Im Jahr 260 wurde in Augsburg ein Altar für die Göttin Victoria zur Feier des Sieges der Provinzarmee an der Seite des «Volkes» gebaut. Gemeinsam gelang es dieser Behelfsarmee, die einfallenden Barbaren zurückzudrängen und «viele tausend gefangene Bewohner Italiens» zu befreien. Sogar die «Männer aus der Plebs», die lange mit Privilegien verwöhnt worden waren, wurden im Jahr 260 bewaffnet, um die Invasoren abzuwehren.

Um das Jahr 260 gab es praktisch drei Römische Reiche, eines in Gallien, eines im Osten unter der Führung von Palmyra und das von Gallienus beherrschte Kernland in der Mitte. Letzterer konnte sich schließlich nur noch um die Verteidigung Italiens und der dorthin führenden Balkanrouten kümmern. In den späten 260er Jahren waren selbst griechische Städte wie Athen auf Selbsthilfe angewiesen. Strategisch wichtige Reichsteile wie Dakien und das ganze Gebiet zwischen Rhein, Donau und Main – die *agri decumates* – wurden aufgegeben und waren für immer verloren. Das Römische Reich war zerfallen, und es wundert nicht, dass Gallienus, dem es zwar gelang, sich in der schrumpfenden Zentralregion bis in das Jahr 268 im Amt zu behaupten, im kollektiven Gedächtnis der Römer eine klägliche Figur blieb.[59]

Der Niedergang der staatlichen Macht spiegelt sich in der Münzprägung wider. Es gibt nichts, was die jeweilige Lage des Imperiums besser verdeutlichen würde. In den 250er und 260er Jahren fiel der Wert der Silberwährung ins Bodenlose. Die alten Nominale, *sestertii* und *denarii*, wurden kurzerhand eingeschmolzen; bald darauf gab es diese erhabenen Münzen gar nicht mehr, und an ihre Stelle trat der *antoninianus* – eine Revolution, so unvorstellbar, wie es das Verschwinden des Dollars für uns wäre. Dann wurde der *antoninianus* im Zeitraum von weniger als zwei Jahrzehnten stufenweise abgewertet, bis er schließlich nur noch eine wertlose Münze war, eine Legierung mit einer kaum wahrnehmbaren Spur von Silber. Die Dynamik der Währungskrise nahm Fahrt auf, als Privatbesitzer versuchten, an der Silberwährung festzuhalten, und sie aus dem Verkehr zogen. Tatsächlich wurden aus keiner Ära der römischen Geschichte so viele Münzhorte gefunden.

Wir haben Einblicke in die sich verschärfende Währungskrise in Ägypten. Eine Zeitlang konnte der Münzwert aufrechterhalten werden. Auf einem Papyrus aus dem Jahr 260 ist jedoch die Rede von einem Statthalter, der die Bankiers zwingt, die «göttliche Währung

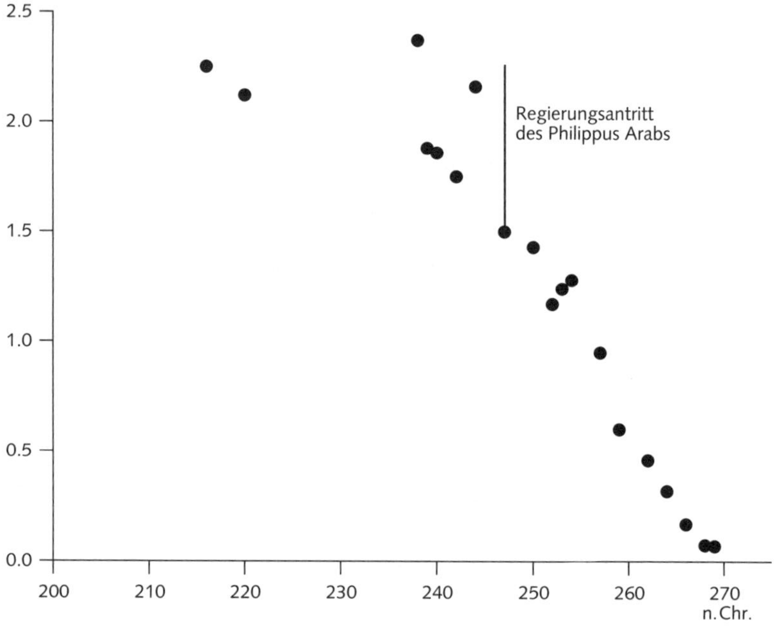

ABB. 4.3 Silbergehalt (Gramm) je Antoninianus (Daten siehe Anm. 60)

der Kaiser» zu akzeptieren. Beides ist bezeichnend: dass die Bankiers versuchten, sie abzulehnen, wie auch, dass der Statthalter sie trotzdem zur Annahme zwingen konnte. In der Zeit der Pestilenz und der Geldabwertung gab es wilde Ausschläge im Preisniveau für Waren und Dienstleistungen, zum Teil bis zu 100 Prozent. Die Schwankungen erscheinen allerdings nur im Lichte dessen, was noch bevorstand, gering. Am Ende der Krise, während der Regierungszeit des Reformers Aurelian, scheiterten alle Bemühungen, die Teile des Reiches wieder zusammenzufügen. Der Wert der Münzen stürzte ins Bodenlose, die Preise verzehnfachten sich, und ein Jahrhundert galoppierender Inflation kündigte sich an. Eine tausendjährige Epoche des Silbergeldes ging zu Ende.[60]

Demütigende militärische Niederlagen, die Zersplitterung des Reichs und die Unfähigkeit, die Truppen in harter Währung zu bezahlen, führten schließlich zum Ende von Gallienus. Es ist erstaunlich, dass er überhaupt so lange an der Macht blieb. Dies zeugt von den großen Resilienzreserven und der Wirksamkeit der Ideologie der Legitimät im Herzen des Römischen Reichs. Vielleicht ist es auch ein Zeichen für das völlige Fehlen einer Alternative – es gab keinen anderen, der im Chaos der noch immer grassierenden Pestilenz wieder Kräfte hätte sammeln können. Jedenfalls wurde Gallienus im Jahr 268 in Mailand ermordet. Der Coup wurde von einem Offizier der Donauarmee namens Claudius organisiert. Claudius II. war nicht einfach ein weiterer Thronanwärter in einer langen und komplizierten Reihe. Sein Aufstieg signalisiert den Beginn eines völlig neuen Typs von Kaiser und kennzeichnet nicht so sehr das Ende der Krise als vielmehr den Anfang einer neuen Ära. Der Boden dafür war von Dürre und Pestilenz, von Krieg und Finanzpleite bereitet. Nun endlich stand das Zeitalter der Soldatenkaiser vor der Tür.

RESTAURATION UND REVOLUTION

Die Generation zwischen Philippus' Tod und dem Aufstieg Claudius' II. erlebte eine Endzeit. Ortschaften und Dörfer verschwinden sang- und klanglos aus den Aufzeichnungen. Die Unterlagen der Volkszählung in Ägypten enden in den 250er Jahren. Es finden sich keine Spuren der großzügigen Stiftungen der Reichen mehr, so wenig wie von den früher üblichen öffentlichen Inschriften. Die städtischen Tempel sind nicht mehr so prächtig. Wir können sogar den plötzlichen Niedergang einzelner Werkstätten verfolgen, als das Wirtschaftsleben und der Kapitalfluss sowie die Investitionen zum Stillstand kamen. Viele der Fasern, die einst die klassische Ordnung unmerklich zusammenhielten, lösten sich in dieser Periode auf.

Dieser Kahlschlag war sowohl Vorbedingung als auch Folge der politischen Revolution, die Claudius II. an die Macht brachte. Die Reihe der Kaiser, die mit ihm beginnt, priesen ihr Werk gerne als «Restauration». Doch das imperiale System, das im Zuge der Pestilenz und der Krise zusammengewachsen war, besaß eine neue innere Logik. Es war eine Revolution, die auf dem doppelten Prinzip beruhte, welches das neue Gleichgewicht definierte: Die imperiale Maschine wurde von Soldatenkaisern kontrolliert, die aus dem Donau-

ABB. 4.4 Goldmünze (Aureus) Claudius' II. zur Feier der Loyalität der Armee

raum stammten, und ihre Soldaten wurden mit ehrlichem Gold entlohnt. Auf diesen stabilen Pfeilern des neuen Staates wurde die Ordnung wiederhergestellt.[61]

Ironischerweise bahnte der blaublütige Prinz Gallienus den Soldatenkaisern den Weg. Er war von tadelloser senatorischer Herkunft, seine Familie stammte ursprünglich aus Etrurien. Sein Vater hatte im Dienst der Regierung der Severer Karriere gemacht und es bis zum Konsul gebracht. Sozial und geographisch bewahrte die Herrschaft eines Mannes wie Gallienus Traditionen, die bis in die Anfänge des Kaisertums zurückreichten, doch während seiner Regierungszeit wurde dem Senatorenstand die Kontrolle über die Legionen entrissen.

Laut einer späteren Quelle verbot «Gallienus als Erster in der ihm von seiner Schlaffheit eingegebenen Furcht, die Herrschaft würde an die besten des Adels gelangen, dem Senat den Kriegsdienst und den Besuch der Truppen». Was immer seine Beweggründe waren, jedenfalls findet sich genau ab diesem Zeitpunkt kein Senator mehr als Befehlshaber römischer Streitkräfte. Die hohe Position als Legionskommandeur, *legatus legionis*, war der Dreh- und Angelpunkt senatorischer Macht über die Armee gewesen. Die Verdrängung der Senatoren aus dem Oberkommando durch Berufssoldaten beendete ein einzigartiges römisches Adelsprivileg und brach mit einer jahrhundertealten, bis in die späte Republik zurückreichenden sozialpolitischen Ordnung. Wieder wurde durch Seuche und Krieg eine Führungselite entmachtet und der Aufstieg einer neuen Elite ermöglicht, doch diesmal war die Neukonstituierung radikaler und wurde zu einem Modell, das sich dauerhaft etablieren sollte.[62]

Falls Gallienus gehofft hatte, eine Usurpation zu verhindern, hatte er sich gründlich verrechnet. Jahrhundertelang war der Oberbefehl über Legionen das Sprungbrett für Anwärter auf den Kaiserthron. Nur waren es jetzt Berufssoldaten anstelle von Generälen aus guter Familie, die die Truppen hinter sich versammeln konnten. Claudius' II., der nicht zufällig die Eliteeinheit der kaiserlichen Kavallerie befehligt hatte, machte sogleich Gebrauch von dieser Möglichkeit. Mit dem Tod von Gallienus endete die Ära der Kaiser vom alten Schlag.

So wie die soziale Herkunft Claudius' II. ein Novum war, so war auch sein geographischer Hintergrund von Bedeutung. Er kam aus dem Obermösien (*Moesia superior*) oder Niederpannonien (*Pannonia inferior*). In diesem Territorium in der Donauebene siedelten schon seit alters zahlreiche römische Veteranen. Über die Jahrhunderte hinweg vermischten sich die Legionäre, wenn sie ihre Waffen niedergelegt hatten, mit der einheimischen Bevölkerung; die Söhne der Soldaten gingen als gute Patrioten wie ihre Väter zum Militär. Wer an der Donaufront Dienst tat, war an die Härten des Krieges gewöhnt. Es entstand eine Militärkultur. Die Region brachte wenige Senatoren, dafür aber viele hochdekorierte Offiziere hervor. Ein Jahrzehnt ums andere dienten diese Männer loyal ihren von ganz oben ernannten Vorgesetzten, doch als das Imperium ein Scherbenhaufen geworden war und ihr Heimatland überrannt wurde, übernahmen sie selbst die Führung.[63]

Claudius II. starb an der Seuche, doch seine Revolution überlebte ihn. Nachdem die Offiziere der Donauregion erst einmal die Kontrolle über die Militärmaschine des Imperiums übernommen hatten, weigerten sie sich, sie wieder aus der Hand zu geben. Walter Scheidel hat sehr schön dargelegt, dass bis zur Herrschaft von Kaiser Phokas (610) nahezu drei Viertel der römischen Kaiser aus Regionen kamen, die zwei Prozent des Reichsgebiets ausmachten. Die Theodosianische Dynastie ist praktisch die einzige Abweichung von diesem Muster, die Ausnahme, die die Regel bestätigt. Diese Dynastie kam im absoluten Chaos an die Macht, in einem Moment völliger Verzweiflung nach dem Massaker am Offizierskorps in der Schlacht von Adrianopel (378). Ab 268 wurde die vermögende Aristokratie des Mittelmeerraums durch einen Kader von Berufssoldaten verdrängt, die alle aus einem kleinen Abschnitt der Nordgrenze stammten. Ronald Syme bezeichnete dieses Gebiet als eine «Kraftzone» an der kritischen Landgrenze zwischen östlicher und westlicher Reichshälfte. Die Macht im Imperium wurde nicht einfach von irgendeiner militärischen Elite an irgendeiner Grenze übernommen, sondern von Eliten, die genau von dorther stammten.[64]

Große Reiche werden oft von ihrer eigenen Peripherie verschlungen, doch war dies nicht Roms Schicksal im dritten Jahrhundert. Das Römische Reich wurde durch eine interne Grenzzone wiederhergestellt. Die Soldatenkaiser betrachteten sich als Römer. In ihren Adern floss altes römisches Blut. Sie hatten es eilig, alten Traditionen wieder Geltung zu verschaffen, zum Beispiel in der Anwendung des römischen Rechts. Die Donau-Kaiser hatten den Anspruch, das Imperium als Einheit zu schützen; Aurelian, der Nachfolger Claudius' II., setzte alles daran, die östlichen und nordwestlichen Provinzen des Reichs zurückzuerobern. In den Jahrhunderten der Herrschaft der Donau-Kaiser war keine auffällige Privilegierung ihrer angestammten Heimat zu verzeichnen. Nicht die Bewohner von Sirmium oder Naissus wurden zu Nutznießern überzogener politischer Anrechte, sondern die Einwohner Roms. Das Werk der Restauration erforderte jedoch kühne Entschlüsse. Die Stadt Rom war das anerkannte symbolische Zentrum des Reichs, aber die Soldatenkaiser hatten keine Bedenken, ihren Palast in Garnisonsstädten zu errichten, die näher am Schauplatz des Geschehens waren. Der Verwaltungsapparat wurde jeweils rigoros vom neuen Kaiser erneuert. Feinheiten der Verfassung wurden hintangestellt, wenn es um die höhere Sache, die Zusammenführung des Imperiums, ging.[65]

Nicht unparteiisch waren die Kaiser der Spätzeit, wenn es darum ging, der Armee und besonders dem Offizierskorps Vergünstigungen zu verschaffen. Claudius II. belohnte die Loyalität der Soldaten, die ihn auf den Thron gehoben hatten ... in Gold. Ein kluger Fach-

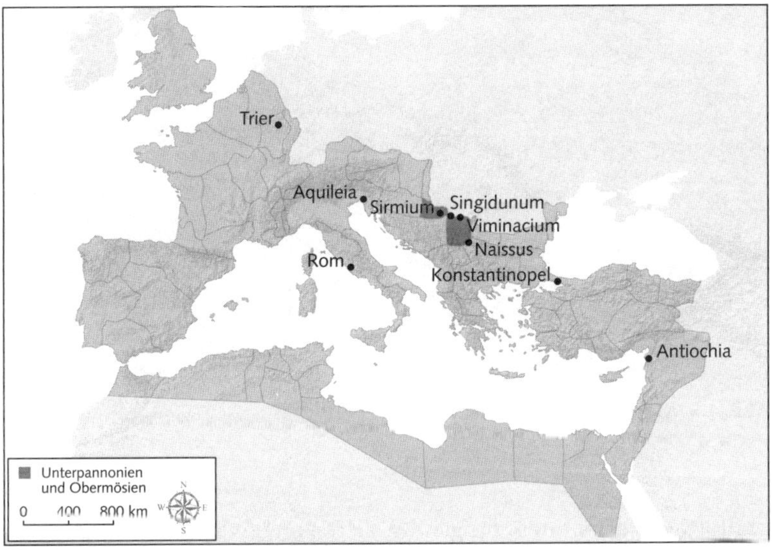

KARTE 13 Die beiden Provinzen, aus denen die meisten spätrömischen Kaiser stammten

mann für das antike Münzwesen hat vorgeschlagen, diesen Zeitpunkt als den Beginn der Spätantike zu betrachten. Die Maßnahme war aus der Not geboren, weil die Silberwährung in Verfall geraten war, doch sie erwies sich als dauerhaft.

Von nun an bezahlten die Kaiser die Sonderzulagen bei ihrer Thronbesteigung in Gold. Die Folgen waren nicht unerheblich: War der Kaiser anwesend, händigte er das Gold persönlich aus, und Treueeide wurden geschworen. Diese Donative wurden den Soldaten regelmäßig in Abständen von fünf Jahren ausbezahlt, damit sie die lange Lebensdauer eines Kaisers nicht zu bedauern brauchten. Mit der Zeit wurde der reguläre Sold der Legionäre, der in Silberwährung bezahlt wurde, wertlos, und die Sonderzuwendungen fungierten als Entlohnung. Auch bei großen Siegen wurden Zulagen bezahlt. Was das bedeutete, können wir dank eines 1922 entdeckten Schatzfundes aus Arras in Nordfrankreich ermessen. In einem Tontopf, der einem Offizier gehört hatte, fand man kostbare Juwelen, Gegenstände aus Silber und 472 Münzen, darunter 25 goldene Me-

ABB. 4.5 Medaillon Konstantius' I., Schatz von Arras

daillons, die er in seiner langen Karriere von etwa 285 bis 310 erhalten hatte. Eines der Goldmedaillons wog 53 Gramm und wurde zur Feier der Rückeroberung Britanniens durch Konstantius I., den Vater von Konstantin, ausgegeben, dem als «Erneuerer des ewigen Lichts» zugejubelt wurde. Gewissenhaftigkeit und Treue wurden großzügig belohnt.[66]

Die Politik des Goldes sollte Staat und Gesellschaft im Inneren wie nach außen neu bestimmen. Das Zeitalter der Soldatenkaiser sollte das Zeitalter des Goldes werden.

Die geistigen Auswirkungen der Krise sind notwendigerweise schwerer zu fassen, waren aber auf lange Sicht sogar noch folgenreicher. Ein Massensterben löst unvorhersehbare religiöse Reaktionen aus, fromme Inbrunst und Verzweiflung verändern den atmosphärischen Druck des spirituellen Lebens. Die Antoninische Pest rief im ganzen Reich eine Rückbesinnung auf die archaischsten Motive der Apolloverehrung hervor. Man wird sehen, dass die Justinianische Pest die Mittelmeerkulturen in eine zutiefst apokalyptische Stimmung versetzte. Als später der Schwarze Tod die Menschen heimsuchte, waren Judenverfolgung und die Flagellantenbewegung unmittelbare Reaktionen auf die Seuche, während man im späten Mittelalter auf die erschütternde Erfahrung des Massensterbens wohl mit einer eher abstrakten kulturellen Faszination für den Tod reagierte.

Die Krise des dritten Jahrhunderts war ein Augenblick der Wahrheit für die traditionellen Religionen der antiken Welt. Sie führte auch zu dem nachgerade unheimlichen Aufstieg einer marginalen religiösen Bewegung namens Christentum. In der Zeitspanne einer einzigen Generation war der selbstbewusste Archaismus, der bei der Tausendjahrfeier des Philippus Arabs zur Schau gestellt worden war, einem religiösen Umfeld gewichen, in dem schrille, dissonante Stimmen lauter waren als je zuvor.

Bereits in ihrer Anfangsphase entzündete die Krise religiöse Konflikte. Spontane Gebete und Opfer begleiteten traditionsgemäß die Thronbesteigung eines neuen Herrschers. Doch gegen Ende des Jahres 249 ordnete Kaiser Decius an, alle Bürger sollten sich an einem Opfer beteiligen, und er setzte die Maschinerie des Imperiums in Gang, um die Anordnung durchzusetzen. Es ist vielleicht mehr als Zufall, dass der Kaiser gerade dann allgemeine Bittgebete verfügte, als die Pestilenz in Alexandria wütete und nach Westen vorzudringen drohte. Für den antiken Menschen war eine Seuche Ausdruck göttlichen Zorns. Die Antoninische Pest hatte spektakuläre Akte religiöser Inbrunst von Seiten der Bürgerschaft hervorgerufen, befeuert von den großen Orakeltempeln des Apollo. Er war bald auch während der Cyprianischen Pest mit im Spiel. Die Kaiser begannen, ein neues Bild auf die Münzen zu prägen: Apollo, den Heiler. Verzweifelt wurde in Rom eine religiöse Lösung gesucht. «Deshalb suchte man die Götter zu versöhnen durch Einsichtnahme in die Sibyllinischen Bücher und brachte nach deren Vorschrift Jupiter dem Retter ein Opfer dar.» Die Seuche entfesselte eine Mischung aus Angst und Frömmigkeit. Ob die Krankheit der Anlass für Decius' Anordnung war oder nicht, jedenfalls spielte die Cyprianische Seuche bald eine Rolle im religiösen Umbruch der Zeit.[67]

Wissenschaftler bezweifeln mittlerweile, ob man Decius' Religionspolitik als «Verfolgung» bezeichnen kann. Dies ist vielleicht eine zu einseitige Sicht. Der Wunsch, das Christentum auszumerzen, war nicht das einzige Motiv seiner Politik. Die für das ganze Imperium gültige Anweisung, Opfer darzubringen, mag als neuere Version der Reaktionen gesehen werden, die einst von der Antoninischen Pest ausgelöst worden waren. Doch nun, in einer Zeit, da samt und son-

ABB. 4.6 Silbermünze (Antoninianus) von 251–253 mit dem Heilgott Apollo

ders alle freien Personen das römische Bürgerrecht besaßen, umfasste die Reaktion auf die Krise eben alle Bewohner des Reichs, und von freiwilliger Befolgung der Anweisung konnte nicht die Rede sein. Das lässt sich durchaus vereinbaren mit der Hypothese, dass Decius von Anfang an bewusst auf eine Unterdrückung des Christentums aus war. Die Weigerung der Christen, das Opfer zu vollziehen, war schließlich nicht nur ein Akt des Ungehorsams, sie gefährdete auch den Schutz der Götter angesichts der allgegenwärtigen Katastrophe.[68]

Die Christen wurden zum Sündenbock gemacht. In der religiösen Polemik zwischen Heiden und Christen meldete sich Cyprian mit seiner Verteidigung des Glaubens zu Wort; vor allem in *Ad Demetrianum*, seinem apologetischen Hauptwerk, ging es ihm vor allem darum, die Christen von der Schuld an Dürre, Pestilenz und Krieg freizusprechen. Wir kennen die Stellungnahme der Gegenseite in der Debatte nicht, doch wir vernehmen ein gedämpftes Echo davon eine Generation später in den bitteren Worten des heidnischen Philosophen Porphyrios. Die Schuld an den Seuchen der Zeit schrieb er der Anmaßung der Christen zu: «Und sie wundern sich, dass die Krankheit die Stadt so viele Jahre lang heimgesucht hat, da doch Asklepius und die anderen Götter nicht mehr unter uns weilen. Denn niemand hat erlebt, dass den Menschen geholfen worden wäre, obwohl doch Jesus allenthalben verehrt wird.» Es ist gut denkbar, dass dies auch in den 250er Jahren die vorherrschende Haltung war.[69]

Decius eröffnete eine religiöse Großfahndung. Die Bürger hatten ihre Loyalität mit einem heidnischen Opfer zu beweisen. Die einzelnen Bescheinigungen über das vollzogene Opfer sind in ägyptischen Papyri in reichlichem Maße erhalten. Die Weigerung von Christen, daran teilzunehmen, führte zu noch heftigeren Reaktionen seitens der Zentralregierung, die nun ausdrücklich auf die wachsende christliche Gemeinde abzielten. Valerian erließ Maßnahmen, die eindeutig zum Ziel hatten, Christen aufzuspüren. Im Rückblick sah die christliche Kirche in dieser ganzen Episode eine einzige große Prüfung, den Höhepunkt jahrhundertelanger Versuche, den Glauben zu unterdrücken. Doch dabei werden die Umstände der Verfolgung verdunkelt, und es wird übersehen, wie verschwindend klein die christliche Bewegung immer noch war.

Wir wissen nur wenig über die Ausbreitung des Christentums. Bis zum Jahr 200 waren die Christen in den schriftlichen Quellen praktisch unsichtbar. Ohne die späteren Ereignisse wären die Christen der ersten zwei Jahrhunderte kaum mehr als eine Fußnote der Geschichte geblieben. Ihre Zahl wird für das späte zweite Jahrhundert auf etwa 100 000 geschätzt. Bis zum Jahr 300 hat sich das Bild vollkommen gewandelt. Das deutlichste Zeichen hierfür ist die plötzliche Verbreitung christlicher Vornamen. Neue Schätzungen gehen von erstaunlichen 15 bis 20 Prozent Christen innerhalb der Bevölkerung Ägyptens aus. Genaue Zahlenangaben sind riskant, doch selbst sehr vorsichtige Schätzungen lassen nur den Schluss zu, dass das Christentum im dritten Jahrhundert zu einem Massenphänomen geworden war.[70]

Von Anfang an wurde die Jesus-Bewegung durch missionarischen Eifer angetrieben. Aber die Dynamik eines so intimen Vorgangs wie einer «Bekehrung» muss jeweils unter den spezifischen Bedingungen jeder Generation gesucht werden. Die Anziehungskräfte, die kleine Gruppen städtischer Exzentriker im zweiten Jahrhundert zum Glauben hinführten, waren nicht dieselben, die der Massenbewegung des dritten Jahrhunderts zum Durchbruch verhalfen. Und auch im dritten Jahrhundert war die Übertrittsrate nicht konstant. Die Verbindung von Pestilenz und Verfolgung scheint die Ausbreitung des Christentums beschleunigt zu haben. Daran erinnerte sich eine der christlichen Gemeinden in Neocaesarea im Pontus. In den Volkslegenden über Gregorius den Wundertätigen, den lokalen Glaubensheros, war die Seuche die Schlüsselepisode bei der Christianisierung der Gemeinde. Das Massensterben führte die Ohnmacht der angestammten Götter schmerzlich vor Augen und stellte die moralische Überlegenheit des Christenglaubens heraus. Wie stilisiert die Erzählung auch sein mag, sie bewahrt den Kern einer historischen Erinnerung an die Rolle der Pestilenz beim religiösen Wandel der Gemeinschaft.

Der größte Vorteil des Christentums war die grenzenlose Fähigkeit, auf der Basis der Ethik einer aufopfernden Liebe verwandtschaftsähnliche Netzwerke zwischen völlig Fremden zu knüpfen. Die Kirche rühmte sich, ein «neuer *ethnos*» zu sein, ein neues Volk, wozu gehörte, dass die Christen ein gemeinsames Erbe besaßen und sich gegenseitig verpflichtet waren. Die christliche Ethik nutzte das Chaos der Pestilenz für die Missionierung. Das feste Versprechen der Wiederauferstehung stärkte den Gläubigen gegen die Angst vor dem Tod. Inmitten von Verfolgung und Pestilenz ermahnte Cyprian seine Schäflein, dem Feind mit Liebe zu begegnen. Das Mitleid war augenfällig und folgenreich. Eine Grundversorgung der Kranken kann entscheidende Auswirkung auf die Sterberaten haben; im Fall von Ebola zum Beispiel kann die Versorgung mit Wasser und Nahrung die Zahl der Todesfälle drastisch reduzieren. Die christliche Ethik war eine glänzende Werbung für den Glauben, die Kirche ein sicherer Hafen im Sturm.[71]

Nachdem das Feuer der Krise ausgebrannt war, hinterließ seine Asche ein fruchtbares Feld für die Ausbreitung des christlichen Glaubens. Im Jahr 260 machte Gallienus der Christenverfolgung ein Ende, und der Kirche wurde ein vierzigjähriger Friede beschert. Eusebius, der berühmte Kirchenhistoriker, beschrieb triumphierend diese Zeiten ungehinderten Wachstums: «Wer gar vermöchte zu schildern jene tausendköpfigen Versammlungen und die Mengen derer, die Stadt für Stadt zusammentraten, und die herrlichen Zusammenkünfte in den Bethäusern? Da infolge hiervon die alten Gebäude nicht mehr genügten, erbaute man in allen Städten ganz neue und geräumige Kirchen.»

Selbstbewusst bewegten sich Christen in höheren Kreisen, dort sind sie sichtbarer denn je. In Oxyrhynchus, der ägyptischen Stadt, deren Müllhalde einen solchen Schatz an Papyri barg, tritt die Kirche in diesen Jahren aus dem Schatten. Der erste Papyrus, der einen Christen nennt, stammt aus dem Jahr 256. Wenig später erfahren wir vom Aufstieg der christlichen Gemeinde durch einen Kleriker namens Papa Sotas, der, wenn nicht der erste Bischof der Stadt überhaupt, jedenfalls der Erste war, dessen Namen wir kennen. Seine Laufbahn ist auf nicht weniger als fünf Papyri festgehalten, die ihn als Verfasser von Empfehlungsschreiben, von Bittgesuchen um Geld für die Kirche und als Reisenden rund um das östliche Mittelmeer, kurzum: als typischen spätantiken Bischof zeigen. In Oxyrhynchus ist die christliche Gemeinde zunächst so gut wie unsichtbar und strotzt dann auf einmal vor Selbstvertrauen.[72]

In der Zwischenzeit expandierten in Rom unaufhaltsam die Wabengänge der Begräbnishöhlen, die wir als Katakomben kennen. Einige Grabkammern gehen auf das späte zweite oder frühe dritte Jahrhundert zurück und wurden bald zu Zentren immer größerer Gräberkomplexe. Das dritte Viertel des dritten Jahrhunderts markierte den Moment, als die Präsenz der Christen im Untergrund plötzlich nicht mehr nur eine Handvoll unauffälliger Gräber bedeutete. Jetzt schlängelten sich lange, von Lampen erhellte Gänge in die Tiefe; gesäumt wurden sie von bescheidenen, in die Wände geschlagenen Grabnischen. Die Katakomben waren nicht das romantische Versteck eines verfemten Kultes und auch nicht das Projekt ehrgeiziger Päpste. Sie bedeuteten vielmehr die Fortsetzung der gemeinschaftlichen Bande im Tode, die die christliche Gemeinde auch im Leben zusammenhielten, getragen von ausgedehnten Netzwerken der Patronage, einem ausgeprägten und komplexen Gefühl für Identität und einem starken Glauben an ein Leben im Jenseits. In dieser Zeit herrschte eine nervöse Energie in einer buntgemischten Gemeinde, die sich unbekümmert allen sozialen Schichten öffnete, jedoch noch nicht die Superreichen umfasste. Die Heiligengräber der Märtyrer waren noch nicht besonders ausgestaltet. Es war eine

Schattengesellschaft, die der Herausforderung von Pestilenz und Verfolgung trotzte und schließlich einen überwältigenden Aufschwung nahm.[73]

Auch wenn wir nichts vom Christentum wüssten, würden wir das dritte Jahrhundert als ein Zeitalter der Abkehr vom Polytheismus beschreiben. Die alten Religionen hatten abgewirtschaftet. Die große Tradition des Tempelbaus kam stockend zum Stillstand. Im zweiten Jahrhundert waren noch zahlreiche religiöse Bauten errichtet worden. Hadrian führte den Bau des großen Tempels des olympischen Zeus in Athen zu Ende, der seit dem sechsten Jahrhundert *vor Christus* unvollendet geblieben war. Die Tempel waren die strahlenden «Augen» einer Stadt. Mitte des dritten Jahrhunderts verfielen sie immer mehr. Die letzte Tempelinschrift in Ägypten stammt aus der Zeit von Decius. Danach herrscht ohrenbetäubende Stille. Gegen Ende des Jahrhunderts wurden Tempel, die bis dahin Hüter der ältesten religiösen Überlieferungen der Menschheit gewesen waren, zu Scheunen der Armee umgewandelt. Uralte Riten verschwanden schlicht und einfach. Ab 259 wurden das Personal und der Besitz der Tempel nicht mehr wie zuvor registriert. Der Kollaps der althergebrachten Traditionen springt in der Tat ins Auge. Mag sein, dass er sich in Ägypten deutlicher manifestierte, wo die kommunalen Institutionen jüngeren Datums als in anderen Teilen des Reichs waren, doch auch eifrige Bemühungen, anderswo Beweise für den Fortbestand der Tempel zu finden, brachten nur dürftige Resultate. Die Krise des dritten Jahrhunderts war in jeder Hinsicht eine totale Katastrophe für die traditionellen Kulte.[74]

Die Frage ist: Warum war das so? Es gab nie ein einheitliches «Heidentum» außer in den Köpfen christlicher Polemiker. Der antike Polytheismus war diffus und vielgestaltig, ein Ensemble lose miteinander verbundener Religionen, er war verwurzelt in der Natur und eingebettet in das Leben der Familie und der Stadt. Der im Römischen Reich blühende Polytheismus passte sich den dominierenden sozialen Hierarchien der antiken Stadt an. Dem authentischen Heidentum begegnen wir nicht in Form hochgestochener theologischer Spekulationen, sondern im ganz gewöhnlichen Leben der Städte. Wir kennen ein berühmtes Beispiel aus Ephesus, wo ein reicher Bürger der Stadt, ein römischer Ritter namens C. Vibius Salutaris, eine Stiftung zu Ehren der Göttin Artemis einrichtete. Die Zinsen der Stiftung, die dem Tempel zuflossen, waren der Grundstock für prächtige religiöse Festzüge zur Feier der langen Geschichte der Epheser; aufgrund alter Stammeszugehörigkeiten erhielten die Bürger üppige Geldgeschenke, der Göttin wurden Tieropfer dargebracht. Im finanziellen Chaos wurden die religiösen Stiftungen gänzlich eingestellt. Die althergebrachten Muster städtischer Patronage funktionierten nicht mehr. Die alten Götter unterlagen nicht in einer Glaubenskrise, sie waren vielmehr in eine Ordnung eingebettet gewesen, deren Grundfesten selbst einstürzten.[75]

Der Überbau brach zusammen, doch der alte Polytheismus starb keineswegs aus. Die einzelnen Bestandteile der Naturreligion lebten überall weiter. Auf einer römischen Straße bot «dem Wanderer ein Altar, der mit Blumen umkränzt, eine Höhle, die im Schatten des Laubes sich streckt, eine Eiche, die mit Hörnern besteckt, eine Buche, die mit Fellen bedeckt, Anlass zu frommem Verweilen oder auch ein Hügel, der durch ein Gehege geweiht, ein Baumstamm, der durch Behauen zum Götterbild gemacht, ein Rasenstück, das mit Opfergüssen bedacht, ein Stein, der durch Salben benetzt». Keine Krise konnte den fest verwurzelten Polytheismus des Volkes ausmerzen. Im dritten Jahrhundert waren die Christen umgeben von den Klängen und Gerüchen eines allgegenwärtigen Polytheismus. Als aber die erhabeneren Manifestationen öffentlichen religiösen Lebens seltener wurden, nutzten die Christen die Gunst der Stunde. Die Kirche erhob in der öffentlichen Diskussion unüberhörbar ihre Stimme in einer Weise, die selbst zu Zeiten der Severer nahezu ausgeschlossen schien. Sie war bereit, mit dem Imperium in eine Debatte treten. Zu Beginn des vierten Jahrhunderts war die christliche Gemeinschaft eine Macht, mit der zu rechnen war. Die Soldatenkaiser schwankten zwischen einer Politik der Ausrottung und der Vereinnahmung, bis der erfolgreichste unter ihnen sich, ziemlich überraschend, vorbehaltlos zum Schutzpatron der Gläubigen erklärte. Es war eine Zeit der kühnen Entscheidungen.[76]

DER WEG ZUM WIEDERAUFSCHWUNG

Kaiser Aurelian (reg. 270–275) eroberte die abtrünnigen Gebiete zurück. Er baute Mauern um die Stadt Rom und führte eine grundlegende Münzreform durch. Er beharrte auf der Verehrung des *Sol invictus*, des unbesiegten Sonnengotts, eine Art Außenseiter im mediterranen Pantheon, doch leicht genug einzugemeinden. Er stellte Zenobia, die Königin von Palmyra, im ruhmreichen Ritual des römischen Triumphzugs durch die Straßen Roms zur Schau und erklärte sich selbst zum «Restaurator der Welt».

In Wahrheit war seine Herrschaft eine kluge Mischung aus alt und neu. Das restaurative Werk der Soldatenkaiser wurde im Namen der Tradition fortgesetzt. Ihr Erfolg veranlasste moderne Historiker, die Realität der Krise überhaupt in Frage zu stellen. Doch wir dürfen nicht annehmen, dass das Römische Reich wieder zu einem Einheitsstaat in einem den ganzen Mittelmeerraum umspannenden Rahmen zusammengefügt worden wäre. Das China der Han-Dynastie überstand eine vergleichbare Krise nicht unbeschädigt. Dem Römischen Reich war ein zweites Leben beschieden, ein Umstand, der unsere Bewunderung für die Leistung der Wiederherstellung verdient, jedoch keine Zweifel an der Schwere der Krise rechtfertigt.[77]

In den Jahren um 260 erlebte das Imperium einen Tiefstand, auch in demographischer Hinsicht. Auf diesem Gebiet erholte sich das Reich deutlich langsamer. Die Cyprianische Pest und die generelle Krise brachten den Aufschwung ins Stocken. In Binnenregionen, wo sonst Frieden geherrscht hatte, kam es zu Unruhen, alte soziale Hierarchien brachen zusammen. Im ganzen Westen kam es auf dem Land zu massiven Veränderungen. Zwar kehrte das Leben langsam zurück, doch in einem anderen, vorsichtigeren Rhythmus. Die Städte wurden nie mehr zu dem, was sie einmal waren; selbst die stabilsten spätantiken Städte waren kleiner als früher, und insgesamt gab es weniger bedeutende Ortschaften, selbst als es wieder aufwärts ging. Die alten Zeiten, als es ein Leichtes war, Soldaten zu rekrutieren, waren für immer vorbei. In der Spätantike wurde das Regieren zwangsläufig schwieriger, doch legte das Projekt der Restauration den Grundstein für weitere anderthalb Jahrhunderte der Stabilisierung und des wirtschaftlichen Aufschwungs.

In gewisser Weise war das lange vierte Jahrhundert ein neues goldenes Zeitalter, zwar nicht ganz so spektakulär wie die antoninische Effloreszenz in materieller Hinsicht, aber bemerkenswert nach jedem anderen Maßstab. Allerdings war in diesem neuen Gleichgewicht bereits der Keim des Auseinanderfallens von West- und Ostreich angelegt. Das Projekt der Restauration führte letztlich zur Errichtung eines zweiten Rom in Konstantinopel. Die Gründung der neuen Hauptstadt war ein Geniestreich, der das geopolitische Gleichgewicht gründlicher verschob, als irgendjemand sich das hätte vorstellen können. Als dann der Klimawandel eine Kettenreaktion von Völkerwanderungen und Flüchtlingskrisen auslöste, durch die der Druck auf die Grenzen des römischen Territoriums erhöht wurde, zerbrach das Reich entlang der Belastungslinien, die sich im Lauf der Zeit gebildet hatten. Nur das halbe Imperium sollte den nächsten Fall überstehen.[78]

5

FORTUNAS SCHNELLES RAD

DIE AUSDEHNUNG DES IMPERIUMS

Unter den kleineren Werken Claudians, des Verfassers der Lobrede auf das Konsulat Stilichos, finden wir eine reizvolle Schrift mit dem Titel «Vom Alten, der nie sein Heimatdorf bei Verona verließ». Sie feiert einen namenlosen Bauern, dessen gemächliches und harmloses Leben niemals durch das Auf und Ab der Fortuna durcheinandergebracht worden war. Er lebte glücklich abseits des Weltenlaufs und starb in derselben bescheidenen Hütte, in der er zur Welt gekommen war. Nie hatte er als Reisender das Wasser fremder Flüsse gekostet. Er zählte die Jahre «nach Wechseln der Frucht, nicht Konsuln». Er hatte «noch klein als Sprossen gekannt den gewaltigen Eichbaum». Verona, die nächstgelegene Stadt, lag für ihn so fern wie «bei dunklen Indern», und der Gardasee war so entlegen wie das Rote Meer. Dennoch machte der begrenzte Horizont das Glück des Bauern aus. «Sei ein And'rer hinweg zu Spaniens Grenzen gewandert, er ist länger gereist, langsamer jener ergreist.»[1]

Ein reizendes Idyll. Doch es ist nicht ausgeschlossen, dass Claudian, ermüdet vom Wandern durch das Tal, tatsächlich einem solchen Bauern begegnet war, der, abseits von der großen Politik, ein rechtschaffenes Leben führte. Vielleicht war Claudian persönlich davon berührt. Die geerdete Existenz des alten Mannes stand in scharfem Kontrast zu seiner eigenen Lebenserfahrung. Er war ein ägyptischer Dichter, der sich in den Westen aufgemacht hatte und dort bei Hofe sowohl eine literarische Sensation wurde als auch das offizielle Sprachrohr von Generalissimus Stilicho, dem mächtigsten Mann des Imperiums. Falls es einen solchen alten Bauern wirklich gegeben hat, ist das Gedicht besonders ergreifend. Meist wird es auf das Jahr 400 datiert. Genau ein Jahr darauf stürmte eine westgotische Armee unter Führung von Alarich durch die Poebene. In einem blutigen Treffen bei Pollentia traf Stilicho auf die Invasoren und trieb sie durch die Ebenen Norditaliens nach Osten zurück. Damit war es vorbei mit dem ruhigen Landleben. Das entscheidende Treffen fand ausgerechnet in Verona statt, wo Stilichos Truppen die Eindringlinge zurückschlugen. Es war seine krönende Leistung als Befehlshaber auf dem Schlachtfeld.[2]

Von da an ging es schnell bergab. Am letzten Tag des Jahres 406 brach die Rheingrenze zusammen. Die Ereignisse überstürzten sich. Im Jahr 408 wurde Stilichos Regime in einem Putsch zu Fall gebracht und der General kurz darauf hingerichtet. Das Imperium hatte die Lage im Westen auch nicht mehr annähernd im Griff. Der Gotenführer Alarich, der die günstige Gelegenheit witterte, belagerte Rom. Im August 410 wurde die Ewige Stadt geplündert. Die Verwüstung der alten Hauptstadt war schon schlimm genug, doch der symbolische Nachhall war noch viel gravierender. «Der Rahmen der fragilen Welt» war geborsten. Rom fiel nicht an einem Tag, aber die Plünderung der Stadt gilt als Schlüsselmoment einer Schlüsselgeneration, als die Zentralmacht die Kontrolle über die Westprovinzen verlor. Diesmal erwies sich der Verlust als irreversibel. Im Lauf des fünften Jahrhunderts zerfiel das römische Westreich. Niemand, ob nah oder fern vom Zentrum, blieb von einem Ereignis dieses Ausmaßes unberührt.[3]

Den raschen Zerfall des Reiches zu erklären erwies sich für die Historiker als ständige Herausforderung. «Weniges in der Geschichte der Spätantike lässt sich schwerer beantworten als die Frage, warum *in der Westhälfte des Reichs* das römische Militär und die römische Regierung scheiterten.» Das Problem ist in den vergangenen Jahren sogar nur noch komplizierter geworden, erkennen wir doch immer mehr, wie nachhaltig die Erholung von der Krise des dritten Jahrhunderts war. Das Imperium setzte sich mit Macht zur Wehr, und es ist problematischer denn je, einen zunehmenden inneren Zerfall oder eine Spirale unvermeidlicher Auflösung für seinen Untergang verantwortlich zu machen.

Das Römische Reich des späten vierten Jahrhunderts war der mächtigste Staat der Erde und einer der mächtigsten, die je existiert hatten. Kaiser Theodosius (reg. 379–395) herrschte über ein Reich, das größer war als das des Augustus. Allein schon seine Wirtschaftsmacht blieb außergewöhnlich, vergleichbar allenfalls mit den imposantesten Staaten des siebzehnten Jahrhunderts. In etlichen Gebieten des Reichs, unter anderem in den östlichen Provinzen, grenzte der demographische und wirtschaftliche Aufschwung an ein Wunder, und selbst im Westen verursachte der Fall des Imperiums den Niedergang, nicht umgekehrt. Es gab strukturelle Schwächen und, wie immer, menschliche Irrtümer, doch man kann sie schlecht für ein so desaströses Ereignis wie das Verschwinden der Zentralmacht im Westen verantwortlich machen.[4]

Um den Ablauf der Entwicklungen zu klären, die zum Scheitern des Imperiums führten, müssen wir den verschiedenen Rhythmen des Wandels in dieser Periode nachspüren. Die politische Restauration war ein revolutionäres und zugleich auch ein kontinuierliches Projekt. Als in der Mitte der Krise im dritten Jahrhundert der Deal zwischen der kleinen Senatorenelite und den Städten durch eine militärische Autokratie ersetzt wurde, war der Weg frei für ein Zeitalter der Experimente. In den hundert Jahren zwischen Diokletian (reg. 284–305) und Theodosius (reg. 379–395) gab es mehr strukturelle Veränderungen in der Verwaltung des Reichs als in den ersten drei Jahrhunderten zusammengenommen. Das Imperium wurde radikal zentralisiert. In der frühen Kaiserzeit gab es weniger als tausend bezahlte Beamte im Dienst des Imperiums; in der Spätantike waren es um die 35 000. Die Details dieses durchgreifenden Experiments waren noch nicht richtig ausgearbeitet, als der Druck von außen begann, das kopflastige Regime auf den Prüfstand zu stellen.[5]

Überdies wissen wir inzwischen auch, dass die Spätantike ein Zeitalter der Gegensätze war, und keiner war so folgenreich wie die Spannung zwischen der gesellschaftlichen Dynamik und dem Streben des Staates nach Stabilität. Die Soldatenkaiser regierten nicht mit dem gleichen Maß an Geduld oder Geschick, die einst vom Monarchen gefordert waren – ohne die Zurückhaltung und den Respekt, die von den früheren Kaisern *civilitas* genannt worden waren. Verfassungsmäßige Hemmnisse gab es kaum. Die zahlreich erhaltenen Gesetze, die so viel über diese Periode aussagen, spiegeln den Willen des Staates wider, die Gesellschaft unter Kontrolle zu bringen. Oft hatte der Staat die Vorstellung, ganze Bevölkerungsschichten an ihren Status oder ihren Beruf binden und damit alle sozialen Beziehungen festlegen zu können. Doch die politische Restauration hatte ein dynamisches Wiederaufleben der Wirtschaft ausgelöst. Vor allem die Stabilisierung der Währung belebte rasch die Märkte. Der Staat bezog Energie aus der Vitalität der privaten Sphäre, seine Träume von der Kontrolle dieser Energie für die eigenen Ziele waren jedoch schwerer zu realisieren.

Wir werden die Dynamik der Gesellschaft des vierten Jahrhunderts näher betrachten, denn sie macht deutlich, was darauf folgte. Die Hierarchien einer in hohem Maße gegliederten, wohlhabenden Gesellschaft brachen zusammen, und an ihre Stelle trat im Westen eine schlichtere Ordnung. Hier überzeugt Claudians Bild vom unabhängigen Bauern ganz besonders. Beim Untergang des Reichs ging es nicht darum, dass eine Macht durch eine andere ersetzt wurde, die man in der Ferne vermutete, sondern es war das Ende einer alten Staats- und Gesellschaftsordnung, deren allgegenwärtige Auswirkungen bis in die letzten Lebensbereiche reichten, überall, wo die römische Autorität galt.

Die Rhythmen des Umweltwandels hinter diesem Drama waren kompliziert. Im Vergleich zu den Pandemien und den Klimaturbulenzen, die das Imperium erlebt hatte, war das vierte Jahrhundert ein friedliches Zwischenspiel. Das Klima spielte eine geringe, jedoch nicht ganz unwichtige Rolle. Insgesamt wurde es wärmer, in vielen Regionen keimte neues Wachstum in der Sonne eines milderen Klimas. Doch das römische Klimaoptimum kehrte nicht zurück. Das Klima war fortan ein eher unzuverlässiger Verbündeter. Niederschlagsunterschiede zwischen den Regionen waren ausgeprägter in einem Klima, das von atlantischen Druckgradienten beherrscht war.

Auch die demographische Entwicklung in dieser Zeit ist unauffälliger als zuvor. Obwohl dem Reich eine Seuche großen Ausmaßes erspart blieb, wurden die spätrömischen Gesellschaften häufig von todbringenden Epidemien heimgesucht. Die schlimmsten Keime machten sich nicht bemerkbar, aber viele bösartige einheimische Erreger waren schuld an einer ungesunden Umwelt. Das instabile Klima und die Kriegswirren führten wiederholt zum Ausbruch tödlicher Krankheiten, die vom lokalen Erregerpool ausgelöst wurden.

Die stärkste Auswirkung der Umweltveränderung im vierten Jahrhundert war vermutlich im Osten spürbar. Das atlantische Klima, das zu der Zeit im Reich bestimmend war, verursachte auch schwere Dürren in den eurasischen Steppen. Völker aus dem Inneren Asiens begaben sich auf Wanderschaft. Wir wissen viel zu wenig über die Dramen, die sich im Innern der nomadischen Völker und Gesellschaften in dieser folgenreichen Epoche abspielten. Offenkundig neu ist jedoch, was für eine bedeutsame Rolle plötzlich die Steppenvölker für das Römische Reich spielten. Das Vordringen der Hunnen bis in die westlichen Ausläufer der Steppe stürzte die Herrschaft der Goten, die bis dahin über ein Jahrhundert lang Bestand gehabt hatte. Mit einem Mal drängten die Goten über die römischen Grenzen, und der Druck zerschlug überraschend die Strukturen des Imperiums.

Monokausale Erklärungen helfen nicht weiter. Die Ankunft der Hunnen allein bedeutete noch nicht das Ende des Westreichs. Letztlich hatten die Hunnen nur geringe territoriale Gewinne, und ihr Erscheinen auf der Bühne muss im Zusammenhang mit den besonderen Umständen, auf die sie trafen, gesehen werden: nämlich dem in Gang befindlichen Wiedererstarken, dem ständigen politischen Experimentieren und dem unausgesprochenen Zerwürfnis zwischen Ost und West. Aber die nomadische Horde war auch nicht einfach der zufällige Auslöser, der das Imperium schließlich zu Fall brachte. Zum ersten Mal in der Geschichte verlagerte die asiatische Steppe ihr Gewicht und warf ihre am weitesten entwickelten staatsähnlichen Verbände Richtung Westen. Nur die Hälfte des Imperiums fand Mittel und Wege, um das Desaster zu überleben.

Der scharfsichtigste Beobachter des vierten Jahrhunderts, der Historiker Ammianus Marcellinus, begann im letzten Buch seiner römischen Geschichte seinen berühmten Bericht über die Hunnen mit einem eindrücklichen Bild: «Doch Fortunas schnelles Rad bringt stets abwechselnd Glück und Unglück.» Jahrhundertelang hatten die Römer zahllose Widrigkeiten überstanden, doch die Herausforderungen, die im späten vierten und zu Beginn des fünften Jahrhunderts zusammentrafen, erwiesen sich als unüberwindlich. Heute erkennen wir, dass sie, sowohl was den menschlichen als auch den Aspekt der Natur betrifft, genauso unberechenbar waren, wie Ammianus es sich vorgestellt hatte.

DAS NEUE GLEICHGEWICHT DES IMPERIUMS

Für die Soldatenkaiser, die mitten in der tiefsten Krise die Macht ergriffen, stand der Erhalt des Imperiums als Punkt eins auf der Tagesordnung. Sie waren bereit, neues Kapital, Währungen, sogar Götter auszutauschen, um wieder Stabilität herzustellen. Doch nach und nach wurde es notwendig, der neuen Ordnung feste Regeln zu verleihen.

Diokletian, ein Soldat aus der Donauprovinz von niedriger Herkunft, erwies sich in den zwei Jahrzehnten seiner Herrschaft (284–305) als glühender Reformer. Seine wichtigste Innovation war die Tetrarchie, die Aufteilung der kaiserlichen Aufgaben unter vier Kollegen. Sie war ein genialer Versuch, einen Bürgerkrieg zu verhindern und gleichzeitig die Geschäfte eines ausgedehnten Reichs auf vier Herrscher aufzuteilen. Diokletian legte den Grund für ein neues Regime. Seine Reformen festigten die auf dem Höhepunkt der Krise ergriffenen Notmaßnahmen und entwickelten sie weiter. Er «konnte wenig mit Senatoren anfangen» und gab weiterhin persönlichen Verdiensten den Vorzug vor Abstammung und Vermögen. Man «schnitt auch die Provinzen in Stücke», damit kaiserliche Statthalter eine direktere Kontrolle über ihr Territorium ausüben konnten. Diokletian trennte militärische und zivile Aufgabenbereiche, die zuvor untrennbar miteinander verquickt gewesen waren. Der kaiserliche Hof wurde größer und glanzvoller, der Kaiser selbst hielt sich zunehmend von der Öffentlichkeit fern und umgab sich mit einem majestätischen Hofzeremoniell. Selbst die Worte der späteren Kaiser galten als «heilig».[6]

Die Hauptaufgabe der römischen Staatsführung war nach wie vor die Besoldung der Armee. Diokletian machte sich diese Aufgabe noch schwerer, indem er das Monster wachsen ließ, das er zu füttern hatte. Die zunehmende Zahl von unter Waffen stehenden Männern schockierte die Zeitgenossen. Es wurde behauptet, Diokletian habe die Reihen der Armee verdoppelt, doch war die seine tatsächlich wohl kaum größer als die seiner Vorgänger und umfasste zwischen 400 000 und 500 000 Mann. Doch die Aufstockung nach der Krise und dem Verlust an Menschenleben im Zuge der Cyprianischen Seuche war ein enormer und strapaziöser Kraftakt. Diokletian widmete sich der Verstärkung der Grenzen, setzte Straßen und militärische Einrichtungen im ganzen Reich wieder instand. Seine Karriere als Feldherr muss als durchschlagender Erfolg gewertet werden. Er befriedete den Norden, behauptete erneut die römische Vorherrschaft über Persien und erweiterte die Macht Roms mittels einer ganzen Reihe stark befestigter Städte entlang einer Linie vom Euphrat bis ins Innere Mesopotamiens. Das Problem der Finanzierung all dieser Maßnahmen war eine Herausforderung für Diokletians Verwaltungsgenie. Er machte dem archaischen Flickwerk des lokalen Steuerwesens entschlossen ein Ende und ersetzte es durch ein zentral gesteuertes Finanzsystem auf der Grundlage allgemeingültiger fiskalischer Regelungen. Beamte reisten kreuz und quer durch das ganze Reich und führten eine umfassende Volkszählung durch. Sogar Italien verlor kurzerhand seine Privilegien und wurde von nun an steuerlich wie jede beliebige andere Provinz behandelt.[7]

Es gab keine Alternative zur Besoldung der Soldaten in Gold. Aber Diokletian hielt unbeirrt an seiner Zusage fest, die Bezüge regelmäßig und in alten Nennwerten auszuzahlen. Das Geld Diokletians bezog sich auf den *denarius* als Rechnungseinheit. Seine Kaufkraft sank weiter, so dass Diokletian versuchte, die Inflation einzudämmen. Er führte eine Währungsreform durch und setzte strenge Preiskontrollen fest. Sein berühmtes Höchstpreisedikt steht für den neuen interventionistischen Stil der spätrömischen Staatsführung. Bereits aus der Einleitung des Gesetzes wird deutlich, dass es vor allem um die Soldaten geht. «Die Preise steigen nicht um das Vierfache, nicht um das Achtfache, sondern in so ungeheurem Maße, dass die menschliche Sprache außerstande ist, diese Beträge und Preise zu beschreiben. Und mittlerweile geht bei einem einzigen Einkauf das Gehalt und die Zulage eines Soldaten drauf, der seinen gesamten, von jedermann zum Unterhalt der Armee bezahlten Sold diesen Wucherern für deren verabscheuungswürdigen Gewinn aushändigt.» Diokletian erließ Höchstpreise für etwa 1200 Waren und Dienstleistungen (von landwirtschaftlichen Geräten bis zu Frachtkosten, von Stoffen bis zu Sklaven, von gallischen Sandalen bis zu Löwen). Das Preisedikt zeigt nebenbei, wie weit die ökonomische Spezialisierung sogar mitten in der Inflation fortgeschritten war. Doch Diokletians christliche Gegner beobachteten schadenfroh – und die dokumentarischen Quellen bestätigen dies – das klägliche Scheitern dieser Politik.[8]

Diokletians Reformen bereiteten den Boden für Konstantin. Dieser war als Sohn eines Offiziers in Naissus (heute Niš in Serbien) geboren, dem Ort, bei dem Claudius II. einen entscheidenden Sieg über die Goten errungen hatte. Konstantin erfand eine dynastische Verbindung zu Claudius II., dessen Staatsstreich die Donau-Kaiser auf Dauer an die Macht gebracht hatte. Doch Konstantins erster Tagesordnungspunkt war die Beseitigung der Tetrarchie. Er forderte im Jahr 306 die Gebiete seines Vaters für sich, schlug 312 seinen Rivalen Maxentius und tilgte die Reste des diokletianischen Systems durch die Übernahme des Ostreichs im Jahr 324. Konstantin war bereits zu seinen Lebzeiten eine umstrittene Gestalt. Er war ein Reformer und errichtete die Grundlage des spätantiken Staates. Seine lange Regierungszeit (306–337) gab ihm die Möglichkeit, ein Netzwerk von Unterstützern, Verbündeten und einer Klientel aufzubauen, die seiner persönlichen Herrschaft verpflichtet waren. Und er errichtete eine Ordnung, eine das ganze System betreffende Machtstruktur, die seine Regierungszeit lange überdauerte. Konstantin kann allein mit Augustus, dem ersten römischen Kaiser, verglichen werden, einem Herrscher, der ebenfalls lange regierte und dessen Regierung zum Modell für ein neues Gleichgewicht nach Jahrzehnten der Gewalt und der Instabilität wurde. Sowohl dem Kaiser selbst als auch seinen lobhudelnden Zeitgenossen war wohl bewusst, was dieser Vergleich aussagte.[9]

Zur Zeit von Konstantins Aufstieg hatte die Militärkaste das Heft in der Hand. Nun war es Zeit, die Zügel zu lockern: Konstantin gelang es, die neue Elite mit den Überresten des Senatorenstandes zu versöhnen, und übertrug Männern aus dessen Reihen wieder höchste Ämter wie die Statthalterschaft in den Provinzen. Doch er definierte den Senatorenstand auch von innen neu: Für seine neue Hauptstadt Konstantinopel schuf er einen zweiten Senat, der nach und nach den gleichen Status wie derjenige in Rom erlangte. Durchaus folgerichtig begann er, den Senatorentitel inflationär zu vergeben, indem er neue Wege zur Erlangung der Senatorenwürde eröffnete. Der Senatorenstand wurde regelrecht aufgebläht, was auf Kosten der lokalen Stadtaristokratien ging, da die Zunahme an Wohlstand, Prestige und Talenten neuen Druck auf die traditionellen Stadträte mit sich brachte. Indem er als Gegenleistung für Dienste im Reich den Senatorenrang verlieh, setzte Konstantin die Dynamik der spätrömischen Aristokratie in Gang. Er gestaltete das ganze System von Rängen und Ehren um und konzentrierte die Vergabe von Ehren beim Kaiser.[10]

Wie schon Augustus sicherte Konstantin seine neue Ordnung mit einer streng konservativen Sozialpolitik ab. Kriegsveteranen und Bauern, das robuste Fundament der imperialen Macht, wurden protegiert. Statthalter sollten darauf achten, «dass die Menge der unteren Schichten nicht dem Mutwillen und den Interessen der Mächtigeren ausgeliefert werden». Konstantins Gesetzgebung festigte die soziale Hierarchie. Es ging ihm darum, den Status der Sklaven und Freigelassenen beizubehalten. Seine Reformen verraten eine gründliche Abneigung gegen soziale Durchmischung. Er übernahm die berühmte Ehegesetzgebung des Augustus und verschärfte die Heiratsverbote, die die respektable Elite von den unberührbaren Klassen am unteren Ende der sozialen Leiter fernhielten. Er verbot Besitzübertragungen an illegitime Kinder (was einst möglich gewesen war, ein minimaler Ausdruck von Anstand, den die römischen Sitten diskret toleriert hatten) und schränkte die Scheidung ein (die von den Römern zuvor recht freizügig gehandhabt worden war). Jahrhundertealte Traditionen und juristische Spitzfindigkeiten hatten dem Willen des Kaisers zu weichen. In einer Zeit des raschen Umbruchs und des Regimewandels waren Konstantins Gesetze tonangebend für die Spätantike.[11]

In dieser Zeit kühner Entscheidungen führte Konstantin seine Experimente durch. Das berühmteste war seine eigene Bekehrung. Es gibt keinen Grund, an der Aufrichtigkeit der religiösen Motive des Kaisers zu zweifeln. Die Entscheidung für das Christentum fiel aus ganz persönlichen Gründen, nicht aus kühler Berechnung. Trotz der neuerlichen Verfolgung unter Diokletian war die Kirche gewachsen, dennoch blieben die Christen einstweilen eine Randgruppe. Kurzfristig gesehen waren Konstantins religiöse Überzeugungen ein Risiko.

Doch sein Glaube verschaffte ihm die Loyalität eines treu ergebenen und solide organisierten Blocks, und er nutzte das Patronat über die Kirche zu seinem Vorteil. Er zögerte nicht, bei heftigen innerkirchlichen Disputen einzugreifen, und strebte ernsthaft nach Harmonie in Fragen der kirchlichen Doktrin. Großzügig förderte er die Kirche, und wie jeder andere Kaiser vor ihm finanzierte er monumentale Bauten für den Gott seiner Wahl. Er unterband den Zustrom von Mitteln für die alten Götter, plünderte heimlich die Tempel und schaffte nach und nach die Tieropfer ab. Die Spitze der gesellschaftlichen Pyramide imitierte den Kaiser sogar in so intimen und unergründlichen Bereichen wie der Verehrung der Götter. Konstantin war der oberste Schirmherr des Imperiums, und seine Politik der Begünstigung beeinflusste immer größere Kreise. Für das Christentum war Konstantins überraschende Bekehrung der entscheidende Wendepunkt, der Augenblick, da nichts mehr rückgängig zu machen war.[12]

Auch die Gründung eines neuen Rom war ein eigenwilliger Entschluss. Jahrzehntelang waren Kaiser entlang einer Reihe von Grenzstädten gependelt, Städten wie York und Trier, Sirmium und Naissus, Nikaia und Antiochia. Als Diokletian beschloss, das zwanzigjährige Jubiläum seiner Regierung zu feiern, betrat er möglicherweise zum ersten Mal die Stadt Rom. Rom blieb die emotionale, symbolische und zeremonielle Hauptstadt, doch es war längst ein Gemeinplatz, dass «Rom dort ist, wo sich der Kaiser aufhält».

Die Entscheidung, im Osten ein offizielles Gegengewicht zu Rom zu errichten, war indessen ein riskanter Schachzug. Vom geographischen Gesichtspunkt aus war die Wahl glänzend. Der militärische Schwerpunkt lag in den Donauprovinzen. Durch seine Lage an der Hauptroute zwischen West und Ost hatte Konstantinopel direkten Zugang zu den Grenzmarken. Von Konstantin und seinen Nachfolgern befestigt, erwies sich die Stadt als praktisch uneinnehmbar. Es war eine Hafenstadt, und ihr Hinterland war der ganze reiche Reigen hellenisierter Provinzen von Kleinasien bis Ägypten. Zwar erweiterten spätere Kaiser noch den ursprünglichen Plan, doch waren Konstantins Projekte für die Stadt, die seinen Namen tragen sollte, von Anfang an weit gesteckt. Auch hier setzte er die Kräfte in Bewegung, die die kommenden Jahrhunderte bestimmen sollten. Konstantinopel war die Stadt der Zukunft.[13]

Konstantins Regierungszeit war richtungsweisend für die Spätantike. Das Zeitalter der Reformen und Experimente endete zwar nicht damit, aber zum ersten Mal seit dem Zusammenbruch der augusteischen Ordnung in der Mitte des dritten Jahrhunderts herrschten im Wesentlichen solide Beziehungen zwischen der Armee, den Oberschichten und der kaiserlichen Verwaltung. Und es gab auch noch eine andere Parallele zum Begründer des Römischen Reichs: Bei Konstantins Tod konnten sich nur noch wenige daran erinnern, wie es früher einmal gewesen war. Nach Augustus hatte keiner so lange geherrscht wie er. Nach drei Jahrzehnten im Amt gab er im Mai 337 seinen Geist auf. Sein Leichnam wurde in einem goldenen Sarg nach Konstantinopel gebracht, wo er in einer merkwürdigen Mischung aus heidnischen und christlichen Trauerritualen inmitten einer Gedenkstätte für die zwölf Apostel beigesetzt wurde. Die Grabrede war prophetisch: «Er selbst [hat] sogar noch nach seinem Tod an der Herrschaft Anteil, gleichsam als ob er infolge seines Wiederauflebens die gesamte Herrschaft ausübte, hat er durch seinen Namen als Victor Maximus Augustus die Herrschaft über die Römer inne.» Der Geist Konstantins sollte in den folgenden Jahrhunderten über der neuen Ordnung schweben.[14]

DIE ROLLE DER UMWELT

Bei der Wiedererrichtung des späten Imperiums wirkte, neben menschlicher Initiative, auch der Umweltwandel mit. Die phantastischen Bedingungen des römischen Klimaoptimums kehrten nie wieder; die letzten Spuren eines Wetters, das dem des mittleren Holozäns ähnlich war, als es überall warm und feucht war, gehörten unwiederbringlich der Vergangenheit an. Das Ende dieser Ära war turbulent gewesen. Um die Mitte des dritten Jahrhunderts war die Situation global und regional äußerst instabil, hinzu kamen die extremen Dürreperioden, die das Todesröcheln der Erde selbst zu sein schienen. Doch wenn das dritte Jahrhundert das «Greisenalter der Welt» war, dann erlebte das lange vierte Jahrhundert überraschenderweise eine zweite Jugend.

Das Klima stabilisierte sich. Nach dem Jahr 266 kam es eineinhalb Jahrhunderte lang zu keinem größeren Vulkanausbruch. Die Sonneneinstrahlung nahm zu, erreichte im ganzen Römischen Reich ihren Höhepunkt um 300 n. Chr. und blieb stabil bis zum fünften Jahrhundert. Im vierten Jahrhundert war es ausgesprochen warm. Mitte des vierten Jahrhunderts zogen sich die Alpengletscher deutlich zurück, besonders rasch der Gletscher des Mer de Glace im Mont-Blanc-Massiv, der am Ende jenes Jahrhunderts bis auf den Stand der 1990er Jahre abschmolz. Die Durchschnittstemperaturen erreichten offenbar nicht die Spitzenwerte des frühen Imperiums, doch die Sonne lächelte über dem Zeitalter der Restauration.[15]

Als das RCO zu Ende ging, begann eine Phase der Klimageschichte, die sich im späten Holozän deutlicher bemerkbar machte. Großräumige Klimamuster standen nun im Zeichen nordatlantischen Wettergeschehens. Atmosphärische Druckgradienten im Nordatlantik haben einen enormen Einfluss auf das Schicksal von Gesellschaften, von Westeuropa bis weit ins Innere Asiens. Zwei entgegengesetzte Zentren atmosphärischer Zirkulation bestimmen die Richtung der westlichen Sturmbahnen. Das Azorenhoch ist eine Zone beständigen Hochdrucks im westlichen Mittelmeer; der Hochdruck verursacht eine antizyklonische Zirkulation, die die Luft im Uhrzeigersinn dreht und Niederschläge hemmt. Im Norden ist das Islandtief eine stationäre Zone geringen Drucks mit dem Zentrum im Nordatlantik; dieses Tief verursacht Zyklone und dreht die Luft gegen den Uhrzeigersinn Richtung Westeuropa. Die Schwankungen des Luftdruck-Gegensatzes zwischen diesen beiden Zonen werden als «Nordatlantische Oszillation» bezeichnet. Die NAO übt einen ganz entscheidenden Einfluss auf den globalen Klimamechanismus aus.[16]

Sie wirkt sich besonders stark im Winter aus. Sind die Druckgegensätze ausgeprägt – ist also der NAO-Index positiv –, erzeugen sie starke zyklonale Zirkulation mit einer Winddrift Richtung Pol. In England und Nordeuropa kommt es zu heftigen Regengüssen. Sind jedoch die Druckgegensätze relativ gering, trudeln schwächere Stürme in den westlichen Mittelmeerraum und begünstigen die Wasserbilanz des Südens im Vergleich zum Norden. Zum Beispiel trug ein häufiger positiver NAO-Index in den Jahren 2015/2016 zu Rekordniederschlägen in England bei, während in Teilen des westlichen Mittelmeers ungewöhnliche Dürre herrschte. Wie eine globale Sprinkleranlage richtet die NAO den Sprühregen der Sturmbahnen über die mittleren Breiten der nördlichen Hemisphäre.[17]

Die Geschichte der NAO kann aus natürlichen Archiven abgelesen werden. Die Britischen Inseln sind dem atlantischen Klima unmittelbar ausgesetzt, und in schottischen Höhlen wurde ein ganz konkretes Protokoll der NAO entdeckt, das 3000 Jahre zurückreicht: in Form von Stalagmiten, deren jährliche Wachstumsrate auf die NAO-Phasen reagiert. Eine Phase andauernder positiver NAO-Indizes beginnt gegen Ende des dritten Jahrhunderts. Das vierte Jahrhundert fällt aus dem Rahmen. Zwischen der Bronzezeit und heute war nur die mittelalterliche Warmzeit mit dem vierten Jahrhundert vergleichbar. Andere Puzzleteile fügen sich zu einem Bild. In Sedimenten spanischer Seen finden sich deutlich Spuren von Trockenheit vom Beginn des vierten Jahrhunderts. In Nord- und Mitteleuropa dagegen waren die Regenfälle ergiebiger. Die Niederschlagsdaten, die an Eichen in Frankreich und Deutschland abgelesen wurden, weisen hohe und steigende Niederschlagsmengen im vierten und in der ersten Hälfte des fünften Jahrhunderts aus, als Sturmbahnen über Mittel- und Nordeuropa hinwegzogen.[18]

Im zentralen Mittelmeerraum sind die Auswirkungen des positi-

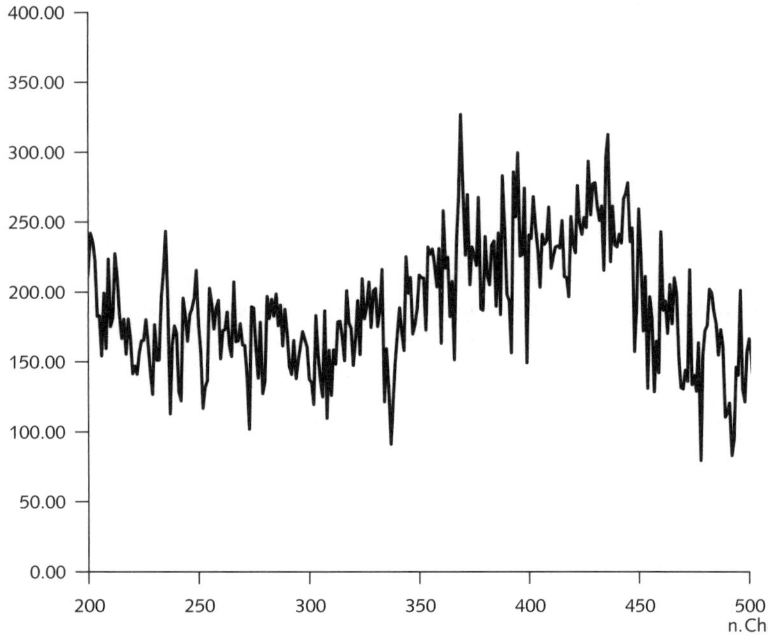

ABB. 5.1 Niederschläge (in mm) in Frankreich und Deutschland (Angaben nach Büntgen et al. 2011)

ven NAO unwägbar. Umfangreiche Tiefs in den Sturmbahnen können Regen nach Italien bringen oder aber die Halbinsel ganz übergehen. Die nördlichen Teile Italiens profitierten möglicherweise vom kontinentalen Regen, während es im Süden wegen des Rückgangs der Winterstürme trocken war. Norditalien erholte sich im vierten Jahrhundert wieder, teilweise aufgrund der starken Präsenz der imperialen Regierung, vielleicht aber auch, weil regelmäßig mit Niederschlägen gerechnet werden konnte. Mittel- und Süditalien dagegen erholte sich von der Krise des dritten Jahrhunderts nur wenig: Kampanien war «eine geleerte Landschaft […], ei[n] agrarische[r] Slum mit verstreuten Hütten auf den Ruinen der einst blühenden Agrarzentren». In Italien herrschte an manchen Orten Überfluss, anderswo Elend. Unter dem beherrschenden Einfluss der positiven NAO waren die Niederschläge im Mittelmeerraum völlig unberechenbar.[19]

Der Klimamechanismus in den östlichen Gebieten des Reichs war vielschichtiger. Die NAO hat auch hier großen Einfluss, doch der östliche Mittelmeerraum liegt auf einem buchstäblich globalen Scheidepunkt: im Einflussbereich des tropischen Monsunsystems, betroffen vom Lufthochdruck über Asien und ferngesteuert vom El Niño der Süd-Oszillation. Und obwohl die Temperaturmuster im östlichen Mittelmeer über weite Regionen einheitlich sein können, hängt der Niederschlag mehr von lokalen Faktoren ab und ist dementsprechend unberechenbarer. In der Spätantike scheinen die östlichen Mittelmeerländer höchst unterschiedliche Niederschlagsmuster erlebt zu haben, mit starken Abweichungen in Anatolien und der Levante. In Palästina begannen mit dem vierten Jahrhundert zweihundert Jahre lebenspendender Feuchtigkeit, bevor wieder ein trockeneres Klima einsetzte. In Kleinasien geschah fast das genaue Gegenteil: Das vierte Jahrhundert war etwas trockener, doch danach begann eine feuchtere Phase.[20]

Das Klima des vierten Jahrhunderts war also günstig, jedoch wechselhaft. Der Mittelmeerraum liegt entlang dem unsicheren, schwankenden Rand der winterlichen Sturmbahnen. Extreme Dürren und Hungersnöte werden in den Quellen der Spätantike viel häufiger erwähnt. Doch diese Feststellung muss aus verschiedenen Gründen modifiziert werden. Dass die Bevölkerung wieder wuchs, bedeutete, dass wieder mehr Menschen ernährt werden mussten. Zwar wurden Dürren und Hungersnöte häufiger bezeugt, doch dank des Sieges des Christentums sind Art und Ausmaß der Belege, die wir aus der Spätantike haben, grundlegend anders. Es liegen mehr Predigten, Briefe und Lebensbeschreibungen der Heiligen vor. Viele von ihnen stammen aus abgelegenen Orten, die in der Zeit davor gar nicht in Erscheinung getreten waren. Und unsere Informanten sind allesamt redseliger, wenn es um die Drangsal des täglichen Lebens geht. Die Anführer der Christen verdienten sich ihren Lebensunterhalt, indem sie den Armen halfen. Wir können also nicht unbedingt behaupten, dass es mehr Dürren und Hungersnöte gab, nur weil wir von mehr Dürren und Hungersnöten Kenntnis haben.[21]

Das beste Beispiel für eine klimabedingte Krise in der Spätantike ist eine Hungersnot, die Kappadokien in den Jahren 368/69 heimsuchte. Die ganze Geschichte sehen wir ausschließlich mit den Augen des Bischofs Basilius von Caesarea, einer führenden Persönlichkeit der Kirche. Basilius wandte sein ganzes rhetorisches und administratives Geschick auf, um der Krise Herr zu werden. Wir sehen aus seiner Perspektive, wie sich die Menschen im Landesinneren gegen die Lebensmittelknappheit wappneten, die sich bereits drohend abzeichnete. Für den Bischof war die Lebensmittelkrise ein lehrreicher Moment, der die extreme soziale Spaltung der römischen Gesellschaft offenbarte. Er nimmt uns mit in die Hütte eines armen Vaters, der sich zu entscheiden hat, welches seiner Kinder verkauft werden muss, damit er Nahrung kaufen kann. « Wie soll ich dir die Leiden der Armen vor Augen stellen? [...] Nun wirft er seinen Blick auf seine Kinder, um sie auf den Markt zu führen und zu verkaufen, um so die Gefahr des Hungertodes zu beschwichtigen. [...] Wie will es der Vater nun angehen? Welches Kind soll ich zuerst verkaufen? Welches wird der Getreidehändler gerne sehen? [...] Schließlich kommt der Vater doch, um unter tausend Tränen sein liebstes Kind zu verkaufen.»[22]

Wir wissen nicht, wie oft sich ähnliche Szenen abspielten, ohne dass ein Basilius die bitteren Details schilderte. Zwar sind solche Geschichten mit Vorsicht zu genießen, doch sollte uns der Tatbestand, dass in dieser Region tatsächlich Dürre herrschte, davon abhalten, die ganze Sache als die geschickte Übertreibung eines ehrgeizigen Bischofs abzutun. Die natürlichen Archive und das allgemeine atmosphärische Geschehen des vierten Jahrhunderts liefern ein realistisches Umfeld für ebenjene Art akuter Krise, wie sie in Anatolien stattfand.

Die Hungersnot, die Basilius beschreibt, war allem Anschein nach ein lokales Ereignis. Sehen wir uns jedoch die Tatsachen genauer an und vergleichen sie mit den Aufzeichnungen aus der hohen Kaiserzeit, so stellen wir fest, dass uns aus dem vierten Jahrhundert Berichte von Nahrungskrisen in großem Umfang vorliegen, von einer Art, wie es sie in den früheren Tagen des Imperiums kaum gegeben hat. Die berüchtigtste dieser Krisen ereignete sich Mitte der 380er Jahre. Im Jahr 383 «enttäuschte eine klägliche Ernte in allen Provinzen die Erwartungen». Im selben Jahr war die Nilschwemme schwach.

Diese Kombination bedeutete eine akute Notlage. Eine «allgemeine Hungersnot» folgte. Über diese Episode sind wir gut unterrichtet, weil sie zu einer religiösen Polemik in den höchsten Kreisen führte. Die Hungersnot war Anlass für eine ungewöhnlich wortreiche Debatte zwischen dem heidnischen Senator Symmachus und Ambrosius, dem Bischof von Mailand, über die Entfernung des Siegesaltars aus dem Senatsgebäude in Rom. Im anhaltenden Tauziehen zwischen Heiden und Christen war dieser Siegesaltar zum Symbol geworden. Die heftige Auseinandersetzung zwischen dem Senator und dem Bischof liefert uns das seltene Zeugnis davon, wie ein Aristokrat über eine schlimme Hungersnot dachte.[23]

Für den Heiden Symmachus war das ungewöhnliche Ausmaß dieser Hungersnot Ausdruck des Zorns der Götter. Schlechte Ernten kamen oft vor, und das Problem wurde dadurch behoben, dass «eine Missernte in gewissen Gegenden durch reiche Erträge in anderen Ländern ausgeglichen» wurde. Die aktuelle Krise jedoch ging weit über die übliche «Wechselhaftigkeit» der Ernten hinaus, und die «allgemeine Not» war ein unmissverständlicher Ausdruck des Missfallens der Götter. Die Armen auf dem Land blieben nur deshalb am Leben, weil sie sich von «den Sträuchern des Waldes» ernährten. Die Stadt Rom ergriff Notmaßnahmen, wies Fremde aus (die exotischen Tänzerinnen allerdings durften bleiben), um die kostbaren Vorräte zu schonen. Der Bischof Ambrosius hingegen hielt die Einschätzung der Krise für überzogen. Die Provinzen im Norden hatten gute Ernten eingefahren. Und er legte nach: «Ist deswegen der Nil in so ungewohntem Maße angeschwollen, um die Verluste der Priester in Rom zu rächen?» Seine Bemühungen, die Instandsetzung des Altars zu verhindern, waren von Erfolg gekrönt.[24]

Wie Basilius' Hungersnot ist auch diese Episode dank zufälliger Umstände festgehalten, und es ist gut möglich, dass solche Ereignisse in einem früheren Zeitalter häufiger vorkamen, als es die Quellen nahelegen. Aber wir sollten die realen Klimafaktoren hinter der überregionalen Hungersnot in den 380er Jahren nicht aus dem Blick verlieren. Die reichlichen Ernten im Norden bei gleichzeitiger Trockenheit im Süden sind wenig überraschend. Und das Ausbleiben der Nilschwemme (zur Unzeit) wird überraschend bestätigt in einem

Papyrus, in dem ein Rekrut die verheerenden Folgen einer Hungersnot in Oberägypten beklagt. Wir wissen von anderen schweren Hungerkatastrophen in der Spätantike, die das gesamte Imperium betrafen, unter anderem von einer schlimmen Dürre zu Beginn der 450er Jahre, auf die eine Hungersnot folgte. Diese Fälle sind zu eindrücklich, als dass wir sie als etwas abtun können, wovon wir nur durch Zufall erfahren haben. Man darf annehmen, dass der klimatische Hintergrund dieser Jahrhunderte kurzfristigen Klimakrisen in größerem Umfang als zuvor Vorschub leistete.[25]

Das Klima während des Wiederaufschwungs des Reichs war günstig, aber unbeständig, und dieses Muster spiegelte sich in der biologischen Geschichte des vierten Jahrhunderts wider. Auch in den Zeiten zwischen den Pandemien litt die römische Gesellschaft unter einer hohen Mortalität. Die Krankheitsökologie der frühen Kaiserzeit dauerte an. Nach wie vor war das Reich in hohem Maße urbanisiert und eng vernetzt. Um die Gesundheit der Bevölkerung war es schlecht bestellt. Immer noch waren die Römer klein; tatsächlich stammen viele Skelette, die Bioarchäologen zunächst einfach dem «Römischen Reich» zugeschrieben hatten, aus dem vierten Jahrhundert, als Erdbestattungen anstelle der Einäscherung allgemein üblich wurden. Wie auch schon früher schwächte der Kampf gegen Infektionskrankheiten den Körper, was dazu führte, dass die Körpergröße nach und nach wieder zurückging. Die Krankheitserreger kannten freilich keine Krise im dritten Jahrhundert und haben die Römer nicht verschont.

Die saisonbedingten Sterblichkeitsmuster sind typisch für schwere endemische Krankheiten. Aus der Zeit zwischen Konstantins Bekehrung und der Plünderung Roms im Jahr 410 besitzen wir Tausende christlicher Grabsteine aus der Hauptstadt, die das Sterbedatum des Gläubigen verzeichnen (und der Rückgang nach 410 ist an sich schon ein Zeichen für den Niedergang in der alten Hauptstadt). Insgesamt bilden diese Grabsteine unser umfangreichstes Inventar an Informationen über das saisonbedingte Auftauchen des Sensenmannes. Die Hundstage waren tödlich, wenn Magen-Darm-Infektionen die Stadt heimsuchten. Die Mortalitätsrate stieg im Juli an und erreichte im August und September ihren Höhepunkt, was sicherlich auf die weiterhin grassierende Malaria verweist. Jene, die es bis zu einem höheren Alter geschafft hatten, fielen vornehmlich im Winter auftretenden Atemwegserkrankungen zum Opfer.[26]

So bösartig die Krankheitserreger auch waren, man kann doch für das lange vierte Jahrhundert annehmen, dass es zu keiner katastrophalen Seuche gekommen ist. Nach einem gründlichen Studium der Quellen machte Dionysios Stathakopoulos vierzehn Epidemien im vierten Jahrhundert und achtzehn im fünften Jahrhundert aus. Diese Zahlen sind eher höher als die Anzahl der Ausbrüche, die wir in der frühen Kaiserzeit verzeichnen können. Was sich nun unserem Blick darbietet, ist eine vergleichsweise leicht erhöhte epidemische Mortalität bezogen auf das gesamte Reich. Und das Auffällige dabei ist, dass es überregional keine höhere Todesrate gab. Die die Ausnahme bestätigende Regel ist der massive Ausbruch einer tödlichen pustulösen Krankheit, vielleicht der Pocken, in Teilen des Ostreichs in den Jahren 312/13. Auf eine Dürre folgten Hunger und Pestilenz. Die Erkrankten bekamen einen brennenden Ausschlag am ganzen Körper, und viele erblindeten. Doch die geographische Ausbreitung der Seuche war ungewöhnlich, die meisten Epidemien waren auf einen engen Raum beschränkt.[27]

Epidemien mochten in Städten oder Regionen grassieren, aber ihre Erreger waren normalerweise keine Keime, die sich leicht über große Distanzen ausbreiten konnten. Heimsuchungen wie Krieg oder Hungersnot lösten regelmäßig erhöhte Todesraten auf lokaler Ebene aus. Belagerungskriege und Armeen auf dem Vormarsch bargen stets biologische Risiken. Bei Belagerungen wurden die Menschen bedrohlich zusammengepfercht, der Zugang zu Nahrung und die Versorgung mit sauberem Wasser wurde gefährdet. Armeen auf dem Vormarsch brachten Soldaten in Kontakt mit fremden Keimen. Immer wieder wurden in der Spätantike Invasionstruppen vom unsichtbaren Schutzschild lokaler Krankheitserreger abgewehrt. Krieg und Seuchen waren untrennbar miteinander verbunden.

Auch das unbeständige Klima der Spätantike stand in engem Zusammenhang mit epidemischer Mortalität. Nahrungsmangel war eine Begleiterscheinung eines Seuchenausbruchs. Eine abnorme Wetterlage konnte eine explosionsartige Vermehrung von Überträgern

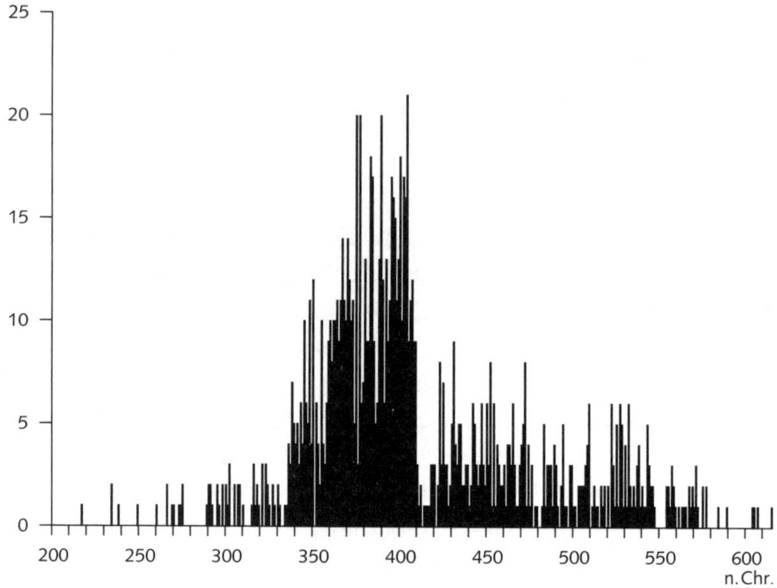

ABB. 5.2 Zahl der Inschriften mit Sterbedaten pro Jahr

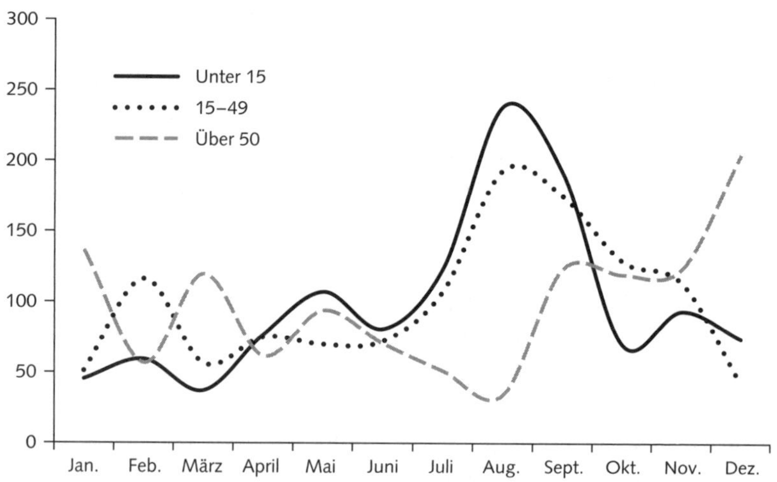

ABB. 5.3 Saisonbedingte Sterblichkeit in Rom bis 410 nach Chr: Kinder, Erwachsene, Alte

auslösen. Zum Beispiel suchte eine verheerende Hungersnot in den Jahren 450/51 Italien gleichzeitig mit einer Malariawelle heim. Bei Ernährungskrisen schwärmten verzweifelte Migranten im Kampf ums Überleben aus und überforderten die normalen Umweltkontrollen der städtischen Ordnung. Nahrungsmangel zwang die Hungernden, auf ungenießbares oder gar giftiges Essen zurückzugreifen, und schwächte dadurch ihr Immunsystem.[28]

Doppeltes Unheil:
Wie Klimaereignisse Epidemien auslösen

→ Vermehrung/Ausbreitung von Wirten (z. B. Moskitos, Ratten)
→ Subsistenzmigration, Verdichtung der Bevölkerung
→ Zusammenbruch der Umweltkontrollen (Abfall, Entsorgung von Leichen)
→ Mangelernährung
  → Verzehr giftiger Substanzen
  → Geschwächte Immunabwehr

Antike Gesellschaften rund um das Mittelmeer schützten sich so gut wie möglich vor dem Druck der Umweltvariabilität. Für die Spätzeit des Imperiums geben uns Quellen einen anschaulichen Einblick in die – manchmal vergeblichen – Versuche der Städte, die Auswirkungen der gewaltigen Naturkräfte abzumildern. Wenn Kontrollsysteme versagten, konnte daraus eine Katastrophe entstehen.

Der erschütterndste Bericht eines lokalen Zusammenbruchs ist die Schilderung einer Hungersnot und einer Seuche, die über Edessa und sein Hinterland hereinbrachen. Im März 500 vernichtete eine Heuschreckenplage das Korn auf den Feldern. Im April stieg der Getreidepreis sprunghaft um das Achtfache des üblichen Preises an. Eine aufgeschreckte Bevölkerung säte Hirse aus, um sich für den Notfall abzusichern. Auch diese Aussaat brachte nicht den gewünschten Erfolg. Die Menschen begannen, ihre Besitztümer zu verkaufen, aber die waren schnell nichts mehr wert. Hungernde Migranten strömten in die Stadt. Eine Seuche brach aus, höchstwahrscheinlich die Pocken. Hilfe aus dem Reich kam zu spät. «Die

Armen […] liefen umher in den Straßen, in den Portiken und in den Kirchen, um sich ein Stück Brot zu erbetteln. Es gab allerdings keinen Menschen, in dessen Haus reichlich Brot vorhanden war.» In ihrer Verzweiflung begannen sie Leichenteile zu kochen und zu essen. Sie ernährten sich von Wicken und übriggebliebenen Weinbeeren, «schliefen in den Portiken und in den Straßen und stöhnten bei Tag und bei Nacht wegen der Hungersnot». Als die Dezemberfröste kamen, raffte der «Todesschlaf» diejenigen hinweg, die den Elementen ausgesetzt waren. Die Kirche konnte sich nur um die Bergung der Leichen kümmern. Am schlimmsten betroffen waren die Migranten, aber im Frühling wurde keiner mehr verschont. «Und es starben viele von den Reichen, die nicht gehungert hatten.» Durch den Verlust der Umweltkontrolle funktionierten auch die Schranken nicht mehr, die die Reichen vor den schlimmsten Ansteckungsgefahren geschützt hatten.[29]

Vielleicht war Edessa am äußersten Osten des Reichs zu abgelegen, als dass rasch Abhilfe hätte geschaffen werden können. Doch es besteht kein Zweifel, dass diese Begebenheit, so furchtbar sie war, regional begrenzt war. Opportunistische Bakterien und Viren nutzten solche Momente des Chaos und der Schwäche. Ihr Erfolg hing nicht von ihrer ungeheuren Fähigkeit ab, Krankheiten zu übertragen, und sie drohten auch nicht, einen Flächenbrand über die Region hinaus zu entfachen. Bis zu den schweren Klimaumwälzungen des Jahres 530 und der Ankunft eines bösartigen neuen Erregers bald danach war der spätantiken Welt eine Atempause vergönnt. Die Menschen, die in diesen Jahrhunderten lebten und starben, mussten mit den altvertrauten Problemen fertig werden. Es waren unruhige Zeiten. Aber noch eine Weile blieben die Römer von Umweltkatastrophen in ganz großem Maßstab verschont. Wir werden sehen, dass Menschen weit jenseits der Grenzen nicht so viel Glück hatten und dass die Folgen am Ende das Imperium selbst erschütterten.

DIE ÜBERGEORDNETE STRUKTUR

Irgendwann während der Regierung Konstantins wurde ganz hinten im südöstlichen Winkel des Reichs in Lykopolis in Ägypten ein Mann namens Johannes geboren. Lykopolis lag in einem einsamen Landstrich am Westufer des Nils, gut 600 Kilometer stromaufwärts von Alexandria entfernt. Bei gutem Wind segelte man in einer Woche vom Mittelmeer bis Lykopolis. Ein Mönch namens Palladius besuchte den Ort gegen Ende des vierten Jahrhunderts, und seine Reise dauerte achtzehn Tage «teils zu Fuß, teils per Schiff auf dem Strom». Doch es war zur Zeit der jährlichen Nilschwemme, als «viele krank wurden, unter anderem ich selbst». Das Ziel der Reise war ein Besuch bei dem Mönch Johannes, der allein in den sonnendurchglühten Hügeln oberhalb der Stadt lebte. Johannes war zu einer religiösen Berühmtheit geworden, und die Begegnung mit dem heiligen Mann war so exotisch und aufregend wie die mit einer wilden Kreatur.[30]

Johannes kam aus einfachen Verhältnissen. Im Alter von ungefähr fünfundzwanzig Jahren entsagte er der Welt und studierte in den Mönchsgemeinschaften, die gerade in Ägypten aufkamen. Hoch oben über der Stadt mauerte er sich in einer Grotte ein, wo er dreißig Jahre in strenger Abgeschiedenheit lebte und sich nur regelmäßig seine Nahrung bringen ließ. Er hatte die Gabe des Heilens und der Weissagung empfangen (unter anderem konnte er praktischerweise vorhersagen, ob die jährliche Nilschwemme üppig oder spärlich ausfallen würde). Gegen Ende seines Lebens empfing Johannes samstags und sonntags Besucher – ausschließlich Männer – und sprach mit ihnen durch ein Fenster seiner Zelle. Sein Ruf verbreitete sich bis an die Grenzen des Imperiums. Kaiser Theodosius I. betrachtete Johannes als sein «persönliches Orakel» und entsandte mindestens zweimal am Vorabend eines Feldzugs einen kaiserlichen Boten nach Lykopolis, um die Weissagungen des Mönchs zu erfahren.[31]

Johannes' wundersame Gaben waren der Stoff, der die Phantasie des vierten Jahrhunderts beflügelte. Zum Glück hat sich im trockenen Sand Ägyptens ein schmales Bündel zeitgenössischer Briefe erhalten, aus dem wir erfahren, wie tief der Einsiedler in die Wirrnisse der Welt um ihn herum in Wahrheit verstrickt war. In einem Brief intervenierte Johannes im Auftrag eines Dorfbewohners namens Psois, der die Hilfe des Mönchs in Anspruch nahm, um seiner Einberufung zu entgehen. Der Mann hatte seine beiden Kinder verpfändet, um sich acht Goldmünzen zu leihen, die er wiederum Johannes anvertraute, damit er sie als Mittel der Überredung benutzte (was man unhöflich als Schmiergeld bezeichnen könnte). Die Bemühungen waren vergeblich. Daraufhin schnitt sich Psois einen Finger ab, ein schauriges, aber übliches Mittel, sich wehruntauglich zu machen. Das war riskant. Im Jahr 367 verfügte ein Gesetz, dass jeder Wehrpflichtige, bei dem sich herausstellte, dass er sich den Finger amputiert hatte, lebendig zu verbrennen sei. Im Jahr 381 erklärte Theodosius I. jedoch, dass «jeder, der durch die schändliche Amputation seiner Finger dem Dienst mit der Waffe entgehen will, diesem nicht entkommen, sondern mit einem Zeichen gebrandmarkt werden und Militärdienst leisten soll als schwere Arbeit, weil er sie als Ehre ablehnte». Der Drückeberger Psois scheint von diesem Gesetz nichts gewusst zu haben, und vermutlich unternahm er seinen Versuch, dem Dienst zu entgehen, ganz kurz nach der Verkündung des Gesetzes im Jahr 381.[32]

Wahrscheinlich werden wir nie erfahren, ob Johannes den unglücklichen Psois am Ende retten konnte, doch ist diese schillernde Episode ein aufschlussreiches Beispiel dafür, wie die Staatsmaschine selbst in diesem entfernten Winkel des Reichs auf die intimen Details des Lebens Einfluss nahm. Zugleich erinnert uns der wehrunwillige Dorfbewohner – ebenso wie die Flut der Gesetze in den Kodizes – daran, dass die Rekrutierung von Soldaten ein ständiges, obgleich kein rein demographisches Problem darstellte. An der Aushebung von Soldaten zeigte sich die begrenzte Macht des imperialen Staates und seiner Agenten an der Basis, die gegen eine Menge Widrigkeiten zu kämpfen hatten. Es wäre falsch, vom demographischen Tiefstand des späten dritten Jahrhunderts direkt auf die Militärkrise des späten vierten Jahrhunderts zu schließen. Dazwischen war zu vieles geschehen, und eine nicht beherrschbare Dynamik stellte die Staatsmacht in der Spätantike vor größere Herausforderungen als Verfall und Dekadenz.

Die stabilisierenden Reformen Diokletians und Konstantins sowie der Umwelthintergrund bildeten im vierten Jahrhundert den Rahmen für das Comeback des Imperiums. Dieses begann mit der demographischen Wende gegen Ende des dritten Jahrhunderts. Allerdings bremste die anhaltende monetäre Krise den Neustart. Die Silberwährung befand sich weiterhin im freien Fall. Diokletian versuchte, den alten Kurs mit Gewalt zu retten, diktierte Höchstpreise und legte den Marktwert für Gold fest. Er beschaffte das Edelmetall in riesigen Mengen, so dass das Gold zu künstlich niedrigen Preisen in den Staatssäckel gespült wurde. Doch seine Geldpolitik scheiterte, und die galoppierende Inflation dauerte im vierten Jahrhundert an.[33]

Die Instabilität der Währung lähmte die Kreditmärkte und den Handel. Doch unter Konstantin zeichnete sich langsam eine Lösung ab: eine echte goldbasierte Wirtschaft. Er ließ Gold frei zu seinem Marktpreis zirkulieren und verringerte auch das Gewicht der Goldmünze, des *solidus*, auf 1/72 eines römischen Pfunds. Diese Reformen machten den Weg frei für ein voll ausgebildetes goldgestütztes Währungssystem. Sie wurden stabilisiert durch die Erhebung neuer Steuern in Goldwährung, die dem Staat Einkünfte in Edelmetall sicherten. Konstantins Regierungszeit war eine ökonomische Wende. Unter ihm und seinem Sohn wurde der Goldsolidus faktisch zur Basis einer neuen Wirtschaft. In den 340er Jahren waren weit mehr *solidi* in Umlauf, als die eingeschmolzenen Schätze der alten Tempel und Gold aus einer neuen Nachschubquelle auf den Markt kamen. In den 350ern begann der *solidus* sogar den alten *denarius* als Recheneinheit in alltäglichen Transaktionen zu ersetzen. Wie radikal die Umstellung war, kann man sich kaum vorstellen. Tausend Jahre lang war Silber gleich Geld. Nun wurde das Leben durch ganz neues Geld geprägt, und Gold war das Maß aller Dinge.[34]

Der Staat erhob Steuern in Gold und bezahlte seine riesige Beamtenschaft in Gold. Die fiskalische Maschinerie war die Pumpe des ökonomischen Kreislaufs. In der Spätantike lebte die Marktwirtschaft rasch wieder auf, und die eigentliche Geschichte dieses Zeitalters ist die «speziell spätrömische Verbindung von Markt und fiskalischen Kräften». Diese Verbindung spiegelt sich in den Karrieren

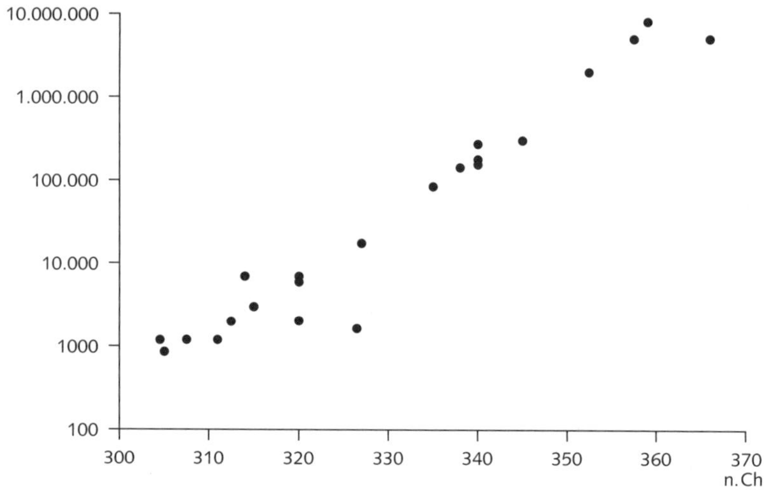

ABB. 5.4 Nominale Weizenpreise 300–375 n. Chr., Denare je Artabe Weizen

ABB. 5.5 Goldmünze (Solidus) Konstantins I.

jener Aufsteiger wider, die sowohl von den privaten Märkten als auch von öffentlichen Einkünften profitierten. Wir wissen von einem Mann namens Heliodorus, der ein Vermögen als Fischsoßenhändler machte. Er investierte seine Gewinne in Land und Sklaven und studierte Rechtswissenschaft. Für seine Dienste erhielt er vom Kaiser Landbesitz in Makedonien und Griechenland sowie «Gold, Silber, viele Sklaven und ganze Herden von Pferden und Vieh». Solche Biographien werfen ein Licht auf die sich überschneidenden Netzwerke von Kapital und kaiserlicher Patronage, die der Gesellschaft des vierten Jahrhunderts eine solche Vitalität verliehen.[35]

Durch die monetäre Sanierung erholte sich der Finanzsektor wieder. Die großen Banken im Römischen Reich waren mit dem Einbruch der Silberwährung nahezu verschwunden, doch im vierten Jahrhundert waren sie wieder da. Es gibt mehr Zeugnisse für Kredit- und Bankgeschäfte im vierten Jahrhundert als für alle anderen Perioden der römischen Geschichte. Kein antiker Text lässt sich mit der lebendigen Beschreibung vergleichen, die Johannes Chrysostomos von der Arbeit der Bankiers in Antiochia geliefert hat. Der Kreditmarkt beflügelte Investitionen und sicherte kaufmännische Unternehmungen, die der Treibstoff des Handels waren. «So will der Kaufmann reich werden, aber bleibt nicht bei dem bloßen Wollen stehen, sondern rüstet auch ein Schiff, treibt Matrosen zusammen, ruft einen Steuermann herbei, versieht das Schiff mit allem Andern, leiht Geld, durchfährt das Meer, geht in ein fremdes Land.» Die Wiederbelebung von Geld- und Kreditgeschäften reaktivierte die Handelsbeziehungen im gesamten Mittelmeerraum. Der heilige Augustinus schildert den Reiz des Kaufmannslebens in seiner Heimatstadt, dem Seehafen Hippo: «‹Schifffahrt und Handel›, sagt ein anderer, ‹das ist großartig! Man lernt andere Provinzen kennen, verdient überall Geld, ist keinem mächtigen Mann in der Stadt verpflichtet, reist ständig in fremde Länder, bereichert den Geist durch allerlei Geschäfte und Völker; und kommt man nach Hause, ist man ein reicher Mann!›»[36]

Die Netzwerke der Spätantike fußten zwar auf den Handelsverbindungen früherer Jahrhunderte, veränderten jedoch ihre Schwerpunkte. Es entstand neuer regionaler Warenumschlag, der weniger auf die Nachfrage aus Italien ausgerichtet war. Ab dem dritten und vierten Jahrhundert stiegen Ägypten und Palästina in großem Stil in den Weinhandel ein. Die Verbreitung einer bestimmten Art Töpferware, bekannt unter der Bezeichnung African Red Slip Ware, ist erstaunlich und ein Indiz für den Aufstieg Afrikas in eine bedeutende Stellung im Fernstreckennetz des gesamten Reichs. Die Jagd nach

ABB. 5.6 Mosaik, Handelsszene an der Küste, Hadrumentum, Nordafrika, Bardo-Museum

Profit verknüpfte die Teile des Reichs miteinander, das damit zu einer riesigen Freihandelszone wurde, in der clevere professionelle Händler ihr Glück machten. «Es ist wie mit dem Kaufmann, der seinen Handel treibt: Er weiß nicht nur auf einem Weg und einer Grundlage Gewinn aus seinem Handel zu ziehen, sondern er schaut sich überall gewieft und aufmerksam um, ob er Gewinn erzielen kann, wenn er sich auf ein anderes Geschäft wirft – sein ganzes Streben zielt ja darauf, Gewinn zu machen und sein Handelsgut zu vervielfachen.» Ein Leitfaden mit dem Titel *Beschreibung der ganzen Welt und ihrer Völker* (*Expositio totius mundi et gentium*) ist der Beitrag des vierten Jahrhunderts zum Genre der leicht verwendbaren Geographie für Kaufleute. Verfasst von einem Händler aus dem Osten, ist er ein «praktischer Führer zu den besten Deals an den verschiedenen Küsten des Reichs». Er ist ein Indiz dafür, wie weitgespannt die Handelsbeziehungen zu jener Zeit waren.[37]

Der Handel auf dem Meer förderte die soziale Mobilität in der Spätantike. Die sozialen Beziehungen stagnierten keineswegs, im Gegenteil, überall eröffneten sich neue Chancen.

Zufällig hat sich der Grabstein eines ehemaligen Bauern aus einem verschlafenen Nest in Tunesien erhalten, auf dem die Geschichte des Verstorbenen mit ziemlich unverhohlener Selbstgefälligkeit erzählt wird. Er wurde «in einer kärglichen Behausung geboren, und sein armer Vater besaß weder Besitz noch eine Heimstatt». Unter der «sengenden Sonne» holte er Ernte auf Ernte ein und wurde «ein Anführer statt eines einfachen Arbeiters». «Diese Mühe und mein bescheidener Lebensstil trugen Früchte und machten mich zum Herrn eines Haushalts. Sie verhalfen mir zu einem Haus, und in meinem Heim fehlt es an nichts.» Er wurde in den Stadtrat berufen, obwohl er «als Bauernsohn begonnen» hatte. Sein Fall zeigt in Kurzfassung die Möglichkeiten auf, die sich in einer offenen Gesellschaft auch fern von den Energiezentren boten.

Näher an den Knotenpunkten der Macht und des Reichtums lockten noch größere Chancen. Der neue Senat in Konstantinopel füllte seine Reihen nicht nach den alten Regeln sozialer Ungleichheit. Zum Entsetzen der alten Garde trugen nun auf einmal Söhne von Kupferschmieden, Metzgern, Tuchwalkern und Badeaufsehern die Senatorenrobe. Wie üblich unter solchen Umständen half der Heiratsmarkt, die vielleicht allzu rasche Karriere salonfähig zu machen. Die Biographie des heiligen Augustinus ist dafür ein Paradebeispiel. Sein kometenhafter Aufstieg aus der tiefen staubigen Provinz Afrika wurde vollendet durch die Verlobung mit einer Frau von einwandfreier Herkunft; zur Heirat kam es dann allerdings nicht, als er plötzlich zum christlichen Glauben konvertierte.[38]

Im Schutz des wieder erstarkenden Imperiums rührte sich eine geschäftige Gesellschaft. Komplizierte ökonomisch und rechtlich unterschiedliche Schichten strukturierten die gesellschaftliche Ordnung. Dabei war das Reich immer noch eine reine Sklavenhaltergesellschaft. Tatsächlich zeigt das Sklavensystem das Gesicht der spätantiken Gesellschaft besonders deutlich. Nach den sozialen Verwerfungen des dritten Jahrhunderts erfuhr es im Zuge der Wiederbelebung der Marktwirtschaft in den Mittelmeerländern einen massiven Auftrieb. Sklaven waren überall. Auf ihrem Rücken entstand die Grundlage vieler aristokratischer Vermögen. Eine Frau namens Melania die Jüngere, die einer der ältesten Adelsfamilien in Rom entstammte, besaß 8000 Sklaven. Allein eine ihrer Besitzungen in Süditalien hatte 2400 unfreie Arbeiter. Die fromme Melania ließ Tausende ihrer Sklaven frei, doch auch nachdem sie der materiellen

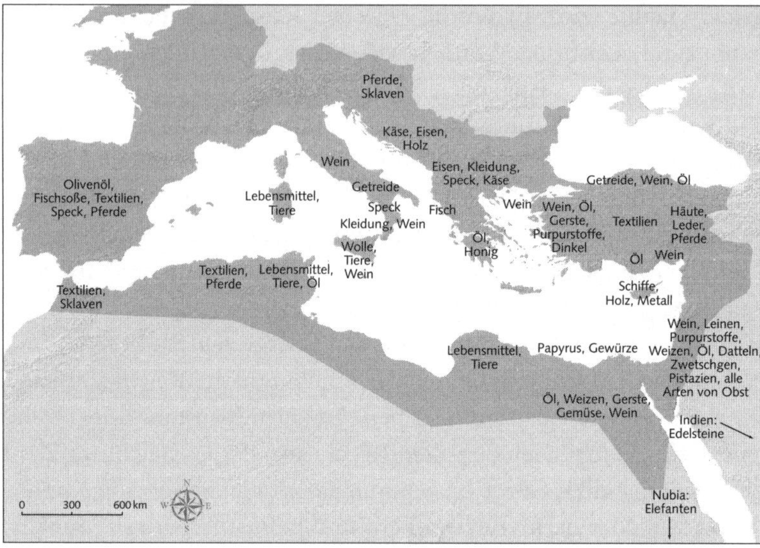

KARTE 14 Der Blick eines Kaufmanns auf das Römische Reich: Die *Expositio*

Welt entsagt hatte, hatte sie noch immer ein Gefolge von fünfundsiebzig jungen Sklavinnen und Eunuchen! Ihr Fall ist ungewöhnlich, aber dennoch aussagekräftig. Sklaverei ist Ausdruck der verborgenen Macht der Märkte hinter den sozialen Beziehungen – Märkte für Waren, Märkte für Ehrungen, Märkte für menschliche Körper.[39]

Nur wenige besaßen so viele Sklaven wie Melania. Relevanter waren die Eliten – ein Prozent der spätantiken Gesamtbevölkerung –, die «Mengen», «Scharen», «Schwärme», «Armeen» oder einfach «zahllose» Sklaven für die Arbeit im Haus wie auch auf dem Feld besaßen. Wir begegnen diesen reichen Sklavenbesitzern jedes Mal, wenn wir einen Einblick in den Lebensstil oder die ökonomischen Grundlagen der Wohlhabenden im vierten Jahrhundert bekommen. Gelegentlich erhaschen wir einen Blick auf die unterschiedliche Einschätzung von Reichtum in Bezug auf die Anzahl von Sklaven. Wir kennen eine Rede, die einen ehemaligen Offizier rühmt, der vortrefflich, jedoch «nicht reich» war: «Dieser Mann befehligte lange viele Soldaten, aber er konnte sich gerade einen einzigen Bauernhof kaufen, und mit dem war es auch nicht weit her. Er besaß elf Sklaven, zwölf Maultiere, drei Pferde, vier Hunde aus Lakonien, dabei hatte er einst die Barbaren in Schrecken versetzt.»[40]

Bezeichnend ist wohl vor allem die Allgegenwart von Sklaven in der Mittelschicht. «Auch das Haus des Armen gleicht einem Staate; denn auch hier gibt es Obrigkeiten: Es herrscht der Mann über die Frau, die Frau über die Knechte, die Knechte über ihre eigenen Frauen; dann wieder Männer und Frauen über die Kinder.» Um als einigermaßen respektabel zu gelten, musste man einen Sklaven besitzen. Im vierten Jahrhundert besaßen Priester, Ärzte, Maler, Prostituierte, Offiziere der niederen Ränge, Schauspieler, Kneipenbesitzer und Feigenhändler Sklaven. Viele Sklaven hatten selbst Sklaven. Sogar Hilfslehrer in Antiochia hatten ein paar Sklaven. Das Gleiche galt für das Hinterland. Im ganzen Reich traf man auch in bäuerlichen Haushalten Sklaven an. Aus Papyri im ländlichen Ägypten der Spätantike geht hervor, dass «der Besitz von einem oder ein paar Sklaven nichts Besonderes war. Die wirtschaftliche Bedeutung der Sklaven in solchen Haushalten war keineswegs marginal.»[41]

Die ökonomische Kluft zwischen arm und reich war im vierten Jahrhundert tatsächlich gewaltig. Die Senatorenfamilien an der Spitze waren unermesslich reich. Laut dem faszinierten Bericht eines griechischen Beobachters glich jeder der großen Senatorenhaushalte in Rom einer richtigen Stadt mit Foren, Tempeln, Brunnen, Bädern und sogar Reitbahnen. Die reichsten Häuser verfügten über Einkommen von 384 000 *solidi*, die darunter rangierenden immerhin noch über 72 000 *solidi* im Jahr. Diese Einkünfte entsprechen etwa der Jahresproduktion von 80 000 Bauernfamilien. Die fromme Melania erbte Familiengüter, die im gesamten westlichen Mittelmeer verstreut lagen: in Italien, Sizilien, Spanien, Gallien, Britannien und Afrika. Eine ihrer Farmen in Afrika benötigte zwei Bischöfe. Als ihre beiden Kinder jung starben, beschloss sie, diesen über Generationen aufgebauten Familientrust aufzulösen. Dies war ein unerhörter Verstoß gegen aristokratisches Ethos und ließ auch den Grundstücksmarkt einbrechen: Sie hatte Probleme, ihren römischen Palast an den Mann zu bringen. In Chris Wickhams Worten konnte sich «die senatorische Elite des Westens sowohl ihrer Ahnenreihe als auch ihres gewaltigen Reichtums rühmen, der, was die führenden

Familien betraf, vergleichsweise größer war als jemals in irgendeiner Aristokratie».[42]

Die wirtschaftliche Elite dieser Zeit häufte private Reichtümer an, deren Ausmaß und geographische Streuung erst wieder in der Epoche des transatlantischen Kolonialismus erreicht wurde. Trotzdem ging es beim vorherrschenden sozialen Prozess in der Spätantike nicht um die extreme Konzentration von Reichtum in der Hand einiger weniger. Die spätantike Gesellschaft war keineswegs einseitig dominiert, sondern vielmehr von normalen Menschen, die respektabel, jedoch nicht autonom und in Patronageverhältnissen eingebunden waren. Die Stadt war ein Zentrum der Produktion, des Austauschs und der Dienstleistungen. Es wimmelte von Fachleuten, Händlern und Handwerkern mit geringen Mitteln, von denen viele über ein kleines Erbe verfügten. Nur selten gewinnen wir einen Einblick in diese unspektakuläre Prosperität. Aber die Fragmente von Katastern aus Ägypten liefern den zuverlässigen Beweis, dass bescheidene Landbesitzer und unabhängige kleine Eigentümer zahlenmäßig überwogen. Reichtum war schichtspezifisch verteilt, jedoch nicht in der Hand von einigen Wenigen.[43]

Den Großteil der Gesellschaft bildete, wie immer, die schweigende Mehrheit der Bauern. Viele von ihnen besaßen kein eigenes Land. Nur gelegentlich werden in den Quellen die Klagen von Landarbeitern laut, die von gierigen Grundbesitzern erbarmungslos ausgepresst werden. Ihre Lage war prekär, jedoch nicht hoffnungslos. Der Staat war keineswegs den Interessen der Landbesitzer verpflichtet und wollte seine zuverlässigen Steuerzahler an der Basis schützen. Konstantin war sehr auf den «Zustrom der Steuereinnahmen» bedacht und erließ zum Schutz der «Masse der unteren Schichten» Gesetze, die sich mit der Steuerschätzung, der Schuldeneintreibung und auch mit Pachtverträgen befassten. Dem Zugriff des Imperiums konnte sich keiner entziehen. Auch wenn der Dichter Claudian das Landleben als verträumte Idylle zeichnete, gab es keine ursprüngliche, von der Zeit unberührte Bauernschaft. Die Archäologie straft alle solche Bilder Lügen. Die Bauern der Spätantike aßen von Tellern, die in Spezialbetrieben hergestellt wurden, und schliefen unter industriell erzeugten Dachziegeln; noch heute werden auf ihrem einstigen Grund und Boden hier und da Münzen gefunden. Sie waren in den Kreislauf des Marktes und den Geldumlauf eingebunden. Als Synesius, der Bischof einer Stadt in der Kyrenaika, die Abgeschiedenheit der «Landleute» im nordafrikanischen Hochland drastisch darstellen wollte, behauptete er, dass «es Leute bei uns gibt, die glauben, Agamemnon, der Sohn des Atreus, sei immer noch König, der große König, der einst gegen Troja zog». Doch er gestand, dass «die Leute genau wissen, dass es auch einen Kaiser gibt, denn wir werden jedes Jahr von den Steuereintreibern daran erinnert».[44]

Noch schlimmer dran als die steuerzahlenden Bauern, die sowohl von privaten Grundbesitzern als auch staatlichen Steuereintreibern ausgepresst wurden, waren die wirklich Armen, die im Schatten der antiken Gesellschaft lebten.

Wer allein auf seiner Hände Arbeit angewiesen war, war ständig von Armut bedroht. Er riskierte, in die «konjunkturelle Armut» abzusinken, wenn natürliche Klimaturbulenzen und Seuchen seine fragilen Resilienzen überforderten. Während einer in Syrien in den Jahren 384/85 wütenden Hungersnot waren die Straßen Antiochias voll hungriger Flüchtlinge, die nicht einmal mehr Gras zu essen fanden und plötzlich in die Stadt strömten, um etwas Essbares zu ergattern. «Strukturelle Armut» war sowieso ständiger Begleiter, und auf dem Land lebten die Betroffenen immer am Rande des Existenzminimums. Der heilige Martin, ein Gallier, erwähnt einen «Schweinehirten, der halbnackt in seinem Lederwams vor Kälte zittert». Vor den Stadttoren drängten sich die Armen und bettelten um Almosen, vor den öffentlichen Bädern erhofften sie sich etwas Wärme. Ihr Stöhnen erfüllte die Luft jeder spätantiken römischen Stadt. Sie waren nackt und obdachlos. «Der Himmel ist ihr Dach, sie suchen Schutz in den Säulengängen, den Gassen und verlassenen Winkeln der Stadt. Gleich Eulen verbergen sie sich in den Mauerspalten. Ihre Kleidung besteht aus erbärmlichen Lumpen. Sie sind ganz auf das Mitleid der Menschen angewiesen.»[45]

Das Elend war sichtbarer denn je in der Spätantike, und dafür sorgten vor allem die christlichen Wortführer, die sich darum bemühten, Sympathien für die Notleidenden zu wecken. Hier sehen wir das ungeschönte Bild dessen, was die damalige Gesellschaft ausmachte. Bischöfe wollten, dass das «Stöhnen und Seufzen» der Armen nicht mehr zu überhören war. «Dürfen wir sie verachten, vernachlässigen?» Daraus entstand eine neue, in großartiger Rhetorik vorgetragene Form menschlicher Solidarität, die plötzlich Licht in die dunklen Winkel der antiken Stadt brachte. Dort waren die strukturell Armen von Krankheit und Gebrechen gezeichnet. «Du siehst einen Mann, den seine schlimmen Leiden in eine Art Tier verwandelt haben. Seine Hände sind zu Klauen oder Krallen geworden, die auf von Menschen gemachten Straßen Spuren hinterlassen. Wer kann erkennen, dass es menschliche Spuren sind?» «Der kranke Arme ist doppelt arm. Denn der gesunde Arme geht von Tür zu Tür und klopft beim Reichen an oder schlägt ein Lager an der Wegkreuzung auf und grüßt alle Vorbeikommenden. Doch wer, von Krankheit geplagt, in seinem winzigen Zimmer, seiner engen Ecke eingeschlossen ist, kann nur, wie Daniel in seiner Grube, auf dich, den frommen und barmherzigen Menschen, warten.»[46]

Wir sehen die Spätantike hauptsächlich durch das Prisma der Städte. Urbanes Leben kehrte gegen Ende des dritten Jahrhunderts wieder zurück, doch es war nicht mehr ganz so wie früher. Manche städtischen Bezirke erholten sich nie mehr, andere wurden in anderer Form wiederaufgebaut. Neue Großbauten wurden errichtet, aber jetzt waren es Kirchen, die innerhalb der städtischen Gemeinschaft eine tragende Rolle spielten. Insgesamt verloren die Städte als politische Akteure einen Teil ihrer einstigen Unabhängigkeit. Die Zentralregierung bemächtigte sich ihrer Einnahmequellen und zog die Schätze und Talente ihrer Eliten magnetisch an. Doch in einem so ausgedehnten Reich spielten die Städte weiterhin eine koordinierende Rolle bei der Verwaltung des Imperiums und als Zentren des Handels und der Produktion.

All dies galt, wie üblich, in noch größerem Maße für Rom. Als Stadt war es schon immer ein etwas künstliches Gebilde gewesen und hatte eine herausgehobene Position innegehabt – aufgrund seiner politischen Privilegien und seines imperialen Anspruchs. Als sich im vierten Jahrhundert die dunklen Wolken der Krise verzogen hatten, erlebte die alte Hauptstadt eine Art goldenen Herbst. Schon längst hatte Rom seine eigentliche Macht eingebüßt. Diokletian stattete Rom einen einzigen Besuch ab. Konstantin sah die Stadt in dreißig Jahren überhaupt nur drei Mal. Das Jahr 348, hundert Jahre nach den Säkularspielen von Philippus Arabs, ging ohne Fanfarenschall vorüber, «so sehr hat die Sorge für die Stadt Rom allmählich abgenommen». Tatsächlich jedoch hatte die Stadt wenig von ihrem Glanz verloren. Als Konstantius II. im Jahr 357 in die Stadt kam, war er tief beeindruckt von dem, was er sah: «Nach welcher Seite er auch den Blick wandte, blendete ihn die Menge der Wunderdinge.» Rom blieb das symbolische Zentrum des Imperiums und ein Schwerpunkt ungeheuren Reichtums. Die *plebs* erfreute sich immer noch unvergleichlicher Privilegien. Zur Zeit des Kaisers Aurelian (reg. 270–275) erhielten die Einwohner Roms gebackenes Brot anstelle von Getreide. Der registrierten Bevölkerung wurde täglich Olivenöl ausgegeben. Regelmäßig wurde sie mit Wein zu einem Bruchteil des Marktpreises versorgt. Auch Schweinefleisch wurde umsonst verteilt, und nicht weniger als 120 000 Empfänger standen in der Spätantike auf der Liste der Schweinefleischspende. Durch die Lebensmittelzuschüsse wurde die Zahl der Bevölkerung der Ewigen Stadt künstlich in die Höhe getrieben. Nach den zuverlässigsten Berechnungen wird die Einwohnerzahl Roms im vierten Jahrhundert auf 700 000 geschätzt.[47]

Im Osten wuchs das Neue Rom in einem Tempo, das die kühnsten Träume seiner Erbauer übertraf. In weniger als einem Jahrhundert verzehnfachte sich die Bevölkerung von Konstantinopel von etwa 30 000 auf 300 000 Einwohner. Getreide, das einst für Rom vorgesehen war, war nun für die Hauptstadt des Ostens bestimmt, und so viele Schiffe verkehrten zwischen Alexandria und Konstantinopel, dass es aussah, als segelten sie auf einem Streifen «trockenen Landes». Ein grandioses Wasserversorgungssystem wurde gebaut, mit Aquädukten, die es mit Rom aufnehmen konnten. Die Stadt platzte aus allen Nähten, so dass die Mauern mehrmals erweitert werden mussten. Bis in die Zeit Justinians wurden beinahe ständig monumentale Bauprojekte verwirklicht. Konstantinopel war politisch als Hauptstadt gewollt, seine Bevölkerung wurde gezielt vergrößert, um dem Stolz des Imperiums gerecht zu werden. Doch man darf diese Stadt ebenso wenig wie Rom als bloßen Schwamm sehen,

ABB. 5.7 Darstellung Roms in der *Notitia Dignitatum* (Druck aus dem 16. Jahrhundert)

der die Menschen anzog. Sie war ein Knotenpunkt des Handels, der Finanzen und der Industrie. Schnell wurde sie zum eigentlichen Zentrum griechischer Kultur, die von hier aus in alle Richtungen ausstrahlte.[48]

Andere große Metropolen wie Antiochia, Karthago und Alexandria blühten auch ohne die politische Unterstützung auf, die den beiden Hauptstädten zuteil wurde. Alexandria hielt an seinem Anspruch fest, «die größte Stadt der bewohnten Welt» zu sein. Es rühmte sich seiner 2393 Tempel, 47 790 Häuser, 1561 Bäder und 935 Tavernen. Dies waren die Megastädte, doch dicht dahinter kamen zahlreiche Städte in der Größenordnung zwischen 50 000 und 100 000 Einwohnern, Orte wie Ephesus, Jerusalem, Caesarea, Sardis, Thessalonike, Apamea, Trier oder Mailand. Noch zahlreicher waren Städte wie Hermopolis, Hippo, Skythopolis oder Bordeaux mit Einwohnerzahlen zwischen 25 000 und 50 000. Für sie alle, auch die noch kleineren Städte, war das Vorbild die klassische antike Stadt mit öffentlichen Bädern, Kolonnaden, Foren und anderen Errungenschaften der Zivilisation. Und jetzt wurden auch Basiliken und Heiligenschreine in den Toplagen errichtet. Auch wenn die Städte vom zentralisierten imperialen Staat abhängiger geworden waren, so waren die alten Usancen lokaler Patronage keineswegs verschwunden.[49]

Die Vitalität der Städte hatte ihre Wurzeln auf dem flachen Land. Im Osten brachte das vierte Jahrhundert eine erstaunliche Blüte des ländlichen Lebens. In späteren Kapiteln werden wir das Thema noch ausführlicher behandeln, vorläufig halten wir fest, dass ein durchgängiger Wachstumszyklus bis ins sechste Jahrhundert eindeutig erkennbar ist. Im Westen ging es auf dem Land mit dem Wiederaufschwung nur schleppend voran. Massiv investiert wurde in die Befestigungen entlang von Rhein und Donau, und doch scheint die Sicherheitslage in den Grenzzonen permanent angespannt gewesen zu sein. In stabileren Gebieten im Westen, wie in Britannien, den Küstenregionen Spaniens, in Norditalien und Südgallien, herrschte rege Besiedelungstätigkeit im ländlichen Raum. In großen Teilen des Westreichs gab es einen «Landhausboom». Die meisten Standorte brachten es zu bescheidenem Wohlstand und funktionierten offensichtlich als kleine landwirtschaftliche Produktionseinheiten. Doch der Boom war lokal begrenzt. Teile der Iberischen Halbinsel und Italien waren im Rückstand und erreichten nie mehr ihre früheren Bevölkerungszahlen. Das unterschiedliche Schicksal ländlicher Gebiete im Westen wurde vom Wechselspiel des Klimawandels bestimmt, von der Integration in die Märkte und den Perspektiven lokaler Sicherheit.[50]

Zwar wuchs die Bevölkerung, doch das Ausmaß des Wohlstands war geringer geworden. Auch nach Überwindung der Krise konnten die früheren, einfachen Methoden der Rekrutierung von Soldaten nicht wiederaufgenommen werden. Der spätantike Staat regierte mit harter Hand: Diokletian und Konstantin verlangten von den Söhnen der Soldaten und Veteranen, in die Fußstapfen ihrer Väter zu treten; der Militärdienst wurde damit praktisch zu einem vererblichen Status. Eine Mischung aus roher Gewalt und finanziellem Anreiz wurde angewandt, um die Reihen der Legionäre wieder aufzufüllen. Die Standards wurden stillschweigend gelockert: 1,70 m wurde zur erforderlichen Mindestgröße – jedenfalls in der Theorie. Bekanntlich wurden Einheiten aus Barbaren rekrutiert, um die Lücken zu füllen. Es wäre jedoch zu simpel, die Probleme, die die Aushebung von Soldaten stellte, schlicht einem «Personalmangel» zuzuschreiben: Das vierte Jahrhundert hatte sich mit zumindest einer

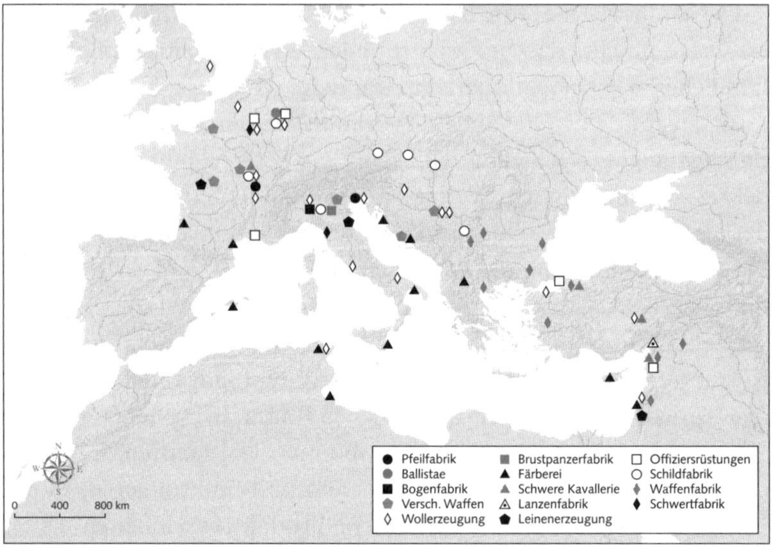

KARTE 15 Die imperiale Maschinerie der Armeelogistik

wirklich neuen Alternative zum Militärdienst auseinanderzusetzen: der Verlockung durch ein religiöses Leben für Männer, die andernfalls vielleicht dem Ruf der Waffen gefolgt wären. «Die riesige Armee des Klerus und der Mönche bestand zum größten Teil aus nutzlosen Essern.» Gegen Ende des vierten Jahrhunderts gab es vielleicht halb so viele Kirchenmänner wie Soldaten – ein nicht unerheblicher Verlust an Arbeitskräftereserven für das Imperium. Auch der öffentliche Dienst bot eine attraktive und dazu sichere Laufbahn. Das leidige Thema der Rekrutierung von Soldaten war kein rein demographisches Problem.[51]

Die Militärmacht des römischen Staates war im vierten Jahrhundert immer noch gewaltig, ihre Koordination erstaunlich. Die römische Armee verfügte über eine halbe Million Mann, darunter 70 000 Mann Spezialtruppen, die nach alten Disziplinstandards trainiert wurden. Nachschub und Ausrüstung der Armee wurden durch die bis dahin umfassendste Logistik der Welt sichergestellt. Die Versorgung mit Waffen, Rüstungen, Uniformen, Tieren und Lebensmitteln beruhte auf der imperialen Maschinerie, die Diokletian und Konstantin etabliert hatten. Der römische Legionär trug Waffen, die in über drei Dutzend staatlichen Spezialfabriken, verteilt auf drei Kontinente, hergestellt wurden.[52]

Die Offiziere trugen Rüstungen aus Bronze, verziert mit Silber- und Goldauflagen, die in fünf verschiedenen Betrieben erzeugt wurden. Römische Bogenschützen benutzten Bogen, die in Pavia, und Pfeile, die in Mâcon hergestellt wurden. Der Fußsoldat hatte eine Uniform (Hemd, Tunika, Umhang), die in staatlichen Textilwerken verarbeitet und in separaten Färbereien fertiggestellt wurde. Seine Schuhe wurden in einer Spezialmanufaktur hergestellt. Wenn ein römischer Kavallerist des vierten Jahrhunderts in die Schlacht zog, ritt er auf einer Stute oder einem Wallach, die in einem staatlichen Gestüt in Kappadokien, Thrakien oder Spanien gezüchtet worden waren. Verpflegt wurden die Truppen von schwerfälligen Geleitzügen, die Unmengen von Lebensmitteln quer durch die Kontinente schleppten. Kaiser Konstantius II. ordnete an, drei Millionen Scheffel Weizen in den Vorratsspeichern an der gallischen Grenze und weitere drei Millionen in den Alpen einzulagern, bevor sein Feldheer nach Westen vorrückte. «Wenn eine Armee Barbaren aus dem Norden einen Feldzug unternahm, dachten ihre Feldherren nicht in Größenordnungen von Millionen Scheffel Weizen.»[53]

Gegen Ende des vierten Jahrhunderts hätte ein unvoreingenommener Beobachter festgestellt, dass die römische Armee zahlenmäßig, taktisch und logistisch an allen Fronten überlegen war. Doch innerhalb weniger Generationen sollte es die römische kaiserliche Armee im Westen nicht mehr geben. Die einstigen Gebiete im Westen waren in Nachfolgereiche zerlegt. Das Scheitern des Imperiums war eine der größten strategischen Implosionen der Geschichte. Und nachdem wir eindeutig feststellen konnten, dass sich das Imperium im vierten Jahrhundert tatsächlich wieder erholte, wird es nun umso schwieriger werden, seinen Niedergang zu erklären. Der Zusammenbruch des Westreichs war nicht einfach die verzögerte Folge ungelöster Spannungen im Nachgang der Krise des dritten Jahrhunderts. Die Renaissance der Macht Roms wurde von Kräften unterbrochen, die von jenseits der Grenzen des Imperiums kamen. Die Ereignisse, die den Kollaps in Gang setzten, fanden in den unerforschten Weiten Zentralasiens statt. Die Steppenvölker im Osten waren im Begriff, in die Geschichte des Westens einzugreifen, und übten vernichtenden Druck auf die Nordgrenzen des Imperiums aus.

DIE NEUE GEOPOLITIK: DER MITTELMEERRAUM VERSUS ZENTRALASIEN

Die eurasische Steppe ist eine riesige ökologische Zone, die sich von den Ebenen Ungarns bis in die östlichen Randgebiete der Mongolei erstreckt. Es herrscht extremes kontinentales Klima mit drückend heißen Sommern und eisigen Wintern. Die Steppe ist für Bäume zu trocken, aber doch feucht genug, um nicht zur Wüste zu werden. Sie ähnelt einem ausgedehnten Teppich aus Gras und Buschland. Südlich davon liegen Wüstengebiete, die der von Süden kommende Monsun nicht erreicht. In der Wüste liegen verstreut Oasen, die seit jeher als Etappen auf der Seidenstraße dienten. Nördlich der Steppe liegt der kalte Gürtel der Taiga, und jenseits der Taiga erstreckt sich die noch kältere Zone der Tundra. Für die Niederschläge ist die Steppe auf die Westwinddrift angewiesen, die vorherrschenden Sturmbahnen der mittleren Breiten entlang der größten Landmassen zwischen Osten und Westen, zwischen Atlantik und Pazifik. Im Vergleich zur Ausdehnung der Steppe erscheint die mediterrane Klimazone klein.[54]

Für die Bewohner der klassischen Mittelmeerländer lag die Steppe jenseits von Raum und Zeit. Alles, was jenseits der Donau lag, gehörte zu den «sich unermesslich weit hinziehenden Steppen Skythiens», bevölkert von Nomaden, denen die Zyklen von Entwicklung und Niedergang fremd waren. Ethnographische Gemeinplätze, die bis auf Herodot, den Vater der Geschichtsschreibung, zurückgehen, bedurften kaum der Auffrischung. Im vierten Jahrhundert schilderte Ammianus Marcellinus die Steppenvölker in Worten, die sie kaum als vollwertige Menschen darstellten: «Sie kennen nämlich keine Hütten oder den Gebrauch der Pflugschar, sondern leben von Fleisch und der reichlich vorhandenen Milch. Sie setzen sich auf ihre

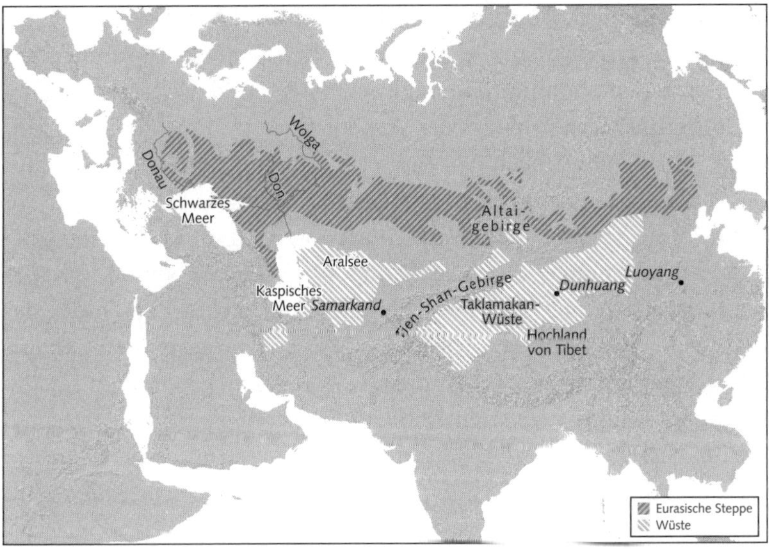

KARTE 16 Die eurasische Steppe

Wagen, die sie mit gewölbter Baumrinde bedecken, und fahren mit ihnen über die grenzenlosen Weiten hin. Sooft sie zu einem Weideplatz kommen, stellen sie ihre Karren kreisförmig auf und ernähren sich wie wilde Tiere.»[55]

Die Steppe ließ keinen Ackerbau zu und wurde daher zu den Weidegründen der Hirtennomaden. Der magere Boden verhinderte, dass sich leicht stark gestaffelte Hierarchien entwickelten. Erst gegen Ende des ersten Jahrtausends v. Chr. errichteten berittene Krieger die frühesten Reiche. Das erste große Reich dieser Art wurde um 200 v. Chr. von den Xiongnu gegründet. Der Xiongnu-Staat bildete das krasse Gegenstück zum Reich der Han in China. Dort war das Nomadentum – wie auch im Mittelmeergebiet – das ideologische Gegenbild zur Zivilisation. Der große chinesische Geschichtsschreiber Ssu-ma Ch'ien verfasste im ersten vorchristlichen Jahrhundert einen unvoreingenommenen und informativen Bericht über die Xiongnu: «Die Menschen essen das Fleisch ihrer Tiere, trinken deren Milch und tragen deren Häute; die Tiere ernähren sich von Gras und trinken Wasser, deshalb ziehen sie je nach Jahreszeit weiter. [...]

Die meisten ihrer Haustiere sind Kamele, Esel, Maultiere und ähnliche Tiere aus der Familie der Pferde. […] Die Kinder können auf Schafen reiten und mit Pfeil und Bogen Vögel und Mäuse schießen.» «Die Hauptbeschäftigung der Xiongnu ist freilich die Kriegführung.» Das Kriegerleben war ihre «angeborene Natur». Diese Schilderung hätte auch von Herodot stammen können.[56]

Jahrhundertelang stellten die Reiternomaden im Osten eine existentielle Bedrohung dar. Die Xiongnu waren ein multiethnischer Stammesbund unter der Herrschaft einer mächtigen Elite, die in der Lage war, eine überlegene berittene Streitmacht gegen den chinesischen Staat aufzustellen. Ständige Reibereien zwischen Han-Chinesen und Xiongnu erzeugten Energien und trieben auf beiden Seiten die Reichsbildung voran. Jahrhundertelang ertrugen die Chinesen die Hauptlast des Drucks aus der Steppe. Nomadische Staatenbildung richtete sich nach Osten, Druck wurde ausgeübt entlang der Grenzen zwischen den fruchtbaren Tälern Innerchinas und dem zerklüfteten Hochland Zentralasiens. Doch gegen Ende des zweiten Jahrhunderts v. Chr. begann im Inneren Asiens eine Periode undurchschaubarer Wirren, und irgendwo inmitten dieser Turbulenzen wandten sich die Steppenvölker gen Westen.[57]

Wir besitzen einen kleinen, aber unschätzbaren Einblick in das Chaos, das im Osten wie im Westen seinen Widerhall fand. Im Jahr 1907 entdeckte Sir Aurel Stein in Dunhuang eine Reihe noch versiegelter Briefe, die in einem ehemaligen Wachturm der Han am westlichen Ende des von Chinesen kontrollierten Gebiets versteckt waren. Die Briefe stammten von Kaufleuten aus Sogdia, dem kleinen, aber vitalen Staat Zentralasiens mit dem Zentrum Samarkand, einem wichtigen Umschlagplatz an der Seidenstraße. Der einschlägige Brief war in China aufgegeben und nach Samarkand geschickt worden. Verfasst um das Jahr 313 n. Chr., beschreibt er eine apokalyptische Szenerie von Hungersnot, Zerstörung und Flucht in das Kernland des östlichen Han-Imperiums. Der Kaiser musste der Gewalt weichen und seine Hauptstadt Luoyang den eindringenden Nomaden preisgeben. Entscheidend war, dass die Kaufleute aus Sogdia den Namen derer nannten, die so hemmungslos Gewalt ausübten: nämlich die *Xwn*, die Hunnen. Die philologische Arbeit von

Étienne de la Vaissière hat ergeben, dass eine enge Verbindung zwischen den Xiongnu, den Erzfeinden der Han-Chinesen, und den Hunnen bestand, die im vierten Jahrhundert Zentralasien überrannten. Inwieweit die Hunnen des vierten Jahrhunderts die direkten genetischen Nachfahren der Xiongnu waren oder ob sie nur einen furchterregenden Namen annahmen, um die Herrschaft über die Steppe zu gewinnen, ist nicht ganz klar. Xiongnu, *Xwn*, Hunnen: Jedenfalls war die am weitesten fortgeschrittene soziale Formation der Steppe im Begriff, gewaltsam nach Westen vorzudringen.[58]

Im vierten Jahrhundert waren die Vorgänge in Ost- und Westeurasien immer enger miteinander verknüpft. Fortan waren Ereignisse in den Steppen ungeheuer folgenreich für den Westen. In den Augen von Ammianus waren die kriegerischen Nomaden, die an den römischen Grenzen aufgetaucht waren, ein typischer Fall für die Launen des Schicksals – eine Sichtweise, die inzwischen wieder Anhänger gefunden hat. Nach einer Phase des Zweifels haben viele Althistoriker begonnen, Ammianus' Bericht ernst zu nehmen, in dem Wanderungen der Steppenvölker in der geopolitischen Dynamik des vierten Jahrhunderts von wesentlicher Bedeutung sind. Die Barbaren waren wieder zurück, und die Hunnen spielten dabei eine entscheidende, aber genau umrissene Rolle. «Das Vordringen der hunnischen Streitmacht kippte eine von den Goten dominierte politische Ordnung, die sich nördlich des Schwarzen Meeres seit mehreren Generationen etabliert hatte.» Migration und Invasion machten das imperiale römische Projekt der Sicherung der Nordgrenzen zunichte und unterbrachen den noch nicht abgeschlossenen Wiederaufstieg Roms.[59]

Über der Wanderung der Hunnen liegt der dunkle Schleier, der zwangsläufig die Geschichte eines schriftlosen Volks umgibt. Doch die natürlichen Archive können Licht in die Sache bringen, denn die Wanderung der Hunnen muss, unter anderem, als ein Umweltereignis betrachtet werden. Die Monsunregen bewässern die südliche Hälfte Asiens, die Gebiete nördlich der tibetischen Hochebene haben ein trockenes Kontinentalklima. Das zentralasiatische Binnenklima wird von der Westwinddrift, den Sturmbahnen der mittleren

Breiten, bestimmt, die überwiegend von atlantischen Luftmassen beeinflusst sind.

Ist die Nordatlantische Oszillation positiv, steuert der westliche Jetstream nordwärts, und Zentralasien bleibt trocken. Ist die NAO negativ, werden die Sturmbahnen in Richtung Äquator verschoben, und Starkregen gehen über der Steppe nieder. Die mittelalterliche Klima-Anomalie (1000–1300 n. Chr.), eine Periode überwiegend positiver NAO, war in Innerasien eine Zeit extremer Dürre. Im vierten Jahrhundert standen die Zeichen auf eine lang anhaltende Trockenheit. Einer der präzisesten paläoklimatischen Indikatoren ist eine Serie von Wacholder-Jahresringen aus Dulan-Wulan auf der tibetischen Hochebene. Diese Bäume befinden sich genügend weit südlich, um von einer Mischung aus kontinentalem und Monsunklima beeinflusst zu werden. Doch was sie für das vierte Jahrhundert aussagen, ist höchst bedeutungsvoll. Ed Cook hat für diese Zeit eine Mega-Dürre nachgewiesen. In den zwei Jahrzehnten von 350 bis 370 herrschte die schlimmste Dürre der vergangenen zwei Jahrtausende. Die in Zentralasien beheimateten Nomaden standen vor einer Krise, die so dramatisch war wie die Katastrophe im nordamerikanischen Dust Bowl in den zwanziger Jahren des 20. Jahrhunderts.[60]

Die Hunnen waren bewaffnete Klimaflüchtlinge zu Pferde. Ihre Lebensweise machte es ihnen möglich, in erstaunlich kurzer Zeit neue Weidegründe ausfindig zu machen. Wir wünschten, wir wüssten mehr über die innere Logik ihrer sozialen Entwicklung im vierten Jahrhundert. Zweifellos teilte die klimatische Turbulenz ein Volk oder vielmehr ein Völkergemisch in einer Periode bedeutsamer Staatsbildung. Es war nicht allein das Klima, das einfach eine Bedrohung von einer Seite der Steppe auf die andere verlagerte, sondern es wirkte sich aus im Zusammenspiel mit dem Aufstieg oder dem erneuten Entstehen aggressiver und komplexer Föderationen unter den Nomaden. Genau in der Mitte des vierten Jahrhunderts verschob sich der Schwerpunkt in der Steppe von der Altai-Region (an der Grenze des heutigen Kasachstan und der Mongolei) nach Westen. Um 370 n. Chr. überquerten die Hunnen erstmals die Wolga. Ihre Ankunft in der westlichen Steppe hatte weitreichende Folgen.[61]

Ammianus schildert sie folgendermaßen: «Die Saat des ganzen Verderbens und der Ursprung der verschiedenen Katastrophen, die die Wut des Kriegsgottes, alles mit ungewöhnlichem Brand erfüllend, heraufbeschwor, hatte folgende Ursache, wie ich erfahren habe. Das Volk der Hunnen ist den alten Schriften nur wenig bekannt. Es wohnt jenseits des Mäotischen Sees [Asowsches Meer], nahe dem Eismeer, und lebt im Zustand unbeschreiblicher Wildheit [...]. Bei ihrer reizlosen Menschengestalt sind sie durch ihre Lebensweise so abgehärtet, dass sie keines Feuers und keiner gewürzten Speise bedürfen, sondern von den Wurzeln wilder Kräuter und dem halbrohen Fleisch von jedwedem Getier leben, das sie zwischen ihre Schenkel und den Pferderücken legen und etwas erwärmen. Sie kennen niemals den Schutz von Gebäuden, meiden solche vielmehr wie Gräber [...]. Sie sind zu Fußkämpfen ungeeignet, aber auf ihren abgehärteten, doch unschönen Pferden sitzen sie wie angegossen. [...] Niemand pflügt bei ihnen oder berührt jemals den Pflug. Denn sie alle kennen keine festen Wohnsitze, sondern schweifen umher, ohne Haus, ohne Gesetz und feste Lebensweise, immer wie auf der Flucht mit ihren Wagen, auf denen sie wohnen.»[62]

Die erste Welle der Hunnenmigration nach Europa war kein koordinierter Ansturm. Im Gegenteil, zunächst kam nur «eine Reihe unabhängiger hunnischer Kriegerbanden». Doch sie brachten neue Kavallerietaktiken mit und versetzten dadurch die Bewohner der Ebenen jenseits der Donau in Angst und Schrecken. Ihre Pferde spielten dabei eine bedeutende Rolle. In einem veterinärmedizinischen römischen Text heißt es: «Für den Krieg sind die Pferde der Hunnen bei weitem die geeignetsten, weil sie harte Arbeit, Kälte und Hunger gut ertragen.»[63]

Was die Hunnen so schlagkräftig und überlegen machte, war ihre Hauptwaffe, der Kompositbogen mit hoher Durchschlagskraft. «Der Komposit- oder Reflexbogen ist sehr schwer herzustellen, und es ist auch schwer, damit umzugehen, eben weil er so schwer zu handhaben ist, wenn Treffgenauigkeit gefordert ist, denn seine Kraft macht ihn entsprechend widerständig», so ein moderner Wissenschaftler. Der hunnische Bogen hatte vermutlich eine effektive Reichweite von 150 Metern. «Wohlgeformte Bogen und Pfeile sind ihr ganzer Stolz, sicher und furchtbar sind ihre Hände; sie sind fest überzeugt, dass ihre Geschosse todbringend sind, und wenn in Rage, begehen sie schlimme Taten mit Schüssen, die niemals fehlgehen.» Die blitzartigen Vorstöße und die große Effizienz dieser berittenen Bogenschützen waren selbst für einen Mann, der schon so viel Blut auf dem Schlachtfeld gesehen hatte wie Ammianus, schockierend: «Man möchte sie […] die furchtbarsten von allen Kriegern nennen.»[64]

Die Gebiete nördlich der Donau waren über ein Jahrhundert lang von Koalitionen verschiedener gotischer Stämme beherrscht. Bis zum Ende des vierten Jahrhunderts hatten sie sich «lange Jahrhunderte […] ruhig» verhalten. Entlang der Donau hatte ein gewisses Gleichgewicht geherrscht, das die Hunnen nun über den Haufen warfen. Im Jahr 376 waren die Goten vor den Hunnen auf der Flucht und baten massenhaft um Asyl auf römischem Territorium. Bis zu 100 000 Goten – Männer, Frauen und Kinder – suchten Hilfe. Die Römer sahen in diesem Strom verzweifelter Menschen eine Chance, die Reihen ihrer Legionen aufzufüllen, doch sie bekamen die Situation nicht recht in den Griff. Einigen Goten wurde der Durchzug gewährt, und sie wurden unter römischer Überwachung über die Donau befördert. Die Flüchtlinge wurden schamlos ausgebeutet. Verhungernden Goten wurde Hundefleisch zu essen gegeben im Tausch gegen ihre Kinder. Es roch nach Rebellion, und bald wagten die Goten den offenen Aufstand. Es gelang ihnen sogar, hunnische Söldner anzuwerben. Valens, der Kaiser im Osten, eilte mit seiner Elitearmee zum Schauplatz. Am 9. August 378 stellte er sich – ohne auf Verstärkung aus dem Westen zu warten und ohne einen vernünftigen Schlachtplan – außerhalb von Adrianopel dem Feind. Das Ergebnis war die schlimmste militärische Niederlage in der römischen Geschichte. Valens selbst wurde bei dem Massaker getötet.[65]

Ammianus zufolge verlor die römische Seite zwei Drittel ihrer Männer, und die Zahl von 20 000 gefallenen Römern erscheint realistisch. Die unmittelbaren Auswirkungen waren schwerwiegend. Die Elite der Ostarmee war vernichtet, der plötzliche Verlust so großer Teile der besten Truppen und der erfahrensten Kommandeure des Reichs verheerend. Der westliche Hof berief in seiner Verzweiflung Theodosius I., den ersten nichtdanubischen Kaiser seit den Tagen des Gallienus, aus dem Ruhestand zurück. Der Aderlass der Armee war lange Zeit spürbar. Etliche Einheiten wurden nie mehr ersetzt. Wie verzweifelt die Rekrutierungsbemühungen waren – wie zum Beispiel das Schleppnetz, das über die oberägyptischen Dörfer geworfen wurde –, ist eine ganze Generation lang offensichtlich. Und aus einer Position gefährdeter Stärke heraus wendeten die Römer eine neue Art Politik an: die Ansiedlung ganzer Volksgruppen auf römischem Boden im Austausch gegen Militärdienst unter einheimischen Kommandeuren. Ein halbes Jahrtausend lang war die Aufnahme in die römische Armee eines der wirksamsten Mittel zur Eingliederung Fremder in das Imperium. Jetzt begann die «Barbarisierung» der Armee erst richtig.[66]

Unter diesen Umständen muss die Regierung des Theodosius als Erfolg gesehen werden. Doch nach seinem Tod 395 sollte es keinen Herrscher mehr geben, der beide Hälften des Reichs unter seine Kontrolle gebracht hätte. Die Macht wurde zwischen seinen beiden jungen Söhnen geteilt, und eine kurze Periode des Streits zwischen Rom und Konstantinopel schwächte zum ungünstigsten Zeitpunkt die Abwehr der nachdrängenden Goten an den Grenzen. Das «Gotenproblem» flammte wieder auf, und im Jahr 395 vereinigte ein tüchtiger König namens Alarich die Goten, die 382 angesiedelt worden waren. Er drängte auf größere Zugeständnisse just in dem Augenblick, als die Höfe von Ost und West um die Oberhoheit rangen. Der Westen scharte sich hinter der Regentschaft des Generalissimus (und Schwiegersohns von Theodosius) Stilicho, der von 395 bis zu seiner Ermordung im Jahr 408 das Heft in der Hand behielt. Für einen kurzen Augenblick schien es, als habe er der anbrandenden Flut Einhalt geboten. Im Jahr 400 feierte er triumphierend sein Konsulat in Rom. Sein Lobredner Claudian behauptete, er habe das «Gleichgewicht der Welt» wiederhergestellt. Doch die Ruhe war trügerisch. Plötzlich brach der Damm, und das Westreich verlor die Kontrolle über die europäische Geopolitik.[67]

Vielleicht hatte Stilicho auf einem Schachbrett mit zu wenigen Figuren gespielt, und im entscheidenden Moment wurde das Brett von Kräften umgestoßen, die er nicht beherrschen konnte. Als militärisches Ereignis muss der «Fall» des Westreichs in das Jahrfünft von 405 bis 410 datiert werden. Die sorgfältige Arbeit des Historikers Peter Heather hat gezeigt, dass wir die Ereignisse dieser Jahre auf zwei Ebenen betrachten müssen. Auf den ersten Blick war das Imperium gleichzeitig von mehreren Invasionen bedroht, die es ihm unmöglich machten, die Grenzen zu überwachen. Im Jahr 405 fiel ein neuer Gotenstamm von jenseits der römischen Grenze in Noricum ein und verwüstete Italien. Stilicho gelang es zunächst, ihn zurückzudrängen. Doch am 31. Dezember 406 überquerte eine andere zusammengewürfelte Streitmacht von Barbaren – unter anderem Vandalen, Alanen und Sueben – den Rhein, zog plündernd durch Gallien und fiel in Spanien ein. Sie wurden nie wieder vertrieben. Von da an konnten die Gebiete jenseits der Alpen – insbesondere Britannien, Spanien und Teile Nordgalliens – nur lückenhaft oder gar nicht mehr überwacht werden.[68]

Hinter dieser sichtbaren Oberfläche trieb eine tiefer liegende Kraft das Geschehen voran. Diese Invasionen waren keine bloßen Raubzüge, sie waren Migrationen, ganze Völker begaben sich auf Wanderschaft, mit Frauen und Kindern im Schlepptau. Und diese Bewegungen wurden von einer geopolitischen Entwicklung gesteuert, die in den Quellen nur undeutlich zu erkennen ist: die Verlagerung des Schwerpunkts der Hunnen nach Westen. Hatte die beunruhigende Ankunft von unabhängig agierenden hunnischen Kriegerbanden in den 370er-Jahren die erste Gotenkrise heraufbeschworen, so war das Chaos der Jahre 405–408 durch die Verlagerung der Hunnenmacht nach Westen ausgelöst worden. Ganze Scharen von Menschen, die nicht wie die Goten durch ein Leben an der Seite der Römer völlig assimiliert waren, strömten nun aus dem mittleren Donauraum und drangen in das Reich ein. Zum ersten Mal hören wir von Hunnen in großer Zahl, die weit im Westen operierten, ja bis in die ungarische Ebene kamen. Mit dem Hunnenkönig Uldin taucht eine Gestalt auf, die für uns mehr ist als nur ein Name. Die Hunnen suchten ihr Glück im Westen, und die Territorien, auf die sie trafen, fielen wie Dominosteine.[69]

Die Grenzsicherung war nie darauf angelegt gewesen, einem derartigen Druck standzuhalten. Die krisengeschüttelte Regierung glaubte immer noch, die Goten unter Alarich als loyale Diener in Schach halten zu können. Sie waren durch ein rechtsgültiges Abkommen gebunden, den Befehlen der Kaiser Folge zu leisten. Doch Ende 408 wendete sich das Blatt, und Alarich führte seine Streitkräfte über die Alpen und belagerte Rom. Er riegelte die Stadt von der Nahrungsmittelversorgung ab und versuchte, riesige Summen zu erpressen. Drei Jahre lang hielt Alarich die alte Hauptstadt als Geisel, und am 24. August 410 drangen seine Truppen in Rom ein. Zum ersten Mal, seit keltische Stämme 390 v. Chr. die Stadt eingenommen hatten, fiel die Ewige Stadt in Feindeshand. Obwohl die christlichen Goten Alarichs die Stadt vor hemmungsloser Plünderung verschonten, war die Symbolwirkung gewaltig. «Das hellste Licht der Welt war ausgelöscht, das Haupt des Römischen Reichs abgeschlagen, oder um es klar zu sagen: mit der einen Stadt ging die ganze Welt zugrunde.» Der Schock dieses Ereignisses war Anlass für Augustinus' Meisterwerk *Der Gottesstaat;* der einzige Trost war der Gedanke, dass alle menschlichen Dinge vergänglich sind.[70]

Die Unfähigkeit, dem Unvorstellbaren Einhalt zu gebieten, macht deutlich, wie unvermittelt das Westreich sein Vorrecht auf Koordinierung der Streitkräfte verloren hatte. Im fünften Jahrhundert wird seine Macht zunehmend gebrochen, und die territoriale Hegemonie im Westen geht Stück für Stück verloren. Einstige Provinzen wie Britannien verschwinden einfach aus dem Blickfeld und sind auf ihre lokalen Ressourcen angewiesen, während andere wie Afrika am helllichten Tag gekapert werden. Einige Ansiedlungen – der Goten in Aquitanien, der Burgunder in Savoyen, der Ostgoten in Italien – wurden mit einem gewissen Maß an rechtlicher Korrektheit verwaltet, doch das Imperium verhandelte aus einer verzweifelten Lage heraus. Entscheidungen wurden zugunsten des Kernlands getroffen, die Bewohner der Provinzen wurden benachteiligt, ihre Loyalität geriet ins Wanken. Überall war die einheimische römische Bevölkerung gegenüber den Neuankömmlingen in der Überzahl, doch an der Spitze des Staates standen nun Barbaren. Es gab im Westen noch ein paar schmale Korridore in Italien und Gallien, doch die Maschinerie der Macht war nicht mehr römisch.[71]

OST UND WEST: UNTERSCHIEDLICHE SCHICKSALE

Der letzte und berühmteste Akt der Hunnen war mehr eine «Zugabe» als eine entscheidende Szene. Als das Römische Reich taumelte, rüstete der berüchtigte Hunnenkönig Attila seine Streitmacht auf. Mehr als ein Jahrzehnt war er eine existentielle Bedrohung für das Ostreich sowie für das, was vom römischen Westen noch übrig war. Die ganzen 440er Jahre hindurch verwüstete er den Balkan und mästete seine Gefolgschaft mit geplündertem Gut. Bei einem schweren Erdbeben im Jahr 447 fiel die große Mauer von Konstantinopel (siebenundfünfzig Türme stürzten ein), und damit war die Hauptstadt des oströmischen Reichs schutzlos ihren Feinden preisgegeben. Nur die Wälle des lokalen Krankheitspools hielten die anrückende Bedrohung zurück. «Sie stolperten über den Stein der Krankheit, und die Rosse stürzten hin [...]. Ihn, der so geschickt mit dem Bogen zu schießen verstand, streckte die Krankheit des Gedärms nieder – die Reiter auf den Rossen schlummerten, und die grausame Armee verstummte.» An seiner letzten Verteidigungslinie wurde das Römische Reich vom unsichtbaren Ring der Keime geschützt, die ahnungslosen Eindringlingen auflauerten.[72]

Seine beiden größten Feldzüge sparte Attila für Italien und Gallien auf. An der Spitze einer Armee aus Hunnen und Germanen überschritt er 451 den Rhein. Seine Streitmacht traf in offener Feldschlacht auf Aetius, einen römischen General, an der Spitze einer Armee aus Römern und Germanen. Die Pattsituation verzögerte den Vormarsch der Hunnen, die sich jetzt weit jenseits ihres Steppengebiets befanden. Aber Attila war noch nicht am Ende. Im Jahr 452 fiel die hufeklappernde Horde in Italien ein. Die Reiter plünderten die Poebene, Mailand fiel widerstandslos, und Attila besetzte den Kaiserpalast. Erbost über eine Darstellung toter Hunnen am Kaiserthron, machte er einen Künstler ausfindig, der «Attila auf dem Thron malen [sollte], mit den römischen Kaisern, die zu seinen Füßen Säcke voll Gold ausschütten». Da schnell klar wurde, dass das Vordringen der Hunnen nach Mittelitalien nicht aufzuhalten und nennenswerter militärischer Widerstand nicht zu leisten war, schickten die Römer in ihrer Verzweiflung eine von Papst Leo persönlich angeführte Gesandtschaft.[73]

Es ist eine der Merkwürdigkeiten der Geschichte, dass sich die Hunnen über die Alpen in die ungarische Ebene zurückzogen. Attila war alles andere als ein tumber Barbar. «Trotz seiner übergroßen Wildheit kämpfte der scharfsinnige Mensch [...] erst einmal mit List.» Was die Invasoren vertrieb, waren aus der Sicht eines antiken Chronisten «vom Himmel geschickte Katastrophen: Hungersnot und irgendeine Krankheit». Der Rückzug war nämlich die vorhersehbare biologische Folge des Zusammentreffens von Eindringlingen mit einer einheimischen Krankheitsökologie. Das Kernland des Reichs war ein Schutzpanzer aus Krankheitserregern. Der unbesungene Retter Italiens in dieser Angelegenheit war möglicherweise sogar die Malaria. Die Hunnen, die ihre Pferde in den feuchten Niederungen weideten, Brutstätten der Moskitos, die das tödliche Protozoon übertragen, waren leichte Beute für die Malaria. Am Ende war es wohl eine weise Entscheidung des Hunnenkönigs, seine Reiter in die höheren Regionen jenseits der Donau zurückzuführen, wo es kühl und trocken war und wohin die Anopheles nicht folgen konnte.[74]

Als die Hunnen in die Steppe zurückwichen, war die römische Welt, die sie im Staub hinter sich ließen, kaum mehr erkennbar als die, auf die sie in den Tagen vor Adrianopel gestoßen waren. Abgeschnitten von der zentralen Regierung, verkümmerten die alten Strukturen im Westen rasch. Wir wissen vom tragischen Fall einer tapferen römischen Einheit, die jahrzehntelang in der Grenzprovinz Noricum die Stellung gehalten hatte. Als ihr Sold ausblieb, schickten sie eine Abordnung nach Italien, um ihren Sold abzuholen, doch «niemand hatte bemerkt, dass sie unterwegs von Barbaren getötet worden waren». In diesen Tagen hatte «die weströmische Armee als staatliche Institution aufgehört zu existieren». Und wenige Jahre später, 476, gab es im Westen keinen römischen Kaiser mehr.[75]

Fast überall im Westen wurde die Wiedergeburt des Reichs im fünften Jahrhundert gewaltsam ins Gegenteil verkehrt. Die römische Effloreszenz welkte dahin. Die Städte schrumpften. Nach dem Boom beim Bau von Landhäusern im vierten Jahrhundert findet sich im fünften Jahrhundert so gut wie kein Neubau mehr. Gebäude, die weiterhin bewohnt wurden, wurden anscheinend anders bewirtschaftet. Die Zirkulation von Vermögen war unterbrochen. An der Geldwirtschaft wurde beharrlich festgehalten, aber die Menschen mussten verzweifelt alte, beschnittene, wieder in Umlauf gebrachte oder gefälschte Münzen weiterverwenden in einer Welt, deren Wirtschaftssystem Stück für Stück auseinandergebrochen war. Der Handel der Eliten und die lokalen Netzwerke verschwanden nicht vollständig, doch insgesamt gesehen war die Welt schlichter, die Kluft zwischen Wohlhabenden und Habenichtsen tiefer geworden. Nach dem Zusammenbruch der großen Privatvermögen, die in der Verbindung von Märkten und dem Dienst im Imperium gebildet worden waren, war die Kirche auf einmal die reichste Grundbesitzerin der Gesellschaft – und entsprechend mächtig.[76]

Am stärksten hatte sich die Stadt Rom verändert. Die Einwohnerzahlen waren völlig eingebrochen. Für Beobachter im frühen sechsten Jahrhundert war unübersehbar, dass in Rom nur noch der Schatten seines einstigen Glanzes übriggeblieben war. «Es ist offenkundig, wie groß die Bevölkerung der Stadt Rom war, wurde sie doch versorgt mit Nahrungsmitteln, die sogar von weit entfernten Gegenden herbeigeschafft wurden [...]. Die riesige Ausdehnung der Stadtmauern zeugt von der Menge der Bürger, ebenso wie das gewaltige Fassungsvermögen der Bauten, die der Unterhaltung dienten, die wundervollen großen Bäder und die vielen Wassermühlen, die besonders die Lebensmittelversorgung sichern sollten.» Die Entvölkerung veränderte die Krankheitsökologie der Stadt radikal. Sogar das Profil der saisonalen Mortalität veränderte sich, was daran ablesbar ist, dass es weniger christliche Grabsteine gibt. Insgesamt schlug die Amplitude der jahreszeitlich bedingten Schwankungen in der Mortalität weniger extrem aus. Junge Menschen waren weiterhin am anfälligsten für die verheerende Wirkung der Sommerkrankheiten, und wie immer rafften die Winterfröste die Gebrechlichen dahin. Bei den Erwachsenen ist jedoch ein weniger ausgeprägtes und nun bimodales Frühjahr-Herbst-Muster erkennbar. Es ist gut möglich, dass Rom, einst eine Stadt von Einwanderern, die auf den einheimischen Erregerpool der Stadt ohne in der Kindheit erworbene Immunabwehr trafen, nun von einer rein «lokalen» Bevölkerung bewohnt war, die zwar wie eh und je für Malaria anfällig, jedoch resistenter gegenüber dem Spektrum heimischer Erreger war, die alljährlich im Sommer die Stadt heimsuchten. Rom war jetzt wie jede beliebige andere Stadt geworden.[77]

Diese Veränderungen zeichneten sich in weiten Teilen der nordwestlichen Provinzen des Reichs ab. In Afrika war die Veränderung weniger massiv, und der Osten blieb großenteils dank seiner geographischen Lage hinter seinen natürlichen Barrikaden geschützt. Wir sollten die Ereignisse des fünften Jahrhunderts nicht beschönigen, doch dürfen wir auch nicht davon ausgehen, dass die Westprovinzen in den auf den Fall von Rom unmittelbar folgenden Jahrzehnten in ein dunkles Zeitalter versunken wären. Sicherlich gab die Hauptstadt im Osten nie den Traum von der Reichseinheit auf, auch wenn ihre Politik eigennützig und ihr Augenmerk immer wieder anderswohin gerichtet war. Die Situation der Regionen im Westen in den Jahrzehnten um 500 ist schwer zu definieren, vielleicht gerade deshalb, weil es kein Gleichgewicht gab. Die Logik einer poströmischen Ordnung konnte sich nicht durchsetzen und ihre Möglichkeiten konnten nicht zur Geltung kommen, als die Welt auf einmal von den irredentistischen Ambitionen eines oströmischen Kaisers und den Launen der Natur, die seine Pläne durchkreuzten, auf den Kopf gestellt wurde. Hatte die Umwelt auch eine Zeitlang keine Probleme bereitet, so dass menschliches Handeln in den Mittelpunkt rückte, so war die Natur nun aber im Begriff, wieder die Hauptrolle zu übernehmen.

6

DIE WEINPRESSE DES ZORNS

EINE ZEREMONIE IM HERZEN DES IMPERIUMS

Im fünften und beginnenden sechsten Jahrhundert war das Band des Imperiums in den Westprovinzen zerschnitten, und die Kräfte politischer Entropie hatten die Oberhand gewonnen. Die Zentripetalkraft, die von Diokletian und Konstantin in Gang gesetzt worden war, wirkte weiter und konzentrierte die Macht in der Hauptstadt, in der Bürokratie, am Hof – und im Mittelpunkt all dessen in der von Gott erwählten Gestalt des Kaisers selbst. Die Macht der Aristokratie, der Regierung und der Armee, alles ging von seiner geheiligten Energie aus. Lange Zeit schien im Ostreich dieses Modell autokratischer Macht vom Glück begünstigt. Im sechsten Jahrhundert erschienen die Horizonte des Römischen Reichs dank der Blüte der östlichen Provinzen unendlich. Der imperiale Staat mit Konstantinopel als Mittelpunkt war immer noch völlig spätrömisch geprägt, und erst im Licht späterer Geschichte erkennen wir, wie sich Schatten der Zukunft von Byzanz sichtbar über das ganze Imperium legen.

Diokletian hatte der Farce der Staatsform, die den Kaiser als Ersten unter Gleichen, als Mitbürger mit der Tugend der *civilitas*, darstellte, ein Ende bereitet. Er bekleidete das Amt des Kaisers mit erhabener und ehrfurchtgebietender Majestät. In der Folge – oder auch als Ausgleich – wurde die spätrömische Staatsführung zu einem unnötig zeremoniellen Geschäft. Wie weit das Bedürfnis nach zeremonieller Selbstdarstellung ging, können wir zum Beispiel daran ermessen, wie der Staat aus etwas so Bürokratischem wie der

Überprüfung der kaiserlichen Getreidevorräte ein feierliches Spektakel zu machen verstand. Bei diesem Ritual bestieg der Kaiser seinen Wagen, wobei ihm der Prätoriumspräfekt, der zweitmächtigste Mann im Staat, die Füße küsste. Er paradierte an der großen Pferderennbahn und den öffentlichen Bädern vorbei, weiter bis zum geschäftigen Marktviertel von Konstantinopel und zu den gewaltigen öffentlichen Speichern am Goldenen Horn, wo Schiffe in den alten Häfen vor Anker lagen. Dort präsentierte ihm der Verwalter der Kornspeicher die Papiere. Der Kaiser prüfte persönlich die Auflistung der Bestände, und wenn alles zu seiner Zufriedenheit war, wurden der Verwalter und sein Buchhalter mit zehn Pfund Gold und einer «ganzseidenen» Tunika belohnt. Wenn die Nahrungsmittelversorgung der Stadt ausreichend gesichert war, kehrte der Kaiser mit großem Pomp in seinen Palast zurück.[1]

Zeremonien dieser Art waren im spätrömischen Reich unverzichtbares Mittel der Kommunikation. Die Inspektion der Kornspeicher war eine Zurschaustellung der kaiserlichen Macht bei der inszenierten Erfüllung seiner wichtigsten Verpflichtung: sein Volk mit Nahrung zu versorgen. In einer Stadt mit etwa einer halben Million Einwohner war die Lebensmittelversorgung nie eine Selbstverständlichkeit. Das System mobilisierte Ressourcen aus dem ganzen Imperium. Eine umfangreiche, von den Palastbeamten überwachte Bürokratie koordinierte die Auslieferungen an die Hauptstadt und die Armee. Seit den Tagen Konstantins waren in der Hauptstadt des Ostens 80 000 Einwohner berechtigt, Brot gratis zu erhalten, und da stets ein Aufruhr in der Bevölkerung zu befürchten war, musste in den Häfen ständig genug Getreide vorhanden sein, damit eine halbe Million Menschen satt wurde. Wie seit eh und je war Ägypten die Kornkammer des Imperiums. Von den frühen Jahren der Regierung Justinians (reg. 527–565) wissen wir, dass jährlich 8 Millionen *artabai* – 310 000 m^3 – Getreide von Alexandria in die Hauptstadt verschifft wurden.

Wir wissen nicht, ob Justinian der Kaiser war, der die feierliche Korninspektion eingeführt hatte, aber es würde bestens zu ihm passen. «Wir kümmern uns selbst um die kleinsten Dinge», tönte er in einem Gesetz. «Und noch viel weniger vernachlässigen wir

ABB. 6.1 Darstellung Konstantinopels in der *Notitia Dignitatum* (Druck aus dem 16. Jahrhundert)

Angelegenheiten, die wichtig sind und unseren Staat stark machen.»[2]

Diese Feier vergegenwärtigt die globalen Netzwerke, die in Konstantinopel zusammenliefen. Die Versorgung mit Getreide verband die Stadt mit Höfen und Feldern selbst in den entlegensten Winkeln Oberägyptens. Konstantinopel war im sechsten Jahrhundert ein quirliger Umschlagplatz für Menschen und Waren von überall her. «So strömt aus der ganzen Welt eine bunte Menschenmenge in der Stadt zusammen. Jeder von ihnen kommt, geleitet von einem Geschäft oder einer Hoffnung oder aus Zufall.» Latein blieb die offizielle Sprache im Reich, doch auf den Straßen hörte man auch Syrisch und Aramäisch, Koptisch und Äthiopisch, Gotisch und Hunnisch, Persisch und Arabisch und natürlich Griechisch. Es war nicht übertrieben, die Hauptstadt als globalen Dreh- und Angelpunkt zu betrachten. Sie bezog Waren aus der ganzen bekannten Welt, wie zum Beispiel Seide, die der Lohn für die treuen Diener des Kaisers geworden war. Und wo Menschen und Güter zirkulieren, reisen Keime mit.[3]

Die eigentliche ökologische Lektion aus der feierlichen Inspektion der Getreidebestände verbirgt sich in den großen Lagerhäusern, die es überall in der spätrömischen Welt gab. Die Lagerung von Getreide war wichtig für das Sicherheitsbedürfnis der Mittelmeerbevölkerung. Das weitverzweigte Netzwerk von Städten, Schiffen und Kornspeichern bildete ein ganzes Ökosystem, das gewissermaßen eine Einladung für eine Spezies war, die sich unheimlicherweise zu echten «Tischgenossen» der Menschen entwickelt hatte: *Rattus rattus*, die schwarze Ratte bzw. Hausratte.

Wenn Justinian und seine Entourage sich den Lagerhallen näherten, flohen bestimmt ganze Scharen von Ratten ins Dunkle. «Lautlos wie Spione huschen sie im Schatten, entlang der Fassaden oder durch die Rinnsteine, spähen hierhin und dorthin, schnüffeln mit zitternder Schnauze, und nichts von dem, was um sie herum passiert, entgeht ihnen.» Dies schreibt ein New Yorker Schriftsteller in der Mitte des zwanzigsten Jahrhunderts, bevor die Schädlingsbekämpfung in der modernen Stadt obsiegt hatte (soweit man das tatsächlich behaupten kann). In der antiken Stadt war der Kampf gegen die Rattenplage aussichtslos. Die Hausratte vermehrt sich sehr schnell, das Nahrungsangebot bestimmt die Größe der Population – und Ratten lieben Getreide. Dank ihres langen Schwanzes sind sie geschickte Kletterer. Zu Hunderten reisen sie auf Schiffen mit. Aus der Rattenperspektive war das Römische Reich ein wahres Schlaraffenland – in der römischen Welt wimmelte es von ihnen.[4]

Das Zusammentreffen globalen Handels mit der Nagetierplage war die ökologische Voraussetzung für die schlimmste Seuche, die die Menschheit je erlebt hatte: die erste Pestpandemie. Norman Cantor schrieb über den Schwarzen Tod im Mittelalter: «Es war, als wäre eine Neutronenbombe explodiert.» Der *erste* Auftritt des Schwarzen Todes in der Spätantike ist, zu Unrecht, weniger berühmt. Im Jahr 541 tauchte die Pest an den Küsten Ägyptens auf. Sie verbreitete sich in der gesamten römischen Welt und darüber hinaus und verschwand auf geheimnisvolle Weise erst zweihundert Jahre später. Das Trauma der Pandemie im vierzehnten Jahrhundert bildet in vielerlei Hinsicht die Schwelle zwischen mittelalterlicher und moderner Welt, und die zersetzende Kraft der ersten Pestpandemie kann als Übergang von der Antike zum Mittelalter betrachtet werden. In einem größeren Rahmen betrachtet, war die Erfahrung der Menschheit während der vergangenen anderthalb Jahrtausende von der tödlichen Wirkung eines einzelnen mikrobiellen Erregers geprägt, der die Beulenpest verursacht, ein Bakterium, das unter der Bezeichnung *Yersinia pestis* bekannt ist.[5]

Die Pest tötet massenhaft und wahllos. Im Vergleich zu den Erregern der Pocken, der Grippe oder des Filovirus ist *Y. pestis* eine riesige Mikrobe, die mit einem ganzen Waffenarsenal daherkommt. Doch sie benötigt dauerhaft einen Wirt. Das heißt, ihre Verbreitung in epidemischen Phasen hängt von einem heiklen Verhältnis zwischen Wirt und Überträger ab. Eine pandemische Seuche ist ein kompliziertes Zusammenspiel, langwierig in der Vorbereitung, unvergesslich in ihrem Auftritt. Einmal in Gang gekommen, ist die Pest eine überwältigende biologische Kraft. Im sechsten Jahrhundert löste das Zusammenwirken von Evolutionsgeschichte und Humanökologie eine Naturkatastrophe aus, die sowohl an Intensität als auch an Dauer sogar die Seuchen des zweiten und dritten Jahrhunderts übertraf. Die Pestpandemie war genauso eine Naturkatastrophe wie ein zerstörerischer Hurrikan, der eine riskant nahe am Meer gebaute Siedlung vernichtet. Sie war eine Verschwörung zwischen ungezähmter Natur und menschengemachter Ökologie des Imperiums.

Hoffentlich macht die detaillierte Erforschung der Geschichte der Seuchen im Römischen Reich noch deutlicher, welch epochales Ereignis die erste Beulenpestpandemie war. *Y. pestis* ist ein wahrhaft außergewöhnlicher Widersacher, der sich zu einem globalen Killer entwickelt hat. Genetische Studien zu diesem Bakterium ergeben zunehmend Aufschlüsse über seine Geschichte und Biologie. Die Biologie dieses einzelnen Bakteriums ist einer der bestimmenden Faktoren der Weltgeschichte in den vergangenen anderthalb Jahrtausenden. Auch in diesem Fall hing seine interkontinentale Ausbreitung von dem höchst komplizierten Zusammenwirken von menschlichen Netzwerken, Nagetierpopulationen, Klimawandel und pathogener Evolution ab. Heute können wir nur darüber staunen, dass purer Zufall es dieser todbringenden Mikrobe ermöglichte, eine Spur der Verwüstung von Innerasien bis zum Atlantik zu ziehen.

Die Ankunft des Pestbakteriums an den Küsten des Römischen

Reichs war der Vorbote eines neuen Zeitalters. Während der zwei Jahrhunderte, in denen es grassierte, kam es zu einer demographischen Stagnation. In Verbindung mit der Klimaverschlechterung, die als Spätantike Kleine Eiszeit bekannt ist – das Thema des folgenden Kapitels –, unterminierte die Pandemie die letzten Fundamente der alten Ordnung.

RECONQUISTA UND RENAISSANCE

Justinian regierte als Kaiser von 527 bis 565. Schon vor Ende der ersten Dekade seiner Herrschaft hatte er mehr erreicht als die meisten, die je diesen Titel getragen hatten. In der ersten Zeit seiner Regentschaft ging es Schlag auf Schlag wie kaum je in der römischen Geschichte. Zwischen seiner Thronbesteigung im Jahr 527 und dem Ausbruch der Pest im Jahr 541 schloss Justinian Frieden mit Persien, brachte weite Teile der westlichen Territorien wieder unter römische Oberhoheit, kodifizierte das gesamte römische Recht, erneuerte das Finanzwesen und veranstaltete die größte Bauorgie in den Annalen der römischen Geschichte. Er überlebte einen gefährlichen städtischen Aufruhr und versuchte auch mit Hilfe seiner eigenen theologischen Schriften, in einer zerstrittenen Kirche eine orthodoxe Einheit zu schmieden. Bis zum Ausbruch der Pest war er nur in seiner Religionspolitik gescheitert.[6]

Justin, der Onkel Justinians, der 517 den Thron bestiegen hatte, war eigentlich nicht zum Kaiser geboren. Er stammte aus bescheidensten Verhältnissen. Seine Gegner behaupteten, er sei praktisch Analphabet gewesen. Bei der Thronbesteigung war er siebzig Jahre alt und kinderlos, doch er hatte seinen Neffen Petrus Sabbatius in die Hauptstadt geholt und adoptiert, worauf dieser den Namen Justinian annahm. Er wurde auf seine künftige Rolle vorbereitet und übernahm im Jahr 527 die Alleinherrschaft.

Bereits in der Antike wurde er geliebt und gehasst. Unermüdlich arbeitete er Tag und Nacht. Er war rücksichtslos und absolut selbstbewusst. In der unabhängigen und starken Theodora fand er eine würdige Partnerin. Sie war Schauspielerin gewesen und hatte der

Halbwelt angehört (was sogar ihre Anhänger zugaben). Entschlossen setzte Justinian das jahrhundertelang geltende Verbot einer Mesalliance mit anstößigen Personen außer Kraft. Der Gesetzestext ist überliefert: «Wir glauben, wir können auf diese Weise, so gut wir es vermögen, die Güte und große Gnade, die Gott dem Menschengeschlecht angedeihen lässt, nachahmen, Gott, der geruht, die täglichen Sünden der Menschen zu verzeihen, unsere Reue anzunehmen und uns wieder zur Besserung zu führen.» Es wäre, als würde ein amtierender Präsident eine Kardashian heiraten. Kein anderer Kaiser war zu seinen Lebzeiten Zielscheibe so vieler gehässiger Kommentare. In der *Geheimgeschichte* von Prokop, einer reißerischen Kritik an der Regierung Justianians, ist das kaiserliche Paar schamlos und verkommen, wenn sie nicht gar Teufel sind. In der orthodoxen Tradition sind Justinian und Theodora hingegen zu Heiligen verklärt.[7]

Der Widerstand gegen Justinians Herrschaft formierte sich rasch. Dem Establishment waren seine Verwaltungsreformen verhasst. Die betuchte Elite und die zentrale Bürokratie steckten unter einer Decke. Steuern wurden erhoben, Schmiergelder bezahlt. Justinian legte den übertriebenen Eifer des Außenseiters im Kampf gegen die Korruption an den Tag. Der Mann fürs Grobe war ein Mann namens Johannes der Kappadokier, dem es um Effizienz, Transparenz und direkte Kontrollvorgaben ging. Der Verkauf von Regierungsposten wurde verboten, die Organisation der Provinzen neu konzipiert und der Ermessensspielraum der lokalen Eliten beschnitten. Den Mandarinen von Konstantinopel, denen Johannes als rücksichtslos, habgierig und ungehobelt galt, machte er schwer zu schaffen. Die schwelende Unzufriedenheit führte zum berühmten, von der entmachteten aristokratischen Fraktion angeführten Nika-Aufstand des Jahres 532. Ganze Viertel der Hauptstadt wurden niedergebrannt, unter anderem die Vorgängerkirche der Hagia Sophia. Das Regime überlebte dank brutaler Vergeltungsmaßnahmen: Tausende wurden niedergemetzelt. Justinians Herrschaft hatte sich durchgesetzt.[8]

Diese Umtriebe tragen entscheidend dazu bei, wie wir Justinians Regierung insgesamt bewerten. Der Kaiser hatte sich seiner gebildeten Verächter entfremdet und sie gegen sich aufgebracht. Seine Regentschaft gehört zu den seltenen Fällen, in denen Geschichte von den Verlierern geschrieben wurde. Justinians Gegner haben uns das Bild eines außer Kontrolle geratenen Regimes überliefert: Die Kriege und das großzügige Bauprogramm waren ihnen zufolge überzogen, erkauft mit dem Blut der Provinzen und letztlich zum Scheitern verurteilt. Der Henker Johannes war der Gehilfe, der die größenwahnsinnigen Ideen des Kaisers ins Werk setzte. Doch ist dieses Bild nicht wirklich glaubwürdig. Justinian bemühte sich um fiskalische Ausgewogenheit für seine ehrgeizigen Pläne. Seine Reformen beeindruckten A. H. M. Jones, den besten Kenner der spätrömischen Verwaltung. Und selbst wenn man zwischen den Zeilen seiner Gegner liest, sind die erstaunlichen Fähigkeiten der Menschen, mit denen Justinian sich umgab, unverkennbar. Vielleicht war seine größte Begabung sein unbestechliches Auge für Talent. Johannes, sein Präfekt, Tribonian, sein Anwalt, Anthemius, sein Architekt, Belisar, sein General, und Theodora, seine Frau – sie alle sind außergewöhnliche Persönlichkeiten, ausgewählt von Justinian. Möglich, dass seit den Tagen des Augustus nie wieder soviel Begabung auf einmal zusammenkam.[9]

Was sie geleistet haben, ist gut dokumentiert. An erster Stelle ist das *Corpus iuris civilis* zu nennen, der Meilenstein in der Kodifizierung des römischen Rechts. In Gibbons Worten: «Die eitlen Namen der Siege Justinians sind zu Staub zerfallen, doch der Name des Gesetzgebers ist einbeschrieben in ein gerechtes und unvergängliches Denkmal. Unter seiner Herrschaft und seiner Ägide wurde das Zivilrecht in den unsterblichen Werken des Kodex, der Pandekten und Institutionen zusammengestellt.» Justinian war sich der Größe seiner Leistung durchaus bewusst. «Die Aufgabe erschien uns höchst schwierig, ja unmöglich. Dennoch übernahmen wir, mit gen Himmel gereckten Händen um die Hilfe des Ewigen flehend, diese Aufgabe im Vertrauen auf Gott, der in seiner Allmacht Unternehmungen unterstützen und vollenden kann, die gänzlich hoffnungslos sind.» Unter der Leitung von Tribonian fasste Justinians Team tausend Jahre Gesetzgebung und juristisches Schrifttum zu einem konsistenten Ganzen zusammen. Im Jahr 534 war das grandiose Werk vollendet.[10]

Justinians Bauprogramm spricht für sich selbst. Die Hagia Sophia ist ein technisches Wunderwerk. Sie ist der größte Kuppelbau der Antike, «steigt doch das Gotteshaus fast zu himmlischer Höhe empor». Die Kuppel des Pantheons erscheint klein im Vergleich zu dem Gewölbe der Hagia Sophia, die die Grundformen einer axialen Basilika mit der Symmetrie eines Vierecks verbindet, über dem sich die Kuppel 56 Meter hoch erhebt. Vielleicht war Justinian der größte Schutzpatron in der gesamten Kirchengeschichte. Allein in der Umgebung von Konstantinopel baute er dreißig Kirchen. Die Nea-Kirche in Jerusalem, die der Gottesmutter Maria geweiht ist, war ein ähnliches Wunder; würde sie noch stehen, wäre sie jedem der größten antiken Bauwerke ebenbürtig. Im ganzen Reich ließ der Kaiser Hospitäler und Armenhäuser bauen. Prokop zählt ungefähr 600 Militärposten auf, die Justinian auf dem Balkan besuchte; auch die Grenze zu Persien wurde massiv verstärkt. Justinians Bauprogramm verrät einen Sinn für das Praktische. Die Getreideschiffe, die in Alexandria ablegten, mussten häufig auf günstige Winde warten, um die Meerenge des Hellespont zu durchfahren. Justinian baute Kornspeicher auf der Insel Tenedos im Süden, die groß genug waren, um die Ladung der ganzen Flotte aufzunehmen. Von dort wurde das Getreide auf Lastkähnen in die Hauptstadt transportiert. Ohne auf Südwind warten zu müssen, konnte man zwei oder drei Fahrten in einer einzigen Saison bewältigen.[11]

Justinian war der letzte der großen römischen Umweltarchitekten. Der starke Staat unterwarf immer noch die Natur seinem Willen in einem Maße, das Trajan beeindruckt hätte. Die Eindämmung von Überschwemmungen war ein Hauptproblem in Griechenland, Anatolien und auch noch im nördlichen Mesopotamien. Nach einer verheerenden Flut in Edessa gestaltete Justinian die gesamte Umgebung um und schuf ein neues Bett für den Fluss Skirtus. Den Cydnus leitete er um Tarsus herum. Die Überreste der Sangarius-Brücke in Bithynien sind bis heute beeindruckend. Der Fluss Dragon überflutete ständig sein Mündungsgebiet am Marmarameer. Justinian ließ einen Wald roden und formte die Ebene so um, dass die Flut eingedämmt werden konnte. Er ließ baufällige Aquädukte instandsetzen und neue errichten. In Konstantinopel baute er eine riesige Zisterne, um Frischwasser für die Sommerzeit zu speichern.[12]

Der Feldzug zur Rückgewinnung der westlichen Provinzen war sein kühnstes Unternehmen. Justinians Muttersprache war Lateinisch, denn er stammte aus dem Donaugrenzland. Träume von einer Rückeroberung des westlichen Kernlands beflügelten seine revanchistischen Pläne. Im Jahr 532 unterzeichnete er den – optimistisch so genannten – Ewigen Frieden mit Khusro I., seinem persischen Gegner, und wandte sich dann nach Westen. Belisar führte einen Feldzug gegen die Vandalen an. Eine reguläre Streitmacht, bestehend aus 15 000 Soldaten und einer Flotte von 500 Transportschiffen, errang einen schnellen Sieg. 534 kehrte Belisar nach Konstantinopel zurück und führte den besiegten Vandalenkönig im Triumphzug durch die Stadt. Nordafrika blieb fest in römischer Hand, bis es im Zuge der islamischen Eroberungen dem Reich entrissen wurde.[13]

Die Vertreibung der Ostgoten aus Italien war erfolgreich, aber nicht auf Dauer. 536 wurde Belisar nach Westen entsandt und eroberte in kurzer Zeit Sizilien, Neapel und Rom. 540 hielt er einem Gegenangriff stand und nahm Ravenna ein. Er erbeutete den königlichen Schatz und nahm den Gotenkönig Vitiges gefangen; und wieder kehrte er im Triumph nach Konstantinopel zurück. Als er dann jedoch an die persische Grenze beordert wurde, wo die Lage brenzlig war, ließ sich die Herrschaft über Italien nicht wirklich festigen. Bis Mitte der 550er Jahre kam es zu heftigem Widerstand. Dann wurde im Jahr 568 ein kurzer, brüchiger Friede durch den Einfall der Langobarden unterbrochen. Jahrhundertelang kontrollierten die Byzantiner die Außenposten Rom und Ravenna sowie Gebiete in Süditalien. Am Ende hatte «Justinians Traum von der Erneuerung des Westreichs Italien nicht viel mehr als Elend gebracht». Doch dieses Ergebnis lag im Jahr 540 noch in weiter Ferne.[14]

Erneute feindselige Auseinandersetzungen mit Persien spalteten die Kräfte des Imperiums. Im Frühjahr 540 überrumpelte Khusro I. die Römer und startete die aggressivste persische Invasion seit Shapur I., der mitten in der Krise des dritten Jahrhunderts Rom attackiert hatte. Die hilflos seinem Vormarsch ausgelieferten Städte wurden eine nach der anderen erobert. Antiochia wurde geplündert – «eine alte und hochberühmte Stadt [...], die, was Reichtum, Größe, Einwohnerzahl, Schönheit und sonstige Vorzüge anlangt, an erster Stelle unter den Römerstädten des Ostens steht». Khusro I. badete im Mittelmeer, aber Belisar kam mit seinen Truppen zu Hilfe, und binnen kurzem machte Khusro wieder kehrt in Richtung Persien. In dieser Stunde der Ungewissheit ging die Bombe hoch.

Im Jahr 541 erreichte die Seuche Pelusium, eine Stadt im Osten des Nildeltas. Im darauffolgenden Frühjahr war der unsichtbare Feind in der Hauptstadt. Dies war der Moment eines gewaltigen Umbruchs. Die große Pest stand am Beginn dessen, was «das *andere* Zeitalter Justinians» genannt wurde. In den folgenden dreiundzwanzig Jahren überlebte seine Regierung im Schatten der Pestilenz. Dem Staat fiel es schwer, eine schlagkräftige Armee aufzustellen. Die Steuern stiegen in schwindelnde Höhen. Über dem Kaiser, der selbst die Beulenpest überlebt hatte, hingen dunkle Wolken. Es war eine Zeit furchtbarer Rückschläge. «Ich kann nicht verstehen [...], wie es denn Gottes Wille sein soll, die Macht eines Mannes und einer Stadt erst zu erheben, um sie dann in tiefem Sturze zu vernichten, alles, ohne dass uns ein Grund ersichtlich wird.»[15]

WIE EIN KILLER ENTSTEHT: EINE NATURGESCHICHTE VON *YERSINIA PESTIS*

Schon seit langem sind Zeugnisse aus dem sechsten Jahrhundert überliefert, die von hochdramatischen Naturereignissen während der Regierungszeit Justinians berichten. Heutige Historiker haben sich bemüht herauszufinden, was genau sie mit zeitgenössischen Berichten anfangen sollten, die zwangsläufig wissenschaftlich unpräzise sind und die Mutmaßungen und Vorurteile einer ganz anderen Zeit widerspiegeln. Inzwischen wurde der Erreger der Justinianischen Pandemie zweifelsfrei als das Bakterium *Yersinia pestis* identifiziert. Zuverlässige Labors haben sein Genom aus archäologischen Überresten von Opfern der Krankheit sequenziert. Das ist zunächst einmal ein sehr wichtiger Anhaltspunkt und grenzt Spekulationen ein, wenn wir uns eingehender mit den Auswirkungen des historischen Zusammentreffens des Römischen Reichs mit dem Seuchenbazillus beschäftigen.

Das Bakterium *Yersinia pestis* war der Auslöser von drei historischen Pandemien. Die erste brach unter Justinian aus. Die Pandemie des Mittelalters begann mit dem Schwarzen Tod in den Jahren 1346 bis 1353 und dauerte beinahe ein halbes Jahrtausend. Eine dritte brach 1894 in Yunnan, China, aus und verbreitete sich weltweit. Bei diesen drei Episoden handelte es sich eigentlich um unglaubliche Zufälle. Die Menschen sind nur zufällige Opfer, die von einer Krankheit betroffen werden, die im Grunde eine Nagetierseuche ist. Vom Bakterium aus betrachtet, ist der Mensch ein jämmerlicher Wirt, denn er stirbt meist, bevor die Konzentration der Bakterien in seinem Blut ausreicht, damit Flöhe die Krankheit auf andere Opfer übertragen. Meist ist ein mit dem Bakterium infizierter Mensch eine Endstation, kein Überträger. Heute ist *Yersinia pestis* auf der ganzen Welt in Nagetierkolonien enzootisch (dauerhaft vorhanden in einer Tierpopulation). Und dort lauert es im Geheimen.[16]

Yersinia pestis entwickelte sich zu einem tödlichen Killer, der wahllos zuschlägt und eine ausgeprägte Vorliebe für eine bestimmte Art von Vektoren besitzt. Um zu verstehen, wie Menschen zu einem Kollateralschaden in pandemischem Ausmaß werden konnten, muss man die Biologie von *Yersinia pestis* in den Blick nehmen. Seine genetische Geschichte und seine Mikrobiologie sind vermutlich intensiver erforscht worden als die jedes anderen wichtigen Pathogens. *Yersinia pestis* ist eine wiederkehrende Infektionskrankheit und offiziell als Bioterror-Bedrohung eingestuft. Durch puren Zufall trat *Yersinia pestis* bei der Entstehung der Paläomikrobiologie in Erscheinung: Im Jahr 1998 sequenzierte ein französisches Labor *Yersinia-pestis*-Gene aus einem Massengrab des achtzehnten Jahrhunderts; damit begann die Untersuchung alter DNA. Mehr noch: Die Gattung *Yersinia* wird als ein «Modell» pathogener Evolution betrachtet, und auf seine Mikrobiologie richtete sich die besondere Aufmerksamkeit der Wissenschaft.[17]

Die Gattung *Yersinia* gehört zur Familie der Enterobakterien, einer Gruppe gramnegativer Stäbchenbakterien, zu der auch gewöhnliche Darm-Pathogene wie *Salmonella, E. coli* und *Shigella* gehören. Die Gattung *Yersinia* umfasst achtzehn Spezies. Fünfzehn davon sind ungefährlich für den Menschen – sie leben im Boden oder im Wasser und können bei Säugetieren keine Krankheiten hervorrufen. Drei Spezies von *Yersinia* haben jedoch die Fähigkeit entwickelt, Säugetiere zu infizieren: *Y. enterocolitica, Y. pseudotuberculosis* und *Y. pestis*. Diese drei haben Gene erworben, mit denen sie sich selbst gegen starke Immunsysteme behaupten können, Gene, die jedoch außerhalb des Chromosoms in sogenannten Plasmiden erworben wurden. Plasmide sind ringförmige Moleküle, die im genetischen Material schwimmen, das einige spezialisierte Gene kodiert: Man könnte sie sich als genetische Apps vorstellen. Die Biographie von *Yersinia pestis* kann als Geschichte von drei Plasmiden zusammengefasst werden. Das erste, bekannt als yPV (Schlüsselelement der *Yersinia*-Virulenz), besitzen auch *Y. enterocolitica* und *Y. pseudotuberculosis*. yPV erzeugt eine tödliche Waffe: eine Nadel, die (bei Berührung) spezielle Proteine in die Zellen des Wirts einschleust, wodurch sein Immunsystem zusammenbricht. Diesen Vorgang hat man auch schon als «*Yersinias* Todeskuss» bezeichnet. Der Erwerb dieser Nadel war der erste Schritt in der Entwicklung von *Yersinia* hin zu einer noch tödlicheren Wirkung.[18]

Allerdings hatte die Gattung *Yersinia* mit dem Erwerb von yPV noch nicht ihr Monster, *pestis*, hervorgebracht. Sowohl *Y. enterocolitica* als auch *Y. pseudotuberculosis* existieren noch heute als pathogene Mikroben. Im Menschen verursachen sie selbstlimitierende Gastroenteritis; sie dringen auf fäkal-oralem Weg ein, vermehren sich in den Eingeweiden und führen zu Durchfall, verlieren jedoch am Ende den Kampf gegen das Immunsystem. *Yersinia pestis* entwickelte sich aus dem *Y. pseudotuberculosis*. Vor schätzungsweise 55 000 Jahren divergierte es durch Hinzufügung und Tilgung von Genen. *Yersinia pestis* verlor etwa 10 Prozent der Gene von *Y. pseudotuberculosis*. Der zweite entscheidende Schritt war der Erwerb eines zweiten tödlichen Plasmids namens pPCP1. Es verwandelte ein bis dahin eher harmloses Darm-Pathogen in einen Killer. pPCP1 erzeugt ein Enzym (bekannt als pla, Plasminogen-Aktivator), das

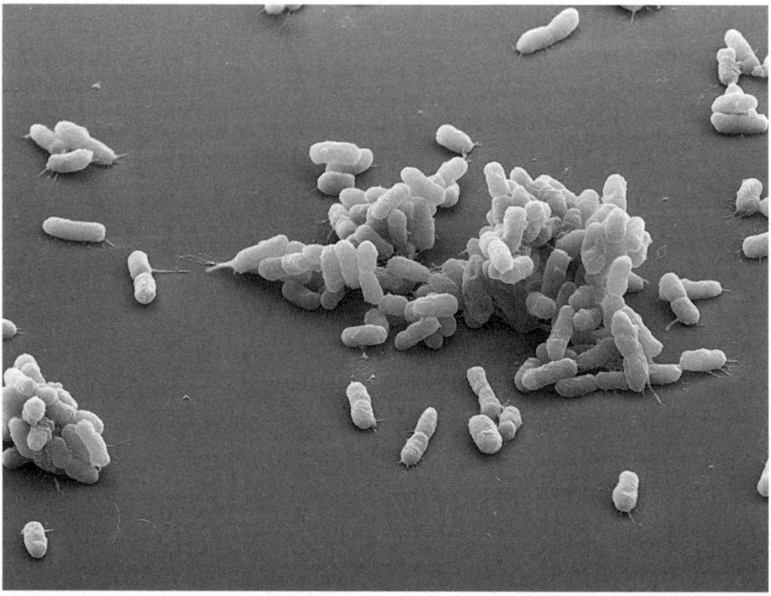

ABB. 6.2 *Yersinia pestis.* Das tödlichste Bakterium aller Zeiten (Elektronenmikroskopische Aufnahme)

Yersinia pestis eine unbändige Zerstörungskraft verleiht und tief ins Gewebe eindringen kann.[19]

Mit dem Plasmid pPCP1 war *Yersinia pestis* in der Lage, einen Menschen über Tröpfcheninfektion anzustecken und die Lungenpest zu verursachen; dabei kommt es zunächst zu heftigem Fieber. Innerhalb von drei Tagen wird das körpereigene Immunsystem mattgesetzt, und die Todesrate geht gegen 100 Prozent. Seit etwa 55 000 Jahren ist *Yersinia pestis* in der Lage, diese zumeist tödliche Erkrankung der Atemwege auszulösen. Möglicherweise konnte das frühe *Yersinia pestis* durch den Biss von Ektoparasiten wie zum Beispiel Flöhen übertragen werden; das Bakterium hatte jedoch noch nicht die genetische Ausstattung, um im Darm des Flohs zu überleben. Daher beruhte jede Ansteckung auf diesem Weg auf der sogenannten «mechanischen Übertragung», das heißt, der Ansteckung durch Keime, die sich auf dem infizierten Stechrüssel befinden, ganz ähnlich wie durch eine verunreinigte Nadel. Im Fall von *Yersinia pestis* ist die Effizienz dieser Art von Übertragung begrenzt. Doch archäologische DNA, die unlängst im nördlichen Eurasien auf Skeletten aus der Bronzezeit gefunden wurde, legt nahe, dass die Geschichte der Seuchen weit zurückreicht.[20]

Die Epidemiologie der Vorfahren von *Yersinia pestis* kennen wir freilich noch nicht gut. Um zum Akteur einer pandemischen Seuche zu werden, musste noch ein drittes Plasmid (pMT1) ein Gen entwickeln (*ymt*), das ein Protein kodiert, das als «mausletales Toxin» bekannt ist. Es spielt eine unverzichtbare Rolle: Es schützt das Bakterium im Vormagen des Flohs. Nun konnte das Bakterium einen Biofilm im Magen des Flohs ausbilden, wo es sich sehr schnell vermehrte; da ihr Verdauungsapparat blockiert war, bissen die hungrigen Flöhe neue Opfer, wobei sie Bakterien absonderten. Diese genetische Anpassung erleichterte es *Yersinia pestis*, auf Gliederfüßern als Vektoren von Wirt zu Wirt zu reisen, was natürlich von großem Vorteil für seine Verbreitung war. *Yersinia pestis* war nun eine von Flöhen übertragene Seuche. Man weiß schon lange, dass sich das Bakterium auf den orientalischen Rattenfloh, *Xenopsylla cheopis*, spezialisiert hat, auch wenn in jüngerer Zeit erkannt wurde, dass der Pestbazillus eine ganze Reihe verschiedener Flöhe infizieren und blockieren kann. Als blinder Passagier in Flöhen konnte *Yersinia pestis* zum außer Kontrolle geratenen Killer werden. Die Übertragung durch Flohstiche ist auch für das charakteristischste Krankheitsbild der Beulenpest unerlässlich: nämlich die geschwollenen Lymphknoten, Bubonen genannt. Die Erreger dringen eher durch die Haut als durch das Einatmen infektiöser Tröpfchen in den Körper ein und befallen die Lymphknoten, aus denen sich ebendiese Bubonen entwickeln.[21]

Das moderne *Y. pestis* entwickelte sich nicht lange vor etwa 951 v. Chr., denn ein Genom, das einem Knochenfund aus diesem Jahr entnommen wurde, verrät die Existenz aller drei Plasmide, zusammen mit den entscheidenden Genen, die einen Ausbruch verursachen. Als Seuche bei Nagetieren und Flöhen, die gelegentlich auf Menschen überspringt, ist *Yersinia pestis* in evolutionärer Hinsicht ein Neuling und ganz bestimmt ein *enfant terrible*.

Moderne *Yersinia-pestis*-Genome sind ausgiebig untersucht wor-

Tabelle 6.1 Die Entwicklung eines Monsters

Anzestrale Yersinia	*Y. pseudotuberculosis*	*Frühe Y. pestis*	*Moderne Y. pestis*
		vor ca. 55 000 Jahren	vor ca. 3000 Jahren
Nicht pathogen	Selbstbegrenzende Enteritis	Pneumonie	Pneumonie/ Beulen
	ppV (bildet T3SS)	pPCP1 (bildet pla)	pMT1 (bildet ymt)
	Kämpft gegen generische Immunabwehr	*Befällt aggressiv Gewebe und zerstört es*	*Überlebt im Flohdarm*

den, und die heutige Verbreitung genetischer Varianten innerhalb der Spezies auf dem ganzen Globus liefert einen entscheidenden Aufschluss für die Geschichte des Erregers. Die ursprünglichsten und vielfältigsten Stämme von *Yersinia pestis* wurden in Zentralasien gefunden, und es steht praktisch fest, dass die genetischen Vorgänge, die zur Evolution des modernen *Yersinia pestis* führten, dort stattgefunden haben. Das Qinghai-Tibet-Plateau in China scheint die ursprüngliche Heimat des Pestbazillus zu sein, zumindest nach den bislang verfügbaren genetischen Daten. Die längste Zeit überdauerte *Yersinia pestis* in der Natur durch Übertragung zwischen wildlebenden Wirten. *Yersinia pestis* kann wahrscheinlich jedes Säugetier infizieren, doch hauptsächlich gedeiht es unter gesellig in Erdhöhlen lebenden Nagern wie Murmeltier und Gerbil (Nacktsohlenmaus), deren Lebensweise die Übertragung durch Flöhe begünstigt. Die große Rennmaus Zentralasiens und das asiatische Murmeltier sind offenbar teilweise resistent gegenüber der Krankheit und gestatten dadurch dem Bakterium, längere enzootische Perioden zu überstehen. Dank seiner Anpassungsfähigkeit brauchte sich *Yersinia pestis* nicht auf einen einzigen Wirt zu verlassen.[22]

Dreitausend Jahre lang war das moderne *Yersinia pestis* eine enzootische Seuche, die Erdhöhlen bewohnende Nager in Zentralasien befiel. Wahrscheinlich werden wir nie in Erfahrung bringen, wie bewegt der Verlauf der Seuche bei Nagetieren verlief. Da Flöhe das Bazillus übertragen konnten, konnte es von seinem ständigen Wirt auf die verlockende, jedoch instabile Welt der Nager überspringen. Breitete sich die Seuche weiter aus, fand das Bakterium neue Wirte, bei denen es kurzfristig zu epizootischen Massenvermehrungen kommen konnte. Die schwarze Ratte bzw. Hausratte scheint unheimlich dafür geeignet, die Ausbreitung der Seuche zu begünstigen. Ihre Gewohnheiten, ihre Eigenart und ihre rasche Vermehrung machen sie sowohl zu einem hilflosen Opfer der Pest als auch zu einem unfreiwilligen Helfer der Verbreitung des Bakteriums. Sie ist nicht das ideale ständige Reservoir für die Seuche, doch sie ist besonders wichtig, weil sie den Weg für eine pandemische Pest beim Menschen ebnet. Die schwarze Ratte ist untrennbar mit der Geschichte der Pest verbunden, so wie wir sie kennen.[23]

Die schwarze Ratte lebt kommensal, liebt die enge Nachbarschaft zum Menschen und schätzt die Nahrung und den Schutz, den er ihr, ohne es zu wollen, bietet. Die Ratte ist ein Allesfresser, hat jedoch einige ausgeprägte Vorlieben wie zum Beispiel für Getreide. Dank ihres langen Schwanzes kann sie gut klettern. Sie lebt häufig oberirdisch. *Rattus rattus* ist auch aus gutem Grund als Schiffsratte bekannt, denn sie tummelte sich zielstrebig auf Schiffen und mästete sich an den Vorräten der Seeleute. Die Hausratte geht nicht gern von sich aus auf Wanderschaft, sie ist eher ortsgebunden. Sie vermehrt sich das ganze Jahr über, und ausgewachsene Weibchen können fünfmal im Jahr Junge zur Welt bringen; die Tragzeit beträgt 3 bis 4 Wochen, und die Neugeborenen werden nach 3 bis 5 Monaten geschlechtsreif. Im Allgemeinen begrenzt das Nahrungsangebot die Größe der Population eines kleinen Säugetiers mit explosivem demographischem Potential. Katzen, Eulen und andere kleinere Fleischfresser fallen als Fressfeinde wenig ins Gewicht. Wo es genug Futter gibt, vermehrt sich die Hausratte rasant.[24]

Sie wird von einem kleinen Floh geplagt, *Xenopsylla cheopis*, dem orientalischen Rattenfloh, der in ihrem Fell haust und sich von ihrem Blut ernährt. Wenn sich eine Seuche ausbreitet, ist der Floh der Hauptvektor für *Yersinia pestis*, den der Floh von infizierten Ratten aufnimmt und auf andere überträgt. Das ausgezeichnete

Immunsystem der Hausratte wehrt sich dagegen, doch das bewirkt nur eine Konzentration des Bakteriums im Blut, bevor die Ratte eingeht. Schrumpft dann die Rattenpopulation, braucht der hungrige Floh dringend neue Nahrung und nimmt mit Menschenblut vorlieb. Eine epidemische Seuche beim Menschen spielt sich also in zwei Phasen ab. Zunächst muss *Yersinia pestis* sein wildes enzootisches Wirtsreservoir auf einen epizootischen Bereich ausweiten. Dann erst springt es vom kommensalen Nager auf den Menschen über. Die Epidemie beim Menschen ist der Nebeneffekt des epizootischen Vorgangs unter Nagetieren.[25]

Dies jedenfalls ist das klassische Modell. Jahrzehntelang wurde es aus unterschiedlichen Gründen angefochten. In erster Linie war die Identität des Erregers des Schwarzen Todes sehr umstritten. Bezweifelt wurde hauptsächlich, ob eine derart weitverbreitete und hochbrisante Pandemie wie die des Mittelalters allein von Ratten und Flöhen verursacht sein konnte. Der DNA-Nachweis hat nun die Kontroverse über die Identität des Erregers beigelegt, doch die epidemiologische Frage bleibt ungelöst. Über mögliche andere Wege des Bakteriums im Lauf einer Pandemie wird eine konstruktive Debatte geführt. Möglicherweise ging die Übertragung – ohne Ratten – auch durch andere Ektoparasiten wie den Menschenfloh oder die Laus vonstatten, was zur weiteren Verbreitung der Seuche beigetragen haben könnte. Es sieht ganz so aus, als sei der Menschenfloh, *Pulex irritans*, mitschuldig, und dieser Übertragungsweg könnte das «klassische» Modell zusätzlich überlagert haben.[26]

Andere Übertragungswege – wie die Direktübertragung der Lungenpest von Mensch zu Mensch in größerem Ausmaß – erscheinen alles in allem als wesentliches Element bei der Verbreitung der Pest unwahrscheinlich. Doch unterschätzen wir nicht die Wandlungsfähigkeit von *Yersinia pestis*. Das Pestbakterium kann ein breites Spektrum von Nagern und anderen Säugetieren befallen, und vielleicht stellt sich heraus, dass die Rolle anderer kleiner Säuger wie Hasentiere bisher nicht erkannt wurde. Vielleicht waren sie unauffällige Glieder in der Kettenreaktion der pandemischen Pest. Zwar müssen wir die zentrale Bedeutung des *Rattus rattus* und des orientalischen Rattenflohs als Hauptüberträger bei den Pandemien beto-

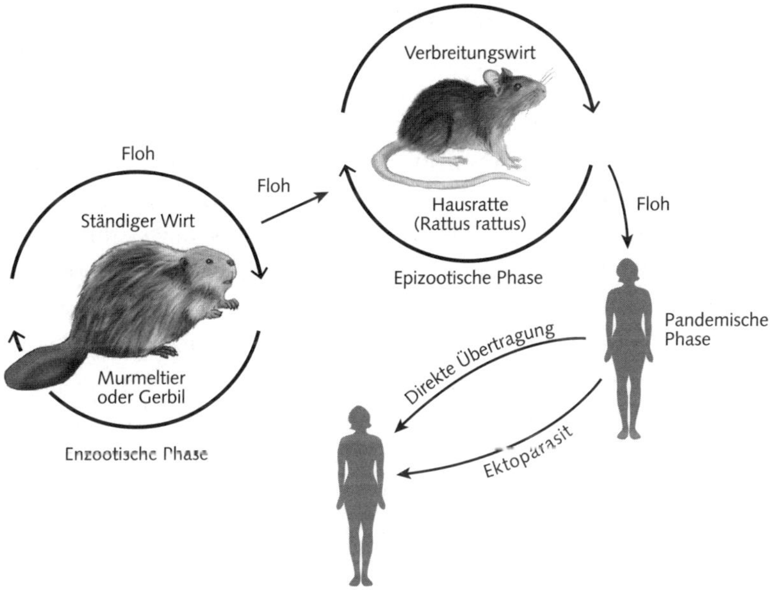

ABB. 6.3 Klassisches Modell des Pest-Zyklus

nen, aber *Yersinia pestis* hat möglicherweise seine Anpassungsfähigkeit genutzt und sich während der großen Ausbrüche über andere Säuger und Humanparasiten verbreitet. Die Pestpandemie war eine Supernova von Keimen.[27]

Bevor die Pest zur Pandemie werden konnte, musste eine komplizierte ökologische Plattform vorhanden sein. Die Besiedlung des Westens durch die Hausratte war eine Voraussetzung dafür. Nicht schon immer lebten Ratten in den von Rom beherrschten Gebieten. Die Hausratte ist in Südostasien heimisch und breitete sich erst in jüngerer Vergangenheit nach Westen aus. Sie ist ein Bioinvasor, und ihr letzter großer Vorstoß nach Westen wurde durch das Römische Reich erheblich beschleunigt. Nach Michael McCormick scheint «die Ausbreitung der Ratte in ganz Europa ein integraler Bestandteil der römischen Eroberung» zu sein.

Die frühesten Anzeichen für das Vorhandensein der Hausratte im westlichen Mittelmeerraum stammen aus der späten römischen Republik des zweiten vorchristlichen Jahrhunderts. Bislang herrschte

Zweifel darüber, ob die Hausratte zur Zeit Justinians schon so weit vorgedrungen war, um für die erste Pandemie verantwortlich zu sein, doch vor fünfzehn Jahren hat McCormick nachgewiesen, dass die Ratte in Gegenden anzutreffen war, in denen man sie bislang nicht vermutet hatte. Obwohl Rattenknochen von Archäologen leicht übersehen werden, kamen inzwischen neue Erkenntnisse in Bezug auf den Rattenatlas des Römischen Reichs hinzu. In England zum Beispiel folgte die Hausratte den römischen Eroberern und drang tief ins Hinterland ein. Die Abhängigkeit des imperialen Systems von Transport und Lagerung von Getreide machte das Römische Reich zu einem Paradies für die Hausratte.[28]

Das Römische Reich lieferte die ökologische Umgebung für die Pestpandemie. Ein kleines, aber interessantes Detail: Griechen und Römer kannten bereits die Beulenpest, bevor sie unter Justinian ausbrach. In den frühen medizinischen Schriften von Hippokrates taucht sie zwar nicht auf, aber Rufus von Ephesus berichtet Ende des ersten Jahrhunderts von «übelriechenden Pusteln». Er zitiert andere Autoritäten, die Pestausbrüche in Libyen, Syrien und Ägypten beobachtet hatten. Ein anderer Zeitgenosse, Aretäus von Kappadokien, erwähnt ebenfalls übelriechende Pusteln. Allerdings muss es sich hierbei um ein lokal begrenztes, nicht besonders gravierendes Auftreten der Seuche gehandelt haben. Galen mit seiner breiten klinischen Kenntnis und Erfahrung ist die Beulenpest jedoch nicht bekannt. Oribasius, ein Arzt aus dem vierten Jahrhundert, der eine ausführliche medizinische Enzyklopädie verfasste, zitierte Auszüge von Rufus über die Beulenpest. Doch in seinem kürzeren, auf die medizinische Praxis bezogenen Handbuch wird die Seuche nicht mehr erwähnt. Es war kein praktisch anwendbares Wissen.[29]

Mag sein, dass sich die Pest schon vor Justinians Regierungszeit im Imperium bemerkbar gemacht hatte, doch noch nicht in Form einer Pandemie. Bis zum sechsten Jahrhundert waren die Bedingungen für den großen Auftritt noch nicht gegeben. Eine Kombination genetischer oder ökologischer Faktoren stand dem Ausbruch einer Pandemie entgegen. Möglicherweise gab eine geringfügige genetische Veränderung den letzten Anstoß. Die DNA von *Yersinia pestis,* entnommen von Opfern der späten Bronzezeit, besaß alle not-

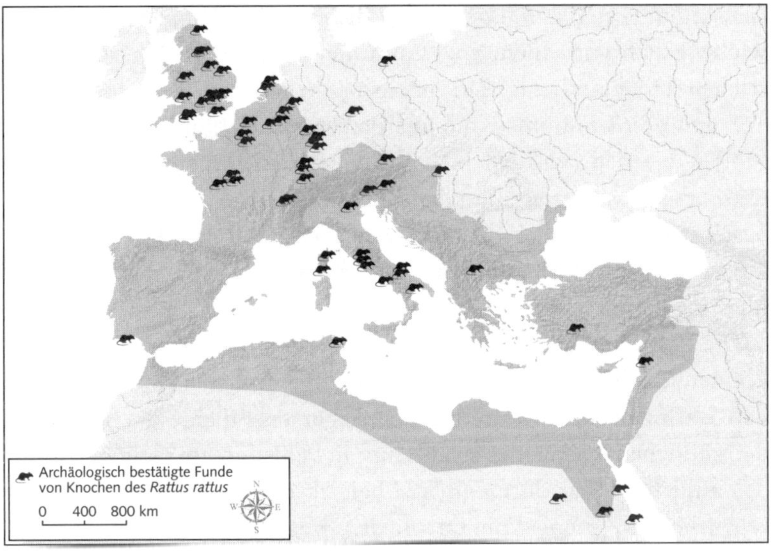

KARTE 17 Rattenatlas des Römischen Reichs

wendigen genetischen Eigenschaften, doch einem entscheidenden Virulenzfaktor, dem Pla, das vom Plasmid pPCP1 gebildet wird, fehlte noch eine winzige Korrektur, die sein tödliches Potential verstärkte. Irgendwann vor dem Ausbruch unter Justinian kam es zu einer einzelnen Mutation an der Aminosäure 259 im Pla-Protein. In Labortests verwandelt diese kleine Substitution ein gefährliches Bakterium in ein mörderisches. Diese oder eine ähnliche Mutation könnte für die neue Brisanz des Bakteriums ausschlaggebend gewesen sein. Im sechsten Jahrhundert war *Yersinia pestis* mit seinem genetischen Aufbau der virulente Erreger, der die großen Pandemien verursachen sollte.[30]

Im sechsten Jahrhundert trafen die genetischen und ökologischen Voraussetzungen auf verhängnisvolle Weise zusammen. Die Funken lösten einen Flächenbrand aus. Die Verbreitung der Hausratte und der Vernetzungsgrad des Imperiums bereiteten die Grundlage für die Ausbreitung eines tödlichen Erregerstamms von *Yersinia pestis* in pandemischem Ausmaß; *Yersinia pestis* hatte nur noch eine Hürde zu nehmen: Es musste in den Westen gelangen. Dieser Bakterienstamm von *Yersinia pestis*, der die erste Pandemie auslöste, entwickelte sich von einem angestammten Lebensraum im westchinesischen Hochland aus. Die nächsten bekannten Verwandten des *Yersinia-pestis*-Stammes, die aus dem sechsten Jahrhundert aufgefunden wurden, wurden in heute lebenden grauen Murmeltieren und Langschwanzzieseln in der Xinjiang-Region gefunden. *Yersinia pestis* war eine Geißel aus dem Osten. Laut Monica Green müssen «alle Narrative der Pestgeschichte mit diesem Ursprungsort in Verbindung gebracht werden».[31]

Die Pest hätte auf allen möglichen Wegen nach Westen gelangen können, doch wir verfügen über eindeutige Indizien, was die einzelnen Stationen ihrer Route betrifft. Als erstes tauchte die Seuche an den südlichen Küsten des Reichs auf, in Pelusium am östlichen Rand des Nildeltas. Nur durch einen Abgleich des molekularen mit dem schriftlichen Zeugnis können wir den Weg eines neuen Erregers zurückverfolgen, der sich anschickte, eine tödliche Pandemie auszulösen.

DER GLOBALE KONTEXT: DIE WELT VON KOSMAS

In seiner *Christlichen Topographie* gibt der Kaufmann Kosmas Indikopleustes (6. Jh.) folgenden Gedanken der indischen Brahmanen wieder: Wollte man ein Seil von China aus nach Rom spannen, würde es durch Persien verlaufen und die Welt zweiteilen. Aus der Sicht von Kosmas lag China, das «Land der Seide», «ganz weit auf der linken Seite», am anderen Ende der Erde. Der kürzeste Weg über Land verliefe also durch Persien. «Deshalb findet man auch immer eine Menge von Seide in Persien.» Für Kosmas war die vertrautere Route in den Fernen Osten natürlich der Seeweg. China lag «zur linken Seite derer, die in das Indische Meer einfahren, weit jenseits des Persischen Golfs und der Insel, die [...] von den Griechen Taprobane genannt wird», das heutige Sri Lanka. Kosmas wusste, dass der Handel mit Seide die Menschen dazu antrieb, «bis zu den äußersten Gegenden der Erde» vorzudringen. Im sechsten Jahrhundert waren die Enden der Welt mit Seidenfäden verbunden.[32]

«Kosmas Indikopleustes» bedeutet «Kosmas der Indienfahrer». Das war nicht sein richtiger Name. Vielleicht war er nie in dem Land, das wir Indien nennen. Mittelalterliche Autoren gaben diesen Namen einem Verfasser, der sich selbst einen «Christen» nannte. Bedeutsamer ist, dass Indien in der Spätantike einen viel größeren Raum bezeichnete als heute, nämlich unterschiedslos die Länder um den Indischen Ozean, von Äthiopien bis zum eigentlichen Indien. Was wir von Kosmas wissen, kennen wir nur aus seinen Schriften. Er war ein weitgereister Kaufmann aus Alexandria und trieb Handel rund um das Rote Meer; er behauptete, drei Meere befahren zu haben – das Mittelmeer, das Rote und das Persische Meer. Mit Sicherheit hatte er Äthiopien bereist, wo er eine historische Inschrift abschrieb und ein wildes Nashorn sah. Kosmas war absolut aufrichtig, nirgends behauptete er, den Subkontinent bereist zu haben. Doch seine *Christliche Topographie* ist ein hervorragender Beweis für die vernetzte Welt des Indischen Ozeans in der Spätantike.[33]

Nach einer Flaute im dritten Jahrhundert blühte der römische Handel im Roten Meer und im Indischen Ozean in der Spätantike wieder auf. Berenike war nach wie vor ein umtriebiger Umschlagplatz. Die beiden Häfen am Nordende des Roten Meeres bei Clysma (nahe dem heutigen Suez) und Aila scheinen noch an Bedeutung gewonnen zu haben. Das Südende des Roten Meeres beidseits der Meerenge von Bab al-Mandab war ein Brennpunkt geopolitischer Spannungen. Im mächtigen äthiopischen Königreich Aksum beobachtete man misstrauisch die rivalisierenden Reiche Südarabiens. Wer auf dem Indischen Ozean Handel trieb, musste mit der Diskrepanz zwischen der Nachfrage römischer Kunden auf der einen und der schwindenden Macht Roms auf der anderen Seite klarkommen. Die Römer konnten das Rote Meer, ihren nassen Hinterhof, kaum mehr kontrollieren. Um die Herrschaft zur See zu behaupten, fehlten dem Reich einfach die Mittel. Ganz unvoreingenommen beschreibt Kosmas, wie der Handel über das Rote Meer die Römer mit einer Welt voll verwegener Händler und kleinerer Potentaten verband. Die Römer waren zwar überzeugt von der Überlegenheit ihrer eigenen Zivilisation, hatten aber vor Ort keinerlei Vorteile. Kosmas kannte sich in einer maritimen Handelsregion aus, in der

Griechen, Äthiopier, Araber, Perser und Inder miteinander konkurrierten.[34]

Die *Christliche Topographie* enthält konkrete Angaben über den Transfer von Menschen, Gütern und Ideen. Pfeffer und Seide waren die bevorzugten Waren, aber auch der Gewürzhandel war in der Spätantike nach wie vor ein ganz großes Geschäft. Zufällig wissen wir, dass Konstantins Stiftung an die Kirche von Sankt Peter in Rom 755 Pfund Pfeffer einschloss – im Jahr. Das bemerkenswerte elfte Buch der *Christlichen Topographie* enthält sogar ganz ordentliche Skizzen des Pfefferbaums.[35]

Neben dem Handel mit Gewürzen war Seide in der Spätantike ein höchst einträgliches Geschäft geworden. Seide war Synonym für China, wo die Geheimnisse der Seidenraupe streng gehütet wurden. Die Römer importierten die Seide sowohl auf dem Land- als auch auf dem Seeweg. Der Staat war ein wichtiger Abnehmer, doch auch die private Nachfrage von Adel und Klerus belebte den Markt. Wohl kaum eine andere Handelsware erlangte in der römischen Geschichte eine so große geopolitische Tragweite. In der Spätantike hatte der Seidenhandel globalen Einfluss. Die Perser nutzten ihn als Druckmittel. Justinian versuchte gezielt, den Handel unter seine Kontrolle zu bringen oder zu umgehen. Christliche Mönche aus Indien, die «lange Zeit in einem Lande gelebt [hatten], das jenseits der meisten indischen Völkerschaften liege und Serinda [China] heiße», boten gegen Ende der Regierungszeit Justinians an, die Geheimnisse der Seidenherstellung zu verraten und Seidenraupeneier aus dem Osten ins Römische Reich zu schmuggeln. Sie wurden nach China geschickt, kehrten von dort zurück, und «nunmehr [wurde] auf römischem Boden Seide erzeugt». Nur eine chemische Analyse byzantinischer Seide wird offenbaren können, ob dieser Akt dreister Wirtschaftsspionage tatsächlich erfolgreich war.[36]

Zu Seide und Pfeffer kam noch eine Reihe anderer Handelsgüter, mit denen die Lastschiffe beladen waren, die die Meere befuhren. Elfenbein und Aromen, Aloe, Gewürznelken, Sandelholz, Gold und Sklaven waren Teil des Warenverkehrs, den Kosmas kannte. Sklaven waren eine wichtige Handelsware. Als bewegliches Gut tauchen sie in modernen Geschichten des Handels meist nicht auf, aber Kos-

ABB. 6.4 Pfefferbäume: Skizzen im Text von Kosmas Indikopleustes (Florenz, Biblioteca Medicea Laurenziana, Ms. Plut. 9.28, f. 269 r.)

mas erwähnt beiläufig, dass «die meisten der Sklaven» im Römischen Reich aus Äthiopien importiert wurden. Und nicht nur Dinge und Menschen, auch Ideen wurden über die Meere verbreitet. Christen (viele von ihnen stammten aus Persien) hatten im ganzen Osten mit ihrer Missionierung Erfolg. Indische Philosophien und indisches Asketentum faszinierten die Menschen nach wie vor und zogen Sinnsuchende an. Das Bild eines Indien, bevölkert von vergeistigten Weisen, wurde dann auch im Westen vermittelt.[37]

Der tatsächliche Umfang dieses Handels entzieht sich unserer Kenntnis. Die Römer kämpften um die Kontrolle einer Insel im Roten Meer, wo der Staat einen Zoll auf indische Importwaren erhob. Die Einnahmen waren, heißt es, «erheblich». Die vereinzelten Funde spätrömischer Münzen in Indien stammen aus dem vierten Jahrhundert bis zur Zeit Justinians. Am erhellendsten ist vielleicht die plötzliche Bedeutung des Roten Meeres als Schauplatz der wechselnden Phasen von kaltem und heißem Krieg zwischen Römern und Persern. Das christliche Königreich Aksum in Äthiopien stieg im sechsten Jahrhundert zu einer ernstzunehmenden Macht auf. Das südarabische Königreich Himyar trat zum Judentum über –

einem Judentum, das ungewöhnlich militante Züge trug. Religiöse Feindschaft schürte alte Rivalitäten, und 525 fielen die Aksumiten mit militärischer Unterstützung der Römer im Königreich Himyar ein, ein Konflikt, in den dann die Großmächte involviert wurden. In den folgenden zwei Jahrzehnten waren Äthiopien und Himyar römische beziehungsweise persische Protektorate. Eine Generation später wurde Mohammed in diese Welt geboren, die man als «Schmelztiegel des Islam» bezeichnet hat. Religion, Politik und Handel waren ineinander verflochten und machten diese Region zu einem strategisch wichtigen Gebiet. Die Römer waren darauf erpicht, einen sicheren Brückenkopf zu den südlichen Gewässern zu behalten.[38]

Die Nachfrage nach Seide und Gewürzen brachte Ost und West zusammen. Ideen und Tiere, Geld und Metalle wurden über die Meere transportiert, und mit ihnen kamen auch die Keime. Im Jahr 541 wurde ein unwillkommener blinder Passagier aus der Welt jenseits des Imperiums eingeschmuggelt. Keiner, der die Quellen aufmerksam gelesen hat, bestreitet, dass die Justinianische Pest zuerst in Ägypten auftauchte. Unser Kronzeuge Prokop nannte Pelusium als den Ort, an dem sie zuerst ausgebrochen war. Johannes von Ephesus, der in Alexandria war, als die Seuche die Stadt erreichte, gab an, sie sei «aus der Gegend um Südostindien, Kushan, Himyar und anderswoher» gekommen. Die Verbreitung von Pelusium aus, in Verbindung mit dem genetischen Nachweis des Ursprungs der Seuche im Osten, lässt keinen Zweifel daran, dass die erste Pestpandemie über den Indischen Ozean eingeschleppt wurde. Pelusium liegt genau nördlich vom Hafen Klysma, einem der wichtigsten Häfen am Roten Meer. Schiffe aus dem fernen Indien legten dort an, und von Klysma nach Pelusium war es nur ein Katzensprung. Auf dem Landweg erreichte man die Stadt in wenigen Tagen, per Schiff benutzte man den alten, von Trajan erneuerten Kanal der Pharaonen, der Klysma mit dem Nil direkt nördlich von Pelusium verband. Die erste Pandemie begann genau an der Nahtstelle zwischen dem Imperium und der Welt des Indischen Ozeans.[39]

Es bedurfte noch einer letzten Wendung des Schicksals, bis das Bakterium seinen großen Auftritt in der römischen Welt hatte. Das

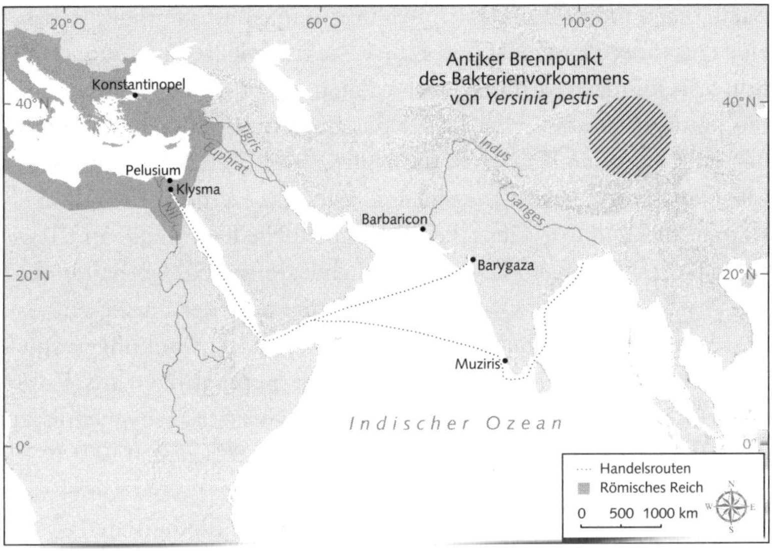

KARTE 18 Der Weg von *Yersinia pestis*: von China nach Pelusium

asiatische Hochland hatte im Erreger *Yersinia pestis* ein Monstrum erzeugt. Die Ökologie des Imperiums hatte eine Infrastruktur aufgebaut, die auf eine Pandemie nur gewartet hatte. Der Seidenhandel hatte die Voraussetzung zur Beförderung der tödlichen Fracht geschaffen, doch was schließlich den Funken entzündete, war ein plötzlicher Klimawandel. Das Jahr 536 ist bekannt als «Jahr ohne Sommer». Es war das erste erschreckende Beben, von dem wir heute wissen, dass ihm eine Reihe von Vulkanausbrüchen folgte, wie es sie in den vorangegangenen drei Jahrtausenden nicht gegeben hatte. Im Jahr 540/41 kam es erneut zu einem extrem strengen Winter. Wie wir im folgenden Kapitel sehen werden, waren die 530er und 540er Jahre nicht bloß kalt, sie waren die kältesten Jahrzehnte des späten Holozäns. In der Regierungszeit Justinians kam es zu einem gewaltigen globalen Kälteeinbruch, wie er nur einmal alle paar Jahrtausende vorkommt.[40]

Die Klimastörung kurz vor der Justinianischen Pest ist wie ein plötzlich auftretender greller Blitz, von dem wir instinktiv wissen, dass er mit der unmittelbar darauf folgenden Katastrophe zusammenhängen muss. Wir wissen noch nicht mit Bestimmtheit, wie das eine das andere ausgelöst hat. Eine Pestepidemie ist eine Kettenreaktion von mindestens fünf verschiedenen Spezies, das Resultat eines biologischen Dominoeffekts, der das Bakterium als solches betrifft, den wild lebenden Wirt (z. B. das Murmeltier), den Verbreitungswirt (die Hausratte), den Arthropoden als Überträger (den orientalischen Rattenfloh) und den Menschen. Minimale Niederschlags- und Temperaturveränderungen können den Lebensraum, das Verhalten und die Physiologie jedes Organismus beeinflussen, der an diesem Zyklus beteiligt ist. Bis heute lösen geringe Klimaschwankungen spürbare Effekte auf die Pestzyklen bei Nagetierpopulationen aus. Selbst die relativ kleinen Veränderungen in den jährlichen Abweichungen des Klimas bestimmen den Verlauf enzootischer Seuchen.[41]

Eines steht fest: Der Zusammenhang zwischen dem Klima und der Pest ist nicht einfach linear. Wie bei vielen biologischen Systemen ist er von heftigen Ausschlägen, niedrigen Schwellenwerten und ungestümem Opportunismus gekennzeichnet. Regenreiche Jahre begünstigen das Pflanzenwachstum, was wiederum eine Nahrungsschwemme bei Nagetierpopulationen auslöst. Im Extremfall kann Wasser die Erdhöhlen der Nager fluten, was sie dazu zwingt, neue Reviere aufzuspüren. Bevölkerungsexplosionen stimulieren die Auswanderung von Nagetieren auf der Suche nach neuen Lebensräumen. Heutzutage besteht ein enger Zusammenhang zwischen El Niño und einem Ausbruch der Pest in China. Es ist sehr wahrscheinlich, dass dieser Zusammenhang auch im frühen Holozän bestand. Angesichts der engen Beziehung zwischen Vulkanismus und El Niño haben die Vulkanausbrüche in den 530er Jahren möglicherweise die chinesischen Murmeltiere und die Rennmäuse dazu veranlasst, das *Yersinia-pestis*-Bakterium aus ihren unterirdischen Kolonien hinauszutragen, wodurch eine Tierseuche ausgelöst wurde, die sich auf die Nager auf den Seewegen Richtung Westen übertrug. Das wahrscheinlichste Szenario ist also das folgende: Die Klimamuster des frühen sechsten Jahrhunderts – die heute, wie im folgenden Kapitel gezeigt wird, von einer negativen Nordatlantischen Oszillation bestimmt werden – brachten mehr Regen in die semiariden Herkunftsländer der Überträger. Pflanzenwachstum befeuerte eine Bevölkerungsexplosion von unterirdisch lebenden Nagern, und *Yersinia pestis* setzte sich in neuen Wirtspopulationen fest.[42]

Das Klima steuert die Seuche auch durch Einwirkung auf die Flöhe, die das Bakterium von einem Wirt zum anderen übertragen. Das saisonale Grundmuster der Seuche beruht darauf, dass der Floh sich nur bei einer bestimmten Temperatur fortpflanzt. Und die verhängnisvolle Blockade in seinem Darm, die dazu führt, dass er infiziertes Blut hochwürgt, wird durch zu niedrige oder zu hohe Temperaturen hervorgerufen. Das übliche Resultat ist ein spezifisch saisonaler Seuchenzyklus. Epidemien brechen in der Regel im Frühjahr aus, doch kann hochsommerliche Hitze den Ausbruch ganz plötzlich unterdrücken. Im frühen zwanzigsten Jahrhundert verhinderte die drückende Hitze des indischen Spätsommers eine beginnende Beulenpest nahezu vollständig. Die deutliche Abkühlung in den Jahren zwischen 530 und 540 hatte es vielleicht dem *Yersinia-pestis*-Bakterium ermöglicht, in ganz neue geographische Zonen zu gelangen. Milde Sommer könnten dazu beigetragen haben, dass sich die Seuche über die laue Südroute verbreitete. Die Durchschnittstemperaturen entlang der Gewürzküste liegen genau in dem Bereich, der dem Pestzyklus zuträglich ist.[43]

Die genaue Abfolge der Ereignisse, die die Ausbreitung der Pest von ihren bergigen Schlupfwinkeln auf neuen Wegen über die südlichen Gewässer bewirkten, werden wir wahrscheinlich nie kennen. Wir ahnen jedoch, dass der Zufall in diesem verhängnisvollen Moment eine ungeheure Rolle spielte. Das Zusammentreffen von Natur- und Menschheitsgeschichte bei diesem Vorgang stellt unsere Unterscheidung zwischen Zufall und Struktur in Frage. Fest steht nur, dass der tödliche Keim, vielleicht durch eine winzige Lücke, seinen Weg bis zu den Ratten des Römischen Reichs fand.

AM RANDE DER AUSLÖSCHUNG DER MENSCHLICHEN SPEZIES

Prokop und Johannes waren beide durch und durch Männer des Justinianischen Zeitalters, repräsentierten aber dennoch zwei gänzlich verschiedene kulturelle Welten, die in ungemütlicher Nachbarschaft nebeneinander existierten. Prokop von Caesarea war ein zutiefst konservativer Mensch. Als ausgebildeter Jurist trat er in den imperialen Dienst ein und wurde zum Rechtsberater des berühmten Generals Belisar, in dessen Umfeld er die erste Hälfte der Regierungszeit Justinians erlebte. Prokop verfasste die wichtigste Geschichte des sechsten Jahrhunderts, einen parteiischen Bericht über die hohe Politik. Bekannt ist er auch für seine schlüpfrige *Geheimgeschichte*, eine der größten Skandalchroniken der Literatur. Religion war nicht nach seinem Geschmack. Das Theologengezänk seiner Zeit stellte seine Geduld auf eine harte Probe. «Ich halte es für vollkommen sinnlos, die Natur Gottes erforschen zu wollen. Sind doch für einen Menschen meiner Ansicht nach nicht einmal menschliche Dinge genau fassbar, daher erst recht nicht die göttliche Natur.» Prokop bewegte sich lieber in den Sphären der klassischen griechischen Kultur, die bewusst ein wenig neben dem Zeitgeist stand.[44]

Man kann kaum glauben, dass Johannes von Ephesus sein Zeitgenosse war. Es waren gerade die bitteren innerkirchlichen Konflikte, an denen Prokop nicht teilnahm, die das Leben von Johannes bestimmten. Geboren in Amida, im syrischsprachigen Gebiet an der Ostgrenze des Reichs, wurde er als Kind in ein Kloster geschickt. Er wurde eine führende Figur in der miaphysitischen Bewegung und war verstrickt in die tiefschürfenden theologischen Debatten über das Wesen Christi, die den Osten seit den Dogmen des Konzils von Chalkedon im Jahr 451 gespalten hatten. Johannes kam nach Konstantinopel ins religiöse Exil. Der Kirchenmann ist berühmt als Verfasser einer Kirchengeschichte und eines reichen Fundus von Geschichten über Heilige des Ostens, die in seiner syrischen Muttersprache überliefert sind. Seine Welt war von der biblischen Geschichte geformt, und er zweifelte nicht daran, dass er im Strom von Ereignissen lebte, die in den Erzählungen der Heiligen Schrift vorhergesagt waren.[45]

Prokop und Johannes sind ein sehr ungleiches Paar, jedoch für immer durch den Zufall vereint, dass sie beide die erste Beulenpest überlebten und dass beide anschaulich darüber schrieben. Dadurch besitzen wir zwei völlig verschiedene Perspektiven auf dasselbe Ereignis. Für Prokop war diese Seuche, «die fast die gesamte Menschheit dahingerafft hätte», schlicht unerklärlich. Sein Bericht ist, ähnlich dem von Thukydides, geprägt von einem kühlen Interesse am Krankheitsbild und am darauf folgenden Trauma des Massensterbens. Für Johannes war die Seuche eine Strafe. Der Zorn Gottes traf die Städte gleich einer «Weinpresse und zertrampelte und zerquetschte alle ihre Bewohner erbarmungslos wie empfindliche Trauben». Die Sünden der Menschen, allen voran ihre Habgier, hatten das Massaker vom Himmel herabbeschworen, «als stünde ein Schnitter im Weizenfeld», der «zahllose Menschen jeden Alters, jeder Größe und jeden Ranges allesamt niedermähte».[46]

Wir müssen an die alten Berichte mit einer gesunden Mischung von Respekt und Vorsicht herangehen. Unsere Kenntnis der Biologie von *Yersinia pestis* ist ein enormer Vorteil, den wir auch nutzen dürfen. Die Biologie des *Yersinia-pestis*-Stammes, der die erste Pandemie auslöste, war eng verwandt mit dem Erreger des Schwarzen Todes. Dieser Umstand legt bestimmte Erwartungen und Einschränkungen nahe. Zugleich werden Umfang und Auswirkung einer tödlichen Katastrophe, besonders einer pandemischen Ausmaßes, von den zugrunde liegenden ökologischen und sozialen Bedingungen beeinflusst, die den Hintergrund ihrer Ausbreitung bilden. Wir müssen ihre Besonderheiten beachten und dürfen die Möglichkeit nicht ausschließen, dass unsere Augenzeugen vielleicht einmalige Einblicke in das Verhalten eines Krankheitserregers in einem historischen Kontext vermitteln. Die Justinianische Pest ereignete sich nur ein einziges Mal, und die beiden Autoren waren dabei.

Erinnern wir daran, dass *Yersinia pestis* ein wandlungsfähiger Killer ist. Viel hängt von der Art der Ansteckung ab. Dabei gibt es vornehmlich zwei Wege: Übertragung über die Haut durch Flohbiss und Inhalation aerosoler Tröpfchen. Das Erkennungsmerkmal der Beulenpest sind die harten schmerzhaften Schwellungen der Lymphknoten (griechisch *bubo* = Beule). Diese Form der Pest entsteht typischerweise nach einem Flohbiss. Das Pestbakterium dringt in die Haut ein, wo es sich vermehrt und die Umgebung des Einstichs blauschwarz verfärbt. Das Lymphsystem leitet die Bakterien in den nächstgelegenen Lymphknoten. Dort weichen sie der Immunreaktion aus und vermehren sich explosionsartig. Die Lymphknoten schwellen an. Es hängt von der Einstichstelle ab, wo sich die Schwellungen bilden; zumeist sind Nacken, Achselhöhlen und besonders die Leistengegend betroffen. Nach 3 bis 5 Tagen zeigen sich die Symptome. Nach weiteren 3 bis 5 Tagen treten Fieber, Schüttelfrost, Kopfschmerzen, Übelkeit und Bewusstseinsstörungen auf. Die Beulen werden größer und hängen wie überreife Orangen oder Pampelmusen am Körper. *Yersinia pestis* schaltet die Immunabwehr des Erkrankten aus, und es folgt eine Sepsis. In einer Welt ohne öffentliches Gesundheitswesen und ohne Antibiotika betrug die Sterberate ungefähr 80 Prozent.[47]

Die Infektion durch einen Flohbiss kann unterschiedliche Formen annehmen. Manchmal überspringt das Bakterium den Weg über die Lymphe und dringt direkt in die Blutbahn. Der Patient entwickelt eine *Primärsepsis*, und das Immunsystem hat kaum Zeit, zu reagieren. Dieser Fall ist besonders schrecklich. Das Opfer stirbt an einer tödlichen Sepsis, noch bevor äußere Anzeichen der Krankheit sichtbar werden. Der Tod kann wenige Stunden nach der Erstinfektion eintreten. Möglich ist auch, dass eine Ansteckung, die im Lymphsystem beginnt, auf den Kreislauf übergreift. Wenn der Erreger aus einem Lymphknoten in die Blutbahn gelangt, entwickelt der Kranke eine *Sekundärsepsis*, so genannt, weil sie eine Folge der Primärinfektion des Lymphsystems ist. Im Falle einer solchen Sekundärsepsis verklumpen die Bakterien die Kapillargefäße und verursachen kleine Blutungen, die als Petechien, winzige verfärbte Punkte, erscheinen. Es folgen blutiges Erbrechen und Diarrhö. Auch in diesem Fall tritt rasend schnell eine Sepsis ein, die durchweg tödlich ist: Die Flecken künden den Tod innerhalb eines einzigen Tages an.[48]

Möglich ist noch ein anderer Krankheitsverlauf, der mit einem Flohbiss beginnt. Bei einer Beulenpest können Bakterien aus dem Lymphsystem in die Lunge gelangen. Dieses Krankheitsbild ist als *sekundäre* Lungenpest bekannt und betrifft die Atemwege. Die Betroffenen husten nach kurzer Zeit blutigen Auswurf. Der Körper reagiert mit extremer Entzündung, und es kommt zu einem Lungenödem, was zu Atemnot führt. Die Lungenpest führte in der Antike unweigerlich zum Tod.[49]

Yersinia pestis kann auch durch Tröpfcheninfektion übertragen werden. Gelangen die Mikroben in die oberen Atemwege, können sie das Lymphsystem befallen und die Beulenpest verursachen. Werden sie in die Lunge eingeatmet, entwickelt sich eine *primäre* Lungenpest. Die Inkubationszeit beträgt nur 2 bis 3 Tage, gefolgt von einer Bronchopneumonie mit Fieber, Brustschmerzen und blutigem Husten. Die Sterberate beträgt nahezu 100 Prozent. Infizierte Aerosoltröpfchen können von Patienten mit primärer oder sekundärer Lungenpest ausgeschieden werden. Wie bedeutsam die direkte Ansteckung über die Lungenpest in den Pandemien der Vergangenheit war, ist nicht ganz klar. Jedenfalls ist sie kein sehr effizienter Übertragungsweg. Alles in allem kam die primäre Lungenpest wahrscheinlich vergleichsweise eher selten vor.[50]

Das Bakterium hat noch andere Möglichkeiten, in neue Opfer einzudringen. Es kann sogar mit der Nahrung aufgenommen werden (allein schon ein Grund, keine Nagetiere zu verzehren, schon gar nicht an Orten, wo die Krankheit enzootisch ist). Aber der Floh steht an erster Stelle als Hauptüberträger bei großen Pestepidemien.

Infektion durch:	*Verlauf*	*Krankheitsbild*
Flohbiss	Lymphe → Lymphknoten	Beulenpest
	Blutbahn	Primäre Pestsepsis
	Lymphe → Blutbahn	Sekundäre Pestsepsis
	Lymphe → Lunge	Sekundäre Lungenpest
Aerosoltröpfchen	Oberer Atemtrakt	Beulenpest
	Lunge	Primäre Lungenpest

Im Jahr 541 schien das Kriegsgeschrei zwischen den großen Mächten mit einem Mal zu verstummen, als sich eine seltsame neue Krankheit ausbreitete. Es begann mitten im Sommer in Pelusium. Auch bevor der unwiderlegbare DNA-Beweis vorlag, waren die spezifischen Merkmale von *Yersinia pestis* überall zu erkennen, wo die Pandemie gewütet hatte. Laut Prokop begann die Krankheit mit einem leichten schleichenden Fieber. Als Nächstes «entstand [...] eine Schwellung». Diese Beule zeigte sich hauptsächlich in der Leistenregion, manchmal unter den Achseln, an den Ohren und den Oberschenkeln. Prokop stellte fest, dass «alle nun, bei denen sich die Geschwulst vergrößerte und in Eiter überging, von der Krankheit frei [wurden] und gerettet» waren – eine klinisch genaue Beobachtung. In einem späten Stadium können die Beulen eitern, und die Erkrankten überleben zuweilen. Prokop bezeugt auch die permanente Schwächung der Überlebenden. Die Spätwirkungen von Gewebsnekrose können lebenslange Schädigungen zur Folge haben. Auch für Johannes war die Schwellung in der Leistenregion das seltsame Charakteristikum dieser Seuche. Er bemerkte, dass andere Tiere, auch wildlebende, von der Krankheit betroffen waren. Es gab «sogar Ratten mit geschwollenen Tumoren, die von der Seuche dahingerafft wurden».[51]

Starben Pestopfer nicht sofort, entstanden «linsengroße schwarze Blasen» auf dem ganzen Körper. Der Tod trat noch am selben Tag ein. Johannes beobachtete auch schwarze Flecken, die sich auf den Händen zeigten. «Bei wem auch immer sie auftauchten, dessen Ende trat binnen einer oder zwei Stunden ein, und manchmal hatte dieser Mensch noch einen Tag zu leben.» Er hielt dies für den gewöhnlichen Verlauf der Krankheit. Ähnlich vermerkte Prokop, dass «eine Menge auch noch Blutbrechen» bekam, ein weiteres Zeichen für den unmittelbar bevorstehenden Tod.[52]

Der rasante, unerbittliche Verlauf der primärseptischen Infektion, wenn das Bakterium direkt in die Blutbahn gelangt, ist wahrscheinlich der Grund dafür, dass den zeitgenössischen Beobachtern der Eintritt des Todes so plötzlich vorkam. «Sie sahen sich an und sprachen noch miteinander, da begannen sie zu torkeln und stürzten auf der Straße, zu Hause, in Häfen, auf Schiffen, in der Kirche, überall. Es konnte passieren, dass ein Mensch bei seiner Arbeit saß, das Werkzeug in der Hand, und auf die Seite fiel und seine Seele aushauchte.»[53]

Nichts deutet in den überlieferten Berichten darauf hin, dass die Lungenpest in der ersten Pandemie eine große Rolle spielte. Beeinträchtigungen der Atemwege könnten vielleicht zu alltäglich gewesen sein, um besonders erwähnt zu werden. Doch unsere Zeitzeugen verzeichnen gewissenhaft andere häufigen Symptome wie Fieber und Unwohlsein, so dass die Nichterwähnung von Atemwegserkrankungen auffällt. Und akute Atemwegserkrankungen im Sommer wären sicherlich vermerkt worden. Auch andere Hinweise sprechen dafür, dass es bei der ersten Pandemie vor allem Flöhe waren, die die Krankheit übertrugen. Prokop stellte fest, Ärzte und Pfleger seien keiner besonderen Ansteckungsgefahr ausgesetzt gewesen. Die Armen starben als Erste. Wie wir bald sehen werden, entsprechen die räumlichen und zeitlichen Muster der Ausbreitung der Seuche dem Überwiegen der Ratten-Floh-Dynamik im ersten Ansturm. Alles deutet demnach darauf hin, dass die Justinianische Pest auf der unsichtbaren epizootischen Katastrophe beruhte, die den Hintergrund der Pandemie bildete, dass die Menschen nämlich nur per Zufall Opfer einer Seuche wurden, die in erster Linie ein massenhaftes Tiersterben zur Folge hatte.[54]

Von Pelusium aus breitete sich die Infektion in zwei Richtungen aus; die eine führte nach Westen, nach Alexandria. Laut Prokop wurde erst dann das übrige Ägypten heimgesucht, eine präzise Beobachtung, denn dadurch schließt er aus, dass die Pandemie über den Nil in das Imperium befördert wurde. Die Pest breitete sich auch nach Osten aus, nach Palästina. Johannes hatte unvorstellbares Glück: Er durchquerte den Osten in einem Bogen, der ihn von Alexandria durch Palästina, Mesopotamien und Kleinasien führte. In einer Randzone Ägyptens «ging [eine Stadt] vollständig zugrunde, und [nur] sieben Männer und ein zehnjähriger Knabe blieben am Leben». «In ganz Palästina» gab es Städte und Dörfer, «in denen kein einziger Bewohner mehr lebte». Die Pest erfasste Syrien und Mesopotamien. Als Johannes durch das Zentrum Kleinasiens Richtung Konstantinopel reiste, hatte er die Seuche auf den Fersen. «Tag für Tag klopften wir – wie alle anderen auch – an die Pforte des Grabes.» «Wir sahen verlassene und seufzende Dörfer und verstreut am Boden liegende Leichen, und es gab niemanden, der sie hätte begraben können.»[55]

Die Pest breitete sich in verschiedenem Tempo aus: schnell auf dem See-, langsam auf dem Landweg. Allein der Anblick von Schiffen erregte Angst und Schrecken. Johannes berichtet von grausigen «Geisterschiffen mitten auf hoher See, deren Matrosen plötzlich von Gottes Zorn ergriffen worden waren und deren Schiffe zum Grab ihrer Kapitäne wurden; und sie trieben hilflos auf den Wellen mit den Leichen ihrer Eigentümer». Auf dem Meer spukte es. «Viele sahen Schemen bronzener Schiffe und darin Gestalten mit abgeschlagenem Kopf [...] schwarze Menschen ohne Kopf in einem gleißenden Boot, das rasch über die Wellen glitt, und bei diesem Anblick hauchten sie beinahe ihr Leben aus.» Prokop betrachtete die Sache nüchterner und vermerkte: «Ihren Anfang nahm diese Krankheit jeweils an der Küste und stieg dann ins Binnenland empor.»[56]

Hatten infizierte Ratten erst einmal das Festland erreicht, wurde die Ausbreitung der Seuche durch die römischen Transportwege beschleunigt. Karren und Wagen beförderten die Nager als blinde Passagiere auf römischen Straßen. McCormick hat gezeigt, wie wichtig Flüsse als effiziente Verbreitungswege der Pest im sechsten Jahrhundert in Gallien waren. Doch *Yersinia pestis* verbreitet sich heimtückischerweise so schnell, weil seine Übertragung vom Menschen unabhängig ist und es überall auftaucht, wo Ratten hingelangen können. Prokop vermerkte das langsame Vordringen der Pest in jedem Landstrich, den sie erreichte. Sie «breitete sich in entsprechenden Zeitabständen immer weiter aus, so dass sie schließlich die ganze Erde erfasste. Man konnte nämlich den Eindruck gewinnen, als ob die Seuche nach einem festgelegten Plane verfahre und in jedem Land eine bestimmte Zeit verweile. Dabei überging sie auf ihrem Schreckenszuge niemand, sondern dehnte sich auf ihrem Wege bis zu den äußersten Grenzen der bewohnten Erde aus, so als fürchtete sie, es könnte ihr einer ihrer Winkel verborgen bleiben. Keine Insel, keine Höhle, kein Berggipfel, wo Menschen ihre Heimstätte hatten, wurde von ihr geschont.» Die Seuche drang tief ins ländliche Landesinnere ein.[57]

Die Bildung von Metastasen stand in zeitlichem Zusammenhang mit dem Fortschreiten der Krankheit bei den Ratten. Wo immer *Yersinia pestis* auftauchte, dezimierte es zunächst in aller Stille die Rattenkolonien. Ging die Population zugrunde, suchten die Flöhe verzweifelt nach Blut. Der Historiker Ole Benedictow, der sich intensiv mit dem Schwarzen Tod beschäftigt hat, schätzt die Dauer dieser Phase auf durchschnittlich zwei Wochen. Danach wurden die Flöhe weniger wählerisch und sprangen auf den Menschen über. So begann die Pest bei den Menschen. Bei einem Ausbruch der Pest in Marseille beschrieb der Bischof Gregor von Tours die Ankunft eines Pestschiffs aus Spanien. Sofort danach starb eine achtköpfige Familie. Als nächstes kam eine Pause – die epizootische tickende Zeitbombe, wie wir heute wissen –, nach der die Pest bei den Menschen ausbrach. «Die verzehrende Seuche [...] erfasste dann erst die ganze Stadt, gleichwie ein Feuer, das in ein Saatfeld geworfen wird.» Nach zwei Monaten verglühte die Seuche, vielleicht weil die Sommertemperaturen anstiegen. Im Glauben, alles sei überstanden, kehrten die Bewohner zurück. Doch auch die Pest kam wieder.[58]

Die prekären Lebensbedingungen der Armen brachten sie zwangsläufig in engen Kontakt mit Nagern. Beim Schwarzen Tod waren die Armen die ersten Opfer, doch schließlich wurden auch die Wohlhabenden dahingerafft. Bei der Justinianischen Pest «befiel die Seuche zunächst heftig die Menschen aus den armen Schichten, die auf den Straßen lebten». Am Ende entging niemand dem Massaker. Die Pest befiel «große und kleine, schöne und begehrenswerte Häuser, die plötzlich zum Grab ihrer Bewohner wurden und in denen Diener und Herren zur gleichen Zeit plötzlich starben und gemeinsam verfaulten». «Denn mögen auch die Menschen hinsichtlich Wohnsitz, Lebensweise, Wesensart, Beschäftigung oder sonstwie nichts Gemeinsames miteinander haben, bei dieser *einen* Krankheit brachte der Unterschied keinen Vorteil.»[59]

Die Ausbreitung von *Yersinia pestis* von Alexandria aus war unvermeidlich. War der Getreidehandel der Blutkreislauf des Imperiums, dann war Alexandria seine Herzpumpe. Von dort aus verbreiteten sich Weissagungen vom kommenden Unheil über das Meer. In Konstantinopel fürchtete man die Seuche, noch bevor sie sich bemerkbar machte. «Ein, zwei Jahre lang kamen von überallher Gerüchte über ihre Ankunft, doch erst dann erreichte sie die Stadt.» Wahrscheinlich brachte ein staatliches Schiff, das den Winterstürmen getrotzt hatte, die Nachricht von dem großen Unglück in die Hauptstadt. Die Pest selbst erreichte Konstantinopel Ende Februar 542. Die früheste erhaltene Bemerkung über die Pandemie ist bezeichnenderweise ein von Justinian erlassenes Edikt. Die Bankiersgilde benötigte Hilfe zur Absicherung von Krediten wegen des Massensterbens. «Es herrscht nun überall Todesgefahr, und es ist sinnlos, sich anzuhören, was jeder erlebt hat [...] da doch mehr unerwartete Dinge geschehen sind denn je zuvor.» Das war am 1. März 542. Und weit Schlimmeres stand bevor.[60]

Die erste Welle in Konstantinopel dauerte vier Monate. Sowohl Prokop als auch Johannes waren vor Ort. Trotz ihrer unterschiedlichen Geisteshaltung stimmen ihre Berichte auffällig überein. Die ersten Opfer waren die Obdachlosen. Dann stieg die Todesrate an. «Anfangs lag die Zahl der Sterbefälle nur wenig über dem gewohnten Maß, dann aber nahm das Unheil weiter zu, bis die Todesopfer täglich etwa fünftausend und schließlich zehntausend und mehr erreichten.» Die Zahlen von Johannes sind ähnlich. Er nennt maximal fünftausend, dann siebentausend, zwölftausend, sechzehntausend Tote pro Tag. Anfangs herrschte noch ein Anschein von öffentlicher Ordnung. «Menschen standen an den Häfen, den Kreuzungen und den Toren und zählten die Toten.» Johannes zufolge stieg die grausige Liste bis zu 230 000 Opfern. «Von da an wurden die Leichen nicht mehr gezählt.» Johannes schätzte ihre Zahl auf über 300 000. 250 000 bis 300 000 Tote bei einer Bevölkerungszahl von etwa einer halben Million am Vorabend der Katastrophe stimmt mit den vorsichtigsten Schätzungen der Todesraten in den vom Schwarzen Tod heimgesuchten Orten überein: 50 bis 60 Prozent.[61]

Die soziale Ordnung geriet ins Wanken und brach schließlich zusammen. Arbeit jeglicher Art wurde eingestellt. Die Märkte machten zu, und eine merkwürdige Nahrungsmittelknappheit folgte. «So herrschte in einer Stadt, die großen Überfluss an allen möglichen Gütern hatte, schwere Hungersnot.» «Die ganze Stadt kam zum Stillstand, als wäre sie zu Grunde gegangen, und die Versorgung mit Nahrungsmitteln hörte auf [...] Lebensmittel verschwanden von den Märkten.» Der Geldverkehr kam zum Erliegen. In den Straßen herrschte das Grauen. «Niemand verließ das Haus, ohne einen Anhänger am Arm oder um den Hals, auf dem sein Name geschrieben war.» Der Palast erlag ebenfalls der Seuche, seine Armee von Dienern war auf einige wenige Bedienstete geschrumpft. Justinian selbst steckte sich an. Er hatte Glück und gehörte zu dem Fünftel derer, die die Infektion in der Regel überleben. Der Staatsapparat war nicht mehr präsent. «Kurz gesagt, man konnte in Byzanz keinen einzigen Menschen in einem Prunkgewand sehen», der Chlamys, dem auffälligen Gewand der Repräsentanten der staatlichen Ordnung.[62]

Bald war die Stadt mit Leichen übersät. Anfangs bemühten sich die Angehörigen noch, ihre Toten zu begraben, dann aber kamen sie damit nicht mehr nach. «Später geriet alles durcheinander.» Feierliche Rituale und selbst einfachste Umweltkontrollen wurden aufgegeben. Der Kaiser hatte alle Mühe, die Leichen von den Straßen entfernen zu lassen. Sowohl Prokop als auch Johannes berichten übereinstimmend, dass Justinian seinen persönlichen Sekretär, einen Mann namens Theodoros, damit beauftragte, einen Notfallplan zu erstellen. Gruben wurden im Umkreis der Stadt ausgehoben und mit Leichen gefüllt. Die Toten wurden auf Planen zur Küste geschleppt und über die Meerenge befördert. Prokop zufolge wurden die Dächer der Türme der Stadtmauer von Sykai abgedeckt und die Leichen «regellos aufeinander[gehäuft]». Johannes beschreibt die Szenen noch drastischer. Die Toten wurden in Schichten kreuz und quer «wie Heu übereinander gestapelt». Die Opfer wurden «mit Füßen getreten und wie verdorbene Weintrauben zertrampelt [...] Der zertrampelte Leichnam sank hinunter in den Eiter der unter ihm Liegenden.» Das war kein morbider Voyeurismus: Johannes kam es – ganz wörtlich – vor, als beobachte er «die Weinpresse des Wütens von Gottes Zorn»; dies war ein Zeichen dafür, dass das Weltenende nahe war.[63]

Der drastische Bericht über den Ausbruch in Konstantinopel steht in Kontrast zu dem tiefen Schweigen im übrigen Imperium. Und doch betonten unsere Gewährsleute, dass die Pandemie «die ganze

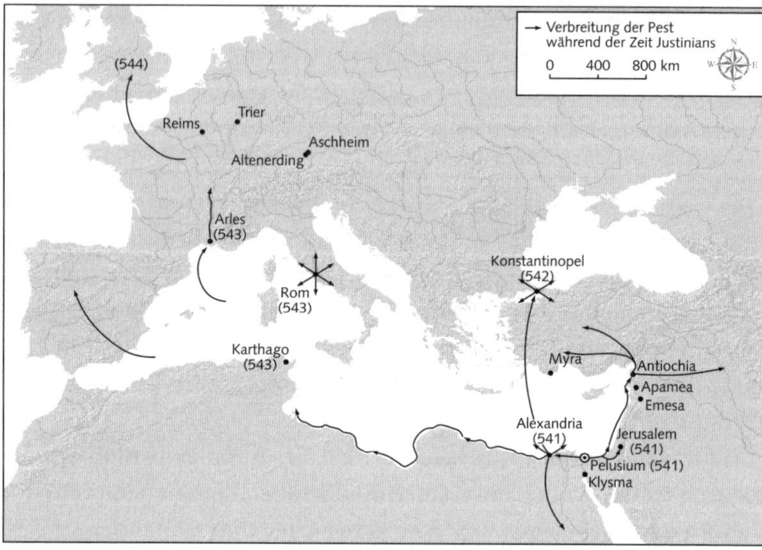

KARTE 19 Der Weg von *Yersinia pestis:* von Pelusium zur Pandemie

Erde» dahingerafft hatte. Sie grassierte im Römischen Reich und darüber hinaus, in Persien und in «allen anderen Barbarenländern». Sie fegte über den gesamten Osten, über «Kush» und Südarabien hinweg; sie überrannte Palästina, Syrien, Mesopotamien und Kleinasien. Andere Chroniken berichten, dass die Seuche die Donauprovinzen erreichte, Italien, Nordafrika, Gallien, Spanien und die Britischen Inseln. Diese Berichte sind zwar nicht sehr nuanciert, doch wir können sie nicht einfach übergehen.[64]

Unsere Landkarte von der ersten Pandemie ist ziemlich schemenhaft, nur hie und da fällt Licht auf einzelne Stellen. Wir müssen aufmerksam nach Hinweisen auf die Epidemiologie der ersten Pandemie suchen. Zwei kritische Fragen sind zu stellen: Erstens: *Wo* breitete sich die erste Pandemie sowohl in physischer als auch menschlicher Geographie aus? Zweitens: *Was geschah* in den Gegenden, die von der Pest befallen wurden? Die Biologie von *Yersinia pestis* war der absolut entscheidende Faktor, jedoch nicht der einzige. Bis zu einem gewissen Grad wurde der Verlauf der Pest von menschlichen Faktoren, dem sozialen und ökonomischen Kontext beeinflusst. Wenn wir die richtigen Fragen stellen, können wir die Grenzen unseres Wissens klarer definieren und zumindest den Rahmen unserer Spekulation eingrenzen.

Die Städte im östlichen Mittelmeerraum wurden besonders schwer heimgesucht. Alexandria war «zerstört und verödet». Zu den Städten, die in den lückenhaften Berichten erwähnt werden, gehören Jerusalem, Emesa, das heutige Homs (70 km Luftlinie landeinwärts), Antiochia, Apamea, Myra und Aphrodisias. Die Liste ist einigermaßen dürftig und enthält keine auffälligen Muster. Wahrscheinlich waren die meisten Städte im Osten betroffen, doch wir müssen gestehen, dass wir nichts Genaues wissen. Der Tod selbst hat die meisten Zeugnisse ausgelöscht, die je existiert haben.[65]

Vor der Justinianischen Pest setzte die Mobilität des Erregers dem Ausmaß antiker Seuchen Grenzen. Die Menschen waren zumeist geschützt, weil das Reisen und die Kommunikation in der Antike langsam vonstatten gingen. Selbst im eng vernetzten Römischen Reich verlief das Leben im gemächlichen Rhythmus des nicht mechanisierten Transports. Dass auf dem Land so viel mehr Menschen lebten als in der Stadt, milderte die Auswirkungen einer tödlichen Krankheit; am meisten waren es die Städte, die durch von Mensch zu Mensch übertragene Erreger wie das Pockenvirus gefährdet waren. In der modernen Literatur zur Justinianischen Pest geht man davon aus, dass die Städte am meisten gelitten hätten. Aber mit dieser Annahme kommen wir dem Rätsel der Virulenz des Pestbakteriums nicht näher, im Gegenteil.[66]

Die Pest unterscheidet sich wesentlich von anderen Seuchen. *Yersinia pestis* ist nicht auf die Übertragung von Mensch zu Mensch angewiesen, und sie wird auch nicht durch Umweltkontaminierung verbreitet. Die Bevölkerungsdichte ist weitgehend irrelevant, außer insofern sie mit dem Vorkommen von Ratten zusammenhängt. Nagetiervektoren gab es auf besiedeltem Land und in freier Wildbahn massenhaft. Die Handels- und Kommunikationsnetze der Menschen beschleunigten die Verbreitung des Bakteriums in weit verstreute Rattenkolonien. Und *Yersinia pestis* drang unaufhaltsam in die ausgedehnten, allgegenwärtigen Populationen der Nager ein. Und da das Bakterium auch andere Kleinsäuger und Humanparasiten als

Überträger nutzen konnte, förderte diese Wandlungsfähigkeit zusätzlich die Verbreitung der Seuche.

In der ersten Pandemie wütete *Yersinia pestis* ungehindert auf dem flachen Land. Seine Ausbreitung übertraf alle Befürchtungen. Das Korn auf den Feldern wurde nicht geerntet, die Trauben verfaulten an den Reben. Im östlichen Mittelmeergebiet erreichten die Ausläufer der Pest auch noch verstreute Bauerndörfer. Der Mönch Theodor von Sykeon steckte sich im Alter von zwölf Jahren mit der Beulenpest an. Die Pest war in seinem Dorf angekommen, das an der römischen Fernstraße durch Zentralanatolien lag, etwa fünfzehn Kilometer von der nächsten Stadt entfernt. Ein heiliger Mann, der auf einer Säule in der Nähe von Antiochia lebte, beobachtete, wie die Seuche «überall im ganzen Land» wütete. Sie griff auf das Hinterland von Jerusalem über. Eine Inschrift bezeugt die Beulenpest in Zoraua, einem Dorf in Transjordanien. Und in Ägypten wurde ein Heiliger, der vierzig Kilometer stromaufwärts von Alexandria in einer Klause «in der Wüste von Mendis» lebte, von der Seuche dahingerafft.[67]

Im Westen sind die Belege noch spärlicher. Die Pest gelangte nach Nordafrika, Spanien, Italien, Gallien, Germanien und Britannien, doch auf welchen Routen sie übertragen wurde und wie tief sie ins Landesinnere vordrang, bleibt unklar. Die Seuche «flammte auf» in Afrika. «Die Plage hatte begonnen, Männer wie Frauen und die ganze sie umgebende schwankende Welt zu zerstören.» Die Iberische Halbinsel, «fast ganz Spanien», wurde beim ersten Auftritt der Pestilenz heimgesucht. In Italien, wo ein einziger Bericht vom Ausbruch der Pest erzählt, herrschte eine gespenstische Stille. Was Gallien betrifft, und zwar nur Gallien, sind wir besser informiert. Der Bischof Gregor von Tours, von dem so viele Schriften überliefert sind, bietet uns Einblicke in eine von der Seuche befallene Welt. Sein Bericht ist ein wertvolles Zeugnis. Im Jahre 543 gelangten infizierte Ratten bei Arles an die Gestade Galliens. Begünstigt durch die Flussschifffahrt, breitete sich die Seuche Richtung Norden aus. Im ersten Anlauf kam sie *nicht* bis Clermont in der Auvergne, wo Gregor aufgewachsen war. Sie kroch weit hinauf nach Norden, bis nach Trier und Reims. Im Jahr 544 überquerte sie offenbar den Ärmelkanal und kam bis an die westlichen Grenzen Europas. In den Annalen ist ein Ausbruch im Jahr 576 in Irland dokumentiert, aber man weiß nicht genau, wie sehr die Seuche auf den Inseln gewütet hat, nur dass im Jahr 660 ein heftiger Ausbruch stattfand.[68]

Das schlechter gewordene Verbindungssystem im Westen könnte die Ausbreitung des Pestbazillus verlangsamt haben. Doch diese Argumentation ist nicht besonders überzeugend. Tatsache ist, dass die Seuche überall dort bezeugt ist, wo man sie auch vermutet hätte. Und der erstaunlichste Beleg stammt von einem Ort, den man eigentlich für außerhalb der Reichweite der Pandemie gehalten hatte. Zwei Friedhöfe in Aschheim und Altenerding in der Nähe von München haben den paläomolekularen Beweis für *Yersinia pestis* erbracht. Der Friedhof in Aschheim wurde im ganzen sechsten und siebten Jahrhundert genutzt. Er diente einer bescheidenen Ansiedlung von weniger als hundert Dorfbewohnern. Die ungewöhnliche Häufung von Bestattungen in den mittleren Jahrzehnten des sechsten Jahrhunderts sah verdächtig nach einer Phase des Massensterbens aus, und die den Toten entnommene DNA beweist zweifelsfrei, dass sie an *Yersinia pestis* gestorben waren. Das Monster war also dort. Die Konsequenzen aus diesem Fund, der die Pest für diesen abgelegenen ländlichen Außenposten im Westen belegt, sind kaum zu überschätzen. Wenn die Pest *hier* aufgetreten war, muss sie auch an vielen anderen Orten eine Rolle gespielt haben, die in den unerforschten Bereichen unserer Landkarte liegen.[69]

Die Wunder der Molekularanalyse werden vielleicht auch in Zukunft unserer Unkenntnis abhelfen. Andere Bruchstücke genetischen Materials müssen noch analysiert werden. Allzu oft wurde behauptet, die Justinianische Pest habe keine archäologischen Spuren in Form von Massengräbern hinterlassen. Die hervorragenden Arbeiten von McCormick haben nun das Gegenteil bewiesen. Mit Hilfe einer Liste von etwa fünfundachtzig archäologischen Befunden führt er den schlagenden Beweis, dass die plötzliche Zunahme von Massengräbern im Zusammenhang mit der Beulenpest zu sehen ist. Sicherlich gehen manche Massengräber der Spätantike auf das Konto von Gewalttaten und Naturkatastrophen, doch der genetische Beleg aus Bayern bestätigt eindeutig die Schlussfolgerung, dass

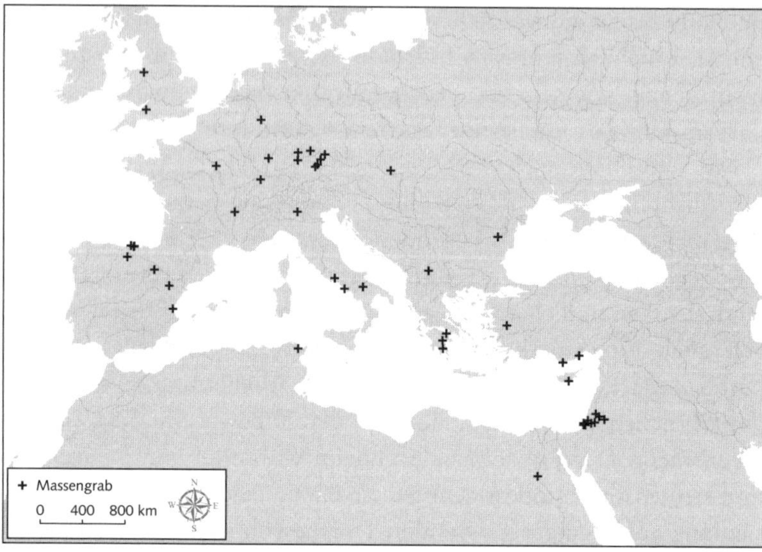

KARTE 20 Die Geographie des Massensterbens (nach Angaben von McCormick 2015 und 2016)

Yersinia pestis zu einer Veränderung von etwas so Intimem und Konservativem wie den Modalitäten der Bestattung geführt hat, von den Britischen Inseln bis ins ferne Palästina. Die Reichweite der Justinianischen Pest war riesig.[70]

Den Zeitgenossen der ersten Pandemie erschien es berichtenswert, wenn ein Volk von der Pest verschont wurde. Mauren, Türken und wüstenbewohnende Araber waren Berichten zufolge nicht von der globalen Katastrophe betroffen. Eine poetische Schilderung der Seuche in Afrika betonte, sie habe die Römer vernichtet, jedoch nicht «die grimmigen feindlichen Stämme betroffen». Die Türken selbst prahlten damit, «dass sie von Anbeginn der Zeit niemals eine Pestepidemie erlebt» hätten. Und es war allgemein bekannt, dass das arabische Kernland nicht von der Pest heimgesucht worden war. «Weder Mekka noch Medina wurden von irgendwelchen Epidemien betroffen, die anderswo im Nahen Osten ausgebrochen waren.» Im siebten Jahrhundert stellte Anastasius Sinaita, der Abt des berühmten Katharinenklosters, fest, dass die von Ungläubigen

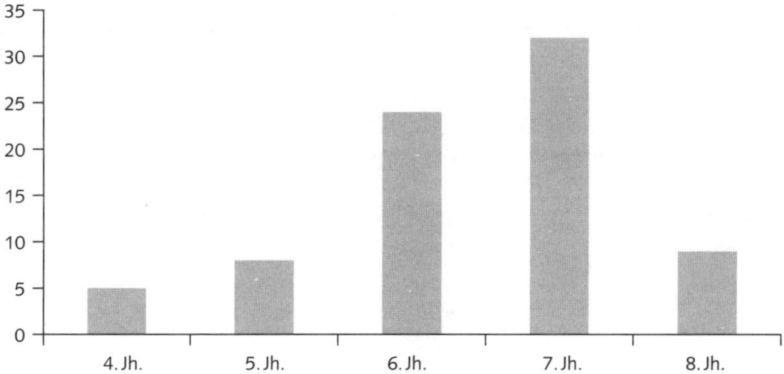

ABB. 6.5 Massengräber pro Jahrhundert (nach Angaben von McCormick 2015 und 2016)

bewohnten «einsamen und ausgedörrten» Orte «nie eine Seuche erlebten». Mauren und Bewohner Zentralarabiens lebten allesamt nomadisch. Die ökologische Erklärung bietet sich an: Die nichtsesshafte Lebensform schützte gegen die tödliche Verbindung von Ratte, Floh und Pest.[71]

Die Pest kam wie der Dieb in der Nacht. Von einem Moment zum anderen machte sie die mühsamen kollektiven Anstrengungen zweier Jahrhunderte demographischen Wachstums rückgängig. Die Sterberaten lassen sich nicht genau benennen. Johannes behauptete, nicht einer von tausend habe die Seuche überlebt. Das ist freilich nicht sehr glaubhaft. In seiner *Geheimgeschichte* versichert Prokop, etwa die halbe Bevölkerung sei an der Seuche gestorben: «Hinzu kam [...] die Pest; sie raffte etwa die Hälfte der restlichen Menschheit hinweg.» «Die Mehrzahl der Bauern starb dahin.» «Die Pest [...] suchte zwar die ganze Erde heim, doch entgingen ihr wenigstens ebenso viele Menschen, als daran starben; die Überlebenden wurden entweder gar nicht befallen oder kamen, einmal von ihr ergriffen, wieder davon.» Auf einem Grabstein in Palästina wird erklärt, ein Drittel der Menschheit sei vernichtet worden (bei einem späteren Ausbruch der Seuche im sechsten Jahrhundert). Dies sind unsere einzigen Zeugnisse mit expliziten Angaben zu den globalen Todesraten der ersten Pandemie.[72]

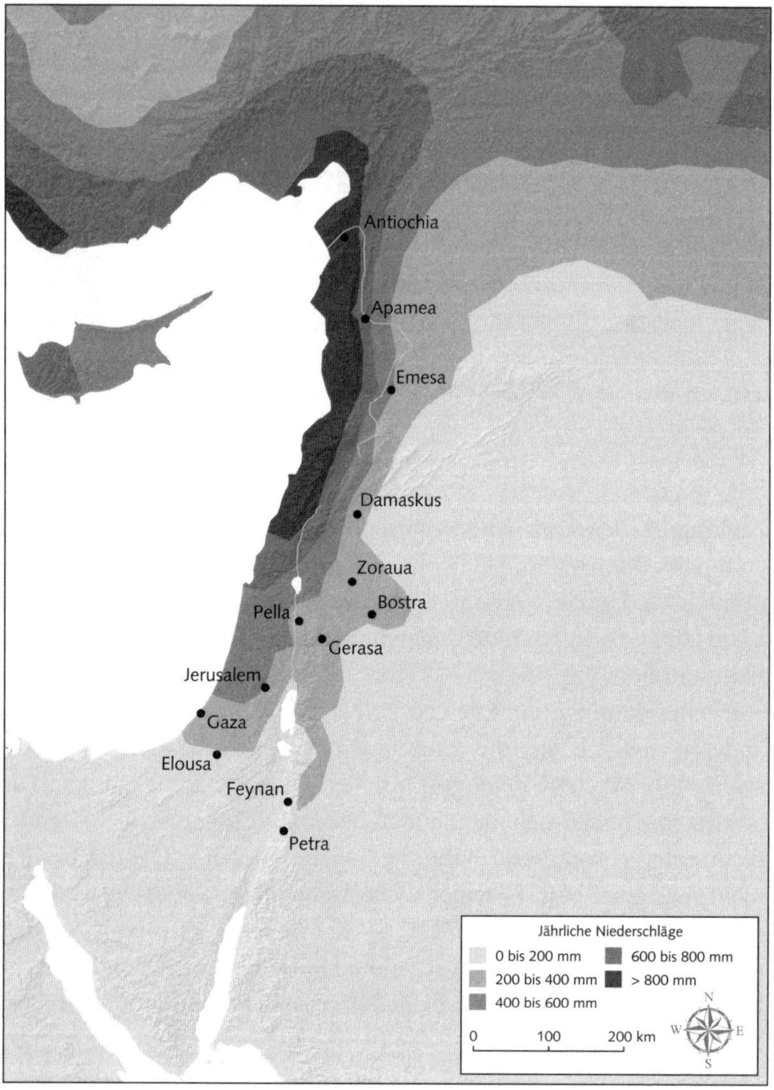

KARTE 21 Die Ökologie der Pest im Nahen Osten

In antiken Gesellschaften lebten etwa 85 bis 90 Prozent der Bevölkerung außerhalb der Städte. Was die Pest von früheren Seuchen unterschied und wodurch sie weit todbringender wurde, war ihre

Fähigkeit, in ländliche Bereiche einzudringen. Sobald die Krankheit epidemisch wurde, gewann der Killer *Yersinia pestis* die Oberhand. Die Seuche schlug grundsätzlich unterschiedslos zu, wie unsere antiken Autoren stets betonen. Jung und alt, Männer und Frauen, Reiche und Arme fielen ihr zum Opfer. Doch der Tod traf besonders die Schwachen. Selbst gegenüber einem so furchtbaren Gegner wie *Yersinia pestis* war der Allgemeinzustand der Bevölkerung nicht ganz unwesentlich. Die besorgniserregenden Klimaanomalien der Jahre vor der Justinianischen Pest hatten die Versorgung mit Nahrungsmitteln beeinträchtigt. Die ungesunde Krankheitsumgebung der römischen Welt schwächte die Menschen und ihr Immunsystem. All das weist auf die Anfälligkeit der römischen Bevölkerung am Vorabend der ersten Pandemie hin. Diese Pandemie traf auf ein hungriges und geschwächtes Volk.[73]

Die schockierenden Schätzungen der dem Schwarzen Tod des Mittelalters zugeschriebenen Todesraten haben strengster Prüfung standgehalten oder wurden sogar nach oben korrigiert. Das Spätmittelalter ist weit besser dokumentiert, und aus den Todesraten, die diesen viel reichhaltigeren Quellen entnommen werden, müssen Schlüsse gezogen werden. Die Historiker sind sich weitgehend darin einig, dass «der Schwarze Tod geschätzte 40 bis 60 Prozent aller Menschen in Europa, im Mittleren Osten und in Nordafrika das Leben kostete, als er zum ersten Mal in der Mitte des vierzehnten Jahrhunderts zuschlug». Die Sterberaten variierten nur geringfügig von Land zu Land. Benedictows sorgfältig zusammengestellte Angaben sprechen für sich.[74]

Region	*Sterblichkeit in %*
England	62,5
Frankreich	60
Savoyen	60
Languedoc/Forais	60
Provence	60
Italien	50–60
Piemont	52,5
Toskana	50–60
Spanien	60

Alles, was wir über die Justinianische Pest wissen, lässt darauf schließen, dass der Tod tatsächlich die Hälfte der Bevölkerung dahinraffte.

Die Seuche brachte sofort den normalen Rhythmus des Lebens durcheinander. Die Ernte verrottete auf den Feldern, Lebensmittel waren knapp. Danach, als weniger Menschen zu ernähren waren, gab es mehr zu essen als gewöhnlich. Der Weizenpreis verfiel, Löhne dagegen stiegen. Im Jahr 544 erließ Justinian folgendes Edikt: «Wir haben erfahren, dass sogar nach der Züchtigung [durch die Pest], die Gott der Herr in seiner Güte den Menschen zuteil werden ließ, solche Leute, die Handel treiben und ein Handwerk ausüben oder das Land bebauen, und sogar Seeleute, die geläutert hätten sein müssen, sich der Habgier hingegeben haben und doppelte oder gar dreifache Preise und Löhne entgegen alter Gewohnheit fordern.» Das Erbrecht wurde über den Haufen geworfen, und in einem Wirtschaftssystem mit einem ausgedehnten Kreditwesen versuchten die Banken verzweifelt, Schulden von den Erben einzutreiben. Die Bautätigkeit kam zum Erliegen, nur noch Kirchen wurden errichtet.[75]

Der Staat war ins Wanken geraten. Justinian gab Goldmünzen aus, die unter das sakrosankte Soll von 1/72 Pfund fielen. Dies war die erste Manipulation der Goldwährung seit Konstantin, und sie schockierte die oberen Schichten. Die Armee war bereits gefährlich überbeansprucht, und jetzt lichteten sich ihre Reihen. Die Pest kündigte den Beginn einer nie dagewesenen fiskal-militärischen Krise an. In den folgenden Generationen kämpfte der römische Staat darum, eine Armee aufzustellen und, häufiger noch, sie auch zu bezahlen. In den Jahren nach der Katastrophe lehnte Justinian es ab, Steuerschulden zu erlassen, bis er im Jahr 553 schließlich einlenkte. Eine allgemeine Steuererleichterung verweigerte er. Die Überlebenden wurden mit hohen Steuern belegt. Zur Mitte von Justinians Regierungszeit erhob das Imperium wahrscheinlich die höchsten Steuern in der ganzen römischen Geschichte. Prokops Kritik an der Regierung beruht hauptsächlich auf dem Vorwurf, der Fiskus sei raffgierig gewesen. Inzwischen kam auch die Reformagenda praktisch zum Stillstand. Peter Sarris zählte 142 Edikte und *constitutiones*, die in den Jahren 533 bis 542 erlassen wurden (14,2 pro Jahr). Zwischen 543 und 565 waren es nur noch 31 (1,3 pro Jahr). Das folgende Kapitel wird zeigen, dass eine verhältnismäßig eindeutige Linie vom demographischen Kollaps zum Scheitern des Oströmischen Reichs führte.[76]

Doch der Schock der ersten Pandemie war erst der Anfang.

ZWEI JAHRHUNDERTE TOD UND VERDERBEN: DIE BEHARRLICHKEIT DER PEST

Sobald der erste Ansturm der Seuche vorbei war, verlegte sich *Yersinia pestis* auf Ausweichmanöver. Während zum Beispiel das Pockenvirus einen Abdruck im Immunsystem hinterlässt, der den Überlebenden auf Dauer eine stabile Immunität verleiht, waren die an der Pest Erkrankten, die überlebten, wahrscheinlich nur teilweise und vorübergehend immun. Diese Frage ist allerdings nicht völlig geklärt, besonders was die historischen Pandemien betrifft. Evagrius Scholasticus erwähnt, dass etliche Menschen, die während der ersten Pandemie ein- oder zweimal angesteckt worden waren, bei einer späteren Pestwelle starben. Ähnliche Fälle werden vom Schwarzen Tod berichtet. Das anpassungsfähige Immunsystem des menschlichen Körpers sollte eigentlich eine Erinnerung an den Erreger bewahren – spezifische B- und T-Zellen, die das Bakterium von einer früheren Abwehr her erkennen –, und in Studien aus dem heutigen China wurde festgestellt, dass Überlebende der Pest tatsächlich teilweise immun geworden sind, was sie im Falle einer erneuten Infektion unterstützt. Diese Gedächtniszellen sind jedoch keine Garantie dafür, dass die Seuche besiegt ist. Erworbene Immunität ist eher eine zusätzliche Waffe in einem zermürbenden Mehrfrontenkrieg, keine undurchdringliche Mauer, die das Eindringen des Feindes verhindert.[77]

Die Pest besaß auf lange Sicht sogar ein noch heimtückischeres Stratagem. Ein reiner Humanparasit wie das Pockenvirus hatte keinen tierischen Zwischenwirt, auf dem es sich zwischen den Ausbrüchen verbergen konnte. Die Pest ließ sich mehr Zeit. Wenn die Welle der ersten Heimsuchung eines verwüsteten Landstrichs abebbte, blieben kleine Verstecke zurück. Die Pest lauerte in vielen Nagetierspezies. Diese biologischen Waffen der Pest – der Umstand, dass sie keine dauerhafte Immunität verleiht und in tierischen Wirten «überwintern» kann – ermöglichten es der ersten Pandemie, sich zwei Jahrhunderte lang zu halten und wiederholtes Massensterben herbeizuführen. Man darf sich die erste Pandemie nicht als einen großen Knall vorstellen, sondern als eine Reihe von Explosionen, die zwei Jahrhunderte lang Europa erschütterten.

Die Pandemie des Mittelalters, die auf den Schwarzen Tod folgte, dauerte vier Jahrhunderte. Erst spät haben wir ein wenig besser begriffen, wie sie sich so lange halten konnte. *Yersinia pestis* wurde enzootisch im Westen: Die Pest war imstande, in kommensal wie auch in wild lebenden Spezies zu überdauern. Die periodische Wiederkehr der Pest beruhte nicht darauf, dass *Yersinia pestis* mehrmals aus seiner zentralasiatischen Heimat nach Europa eindrang. Hier treffen ganz traditionelle und ganz neue Formen der Beweisführung zusammen. Ann Carmichael hat in einer brillanten Studie eine Tierseuche im Alpenvorland und das Alpenmurmeltier als Dauerwirt ausgemacht. Und ein neuer Genombefund von Pestopfern hat ergeben, dass die bakteriellen Erreger späterer Ausbrüche direkt vom Schwarzen Tod abstammten. Einmal im Westen angelangt, beanspruchte dieser bakterielle Ankömmling die Gastfreundschaft viel zu lange, bevor er auf geheimnisvolle Weise wieder verschwand.[78]

Die erste Pandemie dauerte von der Ankunft von *Yersinia pestis* im Jahr 541 bis zu ihrem letzten Aufflackern im Jahr 749. Zwei Jahrhunderte lang schwappte die Seuche in unregelmäßigen Abständen in plötzlichen, abrupten Ausbrüchen aus ihren Sammelbecken über. Meist werden diese Ausbrüche als aufeinanderfolgende «Wellen» bezeichnet, doch wir wollen diesen Ausdruck tunlichst vermeiden. Die Erforschung der ersten Pandemie legte sich auf diese Metapher fest. Die erste Heimsuchung war tatsächlich wellenartig und drang von außen in das Imperium ein, breitete sich daraufhin in einem weiten Bogen aus und wühlte sich durch eine im Überfluss vorhandene Nagetierpopulation, um am Ende den Atlantik zu erreichen. Danach war das Muster komplexer und asymmetrisch. Wenn wir die Ökologie der Beharrlichkeit der Pest verstehen wollen, müssen wir uns von den alten Metaphern verabschieden.[79]

Nach dem ersten Anlauf brauchte die Pest nicht mehr von außen einzudringen. Die anfängliche Verbreitung der Seuche hinterließ den Keim der nächsten Katastrophe, der sich dahinter verbarg. Was die darauf folgenden zwei Jahrhunderte betrifft, so kam es mutmaßlich zu Ausbrüchen von unterschiedlichem Ausmaß, die aus Pestherden im Landesinneren hervorgingen. Anhang B bietet eine Liste von achtunddreißig solcher Episoden, die wahrscheinlich teilweise miteinander zusammenhängen. Einige dieser Episoden scheinen lokal und zeitlich begrenzt zu sein, andere haben schwerwiegendere Folgen. Wir werden niemals eine vollständige Landkarte der verschlungenen Wege der Pest im Verlauf dieser beiden Jahrhunderte erstellen können, doch wir können die Wechselwirkung von Natur und Gesellschaft in diesen unruhigen Jahrhunderten untersuchen. Die Ökologie des Beharrens der Pest – das verborgene Leben der Pest in Tieren – bestimmte, wann und wo sie hervorbrach. Die wechselnden Umstände menschlichen Lebens im Imperium und dessen Vernetzung steuerten unmerklich die explosive Kraft jedes neuen Ausbruchs.

In der ersten Zeit nach dem vorläufigen Verschwinden der Pest bis etwa 620 war vor allem Konstantinopel wiederholt von größeren Ausbrüchen betroffen, die aufgrund des Seehandels besonders heftig waren. Wo der Pestbazillus jeweils überdauerte, ist unklar. Möglicherweise brüteten die Rattenkolonien Konstantinopels während der ruhigen Perioden den Keim eines erneuten Ausbruchs aus. Wahrscheinlicher ist jedoch, dass die Seuche aus den Provinzen eingeschleppt wurde. Das ganze sechste Jahrhundert hindurch blieb Konstantinopel das Nervenzentrum des gesamten östlichen Mittelmeerraums mit Verbindungen bis weit nach Westen. Eine Hinterlassenschaft der Rückeroberung durch Justinian war die bleibende Bindung des westlichen Mittelmeergebiets an das Krankheitssystem des Ostens. Ausbrüche konnten nahezu überall entstehen und sich bis Konstantinopel ausbreiten; die Hauptstadt war eine Relaisstation, an der sich die Keime aus dem ganzen Imperium sammelten und die als Motor metastatischer Streuung fungierte.[80]

Pestausbrüche in Konstantinopel

542
558
573
586
599
619?
698
747

Sechzehn Jahre nach ihrem ersten Wüten kam die Seuche in die Hauptstadt zurück. Es schien, als wäre sie nie ganz verschwunden gewesen. «Sie hatte niemals wirklich aufgehört, sondern war nur von einer Stelle zu einer anderen gewandert und hatte damit den Überlebenden der letzten Ausbrüche eine Art Atempause verschafft.» Manche «fielen tot um bei ihren gewöhnlichen Verrichtungen zu Hause oder auf der Straße oder wo sie gerade waren». Der Geschichtsschreiber Agathias vermerkt, dass mehr Männer als Frauen betroffen waren, vielleicht weil sich in den Gewerbe- und Handwerkervierteln der Metropole die Rattenpopulationen wieder erholt hatten. Drei Jahre nach diesem erneuten Ausbruch in der Hauptstadt breitete sich die Seuche von Ostanatolien über Syrien und Mesopotamien bis zum Perserreich aus. Ob dies eine Ausweitung des Ausbruchs in der Hauptstadt oder eines Seuchenherds im Osten war, ist nicht klar. Ungefähr fünfzehn Jahre später, im Jahr 573/74, kam es zu einem überregionalen Ausbruch im Oströmischen Reich – zum dritten Mal wurde die Stadt von der Pest heimgesucht. Die tägliche Opferzahl stieg auf 3000. Im Jahr 586 soll eine Pestilenz angeblich 400 000 Menschen (eine übertriebene Ziffer) allein in der Hauptstadt getötet haben, aber dieser Ausbruch ist außerhalb von Konstantinopel nicht belegt und war also vielleicht ein lokal begrenztes Ereignis.[81]

Um das Jahr 597 brach die Pest in Thessalonike und Umgebung aus. Diesen Vorfall können wir in einigen Details nachverfolgen. Das Massensterben war so furchtbar, dass die Awaren, feindliche Barbaren, die in Osteuropa eingefallen waren, dies ausnutzten. Als sie im Jahr darauf Thrakien besetzten, wurden aber auch sie Opfer der Seuche; angeblich verlor ihr Anführer sieben Söhne an einem einzigen Tag. Im Jahr 600 erreichte die Pest die Hauptstadt. Eine syrische Chronik berichtet von 380 000 Toten in Konstantinopel. War die Seuche erst einmal in der Stadt, schien es, als sei sie auch gleich überall. Sie verbreitete sich auf dem Landweg in Bithynien und Kleinasien bis nach Syrien, gelangte nach Westen, zunächst an die Adria, überquerte Nordafrika und zog weiter die Westküste Italiens hinauf, mit entsetzlichen Folgen für Rom. Eine Seuche, die vielleicht in den Wäldern des Balkans ihren Ausgang genommen hatte, fand ihren Weg in die imperiale Hauptstadt, von wo aus sie sich auf die Reise zu den Häfen des Mittelmeers aufmachte.

Dennoch war dieser Ausbruch der letzte, bei dem Konstantinopel eine wichtige Rolle bei der Weiterverbreitung der Pest spielte. Zwischen 542 und 619 befiel die Seuche die Hauptstadt im Durchschnitt alle 15,4 Jahre. Danach schlug sie zweimal in 128 Jahren zu, also einmal alle 64 Jahre. Diese abrupte Verlagerung ist der schwindenden Dominanz Konstantinopels im östlichen Mittelmeerraum geschuldet. Ab Mitte des siebten Jahrhunderts spielte die Stadt nur noch eine untergeordnete und passive Rolle in der Epidemiologie der ersten Pandemie.[82]

Für den Westen ist die Quellenlage nach wie vor dürftig. Das beginnende Mittelalter hatte einen Schleier über diese Welt geworfen. Das Dunkel lichtet sich für uns nur so weit, dass wir den Verlauf der Pandemie in groben Umrissen erkennen können. Möglicherweise ist unser Blick getrübt, aber wenn die wenigen erhaltenen Berichte glaubwürdig sind, stand der Westen zwei Generationen lang unter dem Einfluss von Konstantinopel. Immer wieder wurde die Seuche aus dem Osten über das Meer eingeschleppt. Daraufhin trat in der ersten Hälfte des siebten Jahrhunderts eine Pause ein. Schließlich war das letzte Jahrhundert der Pest im Westen wahrscheinlich von einem Seuchenherd auf der Iberischen Halbinsel oder von der Rückkehr der Seuche aus der islamischen Welt nach Al-Andalus geprägt.

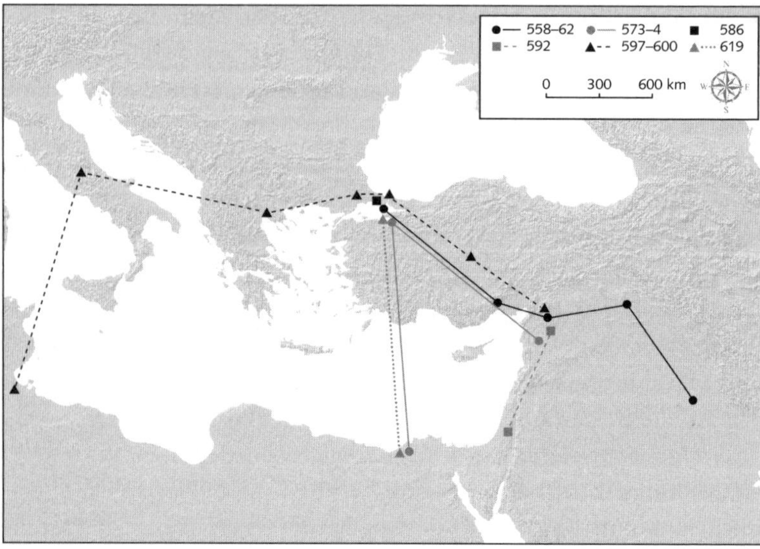

KARTE 22 Ausbreitung der Pest im Osten, 550–620 n. Chr.

Phasen der Pest im Westen

Byzantinische Phase	542–600
Pause im siebten Jahrhundert	600–660
Iberische Phase	660–749

Die erste Welle der Justinianischen Pest rauschte bis ans westliche Ende der Welt, bis zum Atlantik. Danach verebbte die Seuche im Westen für mehr als zwei Jahrzehnte, bis die Rückkehr der Pest auf dem Seeweg eine Reihe von Ausbrüchen auslöste. Der erste begann irgendwann zwischen 565 und 571 in Ligurien, einem Küstenstreifen unter byzantinischer Kontrolle. Von dort breitete sich die Seuche über Norditalien aus, überquerte die Alpen und die alten Grenzgebiete des Römischen Reichs. Der Geschichtsschreiber Paulus Diaconus schilderte zwei Jahrhunderte später die Fakten: Da «begannen in der Leistengegend der Menschen bzw. an anderen recht empfindlichen Stellen die Drüsen wie Nüsse oder Datteln anzuschwellen. Darauf folgte rasch unerträglich hohes Fieber, das bei dem Befallenen nach drei Tagen zum Tode führte.» Die Folgen waren katastrophal. «Urzeitlichem Schweigen begegnete man in jenen Tagen: kein Laut auf den Fluren, kein Ton einer Hirtenflöte [...] Die Erntezeit war vorüber, und unberührt harrten die Saaten des Schnitters [...] Weideflächen waren zu Friedhöfen geworden und die Behausungen der Menschen zum Unterschlupf für die Tiere der Wildnis.»[83]

Die Ausbreitung in Norditalien ging mit dem beinahe gleichzeitigen Auftreten der Seuche in Gallien einher. Der Ausbruch in Gallien war massiv, er traf Regionen wie die Auvergne, die bis dahin verschont geblieben waren. Auch Lyon, Bourges, Chalon-sur-Saône und Dijon waren betroffen. Diese Auflistung zeigt die Bedeutung der Flussschifffahrt für die Ausbreitung der Krankheit. Die periodisch auftretenden Seuchen drangen wahrscheinlich nicht weit ins Inland vor, aber die Pandemie schwelte in Gallien weiter. Minderschwere Ausbrüche trafen den Südwesten Galliens in den Jahren 582 bis 584. Im Jahr 588 brachte ein spanisches Schiff die Seuche nach Marseille. Zwei Monate lang loderte die Pest gleich einem Feuer. Blitzartig verbreitete sie sich auch rhôneaufwärts. Es gibt jedoch keine Hinweise darauf, dass sie sich weit über das Rhônetal hinaus ausgebreitet hätte.[84]

Im letzten Jahrzehnt des sechsten Jahrhunderts trat die Pest zweimal im Westen auf. In den Jahren 590/91 traf ein Ausbruch während des Pontifikats Gregors des Großen die Stadt Rom. Der Papst behauptete, große Teile der Bevölkerung seien dahingerafft worden. Das war keine lokal begrenzte Angelegenheit. Die Seuche drang mindestens bis Narni vor, und ob auf dem Land- oder dem Seeweg, jedenfalls erreichte sie die Ostküsten Italiens. In Gallien reiste die Seuche auf der Rhône weiter nach Norden bis Avignon und Viviers. Danach hören wir jedoch von keinen weiteren Ausbrüchen in Gallien. Ab dem ausgehenden sechsten Jahrhundert ist Gallien mehr nach Norden als nach Süden ausgerichtet. Sein Schwerpunkt verlagerte sich weg vom Mittelmeer in Richtung einer eher kontinentaleuropäischen Zukunft. Für kurze Zeit war diese Abgrenzung ein biologischer Schutzwall.[85]

Der Ausbruch der Jahre 599/600 war der letzte, der von Konstantinopel ausging. Das Desaster erfasste weite Teile des Westens, betraf die Adriaregion, Nordafrika und die Westküsten Italiens einschließlich der Stadt Rom. Gregor der Große wusste, dass die Pestilenz aus dem Osten gekommen war. Was er sich jedoch nicht vorstellen konnte, war, dass eine Zeit des Friedens bevorstand. Danach ließ die Seuche im Westen nach, zumindest nach unseren lückenhaften Quellen zu schließen. Eine lateinische Grabinschrift aus dem Jahr 609 in Córdoba gedenkt eines Opfers der Pest vom Beginn des siebten Jahrhunderts. Sie erinnert uns an das, was wir alles nicht wissen, und verweist auch auf die Möglichkeit, dass es in Iberien einen Seuchenherd gab. Darauf lässt auch ein Handbuch aus Toledo für christliche Predigten aus dem siebten Jahrhundert schließen. Vier vorgefertigte Homilien setzen sich mit den moralischen Dilemmata der Beulenpest auseinander. Und wenn die Seuche am Ende des sechsten Jahrhunderts im Westen wieder zuschlug, war Iberien immer betroffen. Spanien ist die einzige Region im Westen, die immer wieder von der Pest heimgesucht wurde, und es gibt keinen einzigen Hinweis darauf, dass sie von außen, vom Meer her, eingeschleppt worden wäre.[86]

Wenn die Pest ein enzootisches Reservoir in Iberien gefunden hatte, wäre dies ein denkbarer Ausgangspunkt für die beiden nachfolgenden Pestausbrüche auf den Britischen Inseln in den Jahren 664 bis 666 und 684 bis 687. Die erste Welle zur Zeit Justinians war bis zum Atlantik vorgedrungen, doch für die Zeit danach fehlen uns zuverlässige Indizien für eine Beulenpest jenseits des Ärmelkanals. Archäologen haben festgestellt, dass Rattenknochen, nach einem massenhaften Vorkommen in römischer Zeit, aus Grabungsstätten des sechsten und siebten Jahrhunderts praktisch verschwunden sind. Das hat etwas zu bedeuten. Vom Fehlen diesbezüglicher archäologischer Befunde in England lässt sich generell auf einen Kollaps der Rattenpopulation schließen. Dass sich die kommensalen Rattenkolonien nur langsam erholten, trug hier wie anderswo dazu bei, die Ausbreitung der Beulenpest nach ihrem ersten Auftritt zu behindern. Als diese um das Jahr 664 nach England zurückkehrte, zunächst nach Kent, kann sie ohne Weiteres ein iberischer Import gewesen sein. Ein Austausch im Frühmittelalter über den Atlantik, der sowohl durch archäologische Funde als auch in Texten belegt ist, verband England mit dem Kontinent. Vielleicht waren Keime die unbeabsichtigte Folge dieses Austauschs am westlichen Rand der mittelalterlichen Welt.[87]

Pestausbreitung im Westen

Italien	*Gallien*	*Iberien*	*Britannien*
543	543	543	543
571	571		
	582–584		
	588		
590	590		
599			
		609	
			664–666
680			
			684–687
		693	
		707–709	
745			

Die ganze erste Pandemie könnte eigentlich als ein Geschehen in der Geschichte Syriens betrachtet werden. Die beiden Jahrhunderte der Pandemie hindurch kam es in Syrien immer wieder zu Ausbrüchen der Pest, vom ersten bis zum letzten Auftauchen der Seuche. Dabei besteht allerdings die Gefahr, dass wir auf der Suche nach der Pest dem Betrunkenen gleichen, der unter dem Laternenpfahl seine Schlüssel sucht – weil nämlich dort das Licht ist. Die syrischen Chroniken sind eine ergiebige Quelle, doch auch die Annalen Konstantinopels weisen einen ungebrochenen Rekord an schweren Pestereignissen in der Hauptstadt aus. Die Relevanz der Pest in der Levante ist unbestreitbar. In diesen Jahrhunderten bekam Syrien den Ruf, ein Sammelbecken der Pest zu sein, und die Inschriften bestätigen dies ebenfalls. Auch ökologisch ist dies glaubhaft – wiederholt verbreitete sich die Seuche von Syrien aus weiter. Christliche Siedlungen lagen verstreut in den Ebenen und Abhängen vom Orontestal bis Nordmesopotamien. Der Pesterreger fand vielfach Wirte unter Nagern, die in großen Höhen semiarider Regionen lebten. Die erhellende

Studie von Nükhet Varlık über den Schwarzen Tod in der osmanischen Welt hat gezeigt, dass die Pest ihren Schwerpunkt in Nagetierpopulationen in ebendiesen Gebieten hatte. Das trockene Bergland Ostanatoliens könnte gut der *ground zero* der ersten Pandemie gewesen sein.[88]

Pestausbreitung im Osten

Ägypten	*Palästina*	*Syrien*	*Mesopotamien*
543	543	543	543
		561–562	561–562
573–574		573–574	
	592	592	
			599–600
	626–628	626–628	
	638–639	638–639	638–639
			670–671
672–673	672–673	672–673	
		687–689	687–689
689–690			
		698–700	698–700
		704–706	704–706
			713
714–15			
		718–719	718–719
		725–726	725–726
			729
732–735	732–735	732–735	732–735
743–749	743–749	743–749	743–749

Möglicherweise hat die Pest im Osten sofort Verstecke gefunden. Zunächst trat sie im Jahr 561/562 in Kilikien, Syrien, Mesopotamien und Persien auf. Unklar ist, ob dieser Ausbruch eine Ausweitung der Pest in Konstantinopel von 558 oder davon unabhängig war. Eine Chronik berichtet von hohen Sterberaten in Kilikien. Vielleicht nahm dieser Ausbruch seinen Ausgang im Taurus-Gebirge. Sicher ist, dass eine Pest im Jahr 592 im Osten in keinem Zusammenhang mit einem Ausbruch in Konstantinopel stand. Der große

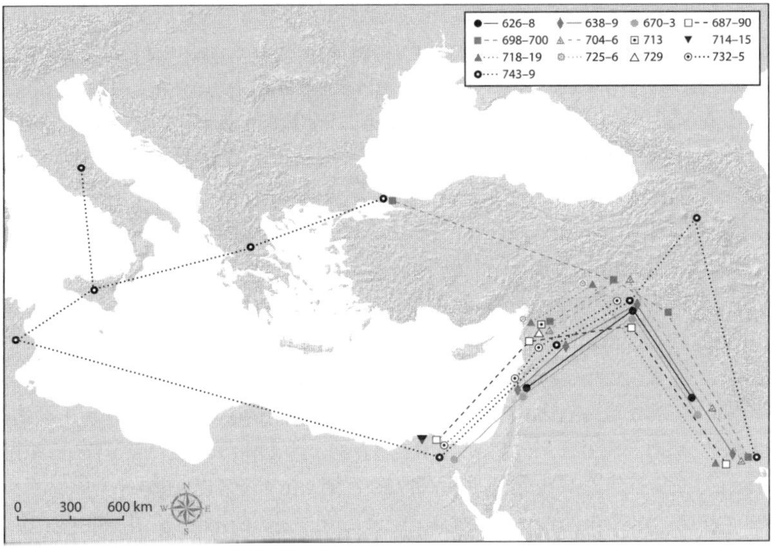

KARTE 23 Ausbreitung der Pest im Osten, 620–750 n. Chr.

Ausbruch in den Jahren 599/600 fand überregional statt. Danach gab es keinen Zusammenhang zwischen Pestausbrüchen in der Levante und dem Byzantinischen Reich. Pestausbrüche, die sich in Syrien ereigneten, weiteten sich oft bis nach Palästina und Mesopotamien aus. An zwei Ereignisse – 626 bis 628 (die «Shiraway-Pest») und 638/639 (die «'Amwas-Pest») – wird in frühen islamischen Quellen erinnert. Letztere war tatsächlich die erste Begegnung der Muslime mit der Beulenpest. Nach einer Unterbrechung von etwa einer Generation kehrte die Pest bis zum Ende der Pandemie in noch kürzeren Abständen nach Syrien und Mesopotamien zurück.[89]

Einige Male kam es zu einem sehr massiven Auftreten der Seuche: Die Inschriften aus dem Jahr 592 erklären, ein Drittel aller Menschen des Erdkreises sei gestorben. Andere Ausbrüche waren wohl eher lokal begrenzt. Die Vernetzung der Levante sowie der Umstand, dass diese Region in der Spätantike an den Grenzen politischer und kultureller Kraftlinien lag, erhöhten zweifellos die Auswirkungen der Seuche dicht am Kernland der muslimischen Welt. Es ist denkbar, dass durch die Häufung der Pestausbrüche die späteren Vorkommnisse weniger folgenreich waren. Vielleicht erholten sich die Nagetierpopulationen nur teilweise und nicht überall gleich, doch in jedem Fall spielte sich Aufstieg und Untergang des Umayyaden-Kalifats vor dem Hintergrund der Pest ab.[90]

Die erste Pandemie ging mit einem furiosen Finale zu Ende. Der letzte Ausbruch in den 740er Jahren verbreitete sich weiter als alle anderen Ausbrüche seit der ersten Heimsuchung. Ausgehend vom Kalifat, machte sie sich in dessen südlichen Ausläufern breit. Doch von Ifriqiya sprang sie nach Norden über, möglicherweise befördert auf Sklavenschiffen, die zwischen Karthago, Sizilien und Italien verkehrten, Routen, auf denen einst die römische Getreideflotte gesegelt war. Die erneute Pest, die nach fünfundsechzig Jahren zum ersten Mal wieder in Rom auftrat, war verheerend. Von dort aus fegte die Seuche wieder nach *Osten* entlang der Nordküste des Mittelmeers. Im Jahr 747 erreichte sie Konstantinopel, und wieder ereilte der Tod so viele, dass nicht alle beerdigt werden konnten. Der Kaiser musste die Stadt durch Zwangsansiedlung wieder bevölkern.[91]

Der letzte Ausbruch der ersten Pandemie folgte den Umrissen eines neuen, mittelalterlichen Mittelmeerraums. Der Reiseverlauf des Erregers spiegelt die geopolitischen Veränderungen seit den Tagen Justinians wider. Mitte des achten Jahrhunderts hatte die Wende zum Mittelalter begonnen. Eine spürbar neue Ordnung brach im Westen an, angeführt von den karolingischen Königen, die ein neues Reich errichteten, das christlich im Glauben und dem Namen nach römisch, jedoch in seiner Entstehung und seinen Ausmaßen rein europäisch war. Zwischen dem östlichen und dem westlichen Mittelmeer bestand ein seltsames und unausgewogenes Verhältnis. Die biologische Geschichte ist nicht immer geradlinig, doch in diesem Fall steckt eine gewisse Symbolik darin, dass die Ausbreitung der Pest in den 740er Jahren der Höhepunkt der ersten Pandemie war. Die Pest sollte nicht Teil der neuen mediterranen Welt des Mittelalters werden. Sie verschwand für Jahrhunderte und lauerte weit weg in den Hochebenen Zentralasiens.[92]

Der Ableger von *Yersinia pestis*, der im Jahr 541 in das Römische Reich eindrang und zwei Jahrhunderte lang furchtbare Verwüstungen anrichtete, war eine evolutionäre Sackgasse. Der Krankheitserreger der Justinianischen Pest ist ein ausgestorbener Ableger der Spezies. Er verschwand ebenso geheimnisvoll, wie er gekommen war, und vielleicht ist er sogar noch schwerer fassbar. Die verborgene Dynamik von Nagetierpopulationen und die Macht des Klimawandels brachten die Pest zum Aufgeben. Vermutlich spielt auch eine Rolle, dass die Spätantike Kleine Eiszeit der Wärme im Hochmittelalter wich, als die erste Pandemie zu Ende ging, doch wir können nicht genau sagen, wie dies geschah. Die erste Pestepoche endete ebenso abrupt und unerwartet, wie sie begonnen hatte.[93]

DEM ENDE DER WELT ENTGEGEN

Wir tun uns schwer, biologische Vorgänge solchen Ausmaßes zu begreifen. Das Aufkommen von *Yersinia pestis* war eine Zäsur in der Geschichte der menschlichen Spezies. Vielleicht stand die Menschheit nie zuvor einem so tödlichen und tückischen Feind gegenüber. Die beiden großen Pestpandemien zu Beginn und am Ende des Mittelalters waren die vergleichsweise schlimmsten biologischen Katastrophen der Geschichte. Die Wucht der ersten Welle machte von einem Moment zum anderen zwei Jahrhunderte des Bevölkerungswachstums zunichte. Danach erstickte die wiederum zwei Jahrhunderte andauernde Seuche die Hoffnung auf Wiederaufschwung. Nehmen wir zum Beispiel eine normale jährliche Wachstumsrate von 0,1 Prozent an, als die erste Welle ankam, und dann eine Sterberate von 50 Prozent innerhalb einer oströmischen Bevölkerung von 30 Millionen, danach eine rasche Erholung (0,2 Prozent pro Jahr) in Verbindung mit einer geringeren Sterblichkeit (10 Prozent Mortalität binnen 15 Jahren, was für die Phasen der Pest in Konstantinopel kennzeichnend scheint), dann ist offensichtlich, dass die Bevölkerungszahlen aufgrund der aufeinanderfolgenden Ausbrüche niedrig blieben. Es war, als wäre die Masse der Atmosphäre auf einmal erdrückend schwer geworden und die menschlichen Gesellschaften beugten sich unter ihrem unsichtbaren Gewicht.[94]

Doch nicht genug, dass die launische Natur den tödlichsten

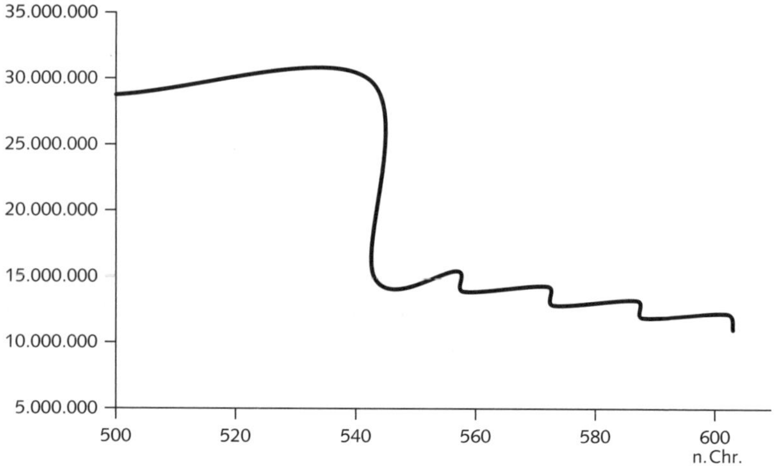

ABB. 6.6 Angenommenes Modell der oströmischen Bevölkerung, etwa 500–600 n. Chr.

Krankheitskeim hervorbrachte, den es je gegeben hat. Wenn auch der Ausbruch der Pest Justinians Traum von einem wiedervereinigten Imperium in einen Alptraum verwandelte, so war der Triumph des Bakteriums nicht allein für die letzten Etappen der Auflösung des Römischen Reichs verantwortlich. Wir können die Auswirkung der Pest nicht unabhängig von der Klimageschichte ermessen. Der Fall des Römischen Reichs wurde gleichermaßen von einem ungünstigen Klimasystem verursacht, das man mittlerweile die Spätantike Kleine Eiszeit nennt. Die Verbindung von Pest und Klimawandel untergrub die Stabilität des Reichs. Das unermessliche Leid und die Angst hinterließen bei den Überlebenden das schaudernde Gefühl, die Zeit selbst gehe zu Ende. «Aber in diesem Land, in dem wir leben, verkündigt die Welt ihr Ende schon nicht mehr, sondern zeigt es bereits.»[95]

7

DAS JÜNGSTE GERICHT

DIE WELT GREGORS DES GROSSEN

Papst Gregor der Große wuchs auf in der Welt, die Justinian geformt hatte. Geboren wurde er im vom Krieg verwüsteten Rom, kurz nachdem die Stadt von Belisars Armee zunächst zurückerobert worden war. Wenig später brach die Pest aus. Gregors Rom war über Generationen hinweg von Seuchen und Krieg heimgesucht worden, doch zumindest in seinen prägenden Jahren war die alte Hauptstadt noch nicht bis zur Unkenntlichkeit verwüstet. Sie war kaiserlicher Besitz, und Gregor war ein Mann des Kaisers. Er war einer der letzten aus altrömischem Adel, der Spross einer Patrizierfamilie, die auf die frühe Aristokratie zurückging. Noch konnte er sorglos einen imperialen Mittelmeerraum bereisen. Seine Familie hatte im prosperierenden Sizilien weit verstreuten Landbesitz. Seine Verbindungen nach Afrika verschafften ihm Vorteile. Er verbrachte sieben Jahre in Konstantinopel als Abgesandter des Papstes, sollte militärische Unterstützung vom Kaiser Mauricius erlangen, scheiterte aber. Doch seine vornehme Frömmigkeit beeindruckte die Damen der östlichen Kapitale, und er gewann ein sicheres Gespür für geopolitische Realitäten, das ihm für sein eigenes Pontifikat von Nutzen sein sollte. Außerdem wurde er Pate des Sohnes des Kaisers. Gregor war der Letzte einer aussterbenden Art, und davon war er ein bemerkenswerter Vertreter.[1]

Man hat ihn häufig zu einem Wachposten an der Schwelle zwischen Antike und Mittelalter stilisiert. Im Lauf seines Lebens sah er die charakteristischsten Merkmale der alten Landschaft entschwin-

ABB. 7.1 Nürnberger Chronik: Gregor der Große (Druck aus dem 15. Jahrhundert)

den. Der römische Senat, eine mehr als tausend Jahre bestehende Institution, löste sich in aller Stille auf. Schon zu Gregors Lebzeiten war er nur noch eine Art Phantom. Das geht aus seinen Briefen hervor, die seine Bemühungen zeigen, durch eigene Anstrengung einen Anschein von öffentlicher Ordnung aufrechtzuerhalten. Seine Karriere war jedoch kein selbstbewusster Versuch, das mittelalterliche Papsttum zu gestalten. Ein solcher Gedanke wäre ihm nicht in den Sinn gekommen. Er agierte innerhalb des geistigen Rahmens des Römischen Imperiums, der «heiligen Republik». Und was am allerwichtigsten ist: Gregor war fest davon überzeugt, dass die Zeit ihrem Ende zuging.[2]

Gregors Eschatologie ist der rote Faden, der sich durch sein ganzes Gedankengebäude und seine Laufbahn zieht. Wollen wir sein Weltbild verstehen, müssen wir uns darüber im Klaren sein, dass er überzeugt war, das Ende der Welt sei gekommen. Diese Überzeugung entstammte seiner Erfahrung mit der Umwelt. Die Natur selbst bebte in Vorwegnahme des Endes. Gregors Pontifikat begann, als es zu schlimmen Naturkatastrophen kam. Ende des Jahres 589 wurde Italien von sintflutartigem Regen überschwemmt. Die Etsch trat über ihre Ufer. Der Tiber setzte ganze Teile der Stadt unter Wasser, das höher als die Stadtmauern stieg. Kirchen stürzten ein, und das Getreide in den päpstlichen Speichern verfaulte. Keiner konnte sich an eine solche Flut erinnern. Danach kam im Frühjahr 590 die Pest aus dem Osten und raffte Papst Pelagius II. dahin. Die Stadt wandte sich an Gregor. Vor dem Hintergrund der in Aufruhr geratenen Natur wurde Gregor auf den Thron des heiligen Petrus gehoben.[3]

Der Beginn der Pest verlangte nach einer energischen liturgischen Reaktion. Gregor initiierte aufwendige rituelle Prozessionen – traurige Umzüge, Rogationen genannt –, um den Verheerungen der Pestilenz Einhalt zu gebieten. Doch auch wenn sie zunächst offenbar Erfolg hatten, war die Atempause nur von kurzer Dauer: Im Jahr 599 wurde der Westen erneut von der Seuche aus dem Osten heimgesucht. «Unaufhörlich müssen wir Pestepidemien erdulden.» Der amtsmüde Bischof konnte das drohende Ende des Zeitalters nicht aufhalten. «Ich hoffe sehnsüchtig auf ein Mittel gegen den Tod. So viele Kleriker und Menschen der Stadt sind an Fieber erkrankt, dass praktisch kein Freier, kein Sklave mehr da ist, der eine Arbeit versehen oder einen Dienst verrichten könnte. Täglich erhalten wir aus den Städten der Umgebung Nachrichten über das verheerende Sterben. […] Ankömmlinge aus dem Osten schildern noch schlimmere Verwüstungen. All dies zeigt, dass das Ende der Welt naht und die Heimsuchung allgemein ist.»[4]

Gregors Eschatologie stand unter dem Eindruck der unablässigen und launischen Gewalt der Umwelt. Er spürte, dass er Zeuge von «Neuheiten in der Atmosphäre, Schrecken am Himmel und Stürmen außerhalb ihrer normalen Jahreszeiten» war. Wir müssen uns davor hüten, dies als irres Gerede abzutun. Es wäre allzu einfach, aus unserer abgehobenen Position die naive Gläubigkeit eines antiken Kirchenmanns zu belächeln und seine Angst für übertrieben zu halten. Gelegentlich wurde vorgebracht, dass in der Antike Seuchen, Erdbeben und Unwetter schließlich in diesen Regionen allgegenwärtig waren. Doch der Blick in die Naturarchive lässt uns innehalten und diese Ängste mit etwas mehr Einfühlungsvermögen betrachten.

Die Justinianische Pest verursachte das bis dahin größte Massensterben in der Geschichte der Menschheit. Es ist eine schlichte Tatsache, dass diese Zeit von außergewöhnlich schweren Erdbeben erschüttert wurde. Dazu war das Klima der Spätantiken Kleinen Eiszeit für das politische Projekt des Römischen Reichs so abträglich, wie einst das Klimaoptimum für die Unternehmen der Vorgänger des großen Papstes günstig war. Gregor lebte in einer Zeit der Klimaverschlechterung, wie es sie im späten Holozän nur selten gab.[5]

Die Spätantike Kleine Eiszeit markiert die Schwelle zwischen Antike und beginnendem Mittelalter. Sie war ein Umweltgeschehen allerersten Ranges. Seine Ursprünge liegen weit jenseits menschlicher Einflussnahme, seine Auswirkungen auf die Menschen waren allerdings immens, und sie waren untrennbar mit den Folgen der ersten Pandemie verbunden. Der Klimawandel in Verbindung mit Seuchen richtete die Überreste der römischen imperialen Ordnung zugrunde. Die demographischen Konsequenzen waren von zentraler Bedeutung. Das Rom zur Zeit Gregors hatte wahrscheinlich kaum mehr als 10 000 bis 20 000 Einwohner, die sich innerhalb der Stadtmauern drängten; sie hätten kaum eine Kurve im Kolosseum gefüllt. In weiten Teilen der alten römischen Welt war einst besiedeltes Gebiet aufgegeben worden. Dem Staat fehlte es an metabolischer Energie, und so begann ein schmerzlicher Prozess zunehmender Atropie.

Genau ein Jahrhundert liegt zwischen der Einnahme Roms durch Belisar und dem Rückzug der kaiserlichen Armeen vor dem rasanten Vormarsch der islamischen Eroberer. In dieser Zeitspanne bot der römische Staat alle seine Kräfte auf und stemmte sich gegen den unaufhaltsamen Strom der Gezeiten. Er wehrte sich dagegen, sang- und klanglos unterzugehen. Wir erweisen menschlichem Handeln keinen schlechten Dienst, wenn wir versuchen, die Strömungen zu verstehen, die jene Menschen überwältigten, die in den letzten chaotischen Zeiten der Antike lebten. Und diese Erfahrung können wir umso mehr respektieren, wenn wir zu verstehen versuchen, warum sie glaubten, das Ende aller Zeiten stehe bevor. Denn es war das eschatologische Denken, dank dessen diese letzten Generationen sich keineswegs passiv dem Gang der Ereignisse überließen, sondern das ihre erstaunlichsten und bleibendsten Taten inspirierte. Das Gefühl, dem Untergang geweiht zu sein, war ihnen keine unerträgliche Last, eher eine Art verborgener Plan, eine Orientierung in wirren Zeiten. Zum ersten Mal in der Geschichte machte sich eine apokalyptische Stimmung in einer großen, komplexen Gesellschaft breit. Gregor war mit seinem Gespür für das nahe Ende beileibe nicht allein. Der apokalyptische Ton wies über Traditionen, Sprachen und politische Grenzen in der Spätantike hinaus. Wenn wir aufmerksam hinhören, können wir die scheinbar grundverschiedenen Teile der spätantiken Welt einander annähern und zugleich ein wenig Leben in die letzten Akte der Antike bringen.[6]

Jede schwere Erschütterung der Umwelt im Römischen Reich erzeugte unvorhersehbare spirituelle Nachwehen. Die Antoninische Pest führte die Menschen dazu, in einem archaischen und zunehmend universellen Apollokult ihr Heil zu suchen. Die Cyprianische Pest brachte die Grundfesten des antiken staatsbürgerlichen Polytheismus zum Einsturz und ermöglichte dem Christentum, das Vakuum zu füllen. Im sechsten und siebten Jahrhundert brachte die Verkettung von Seuche und Klimaverschlechterung ein Zeitalter der Eschatologie hervor, und zwar sowohl im Christentum wie im Judentum und auch im letzten Sprössling der Spätantike, dem Islam. Das Zusammentreffen von Umweltschäden, politischem Zerfall und religiöser Gärung bestimmte die letzte Phase von Roms Untergang. Im siebten Jahrhundert wurden die vitalsten Reste des Imperiums von den Rändern her von einer aufstrebenden Macht vereinnahmt, die weder ganz im Innern noch ganz jenseits der Sphäre der klassischen antiken Mittelmeerwelt entstand. Materiell und ideell war der Aufstieg des Islam ohne die Umbrüche in der Natur nicht denkbar.

Dies war das Ende der Welt.

DIE EISZEIT NAHT

Im sechsten Jahrhundert standen sich zwei seit jeher gegensätzliche Auffassungen von der Natur erneut und nun noch schroffer gegenüber. Die eine sah in der Natur das Vorbild für Ordnung und Regelmäßigkeit. Ihre unwandelbare Vollkommenheit war eine Quelle moralischer Vernunft, und das Beste, was der Mensch tun konnte, war, in Einklang mit der Harmonie des Kosmos zu leben. Dieser positiven Sicht lieferte der Neuplatonismus eine ausgeklügelte metaphysische Basis, und sie wurde bei den Kadern der imperialen Bürokratie zur praktischen Ideologie. Das Imperium, das sie verwalteten, war ein Abbild des geordneten Kosmos. Diametral entgegengesetzt war die Ansicht, die physische Welt sei eine Quelle des Wandels, der Vielfalt und der Gewalt. Diese Einstellung hatte keinen entschiedeneren Anhänger als Kaiser Justinian selbst. Aus seiner Sicht war die Natur antagonistisch, stets ging es um einen Kampf mit Klauen und Zähnen. Diese Debatte war nicht nur pure Theoretisiererei, es wurde vielmehr diskutiert, wie das Imperium zu regieren sei: durch Vernunft oder Willen, durch Tradition oder Reform. Und der Kontrast zwischen den beiden Anschauungen wurde noch durch die deutlich verstörenden Anzeichen einer Umweltkrise verstärkt.[7]

Im Zeitalter Justinians erzeugten die Schwankungen der Natur eine Periode der Klimageschichte des Holozäns, die eben die Spätantike Kleine Eiszeit genannt wird. Sie war die Folge eines dramatischen Zusammentreffens verschiedener Faktoren. Zeitversetzt wirkten starke klimatische Veränderungen zusammen und bildeten eine der am deutlichsten ausgeprägten Phasen der Klimageschichte der letzten Jahrtausende.[8]

Das späte Holozän war eine Zeit der Abkühlung. Von den hohen Temperaturen im frühen Holozän bis zur aktuellen anthropogenen Erderwärmung bewirkten Umlaufschwankungen im Lauf von Jahrtausenden eine allmähliche Abkühlung des Planeten. Doch auf dem Weg dahin machte das Klima Kapriolen, und die lange Talfahrt wurde von Zeit zu Zeit von wärmeren Epochen wie dem römischen Klimaoptimum unterbrochen. Auch im Holozän gab es Phasen plötzlicher Abkühlung, wie zum Beispiel durch die berühmte Kleine Eiszeit im siebzehnten Jahrhundert. Die Spätantike Kleine Eiszeit war eine jener Abkühlungsphasen, in denen die Kräfte, die im Holozän zunehmend für die Abkühlung verantwortlich waren, an Dynamik gewannen. Wenn das RCO eine Art Rückschau auf das mittlere

Holozän war, dann war die Spätantike Kleine Eiszeit ein Ausblick auf die kommende Kaltzeit.

Das RCO ging um das Jahr 150 n. Chr. zu Ende. Darauf folgten drei Jahrhunderte der Instabilität und Desorganisation. Ab etwa 300 n. Chr. war das auffälligste Merkmal des Klimas die positive Nordatlantische Oszillation. Wir haben bereits festgestellt, dass es in den unteren mittleren Breitengraden zu Phasen der Dürre kam, in einer Zone von Spanien bis Zentralasien. Das änderte sich ab 450, und der globale Klimaverlauf wies Anzeichen einer Umstellung auf. Besonders auffallend ist das Kippen der Nordatlantischen Oszillation. Ab der zweiten Hälfte des fünften Jahrhunderts war sie durchgehend negativ, so dass die winterlichen Sturmbahnen weiter im Süden verliefen. Um 450 begann in Sizilien eine Periode erheblich vermehrter Niederschläge. In weiten Teilen Anatoliens, die zuvor unter Trockenheit gelitten hatten, wurde es bald deutlich feuchter. Noch gab es keine Anzeichen für die bevorstehende epochale Abkühlung, wichtig ist aber, dass das Klima sich bereits vor den sich abzeichnenden bedeutenden Ereignissen im Übergang befand. Man könnte den Zeitraum von ca. 450 bis 530 als Vorspiel zur Spätantiken Kleinen Eiszeit betrachten.[9]

Die schleichende Klimaveränderung stand unter dem Einfluss von planetarischen Ereignissen. Seltsame Vorgänge am Himmel sind seit langem aus alten Berichten bekannt. Im Jahr 536 wurden die Menschen überall auf der Erde vom «Jahr ohne Sommer» in Angst und Schrecken versetzt. Auf seinem Feldzug in Italien mit Belisar beschrieb Prokop das «gar furchtbare Zeichen» der Sonnenverdunkelung. «Die Sonne, ohne Strahlkraft, leuchtete das ganze Jahr hindurch nur wie der Mond und machte den Eindruck, als ob sie fast ganz verfinstert sei. Außerdem war ihr Licht nicht rein und so wie gewöhnlich. Seitdem aber das Zeichen zu sehen war, hörte weder Krieg noch Seuche noch sonst ein Übel auf, das den Menschen den Tod bringt.» Johannes von Ephesus berichtet Ähnliches aus dem Osten. «Die Sonne blieb eineinhalb Jahre, also achtzehn Monate, lang verdunkelt. Obwohl ihre Strahlen zwei oder drei Stunden am Tag sichtbar waren, schienen sie gleichsam erkrankt, mit der Folge, dass die Früchte nicht ganz ausreiften. Aller Wein schmeckte nach verdorbenen Trauben.» Eine andere, genauere Chronologie brachte die unheilverkündende Himmelserscheinung mit dem Aufenthalt von Papst Agapitus (einem Vorgänger Gregors des Großen) in Konstantinopel von 24. März 536 bis 24. Juni 537 in Zusammenhang.[10]

Das Verschwinden der Sonne war stets ein beunruhigendes Vorzeichen, und es rührte auch an einige der empfindlichsten ideologischen Spannungslinien im damaligen Konstantinopel. Für einen Mann wie den missmutigen Bürokraten namens Johannes Lydos war der Vorgang mehr als nur eine merkwürdige Anomalie, sondern ein Riss in seinem Weltbild. In seiner Abhandlung *De portentis*, *Über die Vorzeichen*, unternahm er den kühnen Versuch einer naturwissenschaftlichen Erklärung. Die solare Anomalie führte er auf beeinflussbare, konkrete Ursachen in der Atmosphäre zurück. «Die Sonne verdunkelt sich, weil die Luft von aufsteigender Feuchtigkeit verdichtet wird – wie es auch im Lauf der kürzlich vergangenen vierzehnten Indiktion [535/536] nahezu das ganze Jahr über geschehen ist.» Es ist dies ein ehrenwerter Versuch, Naturphänomenen den Anschein einer regelmäßigen Wiederkehr zu geben.[11]

Der ausführlichste Bericht über das Jahr ohne Sommer stammt von dem italischen Staatsmann Cassiodorus. Er ist in einem der letzten Briefe aus seiner Sammlung öffentlicher Dokumente, den *Variae*, erhalten. Im Jahr 536 war er Prätoriumspräfekt in Italien unter dem Ostgotenkönig. Doch just zur Zeit der Zusammenstellung der *Variae* hatte Cassiodorus in Konstantinopel zu tun. Dank einer erhellenden Studie von Shane Bjornlie wissen wir, dass die *Variae* alles andere als ein objektives Protokoll der Dienstzeit von Cassiodorus sind. Sie sind vielmehr ein subtil polemisches Dokument, dazu bestimmt, genau solche Männer wie Johannes Lydos oder Prokop, die gelehrten Dissidenten in Justinians Regime, zu beeindrucken. Für die Beamtenschaft Konstantinopels, die häufig Sympathien für die Neuplatoniker hegte, war der Kosmos das Bild unwandelbarer Vollkommenheit und eine Quelle moralischer Ordnung. Justinian, ein schlimmer religiöser Fanatiker, hatte gerade einen Umsturzversuch, der blutig niedergeschlagen worden war, mit knapper Not überlebt. Cassiodorus hatte einen feinen Sinn für diese Details, und sein ausgefeilter

Bericht über die Sonnenverdunkelung gehört zu der angeheizten politischen Debatte in der Hauptstadt.[12]

«Denn nichts geschieht ohne Grund, auch ist die Welt nicht in die Zufälle des Schicksals verwoben», schrieb Cassiodorus. Der erzwungene Abschied von Traditionen war schmerzlich genug. «Die Menschen sind in Spannung, wenn Könige ihre Grundsätze geändert haben, wenn sie anders angezogen einherschreiten, als es üblicherweise ihr Brauch war.» Wir müssen uns vorstellen, dass der wahre Adressat dieser spitzen Bemerkung Justinian war. «Wer wird aber bei Derartigem nicht von großer Neugierde umgetrieben, wenn sich das Gewohnte verkehrt und man von den Gestirnen etwas Dunkles kommen sieht? […] Wie ist es, frage ich, den ersten der Sterne zu erblicken, und sein gewohntes Leuchten nicht zu sehen? Den Mond, die Zierde der Nacht, in seinem vollen Kreis zu schauen, aber nicht seinen natürlichen Glanz? Wir erblicken alle immer noch die Sonne, als ob sie bläulich wäre, wir staunen, dass mitten am Tage die Körper keine Schatten haben und jene Kraft stärkster Hitze bis zur Bewegungslosigkeit extremer Lauheit geführt hat. Wobei doch feststeht, dass dies nicht von einem augenblicklichen Schwinden [des Lichtes] bei einer Sonnenfinsternis kommt, sondern der Zustand im Laufe fast des ganzen Jahres ist. […] So hatten wir einen Winter ohne Stürme, ein Frühjahr ohne Milde, einen Sommer ohne Hitze.»

Es folgten Ernteausfälle in Italien. Als Prätoriumspräfekt befiehlt Cassiodorus seinem Stellvertreter vorsorglich, die Notlage mit den Erträgen der reichlichen Ernte vom Vorjahr zu lindern. Danach kommt er wieder auf das philosophische Problem des Verschwindens der Sonne zu sprechen, und in einem längeren Exkurs legt er eine rein wissenschaftliche Erklärung vor: Ein kalter Winter hatte eine dichte Luft hinterlassen, die den weiten Raum zwischen Himmel und Erde ausfüllte und so die Sonne verdunkelte. «Da wird durch Vernunft gewiss, was dem stutzenden Volk unklar erscheint.»[13]

Dies war eine virtuose rhetorische Darbietung, das konservative Bild einer klugen und stabilen Regierung angesichts der vorhersehbaren Wandelbarkeit der Natur, gepaart mit einer subtilen Kritik an

Justinian. Der polemische Unterton macht das Zeugnis noch wertvoller und bestätigt uns, dass die verdunkelte Sonne die Zeitgenossen tief erschüttert hat. Das Jahr ohne Sommer hatte weltweiten Nachhall. Irische Annalen bezeugen Hungersnöte, chinesische Chroniken berichten vom Verschwinden von Canopus, dem zweithellsten Stern am Nachthimmel, und von Schnee in Shandong – auf der gleichen Breite wie Sizilien – im Sommer. Das Phänomen rief auf der ganzen Welt Entsetzen hervor.[14]

Diese beeindruckende Reihe von Zeugnissen war offen zugänglich und blieb doch bis zum Jahr 1983 versteckt. Es bedurfte zweier NASA-Wissenschaftler, die auf das Jahr ohne Sommer aufmerksam machten, indem sie eine Verbindung zwischen den schriftlichen Quellen und dem konkreten Hinweis auf Vulkantätigkeit in Eisbohrkernen zogen. Sie schlugen intuitiv den richtigen Weg ein, doch die schriftlichen Belege verwiesen nicht automatisch auf ein Ereignis vulkanischen Ursprungs, und kleine, aber störende Ungereimtheiten in der Datierung der Bohrkerne ließen keine definitiven Antworten zu. Eisbohrkerne haben keinen Zeitstempel, und es ist eine große Leistung, das Alter von Eisschichten zu kalibrieren. Solange man sich nicht sicher war, wurden auch andere Theorien unter die Lupe genommen, auch die, es habe sich um einen Asteroideneinschlag gehandelt. Da die Analyse der Eisbohrkerne keine eindeutigen Schlüsse zuließ, erschien die erste genaue Untersuchung der schriftlichen Quellen schließlich im Jahr 2005, und eine Minimalhypothese wurde vorgebracht: Vielleicht hatte es sich um einen lokal begrenzten Vulkanausbruch gehandelt. Fragen blieben offen.[15]

Den endgültigen Durchbruch erzielte der Dendrochronologe Michael Baillie, der veranlasste, die Eisbohrkerne auf der Grundlage der Jahresringe neu zu kalibrieren. Die Auswertung weiterer Kerne und die Verfeinerung der Altersbestimmung gaben ihm recht, und die paläoklimatische Zunft gelangte zu einer höchst überzeugenden Übereinstimmung, was die konkreten Beweise betraf. Nun herrschen kaum mehr Zweifel an der Datierung und dem Ausmaß der Ereignisse, die die Zeitgenossen so in Aufregung versetzten: eine Häufung von Vulkanausbrüchen, die zu den schlimmsten gehörten, die es im Holozän gegeben hatte. Die 530er und 540er Jahre heben sich vom ganzen späten Holozän als eine Periode beispiellos heftiger vulkanischer Eruptionen ab.[16]

Irgendwann im Frühjahr 536 ereignete sich ein gigantischer Vulkanausbruch in der nördlichen Hemisphäre, bei dem Megatonnen schwefelsäurehaltiger Aerosole in die Stratosphäre geschleudert wurden. Welcher Vulkan es gewesen ist, wissen wir nicht, doch die Auswirkungen waren Ende März in Konstantinopel sichtbar. Auch ist nicht ausgeschlossen, dass ein Meteoriteneinschlag zu diesem Zeitpunkt das Chaos noch vergrößerte. Doch die Eisbohrkerne und die dendrochronologischen Befunde haben gezeigt, dass es eine zweite, noch verheerendere Explosion im Jahr 539 oder 540 gab. Diese fand in den Tropen statt und hinterließ Spuren an beiden Polen. Zweimal innerhalb von vier Jahren spie die Erde gewaltige Wolken von Sulfat in die Stratosphäre, die die Zufuhr von Sonnenenergie hemmten.[17]

Hätten wir nichts anderes als die den Eisbohrkernen entnommenen Belege, würden wir nur eine Serie schwerer Vulkanausbrüche erkennen. Aber erst die Bäume machen die wahrhaft dramatischen Folgen dieser Ereignisse sichtbar. Auf der Nordhalbkugel war das Jahr 536 das kälteste der vergangenen zwei Jahrtausende. Die durchschnittliche Sommertemperatur in Europa fiel sofort um 2,5 °C – ein enormer Absturz. Nach der Eruption von 539/40 sanken die Temperaturen weltweit. In Europa fielen die sommerlichen Durchschnittstemperaturen noch einmal um bis zu 2,7 °C. Indizien auf dem ganzen Globus weisen die 530er und 540er Jahre als äußerst frostige Zeiten aus. Die Jahre von 536 bis 545 waren das kälteste Jahrzehnt der letzten 2000 Jahre, kälter als beim Tiefststand der Kleinen Eiszeit. In der Tat waren die Folgen gravierender, als sie allein aufgrund von vulkanischer Aktivität zu erwarten gewesen wären. Irgendwie bewirkten die klimatischen Hintergrundbedingungen oder die synergetischen Effekte, dass dieser Vulkanausbruch weitaus mehr bewirkte als das Phänomen als solches: Die Spätantike Kleine Eiszeit hatte begonnen.[18]

Die Folgen machten sich zunächst nicht deutlich bemerkbar. Es gab Ernteausfälle, aber zum Glück war das Vorjahr ertragreich gewesen, und die inhärente Resilienz der mediterranen Gesellschaften bewahrte sie vor unmittelbarer Hungersnot. Wenn es eine direkte Konsequenz der heftigen Klimaanomalie gab, war es möglicherweise der verborgene ökologische Auslöser, der zur Ausbreitung des Pestbakteriums in den Jahren direkt nach den Vulkanausbrüchen führte. Ob die Kälte Ursache der Wanderungen in Zentralasien war, ist unklar: Trockenperioden haben weiterreichende Folgen als Temperaturanomalien. Alles in allem hatten die kalten 530er und 540er Jahre nicht den sozialen Zusammenbruch oder das Versagen des Staates zur Folge, doch belasteten diese schwierigen Jahre immer mehr eine imperiale Ordnung, die bereits durch Kriegführung und unmittelbar bevorstehende Pestilenz bedroht war.

Zwar kühlte das Klima in diesen Jahren stark ab, aber das war nicht von Dauer. Doch wurde die Heftigkeit der Vulkanausbrüche von einem längeren und deutlicheren Rückgang der Sonneneinstrahlung überlagert. Der unbeständige Dynamo der Sonne lieferte weniger Energie. Nach einem mäßigen Höhepunkt der Sonnenaktivität um das Jahr 500 setzte ein steiler Abfall ein, der gegen Ende des siebten Jahrhunderts einen Tiefpunkt erreichte. Der Stand der Beryllium-Isotope verrät die Energieleistung der Sonne *unabhängig* von etwaiger Verdunkelung durch Vulkanasche. Daraus entnehmen wir, dass genau zur gleichen Zeit, als Vulkane die Stratosphäre mit reflektierenden Aerosolen belasteten, die Sonne weniger Wärme zur Erde schickte.[19]

Die Abnahme der solaren Energielieferung war folgenschwerer und fortdauernder als die Auswirkung der vulkanischen Aktivität. Gegen Ende des siebten Jahrhunderts erreichte die solare Strahlungsintensität ihren tiefsten Stand der letzten 2000 Jahre. Er war noch niedriger als das berühmte Maunderminimum im siebzehnten Jahrhundert. Ein sicheres Indiz für die gesunkenen Temperaturen findet sich im Vordringen der Alpengletscher, die von den Bergen bis in die Täler flossen. Zu Beginn des siebten Jahrhunderts erreichten die Gletscher ihre erste Maximalausdehnung im Lauf des Jahrtausends. Die abnehmende Sonneneinstrahlung sorgte dafür, dass die Kälteperiode kein vorübergehender Schock, sondern ein langanhaltender Hintergrund der Schlussszenen der antiken Welt war. Das Zusammenspiel von Schwankungen in der Natur, vulkanischer Ak-

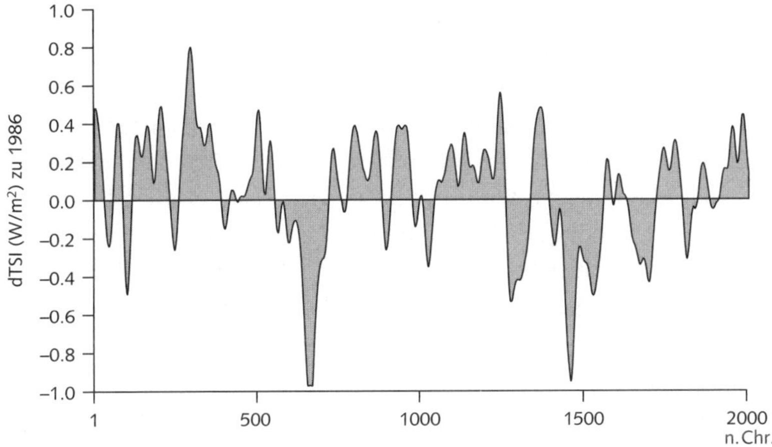

ABB. 7.2 Schwankungen der Sonneneinstrahlung im Vergleich zu 1986 (Angaben nach Steinhilber et al. 2009)

tivität und abnehmender Sonneneinstrahlung machte die Spätantike Kleine Eiszeit zu einer deutlich unterscheidbaren Phase im Klima des Holozäns.[20]

Die kälteste Phase erstreckte sich über eineinhalb Jahrhunderte ab Mitte der 530er bis in die 680er Jahre. Doch auch ein so ausgeprägtes globales Klimageschehen wie die Spätantike Kleine Eiszeit hatte örtlich unterschiedliche Folgen. Während Temperaturschwankungen in der Regel im selben geographischen Raum auftreten – kälter war es nahezu überall –, werden Niederschläge von lokalen und regionalen Klimamechanismen gesteuert. Die Wende hin zu einem negativeren Verlauf des Nordatlantischen Oszillationsindex, die bereits vor den Impulsen durch Vulkantätigkeit und geringere Sonneneinstrahlung begonnen hatte, setzte sich fort und verstärkte sich vielleicht noch in der strengsten Periode der Spätantiken Kleinen Eiszeit. Die Sturmbahnen wiesen nach Süden, nach Südeuropa. In der Spätantiken Kleinen Eiszeit überlagerten weltweit tiefere Temperaturen eine Phase niedriger Druckgradienten im Nordatlantik mit komplexen Folgen für die nördliche Hemisphäre.[21]

Hier stimmen menschliche Zeugnisse und natürliche Archive überein. Die Erfahrung Gregors des Großen mit dem Klima wird weniger abstrakt. In Sizilien, wo die letzten Vertreter der alten Grundbesitzordnung im Westen an der althergebrachten Tradition des überregionalen Landbesitzes festhielten, gab es einen regelrechten landwirtschaftlichen Boom. Reichliche Niederschläge führten wieder zu erhöhter Weizenproduktion und verhalfen den letzten römischen Magnaten zu Wohlstand. Zugleich drohte jedoch Regen im Übermaß. Die häufigen Überflutungen im Italien des sechsten Jahrhunderts sind hierfür ein Anzeichen. Die verheerenden Überschwemmungen im *Winter* 589 in weiten Teilen Italiens zeigen, dass die regelmäßigen Niederschläge über dem Mittelmeerraum abrupt anstiegen.[22]

In Anatolien lassen sich die Details der Spätantiken Kleinen Eiszeit quer über den ökologisch mannigfaltigen Subkontinent verfolgen. In den meisten Regionen führte die Periode positiver NAO im Zeitraum von 300 bis 450 zu Trockenheit. Im Lauf des fünften Jahrhunderts jedoch war die Zeit der Dürre vorbei. Die Winter wurden strenger, in den höher gelegenen Regionen fiel mehr Schnee. In ganz Anatolien und Nordmesopotamien wurden Überflutungen zu einem Problem. Justinian sorgte für den Hochwasserschutz von den westlichen Ebenen Bithyniens bis zu den östlichen Ausläufern des Taurus. Orte wie Edessa und Dara wurden von Überschwemmungen verwüstet. Tarsus in Kilikien, der Geburtsort des Apostels Paulus, wurde von der Schneeschmelze und von Frühjahrsregen überschwemmt. Der Fluss Cydnus «überflutete alle südlichen Vorstädte von Tarsos [...]. Brausend wandte sich dann der Strom gegen die Stadt, riss die engen Brücken weg, bedeckte sämtliche Plätze und überschwemmte die Straßen, bis er schließlich in die Häuser einbrach und die Obergeschosse erreichte.» Der wasserreiche Zyklus war zwar ein Segen für die Weizenerzeugung in Anatolien, dafür bedeutete die Zeit des Frostes eine Gefahr für die empfindlichen Ölbäume. Pollenanalysen haben gezeigt, dass dieser Inbegriff des Mittelmeerbaums überall weichen musste, außer im Flachland und an den Küsten, und zwar weiter zurück als zu irgendeiner Zeit seit seiner Einführung an diesen Gestaden.[23]

Im Süden lässt sich der Verlauf der Spätantiken Kleinen Eiszeit nicht so leicht feststellen. Die Austrocknung setzte sich in Nordafrika fort, doch wir wissen nicht, in welchem Tempo. Die Rollen, die Mensch und Natur dabei spielen, sind schwer voneinander zu trennen. Im Süden des Reichs versickerte das Grundwasser unaufhaltsam im Sand der Sahara. Die Garamanten im Fessan griffen zu immer verzweifelteren Mitteln, um an Grundwasser zu gelangen. Der Hintergrund der zunehmenden Konflikte zwischen Römern und «Mauren» gegen Ende des fünften Jahrhunderts ist vielleicht das Erscheinen neuer Völker, die aus dem trockenen Süden in die grüneren Gefilde Nordafrikas flohen.[24]

Veränderungen im Wasserhaushalt im Inneren Nordafrikas haben möglicherweise das Schicksal ganzer Gesellschaften besiegelt. Archäologisch bezeugt sind Unruhen im ausgehenden fünften und frühen sechsten Jahrhundert, die jedoch nicht mit der Invasion der Vandalen oder den byzantinischen Kriegen in Zusammenhang zu stehen scheinen. Prokop berichtet von zunehmenden Auswirkungen des Klimawandels in Nordafrika. Ptolemais, eine Stadt in der Kyrenaika, «war früher wohlhabend und reich an Bewohnern gewesen, großer Wassermangel ließ sie jedoch im Laufe der Zeit veröden». In einer Passage, in der er die Wasserschutzbauten Justinians preist, ahnen wir Prokops Motive. Weiter im Osten wurde die große Stadt Leptis Magna, der Geburtsort von Septimius Severus, «in alter Zeit eine große und volkreiche Siedlung», verlassen und «weithin unter Sandmassen begraben». Hier hatte Justinian allerdings nur eine Mauer erneuern und ein paar Kirchen bauen lassen. Auch im günstigsten Licht betrachtet, macht die Stadt nicht viel her. Die Dünen haben unwiderruflich den einst stolzen Außenposten der Zivilisation in Besitz genommen.[25]

In der Levante ist die Geschichte des Wassers mit vielerlei Symbolik besetzt. Die bewegte Geschichte dieser Region hängt eng mit den klimatischen Verhältnissen zusammen. Die Grenzen zwischen feuchtem Regenfeldbau und praktisch wasserloser Wüste sind politisch brisant. Und die Spätantike nimmt einen besonderen Platz in der Klimageschichte dieser Region ein, nicht zuletzt wegen der enormen kulturellen Neuausrichtung im siebten Jahrhundert. Syrien und Palästina bildeten das Kernland des spätantiken Ostens. Es war eine unendlich produktive Quelle religiöser Energie und ein Motor der

Wirtschaft. Die Landwirtschaft schuf enormen Reichtum und dehnte sich weiter aus denn je. Doch irgendwann holte sich die Wüste das Land. Die «toten Dörfer» Syriens und das einst fruchtbare Weinanbaugebiet von Gaza konnten selbst durch künstliche Bewässerung nicht mehr gehalten werden. Sie stehen als ebenso beredtes wie eindringliches Zeugnis für den Wandel. Der zeitliche Ablauf und die Ursachen bleiben jedoch umstritten.[26]

Wir tun gut daran, das Thema vorsichtig anzugehen und die Zusammenhänge zu betrachten. Es lohnt sich, die Steilheit des Nord-Süd-Gradienten zwischen den Breiten 30°Nord und 40°Nord hervorzuheben. Dazwischen liegt der Vordere Orient, und nirgendwo sonst zwischen dem Äquator und dem Pol ist der Abstand von so großer Bedeutung. Wir beobachten, dass in der Spätantike die Niederschläge in Anatolien und der Levante mitnichten einem gleichen, sondern vielmehr einem gerade umgekehrten Muster folgen. War es in Anatolien trocken, dann war es in Palästina feucht (ca. 300–450/500); als Palästina um 500 auszutrocknen begann, war in Anatolien der Boden durchweicht. Die Divergenzen wurden möglicherweise von einer in der oberen Atmosphäre wirksamen Telekonnektion gesteuert, die als North Sea Caspian Pattern (NCP) bezeichnet wird. Im Winter bestimmen große Luftdruckunterschiede die Luftzirkulation über dem östlichen Mittelmeer. Wird Luft aus dem Nordosten in den Südwesten getrieben, ist es in Palästina vergleichsweise feucht; wird die Luft in die umgekehrte Richtung geschoben, ist es dort trocken, dafür in der Türkei feucht. Vielleicht schwankte die vorherrschende Luftströmung in der Spätantike und kippte um das Jahr 500. Auf jeden Fall sollte man sich vor Augen halten, dass die Gesellschaften in den östlichen Mittelmeerländern nicht alle das gleiche Schicksal hatten.[27]

Wenn wir die Rolle des Klimas hervorheben und die Reaktionen der Menschen auf ihre Umwelt für einen Augenblick hintanstellen, dann legen die natürlichen Zeugnisse nahe, dass irgendwann zwischen 500 und 600 in der Levante trockenere Verhältnisse eintraten. Wir dürfen den Wert schriftlicher Zeugnisse für eine Präzisierung nicht gering schätzen, selbst wenn Berichte von Menschenhand natürlich subjektiv gefärbt sind. Zu Beginn des sechsten Jahrhunderts schilderte der Rhetoriker Prokop von Gaza eine glühend heiße Dürre in Elousa in Palästina. Der Wind blies den Sand hinweg und fegte die Weinreben blank bis hinunter zu den Wurzeln; die Quellen versiegten oder versalzten, Zeus sandte keinen Regen mehr. Kaiser Anastasius (reg. 491–518) wurde dafür gepriesen, dass er die Aquädukte in Jerusalem gründlich instand setzen ließ. Im Jahr 517 setzte eine vier Jahre dauernde Trockenheit in Palästina ein. Eine syrische Chronik, die sich möglicherweise auf ebendiese Dürre bezieht, veranschlagt sie auf fünfzehn Jahre und gibt an, der Teich von Siloah in Jerusalem (wohin Jesus einst einen Blinden zur Heilung geschickt hatte) sei ausgetrocknet. Später im selben Jahrhundert kam ein Heiliger nach Jerusalem und traf dort auf eine schwere Dürre, die sämtliche Zisternen der Stadt ausgetrocknet hatte. Es spricht für sich, dass schwere Überflutungen den Hintergrund literarischer Zeugnisse im Anatolien des sechsten Jahrhunderts bilden und gleichzeitig in Palästina von verheerenden Dürren erzählt wird. Und dennoch scheint die allmähliche Austrocknung der Region den zivilisatorischen Fortschritt nicht gleich ins Stocken gebracht zu haben; vielmehr nahm die Spannung zwischen Menschenwerk und Natur zu und entlud sich erst zu einem späteren Zeitpunkt.[28]

Der Beginn der Spätantiken Kleinen Eiszeit lässt die Bautätigkeit Justinians in etwas anderem Licht erscheinen. Der Kaiser baute Aquädukte und Zisternen, Kornspeicher und Lagerhallen; er leitete Flüsse um und legte Überlaufflächen trocken. Die Hochkonjunktur der Umwelttechnologie war nicht Ausdruck von eitlem Ehrgeiz. Justinian setzte die Kräfte des Staates für den Versuch ein, die Natur zu bändigen – zu einem Zeitpunkt, da alles im Fluss war. Er unternahm es, «Wälder und Schluchten miteinander zu verbinden, das Meer mit dem Berg zu verschmelzen». Doch selbst wenn Prokop Justinians Bauprogramm verherrlicht, vergleicht er den Kaiser andeutungsweise mit dem alten Perserkönig Xerxes. Und das war nicht als Schmeichelei gemeint. In seiner Hybris glaubte der persische Monarch, die Natur wie ein gefügiges Objekt beherrschen zu können. Justinian sollte erfahren, dass die Natur nicht leicht zu bezwingen war.[29]

Justinians Gegner irrten, wenn sie glaubten, die natürliche Ordnung sei geprägt von vorhersehbarer Harmonie und von Gleich-

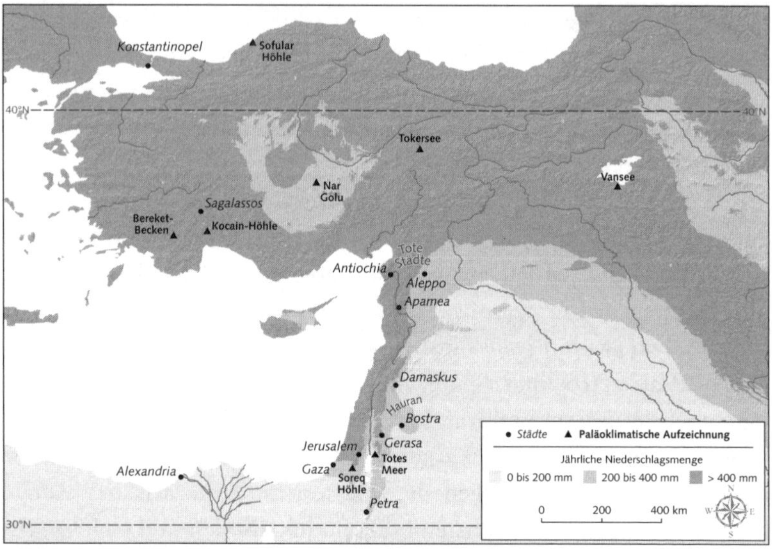

KARTE 24 Der Nahe Osten in der Spätantike

maß. Seine Überzeugung, die Natur sei gewalttätig und wandle sich ständig, kam der Wahrheit näher. Doch der intellektuelle Triumph des Kaisers stärkte letzten Endes das Imperium kaum vor der Übermacht des Klimawandels.

LETZTE ENTWICKLUNGSLINIEN: ZERFALLSZONEN, KRAFTZONEN

Johannes der Almosengeber wurde in der Mitte der Regierungszeit Justinians um 550 auf Zypern geboren. Er war verheiratet und hatte eine «reiche Kinderschar». Sie alle starben vor der Zeit, «in der Blüte ihrer Jahre», und Johannes führte fortan ein frommes Leben. Er entdeckte seine Begabung für die Kirchenpolitik, und um 606 wurde er Patriarch von Alexandria. In diesem Amt erlebte er ein ereignisreiches Jahrzehnt. Aus seiner bewegten Biographie geht hervor, dass die Stadt auch noch in dieser Spätzeit ein Zentrum lebhaften Handels und kultureller Vitalität war. Die Handelsnetze des östlichen Mittelmeerraums funktionierten nach wie vor ausgezeichnet. Die Ausstattung der antiken Stadt prägte immer noch die urbane Landschaft. Sogar noch im frühen siebten Jahrhundert strahlte Alexandria vor dem sich verdunkelnden Hintergrund der spätantiken Welt.[30]

Gehen wir auf den Spuren von Johannes durch die Straßen Alexandrias, fühlen wir uns in eine Zeitschleife versetzt, was vielleicht von seinen Biographen beabsichtigt war, die im darauffolgenden Kapitel der Geschichte lebten. Doch sie haben die subtilen Merkmale der Veränderung, die sich in der Umgebung von Johannes bereits abzeichneten, nicht gänzlich getilgt. Lesen wir die Berichte über sein Leben, wundern wir uns über die massive Beteiligung der Kirche an den Netzwerken des Seehandels. Wenn in der Stadt eine Hungersnot drohte, war es Johannes, der Abhilfe schaffte, indem er «zwei der schnellen Segelschiffe der Kirche» entsandte, die in Sizilien Getreide beschaffen sollten. (Weizen nach Ägypten importieren zu müssen ist fast so, als würde man Eulen nach Athen tragen.) Kapitäne und Seeleute – auch solche, die Angestellte der Kirche sind – stehen im Vordergrund von Johannes' Biographie. Die Kirche besaß eine Flotte von dreizehn großen Schiffen, ein Detail, von dem wir erfahren, als die Mannschaft in einem Sturm auf der Adria gezwungen war, ihre schwere Ladung aus Getreide, Silber und Stoffen über Bord zu werfen. Die Almosen, für die Johannes berühmt war, wurden zumindest in gewissem Umfang durch einen waghalsigen Kirchenkapitalismus gesponsert.[31]

Johannes' Welt war bereits ein schwindender Lichtkreis in der aufziehenden Dunkelheit. Alexandria und die alexandrinische Flotte waren vielleicht die letzten Stützpunkte der alten Ordnung in römischen Gewässern. Zu Beginn des siebten Jahrhunderts kamen immer noch Töpferwaren aus Nordafrika, Kleinasien und Zypern. Die Stadt war ein Knotenpunkt des Mittelmeerhandels, doch gegen Ende des Jahrhunderts wurden diese letzten Verbindungen gekappt, und die Stadt war mit ihrem stark eingeschränkten Bedarf auf das ägyptische Hinterland angewiesen. Johannes erlebte noch einen der entscheidenden Augenblicke des Zusammenbruchs der spätantiken Welt. Als die Perser im Jahr 616 auf die Stadt vorrückten, reiste er zurück auf seine Heimatinsel, wo er starb. Im Jahr 618 endeten die staatlich gesponserten Getreideverschiffungen nach Konstantinopel für immer. Das imperiale Verbindungsnetz war ein für allemal beschädigt.[32]

Geschichtlicher Umbruch vollzieht sich weder plötzlich, noch verläuft er in ordentlichen Bahnen. Die zweifache Katastrophe der Seuche und der Eiszeit brachte das Römische Reich nicht mit einem einzigen Schlag zum Einsturz, ja sie brachte nicht einmal das Regime Justinians ernstlich ins Wanken, denn der Kaiser behielt das Steuer des Staates bis an das bittere Ende seines Lebens in der Hand. Doch die Verschlechterung der Umwelt schwächte die Vitalität des Imperiums, und langfristig überwogen die Kräfte der Zersetzung. Irgendwann in der zweiten Hälfte des sechsten und den ersten Jahren des siebten Jahrhunderts, zu Lebzeiten von Johannes dem Almosengeber, gelangte das Reich an eine entscheidende Wende. Die verschiedenen Regionen im Imperium reagierten auf das Massensterben und den Klimawandel jeweils auf ihre eigene Weise. Manche verkümmerten auf der Stelle, andere widerstanden eine Zeitlang den neuen Gegebenheiten. Weil das imperiale System selbst ein Netzwerk, ein Verbund ökologisch und ökonomisch höchst unterschiedlicher Gebiete war, konnte es auf die verbleibenden Kraftzonen rekurrieren. Wie eine gewaltige Eiche, die ihre letzten Säfte aus einem verfaulenden Wurzelwerk zieht, starb das Imperium langsam von innen heraus. Erst am Schluss wurde es von einem schnellen Schlag von außen zu Fall gebracht.

Oft verläuft relevanter historischer Wandel geräuschlos. Der Puls demographischer Veränderung, der das Schicksal von Imperien bestimmte, blieb im Schlachtenlärm unbemerkt. Kein Wunder, dass sich Altertumswissenschaftler so oft an die Archäologie wandten, um die Vergangenheit zum Sprechen zu bringen. Die Pionierarbeit der Archäologen kann die Handelsnetze des römischen Mittelmeergebiets zurückverfolgen. Sie kann die Veränderungen bei der Besiedlung und die Biographien von Städten aufzeigen, deren Aufstieg und Fall den Wandel der Zivilisation nachzeichnen. Die Folgen einer Umweltveränderung müssen in den komplizierten Mustern gesucht werden, die von der Archäologie des Handels, der Besiedlung und des Urbanismus erforscht werden. Der Untergang des Römischen Reichs brachte in den meisten Regionen eine tiefgreifende Veränderung der grundlegenden Lebensbedingungen. Was in den archäologischen Befunden aufgesucht werden muss, sind konkrete Hinweise auf Menschen, Wohlstand sowie auf verschiedene Grade der Komplexität. Die Menschen verschwanden nicht aus den Stammterritorien des Römischen Reichs, doch ihr Leben war nun bescheidener und spielte sich auf lokaler Ebene ab. Dieses Drama zeichnet sich ab im Niedergang von Städten und im Rückgang des Handels von einem Ende des alten Reichs zum anderen.[33]

Ganz im Westen war der freie Fall am deutlichsten zu erkennen. Als Papst Gregor der Große angesichts des bevorstehenden Jüngsten Gerichts Missionare zur Bekehrung der Heiden auf die Britischen Inseln entsandte, fanden seine Abgesandten ein Land vor, das die Römer von einst kaum wiedererkannt hätten. Ein Land, das im vierten Jahrhundert mit Städten und prosperierenden Gehöften übersät gewesen war, war nun öd und leer. Am Ende des fünften Jahrhunderts «gab es keine Städte, keine Dörfer und keine Münzen mehr». Römische Bauern hatten auf industriell erzeugtem Essgeschirr gespeist; nun kehrten sogar wohlhabende Menschen zu handgetöpferten Gefäßen zurück. Auch ein Rückschritt in so alltäglichen Dingen ist von Bedeutung; das wäre etwa so, wie wenn wir statt eines Kühlschranks wieder einen Kasten voll Eis benutzen würden. Verglichen mit der Lebensweise des Durchschnittsmenschen im spätrömischen Reich war die der frühmittelalterlichen Eliten in vieler Hinsicht ärmlich. Die Städte besaßen nicht mehr den Glanz früherer Tage. Britannien war tiefste Provinz, wenn auch niemals völlig isoliert: Es ist bezeichnend, dass Gregor in seinen Briefen einen wiederbelebten Sklavenhandel anspricht, bei dem Menschen aus dem Westen zu den Märkten des reichen Ostens verfrachtet wurden.[34]

Auf der Iberischen Halbinsel verschwand die römische Ordnung trotz westgotischer Vorherrschaft nicht so schnell. Das besiedelte Land im vierten Jahrhundert war geprägt von Städten und Landhäusern, erbaut von einer Aristokratie, die durch kommerzialisierte Landwirtschaft reich geworden war. Archäologische Befunde aus dem fünften und sechsten Jahrhundert verraten vor allem eine Fragmentierung, den Sieg der Heterogenität. Im fünften Jahrhundert ließ die Bautätigkeit in Stadt und Land nach, doch blieben die bestehenden Städte und Landgüter funktionsfähig. Besonders im spanischen Küstenbereich gibt es Anzeichen für einen Bevölkerungsrückgang. «Die Mittelmeerküste Spaniens geriet ab etwa 550 ins Abseits, als sich die Politik auf die Inlandzentren (Toledo, später Córdoba) verlagerte und der Seehandel immer mehr an Bedeutung verlor.» Die spanischen Städte verschwanden nicht über Nacht, doch ab etwa 600 begann für die meisten noch bestehenden Großstädte der endgültige Niedergang. Die Auflösung der römischen Ordnung schritt im späten fünften und beginnenden sechsten Jahrhundert stetig voran, und im späteren Stadium – etwa 550 bis 600 – wurde dieser Prozess wahrscheinlich durch den plötzlichen Ansturm der Beulenpest noch beschleunigt.[35]

In Gallien war die poströmische Welt entlang der Loire in eine Nord- und eine Südhälfte geteilt. Im Norden wurde die römische Ordnung bald umgestaltet. Die alten Strukturen wurden zerstört. Einige Generationen lang verschwanden im späten fünften und frühen sechsten Jahrhundert Münzen fast ganz aus dem Wirtschaftsleben. Im Süden dagegen spielte sich das Leben immer noch rund um das Mittelmeer ab. Die urbanen Strukturen hatten bis in das sechste Jahrhundert Bestand; die Landgüter blieben in Betrieb, neue wurden allerdings keine gebaut. Händler und Waren aus dem Osten erreichten die Küsten Galliens. Doch dann, in der Mitte des sechsten Jahrhunderts, fegte die erste Pestwelle vom Mittelmeer bis zum Atlantik. Einige der letzten Bastionen römischer Stadtkultur wie zum Beispiel Arles verschwanden ganz. Marseille, der letzte Außenposten mit Verbindung zur römischen Welt, führte noch ein Schattendasein. Die wiederholte Heimsuchung durch die Pest traf wahrscheinlich den Süden Galliens, während der Norden durch seine isolierte Lage vor späteren Ausbrüchen geschützt war. Im fränkischen Norden keimte der Same einer mittelalterlichen Ordnung, und dort begann sich eine Zivilisation zu entwickeln, die nicht vom Albtraum der Pest bedroht war.[36]

Die Zukunft Italiens war noch ungewiss, als Belisars Truppen Segel setzten, um den Westen zurückzuerobern. Die städtischen

Märkte schrumpften bereits, und die Ökonomie der Landgüter war auf dem Weg in den Ruin. Unterschiedlich schnell wurden die Städte kleiner, die Kirche bedeutender, die alten Bauwerke umgewidmet und der öffentliche Raum privatisiert. Befestigungen wurden gebaut, die häufig nur Teile der alten Stadt umschlossen; auf den städtischen Straßen weidete das Vieh. Doch noch um das Jahr 500 bot Italien ein im Wesentlichen römisches Gesicht. Die Geldwirtschaft war immer noch weit verbreitet. Töpferwaren aus der Mittelmeerregion gelangten nicht nur in die alte Hauptstadt, sondern auch in die anderen Städte Italiens. Immer noch gruppierten sich die Siedlungen um verstreut liegende Landgüter und Einzelgehöfte im Tiefland. Besonders im Süden ging das Leben weiter. Die alte Ordnung war noch nicht aufgehoben.[37]

In den Jahrzehnten der ostgotischen Dominanz herrschte in Italien verhaltener Optimismus. Die Aufzeichnungen des Staatsmanns Cassiodorus verraten die Absicht, den Wohlstand Italiens nach alten Mustern wiederherzustellen. «Unsere Sorge gilt dem ganzen Staat, und wir sind bestrebt, mit Gottes Hilfe alles wieder in seinen früheren Stand zu versetzen.» Aquädukte, Straßen und andere Einrichtungen der öffentlichen Infrastruktur wurden instand gesetzt. Das Kolosseum wurde repariert, und noch in den 520er Jahren wurden Spiele veranstaltet. Doch 536 kamen die Streitkräfte aus dem Osten an und 543 die Keime, die sie mitgebracht hatten. Das Zusammentreffen von Krieg, Pest und Klimawandel erwies sich als desaströs. Die Mitte des sechsten Jahrhunderts brachte für den Großteil Italiens eine abrupte Wende. Ein zaghafter Aufschwung wurde im Keim erstickt. Der Einschnitt ist in Stadt und Land sichtbar. Die meisten Städte verödeten oder gingen ganz zugrunde. Rom ist lediglich das berühmteste und dramatischste Beispiel für das Städtesterben. Laut Prokop lebten um das Jahr 547 nur noch 500 Menschen in der Stadt: Die Zahl ist nicht ganz glaubwürdig, aber im Prinzip ist doch etwas dran. Das Kolosseum verfiel. Schon in den Tagen Gregors des Großen hatte es als Brotausgabestelle gedient, jetzt beanspruchte es die Kirche für ihre Zwecke. Gegen Ende des sechsten Jahrhunderts hörte der alte Brauch, Inschriften in Stein zu meißeln, auf.[38]

Die wechselnden Klimata im sechsten Jahrhundert machten Jahrhunderte menschlicher Mühen in Italien zunichte. Die alten Städte und die ordentlichen Felder hatten die Landschaften geprägt und dabei die Kräfte der launischen Natur genutzt. Doch die Entvölkerung und die schwindende Macht des Staates schwächten die Kontrollsysteme, auf denen das Wunder der Zivilisation begründet war. Im sechsten Jahrhundert kam ein Teufelskreis in Gang: rauere Umweltbedingungen – ein kälteres und nasseres Klima – bremsten den demographischen Aufwärtstrend ab, und der Arbeitskräftemangel wirkte sich noch nachteiliger im Umgang mit der Umwelt aus. Die in den Chroniken geschilderten Überflutungen sind für sich genommen gar nicht so sehr das Ergebnis roher Naturgewalt, sondern das Resultat des Aufeinandertreffens von Umweltbelastung und Unvermögen der Gesellschaft zur Unzeit. Die Terrassenanlagen wurden hinweggeschwemmt, die Häfen versandeten. Aus den Tälern, in denen die Römer ihre Höfe und Felder angelegt hatten, wurde Schwemmland. Die Wildnis kehrte zurück, Sümpfe entstanden, das Ackerland, das jahrhundertelang bebaut worden war, wurde vom Wald überwuchert.[39]

Auch wenn wir annehmen, dass die Justinianische Pest die halbe Bevölkerung das Leben gekostet hatte, gab es natürlich immer noch hie und da Menschen. Doch in manchen Teilen des Reichs waren sie kaum noch zu finden. Es ist gespenstisch, wie wenige Spuren sie in den archäologischen Zeugnissen in Italien hinterlassen haben. «Die Dörfer und Gehöfte, die tausend Jahre lang Grundlage eines beachtlichen Zivilisationsniveaus waren, scheinen zumeist nicht mehr zu existieren.» «Für das siebte und achte Jahrhundert ist es sehr schwierig, in Feldforschungen oder sogar auch bei Ausgrabungen überhaupt irgendwelche Siedlungsreste zu finden.» «Es ist so viel schwerer, Spuren von Menschen nach dem Jahr 550 zu erkennen.» Aussagen zur Bevölkerungszahl anhand archäologischer Funde zu machen ist bekanntlich ein riskantes Unterfangen, aber ein kühner Wissenschaftler wagt dennoch die Behauptung, in Italien sei die Bevölkerung «auf die Hälfte oder sogar auf ein Viertel» des Bestands geschrumpft, den sie zu den großen Zeiten Roms gehabt hatte.[40]

Was in Italien geschah, war nicht nur ein Niedergang; es war ein

Zusammenbruch und eine Umstrukturierung. Außer in einigen wenigen byzantinischen Außenposten verschwanden die einstmals allgegenwärtigen Münzen. Die bescheidenen importierten Haushaltswaren wurden seltener und verschwanden schließlich ganz. Die komplexen Hierarchien der römischen Gesellschaftsstruktur verkümmerten, bis es nur noch Besitzende und Habenichtse gab. Der enorme Reichtum der Aristokratie verflüchtigte sich, die Mittelschicht konnte sich nicht erneuern, und die christliche Kirche stand überraschend als reichste Erbin in einer weniger prosperierenden Welt da. Eine völlig neue Siedlungslogik setzte sich durch, als die fruchtbaren Niederungen – dem Druck durch die Umwelt und den Plünderungen der Barbaren ausgesetzt – aufgegeben wurden und sich die Bevölkerung auf Höhenlagen zurückzog. Brian Ward-Perkins hat festgestellt, dass Italien auf ein technologisches und materiell-kulturelles Niveau zurückgeworfen wurde, wie es das seit voretruskischer Zeit nicht mehr gegeben hatte. Die Verbindung von Krieg, Pest und Klimawandel bewirkte den Rückfall eines tausendjährigen materiellen Fortschritts und verwandelte Italien in eine frühmittelalterliche Provinz, wo die Knochen der Heiligen eine wichtigere Rolle spielten als ökonomische oder politische Kapazitäten.[41]

Nordafrika befand sich zwischen dem abrupten Niedergang des Westens und der fortbestehenden Vitalität des Ostens. Die Eroberung durch die Vandalen bedeutete keine tiefe Zäsur. Viele Gebiete im römischen Afrika erlebten im vierten und fünften Jahrhundert einen Höhepunkt der Besiedelung. In den östlichen Landesteilen, in Libyen, war es mit der Vitalität schon im fünften Jahrhundert vorbei. Der Schutzwall der römischen Zivilisation brach zusammen, und neue Völker drangen aus der Sahara in die Randgebiete römischer Siedlungen ein. In der Mitte, in Tunesien, dauerte die Prosperität jedoch an. Afrikanische Red Slip Ware behielt einen riesigen Marktanteil rund um das Mittelmeer. Karthago war ein Umschlagplatz, der das fruchtbare Hinterland mit dem Rest der Welt verband und bis ins sechste Jahrhundert florierte. Doch ab dem ausgehenden sechsten Jahrhundert lässt sich im ganzen nordafrikanischen Kernland eine spürbare Rezession feststellen. Die Abtrennung vom Seehandelsnetzwerk gilt als Ursache für den Rückgang des Wirtschaftskreislaufs in die afrikanischen Provinzen, doch muss auch in Betracht gezogen werden, dass die Pest daran Anteil hatte. Einmal mehr wurde der facettenreiche und langwierige Zerfall eines alten Systems durch Massensterben und Klimawandel beschleunigt.[42]

Inzwischen haben wir begriffen, dass der Wandel im östlichen Mittelmeerraum gänzlich anders verlief. Die mit Konstantinopel verbundenen Gebiete blühten in der Spätantike. Nie zuvor waren die Gesellschaften, die in einem großen Bogen von der nördlichen Ägäis bis zu den Küsten Ägyptens Zugang zum Meer hatten, so nah beieinander, niemals erfreuten sie sich eines so allgemeinen Wohlstands. Der einzige öde Landstrich in dem Imperium, das Justinian zunächst geerbt hatte, war denn auch der Streifen der Donauprovinzen, aus denen er stammte. Immer wieder heimgesucht von Invasoren, kämpfte das nördliche Grenzgebiet darum, seine frühere wirtschaftliche Bedeutung zurückzugewinnen. Justinian investierte enorme Summen zum Schutz des Landes seiner Vorfahren, doch konnten diese kostspieligen Projekte den Trend nicht umkehren; die wiederaufgebauten Städte wurden letztlich nur zu übergroßen Fliehburgen, in die sich die Landbevölkerung in Notzeiten retten konnte. Die Lähmung durch die Beulenpest machte diese Gebiete zu leichten Zielen für eindringende Slawen und Awaren. Im Lauf der zweiten Hälfte des sechsten Jahrhunderts entglitten sie nach und nach der römischen Kontrolle.[43]

Im Süden, im Herzen Griechenlands, begegnen wir einer Welt, die in rasantem Wachstum begriffen war. Uralte Städte blühten wieder auf, «kontinuierlich bis mindestens zum Jahr 550 (mit einem Höhepunkt zur Zeit Justinians)». Im fünften und sechsten Jahrhundert wurden grandiose Kirchen gebaut, auf dem Land entstanden mit einem Mal zahlreiche neue Siedlungen. Der Handel brachte Waren aus fernen Ländern bis weit in das bergige Inland. Doch Mitte des sechsten Jahrhunderts brach diese Effloreszenz unvermittelt ab. Der Aufwärtstrend verkehrte sich in sein Gegenteil. Butrint, eine Stadt im Westen der griechischen Welt, über die wir dank umfangreicher Grabungen ganz besonders gut informiert sind, erlebte einen steilen Abstieg um das Jahr 550. Korinth befand sich schon vor dem Jahr

600 im Niedergang. Die Verödung der Städte ging mit dem Verfall der Dörfer einher. Makedonien erlebte «gegen Ende der Regierung Justinians eine tiefgreifende, doch ‹lautlose› Revolution. Ein ehemals dynamisches Siedlungssystem, das sich durch einen hohen Grad an Monetisierung, professionell ausgestaltete Kirchenbauten und deutliche Hierarchisierung ausgezeichnet hatte, verlor alle diese Merkmale.» Im Süden wurde diese Periode ab der zweiten Hälfte des sechsten Jahrhunderts als eine Zeit «vollkommenen Elends» bezeichnet. Der Zusammenbruch war in der Tat so total, dass «sich manche Forscher händeringend fragten, wo denn all die Menschen geblieben waren».[44]

Der Fall Griechenland ist von großem diagnostischem Wert. Die griechischen Städte und Täler sind gründlich untersucht worden, und dort reichen politischer Umschwung und Abnutzungskriege als Erklärung nicht aus. Die Zersetzung erreichte die entlegensten Winkel der griechischen Halbinsel. Auffällig ist, dass es in der Mitte des sechsten Jahrhunderts an allen Fundstätten zu einer Wende kam. Es finden sich ein paar dürftige Spuren menschlicher Besiedlung, und es steht so gut wie fest, dass Menschen bis ins Frühmittelalter dort siedelten, auch wenn sich weniger nachweisbare Spuren gefunden haben. Sogar bis ins siebte Jahrhundert gibt es Reste importierter Töpferwaren, aber das beweist nur, dass der demographische Kollaps dem Einbruch der wirtschaftlichen Kreisläufe vorausging. Hier sind die Ursachen klarer voneinander unterschieden als anderswo. Pest und Klimawandel lösten in der Mitte des sechsten Jahrhunderts gleichzeitig Erschütterungen aus.[45]

Das sechste Jahrhundert war auch in Anatolien der Wendepunkt. Die spätrömischen Jahrhunderte waren eine Zeit früher Entfaltung und demographischen Wachstums gewesen. In vielen Regionen erreichten die meisten Orte im fünften und beginnenden sechsten Jahrhundert ihre größte Bevölkerungsdichte. Die Reihe der Städte an der Ägäis bildete eines der am stärksten urbanisierten Gebiete im ganzen spätantiken Reich. Und genau in der Mitte des sechsten Jahrhunderts kam diese Dynamik abrupt ins Stocken. Die Systeme der Symbiose von Stadt und Hinterland verfielen gleichzeitig. An der Ausgrabungsstätte von Sagalassos, wo Stadt und Hinterland gründlich erforscht worden sind, war der Bruch dramatisch. «Höchstwahrscheinlich als Folge der Wiederkehr der Pest scheint Sagalassos eine völlig veränderte Stadt geworden zu sein.» Hier wurde ein kohärentes Gefüge auf einmal aufgelöst.[46]

In manchen Gegenden Anatoliens kam es de facto zu zwei entscheidenden Veränderungen: einmal um 550, ein zweites Mal um 620. Beim ersten Mal geriet das Wachstum zwar ins Stocken, aber die Art der Besiedlung änderte sich dadurch noch nicht. Die Überlebenden kämpften um die Aufrechterhaltung ihrer gewohnten Lebensweise, obwohl sie wiederholt von der Pest heimgesucht wurden. Nässe und Kälte reduzierten die Fläche des bebaubaren Landes, und Ackerbau mit weniger Feldfruchtarten dominierte die Landwirtschaft. Mehrere Generationen mühten sich unter deutlich schlechteren Lebensbedingungen ab, bis die persische Invasion einer taumelnden Gesellschaft den Gnadenstoß versetzte. Um die Mitte des siebten Jahrhunderts war das meiste, was Menschenhand geschaffen hatte, mehr oder weniger verschwunden. Eines der Kernländer antiker Zivilisation war auf ein primitives, fragmentiertes Niveau zurückgeworfen, wie es das seit über einem Jahrtausend nicht mehr gegeben hatte.[47]

Das Schicksal Ägyptens in diesem Zeitalter der Krise ist ziemlich rätselhaft. Die einzigartige Ökologie des Niltals bildete seit eh und je den Rahmen für alles, was in Ägypten geschah. Die Dynamik des Wandels wird in einer von Prokop überlieferten Episode *en miniature* verdeutlicht. Nur ein paar Jahre nach dem ersten Ansturm der Pest erreichte die Nilschwemme einen Höchststand von achtzehn Ellen, zu gewöhnlichen Zeiten ein Himmelsgeschenk. Stromaufwärts schien alles normal, flussabwärts nahmen die Dinge jedoch eine unerwartete Wendung. Dort «verschwand im Unterlauf die Flut, sobald sie eingetreten war, nicht mehr, sondern blieb die ganze Saatzeit hindurch stehen, ein Ereignis, wie es noch nie vorgekommen war». Diese unmäßige Überflutung muss auf das Zusammentreffen natürlicher und menschengemachter Ursachen zurückgeführt werden. Das Niltal war der technisch am intensivsten ausgebaute Landstrich der gesamten antiken Welt. Jahr für Jahr wurde zur Zeit der Nilschwemme das göttliche Wasser über ein riesiges Kanalnetz verteilt und bewässerte das Land. Die komplizierte Maschinerie von Deichen, Kanälen, Pumpen und Rädern war das Ergebnis menschlichen Erfindungsgeistes, gepaart mit harter Arbeit. Der plötzliche Schwund an Arbeitskräften am Oberlauf des Stroms führte zum Verfall des Kontrollsystems der Anlagen. Der kontrollierte Abfluss des Wassers talabwärts war unterbrochen, und die Bewohner des fruchtbaren Deltas wurden von den Wassermassen überschwemmt. Bemerkenswerterweise hat sich dieser Vorgang in nahezu der gleichen Weise nach dem Schwarzen Tod im Mittelalter abgespielt.[48]

Die ägyptische Ökonomie hing von einer umfangreichen Wasserbewirtschaftung ab. Die Dynamik der Technologie hat möglicherweise im Hintergrund nach der Justinianischen Pest eine entscheidende Rolle im Niltal gespielt. So schreibt Prokop, dass «die Nilüberschwemmung im Augenblick viel Unheil verursachte». Erschwerend wirkte sich aus, dass Ägypten von einer Rohstoffwirtschaft abhing: Die Ägypter produzierten fast ausschließlich Weizen. Als im ausgehenden sechsten Jahrhundert in Ägypten und im übrigen Reich weniger Menschen ernährt werden mussten, brach der Weizenmarkt zusammen. Ein Überangebot an Getreide überschwemmte die Märkte. Die Pachtpreise stagnierten, Lohnerhöhungen waren bestenfalls bescheiden. Wie im mamlukischen Ägypten nach dem Schwarzen Tod brachte die Pest für die Bauernschaft keinerlei Vorteile. Eine geringere Marktintegration hob Handelsgewinne auf, schadete allen, und die Beeinträchtigung der Technik senkte die Produktivität der Arbeitskräfte. Überdies unterdrückten reiche Landbesitzer ihre Arbeiter unter Zuhilfenahme legaler und illegaler Mittel mit eiserner Knute.[49]

Kein Grundbesitz eines Adligen im Ägypten der Antike ist so bekannt geworden wie das Anwesen von Apion, das seine Glanzzeit in den fünfzig Jahren nach dem ersten Ausbruch der Pest hatte. In der Generation, die auf die Pandemie folgte, wuchs das Gut in atemberaubendem Tempo. Das schon vorher ausgedehnte Besitztum verdoppelte sich offenbar mitten in der Krise, aus welchem Grund, ist nicht völlig geklärt. Man könnte vermuten, dass hinter dem aggressiven Landerwerb eine starke Abnahme der Bevölkerungszahlen stand, was die Konzentration von Landbesitz ermöglichte. Doch

ABB. 7.3 Darstellung des Nilometers von Sepphoris auf einem Mosaik

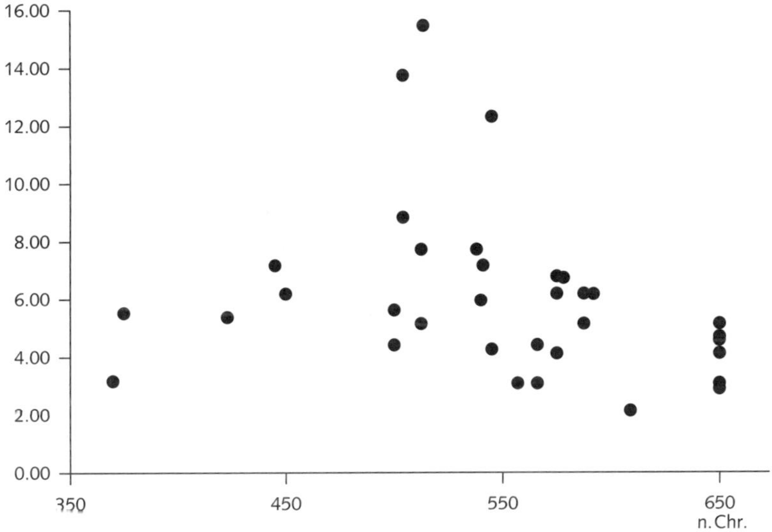

ABB. 7.4 Weizenpreise in Gold (Karat/Hektoliter)

nach der Pest erwirtschaftete das Gut Gewinne, die erstaunlich mager erscheinen. Vielleicht sehen wir hier in Zeitlupe die Erosion der ökonomischen Grundlagen der Aristokratenschicht. Die Gutsverwalter, so hieß es, seien vom Problem des Arbeitskräftemangels «besessen» gewesen, und sie hätten versucht, die Arbeiter nach Möglichkeit zum Verbleib auf dem Gut zu verpflichten. Nach diesem einen Anwesen zu schließen, erwarben die ägyptischen Eliten unter Ausnutzung ihrer Kontrolle über Kapital, Technologie und das Fiskalsystem große Ländereien und mussten dennoch darum kämpfen, auch nur einen bescheidenen Gewinn zu erwirtschaften. Andererseits bezeugt allein schon der kontinuierliche Betrieb dieses Familienguts bis in das siebte Jahrhundert eine gewisse Stabilität. Den Eliten ging es vielleicht nicht besonders gut, aber sie konnten sich immerhin behaupten.[50]

Alexandria schnitt bis ins siebte Jahrhundert besser ab als jede andere antike Metropole. Das unverfrorene Regiment Johannes' des Almosengebers als Patriarch setzte eine dynamische Wirtschaftslage voraus. Alexandrias Wohlstand hatte viel mit seiner Lage am Meer zu tun. Die Stadt war der prosperierenden Levanteküste zugewandt, hinter der die wichtigste Kraftzone der Spätantike lag. Syrien und Palästina waren das geistige und wirtschaftliche Kernland im fünften und sechsten Jahrhundert. Die Gebiete vom südlichen Palästina bis zu den Ausläufern des Taurus befanden sich in einem Wachstumsrausch. Zwischen etwa 350 und 550 wuchs die Bevölkerung stetig. Die Städte florierten, allen voran Antiochia und Jerusalem, gefolgt von Dutzenden mittelgroßer Städte mit Anschluss an die Netzwerke des Mittelmeers. Levantinische Kaufleute beherrschten den Handel vom Roten Meer bis zum westlichen Mittelmeer. Der Wein von Gaza war ein internationaler Erfolg, der *grand cru* der Spätantike. (Dem Patriarchen Johannes kam einmal die gute Qualität des Messweins verdächtig vor, und er war erbost, als er erfuhr, dass er aus Gaza importiert war!)[51]

In den Städten der Levante änderte sich wenig. Bäder, Spielstätten und Theater waren gut besucht. Der neue Glaube war bruchlos in das städtische Leben integriert worden. Das «Heilige Land» war gründlich christianisiert, und keine andere Region erlebte in der Spätantike eine vergleichbare Hochkonjunktur, was den Bau von Kirchen und Klöstern betraf. Dieser Wohlstand hatte seinen Ursprung in der Landwirtschaft und floss auch wieder aufs Land zurück. In den Küstenebenen wie auch im hügeligen Binnenland und in dem trockenen Streifen Halbwüste zwischen Nordmesopotamien und dem Negev gab es zahlreiche wohlhabende Dörfer. Viele befanden sich außerhalb der Kontrolle der größeren Städte. Die gespenstischen, aus Stein gebauten Dörfer im syrischen Kalkmassiv gehörten nicht den Eliten von der Küste, sondern vermögenden Bauern.[52]

Das Bevölkerungswachstum erreichte seinen Höhepunkt in der Mitte des sechsten Jahrhunderts. Danach verlangsamte sich die Bautätigkeit oder wurde zeitweilig unterbrochen. Im Norden war die Krise akut aufgrund des Zusammentreffens von Pest, der Verwüstung durch die Perser und einer Reihe von Erdbeben. Im seismisch aktiven Mittelmeerraum kam es häufig zu Erdbeben, und das ganze frühe sechste Jahrhundert hindurch wurde Zerstörtes wiederaufgebaut. Ab dem Ende des sechsten Jahrhunderts jedoch mühten sich die Menschen ab, nach den Naturkatastrophen wieder auf die

Füße zu kommen. In der zweiten Hälfte des sechsten Jahrhunderts verödete das große Antiochia, und darunter litten auch die Dörfer im Umkreis. In dieser Zeit verkümmerte das Leben in den «Toten Städten», jedoch kam es zu keinem völligen Niedergang.[53]

Die südliche Levante erlebte in der Mitte des sechsten Jahrhunderts eher einen Einbruch als eine Wende. Das Gesicht der Städte veränderte sich, in manchen Fällen auch drastisch, die hierarchisch abgestufte rationale Politik der antiken Stadt ging verloren zugunsten eines hektischeren, organischeren Lebensstils. Möglicherweise ging es den Küstenregionen schlechter als dem nahe der Wüste gelegenen Landesinneren. Die Krise verlangsamte den Bauboom, beendete ihn jedoch nicht. Wir sollten allerdings nicht unbedingt die Bautätigkeit zum Maßstab für wirtschaftlichen Wohlstand nehmen. Sie ist kein eindeutiger Indikator für das BIP. Ab ca. 550 wurden im öffentlichen Auftrag praktisch nur noch Kirchen gebaut, und zwar vor allem in den Dörfern. Viele davon waren recht ansehnlich, etliche wurden mit prächtigen Mosaiken ausgestattet, und errichtet wurden sie mit Mitteln verängstigter frommer Spender. An diesen Orten konnten die Menschen in einer chaotischen Welt mächtige Beschützer um Hilfe ersuchen. Die Kirchen sind ein Gradmesser für die apokalyptische Stimmung sowie ein Indiz für ökonomische Vitalität. Alles in allem erwies sich die südliche Levante als stabilste Region der gesamten antiken Mittelmeerwelt.[54]

Inwieweit der Klimawandel die wirtschaftliche Dynamik im Vorderen Orient zum Erliegen brachte, ist schwer zu bestimmen. Die steinernen Überreste in Syrien oder die verlassenen Weinpressen in der trostlosen Wüste hinter Gaza erscheinen wie eine frappierende Zeitrafferaufnahme des Klimawandels im späten Holozän. Im Osten und im Süden waren die schmalen semiariden Küstenstreifen mit ihren Siedlungen immer von der Versteppung bedroht. Doch die Menschen, die dort siedelten und das Land bewirtschafteten, trotzten einer semiariden Umwelt, waren allerdings immer bedroht von der Dürre. Der Zustrom von Kapital und die Einbindung in die Märkte lieferten die Mittel, um eine problematischere Umgebung zu besiedeln. Akribische Erhaltung der Böden und massiver Einsatz von Bewässerungstechnologie ermöglichten eine Ausweitung der

Landwirtschaft auch und gerade in ökologisch bedrohten Gebieten. Was im Negev erreicht wurde, ist nichts weniger als «eine der erfolgreichsten Landschaftsumgestaltungen, die je im Mittelmeerraum stattgefunden haben». Doch menschliche und Klimafaktoren wirkten nicht im Gleichtakt. Tatsächlich lässt sich erkennen, dass im sechsten Jahrhundert eine Spannung zwischen beiden entsteht. Auch als die Aridisierung allmählich einsetzte, wurde die Landwirtschaft intensiviert. Bauern ersannen raffinierte Methoden, die Wüste fernzuhalten, und versuchten, ihr unaufhaltsames Vordringen zu verhindern.[55]

Durch diese Welt fegte die Pest. Doch auch wiederholtes Massensterben entvölkerte das Land nicht und änderte auch nicht grundlegend seine Existenzform. Was die Pest im östlichen Mittelmeerraum möglicherweise bewirkte, war die Verlagerung des ökonomischen Schwerpunkts weg von den Küsten und tiefer ins Binnenland. In den kargen Gebieten in Wüstennähe östlich des Jordans blühte das Leben bis mitten hinein in die Zeit der Krise. Ganz im Innern des Landes, auf einem Streifen von Petra bis Damaskus, gedieh eine ganze Welt christlich-arabischer Gesellschaften. Sie waren, wenn auch am äußersten Rand, eng mit dem Römischen Reich verbunden. Dort existierten Ackerbau mit Hilfe von Bewässerungsanlagen, Oasenwirtschaft, Nomadentum und Karawanenhandel einträchtig nebeneinander. Gegen Ende des sechsten Jahrhunderts richteten diese Gesellschaften ihren Blick nach Westen, hin zum Römischen Reich. Doch bald sollte das Reich sie im Stich lassen. Sie traten «still und fast bereitwillig und ohne zu klagen in ein neues und folgenschweres Zeitalter ein, dessen Bedeutung damals weder erkannt noch richtig begriffen wurde».[56]

Die akribische Arbeit der Archäologen im gesamten Mittelmeerraum hat diese stillen Geschichten von Expansion und Niedergang zu Tage gefördert. Jede Landschaft, die untersucht wurde, jede Stadt, die man ausgrub, erzählt eine etwas andere, jeweils lokal gefärbte Geschichte. Doch es gab tiefer gehende gemeinsame Muster des Wandels hinter dieser Komplexität. In den vergangenen Jahren haben meisterhafte Darstellungen die ständig wechselnden Muster der Interdependenz von imperialem Staat, Netzwerken des Handels, regionalen Aristokratien und agrarischem Leben nachgezeichnet. Jedoch kann die physische Umwelt nicht der gleichbleibende Hintergrund der Geschichte sein, und das erdverbundene biologische Fundament der Produktion und Reproduktion muss mehr als eine kleine Nebenrolle spielen. Ohne die schwerwiegenden demographischen Veränderungen werden Modelle von Staat und sozialer Ordnung bedeutungslose Abstraktionen. Der Staat, die Wirtschaft und die soziale Ordnung wirkten auf die Umwelt und die Bevölkerungszahlen ein, aber diese beeinflussten wiederum die ersteren, was auf den höchsten Ebenen der politischen Organisation Folgen zeitigte – wie die Ereignisse bald zeigen sollten.

Das verschlechterte Klima und der heimtückische Erreger hatten einen tiefgreifenden Wandel im ganzen Imperium bewirkt, und nun wurde die Rechnung präsentiert. Als Johannes der Almosengeber von Alexandria nach seinem heimatlichen Zypern aufbrach, konnte er zusehen, wie das Gerüst der alten römischen Ordnung im Mittelmeergebiet um ihn herum einzustürzen begann. Er erlebte die mörderische Gewalt im totalen, für beide Seiten verheerenden Krieg zwischen Römern und Persern im frühen siebten Jahrhundert. In Konstantinopel markierte das Ende der subventionierten Versorgung mit Getreide den Schlusspunkt einer Ära. Aber die persischen Armeen waren erst das Vorspiel zu einem Ereignis von noch größerer Tragweite, dessen langfristige Folgen für die Geschichte des Mittelmeerraums und sogar für die Weltgeschichte noch unendlich bedeutsamer waren. Kaum vier Jahre nach dem Tod von Johannes führte ein geheimnisvoller Prophet seine Anhänger von Mekka nach Yathrib (Medina): die Hidschra. Bald schon sollten sie an den Grenzen des römischen Arabien stehen. Johannes' Freund und Biograph Sophronius, der Patriarch von Jerusalem, sollte noch erleben, wie die letzte bedeutende Kraftzone der römischen Welt ganz einfach dem erschöpften Imperium entglitt. Vielleicht hatte sich der Schwerpunkt bereits unmerklich in das trockene, raue Binnenland verlagert. Die sich ankündigenden Ereignisse sollten bewirken, dass sich zum ersten Mal seit eintausend Jahren der Blick der Levante definitiv nach Westen richtete.

DAS SCHEITERN DES IMPERIUMS

Im Jahr 559, im dreiunddreißigsten Jahr seiner Regierung, holte Justinian seinen General Belisar aus dem verordneten Ruhestand zurück. Im Frühjahr war die Donau «wie gewöhnlich [...] und bis in eine beträchtliche Tiefe» zugefroren (ein überraschender Kommentar zum Leben in der Spätantiken Kleinen Eiszeit, denn heutzutage friert die Donau nur etwa einmal in einer Generation zu). Tausende Kutriguren, nomadische Reiter aus dem östlichen Schwarzmeergebiet, hatten die zugefrorene Donau überschritten und sich einen Blitzangriff auf Konstantinopel zum Ziel gesetzt. Belisar übernahm den Auftrag. Der berühmte Oberbefehlshaber «nahm noch einmal seinen Brustharnisch und Helm und legte die vertraute Uniform seiner jüngeren Tage an». Da die Hauptstreitkräfte an entfernten Grenzen eingesetzt waren, konnte Belisar nur dreihundert Soldaten und einen Trupp schlecht auf einen Kampf vorbereiteter Bauern aufbieten. Doch mit einer Mischung aus Disziplin und Täuschung gelang es ihm, die Eindringlinge zur Umkehr zu zwingen, und er ersparte damit der imperialen Hauptstadt die Schande einer Niederlage. Wieder war Belisar der Held seines Landes.[57]

Agathias, der Historiker, der den Bericht von Prokop fortsetzte, hat diese kunstvoll ausgearbeitete Szene verfasst, die eine scharfe Spitze enthält. Die Geschichte, wie ein einst mächtiges Reich, nun nur noch ein Schatten seiner selbst, vor einer kleinen Bande von Reitern kuscht, sollte die Sachlage auf den Punkt bringen. «Der Glücksstern des römischen Staates war so tief gesunken, dass in den Außenbezirken der kaiserlichen Hauptstadt von einer Handvoll Barbaren derartige Greueltaten verübt wurden.» Ein Jahr vor der Rettung der Stadt durch Belisar hatte die Beulenpest zum zweiten Mal ein Imperium erschüttert, das verzweifelt bemüht war, die Lage zu retten. Agathias war überzeugt, dass das militärisch-fiskalische Fiasko das Kernproblem der Regierung Justinians darstellte. Er lieferte dem Leser Zahlen, die bis heute die Gelehrten beeindrucken und verwirren, so genau sind sie, und so selbstsicher werden sie vorgetragen. Eine Armee von einstmals 645 000 Mann zählte jetzt nur noch 150 000 Soldaten. Die erste Zahl ist unglaubwürdig hoch, die zweite verdächtig niedrig, aber nicht ausgeschlossen. Unter dem Strich kommt es auf dasselbe hinaus. «Die römischen Heere hatten nicht die wünschenswerte Größe erreicht, die sie unter den früheren Kaisern hatten, und entsprachen nicht mehr den Erfordernissen eines großen Imperiums.»[58]

Was die Demographie betrifft, ist Quantität nicht immer von Vorteil. Bei einer hohen Bevölkerungszahl werden das zur Verfügung stehende Land und die Ressourcen knapp, doch meist ist eine zahlreiche Bevölkerung ein Segen für den Staat. (Der Staat zehrt von den verfügbaren Menschen.) Das Oströmische Reich war der große Nutznießer eines langfristigen Bevölkerungswachstums, das bis zur ersten Pandemie anhielt. Zu Beginn des sechsten Jahrhunderts konnte die römische Armee ihre Reihen wieder problemlos auffüllen. Noch stellten die Söhne von Legionären und Freiwillige ausreichend Soldaten. «Es gab ein großes Reservoir an unbeschäftigten oder unterbeschäftigten Männern, besonders landlose Bauern, auf das man zurückgreifen konnte.» Aber der demographische Aderlass in den Zeiten der Pest führte zu einer neuen Ära römischer Staatsführung. Von dieser Zeit an befand sich das Römische Reich in einer letztlich unhaltbaren Lage. Es konnte keine Armee aufstellen, die der Größe seines Territoriums entsprach, und es konnte eine Armee, die es ins Feld führen konnte, nicht einmal bezahlen. Die Abfolge der Ereignisse, die sich in den dramatischen Jahren zwischen der Herrschaft Justinians und den Katastrophen unter Heraclius abspielten, war vom Zufall geprägt. Letzten Endes ausschlaggebend war allerdings die strukturelle Mechanik.[59]

Die Feldzüge Justinians strapazierten die fiskalisch-militärischen Kapazitäten des Reichs aufs Äußerste. Der Krieg in Afrika, begonnen in den unbeschwerten Tagen vor der Pest, führte zu schweren Bedenken in der kaiserlichen Finanzbehörde. Die Wiedereröffnung der persischen Front war zwar kostspielig, aber Justinian schaffte es, die Lage sowohl an der Ost- als auch an der Westflanke wieder in den Griff zu bekommen, wenn auch unter großen Verlusten. Der Schock des Jahres 542 brachte den Boden unter ihm ins Wanken. Der Krieg in Italien war ins Stocken geraten, und Belisar wurde im Jahr 544 zurück in den Westen beordert. Da von den dezimierten

Reihen im Osten keine Truppen abgezogen werden konnten, machte sich Belisar zu einer Anwerbungskampagne nach Thrakien auf und rekrutierte dort um die 4000 Mann. Das eigentliche Problem war die Bezahlung der Truppen. Belisar beschwor den Kaiser, ihm Soldaten und Geld zur Verfügung zu stellen. «Selbst die wenigen Soldaten, die er hatte, weigerten sich zu kämpfen, weil sie sagten, der Staat schulde ihnen eine Menge Geld.» Sie hatten «keine Männer, keine Pferde, keine Waffen und kein Geld, und niemand, so glaube ich, kann einen Krieg führen, ohne über alle diese Dinge reichlich zu verfügen». Und das war erst der Anfang einer verhängnisvollen neuen Staatskrise.[60]

Die Macht des Römischen Reichs war bis zum siebten Jahrhundert immer durch einen Umstand eingeschränkt, dem jedes politische System unterliegt: Der Staat konnte sich kein Geld in größerem Umfang leihen. Die Unmöglichkeit, mit einem schuldenfinanzierten Budget zu operieren, ließ keinen Spielraum offen. In den Tagen der Silberwährung konnten die Kaiser die Münzen abwerten. Im sechsten Jahrhundert wurden die Soldaten jedoch in Sachleistungen und Gold bezahlt. Der verzweifelte Schachzug einer Geldabwertung kam nicht in Frage. Bei finanziellen Engpässen hatte das Reich zwei Optionen: entweder die Soldaten nicht zu bezahlen oder die Steuerzahler auszupressen. In den 540er Jahren tat der römische Staat häufig beides. Wir hören, dass Justinian «mit der Soldzahlung vier oder fünf Jahre im Rückstand blieb». Und schließlich «mussten diese Unglücklichen [die Soldaten] die ausstehende Besoldung der Staatskasse schenken». Von Justinian hieß es, er habe den Goldbonus abgeschafft, den ein Soldat alle fünf Jahre erhielt, die Grundlage der gegenseitigen Loyalität seit den ersten Soldatenkaisern. Und vielleicht strich er auch den an den Grenzen stationierten Einheiten ihre Vergütung gänzlich. So etwas hatte es in den Annalen der römischen Geschichte noch nie gegeben. Justinian war der erste Kaiser, der seine Untertanen so schnöde betrog.[61]

Die Soldaten standen unter Druck, die Steuerzahler ebenso. Zunächst weigerte sich Justinian, Nachsicht bei Steuerrückständen zu üben; eigentlich wurde vom Kaiser erwartet, dass er gelegentlich

Gnade vor Recht ergehen ließ, aber Justinian war gnadenlos. Im Jahr 553 bewilligte er schließlich widerwillig einen Steuererlass, rückwirkend bis in das Jahr, in dem der erste Pestausbruch geendet hatte. Auch sein öffentlicher Auftritt war nicht besonders generös: «Obgleich der Staat, wenn jemals, so gewiss jetzt viele Ausgaben hat, da er durch die Gnade Gottes eine so große Vermehrung erhalten hat und die nach dem Verhältnis des hinzugekommenen Landes ihn umgebenden Barbaren bekriegt, [...] verordnen [wir], dass allen unseren Untertanen sämtliche Rückstände [...] erlassen sein sollen.» Das war ein dürftiges Zugeständnis.[62]

Die Steuern wurden pro Distrikt erhoben, und obwohl es erheblich weniger arbeitsfähige Menschen gab, wurde die Summe der Abgaben diesem Umstand nicht angepasst, so dass die tatsächliche Belastung der Überlebenden beträchtlich anstieg. «Denn obschon die Pest die ganze Welt und nicht zuletzt das Römische Reich erfasste, die Mehrzahl der Bauern dahinstarb und die Landschaften natürlich verödeten, kannte der Kaiser doch keine Schonung gegenüber den Grundbesitzern. Die jährliche Steuerbeitreibung wurde nicht unterbrochen, im Gegenteil, sie geschah nicht nur in der üblichen Höhe, sondern auch der Anteil der zugrunde gegangenen Nachbarn wurde noch dazugeschlagen.» Im Dorf Aphrodito in Oberägypten (der reichste Fundort von Papyri aus dieser Periode) wurde die Grundsteuer um sage und schreibe 66 Prozent erhöht. Die Steuersätze waren im späten sechsten Jahrhundert durchweg höher als je zuvor oder danach in der römischen Geschichte.[63]

Es nimmt Wunder, dass Justinian nicht gestürzt wurde. Er hatte in den frühen Jahren seiner Regierung bereits einen Umsturzversuch überlebt, so dass ein erneuter Versuch unterblieb. Sein skrupelloser Umgang mit Belisar, dem erfolgreichen und treuen General, schockierte die Zeitgenossen. Doch Justinian wollte nicht, dass sich der Unmut seiner Untertanen gegen ihn selbst als die nächstliegende Zielscheibe richtete, und so wurde der getreue Belisar zum Sündenbock. Dank Justinians außerordentlichen Talenten gelang es ihm, die Zügel bis zum bitteren Ende in der Hand zu behalten. Die Opposition fand keinen geeigneten Kandidaten. Eine Regierung, die mit so großen Hoffnungen begonnen hatte – die Reform des römischen Rechts, die Umstrukturierung der Verwaltung, die Bauvorhaben und vor allem die Restauration des Mittelmeer-Imperiums –, endete damit, dass das Reich darniederlag. Als Justinian schließlich starb, war der Staat am Ende seiner Kräfte. Dem Nachfolger Justin II. (reg. 565–574), der eine leere Staatskasse erbte, gelang es nicht, die Staatsfinanzen zu sanieren. Er annullierte sofort den Steuererlass. Ihm wurde die Kontrolle über eine Armee übertragen, die, wie er in einer öffentlichen Verlautbarung zugab, «durch den Mangel an notwendigen Dingen in den Ruin getrieben wurde, so dass die Republik von zahllosen Invasionen und Einfällen der Barbaren heimgesucht wurde».[64]

Justinians Nachfolger verstopften wohl Löcher im Deich, doch gegen die ansteigende Flut konnten sie nichts ausrichten. Justin II. beendete Zahlungen an die Barbaren, aber dadurch kam es an den Grenzen nur zu noch mehr Gewalt. Jede neue Pestwelle trieb den Staat weiter in den Ruin. Unmittelbar nach dem Ausbruch im Jahr 573 führte Tiberius II. (reg. 574–582) verzweifelt Anwerbungskampagnen im Osten und im Westen durch. Die Herrschaft über den Balkanraum geriet ins Wanken, und die Territorien in Italien gingen nach und nach verloren. Mauricius (reg. 582–602), der keinem nachstand, der je den Purpur getragen hatte, betrieb weiterhin die aggressive Politik der Aushebungen. Sogar mitten in diesen schwierigen Zeiten war das Imperium in der Lage, beachtliche Feldheere aufzustellen, und das von Mauricius verfasste Militärhandbuch geht davon aus, dass 15 000 Soldaten ins Feld geführt werden konnten. Dieser militärische Apparat war jedoch nicht aufrechtzuerhalten. Mauricius tat den verhängnisvollen Schritt und kürzte ohne Umschweife die Löhne. In früheren Zeiten hatten die römischen Kaiser die gleiche Einsparung durch eine Münzabwertung erreicht, doch diese verschleierte Lohnkürzung war kaum aufgefallen. Kein Kaiser hatte es je gewagt, den Sold direkt zu kürzen. Und am Ende geschah das, was absolut vorhersehbar gewesen war: Mauricius wurde gestürzt, und dem Usurpator erging es bald darauf nicht anders. Wieder einmal befand sich das Reich am Rande des Bürgerkriegs. Dies gab schließlich den Ausschlag. Kaiser Heraclius (reg. 610–641) führte den Vorsitz beim Scheitern des Imperiums.[65]

Den Zeitgenossen erschien es, als habe die letzte Stunde der Welt geschlagen.

DIE LETZTE STUNDE: MOHAMMEDS WELT

Der Mönch und Schriftsteller Johannes Moschus wurde in der Mitte der Regierungszeit Justinians geboren, wahrscheinlich in Kilikien. Als junger Mann folgte er dem Ruf der judäischen Wüste. Er war unmittelbarer Zeitgenosse von Johannes dem Almosengeber und verfasste gemeinsam mit seinem Freund und Begleiter Sophronius eine Biographie des Patriarchen von Alexandria. Diese drei gehörten zur letzten Generation, die problemlos durch die mittelmeerische Welt reisen konnte, die vom Band des Imperiums zusammengehalten wurde. Das unbeschwerte Reisen durch die Mittelmeerländer bildet den Hintergrund der Sammlung erbaulicher Geschichten, für die Moschus berühmt ist, das *Pratum spirituale*. Sein bleibender Beitrag zur monastischen Literatur der Spätantike ist diese Reihe kurzer, lebensnaher Vignetten, die uns in die letzten Tage des Römischen Reichs führen, in eine Landschaft, beschienen von einer schwindenden Sonne.[66]

In einer seiner Erzählungen begegnen wir einem Anwalt aus Palästina namens Prokop, der sich zufällig in Jerusalem aufhielt, als die Pest in der Küstenstadt Caesarea ausbrach. Er fürchtete um seine Kinder. «Wenn ich jemanden schicke, sie zu holen, werde ich Gottes Zorn nicht entrinnen. Doch wenn ich sie dort lasse, könnte es sein, dass ich sie nicht wiedersehe.» In seiner Verzweiflung suchte er den Rat eines angesehenen heiligen Mannes namens Abba Zachaios. Prokop fand ihn in der Kirche der heiligen Muttergottes beim Gebet. Abba Zachaios wandte sich nach Osten, «betete zum Himmel gewandt während langer Zeit, etwa zwei Stunden, ohne irgendetwas zu sagen». Dann wandte sich der heilige Mann Prokop zu, versicherte ihm, seine Kinder würden am Leben bleiben und die Pest werde nach zwei Tagen abklingen. Beides traf ein.[67]

Dies war eine rührende Geschichte und zugleich eine Parabel für richtiges Verhalten. Der Leser sollte behutsam auf bestimmte beruhigende Zeichen aufmerksam gemacht werden. Die Kirche der heiligen Muttergottes, in der der Anwalt Abba Zachaios angetroffen hatte, hieß bei den Zeitgenossen einfach *Nea Ekklesia*, die Neue Kirche. Erbaut von Justinian und erst ein Jahr nach der ersten Epidemie vollendet, stellte sie Justinians maßgeblichen Beitrag zur Architektur Jerusalems dar. Er hatte das ganze Stadtzentrum umgestaltet, um seine Kirche nach der Grabeskirche Konstantins auszurichten. Justinians Bau war mit voller Absicht doppelt so groß wie der Tempel Salomos. Sein gewaltiges steinernes Mauerwerk und seine feuerroten Säulen verherrlichten die Macht des Imperiums. Er war das sichtbarste Werk menschlicher Kunst in der Silhouette von Jerusalem und blieb bis ins siebte Jahrhundert eine monumentale Demonstration der Präsenz des Reichs in der Heiligen Stadt. Der Anwalt suchte also Rat an einer Stelle, die vom Imperium zu einem heiligen Ort erhoben worden war.[68]

Und dort fand er den Abt Zachaios, die Arme zum Gebet erhoben. Wir dürfen annehmen, dass seine Andacht Maria galt, der Gottesmutter. An dieser Stelle ist der Einfluss des Imperiums auf weniger auffällige Weise spürbar. Palästina war die Wiege der Marienverehrung, aber im fünften Jahrhundert wurde der Kult im ganzen Imperium übernommen, und im sechsten Jahrhundert strahlte die Marienverehrung von Konstantinopel ins gesamte Reich aus. In den Jahrzehnten der Pest wurde Konstantinopel zu einer Stadt Marias. Das Reich stand unter ihrem Schutz. Um zu verstehen, warum die Gottesmutter in der Spätantike eine solche spirituelle Bedeutung erlangt hatte, müssen wir uns von späteren, mittelalterlichen Marienbildern lösen. Das in der Spätantike dominierende Bild Marias war nicht die schmerzensreiche *mater dolorosa*, deren Leid von den gewöhnlichen Menschen nachempfunden wird, sondern die Maria, die die Phantasie des Imperiums in ihren Bann schlug, war die Himmelskönigin. Sie war eine respekteinflößende Erscheinung, eingebettet in den großen Strom der Ereignisse. Am Tag des Jüngsten Gerichts würde sie vor einem zornigen Gott Fürbitte für die Menschheit einlegen. Dem Anwalt, der sich um seine Kinder solche Sorgen machte, wurde kein persönliches Wunder versprochen oder eine private Mitleidsbekundung erteilt, vielmehr wurde ihm durch das Medium Abba Zachaios ein kurzer, aber beruhigender Blick auf die kosmischen Ereignisse um ihn herum gewährt.[69]

Der Mann, der in der Neuen Kirche Hilfe suchte, gestand, dass man «Gottes Zorn nicht entrinnen» könne. Dies drückte nicht nur den schicksalsergebenen Fatalismus eines frommen Individuums aus, sondern das allgemeine Empfinden einer ganzen Ära. Die Menschen des späten sechsten und siebten Jahrhunderts hatten das Gefühl, am Rande eines bald bröckelnden Abgrunds am Ende ihres Zeitalters zu leben. In einer solchen Umgebung war die Unausweichlichkeit der Pest eine existentielle Tatsache. Ein Christ in Antiochia behauptete, jeder, der vor der Pest aus der Stadt floh, würde von ihr unerbittlich zur Strecke gebracht. Ein Mönchspater im Sinai verfasste eine nachdenkliche Betrachtung zu der Frage, ob man vor der Pest flüchten könne. Im Islam entstand eine starke Strömung, die lehrte, dass der Pest (und dem Schicksal) niemand entging. Die Texte sind zwar auf Arabisch verfasst, doch scheinen etliche ihrer Themen aus zeitgenössischen lateinischen, griechischen oder syrischen Quellen zu stammen. Die Ähnlichkeiten sind nicht oberflächlich, dahinter liegt eine Fülle von gemeinsamen, eschatologisch geprägten Gefühlen.[70]

Die sich verschärfende Umweltkrise des sechsten und siebten Jahrhunderts setzte bei den Menschen sämtliche apokalyptischen Ängste frei. Das Christentum ist ein eschatologischer Glaube, apokalyptische Töne bilden eine Art Hintergrundrauschen die gesamte Kirchengeschichte hindurch, wenn auch nicht immer in der gleichen Lautstärke. Nach dem religiösen Eifer der ersten Generationen von Christen erwartete man nun nicht mehr in Bälde das Jüngste Gericht. Zudem wurde durch die Bekehrung des Imperiums zum Christentum die Angst vor dem Weltende gedämpft. Vor dem Jahr 500 wurde vorübergehend über die bevorstehende Wiederkehr Christi spekuliert, doch als es ohne besondere Vorkommnisse verstrich, übertönten eine Zeitlang wieder triumphale Töne die pessimistischen.[71]

Dann schritt die Natur ein. Die Naturkatastrophen des sechsten

Jahrhunderts lösten einen radikalen Stimmungsumschwung aus. Die Verdunkelung der Sonne, das Beben der Erde und die Ankunft einer weltweiten Seuche schürten die eschatologischen Erwartungen in der christlichen Welt und darüber hinaus. Signale tiefer kollektiver Not finden sich in weit voneinander entfernten Quellen, so in nordischen Mythen und im chinesischen Buddhismus. Detailliert können wir die wachsende Angst vor dem bevorstehenden Verhängnis nur im Inneren des Imperiums verfolgen. Bereits beim ersten Nahen der Pest gingen dunkle Gerüchte um. Kurz vor dem ersten Ausbruch in Konstantinopel wurde «eine Frau in einer Nacht vom Wahrsagergeist erfüllt» und in eine Kirche gebracht, wo sie sagte, «dass nach drei Tagen das Meer ansteigen und alles verschlingen würde». Das Große Sterben löste eine unbeschreibliche Urangst aus. «Laut den alten Orakeln der Ägypter und den führenden Astrologen des heutigen Persien folgen im Lauf der endlosen Zeit glückliche und unglückliche Zyklen aufeinander. Diese illustren Menschen erklären uns, dass wir gegenwärtig einen der verheerendsten und unheilvollsten jener Zyklen durchmachen: daher das allgemeine Überhandnehmen von Krieg, innerem Zwist und häufigen und anhaltenden Pestepidemien.»[72]

Der Grundtenor der christlichen Reaktion auf die Zeit der Pest wurde bereits von Johannes von Ephesus geschildert, der sich mit dem Schrecken der ersten Epidemie auseinandersetzte. Angesichts eines solch unerklärlichen Horrors war der einzig mögliche Schluss, dass die Endzeit nahte. Die Pest war das Zeichen von Gottes Zorn. Johannes durchforschte die prophetischen und apokalyptischen Überlieferungen, um die Seuche zu verstehen. Sie war die Weinpresse von Gottes Zorn, wie es in der biblischen *Apokalypse* vorhergesagt war. Die unerbittliche Gerechtigkeit Gottes sorgte dafür, dass «die Menschen sich verwundern und staunend Sein gerechtes Urteil annehmen, das von den Menschen weder verstanden noch begriffen werden kann, wie geschrieben steht: ‹Dein Recht (steht) wie die große Tiefe.›» Das durch die Pest verursachte Leid wurde als eine «Züchtigung» gedeutet. Dieses Wort hatte einen besonders tiefen Sinn in einer Gesellschaft, die mit den dunklen Seiten der Beziehung zwischen Herr und Sklave vertraut war; Züchtigung war der letzte, äußerste und brutalste körperliche Einsatz, um einen aufsässigen Sklaven wieder zur Raison zu bringen. Justinian bezeichnete die Pest öffentlich als Zeichen für Gottes Liebe zu den Menschen. Das Massensterben war ein Weckruf für alle Überlebenden, eine höfliche Warnung im Vorgriff auf das kommende große Gericht.[73]

Die Angst brachte im sechsten Jahrhundert eine organisierte Reaktion der Kirche in Form von liturgischen Bittgottesdiensten hervor, großen gemeinschaftlichen Ritualen mit dem Ziel, die Pestilenz abzuwenden. Solche Rituale hatte es bereits im fünften Jahrhundert gegeben, vor der Pandemie. Sie wurden als Allzweck-Liturgien abgehalten, als Buße für von der Gemeinde begangene Sünden. Es war die letzte Zuflucht, und zur Zeit Justinians hatten sie noch immer den Nimbus von etwas Neuem. Im Jahr 543 wendete der Bischof von Clermont (der Onkel des Chronisten Gregor von Tours) die Plage dadurch ab, dass er seine Gemeinde mitten in der Fastenzeit auf einem langen Bittgang, Psalmen singend, zu einem abgelegenen ländlichen Heiligtum führte. Und der Ort wurde verschont. Diese Liturgien verbreiteten sich so mühelos und anonym wie ein Computervirus. Die Ostkirche in Syrien am anderen Ende der christlichen Welt inszenierte nahezu identische rituelle Bittprozessionen.[74]

Die meisten dieser verzweifelten Reaktionen sind in der Historiographie nicht verzeichnet, doch haben wir eine anschauliche Schilderung der aufwendigen spirituellen Exerzitien unter der Anleitung Gregors des Großen. Er veranstaltete Bittprozessionen, die eine Geographie der Frömmigkeit nachzeichneten, welche die alten römischen Koordinaten überschrieben hatte. Drei Tage lang erklangen in der Stadt Gebete und Gesänge, Chöre rezitierten Psalmen und das *Kyrie eleison.* An einem Mittwoch versammelten sich die Gläubigen in sieben Kirchen der Stadt. In langen Reihen bewegten sie sich durch die Straßen, bis sich die Bittprozessionen in der großen Marienkirche, der berühmten Kirche Santa Maria Maggiore, vereinigten. «So wollen wir [...] uns zusammenfinden, auf dass wir dort anhaltend unter Tränen und Seufzen zum Herrn beten.» Ein Diakon bezeugte, dass achtzig Personen während der Gebete tot umfielen. «Doch der künftige Bischof hörte nicht auf das Volk zu ermahnen, es solle im Gebete nicht nachlassen.»[75]

Diese Bittprozessionen sind nur *ein* auffälliges Element in einer umfangreichen religiösen *koine*, die auf die Pest mit gemeinschaftlichen, von apokalyptischer Angst geprägten Fürbittritualen reagierte. Das bevorstehende Gericht war ein Aufruf zur Buße. Die Seuche war die letzte Chance, von der Sünde abzulassen, und keine Sünde lastete schwerer auf der Seele des spätantiken Menschen als die Habgier. Wie Peter Brown gezeigt hat, verursachte die Besorgnis wegen übergroßen Reichtums in der spätantiken Christenheit eine ständige moralische Krise. Irdischer Besitz stellte den Glauben auf die Probe, und an diesem Punkt traf die Pest einen empfindlichen Nerv. Die einprägsamsten Episoden in der Geschichte der Pest des Johannes von Ephesus drehen sich um Menschen, die wegen ihrer Habgier bestraft wurden. Aus dieser Sicht war die Pest Gottes letzter, grausamer Versuch, den Menschen von seiner Fixierung auf irdische Güter abzubringen.[76]

In manchen Fällen wirkte die Angst Wunder. Wir hören von einem abgelegenen Dorf in Oberägypten, wo wegen der Seuche plötzlich große fromme Schenkungen gemacht wurden. Andernorts nahm die Dankbarkeit der Überlebenden riesige Ausmaße an: Prächtige neue Gebäude wurden errichtet in Erfüllung von Gelübden, die aus Angst gemurmelt worden waren. Es ist kein Zufall, dass nach wie vor in erster Linie Kirchen gebaut wurden. Hintergrund dieses Booms waren Naturkatastrophen. An der Mauer einer Kirche in Petra aus dem sechsten Jahrhundert ist der einundneunzigste Psalm angebracht: «Seine Wahrheit ist Schirm und Schild, dass du nicht erschrecken musst vor dem Grauen der Nacht, vor den Pfeilen, die des Tages fliegen, vor der Pestilenz, die im Finsteren schleicht, vor der Seuche, die am Mittag Verderben bringt.» Viele der neuen Bauten waren Maria oder Michael geweiht. In Nessana, einer Stadt im Negev, wurde zum Beispiel unmittelbar nach einem Ausbruch der Pest eine neue Kirche (bekannt als Südliche Kirche) der Gottesmutter geweiht. Die Weihinschrift ist typisch: Sie fleht um «Beistand und Mitleid». Auch im Westen geschah Ähnliches. Im Jahr 545 wurde in Ravenna von zwei Männern eine Kirche errichtet und dem Erzengel Michael geweiht, als Dank für die «Gunst», die er ihnen gewährt hatte, nämlich dass sie von der verheerenden Pest verschont geblieben waren. Auf dem Mosaik der Apsis ist Christus zwischen Michael und Gabriel dargestellt. Weitere Engel blasen die Posaunen der Apokalypse. Es war die aufwendige Dankesbekundung eines wohlhabenden Mannes, der die ersten Klänge des Jüngsten Gerichts überlebt hatte.[77]

Dass dem Erzengel Michael gedankt wurde, war keineswegs selten. In einer anonymen koptischen Predigt heißt es, eine im Namen des Erzengels Michael übergebene Abschrift des Neuen Testaments verheiße Kirchen und Hausständen Schutz: «Weder Krankheit noch Pestilenz, noch Unglück sollen in das Haus kommen, in dem es sich für immer befindet.» Dank eschatologischer Inbrunst war Michael einer der am meisten verehrten Heiligen. Während der Pest sah man ihn, den «Engel des Herrn, dessen Haar und Gewand weiß war wie der Schnee», unter den Menschen weilen und Urteil sprechen. Der Erzengel, der auch schon vor der Pest eine wichtige Rolle gespielt hatte, wurde jetzt noch bedeutsamer denn je. Er war das Werkzeug des Jüngsten Gerichts Gottes. Nun konnte er seines Amtes walten.[78]

Nur die Muttergottes wurde während der Krise noch mehr verehrt. Sie erfreute sich einer neuen Bedeutung im religiösen Leben des späten sechsten Jahrhunderts, und zwar ganz besonders in Konstantinopel. «Die Jungfrau nahm einen beherrschenden – vielleicht *den* beherrschenden – Platz im religiösen Leben der Stadt ein.» Das Fest der Hypapante wurde in Konstantinopel während der Pest eingeführt. Dieses Fest, in der Ostkirche das Gegenstück zu Mariä Lichtmess, gedenkt der Reinigung der Jungfrau im Tempel. Hypapante wird am 2. Februar gefeiert, als die Pest auf dem Höhepunkt war, und der Tag der Reinigung mag an religiöse Urgefühle gerührt haben. Justinian gebot, das Fest im ganzen Imperium zu begehen. Die Marienverehrung verbreitete sich in der gesamten Gesellschaft. Marienbilder im Haushalt wurden üblich, häufig mit dem Zweck, das Böse zu bannen. Ein prachtvolles Pektorale aus dem späten sechsten Jahrhundert beschwor den Beistand der Jungfrau. «Beschütze die, welche es trägt.» Auf einem Armband stand: «Muttergottes, hilf Anna.» Die liturgische Bedeutung Marias und die massenhafte Verbreitung ihres Bildnisses bezeugen, dass das religiöse Gedankengut, dem wir in den schriftlichen Quellen begegnen, eine umfassendere, apokalyptisch angehauchte kulturelle Sensibilität widerspiegelt. In der letzten Strophe der großen *Akathistos*-Hymne an Maria, eines der Kernstücke früher byzantinischer Frömmigkeit, wird sie angefleht: «Befreie uns von allem Übel und bewahre uns vor künftiger Strafe, die wir dich anrufen: Halleluja!»[79]

In der Zeit der Pest und der Klimakrise nahm auch die Ikonenverehrung einen bedeutenden Platz im kirchlichen Alltag ein. Unlängst hat Mischa Meier, ausgehend von Averil Camerons Hinweis, dargelegt, dass die Angst vor der Pandemie zur Verbreitung der Ikonenverehrung beigetragen hat. Dieser Zusammenhang leuchtet ein. Vielleicht ist das ergreifendste religiöse Werk dieser Zeit die große byzantinische Marienikone, bekannt als *Salus populi Romani* – Erlösung (oder Heil) des römischen Volkes – in der Kirche Santa Maria Maggiore in Rom. Es ist wahrscheinlich ein Original aus dem sechsten Jahrhundert und ein Symbol für die Marienverehrung und die Beziehungen zwischen Ost und West in dieser Zeit. In der mittelalterlichen *Legenda aurea* wird Papst Gregor der Große mit einer Ikone der Jungfrau bei seinen Bittgebeten dargestellt. Oben auf der Engelsburg erschien der Erzengel Michael, der mit gezücktem Schwert der Pest ein Ende bereitete. Vielleicht ist dies der Stoff von Legenden, angereichert mit mittelalterlichem Denken, doch der Geist steht völlig in Einklang mit dem späten sechsten Jahrhundert.[80]

Erinnern wir daran, dass Gregor der Große viele Jahre in Konstantinopel verbrachte. Während mindestens einer längeren Pestepisode hielt er sich in der Hauptstadt auf und muss dort die großen öffentlichen Prozessionen in der Zeit der Not erlebt haben. Sein eschatologisches Bewusstsein war von seiner Erfahrung mit dem östlichen Christentum beeinflusst. Für Gregor wie auch für einen Mann wie Johannes von Ephesus waren die von Pest und Krieg verursachten Leiden ein Aufruf zur Buße. «Die Strafen Gottes, geliebteste Brüder, welche wir schon zu fürchten hatten, bevor sie über uns kamen, müssen uns umso mehr in Sorge versetzen, da sie gegenwärtig und wir sie an uns selbst erfahren. Das Tor zur Bekehrung soll uns der Schmerz öffnen. [...] Siehe, das ganze Volk wird von dem Schwerte des himmlischen Zorns getroffen und einer nach dem an-

ABB. 7.5 *Salus populi romani:* Ikone, vermutlich aus dem 6. Jahrhundert, Santa Maria Maggiore, Rom

dern von einem plötzlichen Tode dahingerafft.» Das Nahen des Jüngsten Gerichts sollte zur Umkehr mahnen und bewog Gregor dazu, die Heiden in Britannien zu missionieren und ihnen das Heil zu bringen, da die Zeit drängte. Die Wundertaten der Heiligen bedeuteten, dass diese Epoche noch nicht «völlig verloren» war. Aber die Naturkatastrophen waren ein sicheres Zeichen, dass die Grundfesten dieses Zeitalters bald einstürzen würden.[81]

Die Gewissheiten christlicher Autoritäten wie des Johannes von

Ephesus oder Gregors des Großen stimmten mit den Narrativen der Heiligen Schrift überein. Der biblische Kanon lieferte den Apokalyptikern jede Menge beglaubigter Bilder und Symbole. Diese Tradition war ihrem Wesen nach vielgestaltig, und ihre fragmentarischen und, offen gestanden, bizarren Symbole konnten in beliebig neuen Gestaltungen umgedeutet werden. Außerdem schirmte diese Tradition das Sag- und Denkbare ab. «Obwohl die Theologie der Kirchenväter eigene Prophezeiungen ausschloss, ließ sie doch einen weiten Spielraum für eine kreative Auslegung der einschlägigen Bibelstellen.» Es ist interessant, dass gerade im sechsten Jahrhundert die ersten Kommentare zur *Offenbarung* auftauchen. Dieses Buch hatte immer etwas abseits vom Mainstream der christlichen Tradition gestanden, aber im Zeitalter der Pest erhielt es eine neue Aktualität. Die Grenzen apokalyptischen Denkens wurden ausgelotet.[82]

Die Zeit prophetischer Aussagen war in Judentum und Christentum eigentlich längst vorbei. Doch ekstatische Erlebnisse und religiöse Visionen hatte es an den Rändern der Orthodoxie immer schon gegeben. Der Erzengel Michael persönlich besuchte den heiligen Nikolaus von Sion, um ihn vor der Pest zu warnen. Abba Zachaios kommunizierte mit dem Göttlichen innerhalb des akzeptierten Rahmens der Neuen Kirche. Doch die Weissagungen waren nicht immer durch die Heilige Schrift beglaubigt. Gegen Ende des sechsten Jahrhunderts begannen die freischweifenden Energien apokalyptischer Erwartung die Grenzen der alten schriftlichen Überlieferungen hinter sich zu lassen.[83]

Das Muster ist im Judentum ebenso evident wie im Christentum. Inmitten der Krise begann eine fruchtbare neue Ära apokalyptischen jüdischen Schrifttums. Ständig wiederkehrende Naturkatastrophen, gepaart mit den epischen Zusammenstößen zwischen Rom und Persien, regten bei den Juden des ganzen Mittelmeerraums und des Nahen Ostens einen neuen Sinn für Mystik und Heilserwartung an. «Der Heilige, gepriesen sei Er, wird Hitze der Sonne in die Welt senden, zusammen mit Zerstörung und Fieber, vielen schrecklichen Krankheiten, mit Seuchen und Pestilenz. Jeden Tag wird unter den heidnischen Völkern eine Million Menschen sterben, und alle Bösen im Volk Israel werden zugrunde gehen.» Der wachsende Gegensatz zwischen dem römischen Staat und seinen jüdischen Untertanen, der um 630 mit Zwangstaufen einen traurigen Höhepunkt erreichte, beflügelte eine ungestüme messianische Inbrunst. Die unter Druck stehenden Juden suchten «Fußabdrücke des Messias». Sie hatten ihre eigenen Heilserwartungen, aber natürlich atmeten sie dieselbe apokalyptische Luft wie die anderen um sie herum.[84]

Im frühen siebten Jahrhundert gab die Dynamik der politischen Ereignisse den apokalyptischen Vorstellungen einen neuen Auftrieb. Der endlose Krieg zwischen den beiden Imperien Rom und Persien – den «beiden Augen der Welt» – erschien als die endgültige Konfrontation und nahm mehr und mehr die Züge eines heiligen Krieges an. Bereits unter Mauricius hatte die römische Armee die «jungfräuliche Muttergottes» als eine ihrer Losungen benutzt. Zwischen 602 und 628 weitete sich der Konflikt über die üblichen Schauplätze aus. Der Krieg wurde total. Die persischen Heere drangen tief ins Imperium ein. Sie besetzten das Heilige Land. Syrien wurde 610, Palästina 614 eingenommen. Der Fall von Jerusalem, begleitet von einem Massaker, war ein moralischer Schock. Die Reliquie des Wahren Kreuzes fiel in die Hände der Perser. Der «psychologische Effekt» des Falls von Jerusalem war «vielleicht nur vergleichbar mit dem Trauma der Römer, als Rom im Jahr 410 geplündert wurde». Die Endzeit rückte näher. Als nächstes fiel Ägypten, danach Anatolien. Manche Gebiete wie Kleinasien erholten sich nie wieder.[85]

Die Zerstörungen waren gewaltig, doch das Schlimmste sollte erst noch kommen. Im Jahr 626 standen die Perser vor den Mauern von Konstantinopel. Gleichzeitig hatte sich ein Heer von Awaren der Hauptstadt genähert. In dieser dunkelsten Stunde wandten sich die Menschen an die heilige Jungfrau. Ihre Ikone wurde durch die Straßen und auf die Stadtmauern getragen. Die Rettung der Stadt erschien wie ein Wunder. Währenddessen startete Kaiser Heraclius einen heftigen Gegenangriff. Mit Christus- und Marienikonen an der Spitze seiner Armee (und mit beträchtlicher Unterstützung durch die verbündeten Türken) eroberte er bis zum Jahr 628 die Überreste der verwüsteten östlichen Provinzen zurück. Für kurze Zeit war das alte politische Gleichgewicht wiederhergestellt. Das

Wahre Kreuz kehrte im Triumph zurück nach Jerusalem. Den politischen Ereignissen wurde eine apokalyptische Bedeutung beigemessen, wie es das seit den Weissagungen im Buch *Daniel* nicht mehr gegeben hatte. Und nun blickte die Menschheit mit angehaltenem Atem und voll eschatologischer Hoffnung auf die kommenden Ereignisse.[86]

Kaiser Heraclius wurde als eine Gestalt von kosmischer Bedeutung bejubelt, doch war die Wiederherstellung des Reichs nicht von Dauer. Das Tempo des nächsten Aktes hat schon immer erstaunt. Während Rom und Persien einen blutigen Krieg austrugen, war im Süden etwas in Bewegung gekommen: Innerhalb weniger Jahre hatten arabische Invasoren die wichtigsten Territorien des römischen Ostens vom Lebensnerv in Konstantinopel abgetrennt. Die Armee der Gläubigen aus Arabien eroberte und kontrollierte die Randgebiete der Wüste rund um die Levante und zerlegte das Römische Reich. Die Eroberungszüge gingen schnell und erbarmungslos vonstatten, allerdings bedurfte es keiner großen Zerstörungen, um einen der geopolitisch bedeutsamsten Raubzüge in der Geschichte durchzuführen. Nach der Niederlage bei Yarmouk im Jahr 636 befahl Kaiser Heraclius seinen Heeren den Rückzug, ein Zeichen dafür, dass die Verkettung von Pest, Klimawandel und endlosem Krieg die Lebenskraft des Römischen Reichs erschöpft hatte. Syrien, Palästina und Ägypten wurden innerhalb eines Jahrzehnts erobert. Neue Grenzen wurden schneller gezogen, als es den Zeitgenossen bewusst werden konnte.[87]

Später schrieben Propagandisten am Hof der Abbasiden die große Eroberung den reinen und tapferen Söhnen Arabiens zu. Dies ist eine geniale Fabel – die Araber waren keineswegs Fremde. Die wissenschaftlichen Arbeiten von Glen Bowersock liefern uns eine bemerkenswerte Rundumsicht auf das arabische Kernland zu Beginn der islamischen Ära und seine Einbindung auf allen Seiten in die umgebende Welt. Die Handelsnetze des Roten Meeres bezogen auch die Araber ein und waren jahrhundertelang integraler Teil der Geopolitik der Großmächte. Araber dienten den Römern wie den Persern als Soldaten, und die Handelsnetze des Nahen Ostens waren ihnen bestens vertraut. Überall in den römischen Wüstengebieten lebten arabische Christen; christliche Missionare schwärmten in ganz Arabien aus. In Südarabien gab es eine Zeitlang ein jüdisches Königreich. Selbst der Hedschas war keine nur von Nomaden bewohnte unwirtliche und fremdartige Wüste, sondern die Heimat von Beduinen, Kaufleuten und Landwirten. Im siebten Jahrhundert wurden die Araber in die epochalen Auseinandersetzungen der Großmächte hineingezogen, es hieß sogar, Mohammeds Hidschra sei vom Hof von Konstantinopel durch Hintermänner und ortsansässige Geschäftsleute veranlasst worden.[88]

Der Funke, der das Feuer in Arabien entzündete, war der Aufstieg einer neuen monotheistischen Religion, der es gelang, ehemals verfeindete Stämme zu einer Gemeinschaft von Gläubigen zu vereinen. Die religiöse Mission Mohammeds wurde nicht nur von der apokalyptischen Stimmung überall im Nahen Osten beflügelt, und sie war auch der religiösen *koine* der Spätantike nicht fremd. Sie war eine spezielle Ausprägung der apokalyptischen Inbrunst, die mit dem Ausbruch der Pestpandemie und dem Beginn der Eiszeit aufkam. Die Samen eschatologischer Ängste wurden vom Wind über die Grenzen Roms hinausgetragen und keimten in fremder Erde. Was die neue Religion von den anderen unterschied, waren weniger ihre ursprünglichen arabischen Elemente als ihr größerer Spielraum. Wo jüdische und christliche Eschatologie auf die abgeschlossene Offenbarungsüberlieferung beschränkt war, behauptete in Arabien ein neuer Prophet, die endgültige Offenbarung von Gott durch den Engel Gabriel empfangen zu haben. Diese Botschaft wäre Johannes von Ephesus oder Gregor dem Großen nicht ganz fremd vorgekommen. Die Offenbarung wurde dringend gebraucht: Bete den *einen* Gott an, denn die letzte Stunde ist nahe.[89]

Kritische Studien zum Islam, die die Schichten späterer Jahrhunderte abgetragen haben, haben betont, dass nicht nur der Monotheismus, sondern auch die eschatologische Warnung in Mohammeds religiöser Botschaft von zentraler Bedeutung war. «Das nahende Gericht ist tatsächlich nach der Verkündung des Monotheismus das zweitwichtigste Thema des Korans.» Der Koran bezeichnet sich selbst als «eine Warnung gleich den Warnungen von einst: dass die Letzte Stunde, die so nahe ist, immer näher rückt». «Und Gott allein

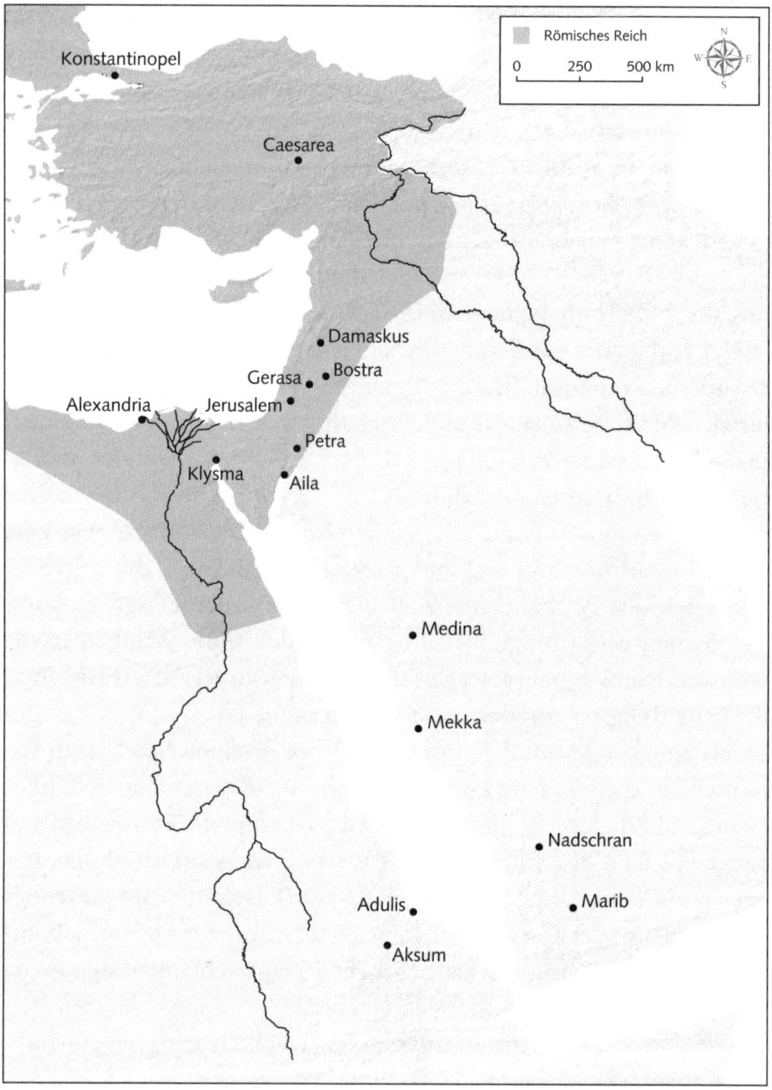

KARTE 25 Die Welt des frühen Islam

kennt die verborgene Wirklichkeit der Himmel und der Erde. Daher wird die Letzte Stunde erst in einem Augenblick oder noch näher offenbar.» Die Ursprünge des Islam liegen in einer eschatologischen

Bewegung, die ihre Offenbarung mit dem Schwert verbreiten will und verkündet, dass die letzte Stunde nahe ist. Hier kam die eschatologische Kraft des siebten Jahrhunderts am eindeutigsten zum Ausdruck. Die aufrüttelnde Botschaft war das letzte Element im «perfekten Sturm». Beinahe über Nacht war die Südostfront des Imperiums ausradiert. Tausendjährige politische Grenzen wurden mit einem Schlag und für immer neu gezogen.[90]

Die Neue Kirche in Jerusalem, wo wir dem Anwalt und Abba Zachaios begegnet sind, zeugte von der geopolitischen Ausrichtung des Heiligen Landes auf das Römische Reich. Sie erscheint ein letztes Mal in der Geschichte am Weihnachtstag 634 – als Schauplatz einer Predigt des Patriarchen Sophronius, Freund von Johannes Moschus und Biograph von Johannes dem Almosengeber. Sophronius hatte seine Freunde überlebt und war Zeuge des Falls von Jerusalem. In seinen Augen waren die Araber «die abscheulichsten Zerstörer, die uns von den Propheten geweissagt worden waren». Sie waren eine Strafe, und allein durch den Willen Gottes »reihten sie Sieg an Sieg». Und trotzdem hatte er noch Hoffnung: «Wenn wir unsere Sünden bereuen, werden wir über den Sturz unserer Feinde, der Sarazenen, bald lachen und wir werden ihr Verderben und ihren vollständigen Untergang erleben. Denn ihre blutigen Schwerter werden sich in ihre eigenen Herzen bohren, ihre Bogen werden zersplittern, ihre Pfeile werden an ihnen haften bleiben, und sie werden uns den Weg nach Bethlehem freimachen.» Doch Sophronius erhob seine Stimme für eine verlorene Sache. Die Neue Kirche verschwindet aus der Geschichte. Möglicherweise wurde das gigantische Mauerwerk, einst ein Symbol römischer Macht, abgetragen und im Felsendom verbaut – alter Stein in neuem Bauwerk.[91]

Die Eroberung der Ostprovinzen in den 630er und 640er Jahren durch eine prophetisch-eschatologische Bewegung kann vielleicht als letzter Akt des Untergangs des Römischen Reichs gelten. Mit dem Verlust der Besitzungen im Osten ging die letzte große Kraftzone des Reichs verloren. Die Mittelmeerwelt war jetzt zweigeteilt. Das Römische Reich war nur noch ein byzantinischer Rumpfstaat mit verstreuten, heruntergekommenen Besitzungen. Von nun an beanspruchte das islamische Kalifat das, was einst das vitale Kernland

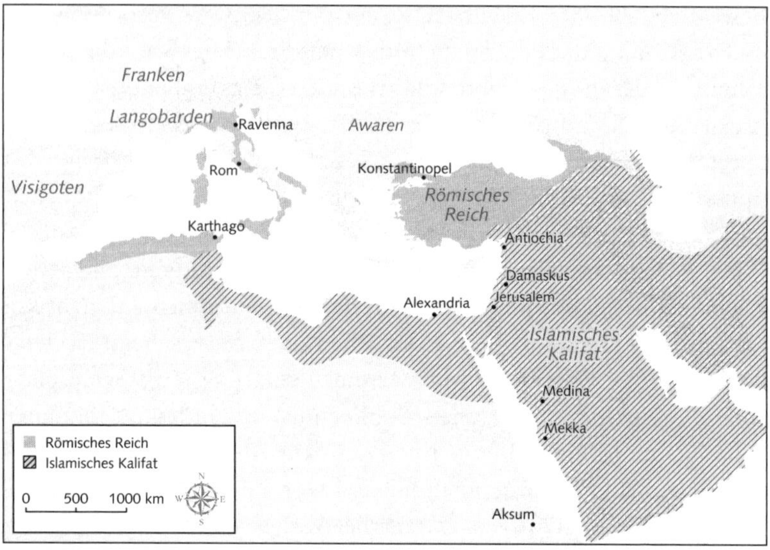

KARTE 26 Der Mittelmeerraum im Frühmittelalter

kultureller, spiritueller und wissenschaftlicher Unternehmungen gewesen war, und das blieb es auch weiterhin, als der Fruchtbare Halbmond noch einmal diesen Begriff als Zentrum und Drehscheibe der Zivilisation für sich in Anspruch nahm. Die unzusammenhängenden Gebiete des lateinischen Westens wurden zum Hinterhof Eurasiens. Ihnen war bestimmt, lange Zeit im Außenbereich der Zivilisation zu bleiben. Nie mehr sollte es ein panmediterranes Imperium geben, das die Energien der Alten Welt in einer geeinten Macht gebündelt hätte. Ein neues Zeitalter hatte begonnen.

Roms Imperium schwankte ständig zwischen Fragilität und Resilienz, und am Ende überwogen die Kräfte der Auflösung. Doch der übermächtige Einfluss, den Klima und Seuchen in dieser Geschichte ausübten, hält uns davon ab, allzu eifrig nach verborgenen Mängeln oder fatalen Entscheidungen zu suchen, die Roms Untergang besiegelten. Der Fall des Römischen Reichs war weder die unausweichliche Folge irgendeines immanenten Defekts, der sich erst im Lauf der Zeit ausgewirkt hätte, noch das Ergebnis eines Irrwegs, den klügere Schritte vermieden hätten. Nach langem Nachdenken über das

Schicksal Roms wunderte sich Edward Gibbon nicht darüber, dass das Reich untergegangen war, «sondern dass es so lange bestand». Alles, was wir inzwischen über Rom wissen, nicht zuletzt die aufregenden Entdeckungen der letzten Jahre, bestärkt und erweitert sogar diesen Eindruck. Trotz aller Widrigkeiten hielt das Reich stand, trotz unermesslichen Leids harrten seine Menschen aus. Bis schließlich der äußere Rahmen des Imperiums zusammenbrach und stolze neue Zivilisationen aus der Asche seines fruchtbaren Bodens aufstiegen.

EPILOG

TRIUMPH DER MENSCHHEIT?

Im Jahr 1798 veröffentlichte ein anglikanischer Landpfarrer anonym eine aufsehenerregende und brillante *Abhandlung über das Bevölkerungsgesetz.* In späteren Auflagen ergänzte Thomas Robert Malthus seine *Abhandlung* um ein ausführliches Kapitel über Rom und lieferte damit seinen eigenen Beitrag zu der Debatte zwischen David Hume und Robert Wallace über die «Bevölkerungsdichte Alter Völker». Diese scheinbar abseitige Diskussion hatte zunächst unbemerkt einen Wendepunkt dargestellt. Humes negative Einschätzung stieß die antiken Zivilisationen von ihrem Podest und stärkte in gewisser Hinsicht das Selbstbewusstsein und das Überlegenheitsgefühl der Moderne. In seiner *Abhandlung* stellt Malthus Rom in die lange, ununterscheidbare Reihe klassischer Zivilisationen: «In den meisten der in Betracht gezogenen Länder scheint die Bevölkerung selten genau dem durchschnittlichen und dauernden Lebensmittelvorrat angepasst gewesen zu sein, sondern meist zwischen den beiden Extremen hin und her geschwankt zu haben.» Man kann Malthus nicht nachsagen, besonders originelle oder tiefe Einsichten in die römische Geschichte gehabt zu haben, dennoch erwies sich seine *Abhandlung* als so einflussreich und auch in der Zukunft anwendbar, weil der Kern seiner Lehre grundsätzlich richtig ist: Menschliche Gesellschaften sind abhängig von ihren ökologischen Grundlagen. Bis heute ist es inspirierend, in dieser Weise über die *conditio humana* nachzudenken – und über unser Verhältnis zu einer Zivilisation, die uns so fern ist wie die der Römer.[1]

Um die Zeit, als Malthus sein Werk veröffentlichte, wurde irgendwo auf der Erde ein ganz besonderes Kind geboren. Zum ersten Mal in der Geschichte der Menschheit gab es nun eine Milliarde

Menschen. Bis dahin war es ein langer Weg. Die Verbreitung unserer Spezies ging von Afrika aus und begann mit der frappierenden Fähigkeit des Menschen, nahezu jeden Ort des Planeten zu besiedeln. Es gab erst ungefähr fünf Millionen Menschen, die auf allen bewohnbaren Kontinenten verstreut waren, als unsere erfinderischen steinzeitlichen Vorfahren die Möglichkeit der Domestizierung von Tieren entdeckten. Der Aufstieg der Landwirtschaft war eine Revolution in der Energiegewinnung, ein Weg, die Sonneneinstrahlung in verwertbare Kalorien umzuwandeln, mit einer Effizienz, die alles veränderte. Das ungeheure Potential dieser Revolution äußerte sich in einem atemberaubenden Anstieg der Zahl der Erdbewohner.[2]

Die erste Landwirtschaft treibende Zivilisation war hinsichtlich ihrer energetischen Basis gar nicht so verschieden von der Welt um 1800, wie sie Malthus kannte. In seinem Geburtsland England war das Pro-Kopf-Einkommen ein wenig, aber nicht viel höher als in der Frühzeit der Landwirtschaft. Tatsächlich lagen die Durchschnittseinkommen im England des achtzehnten Jahrhunderts weit näher am Niveau der römischen Zeit als an dem der heutigen entwickelten Welt. Es war keineswegs klar, schrieb Malthus, dass die Menschheit der Energiefalle der vorindustriellen Wirtschaft entkommen war, zumindest war dies nicht in allen Gesellschaften der Fall. Auf dem Höhepunkt der industriellen Revolution entsprachen zum Beispiel Löhne und Lebensstandard in den Kernländern der chinesischen Zivilisation ungefähr denen der meisten europäischen Gesellschaften. Im Lauf des achtzehnten und neunzehnten Jahrhunderts wuchs jedoch die chinesische Bevölkerung um ein Mehrfaches an und überforderte ihre ökologischen Möglichkeiten, was Hunger und soziale Katastrophen zur Folge hatte, genau wie es im Kern der Lehre von Malthus vorausgesagt worden war.[3]

Ironischerweise lag Malthus als Prophet im Fall seines eigenen Landes völlig falsch. Mit England an der Spitze entwickelte die Menschheit eine andere, noch weiter reichende Revolution in der Energiegewinnung. Die im Untergrund in fossiler Form erstarrte Sonnenenergie wurde erschlossen und für Maschinen nutzbar gemacht; wissenschaftliche Arbeit unterstützte die technische Anwendung. Die Verbindung von mehr Energie, mehr Nahrung, Gesundheitsreformen und (allerdings erst spät) einer Keimtheorie samt Entwicklung pharmazeutischer Antibiotika trug zu einem in der Geschichte des Lebens auf dem Planeten beispiellosen Anschwellen der Bevölkerung bei. Allein in den letzten zwei Jahrhunderten kamen weitere sechs Milliarden Menschen hinzu. Obwohl sich diese Revolution direkt vor seiner Nase abspielte, erkannte Pfarrer Malthus nicht, dass technische Innovationen die menschlichen Gesellschaften aus der Energiefalle mit ihren gefürchteten Folgen befreien würden. Die meisten der sieben Milliarden heute lebenden Menschen erfreuen sich eines materiellen Wohlstands und einer Lebenserwartung, wie sie sich die Römer nicht einmal hätten vorstellen können.

Stehen wir Bewohner der modernen Welt also jenseits eines Abgrunds, fern von den Menschen der Antike aufgrund der scheinbar unbegrenzten Energiereserven? In gewisser Hinsicht ja. Die größeren Gefahren liegen für uns eher in den schädlichen Hinterlassenschaften unserer Überflussgesellschaft als in einer Bedrohung durch Mangel. Das vorliegende Buch hat auf einige überraschende Ähnlichkeiten hingewiesen, die uns mit der Vergangenheit über den tiefen Graben der Moderne hinweg verbinden. Und wir können auch in Malthus' wesentlichem Theorem eine Anregung finden, während wir zugleich erkennen, dass unsere heutige Lage einen umfassenderen Blick erlaubt. Das Hauptthema dieses Buches war, dass der Aufstieg des Römischen Reichs eine ökonomische Effloreszenz beschleunigte – und umgekehrt unmittelbar davon abhängig war. Gibbons «glücklichstes Zeitalter» war eine dieser Phasen in der Geschichte, als Handel und Technologie die negative Auswirkung rückläufiger Erträge wettmachen konnten. Lange Zeit genossen die Römer ein reales, intensives Wachstum. Die allgemeinere Schlussfolgerung ist die, dass vorindustrielle Ökonomien sprunghaft waren und die «Schwankungen» nach Malthus' Theorie sich über sehr lange Zeiträume auswirken konnten. Die Moderne gründete auf einem einzigartigen energetischen Durchbruch, doch sie hatte Vorläufer, und Rom zählte dazu.

Wir haben auch gesehen, dass die Natur, die die «Subsistenzmittel» erzeugt, auf denen vormoderne Gesellschaften fußten, alles andere als ein statischer Hintergrund ist. In ihrem eigenen Tempo und zu ihren eigenen Bedingungen veränderte die Natur die Verhältnisse, unter denen menschliche Gesellschaften ihr Auskommen zu gewinnen suchten. Selbst im relativ ruhigen Holozän war die Sonne wie ein launischer Dimmer und regulierte die Menge an abgestrahlter Energie; außerdem erschütterten Vulkane und das erratische Erdinnere die Geschicke der menschlichen Gesellschaften. Dieses pulsierende Auf und Ab bringt ein an sich schon kompliziertes Gefüge ins Wanken. Politische Systeme und Gesellschaften beruhen auf ökonomischen und demographischen Grundlagen, und diese wachsen und schrumpfen unter dem Einfluss einer kapriziösen Natur.

Die energetischen Grenzen vorindustrieller Gesellschaften waren dehnbar und fließend. Durch diese Schwankungen werden Malthus' Gesetze eher erweitert als aufgehoben. Aber das vorliegende Buch hat den Schluss nahegelegt, dass eine andere, tiefere Logik am Werk ist, von der Malthus keinen Begriff hatte. Das malthusianische Theorem beschreibt die ökologischen Zwänge einer auf pflanzlicher Energie basierenden Wirtschaft. (Auch Fleisch ist pflanzliche, ineffizient, aber schmackhaft aufbereitete Nahrung.) Immer wenn diese Energie knapp wurde, gingen die Bevölkerungszahlen zurück infolge einer Reihe tödlicher, aber generischer und austauschbarer Katastrophen – und dazu gehörten epidemische Krankheiten. Tatsächlich war jedoch die Mortalität ein Faktor, der autonomer, weniger vorhersehbar und weit furchtbarer war, als es die strengen Gesetze der energetischen Grenzen vermuten ließen. Ein Grund dafür ist die totale Abhängigkeit epidemischer Krankheiten von der Biologie der Krankheitserreger, deren Geschäft die Regulierung menschlicher Populationen war. Nahrungsmangel kann unter Umständen einen Infektionserreger auf den Plan rufen und seine Ausbreitung begünstigen, für andere Keime ist jedoch der Ernährungszustand der Gesellschaften, die sie heimsuchen, völlig irrelevant. Schon ein flüchtiger Blick auf den Verlauf des Bevölkerungswachstums vom Beginn des Ackerbaus bis zu der ersten Milliarde zeigt, wie unberechenbar und zugleich entscheidend ein paar mikrobielle Widersacher für das Schicksal menschlicher Gesellschaften waren.[4]

Aus dieser Sicht sind die malthusianischen Gesetze letztlich zu eng gefasst. Sie lenken den Blick allein auf Menschen und Pflanzen.

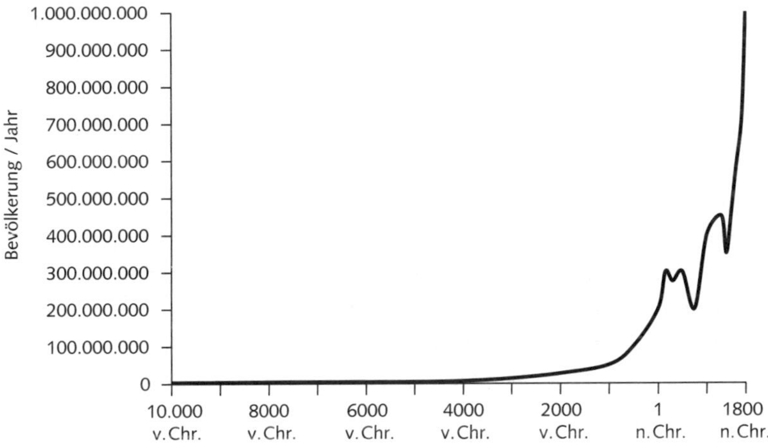

ABB. E.1 Globales Bevölkerungswachstum (geschätzt)

Doch die Mikroben sind nicht einfach eine lästige Unannehmlichkeit, eine leichte Störung im übrigen Muster. Sie gehören zu einer umfassenderen Ökologie der Erde, auf der wir Menschen mit anderen, auch unsichtbaren Spezies konkurrieren und kooperieren. Bakterien, Viren und andere Parasiten sind kein träger Teil der Maschinerie, sie sind vielmehr Akteure, die in ihrem eigenen Interesse operieren und die Gelegenheit ergreifen je nachdem, wie sie sich bietet. Aus dieser Perspektive erscheinen die Triumphe der Menschheit in einem bescheideneren und vielleicht auch ungewisseren Licht.

Die Bezeichnung «Anthropozän» für die jetzige Epoche der Erdgeschichte setzt sich immer mehr durch, da man erkannt hat, welch irreversiblen Auswirkungen die menschliche Zivilisation auf die physikalischen und biologischen Systeme des Planeten hat. Wir haben nicht nur den Klimawandel beschleunigt und unauslöschliche Signaturen unserer Existenz in Form der radioaktiven Spuren unserer Nukleartechnologie hinterlassen, sondern auch die Bedingungen der Konkurrenz und der Kooperation für nahezu alle Spezies der Erde verändert. In den Worten von John McNeill hat «das Anthropozän für sämtliche Spezies an Land und im Meer die Regeln der Evolution umgeschrieben. Biologische Fitness – definiert als Erfolg im Geschäft des Überlebens und der Vermehrung – hängt zunehmend von der Vereinbarkeit mit dem Tun der Menschen ab. Spezies, die sich problemlos an einen von Menschen dominierten Planeten angepasst haben wie zum Beispiel Tauben, Eichhörnchen, Ratten, Rinder, Ziegen, Hirse, Reis und Mais, gedeihen.» Dabei wird jedoch ein düsteres Paradox unterschlagen: Durch den Anstieg der Bevölkerungszahl wurden auch die Spielregeln für die mikrobiellen Mitbewohner des Planeten Erde neu definiert.[5]

Es gibt vielleicht insgesamt tausend Milliarden mikrobieller Arten; durchschnittlich stecken im Menschen allein etwa 40 Billionen bakterieller Zellen, und das schon seit dreieinhalb Milliarden Jahren. Es ist eine Welt der Mikroben – und wir leben mittendrin. Den meisten Bazillen dieser wundersam vielfältigen Palette sind wir gleichgültig. Es gibt nur etwa 1400 Bakterien, die im Menschen Krankheiten verursachen können. Diese haben molekulare Instrumente entwickelt – Virulenzfaktoren – und können uns trotz des Verteidigungsarsenals unseres hervorragenden Immunsystems gefährlich werden. Der Aufstieg eines Planeten voller Krankheitserreger ist wesentlich die Folge mikrobieller Evolution, die wiederum durch die explosionsartige Vermehrung der Menschen und deren gnadenlose Veränderung der Umwelt weltweit beeinflusst wurde. Die Evolution wird durch die blinde Macht zufälliger Mutation vorangetrieben, doch wir haben einen Kontext erzeugt, innerhalb dessen die Evolution herumbastelt und herumexperimentiert.[6]

Noch stehen wir erst am Beginn eines neuen Verständnisses und versuchen, Ordnung in die verwirrenden neuen Daten zu bringen, die sich immer schneller ansammeln. Dass die Geschichte der schlimmsten Krankheitserreger gar nicht weit zurückreicht, wird immer mehr von Labors auf der ganzen Welt bestätigt. Künftige Fortschritte in der mikrobiellen Genomforschung werden wahrscheinlich feststellen, dass die Evolution in den letzten paar Jahrtausenden dramatisch verlief – und bis heute andauert. Inzwischen beschäftigt man sich zunehmend mit «neuen Infektionskrankheiten», weil man erkannt hat, dass die kreative Zerstörungskraft der Evolution andauert – und sich möglicherweise sogar beschleunigt. Doch bisher reichen die meisten Listen neu aufgekommener Infektionskrankheiten allenfalls ein Jahrhundert zurück. Die letzten paar Jahrtausende waren die Bühne für ein neues Zeitalter turbulenten evolutionären Geschehens unter pathogenen Mikroben, und das Römische Reich wurde vom Strudel dieser Beschleunigung erfasst.

Die Menschen der Antike verehrten die furchtbare Macht der Göttin Fortuna, im Bewusstsein, dass die Mächte der Geschichte offenbar eine unbeständige Mischung aus Struktur und Zufall, Naturgesetzen und purem Glück sind. Die Römer lebten in einem schicksalhaften Augenblick der Menschheitsgeschichte, und ihre Zivilisation war – wovon sie selbst keine Ahnung hatten – Opfer sowohl des eigenen Erfolgs als auch der Laune der Umwelt. Unsere Faszination für die Römer rührt zumindest teilweise daher, dass wir wissen, dass sie ahnungslos an der Schwelle zu einem unerwarteten Wandel standen. Die lange, mit der Natur eng verbundene Geschichte der Menschheit ist voller Paradoxa, Überraschungen und blindem Zufall. Deshalb kommt es auf den jeweiligen Einzelfall innerhalb der Geschichte an. Die Natur ist, genau wie die Menschheit, einfallsreich, jedoch immer in den Grenzen, die die Rahmenbedingungen der Vergangenheit setzen. Unsere Geschichte und die des Planeten sind untrennbar miteinander verknüpft.

Wahrscheinlich bewegt es uns in mancherlei Hinsicht, dass die Umwelt bei der Entstehung und beim Untergang einer der bedeutendsten Zivilisationen der Geschichte einen so großen Anteil hatte. Rom ist fast zwangsläufig ein Spiegel und ein Maßstab. Doch wir sollten den Fall Rom nicht als Musterbeispiel für eine tote Zivilisation betrachten, vielmehr ist die römische Erfahrung wichtig als Bestandteil einer fortschreitenden Geschichte. Das Zusammentreffen Roms mit der Natur war keineswegs der letzte Akt einer unwiderruflich verlorengegangenen alten Welt, sondern vielleicht der Auftakt zu einem neuen Drama, das sich immer noch um uns herum entfaltet. Eine schon frühzeitig globale Welt, in der die Rache der Natur spürbar zu werden beginnt, auch wenn man immer noch glaubt, die Kontrolle zu besitzen… das kommt einem vielleicht gar nicht so fremd vor. Das Primat der Umwelt im Schicksal dieser Zivilisation bringt uns die Römer näher – uns, die wir, dicht aneinandergedrängt, gemeinsam das antike Schauspiel bewundern und keine Ahnung haben, was uns das nächste Kapitel bringen wird.

DANKSAGUNG

Ich bin zahlreichen Menschen zu Dank verpflichtet, und die Dankbarkeit, die ich gegenüber Kollegen, Institutionen, Freunden und Familie empfinde, deren Unterstützung es mir ermöglichte, dieses Buch zu schreiben, ist größer, als ich auszudrücken vermag. Das Projekt wurde von Beginn an von der Guggenheim Foundation großzügig unterstützt. In den vergangenen Jahren hatte ich Gelegenheit, verschiedene Aspekte des Themas mit einem aufmerksamen Publikum an den Universitäten von Berkeley, Columbia, Yale, Princeton, Indiana und der University of Oklahoma History of Science Colloquium and President's Associates, in Stanford (wo ich das Glück hatte, kurze Zeit als Gastdozent zu verbringen) und häufig in Harvard zu diskutieren.

Zu Dank verpflichtet bin ich einigen Kollegen, die mir ihre Daten zur Verfügung gestellt haben, besonders Rebecca Gowland und Kristina Killgrove, die nicht nur außergewöhnliche Wissenschaftlerinnen, sondern auch Vorbilder an Großzügigkeit und Offenheit sind. Danken möchte ich auch den vielen Kollegen, die mir ihre im Entstehen begriffenen Arbeiten zur Verfügung stellten oder freundlicherweise mein eigenes Projekt mit mir diskutierten, u. a. Cam Grey, Colin Elliott, Gilles Bransbourg, Laetitia Ciccolini, Clifford Ando, Peter Temin, Joseph Bryant, Adam Izdebski, Brent Shaw, Marcel Keller, Henry Gruber und John Mulhall. Mein Dank geht an Maja Kiminko, die mir half, ein Bild aufzuspüren; an Jack Tannous, der mir fabelhafte, wenig bekannte Hinweise zur Pest gab; an Joseph Hinnebusch für seine Auskünfte über Flöhe; an Hendrick Poinar und Ana Duggan für ihre hilfreichen Gespräche über die Pocken.

Die University of Oklahoma unter der Präsidentschaft von David

Boren ist ein außergewöhnlicher Ort. Dort erhielt ich viele Jahre lang einmalige Chancen, und ich bin für die beständige Unterstützung durch meine Freunde, Lehrer und Kollegen zutiefst dankbar. Ich hatte das Glück, bei diesem Buch fähige wissenschaftliche Mitarbeiter wie Skyler Anderson und Steven Thorn an meiner Seite zu haben. Todd Fagin ist ein talentierter Kartograph, er zeichnet für alle Karten im Buch verantwortlich. Das engagierte Team der Universitätsbibliotheken verdient eine besondere Erwähnung. Kerry Magruder und JoAnn Palmeri haben mich fachkundig beraten. Die mit der Fernleihe betrauten Teams waren hilfsbereit und unendlich geduldig. Das Department of Classics and Letters ist mir seit vielen Jahren eine wunderbare und bereichernde Heimat, und ich stehe auch in der Schuld des hervorragenden Teams, mit dem in der Universitätsverwaltung zu arbeiten ich die Ehre habe. Kollegen vieler Fakultäten, unter anderem der Meteorologie, Anthropologie, Biologie und Geschichte, waren so freundlich, meine hartnäckigen Fragen zu beantworten, und ich habe viel von ihnen gelernt. Ich danke allen meinen Kollegen, Freunden und Studenten. Dank an Bill, David, Luis, Scott und Andrew, danke für alles. Kurzum: Dieses Buch verdankt sich von A bis Z der University of Oklahoma.

Ich hatte das Privileg, mit der Princeton University Press zu arbeiten. Jay Boggis erwies sich als genialer Redakteur. Matt Rohal und Karen Carter waren stets freundlich und hilfsbereit. Mein Lektor Rob Tempio hat dieses Buch von Beginn an bis zur Veröffentlichung begleitet; seinem fachlichen Urteil verdanken sich so manche Korrekturen, kleine und ganz große, die dieses Buch enorm verbessert haben.

Ich hatte das Glück, in Walter Scheidel, John McNeill und William Harris drei großzügige, sachkundige Gutachter zu haben, deren umfassender und unvoreingenommener Rat mir zahlreiche Fehler erspart und die ganze Argumentation stringenter gemacht hat. Ich danke Ann Carmichael für die Durchsicht von Teilen des Manuskripts und für die nützlichen Gespräche, die ich mit ihr über die Geschichte der Seuchen geführt habe. Auch Michelle Ziegler las mein Kapitel über die Seuche und gab mir wertvolle Hinweise. Daniel Sargent las den Text durch und gab mir einige außerordentlich hilfreiche Ratschläge. Dankbar bin ich auch Chris May für die höchst sorgfältige und verständnisvolle Durchsicht des gesamten Manuskripts; seine medizinische Erfahrung schärfte mein Denken und meine Sprache. Auch Scott Johnson ist ein großartiger Freund und guter Kollege, der fast jede Textseite kommentierte. Ich danke ihnen allen.

Mein großes Glück war, in meinem ganzen Leben außergewöhnliche Lehrer gehabt zu haben, von der Edmond Public School an bis zur OU und der Harvard University. Ich hoffe, mit diesem Buch kann ich ein wenig meinen Dank für den Einfluss, den sie auf mich hatten, und den Ansporn, den sie mir gaben, abstatten. Der leider verstorbene J. Rufus Fears machte mich in einem Undergraduate-Kurs mit dem «Fall des Römischen Reichs» bekannt, und oft dachte ich während der Abfassung des Buchs an ihn. Mein akademischer Mentor Christopher Jones lehrte mich, dass es immer noch viel über die Römer zu forschen gibt; sein Vorbild als Wissenschaftler und seine unverbrüchliche Freundschaft haben mich über die Jahre hinweg begleitet. Dieses Buch trägt unverkennbar den Stempel von Michael McCormick. Dank seines Engagements und seiner Kreativität hatte ich als Doktorand die phantastische Gelegenheit, die Naturwissenschaften für die Erforschung der Vergangenheit nutzbar zu machen. Mikes Unterstützung im Lauf der Jahre war einfach unschätzbar. Die *Initiative for the Science of the Human Past* ist ein Vorbild für innovative Forschung an der Schnittstelle von Natur- und Geisteswissenschaften, und ich danke Mike, mich auf vielfache Weise in diese Arbeit einbezogen zu haben. Ohne ihn wäre dieses Buch nicht entstanden.

Schließlich danke ich meiner Mutter und meiner ganzen Familie, euch allen für eure Liebe, Opferbereitschaft und Unterstützung. Michelle, du bist meine treue Partnerin und geliebte Gefährtin bei allem, was ich tue, und dieses Buch ist unser Buch. Sylvie, August und Blaise – ihr seid meine besten Freunde, und dieses Buch ist für euch.

ANHANG

ANHANG A: OBERSCHENKELKNOCHENLÄNGEN

Daten historischer Bevölkerungsgruppen in Italien

Fundort	*Referenz*	*Anzahl Proben (m)*	*Anzahl Proben (w)*	*Datierung*	*Oberschenkelknochen (m) in mm*	*Oberschenkelknochen (w) in mm*	*Befunde/ Rekonstruktionen*
Spina	Marcozzi und Cesare 1969	6		1000–600 v. Chr.	448.8		Rekonstr.
Atestino (Padova) = Este	Corrain 1971	5	1	9.–6. Jh. v. Chr.	469.1	391.0	Rekonstr.
Osteria dell'Osa	Becker 1992	47		900–650 v. Chr.	449.1		Rekonstr.
Campovalano Abruzzo	Coppa et al. 1987	6	6	10. Jh.–4. Jh. v. Chr.	456.5	424.3	Befund
Monte Casasia (Sizillien)	Facchini und Brasili Gualandi 1980	19	11	7.–6. Jh. v. Chr.	443.1	414.5	Befund

Castiglione	Facchini und Brasili Gualandi 1977–9a	7	8	7.–6. Jh. v. Chr.	434.4	409.0	Befund
Salapia	Corrain, Capitanio, und Erspamer 1972	9	8	9.–3. Jh. v. Chr.	436.8	412.1	Befund
Sirolo (Numana, Marche)	Corrain und Capitanio 1969	7	1	8.–4. Jh. v. Chr.	450.1	413.0	Befund
Camerano I	Corrain, Capitanio, und Erspamer 1977	27	7	6.–5. Jh. v. Chr.	454.3	417.5	Befund
Selvaccia	Pardini und Manucci 1981	9	5	6.–5. Jh. v. Chr.	455.9	408.3	Rekonstr.
S. Martino in Gattara Ravenna	Facchini 1968	2	1	5. Jh. v. Chr.	465.0		Befund
Pontecagnano	Pardini et al. 1982	145	84	5.–4. Jh. v. Chr.	452.0	416.6	Rekonstr.
Certoso di Bologna	Facchini und Evangelisti 1975	4	4	5.–4. Jh. v. Chr.	431.0	403.0	Rekonstr.
Pantanello / Metaponto	Carter 1998	20	40	515–275 v. Chr.	427.3	410.5	Befund

Rutigliano (Bari)	Scattarella und De Lucia 1982	16	13	6.–4. Jh. v. Chr.	438.0	416.0	Befund
Satricum (S Lazio)	Becker 1999	6	4	5.–3. Jh. v. Chr.	474.0	411.0	Befund
Tarquinia	Mallegni, Fornaciari, und Tarabella 1979	5	5	6. Jh.–2. Jh. v. Chr.	455.5	417.3	Rekonstr.
Camerano II	Corrain, Capitanio, und Erspamer 1977	30	14	4.–3. Jh. v. Chr.	450.3	410.3	Befund
Tarquinia	Becker 1993	13	11	4.–3. Jh. v. Chr.	455.9	420.0	Rekonstr.
Dos dell'Arca (Valcamonica)	Corrain und Capitanio 1967	3	4	5.–2. Jh. v. Chr.	453.7	431.4	Rekonstr.
Monte Bibele (Bologna)	Gruppioni 1980, Brasili Gualandi 1989	10	4	4.–2. Jh. v. Chr.	445.3	417.5	Rekonstr.
Castellaccio Europarco (republikanisch)	Killgrove 2010a	6	4	4.–1. Jh. v. Chr.	431.0	393.0	Befund
Valeggio (sul Mincio, Verona)	Capitanio 1986–7	12	6	1. Jh. v. Chr.–1. Jh. n. Chr.	422.0	415.0	Rekonstr.

Collelongo (Aquila)	Borgognini Tarli und La Gioia 1977	14	10	1. Jh. v. Chr.–1. Jh. n. Chr.	422.0	407.0	Rekonstr.
Pompeii	Lazer 2009	148	?	79	440.0	407.5	Befund
Pompeii	Henneberg und Henneberg 2002	?	?	79	444.7	408.0	Rekonstr.
Pompeii	Gowland und Garnsey 2010	?	?	79	433.2	407.5	Rekonstr.
Herculaneum	Capasso 2001	?	?	79	423.6	395.1	Rekonstr.
Via Collatina	Buccellato et al. 2008	?	?	70–200	452.1	412.6	Rekonstr.
Le Palazzette (Ravenna)	Facchini und Brasili Gualandi 1977–9b	12	11	1.–3. Jh. n. Chr.	448.7	410.6	Rekonstr.
Potenzia	Capitanio 1974	9	6	1.–3. Jh. n. Chr.	443.2	425.0	Befund
Via Basiliano	Buccellato et al. 2003	?	?	70–240 n. Chr.	452.1	416.2	Rekonstr.
Urbino	Corrain, Capitanio, und Erspamer 1982	29	12	1. –3. Jh. n. Chr.	450.2	396.0	Befund
Casal Bertone	Killgrove 2010a	20	7	1.–3. Jh. n. Chr.	439.0	410.6	Befund

Castellaccio Europarco (kaiserzeitlich)	Killgrove 2010a	19	6	1.–3. Jh. n. Chr.	443.5	383.3	Befund
Tomba Barberini	Catalano et al. 2001a, 2001b	12	7		445.3	405.7	Rekonstr.
Quadraro	Catalano et al. 2001a, 2001b	9	7		448.3	413	Rekonstr.
Serenissima	Catalano et al. 2001a, 2001b	9	7		445.3	403.2	Rekonstr.
Vallerano	Catalano et al. 2001a, 2001b; Cucina et al. 2006	8	3		452.5	421.5	Rekonstr.
Casal Ferranti/ Osteria Curato	Catalano 2001a, 2001b	7	2		447	417.4	Rekonstr.
Fano	Corrain, Capitanio, und Erspamer 1982	7	5	2.–3. Jh. n. Chr.	451.7	401.7	Befund
Bagnacavallo (Ravenna)	Facchini und Stella Guerra 1969	6	3	2.–3. Jh. n. Chr.	434.0	401.0	Rekonstr.
S. Vittorino	Catalano 2001a, 2001b	4	3		456.5	414.2	Rekonstr.

Velia	Gowland und Garnsey 2010				443.5	407.2	Befund
Isola Sacra	Gowland und Garnsey 2010			1.–3. Jh. n. Chr.	437.4	409.0	Befund
Basiliano	Gowland und Garnsey 2010				449.1	404.2	Befund
Serenissima	Gowland und Garnsey 2010				437.7	395.2	Befund
Lucrezia Romana	Gowland und Garnsey 2010				451.0	410.0	Befund
Potenzia	Corrain, Capitanio, und Erspamer 1982	13	8	2.–4. Jh. n. Chr.	441.4	418.6	Befund
La Marabina (Classe, Ravenna)	Martuzzi Veronesi und Malacarne 1968	4		2.–4. Jh. n. Chr.	422.5		Befund
Mont-Blanc Aosta fase 2 (VAO)	Corrain, Capitanio, und Erspamer 1986; Corrain und Capitanio 1988	46		2.–4. Jh. n. Chr.	438.0		Rekonstr.

Castellecchio di Reno (BO)	Belcastro und Giusberti 1997	21	11	2.–4. Jh. n. Chr.	457.0	419.3	Rekonstr.
Civitanova Marche (MAR)	Corrain, Capitanio, und Erspamer 1982; Erspamer 1985	23	23	4. Jh. n. Chr.	451.2	406.3	Befund
Vadena (Laimburg) Bozen	Capitanio 1981	6		350–410 n. Chr.	–	439.0	Rekonstr.
Mont-Blanc Aosta fase 2 (VAO)	Corrain, Capitanio, und Erspamer 1986; Corrain und Capitanio 1988	39		4.–5. Jh. n. Chr.	438.8		Rekonstr.
Agrigento	Carra 1995	7	7	insbesonders 350–450	444.1	400.6	Rekonstr.
Chieri (PIE)	Mallegni et al. 1998	15	8	5.–6. Jh. n. Chr.	428.1	414.2	Rekonstr.
Dossello di Offanengo (Cremona)	Capitanio 1985	4		5.–8 Jh. n. Chr.	474.0		Befund
Centallo (PIE)	Mallegni et al. 1998	36	13	6.–7. Jh. n. Chr.	414.7	400.0	Rekonstr.

Mola di Monte Gelato	Conheeney 1997	3	8	Frühmittelalter	447.3	418.2	Befund
Mont-Blanc Aosta fase 2 (VAO)	Corrain, Capitanio, und Erspamer 1986; Corrain und Capitanio 1988	27		6.–7. Jh. n. Chr.	441.5		Rekonstr.
Rivoli (PIE)	Mallegni et al. 1998	7	2	6.–8. Jh. n. Chr.	421.8	391.1	Rekonstr.
Mont-Blanc Aosta fase 2 (VAO)	Corrain, Capitanio, und Erspamer 1986; Corrain und Capitanio 1988	47		7.–8. Jh. n. Chr.	442.5		Rekonstr.
Acqui (PIE)	Mallegni et al. 1998	15	8	7.–11. Jh. n. Chr.	418.4	386.2	Rekonstr.
Atesino	Corrain 1971	5	1	1000–300 v. Chr.	469.1	391.0	Befund
Fermo	Corrain und Capitanio 1972	4	5	9.–6. Jh. v. Chr.	455.2	426.4	Befund
Monte Saraceno (Mattinata, Gargano)	Corrain und Nalin 1965	5	3	7.–6. Jh. v. Chr.	434.6	402.7	Befund

ANHANG B: AUSBRÜCHE WÄHREND DER ERSTEN PANDEMIE (558–749 nach Chr.)

In dieser Liste der Ausbrüche ist zu Beginn jedes Eintrags vermerkt, wenn ein Zusammenhang mit einem vorhergehenden Eintrag wahrscheinlich ist.

1

JAHR: 558
BETROFFENE REGIONEN: Konstantinopel
ANMERKUNGEN: Agathias liefert eine gute Schilderung der Symptome der Beulenpest und der Pestsepsis. Laut Agapios sind auch die umliegenden Länder betroffen.
QUELLEN:
Agathias, *Hist.* 50.10
Johannes Malalas, *Weltchronik* 18.127 (489)
Theophanes, *Chron.* AM 6050
Agapios, *Kitab al'Unwan*
Vgl. auch Stathakopoulos Nr. 134

2 MÖGLICHE AUSWEITUNG VON NR. 1

JAHR: 561/62
BETROFFENE REGIONEN: Kilikien, Syrien, Mesopotamien, Persien
ANMERKUNGEN: Laut Theophanes kam es 561 zu einem Massensterben (nicht als Beulenpest nachweisbar) in Kilikien und Anazarbos (im Gegensatz zu Stathakopoulos und Conrad glaube ich nicht, dass auch Antiochia betroffen war). Aber Stathakopoulos liefert überzeugende Gründe dafür, dass der in der *Vita* von Simeon dem Jüngeren in Kap. 126–129 geschilderte Ausbruch in Antiochia in die Zeit um 561 gehört. Eine von einem mesopotamischen Priester namens Thomas verfasste syrische Chronik be-

schreibt eine im April 562 vermutlich in Westsyrien ausgebrochene Pest. Dieser Ausbruch ist höchstwahrscheinlich identisch mit der Beulenpest in Syrien und dem Sassanidenreich während der Amtszeit von Joseph als *katholikos*, dessen Andenken durch seine Verbindung mit diesem Ausbruch beeinträchtigt wurde. Dieser müsste auch der zweite (von vier) Ausbrüchen sein, den Evagrius erwähnt, ich stimme aber mit Stathakopoulos darin überein, dass Evagrius keinen Grund angibt, weshalb man ihn auf das Jahr 558 datieren müsste. Das spricht dafür, dass eine zweite Welle der Beulenpest, ausgehend von Kilikien, sich in den Jahren 561/62 im Osten ausbreitete. Möglicherweise steht dieser Ausbruch in Zusammenhang mit dem Wiederaufflammen der Pest drei Jahre zuvor in Konstantinopel, oder er könnte seinen Ursprung in einem Herd in Ostanatolien gehabt haben.

QUELLEN:

Theophanes, *Chron.* AM 6053
Vita Simeon Stylites der Jüngere, 126–129
Chron. ad a. 640
Barhadbsabba, PO 4, S. 388–389.
Chron. Seert, PO 7, S. 185–186
Amr ibn Matta, hrsg. v. Gismondi, S. 42–43
Vgl. auch Stathakopoulos Nr. 136

——— 3

JAHR: zwischen 565 und 571
BETROFFENE REGIONEN: Ligurien, Norditalien
ANMERKUNGEN: Im vielleicht anschaulichsten Pestbericht aus dem Westen beschreibt Paulus Diaconus einen Ausbruch, der in Ligurien begann und sich mit verheerenden Auswirkungen nach Norden ausbreitete, an den Grenzen der Bajuwaren und Alamannen Halt machte und nur die Römer befiel. Hinweise auf die zeitliche Einordnung: Der Ausbruch ereignete sich gegen Ende der Operationen von Narses in Italien und in den ersten Jahren der Regierung Justins II. Es ist daher naheliegend, die Ausbreitung der Seuche auf die Jahre 570/71 zu datieren (so auch Stahakopoulos) und sie mit Ausbruch 4 in Verbindung zu bringen.

QUELLEN:

Paulus Diaconus, *Hist. Langobardorum* 2.4
Vgl. auch Stathakopoulos Nr. 139

4 MÖGLICHE AUSWEITUNG VON NR. 3

JAHR: 571
BETROFFENE REGIONEN: Italien, Gallien
ANMERKUNGEN: Marius von Avenches berichtet von einer Seuche, der viele Menschen in Italien und Gallien erlagen. Anders als beim ersten Mal erreichte die Pest Gregors Geburtsort Clermont in der Auvergne. Sie traf zudem Lyon, Bourges, Chalon-sur-Saône und Dijon. Es ist daher naheliegend, sie mit Nr. 3 als eine Ausweitung der Pestwelle zu sehen, die an der italischen Riviera ankommt, über das Landesinnere ins südliche Gallien gelangt und sich über die Rhône nach Norden weiter verbreitet.
QUELLEN:
Marius von Avenches, an. 571
Gregor von Tours, *Lib. hist.* 4.31–32
Vgl. auch Stathakopoulos Nr. 144

5

JAHR: 573/74
BETROFFENE REGIONEN: Konstantinopel, Ägypten, der Osten
ANMERKUNGEN: Erneut wütet die Pest in Konstantinopel, wie der Augenzeuge Johannes von Biclaro berichtet; Michael der Syrer spricht von täglich 3000 Toten in der Hauptstadt. Alle Quellen berichten übereinstimmend, dass die Seuche in der Stadt verheerend war. Laut Johannes von Nikiu aus Ägypten betraf sie «alle Orte». Agapios und Michael der Syrer bestätigen dies. Vermutlich handelt es sich um den dritten von vier Ausbrüchen, die Evagrius aufführt.
QUELLEN:
Johannes von Biclaro, an. 573 (MGH AA 11, S. 213)
Agapios, *Kitab al-'Unwan*
Johannes von Nikiu, 94.18
Chron. ad an 846
Michael der Syrer, 10.8 (346)
Vgl auch Stathakopoulos Nr. 145

——— 6

JAHR: 582/84
Betroffene Region: Südwestgallien
ANMERKUNGEN: Gregor hatte gehört, dass im Jahr 582 die Beulenpest in Narbonne wütete. 584 berichtete er erneut von einer Seuche an unterschiedlichen Orten, vor allem aber in Narbonne, dessen Bewohner im dritten Jahr nach dem ersten Auftauchen der Krankheit zurückkehrten; im Glauben, sie seien jetzt sicher, starben sie. Auch Albi hatte unter der Seuche zu leiden. Narbonne ist eine Küstenstadt, was wiederum dafür spricht, dass die Seuche vom Meer her eingeschleppt wurde und sich im Inland verbreitete; wenn also Gregors Bericht vollständig ist, war die Ausbreitung auf einzelne Orte begrenzt.
QUELLEN: Gregor von Tours, *Lib. hist.* 6.14 und 6.33

——— 7

JAHR: 586
Betroffene Region: Konstantinopel
ANMERKUNGEN: Es liegen keine detaillierten Informationen darüber vor, ob es sich hier um die Beulenpest handelte; Agapios gibt jedenfalls eine Opferzahl von 400 000 in der Hauptstadt im vierten Jahr der Regierung des Kaisers Mauricius an. Diese Zahl bedeutet zwar nichts anderes als «sehr viele Menschen», doch da man früher von Pest-«Wellen» ausging, hat man wahrscheinlich die Möglichkeit unterschätzt, dass es sich um eine Ausweitung der Pest über Konstantinopel hinaus handelte; dies bleibt jedoch eine Vermutung.
QUELLEN: Agapios, *Kitab al-'Unwan*

——— 8

JAHR: 588
Betroffene Region: Gallien
ANMERKUNGEN: Gregor liefert einen äußerst anschaulichen und epidemiologisch plausiblen Bericht über eine Ausweitung der Pest, die ihren Ausgang nahm, als ein Schiff aus Spanien in Marseille anlegte. Eine Familie starb nahezu sofort, nach einer kurzen Atempause wütete die Pest zwei Monate lang in der Stadt. Nach einer erneuten Pause kam es zu weiteren Ausbrüchen, was mit der nachlassenden Sommerhitze zu tun haben könnte.

Außerdem zog die Pest bald rhôneaufwärts bis zu einem Dorf außerhalb von Lyon.

QUELLEN:

Gregor von Tours, *Lib. hist.* 9.21–22

——— 9

JAHR: 590/91

BETROFFENE REGIONEN: Rom, Narni, Rhônetal

ANMERKUNGEN: Nach einer schweren Überflutung wurde Rom von einem massiven Pestausbruch heimgesucht. Papst Pelagius II. erlag der Krankheit, und Gregor wurde sein Nachfolger. Gregor berichtet außerdem von einem Ausbruch in Avignon und Viviers und betont erneut die Rolle der Flussschifffahrt bei der Einschleppung der Beulenpest nach Gallien. In *Ep.* 2.2. bezieht er sich auf eine Epidemie im Jahr 591 in Narni, was auf eine Ausbreitung in Italien hindeutet.

QUELLEN:

Gregor von Tours, *Lib. hist.* 10.1 und 10.23
Gregor der Große, *Dial.* 4.18, 4.26, 4.37; *Ep.* 2.2
Paulus Diaconus, *Hist. Langobardorum* 3.24
Liber pontificalis 65
Vgl. auch Stathakopoulos Nr. 151

——— 10 MÖGLICHERWEISE IM ZUSAMMENHANG MIT NR. 9

JAHR: 591

BETROFFENE REGIONEN: Ravenna, Grado, Istrien

ANMERKUNGEN: Paulus Diaconus meldet einen Pestausbruch an drei verschiedenen Stellen an der Adria.

QUELLEN:

Paulus Diaconus, *Hist. Langobardorum* 4.4
Vgl. auch Stathakopoulos Nr. 154

11

JAHR: 592
BETROFFENE REGIONEN: Syrien, Palästina
ANMERKUNGEN: Der vierte Pestausbruch trifft Antiochia, dabei sterben Evagrius' Tochter und sein Enkelsohn. Die Grabinschrift aus Feinan vermerkt, dass ein Drittel der Welt starb. Dieser Ausbruch ist wahrscheinlich der von dem Dichter Hassan ibn Thabit beschriebene, was jedoch nicht gesichert ist.
QUELLEN:
Evagrius, *Hist. eccl.* 4.29
Inscriptions from Palestine Tertia Ib, Nr. 68–70
Hassan ibn Thabit (Conrad 1984)
Vgl. auch Stathakopoulos Nr.155

12

JAHR: 597
BETROFFENE REGIONEN: Thessalonike und Umgebung
ANMERKUNGEN: Der Autor der *Miracula Sancti Demetrii* gibt an, dass Gott die Plage nicht nur in die Stadt, sondern in das ganze Umland gesandt und ein Massensterben verursacht habe. Die Awaren erfuhren von der Entvölkerung und griffen die Stadt an. Stathakopoulos führt überzeugende Argumente dafür an, diesen Ausbruch auf das Jahr 597 zu datieren.
QUELLEN:
Mir. Sancti Dem. 3 und 14
Vgl. auch Stathakopoulos Nr. 156

13 MÖGLICHERWEISE IM ZUSAMMENHANG STEHEND MIT NR. 12

JAHR: 598
Betroffene Region: Thrakien
ANMERKUNGEN: Die eindringenden Awaren wurden von der Pest heimgesucht, und ihr Anführer verlor angeblich sieben Söhne an einem einzigen Tag.
QUELLEN:
Theopyhlaktos Simokates, 7.15.2
Vgl. auch Stathakopoulos Nr. 159

14 MÖGLICHERWEISE IM ZUSAMMENHANG STEHEND MIT NR. 12 UND NR. 13

JAHR: 599–600
BETROFFENE REGIONEN: Konstantinopel, Kleinasien, Syrien, Nordafrika, Italien
ANMERKUNGEN: Michaels Chronik berichtet von unerhörten Sterbeziffern in Konstantinopel (3 180 000) und behauptet, dass die Seuche Bithynien und ganz «Asien» überrollte. Die *Chronik von 1234* berichtet von 380 000 Opfern in Konstantinopel. In *Ep.* 9.232 beschreibt Gregor ein verheerendes Massensterben in Rom, in anderen Städten der Region, in Afrika und im Nahen Osten. Den Ursprung der Krankheit verlegt er ausdrücklich in den Osten, aus dem noch schlimmere Nachrichten kamen. Ohne genauere Jahresangabe vermeldet Paulus einen weiteren Ausbruch in Ravenna und danach in Verona. Elias und Thomas bestätigen einen Ausbruch in Syrien.
QUELLEN:
Michael der Syrer, 10.23 (387)
Chronicon ad an. 1234
Gregor der Große, *Ep.* 9.232, 10.20
Paulus Diaconus, *Hist. Langobardorum* 4.14
Elias von Nisibis, an. 911
Thomas von Marga, *Buch der Statthalter* 11
Vgl. auch Stathakopoulos Nr. 160

15

JAHR: 609
Betroffene Region: Spanien
ANMERKUNGEN: Eine lateinische Inschrift aus Córdoba erwähnt ein Opfer der Beulenpest, von der ansonsten nichts bekannt ist.
QUELLEN:
CIL II 7.677

——— 16

JAHR: 610
Betroffene Region: China
QUELLEN: siehe Twichett 1979

——— 17

JAHR: 610–41
Betroffene Region: Konstantinopel
ANMERKUNGEN: Eine tödliche Seuche grassierte unter Kaiser Heraclius in der Hauptstadt. Andere Ausbrüche sind nicht bekannt. Stathakopoulos bringt diesen Fall in Zusammenhang mit einer Pestilenz, die von Johannes dem Almosengeber in Alexandria erwähnt wird.
QUELLEN:
Mirac. sanct. Artemii 34
Vgl. auch Stathakopoulos Nr. 173

——— 18

JAHR: 626–28
BETROFFENE REGIONEN: Palästina, Mesopotamien
ANMERKUNGEN: Michael der Syrer verzeichnet eine akute Pest in Palästina. Eutychius verlegt sie auch in das Reich der Perser, ebenso wie al-Tabari und zahlreiche andere arabische Quellen. Al-Tabari gibt an, die meisten Perser seien gestorben.
QUELLEN:
Michael der Syrer, 11.3 (409)
Eutychius, *Annales*
Al-Tabari 1061
Arabische Quellen bei Conrad, S. 159 ff.
Vgl. auch Stathakopoulos Nr. 177, 178

——— 19

JAHR: 627–28
Betroffene Region: Hami (Xinjiang)
ANMERKUNGEN: Ob diese in China dokumentierte, unter den Türken grassierende Seuche die Beulenpest war, ist nicht gesichert.
QUELLEN:
S. Julien 1864, «Documents historiques sur les Tou-kioue (Turcs), extraits du Pien-i-Tien, et traduits du chinois«, *Journal asiatique* 6, S. 325 ff.

——— 20

JAHR: 638/39
BETROFFENE REGIONEN: Palästina, Syrien, Mesopotamien
ANMERKUNGEN: Als Plage von 'Amwas wird diese Seuche vielfach in der arabischen Überlieferung erwähnt.
QUELLEN:
Michael der Syrer, 11.8 (423)
Elias von Nisibis (AH 18)
Chronik von 1234, 76 (AH 18)
Arabische Quellen bei Conrad, S. 167 ff.
Vgl. auch Stathakopoulos Nr. 180

——— 21

JAHR: 664–66
BETROFFENE REGIONEN: England und Irland
ANMERKUNGEN: Beda beschreibt eine Seuche, die von Südengland ausging und sich über die ganze Insel und Irland ausbreitete. Adamnan erklärt dies als den ersten der beiden Ausbrüche von globalem Ausmaß. Die Beschreibung der Beulen und die große Ausbreitung der Seuche sprechen wahrscheinlich für die Beulenpest.
QUELLEN:
Adamnan, *Vita Columbae* 47
Beda, *Hist. eccl.* 3.23, 27, 30; 4.4, 7, 8
Beda, *Vit. Cuthb.* 8
Vgl. auch Maddicott 2007

——— 22

JAHR: 670/71
Betroffene Region: Kufa (Mesopotamien)
ANMERKUNGEN: Ein Pestausbruch in Kufa, der sonst nirgends erwähnt wird.
QUELLEN:
Arabische Quellen bei Conrad, S. 250–53
Vgl. auch Stathakopoulos Nr. 185

——— 23

JAHR: 672/73
BETROFFENE REGIONEN: Ägypten, Palästina, Mesopotamien
ANMERKUNGEN: Theophanes verzeichnet Todesfälle in Ägypten (in seinem lakonischen Bericht nicht als Beulenpest gekennzeichnet). Agapios erwähnt eine Beulenpest in Ägypten und Palästina. Für Mesopotamien ist sie ausdrücklich für Kufa und al-Nadschaf bezeugt.
QUELLEN:
Theophanes, *Chron.* AM 6164
Agapios, *Kitab al'Unwan*
Arabische Quellen bei Conrad, S. 253 ff.
Vgl. auch Stathakopoulos Nr. 186

——— 24

JAHR: 680
BETROFFENE REGIONEN: Rom, Pavia
ANMERKUNGEN: Paulus beschreibt eine drei Monate (Juli bis September) dauernde schwere Epidemie in Rom und Pavia. Stathakopoulos begründet, warum es sich dabei um die Beulenpest handelte.
QUELLEN:
Paulus Diaconus, *Hist. Langobardorum* 6.5
Liber pontificalis 81
Vgl. auch Stathakopoulos Nr. 192

25

JAHR: 685–87
BETROFFENE REGIONEN: England und Irland
ANMERKUNGEN: Beda beschreibt eine Seuche, die in «vielen Provinzen» wütete. Laut Adamnan war dies der zweite von zwei Ausbrüchen globalen Ausmaßes.
QUELLEN:
Adamnan, *Vita Columbae* 47
Beda, *Hist. eccl.* 4.14
Vgl. auch Maddicott 2007

26

JAHR: 687–89
BETROFFENE REGIONEN: Syrien, Mesopotamien
ANMERKUNGEN: In deutlich apokalyptischem Ton beschreibt Johannes bar Penkaye einen verheerenden Ausbruch der Pest. Zugleich ist eine Hungersnot vielfach bezeugt. Arabische Quellen sprechen von einer riesigen Zahl von Opfern, die Pest wird als «Pest des Wildbachs» bezeichnet. Laut Conrad ist unklar, ob der Ausbruch als Einzelereignis oder als Teil einer Reihe innerhalb eines kurzen Zeitraums in den 680er Jahren anzusehen ist.
QUELLEN:
Johannes bar Penkaye, *Ktābā d-rēš mellē*
Arabische Quellen bei Conrad, S. 263ff.
Vgl. auch Stathakopoulos Nr. 194, 195.

27 MÖGLICHERWEISE IN ZUSAMMENHANG MIT NR. 26

JAHR: 689–90
BETROFFENE REGION: Ägypten
ANMERKUNGEN: Ein Ausbruch der Beulenpest ist in Ägypten verzeichnet. Conrad (S. 272) hält einen Zusammenhang mit Nr. 26 für unwahrscheinlich.
QUELLEN:
Arabische Quellen bei Conrad, S. 272ff.
Vgl. auch Stathakopoulos Nr. 196.

28

JAHR: 693
BETROFFENE REGIONEN: Spanien, Südwestgallien
ANMERKUNGEN: Die *Mozarabische Chronik von 754* berichtet von einem Ausbruch der Beulenpest zur Zeit von König Egica. Er steht vermutlich mit einem durch eine Pest verursachten Massensterben in Zusammenhang, das in einem Gesetz dokumentiert ist, das die Akten des sechzehnten Konzils von Toledo bestätigt; in den Akten des siebzehnten Konzils wird Gallia Narbonensis als entvölkert beschrieben.
QUELLEN:
Mozarabische Chronik von 754, 41
Vgl. auch Kulikowski 2007, S. 153–54

29

JAHR: 698–700
BETROFFENE REGIONEN: Konstantinopel, Syrien, Mesopotamien
ANMERKUNGEN: Die Seuche tauchte im gleichen Jahr in Konstantinopel und Syrien auf. Kaiser Leontius ließ den Neorion-Hafen ausbaggern, vermutlich in der Annahme, der Hafen und seine Gewässer hätten etwas mit der Seuche zu tun. Die *Chronik ad an. 819* verlegt sie in «alle Regionen Syriens». Von dort breitete sie sich nach Osten aus. Stathakopoulos vermerkt, dass unsere Informationen nicht ausreichen, um zu entscheiden, ob die Pest von Syrien nach Konstantinopel zog oder umgekehrt. Conrads Hypothese, der zufolge Syrien der Ausgangspunkt war und sie sich in beide Richtungen ausbreitete, ist allerdings bestechend.
QUELLEN:
Elias von Nisibis (AH 79 und 80)
Chron. ad an. 819, AG 1011
Arabische Quellen bei Conrad, S. 274ff.
Theophanes, *Chron.* AM 6190 und 192
Nikephoros, *Brev.* 41
Leo Grammaticus, *Chron.*, hrsg. v. Bekker, S. 167
Vgl. auch Stathakopoulos Nr. 198 und 199.

——— 30

JAHR: 704–06
BETROFFENE REGIONEN: Syrien und Mesopotamien
ANMERKUNGEN: Michaels Chronik gibt an, dass bei einer schweren Pestilenz ein Drittel der Bevölkerung starb, möglicherweise in Syrien. Ab 706 erreichte die Seuche den Irak und grassierte in Basra und Kufa. Als «Pest der Mädchen» ging sie in die Geschichte ein.
QUELLEN:
Michael der Syrer, 11.17 (449)
Chronik von Zuqnin (AG 1016)
Arabische Quellen bei Conrad, S. 278 ff.
Vgl. auch Stathakopoulos Nr. 201, 203

——— 31

JAHR: 707–09
Betroffene Region: Spanien
ANMERKUNGEN: In den Jahren 707, 708 und 709 starb die Hälfte der Bevölkerung von al-Andalus an der Pest. Das erleichterte die Eroberung durch die Mauren.
QUELLEN:
Akhbar majmu'a, 7.BkS (engl. Übs.: James 2012)
Vgl. auch Kulikowski 2007

——— 32

JAHR: 713
Betroffene Region: Syrien
ANMERKUNGEN: Neben einer Reihe anderer Katastrophen schickte Gott angeblich die Pest, die Antiochia traf.
QUELLEN:
Chronik der Disaster (AG 1024)
Michael der Syrer, 11.17 (425)
Chron. ad an. 819 und *Chron ad an. 846* (AG 1024)
Vgl. auch Stathakopoulos Nr. 205

——— 33

JAHR: 714/15
Betroffene Region: Ägypten
ANMERKUNGEN: Laut Severus kehrte die Pest mehrere Jahre hintereinander zurück und verursachte ein Massensterben zur Zeit des Patriarchen Alexander II. Der Krankheitserreger ist nicht identifiziert, aber Stathakopoulos und Conrad ordnen den Ausbruch der Beulenpest zu.
QUELLEN:
Severus, *Geschichte der Patriarchen* 17
Vgl. auch Stathakopoulos Nr. 207

——— 34

JAHR: 718/19
BETROFFENE REGIONEN: Syrien, Mesopotamien
ANMERKUNGEN: Dieser Ausbruch könnte zwar mit der Pestilenz zusammenhängen, unter der die Araber während der Belagerung von Konstantinopel zu leiden hatten, aber da Epidemien im Heer so häufig vorkamen, ist es fragwürdig, auf eine Beziehung zwischen diesen Ereignissen und den dokumentierten Pestausbrüchen in Syrien und Mesopotamien zu schließen. Was als sicher gelten kann, ist die erneute Ausbreitung der Seuche in den Irak.
QUELLEN:
Arabische Quellen bei Conrad, S. 286ff.
Vgl. auch Stathakopoulos Nr. 209

——— 35

JAHR: 725/26
BETROFFENE REGIONEN: Syrien, Mesopotamien
ANMERKUNGEN: In einigen Quellen wird ein heftiger Ausbruch der Pest in Syrien vermerkt, unter anderem von dem Pilger Willibald, der aus dem Westen in das Heilige Land reiste. Michael der Syrer gibt an, dass Mesopotamien ebenfalls betroffen war. Auch eine Tierseuche wird bezeugt.
QUELLEN:
Theophanes, *Chron.* AM 6218
Vita Willibaldi, 4
Michael der Syrer, 11.19 (436)
Agapios, *Kitab al-'Unwan*

Elias Nisibis (AD 107)
Chron. ad an 818 (AD 1036)
Vgl. auch Stathakopoulos Nr. 213

——— 36

JAHR: 729
Betroffene Region: Syrien
ANMERKUNGEN: Michael berichtet von einem Ausbruch der Beulenpest in Syrien.
QUELLEN:
Michael der Syrer, 11.21 (463)

——— 37

JAHR: 732–35
BETROFFENE REGIONEN: Ägypten, Palästina, Syrien, Mesopotamien
ANMERKUNGEN: Verbreitung von Ägypten und Palästina (Agapios) nach Syrien (Theophanes) und Mesopotamien (arabische Quellen)
QUELLEN:
Theophanes, *Chron.* AM 6225
Agapios, *Kitab al-'Unwan*
Arabische Quellen bei Conrad, S. 291ff.
Vgl. auch Stathakopoulos Nr. 214

——— 38

JAHR: 743–49
BETROFFENE REGIONEN: Ägypten, Nordafrika, Syrien, Mesopotamien, Sizilien, Italien, Griechenland, Konstantinopel, Armenien
ANMERKUNGEN: Die letzte Ausbreitung während der ersten Pandemie war nach der ersten Phase der Pest eine, die am weitesten ausgriff. Die arabischen Quellen nennen Nordmesopotamien als ihren Ausgangsherd, obwohl die Krankheit in Ägypten gleichzeitig ausbrach und dort mehrere Jahre lang alljährlich grassierte. Auf ihrem Weg nach Westen sprang sie von Nordafrika auf Sizilien über, von dort aus verseuchte sie Italien, unter anderem wahrscheinlich auch Rom, und kehrte rasch Richtung Osten nach Konstantinopel zurück, wo sie im Laufe mehrerer Jahre zahllose Todesopfer forderte.

QUELLEN:
Severus, *Geschichte der Patriarchen* 18
Michael der Syrer, 11.22 (465–66)
Chronik von Zuqnin, an. 1055–56, an. 1061–62
Chron. ad an. 1234
Theophanes, *Chron.* AM 6238
Nikephoros, *Brev.* 67
Nikephoros, *Antirhetikos* 3
Theodor Studites, *Laud. Platonis* (PG 99: col. 805)
Glycas, *Annales,* S. 527
Johannes Zonaras, *Epit. hist.* 15.6
Johannes von Neapel, *Gesta episcoporum neapolitanorum* 42 (mit McCormick 2007, 292)
Arabische Quellen bei Conrad, S. 293ff.
Vgl. auch Stathakopoulos Nr. 218–22

ANMERKUNGEN

PROLOG
DER TRIUMPH DER NATUR

1 Zu den Festlichkeiten anlässlich dieses und ähnlicher Besuche siehe McCormick 1986, 123/24. Zu den Bevölkerungszahlen im spätantiken Rom siehe Van Dam 2010; die Aufsätze in Harris 1999b; Sirks 1991; Durliat 1990. Das öffentliche Verzeichnis ist in zwei Dokumenten unter den Bezeichnungen *Curiosum* und *Notitia* überliefert, hrsg. in Nordh 1949. Man muss berücksichtigen, dass das Dokument sich eher wie die Broschüre einer Handelskammer liest und keine Erhebung im strengen Sinn ist. Vgl. Arce 1999; Reynolds 1996, 209–250; Hermansen 1978.
2 «Der sich keine vergleicht»: Claudianus, *De Consulatu Stilichonis* 3,130–134, übers. v. Wedekind.
3 «Das Gleichgewicht»: Claudianus, *De Consulatu Stilichonis* 3,10.
4 Zu Claudian allgemein siehe Ware 2012; Cameron 1970; zur Herkunft des Dichters siehe Mulligan 2007. «Kleinem Bezirk entstammt»: Claudianus, *De Consulatu Stilichonis* 3,136–154, übers. v. Wedekind.
5 «In die Annalen»: Claudianus, *De Consulatu Stilichonis* 2,475–476; «Prachtstücke des Walds»: ebd. 3,317; «Wunder des Südens»: ebd. 3,145–146. Zu den von Rom für die Spiele importierten Tieren siehe Toner 2014; Van Dam 2010, 23–24; Guasti 2007; MacKinnon 2006; Jennison 1937.
6 Zu Claudians Statue siehe CIL 6.1710; Ware 2012, 1. «Mit einer Stadt»: Hieronymus, *Comm. In Ezech.* pr. Zur Plünderung Roms siehe Kap. 5.
7 Gibbon, *Verfall und Untergang des Römischen Reichs*, Dero A. Saunders (Hrsg.); übers. Johann Sporschil, Nördlingen 1987, 557. Gibbon, *Verfall und Untergang des römischen Imperiums*, übers. Michael Walter, Walter Kumpmann, dtv, München 2003, Bd. 3, Kap. 38, «Allgemeine Bemerkungen über den Fall des Römischen Reichs im Westen». Zu dieser Passage siehe Bowersock 2009, 28.

I
UMWELT UND IMPERIUM

1 Zur Archäologie der Frühzeit Roms siehe Holloway 1994. Carandini 2011 bietet eine provokante Interpretation der archäologischen Funde. Zur Vorgeschichte des Aufstiegs Roms vgl. den hervorragenden, umfassenden Überblick von Broodbank 2013.
2 Zum Aufstieg Griechenlands siehe Ober 2015. Zu Karthago: Ameling 1993.
3 Zur Verfassung der römischen Republik siehe Mouritsen 2013, 383–411, mit älte-

rer Literatur, sowie Lintott 1999. Harris 1985 ist immer noch die beste Darstellung des römischen Militärs. Zum größeren politischen Kontext vgl. auch Eckstein 2006. Dazu allgemein Beard 2016, 257.

4 Fernand Braudel 1992 erstellt ein wunderbares Panorama der vormodernen mediterranen Welt.

5 «Von allen angrenzenden Reichen»: Scheidel 2014, 7.

6 Zum Mittelmeerraum allgemein siehe Broodbank 2013; Abulafia 2011; Grove und Rackham 2001; Horden und Purcell 2000; Sallares 1991.

7 Zum Begriff «großer Deal» siehe Scheidel 2015a und 2015b. Zu den Beziehungen zwischen Rom und den Provinzen siehe Noreña 2011; Mattingly 2006; Ando 2000; Woolf 1998. Zum Fall Judäa siehe Isaac 1992. Zur Ausweitung des Bürgerrechts siehe Lavan 2016.

8 Siehe Kap. 2.

9 Malthus, *Das Bevölkerungsgesetz*, 67/8. Zu Löhnen siehe Harper 2016a. Siehe auch Kap. 2.

10 Goldstone 2002.

11 Zum begrifflichen Rahmen von Wachstum siehe Temin 2013. Zum Konzept einer «organischen Ökonomie»: Malanima 2013; erstmals formuliert von Wrigley 1988. Handel und Technologie werden in Kap. 2 ausführlicher behandelt.

12 Gibbon 1987, 73. Zu Gibbons geistigem Hintergrund siehe Matthews 2010; Bowersock 2009.

13 Brown 1980 definierte den Begriff «Spätantike» als eine eigenständige Epoche. Seine zeitliche Eingrenzung – von Marc Aurel bis Mohammed – wurde im vorliegenden Buch übernommen. Zur sozialen Entwicklung siehe Morris 2010 und 2013.

14 Die Liste der Hypothesen in Demandt 1984 (2. Aufl. 2014). Für einen gründlichen Überblick über die Dynamik vormoderner Reiche siehe Goldstone und Haldon 2009. Eine aktuelle und überzeugende Zusammenfassung der aufeinanderfolgenden Krisen des Imperiums findet sich bes. bei Kulikowski 2016.

15 Zu diesen neuen Ansätzen siehe Izdebski et al. 2015 mit Schwerpunkt auf dem Klima; McCormick 2011. Vgl. auch Scheidel 2018; Harper 2016b; Harris 2013a. Ein guter Überblick über die Studien zum Paläoklima des Mittelmeerraums findet sich bei Lionello 2012. Zur Bioarchäologie siehe Larsen 2015; Killgrowe 2014; MacKinnon 2007; Archäogenetik: Krause und Pääbo 2016.

16 Es muss betont werden, dass ich den bahnbrechenden Werken von Umwelthistorikern, besonders denen, die sich mit dem Mittelmeerraum befassen, sehr viel verdanke; seit vielen Jahrzehnten dringen sie darauf, Umweltthemen größere Aufmerksamkeit zu schenken. Zusätzlich zu den in Anm. 6 genannten Werken möchte ich z. B. Meiggs 1982, Hughes 1994 und Shaw 1995 erwähnen. Die Argumentation verdankt viel der neueren Arbeit von Historikern, die besondere Betonung auf die Rolle der Umweltveränderungen in der Menschheitsgeschichte legen, besonders der Arbeit von Campbell 2016; Knapp und Manning 2016; Brooke 2014; Cline 2014; Broodbank 2013; Parker 2013; White 2011; Lieberman 2003. Bemerkenswert sind auch Einzelstimmen, oft von Außenseitern, die mitunter dramatische Klimaveränderungen als einen Faktor für den Untergang Roms geltend gemacht haben, z. B. Huntington 1917, Hyams 1952. Siehe auch die ausführliche Darstellung bei Demandt 2014, 347–368.

17 Zum Pleistozän siehe Brooke 2014; Ruddiman 2001. Solare Variabilität: Beer et al. 2006.

18 Zu den Schwankungen im Holozän siehe Mayewski et al. 2004; Bond et al. 2001. Vgl. auch Ruddiman 2005, der die Auffassung vertritt, dass der Mensch bereits mit der Verbreitung der Landwirtschaft auf das Klima einwirkte und nicht erst im Zuge der industriellen Revolution.

19 Diese Perioden werden im Buch detailliert beschrieben. Zur Verdeutlichung: Der Begriff «römisches Klimaoptimum» ist allgemein üblich, doch die zeitliche Begrenzung ist umstritten. Ich schlage den Zeitraum zwischen 200 v. Chr. und 150 n. Chr. vor. Die römische Übergangsperiode (der Begriff stammt von mir) ist wenig erforscht. Wie in späteren Kapiteln deutlich werden wird, lässt sich diese Zeit meiner Ansicht nach in eine frühe Trockenperiode (150–300 n. Chr.) und eine spätere, von einer positiven nordatlantischen Oszillation (NAO) bestimmte Periode unterteilen (300–450 n. Chr.). Der Begriff der Spätantiken Kleinen Eiszeit kommt gerade erst in Gebrauch. Ich datiere ihren Beginn etwas früher als andere (ca. 450 n. Chr.), bin aber auch der Ansicht, dass ihre ausgeprägteste Phase etwa in die Jahre 530–680 n. Chr. fällt. Für eine Übersicht siehe Harper und McCormick 2018; McCormick et al. 2012; Manning 2013; Lauterbacher et al. 2013.

20 In Harper 2019 erläutere ich einige der verschiedenen Arten näher, wie sich die Geschichte von Klima und Seuchen überlagert.

21 McNeill 1978. Wolfe, Dunavan und Diamond 2007; Diamond 1997; Crosby 1986; Le Roy Ladurie 1973. Siehe auch die großangelegte Übersicht bei Carmichael 2006. Sie bezeugt McNeills geniales Werk, das, obwohl er noch über keine paläomolekularen Erkenntnisse verfügen konnte, immer noch Gültigkeit hat. Anregungen gaben mir auch Landers 1993 mit seiner ökologischen Geschichte der Infektionskrankheiten sowie Hatcher 2003 über den enormen Einfluss der Sterblichkeitsrate.

22 Vgl. bes. Shah 2016; Harkins und Stone 2015; Barrett und Armelagos 2013; Harper und Armelagos 2013; Quammen 2012; Jones et al. 2008; Garrett 1994.

23 Vgl. bes. Sallares 2002; mehr in Kap. 3.

24 Zur Krankheitsökologie im Römischen Reich und ihren demographischen Folgen siehe Scheidel 2001a und 2001b.

25 Die Aufsätze in Green 2014b bieten einen spannenden Überblick über die von dieser Sichtweise eröffneten Möglichkeiten im Kontext der mittelalterlichen Welt; vgl. auch Green 2017. Zur Bedeutung der Römerzeit für die Globalisierung insgesamt siehe Belich, Darwin und Wickham 2018, 9, sowie Pitts und Versluys 2015 über die «Globalisierung» und die Römer.

26 Wilson 1998 über den Begriff Konsilienz. McCormick 2011 zu seiner Anwendung auf die vormoderne Geschichte.

27 Butzer 2012; Scheffer 2009; Folke 2006. Die Aufsätze bei McAnany und Yoffee 2010 zeigen, wie das Paradigma auf historische und archäologische Kontexte anwendbar ist. Carmichael 2006, bes. 10. Vor kurzem mit großem Gewinn für die Umweltgeschichte des europäischen Mittelalters angewandt von Campbell 2016, bes. 23.

28 Vgl. hierzu in einem anderen Kontext Cronon 1983, 13: «Die Umwelt kann anfangs den Entscheidungsspielraum eines Volkes zu einem gegebenen Zeitpunkt bestimmen, dann aber verändert Kultur die Umwelt entsprechend diesen Entscheidungen. Die veränderte Umwelt bietet eine neue Reihe von Möglichkeiten für die kulturelle Reproduktion und eröffnet dadurch einen neuen Prozess wechselseitiger Beeinflussung.»

2

DAS GLÜCKLICHSTE ZEITALTER

1 Wer über Galen forschen möchte, ist gut bedient mit zwei neueren Darstellungen: Mattern 2013; Schlange-Schöningen 2003. Nutton 1973 ist grundlegend. Bowersock 1969, 59–75, stellt Galen in seinen kulturellen Kontext. «Ganz Asien»: Philostratos, *Vita Apoll.* 4.34. Zu Hadrian und Pergamon siehe Birley 2006, 56; Halfmann 1986, 191. Zu den medizinischen Aspekten des Kultes allgemein siehe Steger 2016.

2 Jones 2012a über Galens Reisen. Zu Alexandria: Galen, *Anat. Admin.* 1.2.

3 Rom als Inbegriff und «wegen der großen Anzahl» siehe Galen, *Hipp. Artic.* 1.22; dort zitiert er den Rhetor Polemus. Zu Rom als Verkörperung der Welt siehe auch Athen. 1.20b; «täglich kann man zehntausend»: Galen, *Purg. Med. Fac.* 2. Zu diesen Abschnitten siehe Mattern 2013, 126.

4 Obwohl er verspottet wurde: Galen, *Praecog.* 3.19; Boethus: *Praecog.* 2.25. Schwein: Galen, *Anat. Admin.* 8.3. Mime: Galen, *Anat. Admin.* 7.13. Vgl. Mattern 2013, 183–186.

5 «Groß war der Name Galens»: *Praecog.* 5.4.

6 Zur Literatur über die Antoninische Pest siehe Kap. 3.

7 Galens ausführlichste Beschreibung findet sich in der *Heilkunst*, 5.12. Dort wird die Milch von Hochlandkühen erwähnt. Armenischer Straßenkot: *Simp. Med.* 9.1.4 (12.191K). Urin: *Simp. Med.* 10.1.15 (12.285K). Zur Rolle Apollos siehe Kap. 3.

8 ILS 2288.

9 «Grenzen all der Völker»: Appian, *Römische Geschichte*, pr. 1. Allgemein hierzu: Luttwak 2016; Millar 2004, bes. 188; Mattern 1999; Whittaker 1994; Issac 1992. Zu den Quaden siehe Cassius Dio, *Röm. Gesch.* 72.20.2.

10 Zu diesen Spannungen um Land und zu den Problemen, die die Koordinierung stellte, gibt Scheidel 2014 einen besonderen Denkanstoß. Zur Spätzeit des Imperiums siehe Kelly 1998, 157. Zur Zahl von 160 Senatoren siehe Eck 2000a, 227.

11 Zu den «Nebenkosten» siehe Whittaker 1994, 86; «als Gebieter»: Appian, *Römische Geschichte*, pr. 26. «Was lohnend ist»: Pausanias 1.9.6.

12 «Größte stehende Armee»: Hassall 2000, 321; zur römischen Armee allgemein siehe Le Bohec 1994. Zur Herkunft der Soldaten siehe Roselaar 2016; Ivleva 2016.

13 Zur Besoldung siehe Speidel 2014, der teilweise von Alston 1994 abweicht. Campbell 2005a, 20/21. Prozentualer Anteil am BIP: Scheidel 2005b; Hopkins 1980, 124/125.

14 «Solange nämlich der Staat»: Herodian, 2.11.4–5; niedrige Mobilisierungsraten: siehe Bang 2013, 421–423; Hopkins 2009a, 196; Mattern 1999, 82–84.

15 Aelius Aristides, *Or.* 26.58, 63, 67, 99, übers. v. Klein. Wir teilen Birleys Auffassung (Birley 1977, 90) gegenüber skeptischeren Beurteilungen: «Doch darf dies nicht den Blick für Hadrians ungeheure Leistungen als Herrscher trüben.»

16 Aelius Aristides, *Or.* 26.76, übers. v. Klein.

17 Aelius Aristides, *Or.* 26.6, übers. v. Klein.

18 Zu Hume siehe Mossner 1980, 266–268.

19 Beloch 1866 (34–36 über Hume) ist der erste Autor, der sich mit der Bevölkerungszahl im Römischen Reich befasste. Es folgten Brunt 1987; Lo Cascio 1994

und 2009; Frier 2000; zum Stand der Debatte bis 2001 siehe bes. den Beitrag von Scheidel 2001b. Neuere Beiträge bei Launaro 2011; De Ligt 2012; Hin 2013. Jede Gesamtzahl der Bevölkerung fußt auf Schätzungen für einzelne Regionen, und in den vergangenen hundert Jahren haben Forscher auf der von Beloch gelegten fundierten Basis immer präzisere und plausiblere Zahlen für verschiedene Teile der römischen Welt vorgelegt. Obwohl genaue Zahlenangaben irreführend sind, bezieht sich das Maximum von 75 Millionen auf die Verteilung in Tabelle 2.1., in der die Berechnung für jede Region an die Obergrenze dessen geht, was wahrscheinlich ist (sie folgt in weiten Teilen Scheidel 2001b, 48). Die besten Belege für regionale Gesamtzahlen stammen aus Italien und Ägypten. Für Italien stützen wir uns weitgehend auf eine Reihe von Volkszählungsdaten bis zur Regierungszeit des Augustus. Hin 2013 lieferte in seinem bahnbrechenden Werk die überzeugende Zahl von 11 bis 12 Millionen. Vormoderne Gesellschaften konnten über längere Zeiträume ein durchschnittliches Bevölkerungswachstum von 0,1 bis 0,15 Prozent pro Jahr erreichen (Scheidel 2007, 42), solange es keinen plötzlichen Anstieg der Sterberate gab, so dass die genaueste Schätzung für Italien im Jahr 166 n. Chr. bei ca. 14 Millionen liegt. Diese Zahl liegt etwas über dem Maximalwert des Hochmittelalters und leicht unter dem der italienischen Bevölkerung zu Beginn des 18. Jahrhunderts. Von Ägypten behauptet der jüdische Historiker Flavius Josephus, die Bevölkerung habe ohne die große Metropole Alexandria 7,5 Millionen betragen. Eine Reihe von Belegen weist nach, dass diese Zahl sehr unwahrscheinlich ist und dass die Bevölkerung im zweiten Jahrhundert mit ca. 5 Millionen vermutlich ihren Höchststand erreichte. Vgl. auch Bowman 2011 mit früherer Literatur, bes. Rathbone 1990. Die Schätzungen für andere Regionen weisen noch größere Fehlerspannen auf, doch dank der geduldigen Arbeit und der gewissenhaften Beweisführung etlicher Forscher in den letzten Jahren können wir mit Vorbehalt von einer Zahl von 70 bis 75 Millionen ausgehen. Vgl. Bonsall 2013, 17/18; Mattingly 2006 für Britannien.

20 Zur Geburtenrate in der römischen Welt allgemein: Hin 2013; die Aufsätze in Holleran und Pudsey 2011; Scheidel 2001b, bes. 35–39; Bagnall und Frier 1994; zum durchschnittlichen Heiratsalter: Scheidel 2007; Saller 1994; Shaw 1987. Zu Witwen: Krause 1994. Römische Ehe: Treggiari 1991. «Die große Mehrzahl der Ehen»: Soranus, *Sorani Gynaeciorum Libri*, 1.9.34, übers. v. Lüneburg.

21 Harper 2013a über die Bedeutung des sozialen Status für die Reproduktion. Zu Verhütung: Frier 1994, dagegen Caldwell 2004.

22 Maddison 2001, 28, schätzt die Gesamtbevölkerung der Erde zu Beginn des ersten Jahrtausends auf 230 Millionen. Vgl. auch Livi-Bacci 2012, 25; McEvedy und Jones 1978. Ptolemäus, *Geographie*, 1.11, 1.17, 6.16. Zur Bevölkerungszahl Chinas vgl. Marks 2012, 106; Deng 2004; Sadao 1986. «Das bebaute Land» zitiert nach Lewis 2007, 256/57.

23 Zur Annahme, dass es «zu viele Römer» gab, siehe Scheidel 2012; Lo Cascio 2009; Frier 2001; Ernährungskrisen: siehe Garnsey 1988.

24 So verführerisch diese Beweise sind (De Callataÿ 2005 spricht sich in einem Fall dafür aus, Wilson 2009 verteidigt sie vehement), scheinen mir Scheidels methodologische Einwände (2009) schlüssig und unwiderlegbar. Dennoch passen die Knochenfunde (vgl. z. B. Jongman 2017) offenbar besonders schlecht zu irgendeiner Theorie der römischen «Überbevölkerung» zu passen. Die Ansammlungen von Schafs-, Schweine- und Rinderknochen gehen in die Zehntausende. Dabei ist

der Fleischkonsum Geschmackssache: Römer zu werden hieß auch, Geschmack an Schweinefleisch zu finden. Dennoch liegt die Versuchung nahe, diese Befunde positiv zu deuten, denn Fleischkonsum ist ein unmittelbarer Gegenbeweis für die Verelendung, von der Malthus ausging. Und auch wenn man nicht genau weiß, wie weit die «Romanisierung» des Geschmacks ging, und die Ungenauigkeiten der Datierung berücksichtigt (besonders die Neigung, als zeitliche Eingrenzung vom «zweiten Jahrhundert» statt von vor oder nach der Pest zu sprechen), so weist doch die Zunahme des Fleischverzehrs in großem Umfang nicht in Richtung einer länger dauernden Subsistenzkrise.

25 Die Aufsätze in Bowman und Wilson 2009 sind höchst anregend. Die Frage der Löhne wird diskutiert von Harper 2016a, die Datei mit den Zahlenangaben ist zugänglich bei darmc.harvard.edu unter «Data Availability». Dies scheint mir derzeit die beste Möglichkeit, das intensive Wachstum zu demonstrieren.

26 Endlich gibt es eine großangelegte Untersuchung zum römischen Städtewesen in der bemerkenswerten neuen Synthese von Hanson 2016.

27 Zum Umfang der Vermögen der römischen Elite siehe Scheidel 2017; Harper 2015b; Duncan-Jones 1990, 121–142; Duncan-Jones 1982. Zur Verteilung des Reichtums siehe Scheidel und Friesen 2009.

28 «Der Reichtum des Römischen Reichs»: Frier 2001, 158. Wachstumsformen: Temin 2013, 195–219. Zum Begriff Effloreszenz siehe Goldstone 2002.

29 «Niemals so etwas»: Greene 2000, 754.

30 «Die große Zahl»: Wilson 2002, 11. Allgemein: Schneider 2007.

31 «Erst im fünfzehnten Jahrhundert»: Greene 2000, 756. Lateinersegel: Whitewright 2009.

32 «So zahllos sind die Lastschiffe»: Aelius Aristides, *Or.* 26.11, übers. v. Klein. *Offenbarung* 18.11–13. Allgemeiner Überblick bei Harris 2000.

33 Zur Rolle der Institutionen bei der Förderung des Warentauschs siehe Frier und Kehoe 2007 sowie Kehoe 2007. Zum Kreditwesen in der römischen Wirtschaft siehe Rathbone und Temin 2008; Harris 2008; Harris 2006; Temin 2004; Andreau 1999; Bogaert 1994.

34 Harris 2000, 717 (Getreide) und 720 (Wein). Zum Weinhandel siehe Morley 2007; Tchernia 1986; Purcell 1985. Für die spätere Zeit siehe Pieri 2005. Statistiken zur Weinproduktion in den USA: www.wineinstitute.org.

35 Vgl. bes. Morris 2010 und 2013 zur Unangemessenheit des für die soziale Entwicklung angenommenen «Hockey-stick-Effekts». Goldstone 2002 ist ebenfalls aufschlussreich. Zu einer umweltbezogenen Sicht ähnlich der hier vorgestellten siehe Campbell 2016.

36 Vgl. Lehoux' kluge Überlegungen zu den Beobachtungen von Ptolemäus (2007, 119/20). Sallares 2007a, 24–25.

37 Zu den «merkwürdigen Parallelen» im Asien des Mittelalters siehe Lieberman 2003; vgl. auch Lee, Fok und Zhang 2008 zum Bevölkerungswachstum und Klima in China. Für das europäische Mittelalter hat Campbell 2016 und 2010 den Einfluss des Klimas auf den Rhythmus von Wachstum und Rezession überzeugend nachgewiesen. Das römische Klimaoptimum wurde erforscht von Hin 2013, Manning 2013 und McCormick et al. 2012.

38 Vgl. bes. Burroughs 2005; zum Begriff «ständiges Flackern» siehe Taylor et al. 1993.

39 Vgl. Burroughs 2005; Ruddiman 2001. Zum Einfluss des Menschen siehe Brooke 2014.

40 «Wie es gewesen sein könnte»: Broodbank 2018, 261–325.

41 Zur Einteilung des Holozäns siehe Walker et al. 2012. Zweite Hälfte des Holozäns: Finné et al. 2011; Wanner 2008. Jahreszeiten: siehe bes. Magny et al. 2012a.

42 Zum Klimawandel im Holozän siehe Mayewski et al. 2004. «Betrachtet man die Galaxie als Ganzes»: siehe http://science.nasa.gov/science-news-at-nasa/2013/08jan_sunclimate/. Hallstatt: siehe Usoskin 2016.

43 Zu den südlichen Gebieten unter römischer Herrschaft siehe Alston 1995, 34/35; Strabo, *Geographika* 17,1.12. Vgl. Scheidel 2014.

44 Vgl. bes. Horden und Purcell 2000 und Sallares 1991 zu der Dynamik des Mittelmeergebiets und den Folgen für die menschliche Gesellschaft. Zum Mittelmeerklima allgemein siehe Lionello 2012; Xoplaki 2002.

45 Ein Überblick bei Harper und McCormick 2018; Manning 2013; Lionello 2012; McCormick et al. 2012. Lamb 1982 hatte bereits viele Umrisse skizziert, allerdings mit weit geringerer Beweiskraft.

46 Für den Beginn des RCO wurde vorgeschlagen: 550 v. Chr., 450 v. Chr., 400 v. Chr., 200 v. Chr. und 1 v. Chr. Als Ende dieser Periode wurde angenommen: 50 v. Chr., 50 n. Chr., 250 n. Chr., 300 n. Chr. und 350 n. Chr. Wenn man nicht an diesen Divergenzen verzweifelt, so zeigen sie die Komplexität des Problems und die Dringlichkeit gründlicher Bemühungen um eine Synthese, die nicht nur einzelne Indikatoren berücksichtigt, die lokalen Bedingungen geschuldet sind.

47 Siehe Usoskin 2016; Steinhilber et al. 2012; Gray et al. 2010; Beer et al. 2006; Usoskin und Kromer 2005; Schindel et al. 2003; Schindel 2001; Bond et al. 2001; Beer, Mende und Stellmacher 2000.

48 Die Daten zu Grafik 2.3.: ftp://ftp.ncdc.noaa.gov/pup/data/paleo/climate_forcing/solar_variability/steinhilber2009tsi.txt.

49 Zu Zeitraum und Umfang vulkanischer Aktivität ist jetzt Sigl et al. 2015 grundlegend.

50 Schriftliche und botanische Sachverhalte wurden bereits hervorragend ausgewertet von Lamb 1982. Gletscher: Le Roy et al. 2015; Six und Vincent 2014; Holzhauser et al. 2005; Hoelzle et al. 2003; Haeberli et al. 1999.

51 Hierzu allgemein Manning 2013. Alpine Jahresringkalender: Büntgen et al. 2011.

52 Allgemein über Speläotheme: McDermott et al. 2011; Göktürk 2011; McDermott 2004. Spannagel: Vollweiler et al. 2006; Mangini, Spötl und Verdes 2005. Iberien: Martín-Chivelet et al. 2011. Kocain: Göktürk 2011. Uzunturla: Göktürk 2011. Grotte Savi: Frisia et al. 2005.

53 «Iberisch-Römische Feuchtperiode»: Pérez-Sanz et al. 2013; Curràs et al. 2012; Martín-Puertas et al. 2009. Das Klapferloch in Tirol weist eine Feuchtperiode von 300 v. Chr. bis 400 n. Chr. aus: Boch und Spötl 2011.
Einige italienische Seen zeigen einen hohen Wasserstand in der späten Republik: Magny et al. 2007; Dragoni 1998. «Großartige künstliche Landschaft»: Aldrete 2006, 4. Für einen allgemeinen Überblick über die Tiber-Überschwemmungen siehe die nützliche Studie von Aldrete 2006; vgl. Wilson 2013, 269–271; Camuffo und Enzi 1996; Plinius, *Epistulae* 8.17.

54 Entwaldung: Harris 2013b und 2011; Hughes 2011; Sallares 2007a, 22/23. Weitere Angaben siehe unten.

55 Der nachgewiesene Bereich ist klein (n = 11), und ein Zufall ist nicht auszuschlie-

ßen. Die meisten Zeugnisse jedoch, die wir aus dem Römischen Reich haben, sind konkret und glaubwürdig. Ovid, *Fasti* 3.519/520: Die Rennen wurden vom Marsfeld auf den Caelius-Hügel verlegt. Der hydrologische Befund für Rom lässt auch Ptolemäus' Wetterbericht von der Hafenstadt Alexandria in anderem Licht erscheinen. Dass der Tiber im Sommer über die Ufer trat, ist beim heutigen Klima genauso undenkbar wie regelmäßige Regenfälle im Sommer. Beides weist auf tiefgreifende Veränderungen im hydrologischen System des späten Holozäns hin. Columella: siehe Hin 2013, 80. Allgemein auch Heide 1997, bes. 117.

56 Bewässerung: Leone 2012. Politik: Kehoe 1988, 81/88.

57 Elefanten: siehe Plinius der Ältere, *Naturalis historia* 8.1. Vgl. bes. Leveau 2014. Wilson 2013, 263: Die «anhaltende Debatte» ist noch nicht entschieden, aber die Fülle der Belege ist nun überzeugend. Jaouadi et al. 2016; Essefi et al. 2013; Detriche et al. 2008; Marquer et al. 2008; Bkhairi und Karray 2008; Faust et al. 2004; Slim et al. 2004; Ballais 2004; Stevenson et al. 1993; Brun 1992. Gilbertson 1996 diskutiert die ältere Literatur.

58 Mattingly 2003, 13.

59 «Man kann sogar verfolgen»: Wilson 2012. Cremaschi und Zerboni 2010; Cremaschi et al. 2006; Burroughs 2005, 231: «Die gegenwärtige extreme Dürre setzte erst vor etwa 1500 ein.»

60 Talmud: siehe Bavli Ta'anit 19b. Totes Meer: siehe Bookman 2004; vgl. Migowski et al. 2006. Zu den archäologischen Befunden siehe Hadas 1993. Diskussion darüber bei McCormick et al. 2012. Hirschfeld 2006 bezieht sich auf eine spätere Periode, liefert jedoch wertvolle Erkenntnisse. Zu Soreq: siehe Orland 2009.

61 Vgl. bes. Magny et al. 2012a zu den früheren saisonalen Mustern, die eine schwächere Bildung von Hadley-Zellen in der früheren Periode bezeugen.

62 «So ward mehr»: Lukrez, *Über die Natur der Dinge*, 5.1370–1371. Lukan, *Pharsalia* 9. Hadrian: siehe Harris 2013b, 182–183. In Kürze erscheint Ando über diese Kultivierungsmodelle durch Entwaldung.

63 Zu den Modellen der Auswirkungen geringer werdender Bodenbedeckung im Mittelmeerraum auf den Klimawandel siehe Gates und Lieeß 2001; Gartner et al. 2001; Reale und Shukla 2000; Reale und Dirmeyer 2000. Konträr dazu: Dermody 2011. Zur Entwaldung siehe Ando (in Vorbereitung); Harris 2013b; Hughes 2011; Harris 2011; Sallares 2007; Chabal 2001. Harris 2013 argumentiert besonders differenziert für zeitliche und regionale Varianten, z. B. zieht er archäologische und pollenkundliche Belege heran, die zeigen, dass Langholzvorkommen im Römischen Reich besonders in küstennahen Bereichen des Transportwesens stärker ausgebeutet wurden. Britannien: Dark 2000, 115–119.

64 Vgl. Hin 2013, 85ff. Das ist bislang der beste Versuch, eine Verbindung zwischen Expansion und Klima aufzuzeigen. «In den Berggegenden»: Plinius, *Naturalis historia*, 18.12.63. Fünftausend Hektar: vgl. Lo Cascio und Malanima 2005, 219. Siehe auch Spurr 1986, 17: «Der Rat, ‹steile Lagen› zu meiden, ist sicherlich eine Bestätigung des Umstands, dass Getreide in manchen Gegenden tatsächlich unter diesen Bedingungen angebaut wurde.»

65 Zum Verhältnis von Temperatur und Ernteertrag siehe Dermody et al. 2014; Spurr 1986, 21. Ernte und Niederschläge: Touchan et al. 2016. Erträge: Spurr 1986, 82–88.

66 «Kritische Grenze»: Garnsey 1988, 10–12, sowie Leveau 2014; Mattingly 1994, 9–11: «unberechenbare Schwankungen sind die Norm».

67 «Wegen der anhaltenden Winterstrenge»: Columella, *De re rustica*, 1.1.4–5. Abgelegene Olivenpressen: vgl. z. B. Foxhall 1990, 109, sowie Waelkens et al. 1999.

68 Zur «Prämisse» vgl. Campbell 2016 und 2010; Galloway 1968.

69 Hadrians Reiseweg: Halfmann 1986, 192. Inschrift: ILS 2487. «Kaum ein anderer Kaiser»: *Hist. Aug.*, *Vita Hadriani* 13.5.

70 «Als er nach Afrika reiste»: *Hist. Aug.*, *Vita Hadriani* 22.14. Inschriften: CIL 8.2609–2610. Weizenpreise: Harper 2016a. Wasserwirtschaft in Karthago: Leveau 2014; Di Stefano 2009; Wilson 1998.

71 Fronto, *Epistulae* 3.8.1. Zu diesem Bild vgl. Jones 1972, 143–144.

72 Butzer 2012; McAnany und Yoffee 2010; Scheffer 2009; Folke 2006.

73 Zum Thema allgemein siehe Horden und Purcell 2000; Sallares 1991; Garnsey 1988. «Gerste»: Galen, *De subt. Diaeta* 6. «Nachdem sie»: Galen, *Alim. Fac.* [S. 93], Übers. Grant. Zur Notnahrung: Galen, *Alim. Fac.* [S. 95], Übers. Grant. Zur Vorratshaltung: Garnsey 1988, 52–54.

74 *Euböische Rede*: Dion Chrysostomos, *Or.* 7. «Doppelbegriff»: Garnsey 1988, 57.

75 Plinius als Patron: siehe bes. Saller 1982.

76 «Küstenstädte»: Gregor von Nazianz, *Fun. Or. in Laud. Bas.* 34.3.

77 Zum Eingreifen Roms z. B. in Antiochia in Pisidien im Jahr 92/93 n. Chr.: AE 1925, siehe dazu Levick 2000b, 120. Private Interventionen: Garnsey 1988, 14. Z. B. SEG 2.366 (Austin 113); Syll.[3] 495 (Austin 97); I. Priene 108; I. Erythrai-Klazomenai 28; IGR 4.785; IG 4.944; 5.2.515. Zu Makedonien siehe SEG 17.315 = Freis 1994, Nr. 91.

78 Zu Trajan siehe Plinius, *Pan* 32.1. Zu Hadrian siehe Cassius Dio, *Röm. Gesch.* 69.5.3.

79 Zu Septimius Severus siehe *Hist. Aug., Vita Sev.*, 23.6. «Wenn der Nil»: I. Ephesos 2.211. Vgl. auch Boatwright 2000, 94–95. Signalschiffe siehe Seneca, *Epistulae* 77. Zur Versorgung mit Getreide allgemein siehe Erdkamp 2005; Garnsey 1988, bes. 218–270; Rickman 1980.

80 Zum Aussetzen von Kindern siehe Harper 2011, 81–83; Corbier 2001; Bagnall 1997; Harris 1994; Bosell 1988. Zur Migration siehe Hin 2013, 210–259. Vgl. Kap. 3.

81 Zum Senat siehe Eck 2000a und 2000b. «Aus Familien»: siehe Hopkins 2009a, 188–189.

82 «Tragende Pfeiler»: siehe Shaw 2000, 362. «Großer Deal»: siehe Scheidel 2015a und 2015b. «Dünne Schicht»: siehe Hopkins 2009a, 184.

83 Zum Übergang in einen Territorialstaat vgl. Luttwak 2016.

84 Zu Cassius Dio siehe Saller 2000, 818.

85 Diese Debatte hat Hopkins 2009a viel zu verdanken. Vgl. auch die wichtigen Beiträge von Scheidel 2015a und 2015b.

86 Zu Vespasian siehe Suetonius, *Vesp.* 23 und Cassius Dio, *Röm. Gesch.* 65.14.5. Zu Domitian siehe Cassius Dio, *Röm. Gesch.* 67.4. Griffin 2000, 79–80. Zu Hadrian und Marc Aurel siehe Birley 2000, 182.

87 Luttwak 2016. Vgl. auch Mattern 1999; Whittaker 1994; Le Bohec 1994, 147–148; Ferril 1986. Zu den Unruhen zur Zeit von Antoninus Pius siehe *Hist. Aug.*, *Vita Anton.* 5.4–5; De Ste. Croix 1981, 475; *Hist. Aug.*, *Vita Marc.*, 5.4; CIL 3.1412 = ILS 7155. Zur Rede siehe Aelius Aristides, *Or.* 35.14, vgl. Jones 1972. Vgl. jetzt Jones 2013. Zur Abwertung siehe Butcher und Ponting 2012, 74.

88 Galens erster Rombesuch: Schlange-Schöningen 2003, 140–142; Lucius' Marschroute: Halfmann 1986, 210–211. Zu dem Feldzug siehe Ritterling 1904.

89 Zu Verlauf und Führung des Feldzugs siehe Birley 2000, 161–165; Birley 1968. Zur militärischen Führung durch Senatoren siehe Goldsworthy 2003, 60–63.
90 Zu Seleukia siehe Hopkins 1972. «Alles Land»: Ammianus Marcellinus, *Röm. Geschichte,* 23.6.24.
91 «Wie ein entflohener Sklave» und «das erstbeste Schiff»: Galen, *Praecognitione* 9.3.

3
APOLLOS RACHE

1 Nil: Aelius Aristides, *Or.* 36. Krankheit: Aelius Aristides, *Heilige Berichte,* Buch II, 48.62/63. Aristides allgemein: Downie 2013; Israelowich 2012; die Aufsätze bei Harris und Holmes 2008; Bowersock 1969; Behr 1968.
2 Zu seinen Erkrankungen siehe bes. Israelowich 2012. Zu Galen siehe Jones 2008, 253; Bowersock 1969, 62. «Schließlich machten die Ärzte»: Aelius Aristides, *Heilige Berichte,* Buch II, 48.62–64. Hypochondrie: z. B. Marcone 2002, 806, «ein hypochondrischer Sophist». Beard 2016, 536: «Hypochonder».
3 Zu Smyrna siehe Aelius Aristides, *Or.* 19; Philostrat, *Leben der Sophisten* 2.9. Aristides' «Normalität» wird von Israelowich 2012 und von Jones 2008 hervorgehoben.
4 So beschrieben von Aelius Aristides, *Heilige Berichte*, Buch II, 48.38/39.
5 Der Gedanke, dass die *Heiligen Berichte* unmittelbar mit der Erfahrung der Seuche zusammenhängen, findet sich bei Israelowich 2012. Die Antoninische Pest wurde einst als absolut einschneidendes Ereignis in der römischen Geschichte angesehen (z. B. von Barthold Niebuhr, einem der Begründer der modernen Geschichtsschreibung) und blieb von Bedeutung in der Theorie vom Arbeitskräftemangel, vorgebracht von Boak 1955. Aus verschiedenen Gründen wurde sie dann als weniger wichtig eingeschätzt, unter anderem wegen Moses Finleys Abneigung gegen Zahlen und demographische Themen. Gilliam 1961 gehörte zu jenen, die die Folgen der Seuche herunterspielten, was wiederum andere Forscher beeinflusste. Als Duncan-Jones 1996 erneut das Augenmerk auf die Pest richtete, löste er damit eine lebhafte Diskussion aus, die über die letzten 20 Jahre anhielt: siehe die Aufsätze in Lo Cascio 2012; Bruun 2007; Jones 2006; Jones 2005; Gourevitch 2005; Bruun 2003; Greenberg 2003; Zelener 2003; Marcone 2002; Bagnall 2002; Scheidel 2002; van Minnen 2001; Duncan-Jones 1996; Littman und Littman 1973.
6 Gute Einführungen zum Thema der Infektionskrankheiten im Laufe der Menschheitsgeschichte findet man bei Barrett und Amelagos 2013; Oldstone 2010; Crawford 2007; Goudsmit 2004; Hays 1998; Karlen 1995; McKeown 1988; McNeill 1978.
7 «Baum des Lebens»: Darwin 2013, 105.
8 McNeill 1976; bereits Le Roy Ladurie 1973. Vgl. Armelagos et al. 2005.
9 Zur Geschichte genetisch bedingter Krankheiten siehe Harkins und Stone 2015; Trueba 2014; Harper und Armelagos 2013; Pearce-Duvet 2006; Brosch et al. 2002. Zum Thema Masern siehe Newfield 2015, bes. seinen interessanten Hinweis auf einen nahen Vorfahren des Masern-Virus, der im Europa der Spätantike aktiv gewesen sein könnte. Zur TB: siehe unten.

10 Zum Picornavirus siehe Lewis-Rogers und Crandall 2010. Zur Schlafkrankheit siehe Harkins und Stone 2015.

11 Gesünderes Paläolithikum: Brooke 2014, 213–220.

12 Zur Verteilung der Arten nach dem Breitengrad siehe Jablonski et al. 2017; Fine 2015; Davies et al. 2011. Krankheitserreger: Stephens et al. 2016; Hanson et al. 2012; Dunn et al. 2010; Martiny et al. 2006; Guernier et al. 2004.

13 Neolithische Wende: Brooke 2014, 220–242. Harkins und Stone 2015 geben einen der besten Überblicke über die neuen Genombelege.

14 Zu den Seuchen siehe Rasmussen 2015; Valtueña 2017. Vgl. auch Kap. 6. Zur Tuberkulose siehe unten.

15 «Die große Stadt»: Talmud Bavli, *Pesahim* 118b, nach Hopkins 2009a, 192. «Die Macht der Römer»: Flavius Josephus, *Geschichte des jüdischen* Krieges 2.16.4. Das Rom der Kaiserzeit ist anschaulich skizziert von Purcell 2000.

16 Sterberaten in römischen Gesellschaften wurden extensiv untersucht, allerdings ohne abschließendes Ergebnis. Ulpian, der berühmteste römische Jurist, entwickelte eine Jahrestabelle auf der Grundlage einer Sterbetafel, die ein düsteres Bild von der Mortalität in Rom zeichnet (siehe Frier 1982). Inwieweit sie stimmt, muss dahingestellt bleiben. Die Altersangaben auf zahllosen antiken Grabsteinen sind hoffnungslos irreführend, da die Römer auf unterschiedliche Weise ihrer Toten gedachten – sie führen in enttäuschende Sackgassen. Ich stimme Walter Scheidel zu in seiner Einschätzung der Rolle epidemischer Mortalität und ihres Einflusses auf den Wert von Sterbetafeln: Scheidel 2001c; ebenso, was den urbanen Friedhofseffekt betrifft, Scheidel 2003. Siehe auch Hin 2013, 101–171; Bagnall und Frier 1994, 75–110; Frier 1983; Frier 1982. Zur Lebenserwartung siehe Scheidel 2001b, 39. Zum Abstillen siehe Prowse et al. 2008. Zur Bevölkerung Roms siehe Morley 1996, 33–39.

17 Bagnall und Frier 1994; Scheidel 2001c.

18 Zu den Kaisern siehe Scheidel 1999. Zu Faustina und Marc Aurel siehe Levick 2014, 62/63; Birley 1977.

19 Eine Einführung bietet Larsen 2015. Zu einer holistischen Anwendung auf Funde aus Rom siehe Killgrowe 2010a. Zum Stand der Bioarchäologie in Untersuchungen zum antiken Rom siehe Killgrowe 2014.

20 Porotische Hyperostose z. B. wird häufig als Indikator für biologische Belastung in Bevölkerungen angesehen, verursacht durch Ansteckungskrankheiten, Unterernährung oder angeborene Anämie, doch sind die Daten zum Römischen Reich noch nicht hinreichend standardisiert, so dass es voreilig wäre, Schlüsse daraus zu ziehen.

21 Einen Überblick zum Thema Körpergröße als Indikator für Wohlergehen geben Steckel 2013; Floud et al. 2011.

22 Siehe Steckel 2013, 407.

23 Bei manchen Methoden wird die Größe aus dem gesamten Skelett erschlossen, aber die meisten Anthropologen verwenden mathematische Formeln, um aus den Maßen der Langknochen – des Oberarms, der Speiche, des Schienbeins oder besonders des Oberschenkels – die Körpergröße zu bestimmen. Langknochen korrelieren mit der Gesamtgröße: Große Menschen haben lange Oberschenkel. Doch die Formeln zur Berechnung der Körpergröße entsprechend der Länge der Knochen stammen von unterschiedlichen modernen Populationen (insbesondere aus einer allzu häufig herangezogenen Studie einer Vergleichsgruppe von Weißen und Afro-Amerikanern aus der Mitte des 20. Jahrhunderts in den USA), wobei etliche

Unsicherheiten auftauchen, insbesondere weil z. B. Tibia und Speiche bei Populationen unter Belastung mehr nachgeben. Schlimmer noch: Die Anthropologen haben jahrzehntelang unterschiedliche Formeln verwendet, die unterschiedliche Ergebnisse erbrachten. Siehe Klein Goldewijk und Jacobs 2013.

24 Für Britannien siehe Gowland und Walther 2018. Bonsall 2013, 228/229. Roberts und Cox 2003 ist immer noch eine wertvolle Metastudie.

25 Diese Metaanalyse stammt von mir, sie ist der Versuch einer Antwort auf Kron 2005 und ein Update. Zu den zugrunde liegenden Daten vgl. Anhang A. Hinzugefügt sei sogleich, dass meiner Ansicht nach der Wert dieser Analyse durch die Beschränkungen der ursprünglichen Studie, die sich hauptsächlich auf ältere italienische bio-anthropologische Traditionen stützt, stark beeinträchtigt ist. Die ursprünglichen Studien geben manchmal nur die ungefähre Länge von Oberschenkelknochen und manchmal nur Durchschnittsgrößen an, und zwar auf der Basis von Rückschluss-Formeln. Sind grobe Längen angegeben, verwende ich diese; wird nur die Körpergröße genannt, erschließe ich die Länge des Oberschenkelknochens durch Lösung der Rückschluss-Gleichung, als würde sie auf der Länge des Oberschenkelknochens basieren, was nicht immer der Fall war. Deshalb unterscheide ich in der Grafik zwischen groben und erschlossenen Daten. Die ursprünglichen Studien beziehen fast nie Standardabweichungen ein, und ich habe die auf der Anzahl der Beobachtungen beruhende Analyse nicht danach gewichtet: Grafik 3.2. erhebt keinen Anspruch auf statistische Validität. Die Zeitvariable ist der Mittelwert der angegebenen Reihe. Kurzum, ich vertraue der großen Einzelstudie von Giannecchini und Moggi-Cecchi 2008, die sorgfältig überprüft wurde und nicht riskiert, von interobserver Variabilität beeinträchtigt zu werden, mehr als den anderen Metastudien, meine eigene eingeschlossen.

26 Die bei weitem bedeutendste Studie stammt von Giannecchini und Moggi-Cecchi 2008. Die Autoren hatten Zugang zu einer Vielzahl italienischer Sammlungen und analysierten und dokumentierten tatsächliche Längen von Langknochen. Zu älteren Studien gehören Koepke und Baten 2005 und Kron 2005.

27 Vgl. bes. die Arbeiten von Garnsey 1999, 1998 und 1988.

28 Zur Ernährung in Rom siehe Killgrow 2010; Cummings 2009; Rutgers et al. 2009; Craig et al. 2009; Prowse et al. 2004. Zur Archäologie von Tierknochen siehe Jongman 2007; King 1999. Zu Britannien siehe Bonsall 2013, 28: «Heute vermutet man, dass im Durchschnitt mehr Fleisch verzehrt wurde als bislang angenommen.» Cummings 2009; Muldner und Richards 2007.

29 Cucina et al. 2006; Bonfiglioli et al. 2003; Manzi 1999.

30 Zu Dorset siehe Redfern et al. 2015; Redfern und DeWitte 2011a; Redfern und DeWitte 2011b. Zu York siehe Peck 2009.

31 Zu den Niederlanden siehe Maat 2005. Zum Antebellum-Paradox siehe Treme und Craig 2013; Sharpe 2012; Zehetmayer 2011; Komlos 2012 bietet eine andere Sicht und betont die Bedeutung sinkender Löhne. Alter 2004; Haines, Craig und Weiss 2003. «Sicherlich scheinen»: Malthus 1905, 372.

32 Zur Urbanisierung siehe Hanson 2017; Morley 2011; Wilson 2011; Lo Cascio 2009; Scheidel 2001b, 74–85; Morley 1996, 182/183; Zur regionalen Krankheitsökologie siehe Scheidel 2001a und 1996. Zum Pergamon Galens siehe Galen, *Anim. Affect. Dign.* 9. Zum urbanen Friedhofseffekt siehe Tacoma 2016, 144–152; die Aufsätze in de Ligt und Tacoma 2016, bes. Lo Cascio 2016; Hin 2013. Das Ausmaß des Friedhofeffekts in Rom ist immer noch umstritten. Mir scheint jedoch, dass die extrem hohe Sterberate in der Stadt bestens belegt ist:

durch (1) zunehmende bioarchäologische Beweise für starke Binnenmigration (vgl. Prowse 2016; Bruun 2016; Killgrove 2010a; Killgrove 2010b; Prowse et al. 2007) in der frühen Kaiserzeit; (2) damit übereinstimmende Belege für endemische Malaria; (3) die Körpergrößen; (4) den archäologischen Nachweis, dass die sanitären Einrichtungen die mangelhaften hygienischen Bedingungen in der Stadt kaum verbessern konnten (Mitchell 2017; Koloski-Ostrow 2015). Gleichwohl akzeptiere ich die Argumente z. B. von Lo Cascio 2016, die dafür sprechen, dass die Bevölkerung Roms in der Zeit zwischen Augustus und Marc Aurel gewachsen ist. Es stimmt auch, dass vielerorts die Sterblichkeitsrate auf dem Land ebenfalls hoch war, die Unterschiede zwischen Stadt und Land also wohl nicht so extrem waren. Hin 2013, 227 stellt fest, dass beide Sterberaten ähnlich sanken.

33 Thesen gegen den «urbanen Friedhofseffekt» in Rom: siehe Lo Cascio 2016; Kron 2012; Lo Cascio 2006. Zu den römischen Latrinen und der Kanalisation siehe bes. Koloski-Ostrow 2015; «Markenzeichen»: Koloski-Ostrow 2015, 3; van Tilburg 2015; Hobson 2009.

34 Zu den Nachttöpfen siehe Koloski-Ostrow 2015, 88/89. «Die hygienischen Folgen»: Scobie 1986, 411; Menge der Exkremente: 413. Mitchell 2017, 48, bringt eine umfangreiche archäologische Zusammenfassung und zieht den Schluss, dass «die sanitären Einrichtungen nicht ausreichten, um die Bevölkerung vor Parasiten zu schützen, die sich durch fäkale Kontamination ausbreiteten».

35 Alle hier aufgeführten Angaben zur jahreszeitlich bedingten Mortalität basieren auf meinem eigenen Datensatz, der aus dem Korpus der christlichen Inschriften in Rom zusammengestellt wurde. Harper 2015c; Scheidel 2001a und 1996; Shaw 1996. Die grafische Darstellung ist als Index ausgedrückt, der an die unterschiedliche Zahl der Monatstage angeglichen ist (wenn das ganze Jahr über eine gleichmäßige Mortalität festgestellt würde, würde sich dies als eine gerade Linie bei dem Wert 100 darstellen). Zu den Ursachen der jahreszeitlich bedingten Mortalität siehe Grassly und Frase 2006.

36 Harper 2015c.

37 «Dieses unregelmäßige Auf und Ab»: Galen, *Temp.* 1.4.528.

38 Über akute Diarrhö siehe DuPont 1993, 676–678. Allgemein: Scheidel 2001a. Die jahreszeitlichen Kennzeichen ursachenspezifischer Mortalität in italienischen Städten in den Jahren 1881/82 stammen von Ferrari und Livi Bacci 1985, 281, und bringen die Daten zu «malattie respiratorie» und «enterite e diarrea».

39 «Furchtbare Macht»: Sallares 2002, 2. Zur Bedeutung der Malaria früher und heute siehe Shah 2010. Zur globalen genetischen Diversität der Plasmodien siehe Faust und Dobson 2015. Die Daten zur jahreszeitlich bedingten, von der Malaria herrührenden Mortalität in Rom in den Jahren von 1874 bis 1876 stammen von Rey und Sormani 1878 unter Verwendung ihrer Kategorie der «bösartigen, in Abständen auftretenden Fieber».

40 Zu Alter und genetischer Geschichte der Malaria siehe Loy et al. 2017; Perce-Duvet 2006, 376–377; Sallares 2004. Zu Italien in späteren Zeiten siehe Percoco 2013. Zur DNA siehe Marciniak 2016.

41 Grundlegend ist Sallares 2002. Ein wichtiges Zeugnis stammt vom Arzt Celsus (1. Jh.), z. B. *De medicina* 3.3.2. «Wir brauchen»: Galen, *Morb. Temp.* 7.435K. «Vor allem in Rom»: Galen, *Hipp.Epid.* 2.25.17. A. 121–2K. Vgl. hierzu Sallares 2002, 222.

42 Zu den jahreszeitlichen Mustern siehe Shaw 1996, 127.

43 Vgl. O'Sullivan et al. 2008; vor allem Sallares 2002, 95. «Wenn man den Überfluss an Wasser»: Plinius, *Naturalis Historiae* 36.24.123.

44 «Warum werden die Menschen»: Pseudo-Aristoteles, *Prob.*, 14.7.909. Monica: Sallares 202, 86. Zur Synergie der Malaria siehe Scheidel 2003.

45 Agronom: Palladius, *Op. Ag.* 1.7.4. Schwüles Frühjahr: siehe Pseudo-Aristoteles, *Prob.* 1.19.861. Zu einer Analyse der Abhängigkeit der Malaria vom Klima im Frankreich des 18. Jahrhunderts siehe Roucaute et al. 2014.

46 «Wird das ganze Jahr»: Galen, *Temp.* 1.4.531. Alle fünf bis acht Jahre Epidemie: siehe Sallares 2002, 229. «So versetzt ein einziger Kranker»: Seneca, *De Clem.* 1.25.4.

47 Wenn wir weiter zurück in die Geschichte gehen, finden wir beim Historiker Livius die Aufzählung der Epidemien, die zumeist in Rom oder in der Armee aufgetreten sind. Zu erwähnen ist auch die Pest von Athen. Eine Reihe von Seuchen zwischen ca. 420 und 360 v. Chr. könnte zwar aufgeführt werden, doch ihre Periodik und ihr epidemiologischer Charakter legen keine Verbindung zwischen ihnen nahe.

48 Plinius der Ältere, *Naturalis Historiae* 7.51 (170). Wir können nicht mit Sicherheit die Möglichkeit ausschließen, dass invasive Erreger durch das Imperium streiften. Von Mensch zu Mensch übertragene Viren wie das Denguefieber und das Gelbfieber erreichten den Mittelmeerraum in späteren Jahrhunderten; vielleicht waren sie schon in der Antike da und waren von anderen Malaria- und Magendarmepidemien nicht zu unterscheiden. Rein theoretisch hätte es auch zu Grippeepidemien kommen können, doch seltsamerweise fehlen Belege dafür. Eine interessante Stelle in den Schriften von Rufus von Ephesus, einem Arzt zur Zeit Kaiser Trajans, zeigt eindeutig, dass er sich mit «Pestbeulen» auskannte, was nichts anderes sein kann als eine frühe Form von *Yersinia pestis*, der echten Beulenpest. Wir werden an gegebener Stelle darauf zurückkommen. Zur Zeit von Rufus wurde die Beulenpest ganz offensichtlich nicht zur Pandemie, und Galens Schriften geben keinerlei Hinweis auf eine solche Seuche. Für Rufus war die Pestilenz eine Verkettung «aller schrecklichen Dinge»: Diarrhö, Fieber, Erbrechen, Delirium, Schmerzen, Krämpfe usw., doch Beulen kamen nicht vor. Seuchen waren im Imperium nach allem, was wir wissen, Explosionen von innen heraus.

49 Zum Zusammenhang zwischen Darmparasiten und der römischen Eroberung siehe Mitchell 2017. Zum TB-Genom siehe Achtman 2016; Bos et al. 2014; Comas et al. 2013; Stone et al. 2009. Zur Bedeutung der TB in der Geschichte siehe Roberts 2015; Müller et al. 2014; Holloway et al. 2011; Stone et al. 2009; Roberts und Buikstra 2003. Zu Britannien siehe Taylor, Young und Mays. «Wendepunkt»: Eddy 2015.

50 Der Diskussionsstand in dieser Frage ist gut zusammengefasst bei Green 2017, 502–505. Zur genetischen Geschichte der Lepra siehe Singh et al. 2015. Zur Geschichte der Lepra siehe Donoghue et al. 2015; Monot et al. 2005; Mark 2002 (besonders, was die Ausbreitung von Indien nach Ägypten betrifft, und die Diskussion älterer Theorien); die Aufsätze in Roberts, Lewis und Manchester 2002, bes. Lechat 2002, 158. Plinius der Ältere, *Naturalis Historiae* 26.5. Plutarch, *Moralia* 8.9. Rufus apud Oribasius, *Coll. Med.* 4.63. Beispiele für Rom: Inskip et al. 2015 (spät-/nachrömisch); Stone et al. 2009; Mariotti et al. 2005; Roberts 2002. Zu dem Kinderskelett siehe Rubini et al. 2014. Zur Phylogenese siehe Schuenemann et al. 2013.

51 Plutarch, *Moralia* 8.9.

52 Zur Phylogenese siehe Duggan et al. 2016; Babkin und Babkina 2015; Babkin und Babkina 2012. Aktualisierung von Shchelkunov 2009; Li et al. 2007. Die Biogeographie der Rennmaus und des Kamels lässt einen afrikanischen Ursprung des den Menschen befallenden *Variola* vermuten. Unabhängig davon zeigt der Umstand, dass afrikanische Stämme des *Variola* die größte genetische Diversität aufweisen, dass der Ursprung der Pocken in Afrika liegt. Zur Einführung von Kamelen nach Afrika siehe Farah et al. 2004.

53 Zur Übersicht siehe die unschätzbare Quellensammlung in FHN Bd. 3. Augustus: Strabo, *Geogr.* 16.4.22–27. Purcell 2016; Seland 2014; Tomber 2012; Cherian 2011; Tomber 2008; Cappers 2006; De Romanis und Tchernia 1997; Casson 1989; Raschke 1978. Farasan-Inseln: Phillips, Villeneuve und Facey 2004; Nappo 2015, 75–78; Speidel 2007. Zur Rolle des römischen Staates siehe bes. Wilson 2015. Ein eher skeptischer Blick auf den Umfang des Handels über den Indischen Ozean, bes. bei Raschke 1978, herrschte lange Zeit vor, aber der dogmatische Weber'sche Primitivismus, auf dem er beruhte, wurde überholt durch die Entdeckung des Muziris-Papyrus und die Vielzahl archäologischer Belege (in den römischen Häfen am Roten Meer und allgemeiner noch an den Küsten des Indischen Ozeans, wie in der Arbeit von Tomber sorgfältig dargestellt). Dadurch hat sich, scheint mir, die Ansicht, dieser Handel habe nur eine geringe Rolle gespielt, erledigt.

54 Zum Wachstum von Myos Hormos siehe Strabo, *Geogr.* 2.5.12. Zu Berenike siehe Sidebotham 2011. Schwierige Informationsbeschaffung: siehe Strabo, *Geogr.* 15.1.4. Plinius der Ältere, *Naturalis Historiae* 6.101. Seneca der Jüngere widmete ein heute verlorengegangenes Buch dem Thema Indien, in dem er, gar nicht typisch für einen Römer, die Möglichkeit in Betracht zog, dass gleichermaßen großartige Reiche an den fernen Enden der Welt existieren könnten: Plinius der Ältere, *Naturalis Historiae* 6.60. Vgl. Parker 2008, 70. Poet: Statius, *Silv.* 5.1.603. «Indien-Fahrer»: Ptolemäus, *Geogr.* 1.9. «So viele Schiffsladungen»: Aelius Aristides, *Or.* 26.11–12. Zum Nil: Aelius Aristides, *Or.* 36.1, vgl. FHN 3.198ff.

55 «Der Handel»: Frankopan 2017, 43. Periplus: Casson 1989, 10. Plinius der Ältere, *Naturalis Historiae* 12.84. Muziris-Papyrus: siehe De Romanis 2015; Rathbone 2000 über die wirtschaftliche Bedeutung; Casson 1990.

56 Gebührenordnung von Alexandria: Dig. 39.4.16.7. Zu den Gewürzen im Kochbuch des Apicius siehe Parker 2008, 151/152. Zum Gewürzviertel siehe Parker 2008, 153. Preise für Pfeffer: Plinius der Ältere, *Naturalis Historiae* 12.28. Zum Hadrianswall siehe Vindolanda-Tafel Nr. 184. Tomber 2008 bietet einen wertvollen Überblick über die archäologischen Belege für den Handel auf dem Roten Meer und dem Indischen Ozean.

57 Zu den Verkehrswegen zwischen dem Indischen Ozean und China siehe Marks 2012, 83. Zur Handelsniederlassung siehe Casson 1989, 19ff.

58 Zu römischen Münzen siehe bes. Darley 2013. Zu tamilischer Dichtung siehe Power 2012, 56; Parker 2008, 173; Seland 2007 zur Datierung dieser Gedichte. Zu China siehe McLaughlin 2010, 133–134. Zu den China-Besuchern und dazu, was die Chinesen von Rom wussten: *Hou Hanshu* 23.

59 Adulis: *Periplus Mar. Eryth.* 4. Zum Thema Nashorn siehe Buttrey 2007. Zu Zoskales siehe *Periplus Mar. Eryth.* 5.

60 «Sämtliche Tore»: Aristides *Or.* 26.102. Dio, *Or.* 32.36 und 39, FHN III, 925. Zu Sokotra siehe Strauch 2012. Zum Indischen Ozean in Langzeitperspektive siehe Banaji 2016.

61 Jenkins et al. 2013. Eine ganz neue Arbeit zeigt die überraschende geographische Bandbreite der Krankheiten zoonotischen Ursprungs: Han et al. 2016.

62 Rossignol 2012; Marino 2012. Vgl. bes. Bowersock 2001 zur Schädigung von Lucius Verus' Ruf. Zu Alexikakos siehe Ritti, Şimşek, Yıldız 2000, 7–8; MAMA IV.275a. Aelius Aristides, *Or.* 48.38. Zu literarischen Belegen siehe Marino 2012; Marcone 2002. Zur Pest von Athen siehe Pausanias 1.3.4.

63 Zur Pestilenz in Arabien siehe *Hist. Aug., Vita Ant.* 9.4. Zu den sabäischen Inschriften siehe Robin 1992. Zusammenhang mit der Antoninischen Pest bei Rossignol 2012; Robin 1992, 234: Südarabien als «foyer initial de la contagion».

64 Zu Galens Verhalten beim Ausbruch der Seuche siehe Mattern 2013, 187–189.

65 «Gleich einer Bestie»: Pseudo-Galen, *Ther. Pis.* 16 (14.280–1K). Zu Gallien und Germanien siehe Ammianus Marcellinus, *Röm. Geschichte* 23.6.24. Zu Athen siehe Philostratus, *Vit. Soph.* 2.561. Jones 2012b, 81–83; Jones 1971, 179. SEG 29.127, 60–63; SEG 31.131. Zu Ostia siehe OGIS 595. Zum Gebiet jenseits der Donau siehe ILS 7215a.

66 Zum Apollotempel siehe Ammianus Marcellinus, *Röm. Geschichte.* 23.6.24; Hist. Aug., *Vit. Luc.* 8. Zur «Demokratisierung» siehe Brown 2017. Satire: Lukian, *Alex.* 36.

67 Zu dem Fund in London siehe Tomlin 2014. Zu den Inschriften siehe Jones 2006 und 2005; die Fundorte sind auf Karte 10 verzeichnet. Zum Thema Küssen siehe Jones 2016.

68 Die Inschriften stammen aus Kallipolis (I. Sestos, IGSK 19 Nr. 11); Pergamon (IGRR 4.360); Didyma (I. Didyma 217); Caesarea Troketta (Merkelbach und Stauber Bd. 1, Klaros Nr. 8); Odessos (Merkelbach und Stauber Bd. 1, Klaros Nr. 18); Sardis/Ephesus (Graf 1992 = SEG 41, 481); Hierapolis (Merkelbach und Stauber Bd. 1, Klaros Nr. 12); Pisidien (Anat. St. 2003, 151–155). Keine dieser Inschriften ist genau datiert, doch vieles weist darauf hin, dass sie alle aus der Zeit stammen, als die Seuche in der Regierungszeit von Marc Aurel ausbrach. Sie werden zusammen behandelt in Oesterheld 2008, 43–231; Faraone 1992, 61–64; Parke 1995. «Wehe, Wehe»: Kallipolis, Merkelbach und Stauber 1998, Bd. 1, 397. Zu Ausräucherung siehe Pinault 1992, 54–55. «Nicht ihr allein»: Hierapolis, Merkelbach und Stauber Bd. 1, 260. «Der sich auszeichnet durch seinen Bogen»: Hierapolis, Merkelbach und Stauber, Bd. 1, 261. In Kleinasien wurden während der Regierungszeit des Commodus oder danach Münzen mit der Umschrift APOLLO PROPULAE-US geprägt, vgl. Weinreich 1913; vgl. eine Inschrift aus Antiochia: Perdrizet 1903.

69 Die Beulenpest scheidet aus klinischen und epidemiologischen Gründen aus, ebenso Flecktyphus, der gelegentlich genannt wird, aber eher nicht in Frage kommt: aus klinischen Gründen (z. B. hohes Fieber, das Fehlen pustulöser Läsionen), aus epidemiologischen Gründen (er ist ein «Lager»-Fieber, das von Läusen übertragen wird) und aus historischen Gründen (erst Jahrhunderte später nachgewiesen). Masern sind nicht ganz ausgeschlossen, denn sie sind extrem ansteckend – mehr als Pocken. Doch die verkrusteten Pusteln, die wie Schuppen von den Kranken abfielen, sind ein Pockenausschlag, und die häufigsten Komplikationen bei Masern betreffen die Atemwege, von denen in den Berichten nicht die Rede ist. Zu den Masern siehe Perry und Halsey 2004. Neue Molekularanalysen zur Datierung lassen vermuten, dass die Masern wahrscheinlich einige Jahrhunderte nach der Antoninischen Pest aufgetaucht sind. Vgl. jedoch bei Wertheim und Pond 2011 die gesunde Skepsis, was die Genauigkeit solcher Daten betrifft.

Zu Galen und der Seuche allgemein siehe Marino 2012; Gourevitch 2005; Boudon 2001. «Zahllose Opfer»: Galen, *Praes. Puls.* 3.4. (9.357K). Schwarze Galle: Galen, *Atra Bile* 4 (5.115K). Fieber: Galen, *Hipp. Epid.* 3.57 (17a. 709K) und *Simp. Med.* 9.1.4 (12.191K). Ausschlag und Geschwüre: Galen, *Meth. Med.* 5.12 (10.367K) und *Atra Bile* 4 (5.115K). Stuhl: Galen, K17a741 und *Hipp. Epid.* 3.57 (17a.709K). Trockene Konstitution: *Meth. Med.* 5.12 (10.367K). «Am längsten dauernde»: z. B. bei Galen, *Praes. Puls.* 3.3 (9.341–342 und 357–358K); 17a.885K; 17a709K; 17b.683K; 12.191K; 19.15, 17–18K.

70 Galen, *Meth. Med.* 5.12 (10.367K).

71 «Bedürfen keiner trocknenden Behandlung»: Galen, *Meth. Med.* 5.12 (10.367K); Galen, *Atra Bile* 4 (5.115K).

72 Siehe bes. Fenner 1988. Fenn 2001 liefert einen gut zugänglichen Überblick.

73 Hämorrhagische Pocken: Fenner 1988, 32, 63.

74 Bindehautentzündung: Galen, *De Substantia Facultatum Naturalium* 5 (4.788K). Fieber: Galen, *Hipp. Epid.* 3.57 (17a.709K) und *Simp. Med.* 9.1.4 (12.191K). Ineinanderfließend: Galen, *Schwarze Galle* 4. (5.115K).

75 Zu Genom und Alter der Pocken siehe Duggan et al. 2016; Babkin und Babkina 2015; Babkin und Babkina 2012.

76 Ich habe einen weitgehend vollständigen Katalog der historischen Belege für Pocken- und pockenähnliche Viren für die Zeit bis etwa 1000 n. Chr. erstellt auf: http://www.kyleharper.net/uncategorized/smallpox-resources-and-thoughts/. Ich erwähne den wichtigen Beleg für Indien im *Aṣṭāṅgahṛdayasaṃhitā* von Vagbhata aus dem siebten Jahrhundert und besonders das *Madhava nidanam* von Madhava-kara aus dem frühen achten Jahrhundert. Der frühestmögliche chinesische Beleg ist Ge Hong (bzw. Ko Hung), *Chou hou pei chi fang*, «Nützliche Therapien für Notfälle». Vgl. Needham et al. 2000, 125–127. *Die Syrische Chronik* des Pseudo-Josua Stylites, 26 und 28, schildert wohl eine Pockenepidemie im Edessa des späten fünften Jahrhunderts: vgl. Harper 2019. Schließlich beweist eine Reihe medizinischer Autoren vom siebten Jahrhundert in Alexandria bis ins zehnte Jahrhundert im Irak – darunter der bemerkenswerte Arzt Rhazes –, dass sie sich mit Pocken (ebenso wie mit Windpocken und Masern) gut auskannten. Für die späteren Quellen siehe Carmichael und Silverstein 1987.

77 Zu den Miasma-Vorstellungen in der Antike siehe die Aufsätze in Bazin-Tacchela et al. 2001.

78 Die ganze Welt: *Hist. Aug., Vit. Ver.* 7.3. «Ganze Armee»: Eutropius, *Brev.* 8.12.2. Ausbreitung: Hieronymus, *Chron.*, an. 172. «Durch viele Provinzen» – Orosius, *Antike Weltgeschichte* 7.15.5–6. Schätzungen der Todesopfer: Zelener 2012 (20–25 Prozent); Paine und Storey 2012 (über 30 Prozent); Jongmann 2012 (25–33 Prozent); Harris 2012 (22 Prozent); Scheidel 2002 (25 Prozent); Rathbone 1990 (20–30 Prozent); Littman und Littman 1973 (7–10 Prozent); Gilliam 1961 (1–2 Prozent).

79 Die komplexeste (genauer gesagt, die einzige) epidemiologische Studie zur Antoninischen Pest ist die von Zelener 2003; seine Ergebnisse sind zugänglich in Zelener 2012. Riley 2010 und Livi und Bacci 2006 sind besonders nützlich.

80 Riley 2010, 455. Vgl. Brooks 1993, 12–13: «Auch wenn behauptet wird, eine Pockenepidemie verbreite sich kreuz und quer wie ein Flächenbrand über den Kontinent, infizieren die Pocken in der realen Welt tendenziell nur Menschen im selben Haushalt oder Krankenhaus.»

81 «Die pathogene Belastung»: Livi Bacci 2006, 225.

82 Galen, *Hipp. Epid.* 3.57 (17a710K). Zur Krise im Nildelta siehe Elliott 2016 und Blouin 2014.
83 Vgl. bes. Zelener 2003. Zu Noricum siehe AE 1994, 1334. Zu Ägypten siehe unten. Zu Rom siehe Cassius Dio, *Röm. Gesch.* 73.14.
84 P. Thmouis 1. Vgl. Elliott 2016, 255; Marcone 2002, 811; Rathbone 1990. Zum Banditentum siehe Alston 2009.
85 SB XVI.12816. Hobson 1984. Vgl. bes. Keenan 2003; van Minnen 1995; Rathbone 1990.
86 Zur Rekrutierung in Griechenland siehe Jones 2012b. Zur Armee siehe bes. Eck 2012.
87 Kenner der Materie werden feststellen, dass ich einige Aspekte der Debatte beiseite gelassen habe, die sich im Anschluss an den grundlegenden Artikel von Duncan-Jones 1996 und den bedeutenden Beitrag von Scheidel 2002 entspann. Ich bin eher auf der Seite der Skeptiker wie z. B. Bruun 2012, 2007 und 2003, der konstruktiv gearbeitet und die Grenzen mancher Beweise abgesteckt hat, aber unter den derzeitigen Bedingungen ist die Diskussion in eine Sackgasse geraten. Duncan-Jones 1996 führt gute Gründe dafür an, dass viele zeitliche Unterbrechungen (z. B. bei Bauinschriften) in dieser Zeit auf eine massive Gesundheitskrise hinweisen. Manche Indizien sind zwar überzeugend, doch ist diese Art der Analyse allenfalls vage, denn sie bestimmt nicht die Ursache der Krise. Gleichwohl diente sein Beitrag dazu, die Debatte neu zu beleben. Der hier vorgestellte Fall beginnt da, wo bisher etwas gefehlt hat: bei einem besseren Verständnis für den Hintergrund und das Ausmaß von «Epidemien» und die epidemiologischen Möglichkeiten eines tatsächlich neuen Krankheitserregers. Ich bin der Meinung, dieser Fall erhöht die Glaubwürdigkeit der schriftlichen Zeugnisse, und wenn die epigraphischen noch dazukommen, wird es zunehmend schwierig, die Auswirkungen der Pestilenz kleinzureden. Außerdem bestätigt meine Untersuchung der Papyri weitgehend Scheidel 2002 (was Mieten und Bodenpreise angeht, allerdings ist der Bereich der Löhne komplexer). Meine Lesart stimmt mit Elliott 2016 überein, dem zufolge der Klimawandel Teil der Krise war, ohne dass dabei die Bedeutung des Faktors Seuche geschmälert würde.
88 Zum Silberbergbau siehe Wilson 2007. Zum Münzwesen in Ägypten siehe Howgego, Butcher und Ponting 2010. Zur Münzprägung der Städte siehe Gitler 1990–1991 und Butcher 2004. Zu den Preisen siehe Harper 2016a (Weizen); Rathbone und von Reden 2015; Rathbone 1977 und 1996.
89 Harper 2016a. Vgl. auch Scheidel 2002 und Bagnall 2002.
90 22–24 % nach Zelener 2012.
91 Zur Inkubationszeit siehe Fenner 1988, 5, und weiter unten. Zu Pocken allgemein siehe Hopkins 2002.
92 «Die langfristige Auswirkung»: Livi Bacci 2006, 205. Vgl. auch Cameron, Kelton und Swedlund 2015; Jones 2003.
93 Zu Marc Aurel siehe *Hist. Aug., Vita Marc.* 17.5. Galen, *Bon. Mal. Succ.* 1 (6749K). Vgl. Orosius, *Antike Weltgeschichte* 7.15.5–6. Die «andauernden Hungersnöte», die Galen in *Bon. Mal. Succ.* 1 beschreibt, gehören in die Zeit *nach* der Seuche. Eine schwere Subsistenzkrise ist für die Jahre 165–171 dokumentiert bei Kirbihler 2006, bes. 621; Ieraci Bio 1981, 115. De Ste. Croix 1981, 13–14.
94 1804 Bittgesuche: siehe P. Yale 61.
95 Birley 1968.

96 Lo Cascio 1991.
97 «Durfte nicht das verdiente Glück»: Cassius Dio, *Röm. Gesch.* 72.36.3. «Der eine hat den anderen beerdigt»: Marc Aurel, *Selbstbetrachtungen* 4.48–49.

4
DAS GREISENALTER DER WELT

1 Allgemein zu diesen Spielen siehe Körner 2002, 248–259. Die Tierschau: *Hist. Aug., Tres Gord.* 33.1–3. Zu den Jahrhundertspielen allgemein siehe Ando 2012, 119; Pighi 1967. Gibbon 1776, Bd. 1, Kap. 7. Zum Ende der Jahrhundertspiele siehe im vorliegenden Buch Kap. 5. Dem Leser wird sofort ein Rechenproblem aufgefallen sein, denn die Regierungszeit von Philippus Arabs fiel nicht auf ein Jahrhundertjubiläum der augusteischen Herrschaft. Seit der Zeit von Kaiser Claudius waren sich die Römer praktischerweise uneins in Bezug auf die Berechnung des Jahrhundertzyklus und feierten dementsprechend die Spiele in zwei verschiedenen Etappen.
2 Zum *umbilicus* siehe Swain 2007, 17 und weiter unten. Zum Gebet siehe Lane Fox 1987, 464, von einer früheren Feier. Münzen: *RIC* Philippus Arabs, 12–25.
3 Zu Philippus Arabs siehe Ando 2012, 115–121; Körner 2002.
4 Dieses Kapitel greift zurück auf Harper 2016b, 2016c und 2015a. Die «Krise» des dritten Jahrhunderts hat eine riesige Literatur hervorgebracht; ein paar wichtige Wegweiser sind Ando 2012; Drinkwater 2005; Potter 2004; die Aufsätze in Hekster, de Kleijn und Slootjes 2007; die Aufsätze in Swain und Edwards 2004, bes. Duncan-Jones 2004; Carrié und Rousselle 1999; Witschel 1999; Strobel 1993; Bleckmann 1992; MacMullen 1976; Alföldy 1974.
5 «Neues Imperium»: siehe z. B. Harries 2012; Barnes 1982; eine Formel, die sich auf Gibbon bezieht. «Erster Fall» vgl. Scheidel 2013.
6 Zu Marc Aurel und Faustina siehe Levick 2014, 62–63.
7 Zum Hintergrund und Aufstieg von Septimius Severus siehe Campbell 2005a, 1–4; Birley 1988.
8 «Eisernen und rostigen Kaisertums»: Cassius Dio, *Röm. Gesch.* 72.36.4. Die Severer «eher als Fortführer der Antoninen denn als Vorläufer Diokletians»: Carrié 2005, 270.
9 Septimius war «kein Soldatenkaiser»: Campbell 2005a, 10. «Bleibt einträchtig»: Cassius Dio, *Röm. Gesch.* 77.15.2.
10 «Stürmten die Höhen»: Birley 1988, 24.
11 Zum Antrag an Julia Domna siehe Birley 1988, 75–76.
12 Zur *constitutio Antoniniana* siehe P. Giss. 40; Dig. 1.5.17; Buraselis 1989, 189–198. Cassius Dios kritischer Bericht unterstellt finanzielle Motive: Dadurch würden die Reihen derer vergrößert, die bestimmte Steuern zu zahlen hatten. Die wahren Motive waren vielleicht religiöser Art, denn durch die neuen Bürger vermehrte sich die Zahl der Anhänger des Kaiserkults. Zur Verbreitung des römischen Rechts siehe Garnsey 2004; Modrzejewski 1970. Zu Makedonien siehe ISMDA Nr. 63. Levante: Cotton 1993. «Da die Gesetze»: Menander Rhetor, *Epid.* 1.364.10.
13 Ibbetson 2005. Zur Laufbahn des berühmten Juristen Ulpian siehe Honoré 2002.
14 Zur Administration der Severer siehe Lo Cascio 2005b, «Mangel an Beamten»:

132. Campbell 2005a, 12/13. Zwar setzte Septimius Ritter in Ämter ein, die die geheiligte Domäne der Senatoren waren, vor allem als Legaten der drei neuen Legionen *I, II und III Parthica*, aber in allen Fällen gab es mildernde Umstände, und er achtete geschickt darauf, dass senatorische Legaten nicht unter der Führung von Rittern dienen mussten.

15 Zu Domitian siehe Griffin 2000, 71–72. Zur Solderhöhung siehe Herodian 3.8.4; Campbell 2005a, 9.

16 Zur Heirat von Soldaten siehe Birley 1988, 128.

17 Die Hochkultur der Severer führte die Ära der Antoninen weiter, besaß jedoch auch ihre eigene Ausprägung. Galens Laufbahn ist ein gutes Beispiel: Er starb um 216 und verbrachte praktisch die eine Hälfte seines öffentlichen Lebens unter Marc Aurel, die andere unter Septimius Severus. In der Philosophie gab es neue Stars wie Alexander von Aphrodisias, einen der berühmtesten Aristoteliker. Zweifellos erlebte das Zeitalter der Severer den Aufstieg des Platonismus auf Kosten der bis dahin führenden stoischen und epikureischen Schulen. Griechische Prosadichtung blühte auf. Ein ganzer Kontinent syrischer, einst unbekannter Kultur kam zum ersten Mal zum Vorschein. Die Zeit ist voller Überraschungen: z. B. die lipogrammatische *Ilias* des Dichters mit dem schönen Namen Septimius Nestor. Jedes Buch des Poems ist wiedergegeben, wobei auf die Verwendung des Buchstabens, der für die Nummer des Buches steht, verzichtet wird, ein virtuoses Kunststück, das ihn in Ost und West berühmt machte. Philostrat von Athen hatte großen Erfolg mit seiner literarischen Bewegung, die er «Zweite Sophistik» nannte. Er verfasste außerdem eine Biographie des Wunder wirkenden Weisen Apollonius von Tyana. Vgl. die Aufsätze in Swain, Harrison und Elsner 2007. Zum Rom der Severer siehe Lusnia 2014; Wilson 2007, 29; Reynolds 1996. Wassermühlen und Weizen: Lo Cascio 2005c, 163.

18 Zum Ende der Monumentalbauten im Zusammenhang mit dem letzten Severer siehe Wilson 2007, 291. Tertullian, *De anima* 30.

19 Vgl. Bowman 2011, 328; Keenan 2003; Alston 2002 und 2001; van Minnen 1995; Rathbone 1990.

20 Zur Besoldung siehe Southern 2006, 108/109. Septimius scheint im Jahr 194 eine größere Abwertung durchgesetzt zu haben (bis zu 45 % weniger Silber), ohne nennenswerte Auswirkungen. Butcher und Ponting 2012; Corbier 2005a und 2005b; Lo Cascio 1986. Allgemein anerkannte Währung/Preisniveau: Haklei-Rotenberg 2011; Rathbone 1997 und 1996.

21 Zu Maximinus siehe Syme 1971, 179–193. In jüngerer Zeit Campbell 2005a, 26–27. Zu seinem Sturz siehe Drinkwater 2005, 31–33; detaillierter bei Kolb 1977.

22 Zu den Ereignissen dieser Jahre siehe Drinkwater 2005a, 33–38. «In aller Ruhe»: Peachin 1991.

23 «So extrem»: Duncan-Jones 2004, 21.

24 Cyprian, *Ad Demetr.* 3.

25 Vgl. z. B. Zocca 1995 und Fredouille 2003, 21–38 über die Metapher. «Brennstoff»: Ach. Tat. 2.3.3. «Trockenheit des Körpers»: Galen, *Temp.* 2.580–581. «Da der Tod»: Galen, *Temp.* 2.582. «So sendet die Sonne»: Cyprian, *Ad Demetr.* 3.

26 Im Licht neuer Studien würde ich wohl weniger Gewicht auf vulkanische Kräfte am Ende des RCO legen als einige andere nützliche Studien zum römischen Klima (z. B. Elliott 2016 und Rossignol und Durost 2007). Ein Vulkanausbruch im Jahr 169 n. Chr. verursachte vielleicht einen gewissen Temperaturrückgang,

und ein sogar noch größerer im Jahr 266 n. Chr. bewirkte möglicherweise das Gleiche. Vgl. Sigls zuverlässige Studie zu Zeitpunkt und Ausmaß vulkanischer Aktivität (Sigl 2015). Zur Sonneneinstrahlung siehe Steinhilber et al. 2012. Zur Veränderung der Gletscher siehe Le Roy et al. 2015; Holzhauser et al. 2005; zu Temperaturaufzeichnungen in Spanien siehe Martin-Chivelet et al. 2011. Zu österreichischen Speläothemen siehe Vollweiler et al. 2006; Mangini, Spötl und Verdes 2005. Zu thrakischen Speläothemen siehe Göktürk 2011.

27 Cyprian, *De Mortalitate,* 2. Cyprian, *Ad Demetr.* 7. Die Reichen: Cyprian, *Ad Demetr.* 10. «Mag auch der Weinstock»: Cyprian, *Ad Demetr.* 20.

28 Siehe Sperber 1974. Zu Ḥanina bar Ḥama siehe Miller 1992. Zu Klimaindikatoren siehe Issar und Zohar 2004, 210, bes. den Bericht über eine Villa bei ʻAin Feshkha in der Nähe von Qumran.

29 Marriner et al. 2013; Marriner et al. 2012; Abtew et al. 2009; Jiang et al. 2002; Krom 2002; Eltahir 1996.

30 Zum Nil in der Antike siehe Bonneau 1971; Bonneau 1964. Zum Nilometer siehe Popper 1951. Zu den Schwankungen der Nilschwemmen siehe Macklin et al. 2015; Hassan 2007. Zur Hydrologie des Nils allgemein siehe Said 1993.

31 Rohdaten: McCormick, Harper, More und Gibson 2012. Anwendungssoftware: Izdebski et al. 2016; McCormick 2013b.

32 Marriner et al. 2013; Marriner et al. 2012; Abtew et al. 2009;Hassan 2007; De Putter et al. 1998; Eltahir 1996. ENSO ist außerdem einer der mächtigsten globalen Klimamechanismen, und sein Einfluss erstreckt sich bis zum Mittelmeer und dem Nahen Osten. Er hat komplexe Auswirkungen von Nordafrika bis zur Levante und zeigt oft den entgegengesetzten Effekt im Niltal: ENSO-Jahre können Niederschläge in den nördlichen Mittelmeerländern verursachen, doch in der Schlussphase des ENSO kann es zu extremer Trockenheit kommen. Wenn es einen Zusammenhang gab zwischen einer Dürre in Nordafrika, Palästina und Ägypten, musste ein globaler Mechanismus wie der ENSO im Spiel sein, und wir können die Hypothese aufstellen, dass zu den tiefgehenden Veränderungen in der römischen Übergangsperiode die häufiger werdenden El Niños gehörten. Die Kornkammer Roms hing von langfristigen Klimamustern der südlichen Hemisphäre ab: Alpert et al. 2006: Nicholson und Kim 1997. Die Häufigkeit von El Niños wurde aus einem Sedimentsatz aus Ecuador rekonstruiert von Moy et al. 2002, mit den Daten auf ftp;//ftp.n.c.d.c.noaa.gov/pub/data/paleo/paleolimnologie/ecuador/pallcacocha_red_intensity.txt.

33 P. Erl. 18 (BL III 52); P. Oxy. XLII 3048; P. Oxy. 38.2854. Vgl. Rathbone und von Reden 2015, 184: «Dies ist der schlimmste für das römische Ägypten nachweisbare Getreidemangel.» Tacoma 2006, 265; Casanova 1984. Bischof: Eusebius, *Kirchengeschichte* 7.21. Der Nachhall dieser Krise in Alexandria klingt im dreizehnten sibyllinischen Orakel an: *Orac. Sibyll.* 13.50–51.

34 Zu den Ernteerträgen siehe Rathbone 2007, 703; Rowlandson 1996, 247–252; Rathbone 1991, 185, 242–244. Zur Gesamterzeugung siehe Rathbone 2007, 243/44. 4–8 Millionen *artabai*: Minimalschätzung bei Scheidel und Friesen 2009. Maximalpreise nach Justinians *Edikt* 13. Wertberechnung basierend auf 1 *artaba* = 12 *drachmai* = 3 *denarii* = 3/25 *aurei*. Zu Hungersnöten siehe Borsch 2005; Hassan 2007.

35 Brent 2010; Sage 1975. Zur Anzahl der Christen siehe weiter unten.

36 McNeill 1978, 141–142. Vgl. z. B. Brooke 2014, 343. «Eine, die in der Mitte»: Corbier 2005b, 398.

37 Umfassend behandelt bei Harper 2015a und 2016c. Hinzu kommt ein wenn auch indirektes vierundzwanzigstes Zeugnis in der *ex eventu* Prophezeiung im *Martyrium von Marian und Jakob*, 12.1. Ich danke Joseph Briant für diesen Hinweis.

38 Zu Theben siehe Tiradritti 2014. Zur Chronologie siehe Harper 2015a.

39 Fünfzehn Jahre: Dieser Bericht geht zurück auf den Athener Historiker Philostrat (3. Jh. n. Chr.), vgl. hierzu Jones 2011. Evagrius Scholasticus, *Hist. Eccl.* 4.29; *Exzerpta Salmasiana* II (Hrsg. Roberto = FHG 4.151, 598); Symeon Logothetes (Wahlgren 2006, 77); George Kedrenos, *Chron. Brev.* Bd. 2, 464–466; Johannes Zonaras, *Epist. Hist.* 12.21.

40 «Es gab fast keine»: Orosius, *Antike Weltgeschichte* 7.21.5–6. «Verwundete»: Jordanes, *Get.* 19.104. «Sie befiel die Städte und Dörfer»: Zosimus, *Neue Geschichte* 1,26.2.

41 «So haben wir»: Cyprian, *De Mortalitate* 8. «Dass jetzt beständiger Durchfall»: Cyprian, *De Mortalitate* 14. Vgl. auch Grout-Gerletti 1995, 235–236.

42 «Raffte tagtäglich»: Pontius, *Vit. Cypr.* 9. «Denn als einmal die Krankheit»: Gregor von Nyssa, *Vit. Greg. Thaum.* 956–957. Zu diesem Text siehe Van Dam 1982.

43 Vgl. Harper 2016c. Pseudo-Cyprian, *De Laud. Mart.* 8.1.

44 «Außergewöhnlich hartnäckig»: Orosius, *Antike Weltgeschichte* 7.22.1.

45 «Verunreinigte Luft»: Orosius, *Antike Weltgeschichte* 7.27.10. «Die Krankheit wurde übertragen»: *Excerpta Salmasiana* II (hrsg. Roberto = FHG 4.151, 598). Diese Quelle geht zurück auf Philostrat von Athen. Zur Vorstellung von Ausscheidungen des Auges siehe Bartsch 2006.

46 «Und da fragt man»: Eusebius, *Kirchengeschichte,* 7.21. 62 %: Parkin 1962, 63–64. 5000 pro Tag: *Hist. Aug., Vit. Gall.* 5.5. «Das Menschengeschlecht»: Cyprian, *Ad. Demetr.* 5.

47 Eusebius, *Kirchengeschichte,* 9.8. Zu exanthemem Typhus siehe Grout-Gerletti 1995, 236.

48 Barry 2004.

49 Barry 2004, 224–237. Dank gilt meiner Kollegin Tassie Hirschfeld für ihren Rat, mich näher mit der Influenza zu befassen.

50 Über VHF (virales hämorrhagisches Fieber) allgemein siehe Marry et al. 2006. Zu Gelbfieber siehe McNeill 2010 über seine Auswirkungen in der Neuen Welt; Cooper und Kiple 1993.

51 In Harper 2015a halte ich das Arenavirus für möglich, was immer noch denkbar ist, doch die Dynamik der Übertragung scheint mir inzwischen für direkte Ansteckung unter den Menschen zu sprechen.

52 Zur Genetik der Filoviridae siehe Aiewsakun und Katzourakis 2015; Taylor et al. 2010; Belyi et al. 2010. Zu Ebola allgemein siehe Quammen 2014; Feldmann und Geisbert 2011. Zur Sterberate siehe die sehr nützliche Datensammlung auf http://epidemic.bio.ed.ac.uk/ebolavirus_fatality_rate.

53 Drinkwater 2005, 38/39.

54 «Unmöglich können wir nämlich»: Cassius Dio, *Röm. Gesch.* 52.28–29.

55 «Die Alamannen»: Eutropius, *Brev.* 9.8. Zur Abfolge der Ereignisse siehe Drinkwater 2005, 28–66; Wilkes 2005a; Potter 2004, 310–314. Todd 2005, bes. 442.

56 *Orac. Sibyll.* 13.106–108, 147/148, bei Potter 1990. Zosimus stützt sich für diese Abschnitte seiner *Neuen Geschichte* im Wesentlichen auf die gute zeitgenössische Quelle Dexippus von Athen; der direkte Zusammenhang zwischen der Seuche und der unsicheren Situation wurde in seinem Bild des Zeitalters deutlich hervorgehoben.

57 Zu den Goten siehe Todd 2005; zu den Persern siehe Frye 2005.
58 «Technologische Konvergenz»: Todd 2005, 451.
59 «Männer aus der Plebs»: Zosimus, *Neue Geschichte* 1.37.2. Zum Altar der Siegesgöttin siehe Ando 2012, 161. Zum gallischen Reich siehe Drinkwater 1987. Allgemein: Drinkwater 2005, 44–48.
60 Hierzu allgemein: Corbier 2005a und 2005b. Zum Silbergehalt siehe Estiot 1996; Walker 1976. Zu den Preisen siehe Harper 2016a. Zu den Bankiers siehe P. Oxy 12.1411. Münzhorte: De Greef 2002; Duncan-Jones 2004, 45–46; Bland 1997. Vertrauen in die Währung: Haklai-Rotenberg 2011. Für den Silbergehalt in Abb. 4.3 übernehme ich die Vorschläge von Pannekeet 2008 [verfügbar in Englisch auf academia.edu], mit Gitler und Ponting 2003; Walker 1976.
61 Dörfer: Keenan 2003; Alston 2001; van Minnen 1995. Volkszählungen: Bagnall und Frier 1994. Stiftungen: Corbier 2005b, 413. Zur Epigrafik siehe MacMullen 1982. Zu den Tempeln siehe Bagnall 1988 und weiter unten. Zu den Werkstätten siehe z. B. Corbier 2005b, 419.
62 Zu Gallienus' Hintergrund siehe Syme 1983, 197; Drinkwater 2005, 41. «Gallienus»: Aurelius Victor, *Die römischen Kaiser* 33.33–34. Über Gallienus' Reformen siehe Piso 2014; Cosme 2007; Lo Cascio 2005c, 159–160; Christol 1986; Christol 1982; Pflaum 1976; de Blois 1976.
63 Scheidel 2013; über die Region siehe Wilkes 2005b; Wilkes 1996; zum Mangel an Senatoren siehe Syme 1971, 180.
64 Scheidel 2013. «Kraftzone»: Syme 1984, 897.
65 Zum Gesetzgebungsprogramm siehe Johnston 2005; Corcoran 2000. Zu Verwaltungsreformen siehe Kap. 5. Das heißt nicht, dass es keine Bevorzugung der eigenen Region gegeben hätte, (z. B. den Diokletianspalast).
66 Zum Wendepunkt siehe Bastein 1988. Vgl. auch Callu 1969. Zur Auszahlung siehe Lee 2007, 57–58. Zum Schatzfund von Arras, auch bekannt als Versteckhort von Beaurains, siehe Bastien und Metzger 1977.
67 Münzen mit Apollo Salutaris: RIC IV.3 Trebonianus Gallus, Nr. 5, 19, 32, 103 und 104a-b; RIC IV.3 Volusianus, Nr. 188, 247, 248a-b; RIC IV.3 Aemilianus, Nr. 27; RIC V.1 Valerianus, Nr. 76. Manders 2012, 132. «Deshalb suchte man»: *Hist. Aug., Vit. Gall.* 5.5. Zu religiösen Reaktionen auf Seuchen allgemein siehe Reff 2005.
68 Zur Frage der «Verfolgung» siehe Ando 2012, 134–141; Manders 2011; Luijendijk 2008; Bleckmann 2006; Selinger 2002; Rives 1999.
69 Porphyrios: in Eusebius, *Praep. Ev.* 5.1.9.
70 Zur Verbreitung des Christentums siehe Schor 2009; Hopkins 1998; Stark 1996; Lane Fox 1987; MacMullen 1984; Barnes 1982. Zur Namensforschung siehe Frankfurter 2014; Depauw und Clarysse 2013; Bagnall 1987b; Wipszycka 1988 und 1986; Bagnall 1982. Grundsätzlich stimme ich Depauw und Clarysse zu, die sich wiederum auf Bagnall beziehen.
71 «Welt voller Götter»: Hopkins 2009b. Neuer *ethnos*: Buell 2005. Zu den Netzwerken siehe Schor 2011; Brown 2017. Vgl. Stark 1996, dessen Arbeit zu voreilig abgelehnt wurde.
72 «Wer gar vermöchte zu schildern»: Eusebius, *Kirchengeschichte* 8.1.5. Der erste bekannte Kirchenbau in Oxyrhynchus stammt aus dem Jahr 304 n. Chr.: Luijendijk 2008, 19. Der erste identifizierbare Christ: P. Oxy. 42.3035. Zu Sotas siehe Luijendijk 2008, 94 ff.
73 Hierzu allgemein: Rebillard 2009; Bodel 2008; Spera 2003; Pergola 1998. Zu

den frühen Bestattungen siehe Fiocchi Nicolai und Guyon 2006; Ferrua 1978; Katakomben von Priscilla, *ICUR* IX 24828 ff. Calixtus: *ICUR* IV 10558.

74 Zum olympischen Zeus siehe Pausanias 1.18.6; Levick 2000a, 623. «Augen»: Libanius, *Or.* 30.9; vgl. Frowden 2005, 538. Bagnall 1988 bleibt die anregendste Arbeit über das allmähliche Verschwinden des Heidentums im späten dritten Jahrhundert. S. 286: «Après cela, le silence tombe sur les temples d'Egypte.» Bagnall 1993, 261–268. Stellungnahme gegen die totale Stagnation bei Lane Fox 1987, 572–585, fußend auf der Arbeit von Louis Robert.

75 Zum späten Heidentum liefert bes. Jones 2014 ein ausgewogenes Bild. Zu Ephesus siehe Rogers 1991.

76 «Dem Wanderer ein Altar»: Apuleius, *Flor.* 1. Vgl. die anschauliche Schilderung bei Watts 2015, 17–36. Über Konstantins Bekehrung siehe Kap. 5.

77 Zu Aurelian siehe Drinkwater 2005, 51–53.

78 Nadir: Duncan-Jones 2004 bietet eine nützliche Zusammenfassung.

5

FORTUNAS SCHNELLES RAD

1 Claudian, *Carm.* 20. Zu Vorläufern und Parallelen der Dichtung siehe Røstvig 1972, 71.

2 Zum Datum siehe Cameron 1970, 391.

3 «Der Rahmen»: Prosper von Aquitanien, *Carm. Ad Uxorem* 7–8, vgl. Santelia 2009; Roberts 1992, 99–100.

4 «Weniges»: Harris 2016, 163.

5 Zur Beamtenschaft siehe Kelly 1998, 220.

6 «Konnte wenig mit Senatoren anfangen»: Jones 1964, 48. «Die Provinzen»: Lactantius, *De Mortibus Persecutorum* 7.4. Zu den Verfahren allgemein siehe Lo Cascio 2005a; Corcoran 2000; Barnes 1982; Jones 1964, 37–76, bes. 42–52.

7 Wir besitzen eine erstaunlich präzise und höchst plausible Zahl, überliefert von einem Beamten des 6. Jahrhunderts, der die Stärke der Armee Diokletians auf 435 266 Mann beziffert: Johannes Lydus, *Mens.* 1.27. Campbell 2005b, 123–124; Whitby 2004, 159–160; Lee 1998, 219–220; Treadgold 1995, 43–64; Ferill 1986, 42; Jones 1964, 679–686, bes. 679–680. Zur Fiskalpolitik siehe Bransbourg 2015; Carrié 1994; Cerati 1975; Jones 1957. Allgemein siehe Bowman 2005.

8 *Edictum de Pretiis Rerum Venalium*, pr., hrsg. v. Lauffer. Zum Edikt siehe Corcoran 2000, 205–233. Über den wirtschaftlichen Hintergrund siehe die Aufsätze in Camilli und Sorda 1993 und Bagnall 1985.

9 Zu Einschätzungen der Person Konstantins siehe bes. Lenski 2016 mit einem gelungenen Überblick über die unterschiedlichen Beurteilungen Konstantins durch moderne Historiker. Jüngere Bewertungen aus dem vergangenen Jahrzehnt bei Potter 2013; Barnes 2011; Van Dam 2007; die Aufsätze in Lenski 2006; Cameron 2005; Konstantin als Augustus siehe Harper 2013b; Matthews 2010, 41–56; Van Dam 2007.

10 Verwaltung/Senat: Harper 2013b; Kelly 2006; Heather 1998b; Jones 1964, 525–528. Konstantinopel: Dagron 1984. Der Ritterstand verschwand fast ganz, nur ein einziger Rang blieb bestehen, und wer einst aufgrund von Talent und

Leistung aufgestiegen war, konnte von nun an auf die höchsten Ehrenposten hoffen. Konstantin machte die improvisierte Truppe der Gefährten am kaiserlichen Hof zu einer regulären Einheit, den *comites,* mit einem offiziellen System von drei Rängen mit jeweils unterschiedlichen Privilegien. Er erkühnte sich, den altertümlichen Titel eines *patricius* wiederzubeleben, der nun nicht mehr der blaublütigsten Nachkommenschaft vorbehalten war, sondern ausschließlich vom Kaiser verliehen wurde. Und unter Konstantin wurde Flavius, der eigene Familienname des Kaisers, vielfach als Mischung aus einem Namen und einem Titel für bestimmte Regierungsämter verliehen. Das Korps der kaiserlichen Bediensteten bekam nun sogar den Familiennamen des Kaisers. Der Gebrauch des Namens Flavius blieb die ganze Spätantike hindurch bestehen, ein Spiegelbild von Konstantins Erfolg als Begründer einer neuen Ordnung: Keenan 1973 und 1974.

11 Besonders anregend sind McGinn 1999 und Evans Grubbs 1995. «Dass die Menge»: CT 11.16.3. Zur Sklavenhaltung siehe Harper 2013b und Harper 2011, Teil 3. Zu illegitimen Kindern siehe Harper 2011, 424–462. Zum Thema Scheidung siehe Harper 2012; Memmer 2000; Arjava 1988; Bagnall 1987a.

12 Barnes 2011 zeichnet einen Aspekt von Konstantins Religionspolitik nach.

13 Herodian, *Geschichte des Kaisertums nach Marc Aurel* 1.6.5. Vgl. bes. die schöne Sammlung von Aufsätzen in Grig und Kelly 2012; Mango 1986; Dagron 1984.

14 Profligate: Zosimus, *Neue Geschichte* 2.38.2–3, S. 103f. «Repeatedly and ceaselessly…»: Eusebius von Caesarea, *Über das Leben Konstantins* 4.1–2. «Er selbst»: Eusebius von Caesarea, *Über das Leben Konstantins* 4.71.

15 Zum Vulkanismus siehe Sigl et al. 2015. Zur Sonneneinstrahlung siehe Steinhilber, Beer und Fröhlich 2009. Zur Gletscherschmelze siehe Le Roy et al. 2015.

16 Zur NAO siehe Burroughs 2005, 170–175; Hurrell et al. 2003; Marshall et al. 2001; Visbeck et al. 2001.

17 Siehe im Vergleich dazu die Langzeitwirkungen eines beständigen positiven NAO-Index in der Klimaanomalie des Mittelalters (auch bekannt als «Mittelalterliche Warmzeit»): Trouet et al. 2009; Manning 2013, 107–108.

18 Baker et al. 2015. Eine weitere paläologische Aufzeichnung der NAO stammt aus einem hochauflösenden Seesediment in Grönland: Olsen et al. 2012. Zu Spanien siehe Martín Puertas et al. 2009; Currás et al. 2012. Zu den Eichen siehe Büntgen et al. 2011.

19 Die Tiber-Überschwemmungen ließen im vierten und fünften Jahrhundert ziemlich unvermittelt nach, jedoch nur im Vergleich zu ihrem außergewöhnlich häufigen Auftreten im RCO. «Eine geleerte Landschaft»: Brown 2017, 100. Höhere Feuchtigkeit wurde in der Höhle von Kapsia, Griechenland, verzeichnet: Finné et al. 2014. Ebenso im Sediment des Shkodra-Sees, Albanien: Zanchetta et al. 2012.

20 Überblicke über Klimamechanismen im östlichen Mittelmeerraum: Finné et. al 2011; Xoplaki 2002. Trockenes Anatolien: Haldon et al. 2014. Sofular: Göktürk 2011; Fleitmann et al. 2009. Bereket-Becken: Kaniewski et al. 2007. Nar Gölü: Dean et al. 2013; Woodbridge und Roberts 2011. Tecer-See: Kuzucuoğlu et al. 2011. Israel: Migowski et al. 2006; Bookman et al. 2004. Beginn und Ende einer feuchteren Phase lassen sich nicht zeitlich festlegen. Vgl. die Diskussion bei McCormick et al. 2012. Vgl. Kap. 7.

21 Stathakopoulos 2004 bringt den besten Überblick. Teleles 2004 bezieht sich besonders auf Klimaereignisse; Patlagean 1977 ist immer noch sehr nützlich. Brown

2002 und Holman 2001 lassen uns die neuen Perspektiven der Spätantike erkennen.

22 Siehe Holman 2001; Garnsey 1988, 22–23. Basilius von Caesarea, *Dest. Horr.* 4. Harper 2011, 410/411.

23 «Enttäuschte eine klägliche Ernte»: Symmachus, *Streit um den Victoriaaltar* 3.15.

24 Stathakopoulos 2004, Nr. 29, 207. «Eine Missernte»: Symmachus, *Rel.* 3.17. «Wechselhaftigkeit» und «den Sträuchern»: Symmachus, *Rel.* 3.16. Ambrosius, *Ep.* 73.19. Die Hungersnot wird auch von einem zeitgenössischen Autor namens Ambrosiaster erwähnt, und Prudentius spielt ebenfalls darauf an.

25 Zu den Problemen in Ägypten siehe P. Lond. 3.982. Vgl. Rea 1997; Zuckerman 1995, 187. Im Jahr darauf herrschte in Antiochien eine schwere Hungersnot. Stathakopoulos 2004, Nr. 30.209. Die folgenschweren Klimaereignisse des Jahres 451 fanden in ähnlicher Weise im ganzen Mittelmeerraum ihren Widerhall. Vgl. weiter unten hinsichtlich der Überschneidung mit der Invasion der Hunnen.

26 Vgl. Kap. 3.

27 Stathakopoulos 2004. Eusebius, *Kirchengeschichte* 9.8. Ambrosius von Mailand behauptete, der Krieg der Barbaren um 378 habe Angst und Schrecken – und Hunger und Pestilenz – über die ganze Welt gebracht. Im Jahr 442 verzeichnet der Chronist Hydatius die Erscheinung eines Kometen, in deren Folge sich eine Seuche über die ganze Welt verbreitete. Dies wird in keinem zeitgenössischen Dokument bestätigt, und beide gehen wohl auf das Konto rhetorischer Schwarzmalerei. Wir können sie getrost ad acta legen.

28 Näheres zu diesem Malariaausbruch weiter unten.

29 Diese Episode wird drastisch geschildert in: *Syrische Chronik des Josua Stylites* 38–46. Stathakopoulos 2004, Nr. 80, 250–255. Garnsey 1988, 1–7, 20–36. Siehe auch Harper 2019.

30 Zur einwöchigen Dauer der Reise siehe orbis.stanford.edu. Zu Palladius' Reise siehe *Hist. Laus.* 35.

31 «Persönliches Orakel»: Zuckerman 1995, 193. Nil: *Hist. Monach. in Aegypt.* 11.

32 Siehe Sheridan 2015 und van der Vliet 2015, 165–167 zu Johannes. Die Identifizierung von Apa Johannes in den Papyri als Johannes von Lykopolis stammt von Zuckerman 1995. Davon sind nicht alle Historiker überzeugt, vgl. Choat 2007; es würde aber nichts an der Argumentation ändern. Einberufung und Selbstverstümmelung: CT 7.13.4 (367 n.Chr.); CT 7.13.5 (368 n.Chr.); CT 7.13.10 (381 n.Chr.). Die Provinzen erhielten für versehrte Rekruten nur den halben Sold: In ihren Listen zählten zwei für einen.

33 Lo Cascio 1993; der Staat führte Zwangsbeschlagnahmen von Edelmetall durch, das in überbewerteten Milliardenmünzen vergütet wurde, die unter Diokletian geprägt wurden. Man hat sie als «le trait le plus original de la fiscalité de Dioclétian» bezeichnet, Carrié 2003; Carrié 2007, 156. Das Höchstpreisedikt scheint Gold «unterbewertet» zu haben, und die staatliche Geldpolitik des unterbewerteten Goldes wurde im folgenden Vierteljahrhundert fortgesetzt. Über die Inflation siehe z. B. Bagnall 1985. Die Weizenpreise stammen aus Harper 2016a.

34 Zu Konstantins «Freigabe» des Goldes siehe Lo Cascio 1998 und 1995. Steuern: Die *collatio lustralis* oder *chyrsargyron* war eine Steuer auf den Handel in Gold, die alle fünf Jahre erhoben wurde, offensichtlich um die alle fünf Jahre fälligen Sonderzahlungen an die Soldaten zu garantieren. Konstantin führte auch die *col-*

latio glebalis ein, eine in Gold zu entrichtende jährliche Steuer auf senatorischen Besitz. Beide Steuern waren vermutlich progressiv und belasteten die wohlhabenden Schichten überproportional; und obwohl sie höchst unpopulär waren, blieben sie bestehen. Zur neuen Goldökonomie siehe Carrié 2007; Banaji 2007; Corbier 2005a, 346; Brenot und Loriot 1990; Morrison et al. 1985, 92–95. Streufunde von *solidi* nehmen nach Konstantins Zeit deutlich zu, vgl. Bland 1997, 32–33.

35 «Speziell spätrömische Verbindung»: Banaji 2007, 55. Zu Heliodorus: Libanius, *Or.* 62.46–48.

36 Zum Verschwinden der Banken siehe Andreau 1998; Andreau 1986. CJ 5.37.22 (329 n.Chr.) ist besonders aufschlussreich. Die Erholung der Banken wurde nicht vollständig behandelt, doch siehe dazu Barnish 1985; Petrucci 1998; Bogaert 1973. Johannes Chrysostomos, *In Pr. Act.* 4.2 (PG 51: 99). Vgl. auch Bogaert 1973, 244, 257–258, der sie als die klarste Definition einer Bank in der gesamten griechischen Literatur bezeichnet. «So will der Kaufmann»: Johannes Chrysostomos, *Hom. In Io.* 1.3 (PG 59: 28). Vgl. auch seine *Hom. In Cor.* 14,3 (PG 61: 117); *De Laz.* 1.2 (PG 48: 966). «Schifffahrt und Handel»: Augustinus, *Enarr. In Ps.* 136.3.

37 Die Bibliographie zu African Red Slip Ware ist umfangreich. Vgl. Fentress et al. 2004. «Es ist wie mit dem Kaufmann»: Pseudo-Macarius, *Serm.* 29.2.1. *Expositio* als «praktischer Führer»: McCormick 2001, 85

38 Der Erntearbeiter von Mactar: ILS 7457; vgl. Shaw 2015; Brown 2017, 4–6. Kupferschmiede, Metzger: Libanius, *Or.* 42 mit Petit 1957. Augustinus: *Bekenntn.* 6.13 und 6.15. Vgl. Shanzer 2002, 170.

39 Allgemein siehe Harper 2011 mit weiterführender Literatur. Zu Melania siehe Palladius, *Laus. Hist.* 61; Gerontius, *Vit. Mel.*, 10–12. Dazu Harper 2011, 192; Clark 1984.

40 Harper 2011, 46–49. «Dieser Mann»: Libanius, *Or.* 47.28. Ein Gesetz aus dem Jahr 383 n.Chr. erlaubte den Stadträten Thrakiens, Angehörige aus dem einfachen Volk anzuwerben, die «reichlich Sklaven» besaßen und den Dienst im Heer «aufgrund ihres obskuren niedrigen Namens vermieden hatten». *CT* 12.1.96.

41 «Auch das Haus»: Johannes Chrysostomus, *In Eph.* 22.2 (PG 62: 158). Priester usw.: Harper 2011, 49–56. Leinenarbeiter: *CIL* 15.7175. Dazu Thurmond 1994, 468–469. Hilfslehrer: Libanius, *Or.* 31.11. «Der Besitz von einem oder ein paar Sklaven»: Bagnall 1993, 125.

42 «Die senatorische Elite»: Wickham 2005, 156. Vgl. auch Jones 1964, 778–784. Olympiodorus: *Frag.* 41. Harper 2015b. Matthews 1975. Zu Melania siehe Anm. 39 oben.

43 Vgl. bes. Bagnall 1992 und Bowman 1985 über die Kataster von Hermopolis. In ihren Kontext gestellt bei Harper 2015b.

44 Zum institutionellen Rahmen siehe bes. Kehoe 2007. Zu Konstantin: CT 11.163. Synesius, *Ep.* 148.

45 Zur Armut in der Spätantike siehe die Aufsätze in Holman 2008; die Aufsätze in Atkins und Osborne 2006; Brown 2002; Holman 2001; Neri 1998; Patlagean 1977. Zu Antiochia siehe Libanius, *Or.* 27; Stathakopoulos 2004, Nr. 30, 209. Zum heiligen Martin siehe Sulpicius Severus, *Dial.* 2. 10. «Ihr Dach»: Gregor von Nyssa, *De Benef.* 453.

46 «Dürfen wir sie verachten?»: Gregor von Nazianz, *De pauperum amore* 15. «Du

siehst»: Gregor von Nyssa, *In illud: Quatenus uni ex his fecistis mihi fecistis,* ed. van Heck, 114. «Der kranke Arme»: Gregor von Nyssa, *De Benef.* 453.

47 Zu Rom in der Spätantike siehe Grig und Kelly 2012; Van Dam 2010; Harris 1999b. «So sehr»: Aurelius Victor, *Caes.* 28.2. Zosimus, *Neue Geschichte* 2.7. «Nach welcher Seite»: Ammianus Marcellinus, *Röm. Geschichte* 16.10.13. Zu den Privilegien siehe Sirks 1991 (Brot 308; Öl 389–390; Schweinefleisch 361 ff.).

48 Zur Bevölkerung siehe Van Dam 2010, 55; Zuckerman 2004. «Trockenes Land»: Van Dam 2010, 55. Zu Konstantinopel allgemein siehe Dagron 1984.

49 Zu Alexandria siehe Frazer 1951 und allgemein Haas 1997. Das Thema der spätantiken Stadt wird breit und kontrovers diskutiert. Dazu allgemein Liebeschuetz 2001 mit einer überzeugenden und detaillierten Behandlung, der wir im Allgemeinen und in Kap. 7 folgen.

50 Wickham 2005 bietet einen vorzüglichen Überblick über die Archäologie und ihre ökonomischen Implikationen. Vgl. auch Brogiolo und Chavarría Arnau 2005; Chavarría und Lewit 2004; Lewit 2004; Bowden, Lavan und Machado 2003; Brogiolo, Gauthier und Christie 2000. Christie 2011, 20, über die Grenzgebiete als jetzt «narbenübersät und folglich wenig einladend». Zur Dynamik im Osten siehe bes. Decker 2009. Siehe auch Kap. 7.

51 Zur Erblichkeit siehe Jones 1964, 615. «Die riesige Armee»: Jones 1964, 933. «Halb so viel»: Van Dam 2010, 27. Zur Rekrutierung allgemein siehe Campbell 2005b, 126/27; Lee 1998, 221–222.

52 Siehe bes. Ferrill 1986.

53 Hierzu allgemein siehe Christie 2011, 70–73. Ferrill 1986, 78–82; Jones 1964. «Wenn eine Armee»: Thompson 1958, 18.

54 Di Cosmo 2002, 13–43.

55 «Steppen Skythiens»: Ammianus Marcellinus, *Röm. Geschichte* 31.2.13. «Sie kennen nämlich keine Hütten»: Ammianus Marcellinus, *Röm. Geschichte* 31.2.18.

56 Siehe bes. Di Cosmo 2002, v. a. 269–277.

57 Ying-Shih 1986, 383–405. Zur Abfolge der Han-Dynastie siehe Mansvelt Beck 1986, 357–376.

58 De la Vaissière 2015; 2005a, 2005b und 2003. Die beste umfassende Abhandlung über die Hunnen, inzwischen allerdings veraltet, ist immer noch die von Maenchen-Helfen 1978 (der die hier akzeptierten Identifizierungen in Zweifel zieht). Vgl. auch Thompson 1996.

59 Ammianus Marcellinus, *Röm. Geschichte* 31.1.1. «Das Vordringen»: Heather 2015, 212. Dies war ein Wendepunkt in der Geschichte der Steppe, der zu dauerhafter Veränderung führte. Maas 2015, 9: «Die Tore für Völker aus dem Osten blieben offen, zunächst für die Awaren und Türken…»

60 Zu Dulan-Wulan siehe Cook 2013, der den klimatischen Rahmen im Detail entfaltet. Ich möchte die Rolle der NAO stärker betonen als die ENSO (El-Niño-Süd-Oszillation), die er in den Vordergrund rückt. Zum ariden Zentralasien siehe Campbell 216, 48–49; Oberhänsli et al. 2011; Chen 2010; Oberhänsli et al. 2007; Sorrel et al. 2007.

61 Heather 1995. Frankopan 2017, 82: «Zwischen den Jahren 350 und 360 kam es zu einer großen Migrationswelle, weil Stämme von ihren Ländereien verjagt und nach Westen getrieben wurden. Höchstwahrscheinlich hatte der Klimawandel das Leben in der Steppe erschwert und einen erbitterten Kampf um Ressourcen ausgelöst.»

62 Ammianus Marcellinus, *Röm. Geschichte,* 31.2.1, 3, 6 und 10.

63 «Eine Reihe unabhängiger»: Heather 2015, 214; Heather 1998a. Über die Pferde der Hunnen siehe Vegetius, *Mul.* 3.6.2 und 5. Ihr Erscheinen machte einen unauslöschlichen Eindruck: «Die Hunnenpferde haben einen breiten, hakenförmigen Kopf, hervortretende Augen, schmale Nüstern, breite Kinnladen, einen starken, steifen Nacken, bis an die Knie reichende Mähnen, ungewöhnlich breite Rippen, ein gekrümmtes Rückgrat, einen buschigen Schweif. …»

64 «Der Komposit- oder Reflexbogen»: Luttwak 2009, 25. Elton 2015, 127, bestreitet, dass der Bogen völlig neu war. Maenchen-Helfen 1978, 165–172. «Wohlgeformte Bogen»: Sidonius Apollinaris, *Carm.* 2.266–269. «Man möchte sie die furchtbarsten von allen Kriegern nennen»: Ammianus Marcellinus, *Röm. Geschichte* 31.2.9.

65 «Lange Jahrhunderte ruhig»: Ammianus Marcellinus, *Röm. Geschichte* 31.5.17. Zahlenangaben von Heather 2015, 213; Maenchen-Helfen 1978, 21–24. Zur Schlacht siehe Ferrill 1986, 56–63.

66 Zu Adrianopel siehe Hoffman 1969–70, 440–485. Zur Barbarisierung siehe Whitby 2004, 164–170, mit einer sehr vorsichtigen Deutung und älterer Literatur; Curran 1998, 101–103; Lee 1998, 222–224; Elton 1996, 136–152; Ferrill 1986, 68–70, 83–85.

67 «Gleichgewicht»: Claudian, *De Consulatu Stilichonis* 3.10.

68 Heathers Rekonstruktion: Heather 2015; 2010; 2006; 1995.

69 Im Jahr 395 hatten die Hunnen einen schweren Angriff im Kaukasus östlich des Schwarzen Meeres geführt, und im Jahr 408/409 überschritten sie die Donau westlich des Schwarzen Meeres. In ebendiesen Jahren wurden unter Theodosius die großen Stadtmauern von Konstantinopel hochgezogen, das mächtige Doppelmauersystem, das die Stadt tausend Jahre lang schützen sollte. Zu Uldin siehe Maenchen-Helfen 1978, 43–53.

70 «Mit der einen Stadt»: Hieronymus, *Comm. In Ezech.* pr.

71 Zum fünften Jahrhundert: Kulikowski 2012 gibt einen hilfreichen und dem heutigen Stand entsprechenden Überblick zu diesem Thema.

72 «Sie stolperten über den Stein»: Isaak von Antiochia, «Homilie auf die königliche Stadt», in *Zeitschrift für Semitistik und verwandte Gebiete* 7. Zu Attilas Unternehmungen in den 440er Jahren siehe Kelly 2015, 200f.; Maenchen-Helfen 1978, 114–121.

73 «Attila auf dem Thron»: Priscus von Panium.

74 «Trotz seiner übergroßen Wildheit»: Jordanes, *Get.* 186. «Vom Himmel geschickte Katastrophen»: Hydatius, *Chron.* 29. Maenchen-Helfen 1978, 129–142. Einer der schaurigsten Funde in den Annalen der römischen Archäologie ist der Kinderfriedhof in Lugnano: Soren und Soren 1999, 461–649. Ungefähr 100 km nördlich von Rom, an der Stelle einer ländlichen Villa, wurden mindestens 47 Föten und Kleinkinder in der Mitte des 5. Jahrhunderts beerdigt. Sie wurden offenbar in kurzen Abständen von einigen Wochen oder Monaten begraben und belegen, dass es zu einer tödlichen Epidemie gekommen war. Die Grabungen brachten Reste dunkler magischer Rituale ans Licht, die in abgelegenen Siedlungen noch immer üblich waren. Zwei voneinander unabhängige Methoden – die DNA-Sequenzierung und der Nachweis eines charakteristischen chemischen Nebenprodukts mit der Bezeichnung Hämozoin (Malaria-Pigment) – haben bewiesen, dass Malaria die Todesursache war. Und obwohl der Ort weiter südlich liegt, als die Hunnen vorgedrungen waren, haben Archäologen auf plausible

Weise diesen Friedhof mit den genauen Umständen, die Attila zum Rückzug bewogen, in Verbindung gebracht. Malariaausbrüche sind abhängig vom Fortpflanzungszyklus der Moskitos, der wiederum empfindlich auf den klimatischen Hintergrundimpuls reagiert und große Gebiete betreffen kann: Roucaute et al. 2014. Zu Hämozoin siehe Shelton 2015. Zur DNA siehe Sallares et al. 2003; Abbott 2001. Allgemein: Bianucci et al. 2015.

75 Letzter Sold: Eugippius, *Vita Severini* 20. Zur Archäologie in dieser Region siehe Christie 2011, 218. Zur weströmischen Armee siehe Whitby 2000b, 288, vgl. Ferrill 1986, 22.

76 Zu den Münzen siehe McCormick 2013a. Zur Kirche siehe Brown 2012.

77 «Es ist offenkundig»: Cassiodorus, *Var.* 11.39.1 und 2. Zur saisonalen Mortalität siehe Harper 2015c.

6

DIE WEINPRESSE DES ZORNS

1 *De cerem.* 2.51. Dieser Kapitelanfang beruft sich auf McCormick 1998, bei dem die Untersuchung der Ökologie der ersten Pandemie richtig beginnt.

2 Zu den Getreidemengen und «Wir kümmern uns»: Justinian, *Edictum* 13. Jones 1964, 698.

3 «So strömt»: Prokop, *Bauten* 1.11.24. Zu den Sprachen siehe Croke 2007a, 74–76, der anschaulich die «dicht bevölkerte und lärmende» Stadt beschreibt. Zur in Epitaphen nachgewiesenen Immigration siehe Feissel 1995.

4 «Lautlos wie Spione»: J. Mitchell, Zürich 2012, 80.

5 «Neutronenbombe»: Cantor 2001, 25. Die ausgezeichnete Aufsatzsammlung in Little 2007a repräsentiert den Stand der Forschung. Wichtige Abhandlungen auch von Meier 2016; Mitchell 2015, 409–413, 479–491; Horden 2005; Meier 2005; Meier 2003; Stathakopoulos 2004; Sarris 2002; Stathakopoulos 2000; Conrad 1981; Durliat 1989; Allen 1979; Biraben 1975, 22–48; Biraben und Le Goff 1969. Populärere Darstellungen, jedoch mit lohnenden Einblicken, u. a. von Rosen 2007 und Keys 2000.

6 Maas 2005 bietet einen guten Überblick über Justinians Regierungszeit. Zu einer sehr negativen Einschätzung gelangt O'Donnell 2008. Meier 2003 betont überzeugend die Rolle der Naturkatastrophen für das Scheitern der Vorhaben Justinians und das Erscheinungsbild der ganzen Ära.

7 CJ 5.4.23. Vgl. Daube 1966–67.

8 Zur Opposition siehe Bjornlie 2013; Kaldellis 2004; Maas 1992; Cameron 1985, 23–24. Haldon liefert eine hilfreiche Skizze der Verwaltungsstruktur von Justinians Reich. Einen Überblick über den Nika-Aufstand bietet Cameron 2000a, 71–72. Nach Liebeschuetz 2000, 208 und 220 waren die «Notabeln» in die Besteuerung eingebunden.

9 Jones 1964, 278–285. Vgl. auch Stein 1968, Bd. II, 419–483. Zu Theodora siehe die aufschlussreiche Biographie von Potter 2015, die die umfangreiche Literatur nutzt. Zu Tribonian siehe Honoré 1978.

10 Gibbon 1788, Bd. IV, Kap. 44. In den ersten Tagen seiner Regentschaft beauftragte Justinian eine Taskforce unter Leitung von Johannes dem Kappadokier, die imperialen Gesetze seit Hadrian bis zur Gegenwart zu sammeln und zu verein-

heitlichen. 529 wurde eine erste Fassung verkündet. Doch die ehrgeizige Unternehmung machte deutlich, wie disparat und komplex der Korpus des römischen Rechts immer noch war. Das Projekt der Kodifizierung wurde erweitert, um die gesamte römische Gesetzgebung und Rechtslehre zu erfassen. Vgl. Honoré 2010, 28; Humfress 2005. «Die Aufgabe»: Justinian, *Deo auctore* 2. Drei Millionen Zeilen: Cameron 2000a, 67.

11 «Steigt doch das Gotteshaus»»: Prokop, *Bauten* 1.1.27. Einen Überblick über Justinian als Schirmherr der Kirche bietet Alchermes 2005, 335–366; Cameron 1985, 86 f. Zu Tenedos siehe Prokop, *Bauten,* 5.1.7–17.

12 Zu Edessa: Prokop, *Bauten* 2.7.4. Vgl. auch ebd. 2.8.18 über den Euphrat und 2.10.6 über den Orontes. Zu Tarsus: Prokop, *Bauten* 5.5.15–20. Zu Sangarius: Prokop, *Bauten* 5.3.6. Vgl. Whitby 1985. Zu Dragon: Prokop, *Bauten* 5.2.6–13. Zu den Aquädukten: Prokop, *Bauten* 3.7.1 (Trapezunt); 4.9.14 (Perinthos); 4.11.11–13 (Anastasiopolis); 5.2.4 (Helenopolis); 5.3.1 (Nikaia); Zisterne: Prokop, *Bauten* 1.11.10. Crow 2012, 127–129.

13 Cameron 2000a, 73 f.

14 Humphries 200, 533–535.

15 « Eine alte hochberühmte Stadt»: Prokop, *Pers.* 2.8.23. Zehntausende Gefangene wurden nach Persien verschleppt und in einer neuen Stadt angesiedelt: «Khusros Stadt ist besser als Antiochia». «Das *andere* Zeitalter»: Meier 2003. «Ich kann nicht verstehen». Prokop, *Pers.* 2.10.4.

16 Slack 2012; Eisen und Gage 2009; Gage und Kosoy 2005.

17 Als erste sequenzierten das Bakterium Raoult et al. 2000; Drancourt et al. 1998. «Modell»: McNally et al. 2016.

18 McNally et al. 2016; Hinnebusch, Chouikha und Sun 2016; Pechous 2016; Gage und Kosoy 2005; Cornelis und Wolf-Watz 1977.

19 Zimbler et al. 2015; Chain et al. 2004.

20 Zur Übertragung siehe Hinnebusch 2017. Zur Bronzezeit siehe Rasmussen et al. 2015.

21 Ymt: Hinnebusch 2017. Bronzezeit: Rasmussen et al. 2015.

22 Cui et al. 2013. Vgl. Varlık 2015, 19 f.

23 Hierzu allgemein: McCormick 2003.

24 Varlık 2015, 20–28.

25 Varlık 2015, 28–38.

26 *Pulex irritans*: siehe z. B. Ratovanjato et al. 2014. Vor kurzem wurde bestätigt, dass *Yersinia pestis* außer *Y. cheopis* (Hinnebusch 2017) auch andere Flöhe blockieren kann. Eine wichtige Frage ist nun, ob der Blockiermechanismus, der die Übertragung viel effizienter macht, auch in *P. irritans* möglich ist. Ich danke Dr. Hinnebusch für großzügige Hinweise zu diesem Thema.

27 Zum Menschenfloh und anderen Ektoparasiten siehe Campbell 216, bes. 232 f. Eisen, Denis und Gage 2015; Eisen und Gage 2012. Audoin–Rouzeau 2003, 115–156 bietet eine umfassende Behandlung der älteren Literatur. Andere Wege: Varlık 2015, 19–20; Green 2014a, 32 f.; Carmichael 2014, 159; Anisimov, Lindler und Pier 2004.

28 McCormick 2003, 1. Die Angaben auf der Karte 17 beruhen auf der Basis der Daten von McCormick, einsehbar auf darmc.harvard.edu, mit Updates (ohne Anspruch auf Vollständigkeit), die zwischenzeitlich entdeckt wurden und die ich lokalisieren konnte. Bis dahin einschlägig: Audoin-Rouzeau 2003, 161–168.

29 Zu Rufus bei Oribasius: *Coll. Med.* 44.41 und bes. 44.14. Als Autoritäten zitiert

Rufus Dionysius den Buckligen, Poseidonius und Dioscorides. Trotz Spekulationen sind diese Personen nicht identifizierbar. Aretäus, *De Causis et Signis Acutorum Morborum* 2.3.2. Mein Dank geht an John Mulhall für sehr hilfreiche Gespräche; sein in Kürze erscheinendes Werk verspricht, die Geschichte der Beulenpest in der antiken medizinischen Literatur darzustellen. Das kürzere Handbuch: Oribasius, *Syn. ad Eust. fil.* Vgl auch Sallares 2007, 251.

30 Rasmussen et al. 2015; Zimbler et al. 2015 über die Bedeutung des Virulenzfaktors. Auch andere geringfügige evolutionäre Vorgänge sind denkbar. Vgl. Feldman et al. 2016 zu anderen kleinen Merkmalen des Genoms der ersten Pandemie in Verbindung mit virulenten Genen.

31 Green 2014a, 37. Es ist bedeutsam, dass die neue komplette Rekonstruktion der Funde von Altenerding (Feldman et al. 2016) «die Einordnung des Zweigs, der zum justinianischen Stamm auf Zweig 0 führt, zwischen zwei heutigen Stämmen bestätigt, die bei chinesischen Nagern isoliert werden konnten (0.ANT1 und 0.ANT2)».

32 Kosmas Indikopleustes, *Christliche Topographie,* 2.45–47.

33 Zu Kosmas siehe Darley; Kominko 2013; Bowersock 2013, 22–43; Wolska-Conus 1968; Wolska-Conus 1962. Zum Roten Meer in der Spätantike siehe Power 2012.

34 Siehe z.B. Kosmas Indikopleustes, *Christliche Topographie,* 11.12a. Banaji 2016, 131 zeigt sehr gut die Dynamik.

35 Kosmas Indikopleustes, *Christliche Topographie* 11.9; siehe Wolska-Conus 1973, 335; im *Martyrium des heiligen Aretas*, einem Bericht über die Märtyrer von Nadschran, ist Indien das Land, aus dem «Gewürze, Pfeffer, Seide und kostbare Perlen» kommen: *Mart. Aret.* 2. Vgl. auch *Mart. Aret.* 29 für einen Hinweis auf die bedeutendsten Häfen des sechsten Jahrhunderts. Vgl. hierzu Wilson 2015, 29–30; Power 2012, 28–41, bes. 41 zu Berenike. Zu Konstantin: Seland 2012.

36 «Lange Zeit»: Prokop, *Gotenkriege*, 8.17.1–6. Zu Rom und China allgemein siehe Ferguson und Keanes 1978.

37 Zum Thema Sklaven siehe Harper 2011, 89–90. «Die meisten der Sklaven»: Kosmas Indikopleustes, *Christliche Topographie* 2.64. Zum Thema Elfenbein siehe Cutler 1985, 22–24. Zu der Vorstellung von Indien siehe die Geschichte des ägyptischen Anwalts, der bis in den Golf von Bengalen reiste und Geschichten von Brahmanen mit nach Hause brachte, die bei Ps. Palladius, *De Gent. Ind. et de Brag.* aufgezeichnet sind. Zu den Indienvorstellungen der Antike siehe Johnson 2016, 133–137; Mayerson 1993.

38 «Erhebliche Einnahmen»: Chorikios von Gaza, *Or.* 3.67 (Foerster S. 65). Vgl. Mayerson 1993, 173. Zu Münzfunden siehe bes. die umsichtige Arbeit von Darley 2015 und 2013; Walburg 2008; Krishnamurthy 2007; Turner 1989. Zur Geopolitik siehe Power 2012, 68–75; Greatrex 2005, 501.

39 Prokop, *Pers.* 2.22.6. Johannes von Ephesus in Michael der Syrer, *Chron.* 9.28.305, p. 235. Die syrischen Quellen legen den fernen Ursprung der Seuche nach Kushan; so die biblische Bezeichnung für die exotischen Länder im Süden, die – nach der *Christlichen Topographie* – wohl das Gebiet des Himyar-Reichs in Südarabien sind. Zu Klysma siehe Tsiamis et al. 2009; Green 2014a, 47; auch McCormick 2007, 303 verweist überzeugend auf die Einschleppung aus dem Osten über den Indischen Ozean. Zur Archäologie in Pelusium siehe Jaritz und Carrez-Maratray 1996: erkennbare Aktivität endet in der Mitte des sechsten Jahrhunderts.

40 Vgl. die ausführliche Diskussion in Kapitel 7. Siehe auch Varlık 2015, 50–53, dort nützliche Gedanken zum Schwarzen Tod. Vgl. auch McMichael 2010.

41 Über den Zusammenhang zwischen extremen Klimaereignissen und Infektionskrankheiten allgemein siehe McMichael 2015; Altizer 2006.

42 Vgl. Ari et al. 2011; Kausrud et al. 2010; Gage et al. 2008 zum komplexen Netz der Beziehungen zwischen Seuche und Klima. Die Verfügbarkeit von Nahrung reguliert die Populationsgröße von Nagern, so dass das Klima große Ausschläge verursachen kann; siehe hierzu White 2008, 230. Zur Dynamik von Nagetierpopulationen allgemein und der Auswanderung im Besonderen siehe Krebs 2013. Zu El Niño siehe Zhang et al. 2007; Xu et al. 2015; Xu et al. 2014; Enscore et al. 2002. Zum Schwarzen Tod siehe Campbell 2016.

43 Ari et al. 2011, 2; Audoin-Rouzeau 2003, 67–70; Cavanaugh und Marshall 1972; Cavanaugh 1971; Verjbitski, Bannerman Kápadiâ 1908.

44 Zu Prokop siehe Kaldellis 2004; Cameron 1985, bes. 42–43 über die Seuche in den *Kriegen*. «Ich halte es»: Prokop, *Gotenkriege*, 5.3.6–7.

45 Zu Johannes siehe Morony 2007; Kaldellis 2007; Ginkel 1995; Harvey 1990.

46 Prokops Bericht in *Pers.* 2.22–23. Johannes' Bericht ist in späteren Chroniken erhalten, am ausführlichsten in dem Werk *Chronik von Zuqnin* (engl. Übersetzung von Witakowski 1996). Hierzu allgemein Kaldellis 2007 (bes. S. 14), der Prokops Bericht eher für eine differenzierte Nacherzählung als für ein Plagiat seines Vorbilds Thukydides hält.

47 Benedictow 2004, 26; Audoin-Rouzeau 2003, 50–55.

48 Sebbane et al. 2006; Benedictow 2004.

49 Benedictow 2004; Pechous 2016.

50 Zur Aufnahme des Erregers siehe Butler et al. 1982.

51 Fieber, Prokop: *Pers.* 2.22.17; «in Fällen»: Prokop, *Pers.* 2.22.37; Schädigungen: Prokop. *Pers.* 2.22.38–39. Johannes von Ephesus, in *Chronik von Zuqnin.*

52 «Linsengroße schwarze Blasen»: Prokop, *Pers.* 2.22.30. «Bei wem auch immer»: Johannes von Ephesus in *Chronik von Zuqnin.* «Blutbrechen»: Prokop, Pers. 2.22.31.

53 Johannes von Ephesus, in *Chronik von Zuqnin.* Siehe auch Agathias, *Hist.* 5.10.4. Sallares 2007b, 235.

54 Bei einem späteren Ausbruch beschreibt Evagrius, *Hist. Eccl.* 4.29 (178) Erkrankungen des Rachens. Ärzte hatten kein besonderes Risiko (damit steht er allerdings direkt im Widerspruch zu seinem Vorbild Thukydides): Prokop, *Pers.* 2.22.23. Vor allem Symptome der Beulenpest: siehe auch Allen 1979, 8. Sallares 2007b, 244, weist darauf hin, dass die Lungenpest von größerer Bedeutung sein konnte, als unsere (nichtmedizinischen) Quellen vermuten lassen.

55 Zu den beiden Richtungen siehe Prokop, *Pers.* 2.22.6. «Ging eine Stadt vollständig unter»: Johannes von Ephesus, in der *Chronik von Zuqnin.* «Ganz Palästina»: Johannes von Ephesus, in der *Chronik von Zuqnin.* «Tag für Tag»: Johannes von Ephesus, in der *Chronik von Zuqnin.*

56 «Geisterschiffe»: Johannes von Ephesus, in der *Chronik von Zuqnin.* «Viele sahen»: Johannes von Ephesus, in der *Chronik von Zuqnin.* «Ihren Anfang»: Prokop, *Pers.* 2.22.9.

57 Zur Rolle der Flüsse siehe McCormick 1998, bes. 59–61. «Sie breitete sich in entsprechenden Zeitabständen»: Prokop, *Pers.* 2.22.6–8. Vgl. auch Johannes von Ephesus, in der *Chronik von Zuqnin*: «Überallhin wurden im Voraus Nachrichten gesandt, und dann kam dort die Landplage in einer Stadt oder einem Dorf

an und überfiel sie gleich einem Schnitter, gierig und schnell, und ebenso befiel sie andere benachbarte Ortschaften, die einen, zwei oder drei Kilometer entfernt lagen.»

58 Siehe bes. Benedictow 2004. «Die verzehrende Seuche»: Gregor von Tours, *Historia Francorum* 9.22.

59 Zu den Armen beim Schwarzen Tod siehe Benedictow 2004. «Befiel die Seuche»: Johannes von Ephesus, in Michael der Syrer, *Chronik*, 235–236. «Die Pest befiel»: Johannes von Ephesus, in der *Chronik von Zuqnin*. «Denn mögen auch die Menschen»: Prokop, *Pers.* 2.22.4.

60 Prophezeiungen: Johannes Malalas, *Weltchronik* 18.90. Vgl. Kap. 7. «Ein, zwei Jahre lang»: Johannes von Ephesus, in der *Chronik von Zuqnin*. «Todesgefahr»: Justinian, *Edictum* 9.3. Vgl. auch Edikt 7 und Novelle 117. Zur Chronologie siehe Stathakopoulos 2004; McCormick 1998, 52–53. Ich finde die Datierung bei Meier 2003, 92–93, nicht überzeugend, weil sie auf späteren Quellen beruht, die Prokop ignorieren, und er McCormick 1998 nicht berücksichtigt. Dass das Fest der Hypapante im Februar 542 verschoben wurde (vgl. Kap. 7), könnte ein apotropäischer Akt vor Ankunft der Pest gewesen sein.

61 «Anfangs»: Prokop, *Pers.* 2.23.2. «Menschen standen»: Johannes von Ephesus, in der *Chronik von Zuqnin*. Zu den Schätzungen für den Schwarzen Tod siehe unten.

62 «So herrschte in einer Stadt»: Prokop, *Pers.* 2.23.19. «Die ganze Stadt»: Johannes von Ephesus, in der *Chronik von Zuqnin*. «Niemand verließ das Haus»: Johannes von Ephesus, in der *Chronik von Zuqnin*. «Kurz gesagt»: Prokop, *Pers.* 2.23.20.

63 «Später geriet alles durcheinander»: Prokop, *Pers.* 2.23.2. «regellos aufeinander[gehäuft]»: Prokop, *Pers.* 2.23.10. «Mit Füßen getreten»: Johannes von Ephesus, in der *Chronik von Zuqnin*. «Die Weinpresse»: Johannes von Ephesus, in der *Chronik von Zuqnin*. Vgl. Apk 14.19.

64 «Die ganze Erde»: Prokop, *Pers.* 2.22.3 und Johannes von Ephesus, in der *Chronik von Zuqnin*. Zu Persien siehe Prokop, *Pers.* 2.23.21. «Allen anderen Barbarenländern»: Prokop, *Pers.* 2.23.21 und 2.24.5. Zu Kush, Südarabien und dem Westen: Michael der Syrer, *Chron.* 9.28. Zum Westen siehe Little 2007b.

65 Zu Alexandria: Johannes von Ephesus, in der *Chronik von Zuqnin*. Michael der Syrer, *Chron.* 9.28. Zu Jerusalem: Michael der Syrer, *Chron.* 9.28; Kyrill von Skythopolis, *Vit. Kyr.* 10 (229). Zu Emesa: Leontios von Neapolis, *Vit. Sym.* 151. Zu Antiochia: Evagrius, *Hist. Eccl.* 4.29 (177). Zu Apamea: Evagrius, *Hist. Eccl.* 4.29 (177). Zu Myra: *Vita Nich. Sion.* 52. Zu Aphrodisias: Rouché und Reynolds 1989, Nr. 86 (ein höchst unsicherer Bezug zur großen Pestilenz).

66 Siehe Sallares 2007b, 271.

67 «Das Korn auf den Feldern»: Johannes von Ephesus, in Michael der Syrer *Chron.* 240. Theodor, *Vita Theod. Syk.* 8. Antiochia: *Vita Sym. Styl. Iun.* 69. Jerusalem: Kyrill von Skythopolis, *Vita Kyriak.* 10 (229). Zoroua (siehe Karte 21): Benovitz 2014, 491; Feissel 2006, 267; Koder 1995. Ägypten: Johannes von Ephesus. Vgl. Harvey 1990, 79, zu dem Ort.

68 Afrika: Corippus, *Ioh.* 3.343–389. Victor von Tunnuna, *Chron.* an. 542. Spanien: *Consularia Caesaraugustiana*, siehe Kulikowski 2007. Italien: Marcellinus Comes, *Chron.* an. 542. Gallien: Gregor von Tours, *Glor. Conf.* 78 (unsicher, ob es die erste Welle war); Gregor von Tours, *Vit. Patr.* 6.6. und 17.4 (wahrscheinlich der erste Ausbruch). Britische Inseln: Maddicott 2007, 174.

69 Aschheim: Wagner et al. 2014; Harbeck et al. 2013; Wiechmann und Grupe 2005. Zu dem Friedhof siehe Gutsmiedl-Schümann 2010; Stskiewicz 2007; Gutsmiedl 2005. Altenerding: Feldman et al. 2016. Das Genom der mittelalterlichen Pandemie wurde ebenfalls sequenziert: Bos et al. 2011. Schünemann et al. 2011; Haensch et al. 2010.

70 McCormick 2016 und 2015.

71 Mauren: Corippus, *Ioh.* 3. Theophylaktos Simokates 7.8.11. «Weder Mekka noch Medina»: Conrad 1981, 151. Ähnlich Little 2007b, 8. Anastasius Sinaita, *Ques. Resp.* 28.9. und 66.

72 «Nicht einer von tausend»: Johannes von Ephesus, in Michael der Syrer, *Chron.* 9.28. «Hinzu kam die Pest»: Prokop, *Anek.* 18.44. «Die Mehrzahl der Bauern»: Prokop, *Anek.* 23.20. «Die Pest suchte zwar»: Prokop, *Anek.* 6.22. Grabstein: I. Palestina Terti, Ib, Nr. 68. Vgl. auch Nr. 69–70 und Benovitz 2014, 491–492.

73 DeWitte und Hughes-Morey 2012.

74 «Der Schwarze Tod»: Green 2014a, 9. Benedictow 2014, 383, Tabelle 38. Campbell 2016, 14: In den 80er Jahren des 14. Jhs. Rückgang der europäischen Bevölkerung um 50 %; dazu S. 310 Zahlen von 40 bis 45 % für die erste Welle in England. Borsch 2014 zu Ägypten zur Zeit des Schwarzen Todes. Toubert 2016, 27. DeWitte 2014, 101.

75 «Wir haben erfahren»: Justinian, *Novella* 122 (544 n.Chr.). Preise/Löhne: Harper 2016a. Bautätigkeit: Di Segni 1999, bes. die wichtige Beobachtung der Kontinuität im Kirchenbau. Siehe auch Kap. 7. Die meisten Wissenschaftler, die über die erste Pandemie gearbeitet haben, sind sich einig, dass es sich um ein epochales Ereignis gehandelt hat. Durliat 1989 ist der Einzige, der ausführlich begründete, warum die Pandemie relativ *bedeutungslos* war, wobei sich Horden 2005 vorsichtig und Stathakoupulos 2004 zurückhaltend ausdrücken. Manche Forscher, die sich eher allgemein mit dieser Epoche befassen, möchten die Seuche ignorieren oder ihre Bedeutung mindern (z. B. Wickham 2018, 72 f.; Wickham 2005). Durliat stößt sich unter anderem am Mangel an Inschriften und Papyri, aber das kann nicht als Beweis dienen. Es ist vielleicht hilfreich, in Kürze darzulegen, warum eine solche Sicht unhaltbar geworden ist. (1) *Yersinia pestis* ist jetzt als Auslöser der Pest eindeutig identifiziert und bestätigt. Damit ist die Beweisaufnahme praktisch abgeschlossen, es sei denn, es würden medizinisch signifikante genetische Varianten zwischen dem Justinianischen Stamm und dem des Schwarzen Todes gefunden – und das scheint nicht der Fall zu sein. (2) Ein epidemiologischer Ansatz verweist auf die großflächige Wirkung der Pandemie. Besonders bedeutsam ist der Umstand, dass sie in ländliche Gebiete vordringen kann. Die Entdeckung des Pestbakteriums in zwei abgelegenen Friedhöfen in der Nähe von München ist der wichtigste Beleg, der seit der Auffindung des Textes von Johannes von Ephesus ans Licht gekommen ist. Der molekulare Beweis bestätigt die schriftlichen Quellen. Und wenn die Seuche *dorthin* kam, dann war sie überall. (3) Die ökologische Plausibilität begründet eine Maximalinterpretation: Dass es sich um eine globale Pandemie handelte, wurde ausführlich dargelegt. (4) Eine Minimalinterpretation muss die schriftlichen Belege vollständig unberücksichtigt lassen. Es wäre schon eigenartig, wenn zwei Autoren mit gänzlich unterschiedlichen Weltanschauungen in völlig verschiedenen Teilen des Imperiums sich gleichzeitig dazu entschieden hätten, die Sterblichkeitsrate zu übertreiben. Die genaue Übereinstimmung der schriftlichen Belege ist bemerkenswert, die Qualität der Beobachtungen sehr überzeugend. Hoffentlich macht das vorliegende Buch deut-

lich, dass die antiken Quellen über kolossale Pandemien nicht einfach en passant berichteten. Es gibt tatsächlich drei gut dokumentierte Pandemien im Rom der Antike: die Antoninische, die Cyprianische und die Justinianische Pest. Jede dieser drei Pandemien hebt sich ab vom Hintergrund üblicher, lokaler epidemischer Krankheiten. Zudem ist die Übereinstimmung der schriftlichen Quellen mit der konkreten Realität evident. Unsere antiken Gewährsleute wurden zunehmend glaubwürdiger. (5) Die zunehmende Menge an Beweisen für die Pest – z. B. auf Skeletten von Opfern fernab vom Zentrum des Reichs, Inschriften mit Hinweisen auf Massensterben, die große Zahl von Massengräbern, die unlängst entdeckt wurden – spricht eindeutig gegen die Minimalinterpretation. (6) Das folgende Kapitel skizziert die längerfristigen Folgen eines plötzlichen Bevölkerungsrückgangs. Ich bin der Ansicht, dass diese Analyse ein plausibles Modell dafür liefert, wie eine plötzlich hereinbrechende demographische Katastrophe zwei bis drei Generationen lang anhielt und in das Scheitern des Staates mündete. (7) Das folgende Kapitel skizziert außerdem die kulturelle Reaktion auf die Pandemie. Wie Meier 2016 überzeugend darlegte, verweist die dramatische kulturelle Verschiebung auf eine dahinterstehende tiefe Krise, unabhängig von all den anderen Belegen.

76 Prokop war der Meinung, dass die Verschlechterung der Goldmünzen «ein unerhörter Vorgang» war: *Anek.* 22.38. Morrison und Sodini 2002, 218. Hahn 2000. Zur fiskalisch-militärischen Krise siehe Kap. 7. Zur Gesetzgebung siehe Sarris 2006; Sarris 2002, 174–175.

77 Evagrius, *Hist. Eccl.* 4.29 (178). Zum Schwarzen Tod siehe Benedictow 1992, 126–145. Zu China siehe Li et al. 2012. Allgemein: Bi 2016.

78 Carmichael 2014; Varlık 2014. Zu Genetik siehe Bos et al. 2016; Seifert et al. 2016.

79 Zur Chronologie ihres Endes siehe McCormick 2007, 292.

80 Zur Rolle Istanbuls vgl. Varlık 2015, zur Fortdauer der Seuche bes. 24.

81 «Sie hatte niemals wirklich aufgehört»: Agathias, *Hist.* 5.10.1–2. «Fielen tot um»: Agathias, *Hist.* 5.10.4. Mehr Männer als Frauen: Agathias 5.10.4. Vgl. Anhang B, Ereignis Nr. 1; Stathakopoulos Nr. 136, 304–306. Zu Anatolien, Syrien, Mesopotamien vgl. Anhang B, Ereignis Nr. 2; Stathakopoulos Nr. 136, 307–309. Ausbruch des Jahres 573/74: vgl. Anhang B, Ereignis Nr. 3; Stathakopoulos Nr. 145, 315–316. Ausbruch des Jahres 586: vgl. Anhang B, Ausbruch Nr. 7; Stathakopoulos Nr. 150, 319–320.

82 Ereignisse von 597 bis 600: Anhang B Ereignisse Nr. 12–14; Stathakopoulos Nr. 156, 159–164, 324–334.

83 Anhang B, Ereignis Nr. 3; Stathakopoulos Nr. 139, 310–311. «Da begannen»: Paulus Diaconus, *Historia Langobardorum* 2.4.

84 Die Pest in Gallien im Jahr 571: Anhang B, Ereignis Nr. 4. Gregor von Tours, *Historia Francorum* 4.31–32. Marius von Avenches, an. 571. Ereignis in den Jahren 582 bis 584: Anhang B, Ereignis Nr. 6. Gregor von Tours, *Historia Francorum* 6.14 und 6.33. Ereignis im Jahr 588: Anhang B, Ereignis Nr. 8. Gregor von Tours, *Historia Francorum* 9.21–22.

85 Anhang B, Ereignisse Nr. 9–10.

86 Anhang B, Ereignis Nr. 14. Inschrift aus Córdoba: CIL 7.677. Homiliar: Kulikowski 2007.

87 Anhang B, Ereignisse Nr. 21 und 25. Siehe Maddicott 2007. Ratten: Reilly 2010. Zum Verkehr über den Atlantik siehe Loveluck 2013, bes. 202–204.

88 Siehe vor allem die hervorragende Dissertation von Conrad 1981. Zum Brennpunkt im Bergland siehe Green 2014a, 18; Varlık 2014, bes. 208; Panzac 1985. Zur Besiedelung in dieser Region siehe Eger 2015, 202–206.

89 Zum Ausbruch von 561/562 im Osten siehe Anhang B, Ereignis Nr. 2; Stathakopoulos Nr. 136, 307–309. Zum Ausbruch von 592 siehe Anhang B, Ereignis Nr. 11: Stathakopoulos Nr. 155, 323–324. Conrad 1994. Zu diesen Ausbrüchen siehe vor allem Conrad 1981. Zur Konzentration der Pest in diesen Regionen während der zweiten Pandemie siehe Panzac 1985, 105–108.

90 Ein Drittel: I. Palestina Tertia, Ib, Nr. 68. Vgl. auch die Nr. 69 und 70 und Benovitz 2014, 491/492. Vgl. auch die bedeutenden arabischen Quellen, die Conrad 1994 ausgewertet hat. Laut Michael dem Syrer starb ein Drittel der Welt in der Pandemie von 704/705: *Chron.* 11.17 (449).

91 Anhang B, Ereignis Nr. 38.

92 Die Wende zum Mittelalter ist Thema von McCormick 2001.

93 Ausgestorbener Ableger: Wagner et al. 2014.

94 Als Beispiel für Sterberaten in späteren Ausbrüchen der Pest bietet Alfani 2013 eine Fülle an Informationen. Zu Schätzungen der Bevölkerungszahlen im östlichen Mittelmeerraum siehe Haldon 2016. Dort ähnliche Stufen wie in Abb. 6.6.

95 Gregor der Große, *Dial.* 3.38.3.

7

DAS JÜNGSTE GERICHT

1 Markus 1997.

2 Zum Senat: Gregor der Große, *Homilien zu Ezechiel* 2.6.22; vgl. die Vorbehalte von Humphries 2007, 23/24. Zu Gregors Haltung zum Imperium: Dal Santo 2013. Über Gregors Denken allgemein siehe Demacopoulos 2015, über seine Identifikation mit dem Reich, 87/88; Straw 1988.

3 Zu Gregors Eschatologie siehe Demacopoulos 2015, bes. 92/93; Kisić 2011; Markus 1997, 51–67; Dagens 1970. Zur Epidemie der Jahre 589/90 siehe Anhang B, Ereignis Nr. 9. Gregor von Tours, *Historia Francorum* 10.1, 10.23. Gregor der Große, *Dial.* 4.18, 4.26, 4.37; *Reg.* 2.2; Paulus Diakonus, *Geschichte der Langobarden* 3.24; *Liber pontificalis* 65. Zu konkreten Belegen siehe unten.

4 «Unaufhörlich»: Gregor der Große, *Homilien In Evangelia* 1.1.1. «Ich hoffe sehnsüchtig»: Gregor der Große, *Reg.* 9.232. Über die «Leere» der Städte siehe Demacopoulos 2015, 92–93.

5 Gregor der Große, *Reg.* 9.232. Häufung seismischer Ereignisse: Stiros 2001. Psychische Auswirkungen der Erdbeben: Magdalino 1993, 6; Croke 1981.

6 Zur allgemeinen Einschätzung der rapiden Zunahme apokalyptischer Literatur am Ende des sechsten und im siebten Jahrhundert siehe Meier 2016; Meier 2003; Reeves 2005; Reinink 2002; Cook 2002; Hoyland 1927, 257–335; Magdalino 1993; Alexander 1985. Womöglich spielt apokalyptisches Denken im Zusammenhang mit Seuchen auch heute noch unterschwellig eine Rolle, siehe hierzu Carmichael 2006.

7 Bjornlie 2013, 254–282.

8 Ältere Bezeichnungen sind das (irreführende) «Vandalen-Minimum» oder die «Kälteperiode des dunklen Zeitalters».

9 Zur NAO siehe Baker et al. 2015; Olsen et al. 2012. Vgl auch Brooke 2016 und 2014, 341 f., 352 f. Sizilien: Sadori et al. 2016. Anatolien: Izdebski et al. 2016; Haldon et al. 2014; Izdebski 2013.

10 Prokop, *Vandalenkriege* 4.14. Johannes von Ephesus, in *Chronik von Zuqnin.* Vier Stunden am Tag: Michael der Syrer, *Chron.* 9.26 (296) und die *Chronik von 1234*. In einem Bericht in der Chronik von Agapios wird die Dauer des Ereignisses mit vierzehn Monaten angegeben: Agapios, *Kitab al-'Unvan*, Fol.72v. Zu Papst Agapetus: Pseudo-Zacharias von Mytilene, *Chron.* 9.19. Zu dieser Quelle siehe Brock 1979–80, 4–5. Zu den schriftlichen Quellen für die Sonnenverdunkelung im Jahr 536 siehe vor allem Arjava 2005.

11 Johannes Lydos, *De portentis* 9c. Es war ein böses Omen in Europa, nicht jedoch in den trockenen Ländern im Süden und Osten, wie Indien und Persien, denn nur in Europa stieg «der Wasserdampf und sammelte sich in Wolken, die das Licht der Sonne verdunkeln, so dass wir sie nicht sehen können, da es nicht durch die dichte Substanz dringen kann».

12 Bjornlie 2013.

13 Cassiodorus, *Var.* 12.25 (MGH AA 12, 381–382).

14 Zum globalen Kontext siehe die Aufsätze von Gunn 2000.

15 Newfield 2016 bietet einen sehr hilfreichen Überblick. NASA: Stothers und Rampino 1993. Asteroideneinschlag: Keys 1999; Baillie 1999. Schriftliche Quellen: Arjava 2005.

16 Sigl et al. 2015; Baillie und McAneney 2015; Baillie 2008.

17 Abbott et al. 2014 zur Möglichkeit eines Asteroideneinschlags, der ebenfalls zur Verdunkelung der Sonne beitrug.

18 Toohey et al. 2016; Kostick und Ludlow 2016; Büntgen et al. 2016; Sigl et al. 2015.

19 Usoskin et al. 2016; Steinhilber et al. 2012.

20 Daten für Grafik 7.2: ftp://ftp.ncd.noaa.gov/pup/data/paleo/climate_forcing/solar_variabilit</steinhilber2009tsi.txt. Gletscherbewegung: Le Roy et al. 2015, bes. Abb. 7 und S. 14; Holzhauser et al. 2005, Abb. 6. Ein hochauflösender Datensatz eines Meeressediments aus dem Golf von Tarent zeigt eine kühlere Periode zwischen 500 und 750 n. Chr.: Grauel et al. 2013.

21 Zur kältesten Phase siehe Büntgen 2016.

22 Zu Sizilien siehe Sadori et al. 2016. Zu den Überflutungen siehe Squatritis erschöpfende Bearbeitung der literarischen Quellen (2010). Wir teilen die Ansicht, dass die Erinnerung an diese Überschwemmungen vor allem deshalb überlebt, weil sie mit Gregor in Verbindung gebracht wird, und dass die Bedeutung einer einzelnen Überflutung im Jahr 589 leicht überschätzt werden kann, doch die Tatsache bleibt bestehen, dass die konkreten Belege für höhere Feuchtigkeit und Hochwasser im Kernland Italiens zwischen dem späten fünften und bis zur Mitte des siebten Jahrhunderts überzeugend sind. Cremonini, Labate und Curina 2013; Christie 2006, 487; Squatriti 1998, 68; Cremaschi, Marchetti und Ravazzi 1994. Außerdem – und das ist genauso wichtig – passt das Muster, wie es in italienischen Landschaften zum Ausdruck kommt, gut zu unserer Rekonstruktion der Periode zwischen 450 bis 650 als einer Phase, die von einer negativen NAO bestimmt wurde. Es ist kein Wunder, dass zwischen der negativen NAO und den Überflutungen in Italien ein enger Zusammenhang besteht: vgl. Benito et al. 2015a; Benito et al. 2015b; Zanchettin, Traverso und Tomasino 2008; Brunetti 2002. Obwohl Überschwemmungen immer lokale Ereignisse sind, sind sie nicht

unbedingt ein Phänomen des Mikroklimas. Großräumige atmosphärische Muster, vor allem die NAO, bestimmen weitgehend das Wettergeschehen.

23 Haldon et al. 2014, 137; Izdebski 2013, 133–143. Bereket Bassin: Kaniewski et al. 2007. Nar Gölü: Dean et al. 2013; Woodbridge and Roberts 2011. Tecer-See: Kuzucuoğlu et al. 2011. Zu Justinian siehe Prokop, *Bauten* 5.5. Im Südosten der Türkei weisen Muster von Bodenerosion auf extreme Niederschläge in spätrömischer Zeit hin: Casana 2008. Synthesen von Anatolien: Izdebski et al. 2016; Haldon 2016; Haldon et al. 2014; Izdebski 2013.

24 Fentress und Wilson 2016.

25 Ptolemais: Prokop, *Bauten* 7.2.9. Leptis: Prokop, *Bauten* 6.4.1. Vgl. Mattingly 1994, 2. Zu Dürren und Klimawandel in der Spätantike siehe Fareh 2007.

26 Hierzu allgemein: Avni 2014.

27 Über das NCP siehe Kutiel und Türkeş 2005; bes. Kutiel und Benaroch 2002. Hierzu allgemein Black 2012; Manning 2013, 111/12; Roberts et al. 2012.

28 Natürliche Zeugnisse: Haldon et al. 2014, 123; Rambeau und Black 2011; Neumann et al. 2010; Leroy 2010 (Klimawandel um 550); Migowski et al. 2006; Bookman et al. 2004. Issar und Zohar 2004, bes. 211, dendrochronologischer Beleg für Dürre im 5. und frühen 6. Jh. Zu Gaza siehe Choricius, *Ep.* 81. Zu Trockenzeiten in Palästina siehe Stathakopoulos 2004, Nr. 85, 259–261. Zu Syrien siehe Pseudo-Zacharias, *Chron.* 8.4. Zum Heiligen auf Besuch siehe *Vita Theod. Syk.* 50. Zu den Aquädukten siehe Jones 2007. Justinian setzte die Aquädukte von Bostra instand (IGLS 13.9134). Hierzu allg. Decker 2009, 8–11.

29 Prokop, *Bauten* 4.2.12. Zu anderen Vergleichen Justinians mit Xerxes siehe Kaldellis 2004, 35.

30 «Reiche Kinderschar»: *Vit. Jo. Eleem.* 1.3. Bäder: *Vit. Jo. Eleem.* 11.1. Alexandria: Holum 2005, 99. Zu Johannes' Verbindungen zur hohen Politik siehe Booth 2013, 51.

31 «Zwei der schnellen Segelschiffe»: *Vit. Ioh. Eleem.* II.13. «Sturm auf der Adria»: *Vit. Ioh. Eleem.* II.28.

32 Zu Töpferwaren siehe Haas 1997, 343–344. Ende der *annona* (jährliche Versorgung der röm. Bevölkerung mit Getreide): McCormick 2001, 110/11.

33 Wichtige zusammenfassende Darstellungen bei Christie 2011; Ward-Perkins 2000a und 2000b; Wickham 2005; Morrison und Sodini 2002. Zum Schicksal von Städten siehe Krause und Witschel 2006; Holum 2005; Lavan und Bowden 2001; Liebeschuetz 2001; Rich 1992. Am überzeugendsten und auf dem neuesten Stand, was die Einbeziehung der Archäologie in den Kontext des durch Seuchen verursachten Bevölkerungsrückgangs betrifft, ist Mitchell 2015, 479–491.

34 «Es gab keine Städte»: Ward-Perkins 2000a, 350. «Im Vergleich»: Ward-Perkins 2000b, 324. Zu den Sklavenmärkten siehe Gregor der Große, *Reg.* 3.16; 6.10; 6.29; 9.105; 9.124. Vgl. Harper 2011, 498.

35 Hierzu allgemein Kulikowski 2004 und 2006. «Die Mittelmeerküste Spaniens»: Wickham 2005, 491.

36 Siehe Wickham 2005, bes. 666.

37 Arnold 2014 hat diesen Moment im spätantiken Italien besonders anschaulich geschildert. Vgl. auch O'Donell 2008. Zur Archäologie siehe Christie 2011.

38 «Unsere Sorge»: Cassiodorus, *Var.* 3.31. Zum Kolosseum siehe Christie 2006, 147. Wendepunkt: Christie 2006, 459/60: «Für viele bekannte ländliche Standorte markiert der byzantinisch-gotische Krieg einen deutlichen Einschnitt in der Siedlungskontinuität.» S. 185 und 250: «Das allgemeine Bild der Städte nach ca.

550 weist größere oder kleinere kirchliche Gebäudekomplexe auf, beschädigte und abgerissene, ehemals öffentliche Gebäude, vereinzelte und auch nah beieinander stehende Häuser, dazu ‹Sperrgebiete› und unbebaute Flächen.» 500 Menschen: vgl. die Kommentare bei Christie 2006, 61. Zum Rückgang der Inschriften siehe Grafik 5.2 in Kap. 5. Zur Bevölkerung siehe Morrison und Sodini 2002.

39 Zum Kontrollverlust über die Umwelt siehe Christie 2006, 200, 487–489.

40 «Die Dörfer»: Barker, Hodges und Clark 1995, 253. «Für das siebte und achte Jahrhundert»: Ward-Perkins 2000a, 355, vgl. 325. «Es ist so viel schwerer»: Christie 2006, 560. «Hälfte oder sogar ein Viertel»: Ward-Perkins 2007, 148. Zu den methodologischen Schwierigkeiten siehe Witcher 2011.

41 Münzen: Ward-Perkins 2007, 119ff. Töpferwaren: Ward-Perkins 2007, 114ff. Höhensiedlung: Gregor der Große, *Reg.* 2.17, 6.27, 10.13. Christie 2006, 461. Voretruskisch: Ward-Perkins 2007, 124.

42 Zum Höhepunkt der Besiedlung im 4. Jh. siehe Lepelley 2006; Fentress und Wilson 2016, 17. Zur Kasserine-Studie siehe Hitchner 1988; Hitchner 1989; Hitchner 1990. Cameron 2000b, 558.

43 Decker 2016, 9–11; Whitby 2000, 97/98a.

44 «Ohne Unterbrechung»: Wickham 2005, 627. Zu Butrint siehe Hansen et al. 2013; Bowden, Hodges und Cerova 2011; Decker 2009, 93. Zu Korinth siehe Scranton 1957; Brandes 1999. Zu Mazedonien siehe Dunn 2004, 579. «Händeringend»: Decker 2009, 131.

45 Decker 2016, 130/34; Pettegrew 2007; Mee und Forbes 1997.

46 Überblick bei Haldon 2016 und Izdebski 2013. «Höchstwahrscheinlich»: Waelkens et al. 2006, 231.

47 Die ausgewogenen Argumente von Liebeschuetz 2001, bes. 43, 48–53, 408, haben mich überzeugt. Waelkens 2006; Wickham 2005, 627. Fragmentiert: Haldon 2016. Fortdauernde landwirtschaftliche Tätigkeit auf niedrigerem Niveau: Vanhaverbeke et al. 2009 (eine «enthauptete» Landschaft); Vionis et al. 2009.

48 Zur Nilflut siehe Prokop, *Gotenkriege* 7.29.6–7. Zum Kanalsystem siehe Bagnall 1993, 17–18. Zum Schwarzen Tod in Ägypten siehe Borsch 2014; Borsch 2005, 46/47. «Das reibungslose Funktionieren dieses Systems hing nicht nur von der Genauigkeit des Timings ab, sondern auch von einem erheblichen Einsatz an Arbeit und Rohstoffen zur jährlichen Wartung.»

49 «Nilüberschwemmung»: Prokop, *Gotenkriege* 7.29.19. Erwähnenswert ist, dass der Ma'rib-Staudamm in Südarabien im sechsten Jahrhundert dreimal überflutet wurde und schließlich brach, ein Hinweis auf extreme Monsunregen in der Mitte des 6. Jh.s Vgl. Morony 2007, 63. Zu Weizen und Mieten siehe Harper 2016a. Man würde erwarten, dass Arbeitskräftemangel zu niedrigeren Pachtzinsen führen müsste. Möglicherweise war aber die tatsächliche Pacht landesüblich und daher unveränderlich, oder Landbesitzer übten Druck außerhalb des Marktes aus, um die Macht der Bauern niederzuhalten, oder aber ein im Durchschnitt qualitativ höherwertiges Land wurde bebaut, und die Landarbeiter bezahlten eine geringere Pacht. Die Frage lässt sich nicht lösen. Die Pachtzinsen fielen, jedoch nicht sofort, was vielleicht auf sinkende Warenpreise und steigende Löhne hinweist.

50 Vgl. Hickey 2012; Sarris 2006; Mazza 2001. «Besessen»: Hickey 2012, 88.

51 Hierzu allgemein Decker 2009. «Gute Qualität»: *Vit. Ioh. Eleem.* 1.10.

52 Zu den Städten siehe Liebeschuetz 2001.

53 Witakowski 2010; Kennedy 2007a; Foss 1997; Tate 1992; Sodini et al. 1980;

Tchalenko 1953–1958. Vgl. bes. Casaba 2014, 214, der überzeugende archäologische Belege dafür vorlegt, dass in der nördlichen Levante die Kontinuität weniger ausgeprägt war als im Süden.

54 Izdebski 2016; Hirschfeld 2006; Kennedy 2000. Kirchenbau als Vorbereitung auf das Jüngste Gericht: Magdalino 1993, 12.

55 Hirschfeld 2006, 2004 zu den Folgen des Klimawandels. Dazu auch Avni 2014. «Eine der erfolgreichsten Landschaftsumgestaltungen»: Decker 2009, 196. Zur Bewässerung siehe Kamash 2012; Kouki 2013 betont, dass menschliche Besiedelung und Klimawandel in Südjordanien nicht im Gleichtakt verliefen und dass die Versteppung das ganze sechsten und siebte Jahrhundert hindurch voranschritt. Hierzu allgemein Mikhail 2013 über die Bedeutung eines dialektischen Verständnisses von Menschen und Umwelt in der Region. Izdebski 2016, bes. 202 über den Umstand, dass etliche Siedlungen einfach so weit im Osten lagen, wo heute Wüste ist, und daher die Niederschläge höher gewesen sein müssen. Der ältere Text von Rubin 1989 vertritt einen skeptischen Standpunkt.

56 Liebeschuetz 2001, 57; Walmsey 2007, 41. Zum Negev siehe Avni et al. 2006: Menschliches Handeln «wird überlagert von dem natürlichen langfristigen Trend in Richtung Versteppung». Wadi Faynan: Barker, Gilbertson und Mattingly 2007. «Still»: Walmsey 2007, 47. Liebeschuetz 2001, 303.

57 Agathias, *Hist.* 5.15.7

58 «Der Glücksstern»: Agathias, *Hist.* 5.13.5. «Die römischen Heere»: Agathias, *Hist.* 5.13.7. Zu Agathias und der Pest siehe Kaldellis 2007, 15/16. Lee 2007, 117–118.

59 «Es gab ein großes Reservoir»: Jones 1964, 670. Zu Beweisen für die Einberufung siehe jedoch Whitby 2000b, 302/03. Haldon 2002 weist überzeugend nach, dass die Veränderungen im siebten Jahrhundert ihre Wurzeln in den Belastungen des späten sechsten Jahrhunderts haben.

60 Prokop, *Bell. P.* 166, 399, 404 (7.10. 1–2)

61 Zum Aufkommen von Einrichtungen öffentlicher Kredite siehe Edling 2003. «Mit der Soldzahlung im Rückstand»: Prokop, *Anekdota* 24.13. «Begann, seine Soldaten»: Agathias, *Hist.* 5.14.2. Siehe auch Johannes Malalas, *Weltchronik* 18.132. Malalas stellt Justinian allgemein in günstigem Licht dar, so dass sein Bericht über den Streit um die angemessene Besoldung der Soldaten absolut glaubwürdig ist. Zu den Grenzeinheiten siehe Treadgold 1995, 150. Hierzu allgemein Treadgold 1995, 159–166.

62 Justinian, *Novellae* 147.

63 «Denn obschon die Pest»: Prokop, *Anekdota* 23.20–21. Zu Aphrodito siehe Zuckerman 2004, 120 und bes. 215. Wie Barnish, Lee und Whitby 2000 richtig bemerken, ist «der Befund komplex und umstritten». Eine ausführlichere Studie zur Fiskalpolitik im sechsten Jahrhundert, die die Möglichkeit großer Bevölkerungsverluste untersucht, wäre wünschenswert. Ich stimme mit Van Minnen 2006, 165/66 überein, was die Steuererhöhungen in der Spätantike betrifft.

64 Justin II., *Novellae* 148. Zu diesem Steuererlass siehe Haldon 2016, 182.

65 Zu Rekrutierung unter Tiberius II. siehe Evagrius, *Hist. Eccl.* 5.14. Theopyhlaktos Simokates, *Hist.* 3.12.3–4. Zu Mauricius siehe Michael der Syrer, *Chron.* 11.21 (362); Johannes von Ephesus, *Hist. Eccl.* III. 6.14. Whitby 1995, 81. Beachtliche Feldheere: Whitby 1995, 100. Aber «die Finanzen waren das Schlüsselproblem der gesamten Regierungszeit von Mauricius»: Whitby 2000a, 99. Zur Soldkürzung siehe Theopyhlaktos Simokates, *Hist.* 3.1.2 und 7.1.2–9. Evagrius,

Hist. Eccl. 6.4. In den Worten von A. H. M. Jones war dies ein «gefährliches Wirtschaften»: Jones 1964, 678. Die beste Abhandlung über die Rekrutierung von Soldaten in dieser Periode ist von Whitby 1995, ich würde allerdings das Ausmaß der Krise und die gleichzeitige demographische und fiskalische Dimension betonen.

66 Booth 2013, 44/45.

67 Johannes Moschus, *Prat. Spir.* 131.

68 Nea Ekklesia: Prokop, *Bauten* 5.6.1. Vgl. bes. Graham 2008; Tsafrir 2000.

69 Cameron 1978. Zu den Marienbildern der Spätantike ist Pentcheva 2006 besonders überzeugend.

70 Zu Antiochia siehe Evagrius Scholasticus, *Hist. Eccl.* 4.29 (177). Zum Sinai siehe Anastasius von Sinai, *Ques. Resp.* 28.9 und 66. Beispiele aus dem Islam bei Conrad 1992, 92–95.

71 Zum Jahr 500 siehe Magdalino 1993, 4/5.

72 Siehe bes. Meier 2003. «Eine Frau in einer Nacht»: Johannes Malalas, *Weltchronik* 18.90. «Laut den alten Orakeln»: Agathias, *Hist.* 5.10.5. Zu allgemeinen Reaktionen auf den Schwarzen Tod siehe Dols 1974. Zu nordischen Mythen siehe Gräslund und Price 2012, die einen auffälligen Rückgang der Besiedelung im sechsten Jahrhundert feststellten. Zu China siehe Barrett 2007.

73 «Die Menschen»: Johannes von Ephesus, in *Chronik von Zuqnin*. «Menschenliebe»: Justinian, *Novellae* 122 (544 n.Chr.). Vgl. Demacopoulos 2015, 93; Kaldellis 2007, 7.

74 Zu Clermont siehe Gregor von Tours, *Historia Francorum* 4.5. Zur Ostkirche siehe Ebied und Young 1972, Nr. XXX. Little 2007b, 26/27.

75 Gregor von Tours, *Historia Francorum* 10.1.

76 Brown 2012. Vgl. Kaldellis 2007, 9.

77 Ägypten: MacCoull 2004–5. Bautätigkeit: Di Segni 2009 und 1999. Vgl. auch Gatier 2011. Petra: Frösén et al. 2002, 181–187, mit Benovitz 2014, 498. Ravenna: die aufschlussreiche Diskussion bei Deliyannis 2010, 252/53. Zu Maria siehe z. B. eine Kirche in al-Rouhhweyb im Jabal al-Hass: Trombley 2004, 77; Mouterde und Poidebard, Nr. 17. Piccirillo 1981, 58, über eine Weiheinschrift für den Erzengel Michael in Um el-Jimal. Piccirillo 1981, 84, über eine Marienkirche in Rihab mit der Bitte an sie: «Hab Mitleid mit der Welt und hilf uns, die wir geben.» Ovadiah 1970, 28/29, eine Basilika in Beit Sha'ar für den heiligen Zacharias, spätes 6.Jh., mit einem Bezug auf eine Errettung (SEG 8, Nr. 238; vgl. TIR 77). Ovadiah 1970, 54/55: In 'Ein el-Jadida wurde eine Kirche gebaut (spätes 6.J.) als Dank für Errettung. Ovadiah 1970, 172/73, Inschriften mit der Bitte um Beistand für die Stifter (SEG 8, Nr. 21). In Nessana (Colt 1962, Nr. 92) zeigt eine Weiheinschrift für die Muttergottes (601/2 n.Chr.) die Bitte: «Hilf und habe Mitleid». Vgl. auch Nr. 72 (ein unbekanntes Gebäude mit einer Dankinschrift von 605 n.Chr. für die Errettung einiger Spender) und Nr. 94 (601 n.Chr. für die Errettung einiger Wohltäter) und Nr. 95. Donceel-Voûte 1988, 275, über eine Kirche in Resafe, erbaut 559 als Dank für die Gnade Gottes. Donceel-Voûte 1988, 139, ein Mosaik in Houad, bezahlt 568 n.Chr. für einen Hilferuf, in dem der heilige Georg um Hilfe angefleht wird. Vgl. auch Donceel-Voûte 1988, 356 (in Jiye) und 416 (Qabr Hiram). Weitere Beispiele bei Madden 2014.

78 Zur Abschrift des Neuen Testaments siehe «Rede über den Erzengel Michael, gehalten von Timotheus, Erzbischof von Alexandria», in Budge 1951, 1028. Ich danke Michael Beshay für Hinweise auf diese großartige Quelle. «Engel Gottes»:

Gregor von Tours, *Historia Francorum* 4.5. Zur Ausbreitung der Michaelsverehrung (bereits lange vor der großen Pest) siehe Arnold 2013; Rohland 1977.

79 Cameron 1978, 80 und 87 (über den großen Einfluss der Liturgie auf die Gesellschaft). Hypapante: *ODB* 961. Allen 2011, 78. Bei seiner Inthronisierung im Jahr 565 ging Justin II. zum Gebet zu einem Schrein des Erzengels Michael, seine Frau in eine Kirche der jungfräulichen Gottesmutter: Corippus, *In Laud. Iust.* 2; vgl. Cameron 1976, 149/50. Zur Liturgie als Eschatologie siehe Magdalino 1993, 15. Zu häuslichen Marienbildnissen siehe Maguire 2005. Zur *Akathistos*-Hymne siehe Pentcheva 2006.

80 Cameron 1978. Vgl. auch Meier 2005. Latham 2015; Wolf 1990, bes. 131–135 zum mittelalterlichen Kontext der Legende.

81 Z. B. die Art Bittgänge, die nach dem Erdbeben im Jahr 554 in Konstantinopel geschildert wurden: Theophanes der Bekenner, *Chron.* s. a. 6046; Kaldellis 2007, 7–8. «Die Strafen Gottes»: Gregor von Tours, *Historia Francorum* 10.1.

82 Zur Stellung der *Apokalypse* siehe Shoemaker 2016. Kommentare zu *Apk* siehe Hoskier 1928 (Oecumenius); Schmid 1955/56 (Andreas von Caesarea); Primasius, *Comm. In. Apoc.* Vgl. Meier 2003, 21; siehe dagegen aber Podskasky 1972, 79/80 zu einigen Vorläufern. «Obwohl die Theologie der Kirchenväter»: Magdalino 1993, 9.

83 Nikolaus: *Vit. Nich. Sion* 50–52.

84 «Der Heilige»: Reeves 2005, 123. Hierzu allgemein siehe Himmelfarb 2017; Reeves 2005; van Beckum 2002; Dagron und Déroche 1991. Zur politischen Haltung der Juden siehe bes. Bowersock 2017.

85 Zur Losung siehe Theophylactus Simocatta, *Hist.* 5.10.4. «Psychologischer Effekt»: Drijvers 2002, 175.

86 Zur Rückkehr des Wahren Kreuzes siehe Zuckerman 2013 über ein höchst komplexes Ereignis, unter Einbeziehung früherer Quellen. Zu Heraclius siehe bes. die nützlichen Aufsätze in Reinink und Stolte 2002; Magdalino 1993, 19.

87 Zu den islamischen Eroberungen siehe Kennedy 2007b; Kaegi 1992.

88 Bowersock 2017; Robin 2012; Conrad 2000; Donner 1989. Zum jüdischen Südarabien siehe Bowersock 2013, 78–91. Zu Konstantinopel und Mohammed siehe Lecker 2015 und Bowersock 2017, 108–111.

89 Hoyland 2012; Donner 2010; Cook 2002; Bashear 1993. Casanova 2011 umreißt bereits viele der Schlüsselgedanken zum apokalyptischen Ursprung des Islam. Vgl. Al-Azmeh 2014 zum Einfluss des spätantiken monotheistischen Rahmenwerks auf das Aufkommen des Islam. Zugleich spielt er die Bedeutung apokalyptischer Elemente herunter.

90 «Das nahende Gericht»: Shoemaker 2012, 120. «Eine Warnung»: Koran 53.57. «Und Gott allein»: Koran 16.77.

91 Sophronius, *Weihnachtspredigt des Sophronius*. Zur Vermutung, dass Teile der Neuen Kirche (die riesig und so gründlich zerstört war, dass sie erst 1970 entdeckt wurde) wiederverwendet wurden, siehe Nees 2016, 108.

EPILOG
TRIUMPH DER MENSCHHEIT?

1 Malthus 1905, 238. Zum intellektuellen Kontext der *Abhandlung* und ihrer globalen Perspektive siehe Bushford und Chaplin 2016.

2 McNeill 2015; Livi-Bacci 2012; Klein Goldewijk, Beusen und Janssen 2010; Madisson 2001; McEvedy und Jones 1978.

3 Pomeranz 2000 hat eine vergleichende Analyse zeitgenössischer globaler Wirtschaftsentwicklung verfasst, wobei er die Gleichheit von England und Teilen Chinas bis um 1800 hervorhebt. Neuere Arbeiten verlegen die «große Divergenz» in die Zeit davor. Vgl. Broadberry, Guan und Li 2014; Chen und Kung 2016 zur Theorie von Malthus im modernen China.

4 Wir sollten erwähnen, dass Malthus glaubte, es gebe zwei Prüfverfahren, das präventive und das positive. Die präventive Prüfung kontrollierte die Bevölkerung im Vorfeld einer Katastrophe mittels Mechanismen, die die Geburtenrate senkten. Die positive Prüfung kontrollierte die Population über die Mortalität. Die Zahlen stammen aus den in Anm. 93 genannten Quellen und berücksichtigen die im vorliegenden Buch geschätzte Mortalität.

5 McNeill 2015, 77; Russell 2011. Die *International Commission on Stratigraphy of the International Union of Geological Sciences* überwacht im Prinzip die Fachbezeichnung geologischer Epochen, aber der Begriff hat einen breiteren Bedeutungsbereich und bleibt Gegenstand intensiver Diskussion. Für einen aktuellen Überblick siehe Finney und Edwards 2010.

6 Tausend Milliarden Spezies: Locey und Lennon 2011. 40 Billionen Zellen: Sender, Fuchs und Milo 2016. 1400 Krankheitserreger: Woolhouse und Gaunt 2007. Ein sehr guter allgemeiner Überblick über mikrobielle Ökologie liegt jetzt vor von Young 2016.

BIBLIOGRAPHIE

QUELLEN

Achilleus Tatios = Plepelits, K. (Hg.) 1980, *Leukippe und Kleitophon*, Stuttgart.

Acta Acacii = Weber, J. (Hg.) 1913, *De actis S. Acacii*, Straßburg.

Aelius Aristides = Klein, R. (Hg.) 1983, *Die Romrede des Aelius Aristides*, Darmstadt.

Agapios = Vasiliev, A. (Hg.) *Kitab al-'Unvan*, Patrologia Orientalis 5.4 (1910); 7.4 (1911); 8.3 (1912); 11.1 (1915).

Agathias = Keydell, R. (Hg.) 1967, *Historiae*, Berlin.

Ambrosius = Faller, O. (Hg.) 1968, *Epistulae*, CSEL 82, Wien.

Ammianus Marcellinus = Seyfarth, W. (Hg.) 1978, *Res gestae*, 2 Bde., Leipzig.

Übersetzung: Seyfarth, W. 1970–83, *Römische Geschichte*, 4 Bde., Berlin.

Anastasios Sinaites = Munitiz, J. A. und Richard, M. (Hgg.) 2006, *Anastasii Sinaitae Questiones et Responsiones*, CCSG 59, Turnhout.

Appian = Mendelssohn, L. und Viereck, P. (Hgg.) 1986, *Historia Romana*, Leipzig.

Übersetzung: Veh, O. 1987–89, *Appian von Alexandria, Römische Geschichte*, Stuttgart.

Apuleius = Helm, R. (Hg.) 1959, *Florida*, Leipzig.

Aretaios = Hude, K. (Hg.) 1958, *Aretaeus*, CMG 2, 2. Aufl., Berlin.

Aristoteles = Bekker, I. (Hg.) 1960, *Aristotelis opera*, Bd. 2, Berlin.

Augustinus = Verheijen, L. (Hg.) 1981, *Confessiones*, CC 27, Turnhout.

= Dekkers, E. und Fraipont, J. (Hgg.) 1956, *Enarrationes in Psalmos*, CC 38–40, Turnhout.

Aurelius Victor = Dufraigne, P. (Hg.) 1975, *De Caesaribus*, Paris.

Übersetzung: Groß-Albenhausen, K., und Fuhrmann, M. 1997, *Die römischen Kaiser. Liber de Caesaribus*, Darmstadt.

Basileios von Caesarea = Courtonne, Y. (Hg.) 1935, *Saint Basile: homelies sur la richesse*, Paris.

Übersetzung: Stegmann, A. 1925, *Des heiligen Kirchenlehrers Basilius des Großen ausgewählte Schriften*, Kempten/München.

Cassiodor = Fridh, A. J. (Hg.) 1973, *Magni Aurelii Cassiodori: Variarum libri XII*, CC 96, Turnhout.

Übersetzung: Dinzelbacher, P. 2010, *Briefe des Ostgotenkönigs Theoderich der Große und seiner Nachfolger. Aus den «Variae» des Cassiodor*, Heidelberg.

Cassius Dio = Boissevain, U. P. (Hg.) 1955, *Cassii Dionis Cocceiani historiarum Romanarum quae supersunt*, 3 Bde., Berlin.

Übersetzung: Veh, O. 1985–92, *Römische Geschichte*, Zürich/München.

Celsus = Spencer, W. G. 1935–38, *Celsus: De medicina*, LCL 292, 304, 336, Cambridge, MA.

Chorikios von Gaza = Foerster, R. und Richtsteig, E. (Hgg.) 1929, *Choricii Gazaei opera*, Leipzig.
Chronik von 1234 = Chabot, J.-B. (Hg.), *Anonymi auctoris Chronicon ad annum Christi 1234 pertinens*, CSCO 81, 82, 109; Syr. 36, 37, 56 (1916, 1920, 1937), Paris.
Chronik von Zuqnin = Chabot, J.-B. (Hg.), *Chronicon anonymum pseudo-dionysianum vulgo dictum*, CSCO 91, 104; Syr. 43, 53 (1927, 1933), Paris.
Claudian = Hall, J. B. (Hg.) 1985, *Carmina*, Leipzig.
Übersetzung: Wedekind, G. Freiherr von 1868, *Dichtungen des Claudius Claudianus*, Darmstadt.
Columella = Lundström, V. (Hg.) 1897, *Opera quae extant*, Uppsala.
Übersetzung: Ahrens, K. 1972, Über Landwirtschaft, Berlin.
Consularia Caesaraugustana = De Hartmann, C. C. (Hg.) 2001, *Tunnunensis Chronicon cum reliquiis ex Consularibus Caesaraugustanis et Iohannis Biclarensis Chronicon*, Turnhout.
Corippus = Cameron, A. (Hg.) 1976, *In laudem Iustini*, London.
= Diggle, J. und Goodyear, F. R. D. (Hgg.) 1970, *Iohannidos seu De bellis Libycis libri VIII*, London.
Cyprian = Hartel, G. (Hg.) 1868–71, *S. Thasci Caecili Cypriani Opera Omnia*, 3 Bde., CSEL 3.1–3, Wien.
Übersetzung: Baer, J. 1918, *Des Heiligen Kirchenvaters Caecilius Cyprianus Traktate. Des Diakons Pontius Leben des Heiligen Cyprianus*, Kempten/München.
Pseudo-Cyprian = Ciccolini, L. (Hg.) 2016, *Sancti Cypriani episcopi opera*, Bd. 4,1, CCSL 3F, Turnhout.
De ceremoniis = Moffatt, A. und Tall, M. 2012, *Constantine Porphyrogennetos: The Book of Ceremonies, with the Greek Edition of the Corpus Scriptorum Historiae Byzantinae (Bonn, 1829)*, Canberra.
Übersetzung: Dieterich, K. o. J., *Hofleben in Byzanz*, Leipzig.
Dion Chrysostomos = von Arnim, H. (Hg.) 1893–96, *Dionis Prusaensis quem vocant Chrysostomum quae exstant omnia*, 2 Bde., Berlin.
Euagrius Scholasticus = Bidez, J. und Parmentier, L. (Hgg.) 1898, *The Ecclesiastical History of Evagrius*, London.
Eugippius = Régerat, P. (Hg.) 1991, *Vie de Saint Séverin*, SC 374, Paris.
Übersetzung: Nüsslein, T. 1986, *Vita Sancti Severini. Das Leben des heiligen Severin*, Stuttgart.
Eusebius = *Historia ecclesiastica*: Bardy, G. (Hg.) 1952–94, SC 31, 41, 55, 73, Paris.
= *Praeparatio evangelica*: Places, E. (Hg.) 1974–91, SC 206, 215, 228, 262, 266, 292, 307, 338, 369, Paris.
= *Vita Constantini*: Winkelmann, F. (Hg.) 1975, *Eusebius Werke,* Bd. 1.1: *Über das Leben des Kaisers Konstantin*, Berlin.
Übersetzung: Pfättisch, J. M., und Bigelmair, A. 1913, *Ausgewählte Schriften*, München.
Kraft, H. 1967, *Kirchengeschichte*, München.
Eutropius = Müller, F. L. (Hg.) 1995, *Eutropii Breviarium ab urbe condita. Kurze Geschichte Roms seit Gründung*, Stuttgart.
Übersetzung: ebd.
Excerpta Salmasiana = Roberto, U. (Hg.) 2005, *Ioannis Antiocheni Fragmenta ex Historia chronica*, Berlin.
Fronto = van den Hout, M. P. (Hg.) 1988, *M. Cornelii Frontonis Epistulae*, Leipzig.

Galen = Alim. Fac. = *De alimentorum facultatibus*: Koch, K., et al. (Hgg.) 1923, CMG 5.4.2, Leipzig.
Anat. Admin. = *De anatomicis administrationibus*: Garofalo, I. (Hg.) 1986, *Galenus: Anatomicarum administrationum libri quae supersunt novem*, 2 Bde., Neapel.
Anim. Affect. Dign. = *De animi cuiuslibet affectuum et peccatorum dignotione et curatione*: De Boer, W. (Hg.) 1937, CMG 5.4.1.1, Leipzig.
Atra Bile = *De atra bile*: De Boer, W. (Hg.) 1937, CMG 5.4.1.1, Leipzig.
Bon. Mal. Succ. = *De bonis malisque succis*: Koch, K., et al. (Hgg.) 1923, CMG 5.4.2, Leipzig.
Hipp. Artic. = *In Hippocratis librum De articulis commentarius*: Kühn, C. G. (Hg.) 1829, Claudii Galeni opera omnia Bd. 18.1, Leipzig.
Hipp. Epid. 3 = *In Hippocratis librum III epidemiarum commentarii III*: Wenkebach, E. (Hg.) 1936, CMG 5.10.2.1, 1–187.
Meth. Med. = *De methodo medendi*: Johnston, I. und Horsley, G. H. R. (Hgg.) 2011, *Galen: Method of Medicine*, 3 Bde., LCL 516–18, Cambridge, MA.
Morb. Temp. = *De morborum temporibus*: Wille, I. (Hg.) 1960, *Die Schrift Galens Peri tõn en tais nósois kairõn und ihre Überlieferung*, Kiel.
Praecog. = *De praecognitione*: Nutton, V. (Hg.) 1979, CMG 5.8.1, Berlin.
Praes. Puls. = *De praesagitione ex pulsibus*: Kühn, C. G. (Hg.) 1825, Bd. 9, Leipzig: 205–430.
Purg. Med. Fac. = *De purgantium medicamentorum facultate*: Ehlert, J. (Hg.) 1959, *Galeni de purgantium medicamentorum facultate*, Göttingen.
Subs. Fac. Nat. = *De Substantia Facultatum Naturalium*: Kühn, C. G. (Hg.) 1822, Bd. 4, Leipzig: 757–766.
Temp. = *De temperamentis*: Helmreich, G. (Hg.) 1904, *Galeni De temperamentis libri III*, Leipzig.
Georgios Kedrenos = de Boor, C. (Hg.) 1904, *Georgii Monachi Chronicon*, Leipzig.
Gerontius = *Vita Melaniae*: Gorce, D. (Hg.) 1962, SC 90, Paris.
= *Vita Melaniae* (L): Laurence, P. (Hg.) 2002, Jerusalem.
Gregor der Große = *Registrum epistularum*: Norberg, D. (Hg.) 1982, CC 140–40A, Turnhout.
= *Dialogorum libri IV*: de Vogüé, A. (Hg.) 1978–80, SC 251, 260, 265, Paris.
Übersetzung: Funk, J. 1933, *Des heiligen Papstes und Kirchenlehrers Gregor des Großen vier Bücher Dialoge*, Kempten/München.
= *Homiliae in evangelia*: Étaix, R. (Hg.) 1999, CCSL 141, Turnhout.
Übersetzung: Fiedrowicz, M. 1997/98, *Homiliae in Evangelia. Evangelienhomilien*, 2 Bde., Freiburg.
= *Homiliae in Hiezechihelem prophetam*: Adriaen, M. (Hg.) 1971, CCSL 142, Turnhout.
Gregor von Nazianz = *De pauperum amore*: PG 35: 857–909.
= *Fun. Or. in Laud. Bas*: Boulenger, F. (Hg.) 1908, *Grégoire de Nazianze. Discours funèbres en l'honneur de son frère Césaire et de Basile de Césarée*, Paris: 58–230.
Gregor von Nyssa = *De beneficentia*: van Heck, A. (Hg.) 1967, *Opera*, Bd. 9, Leiden.
= *In illud: Quatenus uni ex his fecistis mihi fecistis*: van Heck, A. (Hg.) 1967, *Opera*, Bd. 9, Leiden.
= *De vita Gregorii Thaumaturgi*: PG 46: 893–957.
Übersetzung: Fisch, J. 1880, *Ausgewählte Schriften des heiligen Gregorius, Bischofs von Nyssa*, Kempten.

Gregor von Tours = *Gloria confessorum*: Krusch, B. (Hg.) 1885, MGH SS rer. Merov. 1.2, Hannover: 294–370.
= *Gloria martyrum*: Krusch, B. (Hg.) 1885, MGH SS rer. Merov. 1.2, Hannover: 34–111.
= *Libri historiarum X*: Krusch, B. und Levison, W. (Hgg.) 1937–51, MGH SS rer. Merov. 1.1, Hannover.
Übersetzung: Buchner, R. 1986/88, *Zehn Bücher Geschichten, auf Grund der Übersetzung W. Giesebrechts neubearbeitet*, 2 Bde., Darmstadt.
= *Vitae patrum*: Krusch, B. (Hg.) 1885, MGH SS rer. Merov. 1.2, Hannover: 211–293.
Herodian = Lucarini, C. (Hg.) 2005, *Regnum post Marcum*, Berlin/Boston.
Übersetzung: Müller, F. L. 1996, *Geschichte des Kaisertums nach Marc Aurel*, Stuttgart.
Hieronymus = Helm, R. (Hg.) 1956, *Eusebii Caesariensis Chronicon: Hieronymi Chronicon*, Berlin.
Historia Augusta = Hohl, E. (Hg.) 1997, 2 Bde., 3. Aufl., Leipzig.
Übersetzung: Hohl, E. 1976/85, *Römische Herrschergestalten*, 2 Bde., Zürich/München.
Historia monachorum in Aegypto = Festugière, A.-J. 1971, Brüssel.
Hydatius = Burgess, R. W. 1988, *Hydatius: A Late Roman Chronicler in Post-Roman Spain: An Historiographical Study and New Critical Edition of the Chronicle*, Oxford.
Isaak von Antiochien = Moss, C. 1929–32, «Homily on the Royal City», *Zeitschrift für Semitistik und verwandte Gebiete* 7: 295–306 und 8: 61–72.
Johannes Chrysostomus = *De Lazaro*: PG 48: 963–1054.
= *In epistulam ad Ephesios*: PG 62: 9–176
= *In principium Actorum*: PG 51: 65–112.
Übersetzung: Knors, F. 1862, *Die Homilien des heiligen Johannes Chrysostomus über das Evangelium des heiligen Johannes*, Paderborn.
Stoderl, W. 1936, *Des heiligen Kirchenlehrers Johannes Chrysostomus Erzbischofs von Konstantinopel Kommentar zu den Briefen des hl. Paulus an die Galater und Epheser*, Kempten/München.
Johannes Lydos = Wunsch, R. (Hg.) 1898, *Ioannis Lydi liber de mensibus*, Leipzig.
= Wachsmuth, C. (Hg.) 1897, *Ioannis Laurentii Lydi liber de ostentis et calendaria Graeca omnia*, Leipzig.
Johannes Malalas = Thurn, I. (Hg.) 2000, *Ioannis Malalae chronographia*, Berlin.
Johannes Moschos = *Pratum spirituale*: PG 87.3: 2582–3112.
= Nissen, T. 1938, «Unbekannte Erzählungen aus dem Pratum Spirituale», *Byzantinische Zeitschrift* 38: 354–372.
Übersetzung: *Leimonarion oder Die Wiese, übertragen und herausgegeben vom Heiligen Kloster Johannes' des Vorläufers*, Chania, Kreta 2008.
Johannes von Ephesos = Brooks, E. W. ed., 1923–25, *John of Ephesus. Lives of the Eastern Saints*, PO 17, 18, 19, Paris.
= s. auch *Chronik von Zuqnin*; Michael Syrus
Johannes Zonaras = Dindorf, L. (Hg.) 1870, *Ioannis Zonarae epitome historiarum*, Leipzig.
Jordanes = Mommsen, T. (Hg.) 1882, *Getica*, MGH AA 5.1, Hannover: 53–138.
Übersetzung: Möller. L. 2012, *Die Gotengeschichte*, Wiesbaden.
Josephus = *De bello Judaico*: Niese, B. (Hg.) 1955, *Flavii Iosephi opera*, Bd. 6, Berlin: 3–628.

Übersetzung: Güthling, O. 2012, *Der Jüdische Krieg und kleinere Schriften*, Wiesbaden.
Josua Stylites = Wright, W. (Hg.) 1882, *The Chronicle of Joshua the Stylite Composed in Syriac A. D. 507*, Cambridge.
Übersetzung: Luther, A. 1997, *Die syrische Chronik des Josua Stylites*, Berlin/New York.
Kosmas Indikopleustes = Wolska-Conus, W. (Hg.) 1968–73, *Topographie chrétienne*, SC 141, 159, 197, Paris.
Übersetzung: Schneider, H. 2010, *Christliche Topographie*, Turnhout.
Kyrillos von Skythopolis = Schwartz, E. (Hg.) 1939, *Kyrillos von Skythopolis*, TU 49.2, Leipzig.
Lactantius = Städele, A. (Hg.) 2003, *De Mortibus Persecutorum. Die Todesarten der Verfolger*, Turnhout.
Übersetzung: ebd.
Libanios = Foerster, R. (Hg.) 1903–08, *Orationes* = *Opera*, Bde. 1–4, Leipzig.
Liber pontificalis = Mommsen, T. (Hg.) 1898, MGH Gesta Pont. Rom. 1, Hannover.
Lucan = Shackleton Bailey, D. R. (Hg.) 1997, *M. Annaei Lucani De bello civili libri X*, Stuttgart.
Lucian = *Alexander*: Harmon, A. M. (Hg.) 1925, *Lucian*, Bd. 4, LCL 162, Cambridge, MA: 174–252.
Übersetzung: Victor, U. 1997, *Alexandros oder der Lügenprophet*, Leiden.
Lucretius = Martin, J. (Hg.) 1963, *De rerum natura*, Leipzig.
Übersetzung: Diels, H. 1993, *Von der Natur*, München.
Ps.-Macarius = *Sermones*: Berthold, H. (Hg.) 1973, *Makarios/Symeon Reden und Briefe*, 2 Bde., Berlin.
Übersetzung: Fitschen, K. 2000, *Reden und Briefe*, Stuttgart.
Marcellinus Comes = Mommsen, T. (Hg.) 1894, *Chronicon ad annum DXVIII*, MGH AA 11, Hannover: 60–108.
Marcus Aurelius = Nickel, R. (Hg.) 1998, *Wege zu sich selbst*, Darmstadt.
Übersetzung: ebd.
Mart. Areth. = Detoraki, M. (Hg.) 2007, *Le martyre de Saint Aréthas et de ses compagnons (BHG 166)*, Paris.
Menander = Russell, D., und Wilson, N. (Hgg.) 1981, *Division of Epideictic Speeches*, Oxford.
Michael Syrus = Chabot, J.-B. (Hg.) 1899–1924, *Chronique de Michel le Syrien, patriarche jacobite d'Antioche (1166–1199)*, Paris.
Olympiodorus = Blockley, R. C. (Hg.) 1981–83, *The Fragmentary Classicising Historians of the Later Roman Empire: Eunapius, Olympiodorus, Priscus, and Malchus*, Liverpool.
Orac. Sibyll. = Potter, D. W. 1990, *Prophecy and History in the Crisis of the Roman Empire: A Historical Commentary on the Thirteenth Sibylline Oracle*, Oxford.
Oribasius = Raeder, J. (Hg.) 1928–33, *Oribasii collectionum medicarum reliquiae*, CMG 6.1.1–6.2.2, Leipzig.
= Raeder, J. (Hg.) 1926, *Oribasii synopsis ad Eustathium et libri ad Eunapium*, CMG 6.3, Leipzig.
Orosius = *Historia adversos paganos*: Arnaud-Lindet, M.-P. (Hg.) 1990–91, *Histoires: contre les païens*, Paris.
Übersetzung: Lippold, A. 1985–86, *Die antike Weltgeschichte in christlicher Sicht*, Zürich/München.

Ovid = Alton, E. H., Wormell, D. E. W., und Courtney, E. (Hgg.) 1978, *P. Ovidi Nasonis Fastorum libri sex*, Leipzig.

Palladius = Rodgers, R. (Hg.) 1975, *De insitione*, Leipzig.

Palladius = Hübner, A. (Hg.) 2016, *Historia Lausiaca. Geschichten aus dem frühen Mönchtum*, Freiburg.

Übersetzung: ebd.

Ps.-Palladius = Desantis, G. (Hg.) 1992, *Le genti dell'India e i Brahmani*, Rom.

Paulus Diaconus = Waits, G. (Hg.) 1878, *Historia Langobardorum*, SS rer. Germ. 48, Hannover.

Übersetzung: Schwarz, W. F. 2009, *Geschichte der Langobarden. Historia Langobardorum*, Darmstadt.

Pausanias = Spiro, F. (Hg.) 1903, *Pausaniae Graeciae descriptio*, 3 Bde., Leipzig.

Übersetzung: Meyer, E. und Eckstein, F. 1986–89, *Reisen in Griechenland*, München/Zürich.

Periplus Mar. Eryth. = Casson, L. 1989, *The Periplus Maris Erythraei: Text with Introduction, Translation, and Commentary*, Princeton.

Philostratus = Jones, C. P. 2006, *Philostratus: Apollonius of Tyana*, LCL 458, Cambridge, MA.

= Kayser, C. L. (Hg.) 1871, *Flavii Philostrati opera*, Bd. 2, Leipzig.

Übersetzung: Mumprecht, V. 1983, *Das Leben des Apollonios von Tyana*, München/Zürich.

Plinius der Ältere = Jahn, L., Semi, F. und Mayhoff, C. (Hgg.) 1967–80, *C. Plini Secundi Naturalis historiae libri XXXVII*, Stuttgart.

Übersetzung: König, R., et al. 1973–96, *Naturkunde*, 31 Bde., Düsseldorf.

Plinius der Jüngere = Schuster, M. (Hg.) 1958, *Epistularum libri novem. Epistularum ad Traianum liber. Panegyricus*, Leipzig.

Übersetzung: Kühn, W. 1985, *Panegyrikus. Lobrede auf den Kaiser Trajan*, Darmstadt.

Plutarch = Paton, W. R., et al. (Hgg.) 1925–67, *Plutarchi moralia*, Leipzig.

Pontius = *Vita Cypriani*. Bastiaensen, A. A. R. (Hg.) 1975, *Vite dei santi* III Rome: 4–48.

Übersetzung: Baer, J. 1918, *Des Heiligen Kirchenvaters Caecilius Cyprianus Traktate. Des Diakons Pontius Leben des Heiligen Cyprianus*, Kempten/München.

Primasius = Adams, A. W. (Hg.) 1985, *Commentarius in Apocalypsin*, Turnhout.

Procopius = *Anecdota*: Wirth, G. (Hg.) 1963, *Procopii Caesariensis opera omnia*, Bd. 3, Leipzig.

Übersetzung: Veh, O. 2005, *Anekdota. Geheimgeschichte des Kaiserhofs von Byzanz*, Düsseldorf/Zürich.

= *De bellis*: Wirth, G. (Hg.) 1962–63, *Procopii Caesariensis opera omnia*, Bde. 1–2, Leipzig.

Übersetzung: Veh, O. 1966, *Gotenkriege*, München.

Veh, O. 1970, *Perserkriege*, München.

Veh, O. 1971, *Vandalenkriege*, München.

= *De aedificiis*: Wirth, G. (Hg.) 1964, *Procopii Caesariensis opera omnia*, Bd. 4, Leipzig.

Übersetzung: Veh, O. 1977, *Bauten*, München.

Prosper von Aquitanien = Santelia, S. (Hg.) 2009, *Ad coniugem suam: in appendice: Liber epigrammatum*, Neapel.

Ptolemäus = Graßhoff, G. und Stückelberger, A. (Hgg.) 2006, *Klaudios Ptolemaios Handbuch der Geographie*, Basel.
Übersetzung: ebd.
Seneca = *Epistulae morales ad Lucilium*: Hense, O. (Hg.) 1938, Leipzig.
= *De clementia*: Hosius, E. (Hg.) 1914, Leipzig.
Übersetzung: Rosenbach, M. 1989, *De Clementia. De Beneficiis*, Darmstadt.
Sidonius Apollinaris = *Carmina*: Lutjohann, C. (Hg.) 1887, MGH AA 8, Berlin: 173–264.
Sophronius = *Homilia in nativitatem Christi*: Usener, H. 1886, «Weihnachtspredigt des Sophronios», *Rheinisches Museum für Philologie* 41: 501–16.
Soranus = Ilberg, J. (Hg.) 1927, *Sorani Gynaeciorum libri IV*, CMG 4, Leipzig.
Übersetzung: Lüneburg H. 1894, *Die Gynäkologie des Soranus von Ephesus*, München.
Statius = *Silvae*: Marastoni, A. (Hg.) 1970, *P. Papini Stati Silvae*, Leipzig.
Strabo = Meineke, A. (Hg.) 1877, *Strabonis geographica*, Leipzig.
Suetonius = Ihm, M. (Hg.) 1958, *De vita Caesarum: Libri VIII*, Stuttgart.
Sulpicius Severus = Halm, C. (Hg.) 1866, *Dialogorum libri II*, Wien.
Symeon Logothetes = Wahlgren, S. (Hg.) 2006, *Symeonis Magistri et Logothetae Chronicon*, Berlin.
Symmachus = Seeck, O. (Hg.) 1883, *Relationes*, MGH AA 6.1, Berlin: 279–317.
Übersetzung: Klein, R. 1972, *Der Streit um den Victoriaaltar. Die dritte Relatio des Symmachus und die Briefe 17, 18 und 57 des Mailänder Bischofs Ambrosius*, Darmstadt.
Synesius = Garzya, A. (Hg.) 1979, *Epistulae*, Rom.
Tertullian = Waszink, J. H. (Hg.) 2010, *De anima*, Leiden.
Theophanes Confessor = de Boor, C. (Hg.) 1883, *Theophanis chronographia*, Leipzig.
Theophylact Simocatta = de Boor, C. (Hg.) 1887, *Theophylacti Simocattae historiae*, Leipzig.
Victor von Tunnuna = Mommsen, T. (Hg.) 1894, *Chronica a. CCCCXLIV–DLXVII*, MGH AA 11, Berlin: 184–206.
Vit. Ioh. Eleem. = Dawes, E. und Baynes, N. 1948, *Three Byzantine Saints: Contemporary Biographies of St. Daniel the Stylite, St. Theodore of Sykeon and St. John the Almsgiver*, London.
Vita Nich. Sion. = Sevcenko, I., und Sevcenko, N. P. (Hgg.) 1984, *The Life of Saint Nicholas of Sion*, Brookline.
Vita Sym. Styl. Iun. = van den Ven, P. (Hg.) 1962, *La vie ancienne de S. Symeon Stylite le jeune (521–592)*, Brüssel.
Vita Theod. Syk. = Dawes, E., und Baynes, N. 1948, *Three Byzantine Saints: Contemporary Biographies of St. Daniel the Stylite, St. Theodore of Sykeon and St. John the Almsgiver*, London.
Pseudo-Zacharias von Mytilene = Brooks, E. W. (Hg.) 1919–24, *Historia ecclesiastica Zachariae rhetori vulgo adscripta*, CSCO 83–84/38–39, Paris.
Übersetzung: Ahrens, K., und Krüger, G., 1899, Die sog. Kirchengeschichte des Zacharias Rhetor, Leipzig.
Zosimus = Paschoud, F. (Hg.) 1971–89, *Historia nova*, 3 Bde., Paris.
Übersetzung: Veh O. 1990, *Neue Geschichte*, Stuttgart.

Quellen: Inschriften

AE = *L'Annee epigraphique*, 1888–.
CIL = *Corpus Inscriptionum Latinarum*, 1863–, Berlin.
I. Didyma = Rehm, A. (Hg.) 1958, *Didyma*, Bd. 2: *Die Inschriften*, Berlin.
I. Ephesos = Wankel, H., et al. (Hgg.) 1979–84, *Die Inschriften von Ephesos*, Bonn.
I. Erythrai-Klazomenai = Engelmann, H., und Merkelbach, R. (Hgg.) 1972–73, *Die Inschriften von Erythrai und Klazomenai*, Bonn.
I. Palaestina Tertia = Meimaris, Y., und Kritikakou, K. (Hgg.) 2005–, *Inscriptions from Palaestina Tertia*, Athen.
I. Priene = Hiller von Gaertringen, F. (Hg.) 1906, *Inschriften von Priene*, Berlin.
I. Sestos = Krauss, J. (Hg.) 1980, *Die Inschriften von Sestos und der thrakischen Chersones*, Bonn.
ICUR = Silvangi, A., Ferrua, A., et al. (Hgg.) 1922–, *Inscriptiones Christianae Urbis Romae. Nova series*, Rom.
IG = *Inscriptiones Graecae*, 1903–, Berlin.
IGLS = *Inscriptions grecques et latines de la Syrie*, 1929–, Paris.
IGRR = Cagnat, R. (Hg.) 1906–27, *Inscriptiones Graecae ad res Romanas pertinentes*, Paris.
ILS = Dessau, H. (Hg.) 1892–1916, *Inscriptiones Latinae Selectae*, Berlin.
ISMDA = Petsas, P., et al. (Hgg.) 2000, *Inscriptions du sanctuaire de la mère des dieux autochtone de Leukopétra (Macédoine)*, Athen.
MAMA = *Monumenta Asiae Minoris Antiqua*, 1928–.
Merkelbach und Stauber = Merkelbach, R., und Stauber, J. (Hgg.) 1998–2004, *Steinepigramme aus dem griechischen Osten*, 5 Bde., Stuttgart/Leipzig/München.
OGIS = Dittenberger, W. (Hg.) 1903–5, *Orientis Graeci Inscriptiones Selectae*, Leipzig.
SEG = *Supplementum Epigraphicum Graecum*.

Quellen: Gesetzestexte

CJ = *Codex Justinianus* = Krueger, P. (Hg.) 1915, *Corpus iuris civilis*, Bd. 2, Berlin.
CT = *Codex Theodosianus* = Mommsen, T., und Krueger, P. (Hgg.) 1905, *Theodosiani libri XVI cum constitutionibus sirmondianis ...*, Berlin.
Digesten = Mommsen, T., und Krueger, P. (Hgg.) 1922, *Corpus iuris civilis*, Bd. 1, Berlin.
Edictum De Pretiis Rerum Venalium = Lauffer, S. 1971, *Diokletians Preisedikt*, Berlin.
Novellae Justiniani, Kroll, W., und Scholl, R. (Hgg.) 1895, *Corpus iuris civilis*, Bd. 3, Berlin.

Quellen: Papyri

Sämtliche Abkürzungen die Papyri betreffend folgen den Konventionen und Ausgaben der «Checklist of Editions of Greek, Latin, Demotic, and Coptic Papyri, Ostraca, and Tablets», aufzurufen unter *papyri.info*.

FORSCHUNGSLITERATUR

Abbott, A. 2001, «Earliest Malaria DNA Found in Roman Baby Graveyard», *Nature* 412: 847.

Abbott, D., et al. 2014, «What Caused Terrestrial Dust Loading and Climate Downturns between A.D. 533 and 540?», *Geological Society of America Special Papers* 505: 421–38.

Abtew, W., et al. 2009, «El Nino Southern Oscillation Link to the Blue Nile River Basin Hydrology», *Hydrological Processes* 23: 3653–60.

Abulafia, D. 2011, *The Great Sea: A Human History of the Mediterranean*, Oxford (Deutsche Ausgabe: Abulafia, D. 2013, *Das Mittelmeer: Eine Biographie*, 3. Aufl., Frankfurt am Main).

Achtman, M. 2016, «How Old Are Bacterial Pathogens?» *Proceedings of the Royal Society B* 283: 20160990.

Al-Azmeh, A. 2014, *The Emergence of Islam in Late Antiquity*, Cambridge.

Alchermes, J. 2005, «Art and Architecture in the Age of Justinian», in M. Maas (Hg.), *The Cambridge Companion to the Age of Justinian*, Cambridge: 343–75.

Alchon, S. A. 2003, *A Pest in the Land: New World Epidemics in a Global Perspective*, Albuquerque.

Aldrete, G. S. 2006, *Floods of the Tiber in Ancient Rome*, Baltimore.

Alexander, P. 1985, *The Byzantine Apocalyptic Tradition*, Berkeley.

Alfani, G. 2013, «Plague in Seventeenth-Century Europe and the Decline of Italy: An Epidemiological Hypothesis», *European Review of Economic History* 17: 408–30.

Alföldy, G. 1974, «The Crisis of the Third Century as Seen by Contemporaries», *Greek Roman and Byzantine Studies* 15: 89–11.

Allen, P. 1979, «The ‹Justinianic Plague›», *Byzantion* 49: 5–20.

Allen, P. 2011, «Portrayals of Mary in Greek Homiletic Literature (6th–7th Centuries)», in L. Brubaker und M. Cunningham (Hgg.), *The Cult of the Mother of God in Byzantium: Texts and Images*, Farnham: 68–88.

Alpert, P., et al. 2006, «Relations between Climate Variability in the Mediterranean Region and the Tropics: ENSO, South Asian and African Monsoons, Hurricanes and Saharan Dust», *Developments in Earth and Environmental Sciences* 4: 149–77.

Alston, R. 1994, «Roman Military Pay from Caesar to Diocletian», *Journal of Roman Studies* 84: 113–23.

–. 1995, *Soldier and Society in Roman Egypt: A Social History*, London.

–. 2001, «Urban Population in Late Roman Egypt and the End of the Ancient World», in W. Scheidel (Hg.), *Debating Roman Demography*, Leiden: 161–204.

–. 2002, *The City in Roman and Byzantine Egypt*, London.

–. 2009, «The Revolt of the Boukoloi: Geography, History and Myth», in K. Hopwood (Hg.), *Organized Crime in Antiquity*, London: 129–53.
Alter, G. 2004, «Height, Frailty, and the Standard of Living: Modeling the Effects of Diet and Disease on Declining Mortality and Increasing Height», *Population Studies* 58: 265–79.
Altizer, S., et al. 2006, «Seasonality and the Dynamics of Infectious Diseases», *Ecology Letters* 9: 467–84.
Ameling, W. 1993, *Karthago: Studien zu Militär, Staat und Gesellschaft*, München.
Ando, C. 2000, *Imperial Ideology and Provincial Loyalty in the Roman Empire*, Berkeley.
–. 2012, *Imperial Rome AD 193 to 284: The Critical Century*, Edinburgh.
–. 2019, «Forests: The Ancient Mediterranean», in M. Meier (Hg.), *A Cultural History of the Environment in the Classical Age (3500 BCE–400 CE)*, London.
Andreau, J. 1986, «Declino e morte dei mestieri bancari nel Mediterraneo occidentale (II–IV D. C.)», in A. Giardina (Hg.), *Societa romana e impero tardoantico*, I, Rom: 601–15, 814–18.
–. 1988, «Huit questions pour une histoire financière de l'antiquité tardive», in *Atti dell'Accademia romanistica costantiniana: XII convegno internazionale sotto l'alto patronato del Presidente della Repubblica in onore di Manlio Sargenti*, Neapel: 53–63.
–. 1999, *Banking and Business in the Roman World*, Cambridge.
Anisimov, A., Lindler, L., und Pier, G. 2004, «Intraspecific Diversity of *Yersinia pestis*», *Clinical Microbiology Reviews* 17: 434–64.
Arce, J. 1999, «El inventario de Roma: Curiosum y Notitia», in W. V. Harris (Hg.), *The Transformation of Urbs Roma in Late Antiquity*, Portsmouth: 15–22.
Ari, T. B., et al. 2011, «Plague and Climate: Scales Matter», *PLoS Pathogens* 7: e1002160.
Arjava, A. 1998, «Divorce in Later Roman Law», *Arctos* 22: 5–21.
–. 2005, «The Mystery Cloud of 536 CE in the Mediterranean Sources», *Dumbarton Oaks Papers* 59: 73–94.
Armelagos, G. J., et al. 2005, «Evolutionary, Historical and Political Economic Perspectives on Health and Disease», *Social Science & Medicine* 61: 755–65.
Arnold, J. 2014, *Theoderic and the Roman Imperial Restoration*, New York.
Arnold, J. C. 2013, *The Footprints of Michael the Archangel: The Formation and Diffusion of a Saintly Cult, c. 300 – c. 800*, New York.
Atkins, E. M., und Osborne, R. (Hgg.) 2006, *Poverty in the Roman World*, Cambridge.
Audoin-Rouzeau, F. 2003, *Les chemins de la peste: le rat, la puce et l'homme*, Rennes.
Avni, G. 2014, *The Byzantine-Islamic Transition in Palestine: An Archaeological Approach*, Oxford.
Avni, G., et al. 2006, «Geomorphic Changes Leading to Natural Desertification Versus Anthropogenic Land Conservation in an Arid Environment, the Negev Highlands, Israel», *Geomorphology* 82: 177–200.
Aiewsakun, P., und Katzourakis, A. 2015, «Endogenous Viruses: Connecting Recent and Ancient Viral Evolution», *Virology* 479–80: 26–37.
Babkin, I. V., und Babkina, I. N. 2012, «A Retrospective Study of the Orthopoxvirus Molecular Evolution», *Infection, Genetics and Evolution* 12: 1597–604.
–. 2015, «The Origin of the Variola Virus», *Viruses* 7: 1100–12.

Bagnall, R. 1982, «Religious Conversion and Onomastic Change», *Bulletin of the American Society of Papyrologists* 19: 105–24.
–. 1985, *Currency and Inflation in Fourth Century Egypt*, Chico.
–. 1987a, «Church, State, and Divorce in Late Roman Egypt», in K.-L. Selig und R. Somerville (Hgg.), *Florilegium Columbianum: Essays in Honor of Paul Oskar Kristeller*, New York: 41–61.
–. 1987b, «Conversion and Onomastics: A reply», *Zeitschrift für Papyrologie und Epigraphik* 69: 243–50.
–. 1988, «Combat ou vide: Christianisme et paganisme dans l'Égypte romaine tardive», *Ktema* 13: 285–96.
–. 1992, «Landholding in Late Roman Egypt: The Distribution of Wealth», *Journal of Roman Studies* 82: 128–49.
–. 1993, *Egypt in Late Antiquity*, Princeton.
–. 1997, «Missing Females in Roman Egypt», *Scripta Classica Israelica* 16: 121–38.
–. 2002, «The Effects of Plague: Model and Evidence», *Journal of Roman Archaeology* 15: 114–20.
Bagnall, R. S., und Frier, B. W. 1994, *The Demography of Roman Egypt*, Cambridge.
Baillie, M. G. L. 1999, *Exodus to Arthur: Catastrophic Encounters with Comets*, London.
–. 2008, «Proposed Re-dating of the European Ice Core Chronology by Seven Years Prior to the 7th century AD», *Geophysical Research Letters* 35: L15813.
Baillie, M. G. L., und McAneney, J. 2015, «Tree Ring Effects and Ice Core Acidities Clarify the Volcanic Record of the First Millennium», *Climate of the Past* 11: 105–14.
Baker, A., et al. 2015, «A Composite Annual-Resolution Stalagmite Record of North Atlantic Climate over the Last Three Millennia», *Scientific Reports* 5: 10307.
Ballais, J.-L. 2004, «Dynamiques environnementales et occupation du sol dans les Aurès pendant la période antique», *Aouras: revue annuelle* 2: 154–68.
Banaji, J. 2007, *Agrarian Change in Late Antiquity: Gold, Labour, and Aristocratic Dominance*, Oxford.
–. 2016, *Exploring the Economy of Late Antiquity: Selected Essays*, Cambridge.
Bang, P. F. 2013, «The Roman Empire II: The Monarchy», in P. F. Bang und W. Scheidel (Hgg.), *Oxford Handbook of the State in the Ancient Near East and Mediterranean*, Oxford: 412–72.
Barker, G., Gilbertson, D. D., und Mattingly, D. 2007, *Archaeology and Desertification: The Wadi Faynan Landscape Survey, Southern Jordan*, Oxford.
Barker, G., Hodges, R., und Clark, G. 1995, *A Mediterranean Valley: Landscape Archaeology and Annales History in the Biferno Valley*, London.
Barnes, T. D. 1982, *The New Empire of Diocletian and Constantine*, Cambridge, MA.
–. 2011, *Constantine: Dynasty, Religion and Power in the Later Roman Empire*, Chichester.
Barnish, S. 1985, «The Wealth of Julius Argentarius: Late Antique Banking and the Mediterranean Economy», *Byzantion* 55: 5–38.
Barnish, S., Lee, A. D., und Whitby, M. 2000, «Government and Administration», in A. Cameron, B. Ward-Perkins und M. Whitby (Hgg.), *The Cambridge Ancient History*, Bd. 14: *Late Antiquity: Empire and Successors*, Cambridge: 164–206.
Barrett, R., und Armelagos, G. 2013, *An Unnatural History of Emerging Infections*, Oxford.

Barrett, T.H. 2007, «Climate Change and Religious Response: The Case of Early Medieval China», *Journal of the Royal Asiatic Society of Great Britain & Ireland* 17: 139–56.

Barry, J. 2004, *The Great Influenza: The Epic Story of the Deadliest Plague in History*, New York.

Bartsch, S. 2006, *The Mirror of the Self: Sexuality, Self-knowledge, and the Gaze in the Early Roman Empire*, Chicago.

Bashear, S. 1993, «Muslim Apocalypses and the Hour: A Case-Study in Traditional Reinterpretation», in J.L. Kraemer (Hg.), *Israel Oriental Studies XIII*, Leiden: 75–99.

Bashford, A., und Chaplin, J. 2016, *The New Worlds of Thomas Robert Malthus: Rereading the Principle of Population*, Princeton.

Bastien, P. 1988, *Monnaie et donativa au Bas-Empire*, Wetteren.

Bastien, P., und Metzger, C. 1977, *Le trésor de Beaurains, dit d'Arras*, Wetteren.

Bazin-Tacchela, S., Queruel, D., und Samama, E. (Hgg.) 2001, *Air, miasmes et contagion: les épidémies dans l'Antiquité et au Moyen Âge*, Prez-sur-Marne.

Beard, M. 2015, *SPQR: A History of Ancient Rome*, New York. (Deutsche Ausgabe: Beard, M. 2016, *SPQR. Die tausendjährige Geschichte Roms*, 2. Aufl., Frankfurt am Main).

Becker, M.J. 1992, «Analysis of the Human Skeletal Remains from Osteria dell'Osa», in A.M. Bietti Sestieri (Hg.), *The Iron Age Community of Osteria dell'Osa: A Study of Socio-Political Development in Central Tyrrhenian Italy*, Cambridge: 53–191.

–. 1993, «Human Skeletons from Tarquinia: A Preliminary Analysis of the 1989 Cimitero Site Excavations with Implications for the Evolution of Etruscan Social Classes», *Studi etruschi* 58: 211–48.

–. 1999, «Calculating Stature from in situ Measurements of Skeletons and from Long Bone Lengths: An Historical Perspective Leading to a Test of Formicola's Hypothesis at 5th Century BCE Satricum, Lazio, Italy», *Rivista di Antropologia* 77: 225–47.

Beer J., et al. 2006, «Solar Variability Over the Past Several Millennia», *Space Science Reviews* 125: 67–79.

Beer, J., Mende, W., und Stellmacher, R. 2000, «The Role of the Sun in Climate Forcing», *Quaternary Science Reviews* 19: 403–15.

Behr, C. 1968, *Aelius Aristides and the Sacred Tales*, Amsterdam.

Belcastro, M.G., und Guisberti, G. 1997, «La necropoli romano-imperiale di Casalecchio di Reno (Bologna, II–IV sec. d. C.): analisi morfometrica sincronica e diacronica», *Rivista di antropologia* 75: 129–44.

Belich, J., Darwin, J., und Wickham, C. 2016, «Introduction: The Prospect of Global History», in J. Belich et al. (Hgg.), *The Prospect of Global History*, Oxford: 3–22.

Beloch, J. 1886, *Die Bevölkerung der griechisch-römischen Welt*, Leipzig.

Belyi, V., et al. 2010, «Unexpected Inheritance: Multiple Integrations of Ancient Bornavirus and Ebolavirus/Marburgvirus Sequences in Vertebrate Genomes», *PLoS Pathogens* 6: 2010–17.

Benedictow, O. 1992, *Plague in the Medieval Nordic Countries: Epidemiological Studies*, Oslo.

–. 2004, *The Black Death, 1346–1353: The Complete History*, Woodbridge.

Benito, G., et al. 2015a, «Recurring Flood Distribution Patterns Related to Short-Term Holocene Climatic Variability», *Scientific Reports* 5: 16398.

Benito, G., et al. 2015b, «Holocene Flooding and Climate Change in the Mediterranean», *Catena* 130: 13–33.
Benovitz, N. 2014, «The Justinianic Plague: Evidence from the Dated Greek Epitaphs of Byzantine Palestine and Arabia», *Journal of Roman Archaeology* 27: 487–98.
Bi, Y. 2016, «Immunology of *Yersinia pestis* Infection», in R. Yang und A. Anisimov (Hgg.), *Yersinia pestis: Retrospective and Perspective*, Dordrecht: 273–92.
Bianucci, R., et al. 2015, «The Identification of Malaria in Paleopathology – An In-depth Assessment of the Strategies to Detect Malaria in Ancient Remains», *Acta Tropica* 152: 176–80.
Biraben, J.-N. 1975, *Les hommes et la peste en France et dans les pays européens et méditerranéens*, Bd. 1: *La peste dans l'histoire*, Paris.
Biraben, J.-N., und Le Goff, J. 1969, «La peste dans le Haut Moyen Age», *Annales ESC* 24: 1484–510.
Birley, A. R. 1987, *Marcus Aurelius: A Biography*, New Haven. (Deutsche Ausgabe: Birley, A. R. 1977, *Mark Aurel. Kaiser und Philosoph*, 2. Aufl., München. Erstauflage 1968).
–. 1988, *Septimius Severus: The African Emperor*, New Haven.
–. 1997, *Hadrian: The Restless Emperor*, London. (Deutsche Ausgabe: Birley, A. R. 2006, *Hadrian. Der rastlose Kaiser*, Mainz).
–. 2000, «Hadrian to the Antonines», in P. Garnsey, D. Rathbone und A. K. Bowman (Hgg.), *The Cambridge Ancient History*, Bd. 11: *The High Empire, A. D. 70–192*, Cambridge: 132–94.
Bivar, A. D. H. 1970, «Hāritī and the Chronology of the Kuṣāṇas», *Bulletin of the School of Oriental and African Studies* 33: 10–21.
Bjornlie, S. 2013, *Politics and Tradition between Rome, Ravenna and Constantinople: A Study of Cassiodorus and the Variae 527–554*, Cambridge.
Bkhairi, A., und Karray, M. R. 2008, «Les terrasses historiques du basin de Kasserine (Tunisie central)», *Géomorphologie: relief, processus, environment* 14: 201–13.
Black, E. 2012, «The Influence of the North Atlantic Oscillation and European Circulation Regimes on the Daily to Interannual Variability of Winter Precipitation in Israel», *International Journal of Climatology* 32: 1654–64.
Bland, R. 1997, «The Changing Pattern of Hoards of Precious-Metal Coins in the Late Empire», *Antiquité tardive* 5: 29–55.
Bleckmann, B. 1992, *Die Reichskrise des III. Jahrhunderts in der spätantiken und byzantinischen Geschichtsschreibung: Untersuchungen zu den nachdionischen Quellen der Chronik des Johannes Zonaras*, München.
–. 2006, «Zu den Motiven der Christenverfolgung des Decius», in K.-P. Johne, T. Gerhardt und U. Hartmann (Hgg.), *Deleto paene imperio Romano: Transformationsprozesse des Römischen Reiches im 3. Jahrhundert und ihre Rezeption in der Neuzeit*, Stuttgart: 57–71.
Blois, L. de 1976, *The Policy of the Emperor Gallienus*, Leiden.
Blouin, K. 2014, *Triangular Landscapes: Environment, Society, and the State in the Nile Delta under Roman Rule*, Oxford.
Boak, A. E. R. 1955, *Manpower Shortage and the Fall of the Roman Empire in the West*, Ann Arbor.
Boatwright, M. 2000, *Hadrian and the Cities of the Roman Empire*, Princeton.
Boch, R. und Spotl, C. 2011, «Reconstructing Palaeoprecipitation from an Active Cave Flowstone», *Journal of Quaternary Science* 26: 675–87.

Bodel, J. 2008, «From Columbaria to Catacombs: Collective Burials in Pagan and Christian Rome», in L. Brink und D. Green (Hgg.), *Commemorating the Dead: Texts and Artifacts in Context: Studies of Roman, Jewish and Christian Burials*, Berlin: 177–242.

Bogaert, R. 1973, «Changeurs et banquiers chez les Pères de l'Église», *Ancient Society* 4: 239–70.

–. 1994, *Trapezitica Aegyptiaca: recueil de recherches sur la banque en Egypte gréco-romaine*, Florenz.

Bond, G., et al. 2001, «Persistent Solar Influence on North Atlantic Climate During the Holocene», *Science* 294: 2130–36.

Bonfiglioli, B., Brasili, P., und Belcastro, M. G. 2003, «Dento-Alveolar Lesions and Nutritional Habits of a Roman Imperial Age Population (1st–4th c. AD): Quadrella (Molise, Italy)», *Homo* 54: 36–56.

Bonneau, D. 1964, *La crue du Nil, divinité égyptienne, à travers mille ans d'histoire (332 av.–641 ap. J.-C.) d'après les auteurs grecs et latins, et les documents des époques ptolémaïque, romaine et byzantine*, Paris.

–. 1971, *Le fisc et le Nil: incidences des irrégularités de la crue du Nil sur la fiscalité foncière dans l'Égypte grecque et romaine*, Paris.

Bonsall, L. A. 2013, *Variations in the Health Status of Urban Populations in Roman Britain: A Comparison of Skeletal Samples from Major and Minor Towns*, Diss., University of Edinburgh.

Bookman, R., et al. 2004, «Late Holocene Lake Levels of the Dead Sea», *Geological Society of America Bulletin* 116: 555–71.

Booth, P. 2013, *Crisis of Empire: Doctrine and Dissent at the End of Late Antiquity*, Berkeley.

Borgognini Tarli, S. M., und La Gioia, C. 1977, «Studio antropologico di un gruppo di scheletri di età romana (I a.C – I d. C.) rinvenuti nella necropoli di Collelongo (L'Aquila, Abruzzo)», *Atti della Società toscana di scienze naturali, Memorie. Serie B* 84: 193–226.

Borsch, S. 2005, *The Black Death in Egypt and England: A Comparative Study*, Austin.

–. 2014, «Plague Depopulation and Irrigation Decay in Medieval Egypt», *The Medieval Globe* 1: 125–56.

Bos, K. I., et al. 2011, «A Draft Genome of *Yersinia pestis* from Victims of the Black Death», *Nature* 478: 506–10.

–. 2014, «Pre-Columbian Mycobacterial Genomes Reveal Seals as a Source of New World Human Tuberculosis», *Nature* 514: 494–97.

–. 2016, «Eighteenth Century *Yersinia pestis* Genomes Reveal the Long-Term Persistence of an Historical Plague Focus», *eLIFE* 5: e12994.

Boswell, J. 1988, *The Kindness of Strangers: The Abandonment of Children in Western Europe from Late Antiquity to the Renaissance*, New York.

Boudon, V. 2001, «Galien face a la ‹peste antonine› ou comment penser l'invisible», in S. Bazin-Tacchela, D. Queruel und E. Samama (Hgg.), *Air, miasmes et contagion: les épidémies dans l'Antiquité et au Moyen Age*, Prez-sur-Marne: 29–54.

Bowden, W., Hodges, R., und Cerova, Y. 2011, *Butrint 3: Excavations at the Triconch Palace*, Oxford.

Bowden, W., Lavan, L., und Machado, C. (Hgg.), 2003, *Recent Research on the Late Antique Countryside*, Leiden.

Bowersock, G. W. 1969, *Greek Sophists in the Roman Empire*, Oxford.

–. 2001, «Lucius Verus in the Near East», in C. Evers und A. Tsingarida (Hgg.), *Rome et ses provinces: Hommages à Jean Charles Balty*, Brüssel: 73–77.
–. 2009, *From Gibbon to Auden: Essays on the Classical Tradition*, Oxford.
–. 2012, *Empires in Collision in Late Antiquity*, Waltham.
–. 2013, *The Throne of Adulis: Red Sea Wars on the Eve of Islam*, Oxford.
–. 2017, *The Crucible of Islam*, Cambridge.
Bowman, A. K. 1985, «Landholding in the Hermopolite Nome in the Fourth Century A. D.», *Journal of Roman Studies* 75: 137–63.
–. 2005, «Diocletian and the First Tetrarchy, A. D. 294–305», in A. K. Bowman, P. Garnsey und A. Cameron (Hgg.), *The Cambridge Ancient History*, Bd. 12: *The Crisis of Empire, A. D. 193–337*, Cambridge: 67–89.
–. 2011, «Ptolemaic and Roman Egypt: Population and Settlement», in A. Bowman und A. Wilson (Hgg.), *Settlement, Urbanization, and Population*, Oxford: 317–58.
Bowman, A., und Wilson, A. (Hgg.) 2009, *Quantifying the Roman Economy: Methods and Problems*, Oxford.
Brandes, W. 1999, «Byzantine Cities in the Seventh and Eighth Centuries: Different Sources, Different Histories», in G. P. Brogiolo und B. Ward-Perkins (Hgg.), *The Idea and Ideal of the Town between Late Antiquity and the Early Middle Ages*, Leiden: 25–57.
Bransbourg, G. 2015, «The Later Roman Empire», in A. Monson und W. Scheidel (Hgg.), *Fiscal Regimes and the Political Economy of Premodern States*, Cambridge: 258–81.
Brasili Gualandi, P. 1989, «I reperti scheletrici della necropolis di Monte Bibele (IV–II sec. a. C.): Nota Preliminare», in V. Morrone (Hg.), *Guida al Museo ‹L. Fantini› di Monterenzio e all'area archeologica di Monte Bibele*, Bologna: 52–5.
Braudel, F. 1972–73, *The Mediterranean and the Mediterranean World in the Age of Philip II* [2., überarbeitete Auflage, Erstausgabe 1949], New York. (Deutsche Ausgabe: Braudel, F. 1992, *Das Mittelmeer und die mediterrane Welt in der Epoche Philipps II.*, 2. Aufl., Frankfurt am Main).
Brenot, C., und Loriot, X. (Hgg.) 1992, *Trouvailles de monnaies d'or dans l'Occident romain: actes de la Table Ronde tenue à Paris les 4 et 5 décembre 1987*, Paris.
Brent, A. 2010, *Cyprian and Roman Carthage*, Cambridge.
Broadberry, S., Guan, H., und Li, D. D. 2014, «China, Europe, and the Great Divergence: A Study in Historical National Accounting, 980–1850», Economic History Department Paper, London School of Economics.
Brock, S. 1979–80, «Syriac Historical Writing: A Survey of the Main Sources», *Journal of the Iraqi Academy (Syriac Corporation)* 5: 296–326.
Brogiolo, G., und Chavarria Arnau, A. 2005, *Aristocrazie e campagne nell'Occidente da Costantino a Carlo Magno*, Florenz.
Brogiolo, G., Gauthier, N., und Christie, N. (Hgg.) 2000, *Towns and Their Territories between Late Antiquity and the Early Middle Ages*, Leiden.
Broodbank, C. 2013, *The Making of the Middle Sea: A History of the Mediterranean from the Beginning to the Emergence of the Classical World*, London. (Deutsche Ausgabe: Broodbank, C. 2018, *Die Geburt der mediterranen Welt. Von den Anfängen bis zum klassischen Zeitalter*, München).
Brooke, J. 2014, *Climate Change and the Course of Global History: A Rough Journey*, New York.

–. 2016, «Malthus and the North Atlantic Oscillation: A Reply to Kyle Harper», *Journal of Interdisciplinary History* 46: 563–78.

Brooks, F. J. 1993, «Revising the Conquest of Mexico: Smallpox, Sources, and Populations», *Journal of Interdisciplinary History* 24: 1–29.

Brosch, R., et al. 2002, «A New Evolutionary Scenario for the Mycobacterium Tuberculosis Complex», *Proceedings of the National Academy of Sciences* 99: 3684–89.

Brown, P. R. L. 1971, *The World of Late Antiquity: From Marcus Aurelius to Muhammad*, London. (Deutsche Ausgabe: Brown, P. R. L. 1980, *Welten im Aufbruch: Die Zeit der Spätantike. Von Mark Aurel bis Mohammed*, Bergisch Gladbach).

–. 2002, *Poverty and Leadership in the Later Roman Empire*, Hanover.

–. 2012, *Through the Eye of a Needle: Wealth, the Fall of Rome, and the Making of Christianity in the West, 350–550 AD*, Princeton. (Deutsche Ausgabe: Brown, P. R. L. 2017, *Der Schatz im Himmel. Der Aufstieg des Christentums und der Untergang des römischen Weltreichs*, Stuttgart).

–. 2016, *Treasure in Heaven: The Holy Poor in Early Christianity*, Charlottesville.

Brun, A. 1992, «Pollens dans les séries marines du Golfe de Gabès et du plateau des Kerkennah (Tunisie): signaux climatiques et anthropiques», *Quaternaire* 3: 31–39.

Brunetti, M., et al. 2002, «Droughts and Extreme Events in Regional Daily Italian Precipitation Series», *International Journal of Climatology* 22: 543–58.

Brunt, P. A. 1987, *Italian Manpower, 225 B. C.–A. D. 14*, Oxford.

Bruun, C. 2003, «The Antonine Plague in Rome and Ostia», *Journal of Roman Archaeology* 16: 426–34.

–. 2007, «The Antonine Plague and the ‹Third-Century Crisis›», in O. Hekster, G. de Kleijn und D. Slootjes (Hgg.), *Crises and the Roman Empire: Proceedings of the Seventh Workshop of the International Network Impact of Empire, Nijmegen, June 20–24, 2006*, Leiden: 201–18.

–. 2012, «La mancanza di prove di un effetto catastrofico della ‹peste antonina› (dal 166 d. C. in poi)», in E. Lo Cascio (Hg.), *L'impatto della «peste antonina»*, Bari: 123–65.

–. 2016, «Tracing Familial Mobility: Female and Child Migrants in the Roman West», in L. de Ligt und L. E. Tacoma (Hgg.), *Migration and Mobility in the Early Roman Empire*, Leiden: 176–204.

Buccellato, A., et al. 2003, «Il comprensorio della necropoli di Via Basiliano (Roma): un'indagine multidisciplinare», *Mélanges de l'École Française de Rome Antiquité* 115: 311–76.

–. 2008, «La necropole de Collatina», *Les dossiers d'archéologie* 330: 22–31.

Buell, D. K. 2005, *Why This New Race: Ethnic Reasoning in Early Christianity*, New York.

Buntgen, U., et al. 2011, «2500 Years of European Climate Variability and Human Susceptibility», *Science* 311: 578–82.

Buntgen, U., et al. 2016, «Cooling and Societal Change during the Late Antique Little Ice Age from 536 to around 660 AD», *Nature Geoscience* 9: 231–36.

Buraselis, K. 1989, *Theia dōrea: das göttlich-kaiserliche Geschenk: Studien zur Politik der Severer und zur Constitutio Antoniniana*, Athen.

Burroughs, W. J. 2005, *Climate Change in Prehistory: The End of the Reign of Chaos*, Cambridge.

Butcher, K. 2004, *Coinage in Roman Syria: Northern Syria, 64 BC–AD 253*, London.

Butcher, K., und Ponting, M. 2012, «The Beginning of the End? The Denarius in the Second Century», *Numismatic Chronicle* 172: 63–83.
Butler, T., et al. 1982, «Experimental *Yersinia pestis* Infection in Rodents after Intragastric Inoculation and Ingestion of Bacteria», *Infection and Immunity* 36: 1160–67.
Buttrey, T. V. 2007, «Domitian, the Rhinoceros, and the Date of Martial's ‹Liber De Spectaculis›», *Journal of Roman Studies* 97: 101–12.
Butzer, K. W. 2012, «Collapse, Environment, and Society», *Proceedings of the National Academy of Sciences* 109: 3632–39.
Caldwell, J. C. 2004, «Fertility Control in the Classical World: Was There an Ancient Fertility Transition?», *Journal of Population Research* 21: 1–17.
Callu, J.-P. 1969, *La politique monétaire des empereurs romains, de 238 à 311*, Paris.
Callu, J.-P., und Loriot, X. (Hgg.) 1990, *La dispersion des aurei en Gaule romaine sous l'Empire*, Paris.
Cameron, A. 1970, *Claudian: Poetry and Propaganda at the Court of Honorius*, Oxford.
Cameron, A. (Hg.) 1976, *In laudem Iustini Augusti minoris*, London.
–. 1978, «The Theotokos in Sixth-Century Constantinople: A City Finds Its Symbol», *Journal of Theological Studies* 29: 79–108.
–. 1985, *Procopius and the Sixth Century*, Berkeley.
–. 2000a, «Justin I and Justinian», in A. Cameron, B. Ward-Perkins und M. Whitby (Hgg.), *The Cambridge Ancient History*, Bd. 14: *Late Antiquity: Empire and Successors*, Cambridge: 63–85.
–. 2000b, «Vandal and Byzantine Africa», in A. Cameron, B. Ward-Perkins und M. Whitby (Hgg.), *The Cambridge Ancient History*, Bd. 14: *Late Antiquity: Empire and Successors*, Cambridge: 552–69.
–. 2005, «The Reign of Constantine, A. D. 306–337», in A. K. Bowman, P. Garnsey und A. Cameron (Hgg.), *The Cambridge Ancient History*, Bd. 12: *The Crisis of Empire, A. D. 193–337*, Cambridge: 90–109.
Cameron, C. M., Kelton, P., und Swedlund, A. C. (Hgg.) 2015, *Beyond Germs: Native Depopulation in North America*, Tucson.
Camilli, L., und Sorda, S. (Hgg.) 1993, *L'«inflazione» nel quarto secolo d. C.: atti dell'incontro di studio, Roma 1988*, Rom.
Campbell, B. 2005a, «The Severan Dynasty», in A. K. Bowman, P. Garnsey und A. Cameron (Hgg.), *The Cambridge Ancient History*, Bd. 12: *The Crisis of Empire, A. D. 193–337*, Cambridge: 1–27.
–. 2005b, «The Army», in A. K. Bowman, P. Garnsey und A. Cameron (Hgg.), *The Cambridge Ancient History*, Bd. 12: *The Crisis of Empire, A. D. 193–337*, Cambridge: 110–30.
–. 2010, «Nature as Historical Protagonist: Environment and Society in Pre-Industrial England», *Economic History Review* 63: 281–314.
–. 2016, *The Great Transition: Climate, Disease and Society in the Late-Medieval World*, Cambridge.
Camuffo, D., und Enzi, S. 1996, «The Analysis of Two Bi-Millennial Series: Tiber and Po River Floods», in P. D. Jones, R. S. Bradley und J. Jouzel (Hgg.), *Climactic Variations and Forcing Mechanisms of the Last 2000 Years*, I: 433–50.
Cantor, N. 2001, *In the Wake of the Plague: The Black Death and the World It Made*, New York.

Capasso, L. 2001, *I fuggiaschi di Ercolano: paleobiologia delle vittime dell'eruzione vesuviana del 79 d. C.*, Rom.
Capitanio, M. 1974, «La necropolis di Potenzi (Macerata), di epoca romana: notizie antropologiche», *Archivio per l'antropologia e la etnologia* 104: 179–209.
–. 1981, «Anthropologische Bemerkungen über die spätrömischen Bestatteten von Pfatten-Laimburg (Vadena) bei Bozen», *Der Schlern* 55: 189–96.
–. 1985, «Gli scheletri umani di epoca barbarica rinvenuti al Dossello di Offanengo (Cremona)», *Insula fulcheria: rassegna di studi e documentazioni di Crema e del cremasco a cura del Museo civico di Crema*, Crema: 59–79.
–. 1986–87, «Esame antropologica degli inumati di Valeggio sul Mincio (Verona) d'epoca romana (I sec a. C. – I sec. d. C.)», *Atti e memorie dell'Accademia d'agricoltura scienze e lettere di Verona*: 159–98.
Cappers, R. 2006, *Roman Foodprints at Berenike: Archaeobotanical Evidence of Subsistence and Trade in the Eastern Desert of Egypt*, Los Angeles.
Carandini, A. 2011, *Rome: Day One*, Princeton. (Italienische Originalausgabe: Carandini, A. 2016, *Roma. Il primo giorno*, 5. Aufl., Rom).
Carmichael, A. G. 2006, «Infectious Disease and Human Agency: An Historical Overview», *Scripta Varia* 106: 3–46.
–. 2014, «Plague Persistence in Western Europe: A Hypothesis», *The Medieval Globe* 1: 157–91.
Carmichael, A., und Silverstein, A. 1987, «Smallpox in Europe before the Seventeenth Century: Virulent Killer or Benign Disease?», *Journal of the History of Medicine and Allied Sciences* 42: 147–68.
Carra, R. M. B. 1995, *Agrigento: la necropoli paleocristiana sub divo*, Rom.
Carrié, J.-M. 1994, «Dioclétien et la fiscalité», *Antiquité tardive* 2: 34–64.
–. 2003, «Solidus et crédit: qu'est-ce que l'or a pu changer?» in E. Lo Cascio (Hg.), *Credito e moneta nel mondo romano*, Bari: 265–79.
–. 2005, «Developments in Provincial and Local Administration», in A. K. Bowman, P. Garnsey und A. Cameron (Hgg.), *The Cambridge Ancient History*, Bd. 12: *The Crisis of Empire, A. D. 193–337*, Cambridge: 269–312.
–. 2007, «Les crises monétaires de l'Empire romain tardif», in B. Théret (Hg.), *La monnaie dévoilée par ses crises*, Bd. 1. Paris: 131–63.
Carrie, J.-M., und Rousselle, A. 1999, *L'Empire romain en mutation: des Sévères à Constantin, 192–337*, Paris.
Carter, J. C. (Hg.) 1998, *The Chora of Metaponto: The Necropoleis*, Austin.
Casana, J. 2008, «Mediterranean Valleys Revisited: Linking Soil Erosion, Land Use and Climate Variability in the Northern Levant», *Geomorphology* 101: 429–42.
–. 2014, «The Late Roman Landscape of the Northern Levant: A View from Tell Qarqur and the Lower Orontes River Valley», *Oxford Journal of Archaeology* 33: 193–219.
Casanova, G. 1984, «Epidemie e fame nella documentazione greca d'Egitto», *Aegyptus* 64: 163–201.
Casanova, P. 1911, *Mohammed et la fin du monde: étude critique sur l'Islam primitive*, Paris.
Casson, L. 1989, *The Periplus Maris Erythraei: Text with Introduction, Translation, and Commentary*, Princeton.
–. 1990, «New Light on Maritime Loans: P. Vindob. G 40822», *Zeitschrift für Papyrologie und Epigraphik* 84: 195–206.
Catalano, P., et al. 2001a, «Le necropolis di Roma – Die Nekropolen Roms: il con-

tributo dell'antropologia – der Beitrag der Anthropologie», *Mitteilungen des Deutschen Archäologischen Instituts* 108: 353–81.

–. 2001b, «Le necropoli romane di età imperiale: un contributo all'interpretazione del popolamento e della qualità della vita nell'antica Roma», L. Quilici und S. Quilici Gigli (Hgg.), *Urbanizzazione delle campagne nell'Italia antica*, Rom: 127–37.

Cavanaugh, D. C. 1971, «Specific Effect of Temperature upon Transmission of the Plague Bacillus by the Oriental Rat Flea, *Xenopsylla cheopis*», *American Journal of Tropical Medicine and Hygiene* 20: 264–73.

Cavanaugh, D. C., und Marshall, J. D. 1972, «The Influence of Climate on the Seasonal Prevalence of Plague in the Republic of Vietnam», *Journal of Wildlife Diseases* 8: 85–94.

Cerati, A. 1975, *Caractère annonaire et assiette de l'impôt foncier au Bas-Empire*, Paris.

Chabal, L. 2001, «Les potiers, le bois et la forêt à l'époque romaine, à Sallèles d'Aude (Ier–IIIe s. ap. J.-C.)», in F. Laubenheimer (Hg.), *20 ans de recherches a Sallèles d'Aude. Colloque des 27–28 septembre 1996 (Sallèles d'Aude)*, Besançon: 93–110.

Chain, P. S. G., et al. 2004, «Insights into the Evolution of *Yersinia pestis* through Whole-Genome Comparison with *Yersinia pseudotuberculosis*», *Proceedings of the National Academy of Sciences* 101: 13826–31.

Chavarria, A., und Lewit, T. 2004, «Archaeological Research on the Late Antique Countryside: A Bibliographical Essay», in W. Bowden, L. Lavan und C. Machado (Hgg.), *Recent Research on the Late Antique Countryside*, Leiden: 3–51.

Chen, F.-H., et al. 2010, «Moisture Changes over the Last Millennium in Arid Central Asia: A Review, Synthesis and Comparison with Monsoon Region», *Quaternary Science Reviews* 29: 1055–68.

Chen, S., und Kung, J. K. 2016, «Of Maize and Men: The Effect of a New World Crop on Population and Economic Growth in China», *Journal of Economic Growth* 21: 71–99.

Cherian, P. J. 2011, *Pattanam Excavations: Fifth Season Field Report*, Trivandrum.

Choat, M. 2007, «The Archive of Apa Johannes: Notes on a Proposed New Edition», in J. Frosen, T. Purola und E. Salmenkivi (Hgg.), *Proceedings of the 24th International Congress of Papyrology, Helsinki, 1–7 August, 2004*, Helsinki: 175–83.

Christie, N. 2006, *From Constantine to Charlemagne: An Archaeology of Italy, AD 300–800*, Aldershot.

–. 2011, *The Fall of the Western Roman Empire: An Archaeological and Historical Perspective*, London.

Christol, M. 1982, *Les réformes de Gallien et la carrière sénatoriale*, Rom.

–. 1986. *Essai sur l'évolution des carrières sénatoriales dans la seconde moitié du IIIe siècle ap. J. C.*, Paris.

Clark, E. 1984, *The Life of Melania the Younger: Introduction, Translation, Commentary*, New York.

Cline, E. 2014, *1177 B. C.: The Year Civilization Collapsed*, Princeton.

Colt, H. D. 1962, *Excavations at Nessana*, London.

Comas, I., et al. 2013, «Out-of-Africa Migration and Neolithic Coexpansion of Mycobacterium Tuberculosis with Modern Humans», *Nature Genetics* 45: 1176–82.

Conheeney, J. 1997, «The Human Bone», in T. W. Potter und A. C. King (Hgg.), *Ex-*

cavations at the Mola di Monte Gelato: A Roman and Medieval Settlement in South Etruria, Rome: 119–70.

Conrad, L. I. 1981, *The Plague in the Early Medieval Near East*, Diss., University of Princeton.

–. 1992, «Epidemic Disease in Formal and Popular Thought in Early Islamic Society», in T. Ranger und P. Slack (Hgg.), *Epidemics and Ideas: Essays on the Historical Perception of Pestilence*, Cambridge: 77–99.

–. 1994, «Epidemic Disease in Central Syria in the Late Sixth Century: Some New Insights from the Verse of Hassān ibn Thābit», *Byzantine and Modern Greek Studies* 18: 12–59.

–. 2000, «The Arabs», in A. Cameron, B. Ward-Perkins und M. Whitby (Hgg.), *The Cambridge Ancient History*, Bd. 14: *Late Antiquity: Empire and Successors*, Cambridge: 678–700.

Cook, D. 2002, *Studies in Muslim Apocalyptic*, Princeton.

Cook, E. 2013, «Megadroughts, ENSO, and the Invasion of Late-Roman Europe by the Huns and Avars», in W. V. Harris (Hg.), *The Ancient Mediterranean Environment between Science and History*, Leiden: 89–102.

Cooper, D., und Kiple, K. F. 1993, «Yellow Fever», in K. F. Kiple (Hg.), *The Cambridge World History of Human Disease*, New York: 1100–7.

Coppa, A., et al. 1987, «Gli inumati dell'Età del Ferro di Campovalano (Abruzzo, area Medio-Adriatica)», *Rivista di antropologia* 65: 105–38.

Corbier, M. 2001, «Child Exposure and Abandonment», in S. Dixon (Hg.), *Childhood, Class and Kin in the Roman World*, London: 52–73.

–. 2005a, «Coinage and Taxation: The State's Point of View, A. D. 193–337», in A. K. Bowman, P. Garnsey und A. Cameron (Hgg.), *The Cambridge Ancient History*, Bd. 12: *The Crisis of Empire, A. D. 193–337*, Cambridge: 327–92.

–. 2005b, «Coinage, Society and Economy», in A. K. Bowman, P. Garnsey und A. Cameron (Hgg.), *The Cambridge Ancient History*, Bd. 12: *The Crisis of Empire, A. D. 193–337*, Cambridge: 393–439.

Corcoran, S. 2000, *The Empire of the Tetrarchs: Imperial Pronouncements and Government, AD 284–324*, überarb. Auflage, Oxford.

Cornelis, G. R., und Wolf-Watz, H. 1997, «The Yersinia Yop Virulon: A Bacterial System for Subverting Eukaryotic Cells», *Molecular Microbiology* 23: 861–67.

Corrain, C. 1971, «Dati osteometrici su resti umani antichi del territoria Atestino (Padova)», in *Oblatio: Raccolta di studi di antichità ed arte in onore di Aristide Calderini*, Como: 247–86.

Corrain, C., und Capitanio, M. 1967, «I resti scheletrici umani del ‹Dos dell'Arca›, Valcamonica», *Bollettino del Centro camuno di studi preistorici* 3: 149–73.

–. 1969, «I resti scheletrici umani della necropoli di Sirolo (Numana) nelle Marche», in *Scritti sul quaternario in onore de Angelo Pasa*, Verona: 207–27.

–. 1972, «I resti scheletrici della necropoli di Fermo, nelle Marche», *Homo* 23: 19–36.

–. 1988, «I resti scheletrici della necropolis tardo-romana e alto-medievale di Mont Blanc (Aosta)», *Quaderni di scienze antropologiche* 14: 79–235.

Corrain, C., Capitanio, M., und Erspamer, G. 1972, «I resti scheletrici della necropolis di Salapia (Cerignola), secoli IX–III a. C.», *Atti e memorie dell'Academia Patavina di Scienze, Lettere ed Arti* 84: 75–103.

–. 1977, «I resti scheltrici della necropoli picena di Camerano, nelle Marche (secoli VI–III a. C.)», *Archivio per l'antropologia e la etnologia* 107: 81–153.

–. 1982, «Alcune necropoli romane delle Marche», *Archivio per l'antropologia e la etnologia* 112: 151–225.

–. 1986, «I resti scheletrici umani della necropolis tardo-romana e alto-medievale di Mont-Blanc (Aosta): Nota riassuntiva», *Archivio per l'antropologia e la etnologia* 116: 215–19.

Corrain, C., und Nalin, G. 1965, «Resti scheletrici umani della necropoli protostorica di Monte Saraceno presso Mattinata (Gargano)», *Atti della X. Riunione scientifica In memoria di Francesco Zorzi: Verona, 21–23 novembre 1965*, Verona: 309–38.

Cosme, P. 2007, «À propos de l'Édit de Gallien», in O. Hekster, G. de Kleijn und D. Slootjes (Hgg.), *Crises and the Roman Empire*, Leiden: 97–109.

Cotton, H. 1993, «The Guardianship of Jesus Son of Babatha: Roman and Local Law in the Province of Arabia», *Journal of Roman Studies* 83: 94–113.

Craig, O. E., et al. 2009, «Stable Isotopic Evidence for Diet at the Imperial Roman Coastal Site of Velia (1st and 2nd Centuries AD) in Southern Italy», *American Journal of Physical Anthropology* 139: 572–83.

Crawford, D. H. 2007, *Deadly Companions: How Microbes Shaped Our History*, Oxford.

Cremaschi, M., et al. 2006, «Cupressus dupreziana: a Dendroclimatic Record for the Middle-Late Holocene in the Central Sahara», *The Holocene* 16: 292–303.

Cremaschi, M., Marchetti, M., und Ravazzi, C. 1994, «Geomorphological Evidence for Land Surfaces Cleared from Forest in the Central Po Plain (Northern Italy) during the Roman Period», in B. Frenzel (Hg.), *Evaluation of Land Surfaces Cleared from Forests in the Mediterranean Region during the Time of the Roman Empire*, Stuttgart: 119–32.

Cremaschi, M., und Zerboni, A. 2010, «Human Communities in a Drying Landscape: Holocene Climate Change and Cultural Response in the Central Sahara», in I. P. Martini und W. Chesworth (Hgg.), *Landscapes and Societies: Selected Cases*, Dordrecht: 67–89.

Cremonini, S., Labate, D., und Curina, R. 2013, «The Late-Antiquity Environmental Crisis in Emilia Region (Po River Plain, Northern Italy): Geoarchaeological Evidence and Paleoclimatic Considerations», *Quaternary International* 316: 162–78.

Croke, B. 1981, «Two Early Byzantine Earthquakes and Their Liturgical Commemoration», *Byzantion* 51: 122–47.

–. 2005, «Justinian's Constantinople», in M. Maas (Hg.), *The Cambridge Companion to the Age of Justinian*, Cambridge: 60–86.

Cronon, W. 1983, *Changes in the Land: Indians, Colonists, and the Ecology of New England*, New York.

Crosby, A. W. 1986, *Ecological Imperialism: The Biological Expansion of Europe, 900–1900*, Cambridge. (Deutsche Ausgabe: Crosby, A. W. 1991, *Die Früchte des weißen Mannes.* Ökologischer Imperialismus 900–1900, Frankfurt am Main/New York).

Crow, J. 2012, «Water and Late Antique Constantinople: ‹It Would Be Abominable for the Inhabitants of This Beautiful City to Be Compelled to Purchase Water›», in L. Grig und G. Kelly (Hgg.), *Two Romes: Rome and Constantinople in Late Antiquity*, Oxford: 116–35.

Cucina, A., et al. 2006, «The Necropolis of Vallerano (Rome, 2nd–3rd Century AD): An Anthropological Perspective on the Ancient Romans in the *Suburbium*», *International Journal of Osteoarchaeology* 16: 104–117.

Cui, Y., et al. 2013, «Historical Variations in Mutation Rate in an Epidemic Pathogen, *Yersinia pestis*», *Proceedings of the National Academy of Sciences* 110: 577–82.

Cummings, C. 2009, «Meat Consumption in Roman Britain: The Evidence from Stable Isotopes», in M. Driessen et al. (Hgg.), *TRAC 2008: Proceedings of the Eighteenth Annual Theoretical Roman Archaeology Conference, Amsterdam 2008*, Oxford: 73–83.

Curran, J. 1998, «From Jovian to Theodosius», in A. Cameron und P. Garnsey (Hgg.), *The Cambridge Ancient History*, Bd. 13: *The Late Empire, A. D. 337–425*, Cambridge: 78–110.

Curras, A., et al. 2012, «Climate Change and Human Impact in Central Spain During Roman Times: High-Resolution Multi-Proxy Analysis of a Tufa Lake Record (Somolinos, 1280 m asl)», *Catena* 89: 31–53.

Cutler, A. 1985, *The Craft of Ivory: Sources, Techniques, and Uses in the Mediterranean World, A. D. 200–1400*, Washington, D. C.

Dagens, C. 1970, «La fin des temps et l'Église selon Saint Grégoire le Grand», *Recherches de science religieuse* 58: 273–88.

Dagron, G. 1984, *Naissance d'une capitale: Constantinople et ses institutions de 330 à 451*, Paris.

Dagron, G., und Deroche, V. 1991, «Juifs et chrétiens dans l'Orient du VIIe siècle», *Travaux et Mémoires* 11: 17–46.

Dal Santo, M. 2013, «Gregory the Great, the Empire and the Emperor», in B. Neil und M. Dal Santo (Hgg.), *A Companion to Gregory the Great*, Cambridge: 57–82.

Darley, R. 2013, *Indo-Byzantine Exchange, 4th to 7th Centuries: A Global History*, Diss., University of Birmingham.

–. 2015, «Self, Other and the Use and Appropriation of Late Roman Coins in South India and Sri Lanka (4th–7th centuries A. D.)», in H. Ray (Hg.), *Negotiating Cultural Identity: Landscapes in Early Medieval South Asian History*, London: 60–84.

Dark, P. 2000, *The Environment of Britain in the First Millennium AD*, London.

Darwin, C. 2013, *Die Entstehung der Arten*, Weinheim.

Daube, D. 1966–67, «The Marriage of Justinian and Theodora: Legal and Theological Reflections», *Catholic University Law Review* 16: 380–99.

Davies, T. J., et al. 2011, «The Influence of Past and Present Climate on the Biogeography of Modern Mammal Diversity», *Philosophical Transactions of the Royal Society, B* 366: 2526–35.

de Blois, L. 1976, *The Policy of the Emperor Gallienus*, Leiden.

De Callatay, F. 2005, «The Graeco-Roman Economy in the Super Long-Run: Lead, Copper, and Shipwrecks», *Journal of Roman Archaeology* 18: 361–72.

De Greef, G. 2002, «Roman Coin Hoards and Germanic Invasions AD 253–269: A Study of the Western Hoards from the Reigns of Valerian, Gallienus and Postumus», *Revue belge de numismatique et de sigillographie* 148: 41–100.

de la Vaissière, E. 2003, «Is There a ‹Nationality of the Hephtalites›?», *Bulletin of the Asia Institute* 17: 119–32.

–. 2005a, *Sodgian Traders: A History*, Leiden.

–. 2005b, «Huns et Xiongnu», *Central Asiatic Journal* 49: 3–26.

–. 2015, «The Steppe World and the Rise of the Huns», in M. Maas (Hg.), *The Cambridge Companion to the Age of Attila*, Cambridge: 175–92.

De Ligt, L. 2012, *Peasants, Citizens and Soldiers: Studies in the Demographic History of Roman Italy 225 BC–AD 100*, Cambridge.

De Ligt, L., und Tacoma, R. (Hgg.) 2016, *Migration and Mobility in the Early Roman Empire*, Leiden.

De Putter, T., et al. 1998, «Decadal Periodicities of Nile River Historical Discharge (A.D. 622–1470) and Climatic Implications», *Geophysical Research Letters* 25: 3193–96.

De Romanis, F., und Tchernia, A. (Hgg.) 1997, *Crossings: Early Mediterranean Contacts with India*, New Delhi.

–. 2015, «Comparative Perspectives on the Pepper Trade», in F. De Romanis und M. Maiuro (Hgg.), *Across the Ocean: Nine Essays on Indo-Roman Trade*, Leiden: 127–50.

De Ste. Croix, G. E. M. 1981, *The Class Struggle in the Ancient Greek World*, Ithaca.

Dean, J., et al. 2013, «Palaeo-seasonality of the Last Two Millennia Reconstructed from the Oxygen Isotope Composition of Carbonates and Diatom Silica from Nar Golu, Central Turkey», *Quaternary Science Reviews* 66: 35–44.

Decker, M. 2009, *Tilling the Hateful Earth: Agricultural Production and Trade in the Late Antique East*, Oxford.

–. 2016, *The Byzantine Dark Ages*, London.

Deliyannis, D. M. 2010, *Ravenna in Late Antiquity*, Cambridge.

Demacopoulos, G. 2015, *Gregory the Great: Ascetic, Pastor, and First Man of Rome*, Notre Dame.

Demandt, A. 1984, *Der Fall Roms. Die Auflösung des römischen Reiches im Urteil der Nachwelt*, München [2. Aufl. 2014].

Deng, K. 2004, «Unveiling China's True Population Statistics for the Pre-Modern Era with Official Census Data», *Population Review* 43: 1–38.

Depauw, M., und Clarysse, W. 2013, «How Christian Was Fourth Century Egypt? Onomastic Perspectives on Conversion», *Vigiliae Christianae* 67: 407–35.

Dermody, B. J., et al. 2011, «Revisiting the Humid Roman Hypothesis: Novel Analyses Depict Oscillating Patterns», *Climate of the Past Discussions* 7: 2355–89.

Dermody, B. J., et al. 2014, «A Virtual Water Network of the Roman World», *Hydrology and Earth System Sciences* 18: 5025–40.

Detriche, S., et al. 2008, «Late Holocene Palaeohydrology of Lake Afourgagh (Middle-Atlas, Morocco) from Deposit Geometry and Facies», *Bulletin de la Société Géologique de France* 179: 41–50.

DeWitte, S., und Hughes-Morey, G. 2012, «Stature and Frailty during the Black Death: The Effect of Stature on Risks of Epidemic Mortality in London, A.D. 1348–1350», *Journal of Archaeological Science* 39: 1412–19.

DeWitte, S. 2014, «The Anthropology of Plague: Insights from Bioarchaeological Analyses of Epidemic Cemeteries», *The Medieval Globe* 1: 97–123.

Di Cosmo, N. 2002, *Ancient China and Its Enemies: The Rise of Nomadic Power in East Asian History*, Cambridge.

Di Segni, L. 1999, «Epigraphic Documentation on Building in the Provinces of Palaestina and Arabia, 4th–7th c.», in J. H. Humphrey (Hg.), *The Roman and Byzantine Near East II*, Portsmouth: 149–78.

–. 2009, «Greek Inscriptions in Transition from the Byzantine to the Early Islamic Period», in H. Cotton et al. (Hgg.), *From Hellenism to Islam: Cultural and Linguistic Change in the Roman Near East*, Cambridge: 352–73.

Di Stefano, G. 2009, «Nuove ricerche sulle cisterne de La malga», in M. al-Waṭanī lil-Turāth (Hg.), *Contrôle et distribution de l'eau dans le Maghreb antique et médiéval*, Rom: 1000–22.

Diamond, J. 1997, *Guns, Germs, and Steel: The Fates of Human Societies*, New York. (Deutsche Ausgabe: Diamond, J. 2006, *Arm und reich. Die Schicksale menschlicher Gesellschaften*, erw. Neuausg., Frankfurt am Main).

Dols, M. W. 1974, «The Comparative Communal Responses to the Black Death in Muslim and Christian Societies», *Viator* 5: 269–88.

Donceel-Voute, P. 1988, *Les pavements des églises byzantines de Syrie et du Liban: décor, archéologie et liturgie*, Louvain-la-Neuve.

Donner, F. M. 1989, «The Role of Nomads in the Near East in Late Antiquity (400–800 C. E.)», in F. M. Clover und R. S. Humphreys (Hgg.), *Tradition and Innovation in Late Antiquity*, Madison: 73–85.

–. 2010, *Muhammad and the Believers: At the Origins of Islam*, Cambridge, MA.

Donoghue, H. D., et al. 2015, «A Migration-Driven Model for the Historical Spread of Leprosy in Medieval Eastern and Central Europe», *Infection, Genetics and Evolution* 31: 250–56.

Downie, J. 2013, *At the Limits of Art: A Literary Study of Aelius Aristides' Hieroi Logoi*, Oxford.

Dragoni, W. 1998, «Some Considerations on Climatic Changes, Water Resources and Water Needs in the Italian Region South of 43°N», in A. S. Issar und N. Brown (Hgg.), *Water, Environment and Society in Times of Climate Change*, Dordrecht: 241–71.

Drancourt, M., et al. 1998, «Detection of 400-year Old *Yersinia pestis* DNA in Human Dental Pulp: An Approach to the Diagnosis of Ancient Septicemia», *Proceedings of the National Academy of Sciences* 95: 12637–40.

Drinkwater, J. 1987, *The Gallic Empire: Separatism and Continuity in the North-Western Provinces of the Roman Empire, A. D. 260–274*, Wiesbaden.

–. 2005, «Maximinus to Diocletian and the ‹Crisis›», in A. K. Bowman, P. Garnsey und A. Cameron (Hgg.), *The Cambridge Ancient History*, Bd. 12: *The Crisis of Empire, A. D. 193–337*, Cambridge: 28–66.

Drijvers, J. W. 2002, «Heraclius and the Restitutio Crucis: Notes on Symbolism and Ideology», in G. J. Reinink und H. Stolte (Hgg.), *The Reign of Heraclius (610–641): Crisis and Confrontation*, Groningen: 175–90.

Duggan, A., et al. 2016, «17th Century Variola Virus Reveals the Recent History of Smallpox», *Current Biology* 26: 3407–12.

Duncan-Jones, R. P. 1982, *The Economy of the Roman Empire: Quantitative Studies*, 2. Aufl., Cambridge.

–. 1990, *Structure and Scale in the Roman Economy*, Cambridge.

–. 1996, «The Impact of the Antonine Plague», *Journal of Roman Archaeology* 9: 108–93.

–. 2004, «Economic Change and the Transition to Late Antiquity», in S. Swain und M. Edwards (Hgg.), *Approaching Late Antiquity: The Transformation from Early to Late Empire*, Oxford: 20–52.

Dunn, A. 2004, «Continuity and Change in the Macedonian Countryside from Gallienus to Justinian», in W. Bowden, L. Lavan und C. Machado (Hgg.), *Recent Research on the Late Antique Countryside*, Leiden: 535–86.

Dunn, R., et al. 2010, «Global Drivers of Human Pathogen Richness and Prevalence», *Proceedings of the Royal Society B* 277: 2587–95.

DuPont, H. L. 1993, «Diarrheal Diseases», in K. Kiple (Hg.), *The Cambridge World History of Human Disease*, Cambridge: 676-80.

Durliat, J. 1989, «La peste du VIe siècle. Pour un nouvel examen des sources byzan-

tines», in J. Lefort und J. Morrisson (Hgg.), *Hommes et richesses dans l'Empire byzantin*, Bd. 1: *IVe–VIIe siècle*, Paris: 107–19.
–. 1990, *De la ville antique à la ville byzantine: le problème des subsistances*, Rom.
Ebied, R. Y., und Young, M. J. L., 1972, «A Treatise in Arabic on the Nestorian Patriarchs», *Le Museon* 87: 87–113.
Eck, W. 2000a, «Emperor, Senate, and Magistrates», in P. Garnsey, D. Rathbone und A. K. Bowman (Hgg.), *The Cambridge Ancient History*, Bd. 11: *The High Empire, A. D. 70–192*, Cambridge: 214–37.
–. 2000b, «The Growth of Administrative Posts», in P. Garnsey, D. Rathbone und A. K. Bowman (Hgg.), *The Cambridge Ancient History*, Bd. 11: *The High Empire, A. D. 70–192*, Cambridge: 238–65.
–. 2012, «Die Seuche unter Mark Aurel: ihre Auswirkungen auf das Heer», in E. Lo Cascio (Hg.), *L'impatto della «peste antonina»*, Bari: 63–77.
Eckstein, A. 2006, *Mediterranean Anarchy, Interstate War, and the Rise of Rome*, Berkeley.
Eddy, J. J. 2015, «The Ancient City of Rome, Its Empire, and the Spread of Tuberculosis in Europe», *Tuberculosis* 95: 23–28.
Edling, M. 2003, *A Revolution in Favor of Government: Origins of the U. S. Constitution and the Making of the American State*, New York.
Eger, A. A. 2015, *The Islamic-Byzantine Frontier: Interaction and Exchange among Muslim and Christian Communities*, London.
Eisen, R., Dennis, D., und Gage, K. 2015, «The Role of Early-Phase Transmission in the Spread of *Yersinia pestis*», *Journal of Medical Entomology* 52: 1183–92.
Eisen, R., und Gage, K. 2009, «Adaptive Strategies of *Yersinia pestis* to Persist during Inter-epizootic and Epizootic Periods», *Veterinary Research* 40: 01.
–. 2012, «Transmission of Flea-Borne Zoonotic Agents», *Annual Review of Entomology* 57: 61–82.
Elliott, C. 2016, «The Antonine Plague, Climate Change and Local Violence in Roman Egypt», *Past & Present* 231: 3–31.
Eltahir, E. 1996, «El Nino and the Natural Variability in the Flow of the Nile River», *Water Resources Research* 32: 131–37.
Elton, H. 1996, *Warfare in Roman Europe, AD 350–425*, Oxford.
–. 2015, «Military Developments in the Fifth Century», in M. Maas (Hg.), *The Cambridge Companion to the Age of Attila*, Cambridge, 125–39.
Enscore, R. E., et al. 2002, «Modeling Relationships between Climate and the Frequency of Human Plague Cases in the Southwestern United States, 1960–1997», *American Journal of Tropical Medicine and Hygiene* 2: 186–96.
Erdkamp, P. 2005, *The Grain Market in the Roman Empire: A Social, Political and Economic Study*, Cambridge.
Erspamer, G. 1985, «Analisi antropologica sui resti scheletrici di otto tombe di epoca tardo-romana (IV sec. d. C.) rinvenute in area Sacripanti a Civitanova marche (Macerata) – Scavo del 1977», *Quaderni di scienze antropologiche* 11: 12–22.
Essefi, E., et al. 2013, «Record of the Climatic Variability and the Sedimentary Dynamics during the Last Two Millennia at Sebkha Dkhila, Eastern Tunisia», *ISRN Geology* 2013: 936198.
Estiot, S. 1996, «Le troisième siècle et la monnaie: crises et mutations», in J.-L. Fiches (Hg.), *Le IIIe siècle en Gaule Narbonnaise. Données régionales sur la crise de l'Empire*, Sophia Antipolis: 33–70.

Evans Grubbs, J. 1995, *Law and Family in Late Antiquity: The Emperor Constantine's Marriage Legislation*, Oxford.

Facchini, F. 1968, «I resti scheletrici del sepolcreto gallico di S. Martino in Gattara (Ravenna)», *Studi etruschi* 36: 73–90.

Facchini, F., und Evangelisti, M. C. 1975, «Scheletri etruschi della Certosa di Bologna», *Studi etruschi* 41: 161–95.

Facchini, F., und Brasili Gualandi, P. 1977–79a, «I reperti scheletrici di età arcaica della necropolis di Castiglione (Ragusa), VII–VI sec. a. C.», *Rivista di antropologia* 60: 113–42.

–. 1977–79b, «Reperti antropologici di epoca romana provenienti dalla necropolis di ‹Le Palazzette› (Ravenna) (I–III sec. d. C.)», *Rivista di antropologia* 60: 159–69.

–. 1980, «Reperti scheletrici della necropolis arcaica di Monte Cassaia (Ragusa) (VII–VI secolo a. C.)», *Studi etruschi* 48: 253–76.

Facchini, F., und Stella Guerra, M. 1969, «Scheletri della necropolis romana di Bagnacavallo (Ravenna)», *Archivio per l'antropologia e l'etnologia* 99: 25–54.

Farah, K. O., et al. 2004, «The Somali and the Camel: Ecology, Management and Economics», *Anthropologist* 6: 45–55.

Faraone, C. A. 1992, *Talismans and Trojan Horses: Guardian Statues in Ancient Greek Myth and Ritual*, New York.

Fareh, H. 2007, «L'Afrique face aux catastrophes naturelles: l'apport de la documentation», in A. Mrabet und J. Rodriguez (Hgg.), *In Africa et in Hispania: études sur l'huile africaine*, Barcelona: 145–66.

Faust, D., et al. 2004, «High-resolution Fluvial Record of Late Holocene Geomorphic Change in Northern Tunisia: Climatic or Human Impact?», *Quaternary Science Reviews* 23: 1757–75.

Faust, C., und Dobson, A. P. 2015, «Primate Malarias: Diversity, Distribution and Insights for Zoonotic Plasmodium», *One Health* 1: 66–75.

Feissel, D. 1995, «Aspects de l'immigration à Constantinople d'après les épitaphes protobyzantines», in C. Mango und G. Dagron (Hgg.), *Constantinople and Its Hinterland: Papers from the Twenty-Seventh Spring Symposium of Byzantine Studies, Oxford, April 1993*, Aldershot: 367–77.

–. 2006, *Chroniques d'épigraphie byzantine: 1987–2004*, Paris.

Feldman, M., et al. 2016, «A High-Coverage *Yersinia pestis* Genome from a 6th-century Justinianic Plague Victim», *Molecular Biology and Evolution*: 2911–23.

Feldmann, H., und Geisbert, T. W. 2011, «Ebola Haemorrhagic Fever», *The Lancet* 377: 849–62.

Fenn, E. A. 2001, *Pox Americana: The Great Smallpox Epidemic of 1775–82*, New York.

Fenner, F. 1988, *Smallpox and Its Eradication*, Genf.

Fentress, L., et al. 2004, «Accounting for ARS: Fineware and Sites in Sicily and Africa», in S. Alcock und J. Cherry (Hgg.), *Side-by-Side Survey: Comparative Regional Studies in the Mediterranean World*, Oxford: 147–62.

Fentress, L., und Wilson, A. I. 2016, «The Saharan Berber Diaspora and the Southern Frontiers of Byzantine North Africa», in S. Stevens und J. Conant (Hgg.), *North Africa under Byzantium and Early Islam*, Washington D. C.: 41–63.

Ferguson, J., und Keynes, M. 1978, «China and Rome», *Aufstieg und Niedergang der römischen Welt* 2.9.2: 581–603.

Ferrari, G., und Livi Bacci, M. 1985, «Sulle relazioni fra temperatura e mortalità nell'Italia unita, 1861–1914», in Società Italiana di Demografia Storica, *La Popo-*

lazione italiana nell'Ottocento: continuità e mutamenti: relazioni e comunicazioni presentate al convegno tenuto ad Assisi nei giorni 26–28 aprile 1983, Bologna: 273–98.

Ferrill, A. 1986, *The Fall of the Roman Empire: The Military Explanation*, New York.

Ferrua, A. 1978, «L'epigrafia cristiana prima di Costantino», *Atti del IX congresso internazionale di archeologia cristiana*, Vatikanstadt: 583–613.

Fine, P. 2015, «Ecological and Evolutionary Drivers of Geographic Variation in Species Diversity», *Annual Review of Ecology, Evolution, and Systematics* 46: 369–92.

Finne, M., et al. 2011, «Climate in the Eastern Mediterranean, and Adjacent Regions, During the Past 6000 Years – A Review», *Journal of Archaeological Science* 38: 3153–73.

Finne, M., et al. 2014, «Speleothem Evidence for Late Holocene Climate Variability and Floods in Southern Greece», *Quaternary Research* 81: 213–27.

Finney, S., und Edwards, L. 2016, «The ‹Anthropocene› Epoch: Scientific Decision or Political Statement?», *GSA Today* 26: 4–10.

Fiocchi Nicolai, V., und Guyon, J. 2006, *Origine delle catacombe romane: atti della giornata tematica dei Seminari di archeologia cristiana (Roma, 21 marzo 2005)*, Vatikanstadt.

Fleitmann, D., et al. 2009, «Timing and Climate Impact of Greenland Interstadials Recorded in Stalagmites from Northern Turkey», *Geophysical Research Letters* 36: L19707.

Floud, R., et al. 2011, *The Changing Body: Health, Nutrition, and Human Development in the Western World Since 1700*, Cambridge.

Folke, C. 2006, «Resilience: The Emergence of a Perspective for Social-Ecological Systems Analyses», *Global Environment Change* 16: 253–67.

Foss, C. 1997, «Syria in Transition, AD 550–750: An Archaeological Approach», *Dumbarton Oaks Papers* 51: 189–269.

Fowden, G. 2005, «Polytheist Religion and Philosophy», in A. Cameron und P. Garnsey (Hgg.), *The Cambridge Ancient History*, Bd. 13: *The Late Empire, A. D. 337–425*, Cambridge: 538–60.

Foxhall, L. 1990, «The Dependent Tenant: Land Leasing and Labour in Italy and Greece», *Journal of Roman Studies* 80: 97–114.

Frankfurter, D. 2014, «Onomastic Statistics and the Christianization of Egypt: A Response to Depauw and Clarysse», *Vigiliae Christianae* 68: 284–89.

Frankopan, P. 2015, *The Silk Roads: A New History of the World*, New York. (Deutsche Ausgabe: Frankopan, P. 2017, *Licht aus dem Osten. Eine neue Geschichte der Welt*, Reinbek bei Hamburg).

Fraser, P. M. 1951, «A Syriac ‹Notitia Urbis Alexandrinae›», *Journal of Egyptian Archaeology* 37: 103–8.

Fredouille, J.-C. 2003, *Cyprien de Carthage: A Démétrien*, Paris.

Frier, B. W. 1982, «Roman Life Expectancy: Ulpian's Evidence», *Harvard Studies in Classical Philology* 86: 213–51.

–. 1983, «Roman Life Expectancy: The Pannonian Evidence», *Phoenix* 37: 328–44.

–. 1994, «Natural Fertility and Family Limitation in Roman Marriage», *Classical Philology* 89: 318–33.

–. 2000, «Demography», in P. Garnsey, D. Rathbone und A. K. Bowman (Hgg.), *The Cambridge Ancient History*, Bd. 11: *The High Empire, A. D. 70–192*, Cambridge: 787–816.

–. 2001, «More Is Worse: Some Observations on the Population of the Roman Empire», in W. Scheidel (Hg.), *Debating Roman Demography*, Leiden: 139–59.

Frier, B. W., und Kehoe, D. P. 2007, «Law and Economic Institutions», in W. Scheidel, I. Morris und R. P. Saller (Hgg.), *The Cambridge Economic History of the Greco-Roman World*, Cambridge: 113–43.

Fries, H. 1994, *Historische Inschriften zur römischen Kaiserzeit: von Augustus bis Konstantin*, Darmstadt.

Frisia, S., et al. 2005, «Climate Variability in the SE Alps of Italy Over the Past 17,000 Years Reconstructed from a Stalagmite Record», *Boreas* 34: 445–55.

Frosen, J., et al. 2002, *Petra: A City Forgotten and Rediscovered*, Helsinki.

Frye, R. 2005, «The Sasanians», in A. K. Bowman, P. Garnsey und A. Cameron (Hgg.), *The Cambridge Ancient History*, Bd. 12: *The Crisis of Empire, A. D. 193–337*, Cambridge: 461–80.

Gage, K., et al. 2008, «Climate and Vectorborne Diseases», *American Journal of Preventive Medicine* 35: 436–50.

Gage, K., und Kosoy, M. 2005, «Natural History of Plague: Perspectives from More Than a Century of Research», *Annual Review of Entomology* 50: 505–28.

Gaertner, M. A., et al. 2001, «The Impact of Deforestation on the Hydrological Cycle in the Western Mediterranean: An Ensemble Study with Two Regional Climate Models», *Climate Dynamics* 17: 857–73.

Galloway, P. R. 1986, «Long-Term Fluctuations in Climate and Population in the Preindustrial Era», *Population and Development Review* 12: 1–24.

Garnsey, P. 1988, *Famine and Food Supply in the Graeco-Roman World: Responses to Risk and Crisis*, Cambridge.

–. 1998, *Cities, Peasants, and Food in Classical Antiquity: Essays in Social and Economic History*, Cambridge.

–. 1999, *Food and Society in Classical Antiquity*, Cambridge.

–. 2004, «Roman Citizenship and Roman Law in the Late Empire», in S. Swain und M. Edwards (Hgg.), *Approaching Late Antiquity: The Transformation from Early to Late Empire*, Oxford: 133–55.

Garrett, L. 1994, *The Coming Plague: Newly Emerging Diseases in a World Out of Balance*, New York.

Gates, L. D., und Lies, S. 2001, «Impacts of Deforestation and Afforestation in the Mediterranean Region as Simulated by the MPI Atmospheric GCM», *Global and Planetary Change* 30: 309–28.

Gatier, P.-L. 2011, «Inscriptions grecques, mosaïques et églises des débuts de l'époque islamique au Proche-Orient (VIIe–VIIIe s.)», in A. Borrut (Hg.), *Le Proche-Orient de Justinien aux abbassides: peuplement et dynamiques spatiales: actes du Colloque «Continuités de l'occupation entre les périodes byzantine et abbasside au Proche-Orient, VIIe–IXe siècles», Paris, 18–20 octobre 2007*, Turnhout: 7–28.

Giannecchini, M., und Moggi-Cecchi, J. 2008, «Stature in Archeological Samples from Central Italy: Methodological Issues and Diachronic Changes», *American Journal of Physical Anthropology* 135: 284–92.

Gibbon, E. 1776–89, *The History of the Decline and Fall of the Roman Empire*, 6 Bde., London. (Deutsche Ausgabe: Gibbon, E. 2003, *Verfall und Untergang des römischen Imperiums. Bis zum Ende des Reiches im Westen*, 6 Bde., München).

Gilbertson, D. 1996, «Explanations: Environment as Agency», in G. Barker et al. (Hgg.), *Farming the Desert: The UNESCO Libyan Valleys Archaeological Survey*, Bd. 1: *Synthesis*, Paris: 291–318.

Gilliam, J. F. 1961, «The Plague Under Marcus Aurelius», *American Journal of Philology* 94: 225–51.

Ginkel, J. J. van 1995, *John of Ephesus: A Monophysite Historian in Sixth-century Byzantium*, Diss. University of Groningen.

Gitler, H. 1990, «Numismatic Evidence on the Visit of Marcus Aurelius to the East», *Israel Numismatic Journal* 11: 36–51.

Gitler, H., und Ponting, M. 2003, *The Silver Coinage of Septimius Severus and His Family, 193–211 A. D.: A Study of the Chemical Composition of the Roman and Eastern Issues*, Mailand.

Göktürk, O. M. 2011, *Climate in the Eastern Mediterranean through the Holocene Inferred from Turkish Stalagmites*, Diss., Universität Bern.

Goldstone, J. A. 2002, «Efflorescences and Economic Growth in World History: Rethinking the ‹Rise of the West› and the Industrial Revolution», *Journal of World History* 13: 323–89.

Goldstone, J. A., und Haldon, J. F. 2009, «Ancient States, Empires, and Exploitation: Problems and Perspectives», in I. Morris und W. Scheidel (Hgg.), *The Dynamics of Ancient Empires: State Power from Assyria to Byzantium*, Oxford: 3–29.

Goldsworthy, A. 2003, *The Complete Roman Army*, New York. (Deutsche Ausgabe: Goldsworthy, A. 2004, *Die Legionen Roms. Das große Handbuch zum Machtinstrument eines tausendjährigen Weltreichs*, Frankfurt am Main).

Goudsmit, J. 2004, *Viral Fitness: The Next SARS and West Nile in the Making*, Oxford.

Gourevitch, D. 2005, «The Galenic Plague: A Breakdown of the Imperial Pathocoenosis and *Longue Durée*», *History and Philosophy of the Life Sciences* 27: 57–69.

Gowland, R., und Garnsey, P. 2010, «Skeletal Evidence for Health, Nutrition and Malaria in Rome and the Empire», in H. Eckardt (Hg.), *Roman Diasporas: Archaeological Approaches to Mobility and Diversity in the Roman Empire*, Portsmouth: 131–56.

Gowland, R., und Walther, L. 2018, «Human Growth and Stature», in: W. Scheidel (Hg.), *The Science of Roman History. Biology, Climate, and the Future of the Past*, Princeton, 174–204.

Graf, F. 1992, «An Oracle against Pestilence from a Western Anatolian Town», *Zeitschrift für Papyrologie und Epigraphik* 92: 267–79.

Graham, S. L. 2008, «Justinian and the Politics of Space», in J. L. Berquist und C. V. Camp (Hgg.), *Constructions of Space II: The Biblical City and Other Imagined Spaces*, New York: 53–77.

Graslund, B., und Price, N. 2012, «Twilight of the Gods? The ‹Dust Veil Event› of AD 536 in Critical Perspective», *Antiquity* 86: 428–43.

Grassly, N., und Fraser, C. 2006, «Seasonal Infectious Disease Epidemiology», *Proceedings of the Royal Society of London B: Biological Sciences* 273: 2541–50.

Grauel, A.-L., et al. 2013, «What Do SST Proxies Really Tell Us? A High-resolution Multiproxy ($U^{K'}_{37}$, TEX^{H}_{86} and Foraminifera $\delta^{18}O$) Study in the Gulf of Taranto, Central Mediterranean Sea», *Quaternary Science Reviews* 73: 115–31.

Gray, L. J., et al. 2010, «Solar Influences on Climate», *Review of Geophysics* 48: 1–53.

Greatrex, G. 2005, «Byzantium and the East in the Sixth Century», in M. Maas (Hg.), *The Cambridge Companion to the Age of Justinian*, Cambridge: 477–509.

Green, M. 2014a, «Taking ‹Pandemic› Seriously: Making the Black Death Global», *The Medieval Globe* 1: 27–61.

–. (Hg.) 2014b, *Pandemic Disease in the Medieval World: Rethinking the Black Death*, Kalamazoo, MI.

–. 2017, «The Globalizations of Disease», in N. Boivin et al. (Hgg.), *Human Dispersals and Species Movement*, Cambridge: 494–520.

Greenberg, J. 2003, «Plagued by Doubt: Reconsidering the Impact of a Mortality Crisis in the 2nd c. A. D.», *Journal of Roman Archaeology* 16: 413–25.

Greene, K. 2000, «Industry and Technology», in A. K. Bowman, P. Garnsey und D. W. Rathbone (Hgg.), *The Cambridge Ancient History,* Bd. 11: *The High Empire, A. D. 70–192*, Cambridge: 741–68.

Griffin, M. 2000, «Nerva to Hadrian», in A. K. Bowman, P. Garnsey und D. Rathbone (Hgg.), *The Cambridge Ancient History,* Bd. 11: *The High Empire, A. D. 70–192*, Cambridge: 84–131.

Grig, L., und Kelly, G. (Hgg.) 2012, *Two Romes: Rome and Constantinople in Late Antiquity*, Oxford.

Grout-Gerletti, D. 1995, «Le vocabulaire de la contagion chez l'évêque Cyprien de Carthage (249–258): de l'idée à l'utilisation», in C. Deroux (Hg.), *Maladie et maladies dans les textes latins antiques et médiévaux*, Brüssel: 228–46.

Grove, A. T., und Rackham, O. 2001, *The Nature of Mediterranean Europe: An Ecological History*, New Haven.

Gruppioni, G. 1980, «Prime osservazioni sui resti scheletrici del sepolcreto di Monte Bibele (Bologna) (IV–II sec. a. C.)», *Atti della società dei naturalisti e matematici di Modena. Serie VI* 111: 1–17.

Guasti, L. 2007, «Animali per Roma», in E. Papi (Hg.), *Supplying Rome and the Empire: The Proceedings of an International Seminar Held in Siena–Certosa di Pontignano on May 2–4, 2004, on Rome, the Provinces, Production and Distribution*, Portsmouth, RI: 138–152.

Guernier, V., et al. 2004, «Ecology Drives the Worldwide Distribution of Human Diseases», *PLoS Biology* 2: 740–6.

Gunn, J. (Hg.) 2000, *The Years without Summer: Tracing A. D. 536 and Its Aftermath*, Oxford.

Gutsmiedl, D. 2005, «Die justinianische Pest nördlich der Alpen? Zum Doppelgrab 166/167 aus dem frühmittelalterlichen Reihengräberfeld von Aschheim-Bajuwarenring», in B. Päffgen, E. Pohl und M. Schmauder (Hgg.), *Cum grano salis. Beiträge zur europäischen Vor-und Frühgeschichte. Festschrift für Volker Bierbrauer zum 65. Geburtstag*, Friedberg: 199–208.

Gutsmiedl-Schumann, D. 2010, *Das frühmittelalterliche Gräberfeld Aschheim-Bajuwarenring*, Kallmünz.

Haas, C. 1997, *Alexandria in Late Antiquity: Topography and Social Conflict*, Baltimore.

Hadas, G. 1993, «Where Was the Harbour of ‹Ein Gedi Situated?», *Israel Exploration Journal* 43: 45–49.

Haeberli, W., et al. 1999, «On Rates and Acceleration Trends of Global Glacier Mass Changes», *Geografiska Annaler:* Series A, *Physical Geography* 81: 585–91.

Haensch, S., et al. 2010, «Distinct Clones of *Yersinia pestis* Caused the Black Death», *PLoS Pathogens* 6: e1001134.

Hahn, W. R. O. 2000, *Money of the Incipient Byzantine Empire (Anastastius I – Justinian I, 491–565)*, Wien.

Haines, M. R., Craig, L. E., und Weiss, T. 2003, «The Short and the Dead: Nutrition, Mortality, and the ‹Antebellum Puzzle› in the United States», *Journal of Economic History* 63: 382–413.

Haklai-Rotenberg, M. 2011, «Aurelian's Monetary Reform: Between Debasement and Public Trust», *Chiron* 41: 1–39.

Haldon, J. 2002, «The Reign of Heraclius: A Context for Change?», in G. J. Reinink und H. Stolte (Hgg.), *The Reign of Heraclius (610–641): Crisis and Confrontation*, Groningen: 1–16.

–. 2005, «Economy and Administration: How Did the Empire Work?», in M. Maas (Hg.), *The Cambridge Companion to the Age of Justinian*, Cambridge: 28–59.

–. 2016, *The Empire That Would Not Die: The Paradox of Eastern Roman Survival, 640–740*, Cambridge, MA.

Haldon, J., et al. 2014, «The Climate and Environment of Byzantine Anatolia: Integrating Science, History, and Archaeology», *Journal of Interdisciplinary History* 45: 113–61.

Halfmann, H. 1986, *Itinera principum: Geschichte und Typologie der Kaiserreisen im römischen Reich*, Stuttgart.

Han, B. A., Kramer, A. M., und Drake, J. M. 2016, «Global Patterns of Zoonotic Disease in Mammals», *Trends in Parasitology* 32: 565–77.

Hansen, I., Hodges, R., und Leppard, S. 2013, *Butrint 4: The Archaeology and Histories of an Ionian Town*, Oxford.

Hanson, C., et al. 2012, «Beyond Biogeographic Patterns: Processes Shaping the Microbial Landscape», *Nature Reviews: Microbiology* 10: 497–506.

Hanson, J. W. 2016, *An Urban Geography of the Roman World, 100 BC to AD 300*, Oxford.

Harbeck, M., et al. 2013, «*Yersinia pestis* DNA from Skeletal Remains from the 6th C. AD Reveals Insights into Justinianic Plague», *PLoS Pathogens* 9: e1003349.

Harkins, K. M., und Stone, A. C. 2015, «Ancient Pathogen Genomics: Insights into Timing and Adaptation», *Journal of Human Evolution* 79: 137–49.

Harper, K. 2011, *Slavery in the Late Roman World, AD 275–425*, Cambridge.

–. 2012, «Marriage and Family in Late Antiquity», in S. F. Johnson (Hg.), *The Oxford Handbook of Late Antiquity*, Oxford: 667–714.

–. 2013a, *From Shame to Sin: The Christian Transformation of Sexual Morality in Late Antiquity*, Cambridge.

–. 2013b, «L'ordine sociale costantiniano: schiavitù, economia e aristocrazia», in *Costantino I: Enciclopedia Costantiniana sulla figura e l'immagine dell'imperatore del cosidetto editto di Milano, 313–2013*, Bd. 1, Rom: 369–86.

–. 2015a, «Pandemics and Passages to Late Antiquity: Rethinking the Plague of c. 249–270 Described by Cyprian», *Journal of Roman Archaeology* 28: 223–60.

–. 2015b, «Landed Wealth in the Long Term: Patterns, Possibilities, Evidence», in P. Erdkamp, K. Verboven und A. Zuiderhoek (Hgg.), *Ownership and Exploitation of Land and Natural Resources in the Roman World, Oxford*: 43–61.

–. 2015c, «A Time to Die: Preliminary Notes on Seasonal Mortality in Late Antique Rome», in C. Laes, K. Mustakallio und V. Vuolanto (Hgg.), *Children and Family in Late Antiquity. Life, Death and Interaction*, Löwen: 15–34.

–. 2016a, «People, Plagues, and Prices in the Roman World: The Evidence from Egypt», *Journal of Economic History* 76: 803–39.

–. 2016b, «The Environmental Fall of the Roman Empire», *Daedalus* 145 (2): 101–11.

–. 2016c, «Another Eye-witness to the Plague Described by Cyprian and Notes on the ‹Persecution of Decius›», *Journal of Roman Archaeology* 29: 473–76.
–. 2019, «Invisible Environmental History: Infectious Disease in Late Antiquity», in A. Izdebski und M. Mulryan (Hgg.), *Environment and Society in the Long Late Antiquity*, Leiden: 298–313.
Harper, K., und McCormick, M. 2018, «Reconstructing the Roman Climate», in W. Scheidel (Hg.), *The Science of Roman History. Biology, Climate, and the Future of the Past*, Princeton, 11–52.
Harper, K. N., und Armelagos, G. J. 2013, «Genomics, the Origins of Agriculture, and Our Changing Microbe-scape: Time to Revisit Some Old Tales and Tell Some New Ones», *American Journal of Physical Anthropology* 152: 135–152.
Harries, J. 2012, *Imperial Rome AD 284 to 363: The New Empire*, Edinburgh.
Harris, W. V. 1985, *War and Imperialism in Republican Rome, 327–70 B. C.*, Oxford.
–. 1994, «Child-Exposure in the Roman Empire», *Journal of Roman Studies* 84: 1–22.
–. 1999a, «Demography, Geography, and the Sources of Roman Slaves», *Journal of Roman Studies* 89: 62–75.
–. (Hg.) 1999b, *The Transformations of Urbs Roma in Late Antiquity*, Portsmouth.
–. 2000, «Trade», in A. K. Bowman, P. Garnsey und D. W. Rathbone (Hgg.), *The Cambridge Ancient History*, Bd. 11: *The High Empire, A. D. 70–192*, Cambridge: 710–40.
–. (Hg.) 2005, *The Spread of Christianity in the First Four Centuries: Essays in Explanation*, Leiden.
–. 2006, «A Revisionist View of Roman Money», *Journal of Roman Studies* 96: 1–24.
–. (Hg.) 2008, *The Monetary Systems of the Greeks and Romans*, Oxford.
–. 2011, «Bois et déboisement dans la Méditerranée antique», *Annales. Histoire, Sciences Sociales* 66: 105–40.
–. 2012, «The Great Pestilence and the Complexities of the Antonine-Severan Economy», in E. Lo Cascio (Hg.), *L'impatto della «peste antonina»*, Bari: 331–38.
–. (Hg.) 2013a, *The Ancient Mediterranean Environment between Science and History*, Leiden.
–. 2013b, «Defining and Detecting Mediterranean Deforestation, 800 BCE to 700 CE», in W. V. Harris (Hg.), *The Ancient Mediterranean Environment between Science and History*, Leiden: 173–94.
–. 2016, *Roman Power: A Thousand Years of Empire*, New York.
Harris, W. V., und Holmes, B. (Hgg.) 2008, *Aelius Aristides between Greece, Rome, and the Gods*, Leiden.
Harvey, Susan Ashbrook 1990, *Asceticism and Society in Crisis: John of Ephesus and the Lives of the Eastern Saints*, Berkeley.
Hassall, M. 2000, «The Army», in P. Garnsey, D. Rathbone und A. K. Bowman (Hgg.), *The Cambridge Ancient History*, Bd. 11: *The High Empire, A. D. 70–192*, Cambridge: 320–43.
Hassan, F. 2007, «Extreme Nile Floods and Famines in Medieval Egypt (AD 930–1500) and Their Climatic Implications», *Quaternary International* 173–74: 101–12.
Hatcher, J. 2003, «Understanding the Population History of England 1450–1750», *Past & Present* 180: 83–130.

Hays, J. N. 1998, *The Burdens of Disease: Epidemics and Human Response in Western History*, New Brunswick.
Heather, P. 1995, «The Huns and the End of the Roman Empire in Western Europe», *English Historical Review* 110: 4–41.
–. 1998a, «Goths and Huns, c. 320–425», in A. Cameron und P. Garnsey (Hgg.), *The Cambridge Ancient History*, Bd. 13: *The Late Empire, A. D. 337–425*, Cambridge: 487–515.
–. 1998b, «Senators and Senates», in A. Cameron und P. Garnsey (Hgg.), *The Cambridge Ancient History*, Bd. 13, a. a. O., Cambridge: 184–210.
–. 2006, *The Fall of the Roman Empire: A New History of Rome and the Barbarians*, Oxford. (Deutsche Ausgabe: Heather, P. 2007, *Der Untergang des Römischen Weltreichs*, Stuttgart).
–. 2010, *Empires and Barbarians: The Fall of Rome and the Birth of Europe*, New York.
–. 2015, «The Huns and Barbarian Europe», in M. Maas (Hg.), *The Cambridge Companion to the Age of Attila*, Cambridge: 209–229.
Heide, A. 1997, *Das Wetter und Klima in der römischen Antike im Westen des Reiches*, Diss., Universität Mainz.
Hekster, O., de Kleijn, G., und Slootjes, D. (Hgg.) 2007, *Crises and the Roman Empire*, Leiden.
Henneberg, M., und Henneberg, R. 2002, «Reconstructing Medical Knowledge in Ancient Pompeii from the Hard Evidence of Bones and Teeth», in J. Renn und G. Castagnetti (Hgg.), *Homo Faber: Studies on Nature, Technology, and Science at the Time of Pompeii*, Rom: 169–87.
Hermansen, G. 1978, «The Population of Imperial Rome: The Regionaries», *Historia* 27: 129–68.
Hickey, T. 2012, *Wine, Wealth, and the State in Late Antique Egypt: The House of Apion at Oxyrhynchus*, Ann Arbor.
Himmelfarb, M. 2017, *Jewish Messiahs in a Christian Empire: A History of the Book of Zerubbabel*, Cambridge, MA.
Hin, S. 2013, *The Demography of Roman Italy: Population Dynamics in an Ancient Conquest Society, 201 BCE–14 CE*, Cambridge.
Hinnebusch, B. J., et al. 2002, «Role of Yersinia Murine Toxin in Survival of *Yersinia pestis* in the Midgut of the Flea Vector», *Science* 296: 733–35.
Hinnebusch, B. J., et. al 2017, «Comparative Ability of *Oropsylla montana* and *Xenopsylla cheopis* Fleas to Transmit *Yersinia pestis* by Two Different Mechanisms», *PLOS Neglected Tropical Diseases* 11: e0005276.
Hinnebusch, B. J., Chouikha, I., und Sun, Y.-C. 2016, «Ecological Opportunity, Evolution, and the Emergence of Flea-Borne Plague», *Infection and Immunity* 84: 1932–40.
Hirschfeld, Y. 2006, «The Crisis of the Sixth Century: Climatic Change, Natural Disasters and the Plague», *Mediterranean Archaeology and Archaeometry* 6: 19–32.
Hitchner, B. 1988, «The Kasserine Archaeological Survey, 1982–86», *Antiquités africaines* 24: 7–41.
–. 1989, «The Organization of Rural Settlement in the Cillium-Thelepte Region (Kasserine, Central Tunisia)», *L'Africa Romana* 6: 387–402.
–. 1990, «The Kasserine Archaeological Survey: 1987», *Antiquités africaines* 26: 231–60.

Hobson, B. 2009, *Latrinae et Foricae: Toilets in the Roman World*, London.

Hobson, D.W. 1984, «P. VINDOB. GR. 24951 + 24556: New Evidence for Tax-Exempt Status in Roman Egypt», *Atti del XVII Congresso internazionale di papirologia*, 847–64.

Hoelzle, M., et al. 2003, «Secular Glacier Mass Balances Derived from Cumulative Glacier Length Changes», *Global and Planetary Change* 36: 295–306.

Hoffman, D. 1969–70, *Das spätrömische Bewegungsheer und die Notitia dignitatum*, Düsseldorf.

Holman, S.R. 2001, *The Hungry Are Dying: Beggars and Bishops in Roman Cappadocia*, Oxford.

–. (Hg.) 2008, *Wealth and Poverty in Early Church and Society*, Grand Rapids.

Holleran, C., und Pudsey, A. (Hgg.) 2011, *Demography and the Graeco-Roman World: New Insights and Approaches*, Cambridge.

Holloway, K.L., et al. 2011, «Evolution of Human Tuberculosis: A Systematic Review and Meta-Analysis of Paleopathological Evidence», *Homo* 62: 402–58.

Holloway, R.R. 1994, *The Archaeology of Early Rome and Latium*, London.

Holum, K. 2005, «The Classical City in the Sixth Century: Survival and Transformation», in M. Maas (Hg.), *The Cambridge Companion to the Age of Justinian*, Cambridge: 87–112.

Holzhauser, H., et al. 2005, «Glacier and Lake-Level Variations in West-Central Europe Over the Last 3500 Years», *Holocene* 15: 789–801.

Honoré, T. 1978, *Tribonian*, Ithaca.

–. 2002, *Ulpian: Pioneer of Human Rights*, Oxford.

–. 2010, *Justinian's Digest: Character and Compilation*, Oxford.

Hopkins, C. 1972, *Topography and Architecture of Seleucia on the Tigris*, Ann Arbor.

Hopkins, D.R. 2002, *The Greatest Killer: Smallpox in History, with a New Introduction*, Chicago.

Hopkins, K. 1980, «Taxes and Trade in the Roman Empire (200 B.C.–A.D. 400)», *Journal of Roman Studies* 70: 101–25.

–. 1998, «Christian Number and Its Implications», *Journal of Early Christian Studies* 6: 185–226.

–. 2009a, «The Political Economy of the Roman Empire», in I. Morris und W. Scheidel (Hgg.), *The Dynamics of Ancient Empires: State Power from Assyria to Byzantium*, Oxford: 178–204.

–. 2009b, *A World Full of Gods: The Strange Triumph of Christianity*, New York.

Horden, P. 2005, «Mediterranean Plague in the Age of Justinian», in M. Maas (Hg.), *The Cambridge Companion to the Age of Justinian*, Cambridge: 134–60.

Horden, P., und Purcell, N. 2000, *The Corrupting Sea: A Study of Mediterranean History*, Oxford.

Hoskier, H.C. 1928, *The Complete Commentary of Oecumenius on the Apocalypse: Now Printed for the First Time from Manuscripts at Messina, Rome, Salonika, and Athos*, Ann Arbor.

Howgego, C., Butcher, K., Ponting, M., et al. 2010, «Coinage and the Roman Economy in the Antonine Period: The View from Egypt», *Oxford Roman Economy Project: Working Papers*.

Hoyland, R.G. 1997, *Seeing Islam as Others Saw It: A Survey and Evaluation of Christian, Jewish, and Zoroastrian Writings on Early Islam*, Princeton.

–. 2012, «Early Islam as a Late Antique Religion», in S.F. Johnson (Hg.), *The Oxford Handbook of Late Antiquity*, Oxford: 1053–77.

Hughes, D. J. 1994, *Pan's Travail: Environmental Problems of the Ancient Greeks and Romans*, Baltimore.

–. 2011, «Ancient Deforestation Revisited», *Journal of the History of Biology* 44: 43–57.

Humfress, C. 2005, «Law and Legal Practice in the Age of Justinian», in M. Maas (Hg.), *The Cambridge Companion to the Age of Justinian*, Cambridge: 161–84.

Humphries, M. 2000, «Italy, A. D. 425–605», in A. Cameron, B. Ward-Perkins und M. Whitby (Hgg.), *The Cambridge Ancient History*, Bd. 14: *Late Antiquity: Empire and Successors*, Cambridge: 525–51.

–. 2007, «From Emperor to Pope? Ceremonial, Space, and Authority at Rome from Constantine to Gregory the Great», in K. Cooper und J. Hillner (Hgg.), *Religion, Dynasty, and Patronage in Early Christian Rome, 300–900*, Cambridge: 21–58.

Huntington, E. 1917, «Climatic Change and Agricultural Exhaustion as Elements in the Fall of Rome», *Quarterly Journal of Economics* 31: 173–208.

Hurrell, J. W., et al. 2003, «An Overview of the North Atlantic Oscillation», in J. W. Hurrell (Hg.), *The North Atlantic Oscillation: Climatic Significance and Environmental Impact*, Washington, D. C.: 1–35.

Hyams, E. 1952, *Soil and Civilization*, London. (Deutsche Ausgabe: Hyams, E. 1956, *Der Mensch – ein Parasit der Erde. Kultur und Boden im Wandel der Zeitalter*, Düsseldorf/Köln).

Ibbetson, D. 2005, «High Classical Law», in A. K. Bowman, P. Garnsey und A. Cameron (Hgg.), *The Cambridge Ancient History*, Bd. 12: *The Crisis of Empire, A. D. 193–337*, Cambridge: 184–99.

Ieraci Bio, A. M. (Hg.) 1981, *De bonis malisque sucis*, Neapel.

Inskip, S. A., et al. 2015, «Osteological, Biomolecular and Geochemical Examination of an Early Anglo-Saxon Case of Lepromatous Leprosy», *PLoS One* 10: 1–22.

Isaac, B. 1992, *The Limits of the Empire: The Roman Army in the East*, überarb. Aufl., Oxford.

Israelowich, I. 2012, *Society, Medicine and Religion in the Sacred Tales of Aelius Aristides*, Leiden.

Issar, A., und Zohar, M. 2004, *Climate Change: Environment and Civilization in the Middle East*, Berlin.

Ivleva, T. 2016, «Peasants into Soldiers: Recruitment and Military Mobility in the Early Roman Empire», in L. de Ligt und L. E. Tacoma (Hgg.), *Migration and Mobility in the Early Roman Empire*, Leiden: 158–75.

Izdebski, A. 2013, *A Rural Economy in Transition: Asia Minor from Late Antiquity into the Early Middle Ages*, Warschau.

Izdebski, A., et al. 2015, «Realising Consilience: How Better Communication Between Archaeologists, Historians and Natural Scientists Can Transform the Study of Past Climate Change in the Mediterranean», *Quaternary Science Reviews* 30: 1–18.

Izdebski, A., et al. 2016, «The Environmental, Archaeological and Historical Evidence for Regional Climatic Changes and Their Societal Impacts in the Eastern Mediterranean in Late Antiquity», *Quaternary Science Reviews* 136: 189–208.

Jablonski, D., et al. 2017, «Shaping the Latitudinal Diversity Gradient: New Perspectives from a Synthesis of Paleobiology and Biogeography», *American Naturalist* 189: 1–12.

Jaouadi, S., et al. 2016, «Environmental Changes, Climate, and Anthropogenic

Impact in South-east Tunisia during the Last 8 kyr», *Climate of the Past* 12: 1339–59.

Jaritz, H., und Carrez-Maratray, J.-Y. 1996, *Pelusium: prospection archéologique et topographique de la région de Kana'is: 1993 et 1994*, Stuttgart.

Jenkins, C., et al. 2013, «Global Patterns of Terrestrial Vertebrate Diversity and Conservation», *Proceedings of the National Academy of Sciences* 110: E2602–E2610.

Jennison, G. 1937, *Animals for Show and Pleasure in Ancient Rome*, Manchester.

Jiang, J., et al. 2002, «Coherency Detection of Multiscale Abrupt Changes in Historic Nile Flood Levels», *Geophysical Research Letters* 29: 1271.

Johnson, S. F. 2016, *Literary Territories: Cartographical Thinking in Late Antiquity*, Oxford.

Johnston, D. 2005, «Epiclassical Law», in A.K. Bowman, P. Garnsey und A. Cameron (Hgg.), *The Cambridge Ancient History*, Bd. 12: *The Crisis of Empire, A.D. 193–337*, Cambridge: 200–11.

Jones, A. H. M. 1957, «Capitatio and Iugatio», *Journal of Roman Studies* 47: 88–94.

–. 1964, *The Later Roman Empire, 284–602: A Social, Economic, and Administrative Survey*, Norman.

Jones, C. P. 1971, «A New Letter of Marcus Aurelius to the Athenians», *Zeitschrift für Papyrologie und Epigraphik* 8: 161–63.

–. 1972, «Aelius Aristides, ΕΙΣ ΒΑΣΙΛΕΑ», *Journal of Roman Studies* 62: 134–52.

–. 2005, «Ten Dedications ‹To the Gods and Goddesses› and the Antonine Plague», *Journal of Roman Archaeology* 18: 293–301.

–. 2006, «Addendum to JRA 18 (2005): Cosa and the Antonine Plague?», *Journal of Roman Archaeology* 19: 368–69.

–. 2007, «Procopius of Gaza and the Water of the Holy City», *Greek, Roman, and Byzantine Studies* 47: 455–67.

–. 2008, «Aristides' First Admirer», in W.V. Harris und B. Holmes (Hgg.), *Aelius Aristides between Greece, Rome and the Gods*, Leiden: 253–62.

–. 2011, «The Historian Philostratus of Athens», *Classical Quarterly* 61: 320–22.

–. 2012a, «Galen's Travels», *Chiron* 42: 399–419.

–. 2012b, «Recruitment in Time of Plague: The Case of Thespiae», in E. Lo Cascio (Hg.), *L'impatto della «peste Antonina»*, Bari: 79–85.

–. 2013, «Elio Aristide e i primi anni di Antonino Pio», in P. Desideri und F. Fontanella (Hgg.), *Elio Aristide e la legittimazione greca dell'impero di Roma*, Bologna: 39–67.

–. 2014, *Between Pagan and Christian*, Cambridge, MA.

–. 2016, «An Amulet from London and Events Surrounding the Antonine Plague», *Journal of Roman Archaeology* 29: 469–72.

Jones, D. S. 2003, «Virgin Soils Revisited», *William and Mary Quarterly* 60: 703–42.

Jones, K. E., et al. 2008, «Global Trends in Emerging Infectious Diseases», *Nature* 451: 990–94.

Jongman, W. M. 2007, «The Early Roman Empire: Consumption», in W. Scheidel, I. Morris und R. P. Saller (Hgg.), *The Cambridge Economic History of the Greco-Roman World*, Cambridge: 592–618.

–. 2012, «Roman Economic Change and the Antonine Plague: Endogenous, Exogenous, or What?», in E. Lo Cascio (Hg.), *L'impatto della «peste Antonina»*, Bari: 253–63.

Juliano, A., und Lerner, J. 2001, *Monks and Merchants: Silk Road Treasures from Northwest China*, New York.

Kaegi, W. 1992, *Byzantium and the Early Islamic Conquests*, Cambridge.

Kaldellis, A. 2004, *Procopius of Caesarea: Tyranny, History, and Philosophy at the End of Antiquity*, Philadelphia.

–. 2007, «The Literature of Plague and the Anxieties of Piety in Sixth-Century Byzantium», in F. Mormando und T. Worcester (Hgg.), *Piety and Plague: From Byzantium to the Baroque*, Kirksville: 1–22.

Kamash, Z. 2012, «Irrigation Technology, Society and Environment in the Roman Near East», *Journal of Arid Environments* 86: 65–74.

Kaniewski, D., et al. 2007, «A High-Resolution Late Holocene Landscape Ecological History Inferred from an Intramontane Basin in the Western Taurus Mountains, Turkey», *Quaternary Science Reviews* 26: 2201–18.

Karlen, A. 1995, *Man and Microbes: Disease and Plagues in History and Modern Times*, New York.

Kausrud, K., et al. 2010, «Modeling the Epidemiological History of Plague in Central Asia: Palaeoclimatic Forcing on a Disease System over the Past Millennium», *BioMed Central Biology* 8: 112.

Keenan, J. G. 1973, «The Names Flavius and Aurelius as Status Designations in Later Roman Egypt», *Zeitschrift für Papyrologie und Epigraphik* 11: 33–63.

–. 1974, «The Names Flavius and Aurelius as Status Designations in Later Roman Egypt», *Zeitschrift für Papyrologie und Epigraphik* 13: 283–304.

–. 2003, «Deserted Villages: From the Ancient to the Medieval Fayyūm», *Bulletin of the American Society of Papyrologists* 40: 119–39.

Kehoe, D. P. 1988, *The Economics of Agriculture on Roman Imperial Estates in North Africa*, Göttingen.

–. 2007, *Law and the Rural Economy in the Roman Empire*, Ann Arbor.

Kelly, C. 1998, «Emperors, Government, and Bureaucracy», in A. Cameron und P. Garnsey (Hgg.), *The Cambridge Ancient History*, Bd. 13: *The Late Empire, A. D. 337–425*, Cambridge: 138–83.

–. 2006, «Bureaucracy and Government», in N. Lenski (Hg.), *The Cambridge Companion to the Age of Constantine*, Cambridge: 183–204.

–. 2015, «Neither Conquest Nor Settlement: Attila's Empire and Its Impact», in M. Maas (Hg.), *The Cambridge Companion to the Age of Attila*, Cambridge: 193–208.

Kennedy, H. N. 2000, «Syria, Palestine and Mesopotamia», in A. Cameron, B. Ward-Perkins und M. Whitby (Hgg.), *The Cambridge Ancient History*, Bd. 14: *Late Antiquity: Empire and Successors*, Cambridge: 588–611.

–. 2007a, «Justinianic Plague in Syria and the Archaeological Evidence», in L. K. Little (Hg.), *Plague and the End of Antiquity: The Pandemic of 541–750*, New York: 87–95.

–. 2007b, *The Great Arab Conquests: How the Spread of Islam Changed the World We Live In*, Philadelphia.

Keys, D. 2000, *Catastrophe: An Investigation into the Origins of the Modern World*, New York.

Killgrove, K. 2010a, *Migration and Mobility in Imperial Rome*, Diss., University of North Carolina.

–. 2010b, «Response to C. Bruun's Water, Oxygen Isotopes and Immigration to Ostia-Portus», *Journal of Roman Archaeology* 23: 133–36.

–. 2014. «Bioarchaeology in the Roman Empire», in C. Smith (Hg.), *Encyclopedia of Global Archaeology*, New York: 876–82.

King, A. 1999, «Diet in the Roman World: A Regional Inter-Site Comparison of the Mammal Bones», *Journal of Roman Archaeology* 12: 168–202.

Kirbihler, F. 2006, «Les émissions de monnaies d'homonoia et les crises alimentaires en asie sous Marc-Aurèle», *Revue des Études Anciennes* 108: 613–40.

Kisić, R. 2011, *Patria caelestis: die eschatologische Dimension der Theologie Gregors des Großen*, Tübingen.

Klein Goldewijk, G., und Jacobs, J. 2013, «The Relation Between Stature and Long Bone Length in the Roman Empire», Research Institute SOM, Faculty of Economic and Business, University of Groningen.

Klein Goldewijk, K., Beusen, A., und Janssen, P. 2010, «Long-term Dynamic Modeling of Global Population and Built-Up Area in a Spatially Explicit Way: HYDE 3.1», *The Holocene* 20: 565–73.

Knapp, A. B., und Manning, S. 2016, «Crisis in Context: The End of the Late Bronze Age in the Eastern Mediterranean», *American Journal of Archaeology* 120: 99–149.

Koder, J. 1995, «Ein inschriftlicher Beleg zur ‹justinianischen› Pest in Zora (Azra'a)», *Byzantinoslavica* 56: 12–18.

Koepke, N., und Baten, J. 2005, «The Biological Standard of Living in Europe During the Last Two Millennia», *European Review of Economic History* 9: 61–95.

Kolb, F. 1977, «Der Aufstand der Provinz Africa Proconsularis im Jahr 238 n. Chr.: Die wirtschaftlichen und sozialen Hintergründe», *Historia: Zeitschrift für Alte Geschichte* 26: 440–78.

Koloski-Ostrow, A. O. 2015, *The Archaeology of Sanitation in Roman Italy: Toilets, Sewers, and Water Systems*, Chapel Hill.

Kominko, M. 2013, *The World of Kosmas: Illustrated Byzantine Codices of the Christian Topography*, Cambridge.

Komlos, J. 2012, «A Three-Decade History of the Antebellum Puzzle: Explaining the Shrinking of the U.S. Population at the Onset of Modern Economic Growth», *Journal of the Historical Society* 12: 395–445.

Körner, C. 2002, *Philippus Arabs: Ein Soldatenkaiser in der Tradition des Antoninisch-Severischen Prinzipats*, Berlin.

Kostick, C., und Ludlow, F. 2015, «The Dating of Volcanic Events and Their Impact upon European Society, 400–800 CE», *Post-Classical Archaeologies* 5: 7–30.

Kouki, P. 2013, «Problems of Relating Environmental History to Human Settlement in the Classical and Late Classical Periods – The Example of Southern Jordan», in W. V. Harris (Hg.), *The Ancient Mediterranean Environment between Science and History*, Leiden: 197–211.

Krause, J., und Paabo, S. 2016, «Genetic Time Travel», *Genetics* 203: 9–12.

Krause, J.-U. 1994, *Witwen und Waisen im römischen Reich*, Stuttgart.

Krause, J.-U., und Witschel, C. (Hgg.) 2006, *Die Stadt in der Spätantike: Niedergang oder Wandel?: Akten des internationalen Kolloquiums in München am 30. und 31. Mai 2003*, Stuttgart.

Krebs, C. 2013, *Population Fluctuations in Rodents*, Chicago.

Krishnamurthy, R. 2007, *Late Roman Copper Coins from South India: Karur, Madurai and Tirukkoilur*, Chennai.

Krom, M. D., et al. 2002, «Nile River Sediment Fluctuations over the Past 7000 yr and Their Key Role in Sapropel Development», *Geology* 30: 71–74.

Kron, G. 2005, «Anthropometry, Physical Anthropology, and the Reconstruction of Ancient Health, Nutrition, and Living Standards», *Historia: Zeitschrift für Alte Geschichte* 54: 68–83.

–. 2012, «Nutrition, Hygiene and Mortality. Setting Parameters for Roman Health and Life Expectancy Consistent with Our Comparative Evidence», in E. Lo Cascio (Hg.), *L'impatto della «peste Antonina»*, Bari: 193–252.

Kulikowski, M. 2004, *Late Roman Spain and Its Cities*, Baltimore.

–. 2006, «The Late Roman City in Spain», in J.-U. Krause und C. Witschel (Hgg.), *Die Stadt in der Spätantike: Niedergang oder Wandel?: Akten des internationalen Kolloquiums in München am 30. und 31. Mai 2003*, Stuttgart: 129–49.

–. 2007, «Plague in Spanish Late Antiquity», in L. K. Little (Hg.), *Plague and the End of Antiquity: The Pandemic of 541–750*, New York: 150–70.

–. 2012, «The Western Kingdoms», in S. F. Johnson (Hg.), *The Oxford Handbook of Late Antiquity*, Oxford: 31–59.

–. 2016, *The Triumph of Empire: The Roman World from Hadrian to Constantine*, Cambridge.

Kutiel, H., und Benaroch, Y. 2002, «North Sea-Caspian Pattern (NCP) – An Upper Level Atmospheric Teleconnection Affecting the Eastern Mediterranean: Identification and Definition», *Theoretical and Applied Climatology* 71: 17–28.

Kutiel, H., und Türkeş, M. 2005, «New Evidence for the Role of the North Sea – Caspian Pattern on the Temperature and Precipitation Regimes in Continental Central Turkey», *Geografiska Annaler: Series A, Physical Geography* 87: 501–13.

Kuzucuoğlu, C., et al. 2011, «Mid-to Late-Holocene Climate Change in Central Turkey: The Tecer Lake Record», *The Holocene* 21: 173–88.

Lafferty, K. 2009, «Calling for an Ecological Approach to Studying Climate Change and Infectious Diseases», *Ecology* 90: 932–33.

Lamb, H. H. 1982, *Climate, History, and the Modern World*, London. (Deutsche Ausgabe: Lamb, H. H. 1994, *Klima und Kulturgeschichte. Der Einfluß des Wetters auf den Gang der Geschichte*, Reinbek bei Hamburg).

Landers, J. 1993, *Death and the Metropolis: Studies in the Demographic History of London, 1670–1830*, Cambridge.

Lane Fox, R. 1987, *Pagans and Christians*, New York.

Larsen, C. S. 2015, *Bioarchaeology: Interpreting Behavior from the Human Skeleton*, Cambridge.

Latham, J. 2015, «Inventing Gregory ‹the Great›: Memory, Authority, and the Afterlives of the Letania Septiformis», *Church History* 84: 1–31.

Launaro, A. 2011, *Peasants and Slaves: The Rural Population of Roman Italy (200 BC to AD 100)*, Cambridge.

Lavan, L., und Bowden, W. (Hgg.) 2001, *Recent Research in Late-Antique Urbanism*, Portsmouth.

Lavan, M. 2016, «The Spread of Roman Citizenship, 14–212 CE: Quantification in the Face of High Uncertainty», *Past & Present* 230: 3–46.

Lazer, E. 2009, *Resurrecting Pompeii*, London.

Le Bohec, Y. 1994, *The Imperial Roman Army*, London.

Le Roy, M., et al. 2015, «Calendar-Dated Glacier Variations in the Western European Alps During the Neoglacial: The Mer de Glace Record, Mont Blanc Massif», *Quaternary Science Reviews* 108: 1–22.

Le Roy Ladurie, E. 1973, «Un concept: L'unification microbienne du monde (XIVe–XVIIe siècles)», *Schweizerische Zeitschrift für Geschichte* 23: 627–96.

Lechat, M. 2002, «The Paleoepidemiology of Leprosy: An Overview», in C. Roberts, M. Lewis und K. Manchester (Hgg.), *Past and Present of Leprosy: Archaeological, Historical, Paleopathological, and Clinical Approaches: Proceedings of the International Congress on the Evolution and Palaeoepidemiology of the Infectious Diseases 3 (ICEPID), University of Bradford, 26th–31st July 1999*, Oxford: 460–70.

Lecker, M. 2015, «Were the Ghassānids and the Byzantines behind Muhammad's *hijra*?», in D. Genequand und C. J. Robin (Hgg.), *Les Jafnides. Des rois arabes au service de Byzance (VIe siècle de l'ère chrétienne)*, Paris: 277–93.

Lee, A. D. 1998, «The Army», in A. Cameron und P. Garnsey (Hgg.), *The Cambridge Ancient History*, Bd. 13: *The Late Empire, A. D. 337–425*, Cambridge: 211–37.

–. 2007, *War in Late Antiquity. A Social History*, Malden.

Lee, H. F., Fok, L., und Zhang, D. 2008, «Climatic Change and Chinese Population Growth Dynamics over the Last Millennium», *Climatic Change* 88: 131–56.

Lehoux, D. 2007, *Astronomy, Weather, and Calendars in the Ancient World: Parapegmata and Related Texts in Classical and Near-Eastern Studies*, Cambridge.

Lenski, N. (Hg.) 2006, *The Cambridge Companion to the Age of Constantine*, Cambridge.

–. 2016, *Constantine and the Cities: Imperial Authority and Civic Politics*, Philadelphia.

Leone, A. 2012, «Water Management in Late Antique North Africa: Agricultural Irrigation», *Water History* 4: 119–33.

Lepelley, C. 2006, «La cité africaine tardive, de l'apogée du IVe siècle à l'effondrement du VIIe siècle», in J.-U. Krause und C. Witschel (Hgg.), *Die Stadt in der Spätantike: Niedergang oder Wandel?: Akten des internationalen Kolloquiums in München am 30. und 31. Mai 2003*, Stuttgart: 13–32.

Leroy, S. A. G. 2010, «Pollen Analysis of Core DS7-1SC (Dead Sea) Showing Intertwined Effects of Climatic Change and Human Activities in the Late Holocene», *Journal of Archaeological Science* 37: 306–16.

Leveau, P. 2014, «Évolution climatique et construction des ouvrages hydrauliques en Afrique romaine», in F. Baratte, C. J. Robin und E. Rocca (Hgg.), *Regards croisés d'Orient et d'Occident les barrages dans l'Antiquité tardive*, Paris: 125–38.

Levick, B. 2000a, «Greece and Asia Minor», in A. K. Bowman, P. Garnsey und D. Rathbone (Hgg.), *The Cambridge Ancient History*, Bd. 11: *The High Empire, A. D. 70–192*, Cambridge: 604–34.

–. 2000b, *The Government of the Roman Empire: A Sourcebook*, 2. Aufl., London.

–. 2014, *Faustina I and II: Imperial Women of the Golden Age*, Oxford.

Lewis, M. E. 2007, *The Early Chinese Empires: Qin and Han*, Cambridge.

Lewis-Rogers, N., und Crandall, K. A. 2010, «Evolution of Picornaviridae: An Examination of Phylogenetic Relationships and Cophylogeny», *Molecular Phylogenetics and Evolution* 54: 995–1005.

Lewit, T. 2004, *Villas, Farms and the Late Roman Rural Economy, Third to Fifth Centuries AD*, Oxford.

Li, B., et al. 2012, «Humoral and Cellular Immune Responses to *Yersinia pestis* Infection in Long-Term Recovered Plague Patients», *Clinical and Vaccine Immunology* 19: 228–34.

Li, Y., et al. 2007, «On the Origin of Smallpox: Correlating Variola Phylogenetics with Historical Smallpox Records», *Proceedings of the National Academy of Sciences* 104: 15787–92.

Lieberman, V. 2003, *Strange Parallels: Southeast Asia in Global Context*, New York.
Liebeschuetz, J. H. W. G. 2000, «Administration and Politics in the Cities of the Fifth to the Mid Seventh Century: 425–640», in A. Cameron, B. Ward-Perkins und M. Whitby (Hgg.), *The Cambridge Ancient History*, Bd. 14: *Late Antiquity: Empire and Successors*, Cambridge: 207–37.
–. 2001, *The Decline and Fall of the Roman City*, Oxford.
Lintott, A. 1999, *The Constitution of the Roman Republic*, Oxford.
Lionello, P. (Hg.) 2012, *The Climate of the Mediterranean Region: From the Past to the Future*, London.
Little, L. K. (Hg.) 2007a, *Plague and the End of Antiquity: The Pandemic of 541–750*, New York.
–. 2007b, «Life and Afterlife of the First Plague Pandemic», in L. K. Little (Hg.), *Plague and the End of Antiquity: The Pandemic of 541–750*, New York: 3–32.
Littman, R. J. 2009, «The Plague of Athens: Epidemiology and Paleopathology», *Mount Sinai Journal of Medicine* 76: 456–67.
Littman, R. J., und Littman M. L. 1973, «Galen and the Antonine Plague», *American Journal of Philology* 94: 243–55.
Livi Bacci, M. 2006, «The Depopulation of Hispanic America after the Conquest», *Population and Development Review* 32: 199–232.
–. 2012, *A Concise History of World Population*, 5. Aufl., Oxford.
Lo Cascio, E. 1986, «Teoria e politica monetaria a Roma tra III e IV d. C.», in A. Giardina (Hg.), *Società romana e impero tardoantico*, I, Rom: 535–57, 779–801.
–. 1991, «Fra equilibrio e crisi», in A. Schiavone (Hg.), *Storia di Roma*, Bd. 2.2, Turin: 701–31.
–. 1993, «Prezzo dell'oro e prezzi delle merci», in L. Camilli und S. Sorda (Hgg.), *L'«inflazione» nel quarto secolo d. C.: atti dell'incontro di studio, Roma 1988*, Rom: 155–88.
–. 1994, «The Size of the Roman Population: Beloch and the Meaning of the Augustan Census Figures», *Journal of Roman Studies* 84: 23–40.
–. 1995, «Aspetti della politica monetaria nel IV secolo», in *Atti dell'Accademia romanistica costantiniana: X Convegno internazionale in onore di Arnaldo Biscardi*, Neapel: 481–502.
–. 1998, «Considerazioni su circolazione monetaria, prezzi e fiscalità nel IV secolo», in *Atti dell'Accademia romanistica costantiniana: XII convegno internazionale sotto l'alto patronato del Presidente della Repubblica in onore di Manlio Sargenti*, Neapel: 121–36.
–. 2005a, «The New State of Diocletian and Constantine: From the Tetrarchy to the Reunification of the Empire», in A. K. Bowman, P. Garnsey und A. Cameron (Hgg.), *The Cambridge Ancient History*, Bd. 12: *The Crisis of Empire, A. D. 193–337*, Cambridge: 170–83.
–. 2005b, «General Developments», in A. K. Bowman, P. Garnsey und A. Cameron (Hgg.), *The Cambridge Ancient History*, Bd. 12: *The Crisis of Empire, A. D. 193–337*, Cambridge: 131–36.
–. 2005c, «The Government and Administration of the Empire in the Central Decades of the Third Century», in A. K. Bowman, P. Garnsey und A. Cameron (Hgg.), *The Cambridge Ancient History*, Bd. 12: *The Crisis of Empire, A. D. 193–337*, Cambridge: 156–69.
–. 2006, «Did the Population of Imperial Rome Reproduce Itself?», in G. Storey

(Hg.), *Urbanism in the Preindustrial World: Cross-Cultural Approaches*, Tuscaloosa: 52–68.

–. 2009, *Crescita e declino: studi di storia dell'economia romana*, Rom.

–. (Hg.) 2012, *L'impatto della «peste Antonina»*, Bari.

–. 2016, «The Impact of Migration on the Demographic Profile of the City of Rome: A Reassessment», in L. de Ligt und L. E. Tacoma (Hgg.), *Migration and Mobility in the Early Roman Empire*, Leiden: 23–32.

Lo Cascio, E., und Malanima, P. 2005, «Cycles and Stability. Italian Population Before the Demographic Transition (225 B. C.–A. D.1900)», *Rivista di storia economica* 21: 5–40.

Locey, K., und Lennon, J. 2016, «Scaling Laws Predict Global Microbial Diversity», *Proceedings of the National Academy of Sciences* 113: 5970–5.

Loveluck, C. 2013, *Northwest Europe in the Early Middle Ages, c. AD 600–1150: A Comparative Archaeology*, Cambridge.

Loy, D. E., et al. 2016, «Out of Africa: Origins and Evolution of the Human Malaria Parasites *Plasmodium falciparum* and *Plasmodium vivax*», *International Journal for Parasitology* 47: 87–97.

Luijendijk, A. 2008, *Greetings in the Lord: Early Christians and the Oxyrhynchus papyri*, Cambridge, MA.

Lusnia, S. 2014, *Creating Severan Rome*, Brüssel.

Luterbacher, J., et al. 2013, «A Review of 2000 Years of Paleoclimatic Evidence in the Mediterranean», in P. Lionello (Hg.), *The Climate of the Mediterranean Region from the Past to the Future*, London: 87–185.

Luttwak, E. 2009, *The Grand Strategy of the Byzantine Empire*, Cambridge, MA.

–. 2016, *The Grand Strategy of the Roman Empire: From the First Century CE to the Third*, überarb. Aufl. (Erstaufl. 1976), Baltimore.

Maas, M. 1992, *John Lydus and the Roman Past: Antiquarianism and Politics in the Age of Justinian*, London.

–. 2005, «Roman Questions, Byzantine Answers: Contours of the Age of Justinian», in M. Maas (Hg.), *The Cambridge Companion to the Age of Justinian*, Cambridge: 3–27.

–. 2015, «Reversals of Fortune: An Overview of the Age of Attila», in M. Maas (Hg.), *The Cambridge Companion to the Age of Attila*, Cambridge: 3–25.

Maat, G. J. R. 2005, «Two Millennia of Male Stature Development and Population Health and Wealth in the Low Countries», *International Journal of Osteoarchaeology* 15: 276–90.

MacCoull, L. 2004–5, «The Antaiopolite Estate of Count Ammonios: Managing for This World and the Next in a Time of Plague», *Analecta Papyrologica* 16–17: 109–16.

MacKinnon, M. 2006, «Supplying Exotic Animals for the Roman Amphitheatre Games: New Reconstructions Combining Archaeological, Ancient Textual, Historical and Ethnographic Data», *Mouseion* 6: 1–25.

–. 2007, «Osteological Research in Classical Archaeology», *American Journal of Archaeology* 111: 473–504.

Macklin, M. G., et al. 2015, «A New Model of River Dynamics, Hydroclimatic Change and Human Settlement in the Nile Valley Derived from Meta-Analysis of the Holocene Fluvial Archive», *Quaternary Science Reviews* 130: 109–23.

MacMullen, R. 1976, *Roman Government's Response to Crisis, A. D. 235–337*, New Haven.

–. 1982, «The Epigraphic Habit in the Roman Empire», *American Journal of Philology* 103: 233–46.
–. 1984, *Christianizing the Roman Empire (A. D. 100–400)*, New Haven.
Madden, A. M. 2014, *Corpus of Byzantine Church Mosaic Pavements from Israel and the Palestinian Territories*, Löwen.
Maddicott, J. 2007, «Plague in Seventh-Century England», in L. K. Little (Hg.), *Plague and the End of Antiquity: The Pandemic of 541–750*, New York: 171–214.
Maddison, A. 2001, *The World Economy: A Millennial Perspective*, Paris.
Maenchen-Helfen, O. 1973, *The World of the Huns: Studies in their History and Culture*, Berkeley. (Deutsche Ausgabe: Maenchen-Helfen, O. 1978, *Die Welt der Hunnen. Eine Analyse ihrer historischen Dimension*, Wien/Köln/Graz).
Magdalino, P. 1993, «The History of the Future and Its Uses: Prophecy, Policy and Propaganda», in R. Beaton und C. Roueche (Hgg.), *The Making of Byzantine History: Studies Dedicated to Donald M. Nicol*, Aldershot: 3–34.
Magny, M., et al. 2012a, «Contrasting Patterns of Precipitation Seasonality During the Holocene in the South- and North-Central Mediterranean», *Journal of Quaternary Science* 27: 290–96.
–. 2012b, «Holocene Palaeohydrological Changes in the Northern Mediterranean Borderlands as Reflected by the Lake-Level Record of Lake Ledro, Northeastern Italy», *Quaternary Research* 77: 382–96.
Magny, M., et al. 2007, «Holocene Climate Changes in the Central Mediterranean as Recorded by Lake-Level Fluctuations at Lake Accesa (Tuscany, Italy)», *Quaternary Science Reviews* 26: 13–14.
Maguire, H. 2005, «Byzantine Domestic Art as Evidence for the Early Cult of the Virgin», in M. Vassilaki (Hg.), *Images of the Mother of God: Perceptions of the Theotokos in Byzantium*, Aldershot: 183–94.
Malanima, P. 2013, «Energy Consumption and Energy Crisis in the Roman World», in W. V. Harris (Hg.), *The Ancient Mediterranean Environment between Science and History*, Leiden: 13–36.
Mallegni, F., Fornaciari, G., und Tarabella, N. 1979, «Studio antropologico dei resti scheletrici della necropoli dei Monterozzi (Tarquinia)», *Atti della Società toscana di scienze naturali, Memorie. Serie B* 86: 185–221.
Mallegni, F., et al. 1998, «Su alcuni gruppi umani del territorio piemontese dal IV al XVIII secolo: aspetti di paleobiologia», *Archeologia in Piemonte* 3: 233–61.
Malthus, T. R. 1826, *An Essay on the Principle of Population, or, A View of Its Past and Present Effects on Human Happiness*, 6. Aufl. [Erstausgabe 1798], London. (Deutsche Ausgaben: Malthus, T. R. 1905, *Eine Abhandlung über das Bevölkerungsgesetz*, Jena; Malthus, T. R. 1977, *Das Bevölkerungsgesetz*, München.)
Manders, E. 2011, «Communicating Messages through Coins: A New Approach to the Emperor Decius», *Jaarboek Munt-en Penningkunde* 98: 1–22.
–. 2012, *Coining Images of Power: Patterns in the Representation of Roman Emperors on Imperial Coinage, A. D. 193–284*, Leiden.
Mangini, A., Spötl, C., und Verdes, P. 2005, «Reconstruction of Temperature in the Central Alps During the Past 2000 yr from a δ18O Stalagmite Record», *Earth and Planetary Science Letters* 235: 741–51.
Mango, C. 1986, «The Development of Constantinople as an Urban Centre», in *The 17th International Byzantine Congress: Major Papers*, New Rochelle: 117–36.
Manning, S. W. 2013, «The Roman World and Climate: Context, Relevance of Cli-

mate Change, and Some Issues», in W. V. Harris (Hg.), *The Ancient Mediterranean Environment between Science and History*, Leiden: 103–70.

Mansvelt Beck, B. J. 1986, «The Fall of Han», in D. Twitchett und M. Loewe (Hgg.), *The Cambridge History of China*, Bd. 1: *The Ch'in and Han Empires, 221 BC–AD 220*, Cambridge: 317–76.

Manzi, G. 1999, «Discontinuity of Life Conditions at the Transition from the Roman Imperial Age to the Early Middle Ages: Example from Central Italy Evaluated by Pathological Dento-Alveolar Lesions», *American Journal of Human Biology* 11: 327–41.

Marciniak, S., et al. 2016, «*Plasmodium falciparum* Malaria in 1st–2nd Century CE Southern Italy», *Current Biology* 26: R1205–25.

Marcone, A. 2002, «La peste antonina: Testimonianze e interpretazioni», *Rivista storica italiana* 114: 803–19.

Marcozzi, V., und Cesare, B. M., 1969, «Le ossa lunghe della città di Spina», *Archivio per l'antropologia e l'etnologia* 99: 1–24.

Marino, A. 2012, «Una rilettura delle fonti storico-letterarie sulla peste di età antonina», in E. Lo Cascio (Hg.), *L'impatto della «peste antonina»*, Bari: 29–62.

Mariotti, A., et al. 2005, «Decadal Climate Variability in the Mediterranean Region: Roles of Large-Scale Forcings and Regional Processes», *Climate Dynamics* 38: 1129–45.

Mark, S. 2002, «Alexander the Great, Seafaring, and the Spread of Leprosy», *Journal of the History of Medicine and Allied Sciences* 57: 285–311.

Marks, R. 2012, *China: Its Environment and History*, Lanham.

Markus, R. A. 2007, *Gregory the Great and His World*, Cambridge.

Marquer, B. 2008, *Les romans de la Salpêtrière: réception d'une scénographie clinique: Jean-Martin Charcot dans l'imaginaire fin-de-siècle*, Genf.

Marriner, N., et al. 2012, «ITCZ and ENSO-like Pacing of Nile Delta Hydro-Geomorphology during the Holocene», *Quaternary Science Reviews* 45: 73–84.

–. 2013, «Tracking Nile Delta Vulnerability to Holocene Change», *PLOS ONE* 8: e69195.

Marshall, J., et al. 2001, «North Atlantic Climate Variability: Phenomena, Impacts and Mechanisms», *International Journal of Climatology* 21: 1863–98.

Martín-Chivelet, J., et al. 2011, «Land Surface Temperature Changes in Northern Iberia Since 4000 yr BP, Based on $\delta^{13}C$ of Speleothems», *Global and Planetary Change* 77: 1–12.

Martín-Puertas, C., et al. 2009, «The Iberian–Roman Humid Period (2600–1600 cal yr BP) in the Zonar Lake Varve Record (Andalucia, Southern Spain)», *Quaternary Research* 71: 108–20.

Martiny, J., et al. 2006, «Microbial Biogeography: Putting Microorganisms on the Map», *Nature Reviews: Microbiology* 4: 102–12.

Martuzzi Veronesi, F., und Malacarne, G. 1968, «Note antropologiche su reperti romani e medioevali del territorio di Classe (Ravenna)», *Archivio per l'antropologia e l'etnologia* 98: 147–64.

Marty, A. M., et al. 2006, «Viral Hemorrhagic Fevers», *Clinics in Laboratory Medicine* 2: 345–86.

Mattern, S. P. 1999, *Rome and the Enemy: Imperial Strategy in the Principate*, Berkeley.

–. 2013, *The Prince of Medicine: Galen in the Roman Empire*, Oxford.

Matthews, J. 1975, *Western Aristocracies and Imperial Court, A.D. 364–425*, Oxford.
–. 2010, *Roman Perspectives: Studies in the Social, Political and Cultural History of the First to Fifth Centuries*, Swansea.
Mattingly, D. 1994, *Tripolitania*, Ann Arbor.
–. 2006, *An Imperial Possession: Britain in the Roman Empire, 54 BC–AD 409*, London.
–. (Hg.) 2003–13, *The Archaeology of the Fazzān*, London.
Mayerson, P. 1993, «A Confusion of Indias: Asian India and African India in the Byzantine Sources», *Journal of the American Oriental Society* 113: 169–74.
Mayewski, P.A., et al. 2004, «Holocene Climate Variability», *Quaternary Research* 62: 243–55.
Mazza, M. 2001, *L'Archivio degli Apioni: terra, lavoro e proprietà senatoria nell'Egitto tardoantico*, Bari.
McAnany, P.A., und Yoffee, N. (Hgg.) 2010, *Questioning Collapse: Human Resilience, Ecological Vulnerability, and the Aftermath of Empire*, Cambridge.
McCormick, M. 1986, *Eternal Victory: Triumphal Rulership in Late Antiquity, Byzantium, and the Early Medieval West*, Cambridge.
–. 1998, «Bateaux de vie, bateaux de mort. Maladie, commerce, transports annonaires et le passage économique du bas-empire au moyen âge», *Settimane di studio – Centro Italiano di studi alto medioevo* 45: 35–118.
–. 2001, *Origins of the European Economy: Communications and Commerce, A.D. 300–900*, Cambridge.
–. 2003, «Rats, Communications, and Plague: Toward an Ecological History», *Journal of Interdisciplinary History* 34: 1–25.
–. 2007, «Toward a Molecular History of the Justinianic Pandemic», in L.K. Little (Hg.), *Plague and the End of Antiquity: The Pandemic of 541–750*, New York: 290–312.
–. 2011, «History's Changing Climate: Climate Science, Genomics, and the Emerging Consilient Approach to Interdisciplinary History», *Journal of Interdisciplinary History* 42: 251–73.
–. 2012, «Movements and Markets in the First Millennium: Information, Containers, and Shipwrecks», in C. Morrisson (Hg.), *Trade and Markets in Byzantium*, Washington, D.C.: 51–98.
–. 2013a, «Coins and the Economic History of Post-Roman Gaul: Testing the Standard Model in the Moselle, ca. 400–750», in J. Jarnut und J. Strothman (Hgg.), *Die Merowingischen Monetarmünzen als Quelle zum Verständnis des 7. Jahrhunderts in Gallien*, Paderborn: 337–76.
–. 2013b, «What Climate Science, Ausonius, Nile Floods, Rye, and Thatch Tell Us about the Environmental History of the Roman Empire», in W.V. Harris (Hg.), *The Ancient Mediterranean Environment between Science and History*, Leiden: 61–88.
–. 2015, «Tracking Mass Death during the Fall of Rome's Empire (I)», *Journal of Roman Archaeology* 28: 325–57.
–. 2016, «Tracking Mass Death during the Fall of Rome's Empire (II): A First Inventory of Mass Graves», *Journal of Roman Archaeology* 29: 1004-46.
McCormick, M., et al. 2012, «Climate Change During and After the Roman Empire: Reconstructing the Past from Scientific and Historical Evidence», *Journal of Interdisciplinary History* 43: 169–220.

McCormick, M., Harper, K., More, A. F., und Gibson, K. 2012, «Historical Evidence on Roman and Post-Roman Climate, 100 BC to 800 AD», DARMC Scholarly Data Series 2012-1. darmc.harvard.edu.

McDermott, F. 2004, «Palaeo-Climate Reconstruction from Stable Isotope Variations in Speleothems: A Review», *Quaternary Science Reviews* 23: 901–18.

McDermott, F., et al. 2011, «A First Evaluation of the Spatial Gradients in δ18O Recorded by European Holocene Speleothems», *Global and Planetary Change* 79: 275–87.

McEvedy, C., und Jones, R. 1978, *Atlas of World Population History*, Harmondsworth.

McGinn, T. A. J. 1999, «The Social Policy of Emperor Constantine in Codex Theodosianus 4, 6, 3», *Legal History Review* 67: 57–73.

McKeown, T. 1988, *The Origins of Human Disease*, Oxford.

McLaughlin, R. 2010, *Rome and the Distant East: Trade Routes to the Ancient Lands of Arabia, India and China*, London.

McMichael, A. J. 2010, «Paleoclimate and Bubonic Plague: A Forewarning of Future Risk?», *BioMed Central: Biology* 8: 108.

–. 2015, «Extreme Weather Events and Infectious Disease Outbreaks», *Virulence* 6: 543–47.

McNally, A., et al., 2016, «‹Add, Stir and Reduce›: Yersinia spp. as Model Bacteria for Pathogen Evolution», *Nature Reviews Microbiology* 14: 177–90.

McNeill, J. 2010, *Mosquito Empires: Ecology and War in the Greater Caribbean, 1620–1914*, New York.

–. 2015, «Energy, Population, and Environmental Change since 1750: Entering the Anthropocene», in J. R. McNeill und K. Pomeranz (Hgg.), *The Cambridge World History*, Bd. 7: *Production, Destruction, and Connection, 1750–Present, Part 1: Structures, Spaces, and Boundary Making*, Cambridge: 51–82.

McNeill, W. H. 1976, *Plagues and Peoples*, Garden City. (Deutsche Ausgabe: McNeill, W. H. 1978, *Seuchen machen Geschichte. Geißeln der Völker*, München).

Mee, C., und Forbes, H. 1997, *A Rough and Rocky Place: The Landscape and Settlement History of the Methana Peninsula, Greece: Results of the Methana Survey Project*, Liverpool.

Meier, M. 2003, *Das andere Zeitalter Justinians: Kontingenzerfahrung und Kontingenzbewältigung im 6. Jahrhundert n. Chr.*, Göttingen.

–. 2005, «‹Hinzu kam auch noch die Pest …› Die sogenannte Justinianische Pest und ihre Folgen», in M. Meier (Hg.), *Pest – Die Geschichte eines Menschheitstraumas*, Stuttgart, 86–107, 396–400.

–. 2016, «The ‹Justinianic Plague›: The Economic Consequences of the Pandemic in the Eastern Roman Empire and Its Cultural and Religious Effects», *Early Medieval Europe* 24: 267–92.

Meiggs, R. 1982, *Trees and Timber in the Ancient Mediterranean World*, Oxford.

Memmer, M. 2000, «Die Ehescheidung im 4. und 5. Jahrhundert n. Chr», in M. Schermaier et al. (Hgg.), *Iurisprudentia universalis: Festschrift für Theo Mayer-Maly zum 70. Geburtstag*, Köln: 489–510.

Mezzabotta, M. R. 2000, «Aspects of Multiculturalism in the *Mulomedicina* of Vegetius», *Akroterion* 45: 52–64.

Miarinjara, A., et al. 2016, «*Xenopsylla brasiliensis* Fleas in Plague Focus Areas, Madagascar», *Emerging Infectious Diseases* 22: 2207–8.

Migowski, C., et al. 2006, «Holocene Climate Variability and Cultural Evolution in the Near East from the Dead Sea Sedimentary Record», *Quaternary Research* 66: 421–31.

Mikhail, A. (Hg.) 2012, *Water on Sand: Environmental Histories of the Middle East and North Africa*, New York.

Millar, F. 2004, *Rome, the Greek World, and the East,* Bd. 2: *Government, Society, and Culture in the Roman Empire*, hg. v. H. Cotton und G. M. Rogers, Chapel Hill.

Miller, S. S. 1992, «R. Hanina bar Hama at Sepphoris», in L. Levine (Hg.), *The Galilee in Late Antiquity*, New York: 175–200.

Mitchell, J. 1992, *Up in the Old Hotel and Other Stories*, New York.

Mitchell, P. D. 2017, «Human Parasites in the Roman World: Health Consequences of Conquering an Empire», *Parasitology* 144: 48–58.

Mitchell, S. 2015, *A History of the Later Roman Empire, AD 284–641*, 2. Aufl., Malden.

Modrzejewski, J. 1970, «La règle de droit dans l'Égypte romaine», in *Proceedings of the Twelfth International Congress of Papyrology*, Toronto: 317–77.

Monot, M., et al. 2005, «On the Origin of Leprosy», *Science* 308: 1040–42.

Morens, D. M., und Littman, R. J. 1992, «Epidemiology of the Plague of Athens», *Transactions of the American Philological Association* 122: 271–304.

Morley, N. 1996, *Metropolis and Hinterland: The City of Rome and the Italian Economy, 200 B. C.–A. D. 200*, Cambridge.

–. 2007, *Trade in Classical Antiquity*, Cambridge.

–. 2011, «Population Size: Evidence and Estimates», in P. Erdkamp (Hg.), *The Cambridge Companion to Ancient Rome*, Cambridge: 29–44.

Morony, M. G. 2007, «‹For Whom Does the Writer Write?›: The First Bubonic Plague Pandemic according to Syriac Sources», in L. K. Little (Hg.), *Plague and the End of Antiquity: The Pandemic of 541–750*, New York: 58–86.

Morris, I. 2010, *Why the West Rules – For Now: The Patterns of History, and What They Reveal About the Future*, London. (Deutsche Ausgabe: Morris, I. 2011, *Wer regiert die Welt? Warum Zivilisationen herrschen oder beherrscht werden*, Frankfurt am Main/New York).

–. 2013, *The Measure of Civilization: How Social Development Decides the Fate of Nations*, Princeton.

Morrison, C., und Sodini, J.-P. 2002, «The Sixth-Century Economy», in A. Laiou (Hg.), *The Economic History of Byzantium: From the Seventh through the Fifteenth Century*, Washington, D. C.: 171–220.

Morrisson, C., et al. 1985, *L'or Monnayé, Purification et altération de Rome à Byzance*, Paris.

Mossner, E. C. 1980, *The Life of David Hume*, Oxford.

Mouritsen, H. 2013, «The Roman Empire I: The Republic», in P. F. Bang und W. Scheidel (Hgg.), *Oxford Handbook of the State in the Ancient Near East and Mediterranean*, Oxford: 383–411.

Mouterde, R., und Poidebard, A. 1945, *Le limes de Chalcis: organisation de la steppe en haute Syrie romaine*, Paris.

Moy, C. M., et al. 2002, «Variability of El Niño/Southern Oscillation Activity at Millennial Timescales during the Holocene Epoch», *Nature* 420: 162–65.

Muldner, G., und Richards, M. P. 2007, «Stable Isotope Evidence for 1500 Years of Human Diet at the City of York, UK», *American Journal of Physical Anthropology* 133: 682–97.

Mulligan, B. 2007, «The Poet from Egypt? Reconsidering Claudian's Eastern Origin», *Philologus* 151: 285–310.

Müller, R., et al. 2014, «Genotyping of Ancient *Mycobacterium tuberculosis* Strains Reveals Historic Genetic Diversity», *Proceedings of the Royal Society, B* 281: 20133236.

Musurillo, H. 1972, *The Acts of the Christian Martyrs*, Oxford.

Nappo, D. 2015, «Roman Policy on the Red Sea in the Second Century CE», in F. De Romanis und M. Maiuro (Hgg.), *Across the Ocean: Nine Essays on Indo-Roman Trade*, Leiden: 55–72.

Needham, J., et al. 2000, *Science and Civilisation in China,* Bd. 6: *Biology and Biological Technology,* Part VI: *Medicine*, Cambridge.

Nees, L. 2016, *Perspectives on Early Islamic Art in Jerusalem*, Leiden.

Neri, V. 1998, *I marginali nell'Occidente tardoantico: poveri, «infames» e criminali nella nascente società cristiana*, Bari.

Neumann, F., et al. 2010, «Vegetation History and Climate Fluctuations on a Transect along the Dead Sea West Shore and Their Impact on Past Societies over the Last 3500 Years», *Journal of Arid Environments* 74: 756–64.

Newfield, T. 2015, «Human-Bovine Plagues in the Early Middle Ages», *Journal of Interdisciplinary History* 46: 1–38.

–. 2016, «The Global Cooling Event of the Sixth Century: Mystery No Longer?» Historical Climatology Blog: www.historicalclimatology.com/blog/something-cooled-the-world-in-the-sixth-century-what-was-it (aufgerufen am 8. August 2016).

Nicholson, S., und Kim, J. 1997, «The Relationship of the El Niño-Southern Oscillation to African Rainfall», *International Journal of Climatology* 17: 117–35.

Nordh, A. 1949, *Libellus de Regionibus Urbis Romae*, Lund.

Norena, C. 2011, *Imperial Ideals in the Roman West*, Cambridge.

Nutton, V. 1973, «The Chronology of Galen's Early Career», *Classical Quarterly* 23: 158–71.

Ober, J. 2015, *The Rise and Fall of Classical Greece*, Princeton. (Deutsche Ausgabe: Ober, J. 2016, *Das antike Griechenland. Eine neue Geschichte*, Stuttgart).

Oberhänsli, H., et al. 2007, «Climate Variability during the Past 2,000 years and Past Economic and Irrigation Activities in the Aral Sea Basin», *Irrigation and Drainage Systems* 21: 167–83.

–. 2011, «Variability in Precipitation, Temperature and River Runoff in W. Central Asia during the Past ~2000 yrs», *Global and Planetary Change* 76: 95–104.

O'Donnell, J. 2008, *The Ruin of the Roman Empire*, New York.

Oesterheld, C. 2008, *Göttliche Botschaften für zweifelnde Menschen: Pragmatik und Orientierungsleistung der Apollon-Orakel von Klaros und Didyma in hellenistisch-römischer Zeit*, Göttingen.

Oldstone, M. B. A. 2010, *Viruses, Plagues, and History: Past, Present, and Future*, Oxford.

Olsen, J., et al. 2012, «Variability of the North Atlantic Oscillation over the Past 5,200 Years», *Nature Geoscience* 5: 808–12.

Orland, I. J., et al. 2009, «Climate Deterioration in the Eastern Mediterranean as Revealed by Ion Microprobe Analysis of a Speleothem That Grew from 2.2 to 0.9 ka in Soreq Cave, Israel», *Quaternary Research* 71: 27–35.

O'Sullivan, L., et al. 2008, «Deforestation, Mosquitoes, and Ancient Rome: Lessons for Today», *BioScience* 58: 756–60.

Ovadiah, A. 1970, *Corpus of Byzantine Churches in the Holy Land*, Bonn.

Paine R.R., und Storey, G.R. 2012, «The Alps as a Barrier to Epidemic Disease during the Republican Period: Implications for the Dynamic of Disease in Rome», in E. Lo Cascio (Hg.), *L'impatto della «peste antonina»*, Bari: 179–91.

Pannekeet, C.G.J. 2008, *Vier eeuwen keizers/munten*, Slootdorp.

Panzac, D. 1985, *La peste dans l'Empire Ottoman, 1700–1850*, Löwen.

Pardini, E., et al. 1982, «Gli inumati di Pontecagnano (Salerno) (V–IV secolo a.C.)», *Archivio per l'antropologia e la etnologia* 112: 281–329.

Pardini, E., und Manucci, P. 1981, «Gli Etruschi di Selvaccia (Siena): studio antropologico», *Studi etruschi* 49: 203–15.

Parke, H.W. 1985, *The Oracles of Apollo in Asia Minor*, London.

Parker, G. 2008, *The Making of Roman India*, Cambridge.

Parker, G. 2013, *Global Crisis: War, Climate Change and Catastrophe in the Seventeenth Century*, New Haven.

Parkin, T.G. 1992, *Demography and Roman Society*, Baltimore.

Parkin, T.G., und Pomeroy, A. 2007, *Roman Social History: A Sourcebook*, London.

Patlagean, E. 1977, *Pauvreté économique et pauvreté sociale à Byzance, 4e–7e siècles*, Paris.

Peachin, M. 1991, «Philip's Progress: From Mesopotamia to Rome in A.D. 244», *Historia: Zeitschrift für Alte Geschichte* 40: 331–42.

Pearce-Duvet, J.M.C. 2006, «The Origin of Human Pathogens: Evaluating the Role of Agriculture and Domestic Animals in the Evolution of Human Disease», *Biological Review* 81: 369–82.

Pechous, R.D. 2016, «Pneumonic Plague: The Darker Side of Yersinia pestis», *Trends in Microbiology* 24: 190–7.

Peck, J.J. 2009, *The Biological Impact of Culture Contact: A Bioarchaeological Study of Roman Colonialism in Britain*, Diss., Ohio State University.

Pentcheva, B.V. 2006, *Icons and Power: The Mother of God in Byzantium*, University Park.

Percoco, M. 2013, «The Fight against Disease: Malaria and Economic Development in Italian Regions», *Economic Geography* 89: 105–25.

Perdrizet, P. 1903, «Une inscription d'Antioche qui reproduit un oracle d'Alexandre d'Abonotichos», *Comptes rendus des séances de l'Academie des Inscriptions et Belles-Lettres* 47: 62–66.

Perez-Sanz, A., et al. 2013, «Holocene Climate Variability, Vegetation Dynamics and Fire Regime in the Central Pyrenees: The Basa de la Mora Sequence (NE Spain)», *Quaternary Science Reviews* 73: 149–69.

Pergola, P. 1998, *Le catacombe romane: storia e topografia*, Rom.

Perry, R.T., und Halsey, N.A., 2004, «The Clinical Significance of Measles: A Review», *Journal of Infectious Diseases* 189: 4–16.

Petit, P. 1957, «Les sénateurs de Constantinople dans l'œuvre de Libanius», *L'Antiquité classique* 26: 347–82.

Petrucci, A. 1998, «Persistenza di negozi bancari nelle fonti giuridiche tra la fine del III e i primi decenni del V secolo D.C.», in *Atti dell'Accademia romanistica costantiniana: XII convegno internazionale sotto l'alto patronato del Presidente della Repubblica in onore di Manlio Sargenti*, Neapel: 223–50.

Pettegrew, D.K. 2007, «The Busy Countryside of Late Roman Corinth: Interpreting Ceramic Data Produced by Regional Archaeological Surveys», *Hesperia* 76: 743–84.

Pflaum, H.-G. 1976, «Zur Reform des Kaisers Gallienus», *Historia: Zeitschrift für Alte Geschichte* 25: 109–17.

Phillips, C., Villeneuve, F., und Facey, W. 2004, «A Latin Inscription from South Arabia», *Proceedings of the Seminar for Arabian Studies* 34: 239–50.

Piccirillo, M. 1981, *Chiese e mosaici della Giordania settentrionale*, Jerusalem.

Pieri, D. 2005, *Le commerce du vin oriental à l'époque byzantine, Ve–VIIe siècles: le témoignage des amphores en Gaule*, Beirut.

Pighi, G. 1967, *De ludis saecularibus populi romani quiritium*, Chicago.

Pinault, J. 1992, *Hippocratic Lives and Legends*, Leiden.

Piso, I. 2014, «Zur Reform des Gallienus anläßlich zweier neuer Inschriften aus den Lagerthermen von Potaissa», *Tyche: Beiträge zur Alten Geschichte, Papyrologie und Epigraphik* 29: 125–46.

Pitts, M., und Versluys, M.J. (Hgg.) 2015, *Globalisation and the Roman World: World History, Connectivity and Material Culture*, Oxford.

Podskalsky, G. 1972, *Byzantinische Reichseschatologie: die Periodisierung der Weltgeschichte in den vier Großreichen (Daniel 2 und 7) und dem tausendjährigen Friedensreiche (Apok. 20). Eine motivgeschichtliche Untersuchung*, München.

Pomeranz, K. 2000, *The Great Divergence: China, Europe, and the Making of the Modern World Economy*, Princeton.

Popper, W. 1951, *The Cairo Nilometer: Studies in Ibn Taghrî Birdî's Chronicles of Egypt: I*, Berkeley.

Potter, D.S. 1990, *Prophecy and History in the Crisis of the Roman Empire: A Historical Commentary on the Thirteenth Sibylline Oracle*, Oxford.

–. 2004, *The Roman Empire at Bay: AD 180–395*, London.

–. 2013, *Constantine the Emperor*, Oxford.

–. 2015, *Theodora: Actress, Empress, Saint*, New York.

Power, T. 2012, *The Red Sea from Byzantium to the Caliphate: AD 500–1000*, Kairo.

Prowse, T. 2016, «Isotopes and Mobility in the Ancient Roman World», in L. de Ligt und L.E. Tacoma (Hgg.), *Migration and Mobility in the Early Roman Empire*, Leiden: 205–33.

Prowse, T., et al. 2004, «Isotopic Paleodiet Studies of Skeletons from the Imperial Roman-Age Cemetery of Isola Sacra, Rome, Italy», *Journal of Archaeological Science* 31: 259–72.

–. 2007, «Isotopic Evidence for Age-Related Immigration to Imperial Rome», *American Journal of Physical Anthropology* 132: 510–19.

–. 2008, «Isotopic and Dental Evidence for Infant and Young Child Feeding Practices in an Imperial Roman Skeletal Sample», *American Journal of Physical Anthropology* 137: 294–308.

Purcell, N. 1985, «Wine and Wealth in Ancient Italy», *Journal of Roman Studies* 75: 1–19.

–. 2000, «Rome and Italy», in P. Garnsey, D. Rathbone und A.K. Bowman (Hgg.), *The Cambridge Ancient History*, Bd. 11: *The High Empire, A.D. 70–192*, Cambridge: 405–43.

–. 2016, «Unnecessary Dependences: Illustrating Circulation in Pre-Modern Large-Scale History», in J. Belich et al. (Hgg.), *The Prospect of Global History*, Oxford: 65–79.

Quammen, D. 2012, *Spillover: Animal Infections and the Next Human Pandemic*,

New York. (Deutsche Ausgabe: Quammen, D. 2013, *Spillover. Der tierische Ursprung weltweiter Seuchen*, München).
–. 2014, *Ebola: The Natural and Human History of a Deadly Virus*, New York.
Rambeau, C., und Black, S. 2011, «Palaeoenvironments of the Southern Levant 5,000 BP to Present: Linking the Geological and Archaeological Records», in S. Mithen und E. Black (Hgg.), *Water, Life and Civilisation: Climate, Environment and Society in the Jordan Valley*, Cambridge: 94–104.
Raoult, D., et al. 2000, «Molecular Identification by ‹Suicide PCR› of Yersinia pestis as the Agent of Medieval Black Death», *Proceedings of the National Academy of Sciences* 97: 12800–3.
Raschke, M. G. 1978, «New Studies in Roman Commerce with the East», *Aufstieg und Niedergang der römischen Welt* 2.9.2: 604–1361.
Rasmussen, S., et al. 2015, «Early Divergent Strains of Yersinia pestis in Eurasia 5,000 Years Ago», *Cell* 163: 571–82.
Rathbone, D. W. 1990, «Villages, Land and Population in Graeco-Roman Egypt», *Proceedings of the Cambridge Philological Society* 36: 103–42.
–. 1991, *Economic Rationalism and Rural Society in Third-Century A. D. Egypt: The Heroninos Archive and the Appianus Estate*, Cambridge.
–. 1996, «Monetisation, Not Price-inflation, in Third-century AD Egypt?», in C. E. King und D. G. Wigg (Hgg.), *Coin Finds and Coin Use in the Roman World: The Thirteenth Oxford Symposium on Coinage and Monetary History*, 25.–27.3.1993, Berlin: 321–39.
–. 1997, «Prices and Price Formation in Roman Egypt», *Economie antique. Prix et formation des prix dans les economies antiques*, Saint-Bertrand-de-Comminges: 183–244.
–. 2000, «The ‹Muziris› Papyrus (SB XVIII 13167): Financing Roman Trade with India», in M. El-Abbadi et al. (Hgg.), *Alexandrian Studies II in Honour of Mostafa El Abbadi*, Alexandria: 39–50.
–. 2007, «Roman Egypt», in W. Scheidel, I. Morris und R. Saller (Hgg.), *The Cambridge Economic History of the Greco-Roman World*, Cambridge: 698–719.
Rathbone, D. W., und Temin, P. 2008, «Financial Intermediation in 1st-century AD Rome and 18th-century England», in K. Verboven, K. Vandorpe und V. Chankowski (Hgg.), *Pistoi dia tèn technèn: Bankers, Loans, and Archives in the Ancient World: Studies in Honour of Raymond Bogaert*, Löwen: 183–244.
Rathbone, D. W., und von Reden, S. 2015, «Mediterranean Grain Prices in Classical Antiquity», in R. J. Van der Spek, J. Luiten und B. van Zanden (Hgg.), *A History of Market Performance: From Ancient Babylonia to the Modern World*, London: 149–235.
Ratovonjato, J., et al. 2014, «*Yersinia pestis* in *Pulex irritans* Fleas during Plague Outbreak, Madagascar», *Emerging Infectious Diseases* 20: 1414–15.
Rea, J. R. 1997, «Letter of a Recruit: P. Lond. III 982 Revised», *Zeitschrift für Papyrologie und Epigraphik* 115: 189–93.
Reale, O., und Dirmeyer, P. 2000, «Modeling the Effects of Vegetation on Mediterranean Climate During the Roman Classical Period, Part I: Climate History and Model Sensitivity», *Global and Planetary Change* 25: 163–84.
Reale, O., und Shukla, J. 2000, «Modeling the Effects of Vegetation on Mediterranean Climate During the Roman Classical Period, Part II: Model Simulation», *Global and Planetary Change* 25: 185–214.
Rebillard, E. 2009, *The Care of the Dead in Late Antiquity*, Ithaca.

Redfern, R. C., et al. 2015, «Urban–Rural Differences in Roman Dorset, England: A Bioarchaeological Perspective on Roman Settlements», *American Journal of Physical Anthropology* 157: 107–20.

Redfern, R. C., und DeWitte, S. N. 2011a, «A New Approach to the Study of Romanization in Britain: A Regional Perspective of Cultural Change in Late Iron Age and Roman Dorset Using the Siler and Gompertz–Makeham Models of Mortality», *American Journal of Physical Anthropology* 144: 269–85.

Redfern, R. C., und DeWitte, S. N. 2011b, «Status and Health in Roman Dorset: The Effect of Status on Risk of Mortality in Post-Conquest Populations», *American Journal of Physical Anthropology* 146: 197–208.

Reeves, J. C. 2005, *Trajectories in Near Eastern Apocalyptic: A Postrabbinic Jewish Apocalypse Reader*, Atlanta.

Reff, D. 2005, *Plagues, Priests, and Demons: Sacred Narratives and the Rise of Christianity in the Old World and New*, Cambridge.

Reilly, K. 2010, «The Black Rat», in T. O'Connor und N. Sykes (Hgg.), *Extinctions and Invasions: A Social History of British Fauna*, Oxford: 134–45.

Reinink, G. J. 2002, «Heraclius, the New Alexander: Apocalyptic Prophecies during the Reign of Heraclius», in G. J. Reinink und H. Stolte (Hgg.), *The Reign of Heraclius (610–641): Crisis and Confrontation*, Groningen: 81–94.

Reinink, G. J., und Stolte, H. (Hgg.) 2002, *The Reign of Heraclius (610–641): Crisis and Confrontation*, Groningen.

Rey, E., und Sormani, G. 1878, «Statistica delle cause di morte», in *Monografia della città di Roma e della campagna romana*, Rom: 121–48.

Reynolds, D. W. 1996, *Forma Urbis Romae: The Severan Marble Plan and the Urban Form of Ancient Rome*, Diss., University of Michigan.

Rich, J. (Hg.) 1992, *The City in Late Antiquity*, London.

Rickman, G. 1980, *The Corn Supply of Ancient Rome*, Oxford.

Riley, J. C. 2010, «Smallpox and American Indians Revisited», *Journal of the History of Medicine and Allied Sciences* 65: 445–77.

Ritterling, E. 1904, «Epigraphische Beiträge zur römischen Geschichte», *Rheinisches Museum für Philologie* 59: 186–99.

Ritti, T., Şimşek, C., und Yıldız, H. 2000, «Dediche e KATAGRAPHAI dal Santuario Frigio di Apollo Lairbenos», *Epigraphica Anatolica* 32: 1–87.

Rives, J. B. 1999, «The Decree of Decius and the Religion of Empire», *Journal of Roman Studies* 89: 135–54.

Roberts, C. A. 2002, «The Antiquity of Leprosy in Britain: The Skeletal Evidence», in C. A. Roberts, M. Lewis und K. Manchester (Hgg.), *Past and Present of Leprosy: Archaeological, Historical, Paleopathological, and Clinical Approaches: Proceedings of the International Congress on the Evolution and Palaeoepidemiology of the Infectious Diseases 3 (ICEPID), University of Bradford, 26th–31st July 1999*, Oxford: 213–22.

–. 2015, «Old World Tuberculosis: Evidence from Human Remains with a Review of Current Research and Future Prospects», *Tuberculosis* 95: 117–21.

Roberts, C. A., und Buikstra, J. 2003, *The Bioarchaeology of Tuberculosis: A Global View on a Reemerging Disease*, Gainesville.

Roberts, C. A., und Cox, M. 2003, *Health & Disease in Britain: From Prehistory to the Present Day*, Stroud.

Roberts, C. A., Lewis, M., und Manchester, K. (Hgg.) 2002, *Past and Present of Leprosy: Archaeological, Historical, Paleopathological, and Clinical Approaches:*

Proceedings of the International Congress on the Evolution and Palaeoepidemiology of the Infectious Diseases 3 (ICEPID), University of Bradford, 26th–31st July 1999, Oxford.

Roberts, M. 1992, «Barbarians in Gaul: The Response of the Poets», in J. Drinkwater und H. Elton (Hgg.), *Fifth-Century Gaul: A Crisis of Identity?*, Cambridge: 97–106.

Roberts, N., et al. 2012, «Paleolimnological Evidence for an East-West Climate See-Saw in the Mediterranean since AD 900», *Global and Planetary Change* 84–5: 23–34.

Robin, C. 1992, «Guerre et épidémie dans les royaumes d'Arabie du Sud, d'après une inscription datée (IIe s. de l'ère chrétienne)», *Comptes rendus des séances de l'Académie des Inscriptions et Belles-Lettres* 136: 215–34.

–. 2012, «Arabia and Ethiopia», in S. F. Johnson (Hg.), *The Oxford Handbook of Late Antiquity*, Oxford: 247–332.

Rogers, G. 1991, *The Sacred Identity of Ephesus: Foundation Myths of a Roman City*, London.

Rohland, J. 1977, *Der Erzengel Michael, Arzt und Feldherr: zwei Aspekte des vor- und frühbyzantinischen Michaelskultes*, Leiden.

Roselaar, S. T. 2016, «State-Organized Mobility in the Roman Empire: Legionaries and Auxiliaries», in L. de Ligt und L. E. Tacoma (Hgg.), *Migration and Mobility in the Early Roman Empire*, Leiden: 138–57.

Rosen, W. 2007, *Justinian's Flea: Plague, Empire, and the Birth of Europe*, New York.

Rossignol, B. 2012, «Le climat, les famines et la guerre: éléments du contexte de la peste antonine», in E. Lo Cascio (Hg.), *L'impatto della «peste antonina»*, Bari: 87–122.

Rossignol, B., und Durost, S. 2007, «Volcanisme global et variations climatiques de courte durée dans l'histoire romaine (Ier s. av. J.-C.– IVème s. ap. J.-C.): leçons d'une archive glaciaire (GISP2)», *Jahrbuch des Römisch-Germanischen Zentralmuseums Mainz* 54: 395–438.

Røstvig, M. S. 1962, *The Happy Man: Studies in the Metamorphoses of a Classical Ideal*, Oslo.

Roucaute, E., et al. 2014, «Analysis of the Causes of Spawning of Large-Scale, Severe Malarial Epidemics and Their Rapid Total Extinction in Western Provence, Historically a Highly Endemic Region of France (1745–1850)», *Malaria Journal* 13: 1–42.

Roueché, C., und Reynolds, J. 1989, *Aphrodisias in Late Antiquity: The Late Roman and Byzantine Inscriptions Including Texts from the Excavations at Aphrodisias Conducted by Kenan T. Erim*, London.

Rowlandson, J. 1996, *Landowners and Tenants in Roman Egypt: The Social Relations of Agriculture in the Oxyrhynchite Nome*, Oxford.

Rubin, R. 1989, «The Debate over Climate Changes in the Negev, Fourth–Seventh Centuries C. E.», *Palestine Exploration Quarterly* 121: 71–78.

Rubini, M., et al. 2014, «Paleopathological and Molecular Study on Two Cases of Ancient Childhood Leprosy from the Roman and Byzantine Empires», *International Journal of Osteoarchaeology* 24: 570–82.

Ruddiman, W. F. 2001, *Earth's Climate: Past and Future*, New York.

–. 2005, *Plows, Plagues, and Petroleum: How Humans Took Control of Climate*, Princeton.

Russell, E. 2011, *Evolutionary History: Uniting History and Biology to Understand Life on Earth*, Cambridge.

Rutgers, L. V., et al. 2009, «Stable Isotope Data from the Early Christian Catacombs of Ancient Rome: New Insights into the Dietary Habits of Rome's Early Christians», *Journal of Archaeological Science* 36: 1127–34.

Sadao, N. 1986, «The Economic and Social History of Former Han», in D. Twitchett und M. Loewe (Hgg.), *The Cambridge History of China,* Bd. 1: *The Ch'in and Han Empires, 221 BC–AD 220*, Cambridge: 545–607.

Sadori, L., et al. 2016, «Climate, Environment and Society in Southern Italy during the Last 2000 Years: A Review of the Environmental, Historical and Archaeological Evidence», *Quaternary Science Reviews* 136: 173–88.

Sage, M. M. 1975, *Cyprian*, Cambridge, MA.

Said, R. 1993, *The River Nile: Geology, Hydrology, and Utilization*, Oxford.

Sallares, R. 1991, *The Ecology of the Ancient Greek World*, New York.

–. 2002, *Malaria and Rome: A History of Malaria in Ancient Italy*, Oxford.

–. 2004, «The Spread of Malaria to Southern Europe in Antiquity: New Approaches to Old Problems», *Medical History* 48: 311–28.

–. 2007a, «Ecology», in W. Scheidel, I. Morris und R. Saller (Hgg.), *The Cambridge Economic History of the Greco-Roman World*, Cambridge: 15–37.

–. 2007b, «Ecology, Evolution, and Epidemiology of Plague», in L. K. Little (Hg.), *Plague and the End of Antiquity: The Pandemic of 541–750*, New York: 231–89.

Sallares, R., et al. 2003, «Identification of a Malaria Epidemic in Antiquity Using Ancient DNA», in K. R. Brown (Hg.), *Archaeological Sciences 1999. Proceedings of the Archaeological Sciences Conference, University of Bristol, 1999*, Oxford: 120–5.

Saller, R. P. 1982, *Personal Patronage under the Early Empire*, Cambridge.

–. 1994, *Patriarchy, Property and Death in the Roman Family*, Cambridge.

–. 2000, «Status and Patronage», in P. Garnsey, D. Rathbone und A. K. Bowman (Hgg.), *The Cambridge Ancient History,* Bd. 11: *The High Empire, A. D. 70–192*, Cambridge: 817–54.

Santelia, S. (Hg.) 2009, *Ad coniugem suam: in appendice: Liber epigrammatum*, Neapel.

Sarris, P. 2002, «The Justinianic Plague: Origins and Effects», *Continuity and Change* 17: 169–82.

–. 2006, *Economy and Society in the Age of Justinian*, Cambridge.

Scattarella, V., und De Lucia, A. 1982, «Esame antropologico dei resti scheletrici della necropoli classica di Purgatorio presso Rutigliano (Bari)», *Taras* 2: 137–47.

Scheffer, M. 2009, *Critical Transitions in Nature and Society*, Princeton.

Scheidel, W. 1996, *Measuring Sex, Age and Death in the Roman Empire*, Ann Arbor.

–. 1999, «Emperors, Aristocrats, and the Grim Reaper: Towards a Demographic Profile of the Roman Elite», *Classical Quarterly* 49: 254–81.

–. 2001a, *Death on the Nile: Disease and the Demography of Roman Egypt*, Leiden.

–. (Hg.) 2001b, *Debating Roman Demography*, Leiden.

–. 2001c, «Roman Age Structure: Evidence and Models», *Journal of Roman Studies* 91: 1–26.

–. 2002, «A Model of Demographic and Economic Change in Roman Egypt after the Antonine Plague», *Journal of Roman Archaeology* 15: 97–114.

–. 2003, «Germs for Rome», in C. Edwards und G. Woolf (Hgg.), *Rome the Cosmopolis*, Cambridge: 158–76.

–. 2007, «Marriage, Families, and Survival: Demographic Aspects», in P. Erdkamp (Hg.), *A Companion to the Roman Army*, Oxford: 417–34.
–. 2009, «In Search of Roman Economic Growth», *Journal of Roman Archaeology* 22: 46–70.
–. 2012, *The Cambridge Companion to the Roman Economy*, Cambridge.
–. 2013, «The First Fall of the Roman Empire», Ronald Syme Lecture, Wolfson College, University of Oxford, October 31, 2013.
–. 2014, «The Shape of the Roman World: Modelling Imperial Connectivity», *Journal of Roman Archaeology* 27: 7–32.
–. (Hg.) 2015a, *State Power in Ancient China and Rome*, Oxford.
–. 2015b, «State Revenue and Expenditure in the Han and Roman Empire», in W. Scheidel (Hg.), *State Power in Ancient China and Rome*, Oxford: 150–80.
–. 2017, *The Great Leveler: Violence and the History of Inequality from the Stone Age to the Twenty-First Century*, Princeton. (Deutsche Ausgabe: Scheidel, W. 2018, *Nach dem Krieg sind alle gleich. Eine Geschichte der Ungleichheit*, Darmstadt).
–. (Hg.) 2018, *The Science of Roman History. Biology, Climate, and the Future of the Past*, Princeton.
Scheidel, W., und Friesen, S. J. 2009, «The Size of the Economy and the Distribution of Income in the Roman Empire», *Journal of Roman Studies* 99: 61–91.
Scheidel, W., und Monson, A. (Hgg.) 2015, *Fiscal Regimes and the Political Economy of Premodern States*, Cambridge.
Schlange-Schöningen, H. 2003, *Die römische Gesellschaft bei Galen: Biographie und Sozialgeschichte*, Berlin.
Schmid, J. 1955–56, *Studien zur Geschichte des griechischen Apokalypse-Textes*, München.
Schneider, H. 2007, «Technology», in W. Scheidel, I. Morris und R. P. Saller (Hgg.), *The Cambridge Economic History of the Greco-Roman World*, Cambridge: 144–174.
Schor, A. M. 2009, «Conversion by the Numbers: Benefits and Pitfalls of Quantitative Modelling in the Study of Early Christian Growth», *Journal of Religious History* 33: 472–98.
–. 2011. *Theodoret's People: Social Networks and Religious Conflict in Late Roman Syria*, Berkeley.
Schuenemann, V. J., et al. 2011, «Targeted Enrichment of Ancient Pathogens Yielding the pPCP1 Plasmid of Yersinia pestis from Victims of the Black Death», *Proceedings of the National Academy of Sciences* 108: E746-52.
Schuenemann, V. J., et al. 2013, «Genome-Wide Comparison of Medieval and Modern *Mycobacterium leprae*», *Science* 341: 179–83.
Scobie, A. 1986, «Slums, Sanitation, and Mortality in the Roman World», *Klio* 68: 399–433.
Scranton, R. 1957, *Mediaeval Architecture in the Central Area of Corinth*, Princeton.
Sebbane, F., et al. 2006, «Role of the Yersinia pestis Plasminogen Activator in the Incidence of Distinct Septicemic and Bubonic Forms of Flea-Borne Plague», *Proceedings of the National Academy of Sciences* 103: 5526–30.
Seifert, L., et al. 2016, «Genotyping Yersinia pestis in Historical Plague: Evidence for Long-Term Persistence of Y. pestis in Europe from the 14th to the 17th Century», *PLoS ONE* 11: e0145194.

Seland, E. H. 2007, «Ports, Ptolemy, Periplus and Poetry – Romans in Tamil South India and on the Bay of Bengal», in E. H. Seland (Hg.), *The Indian Ocean in the Ancient Period: Definite Places, Translocal Exchange*, Oxford: 69–82.

–. 2012, «The Liber Pontificalis and Red Sea Trade of the Early to Mid 4th Century AD», in D. Agius et al. (Hgg.), *Navigated Spaces, Connected Places: Proceedings of the Fifth International Conference on the People of the Red Sea, Exeter 2010*, Oxford: 117–26.

–. 2014, «Archaeology of Trade in the Western Indian Ocean, 300 BC–AD 700», *Journal of Archaeological Research* 22: 367–402.

Selinger, R. 2002, *The Mid-third Century Persecutions of Decius and Valerian*, Frankfurt.

Sender, R., Fuchs, S., und Milo, R. 2016, «Revised Estimates for the Number of Human and Bacteria Cells in the Body», *PLOS Biology* 14(8): e1002533.

Shah, S. 2010, *The Fever: How Malaria Has Ruled Humankind for 500,000 Years*, New York.

–. 2016, *Pandemic: Tracking Contagions, from Cholera to Ebola and Beyond*, New York.

Shanzer, D. 2002, «*Avulsa a Latere Meo*: Augustine's Spare Rib – Confessions 6.15.25», *Journal of Roman Studies* 92: 157–76.

Sharpe, P. 2012, «Explaining the Short Stature of the Poor: Chronic Childhood Disease and Growth in Nineteenth-Century England», *Economic History Review* 65: 1475–94.

Shaw, B. D. 1987, «The Age of Roman Girls at Marriage: Some Reconsiderations», *Journal of Roman Studies* 77: 30–46.

–. 1995, *Environment and Society in Roman North Africa*, Aldershot.

–. 1996, «Seasons of Death: Aspects of Mortality in Imperial Rome», *Journal of Roman Studies* 86: 100–38.

–. 2000, «Rebels and Outsiders», in P. Garnsey, D. Rathbone und A. K. Bowman (Hgg.), *The Cambridge Ancient History*, Bd. 11: *The High Empire, A. D. 70–192*, Cambridge: 361–403.

–. 2015, *Bringing in the Sheaves: Economy and Metaphor in the Roman World*, Toronto.

Shchelkunov, S. 2009, «How Long Ago Did Smallpox Virus Emerge?», *Archives of Virology* 154: 1865–71.

Shelton, J. 2015, «Creating a Malaria Test for Ancient Human Remains», *YaleNews*, news.yale.edu (aufgerufen am 8. August 2016).

Sheridan, M. 2015, «John of Lykopolis», in G. Gabra und H. Takla (Hgg.), *Christianity and Monasticism in Middle Egypt*, Kairo: 123–32.

Shindell, D. T. 2001, «Solar Forcing of Regional Climate Change During the Maunder Minimum», *Science* 294: 2149–52.

Shindell, D. T., et al. 2003, «Volcanic and Solar Forcing of Climate Change during the Preindustrial Era», *Journal of Climate* 16: 4094–107.

Shoemaker, S. 2012, *Death of a Prophet: The End of Muhammad's Life and the Beginnings of Islam*, Philadelphia.

–. 2016, «The Afterlife of the Apocalypse of John in Byzantium», in D. Krueger und R. Nelson (Hgg.), *The New Testament in Byzantium*, Washington D. C.: 301–16.

Sidebotham, S. E. 2011, *Berenike and the Ancient Maritime Spice Route*, Berkeley.

Sigl, M., et al. 2015, «Timing and Climate Forcing of Volcanic Eruptions for the Past 2,500 Years», *Nature* 523: 543–62.

Singh, P., et al. 2015, «Insight into the Evolution and Origin of Leprosy Bacilli from the Genome Sequence of *Mycobacterium lepromatosis*», *Proceedings of the National Academy of Sciences* 112: 4459–64.

Sirks, A. J. B. 1991, *Food for Rome: The Legal Structure of the Transportation and Processing of Supplies for the Imperial Distributions in Rome and Constantinople*, Amsterdam.

Six, D., und Vincent, C. 2014, «Sensitivity of Mass Balance and Equilibrium-Line Altitude to Climate Change in the French Alps», *Journal of Glaciology* 60: 867–78.

Slack, P. 2012, *Plague: A Very Short Introduction*, Oxford.

Slim, H. 2004, *Le littoral de la Tunisie: étude géoarchéologique et historique*, Paris.

Sodini, J.-P., et al. 1980, «Déhès (Syrie du nord): campagnes I–III (1976–1978)», *Syria* 57: 1–308.

Soren, D., und Soren, N. 1999, *A Roman Villa and a Late Roman Infant Cemetery: Excavation at Poggio Gramignano, Lugnano in Teverina*, Rom.

Sorrel, P., et al. 2007, «Climate Variability in the Aral Sea Basin (Central Asia) during the Late Holocene Based on Vegetation Changes», *Quaternary Research* 67: 357–70.

Southern, P. 2006, *The Roman Army: A Social and Institutional History*, Santa Barbara.

Speidel, M. A. 2007, «Außerhalb des Reiches? Zu neuen römischen Inschriften aus Saudi Arabien und zur Ausdehnung der römischen Herrschaft am Roten Meer», *Zeitschrift für Papyrologie und Epigraphik* 163: 296–306.

–. 2014, «Roman Army Pay Scales Revisited: Responses and Answers», in M. Redde (Hg.), *De l'or pour les braves!: soldes, armées et circulation monétaire dans le monde romain: actes de la table ronde organisée par l'UMR 8210 (AnHiMa) à l'Institut national d'histoire de l'art (12–13 septembre 2013)*, Bordeaux: 53–62.

Spera, L. 2003, «The Christianization of Space along the Via Appia: Changing Landscape in the Suburbs of Rome», *American Journal of Archaeology* 107: 23–43.

Sperber, D. 1974, «Drought, Famine and Pestilence in Amoraic Palestine», *Journal of the Economic and Social History of the Orient* 17: 272–98.

Spurr, M. 1986, *Arable Cultivation in Roman Italy, c. 200 B. C.–c. A. D. 100*, London.

Squatriti, P. 1998, *Water and Society in Early Medieval Italy: AD 400–1000*, Cambridge.

–. 2010, «The Floods of 589 and Climate Change at the Beginning of the Middle Ages: An Italian Microhistory», *Speculum* 85: 799–826.

Stark, R. 1996, *The Rise of Christianity: A Sociologist Reconsiders History*, Princeton. (Deutsche Ausgabe: Stark, R. 1997, *Der Aufstieg des Christentums. Neue Erkenntnisse aus soziologischer Sicht*, Weinheim).

Staskiewicz, A. 2007, «The Early Medieval Cemetery at Aschheim-Bajuwarenring – A Merovingian Population under the Influence of Pestilence?», in G. Grupe und J. Peters (Hgg.), *Skeletal Series and Their Socio-Economic Context*, Rahden: 35–56.

Stathakopoulos, D. 2000, «The Justinianic Plague Revisited», *Byzantine and Modern Greek Studies* 24: 256–76.

–. 2004, *Famine and Pestilence in the Late Roman and Early Byzantine Empire: A Systematic Survey of Subsistence Crises and Epidemics*, Burlington.

Steckel, R. H. 2013, «Biological Measures of Economic History», *Annual Review of Economics* 5: 401–23.

Steger, F. 2016, *Asklepios: Medizin und Kult*, Stuttgart.

Stein, E. 1968, *Histoire du Bas-Empire*, Amsterdam.

Steinhilber, F., Beer, J., und Fröhlich, C. 2009, «Total Solar Irradiance during the Holocene», *Geophysical Research Letters* 36(19).

Steinhilber, F., et al. 2012, «9,400 Years of Cosmic Radiation and Solar Activity from Ice Cores and Tree Rings», *Proceedings of the National Academy of Sciences* 109: 5967–71.

Stephens, P., et al. 2016, «The Macroecology of Infectious Diseases: A New Perspective on Global-Scale Drivers of Pathogen Distributions and Impacts», *Ecology Letters* 19: 1159–71.

Stevenson, A. C., et al. 1993, «The Palaeosalinity and Vegetational History of Garaet el Ichkeul, Northwest Tunisia», *Holocene* 3: 201–10.

Stiros, S. 2001, «The AD 365 Crete Earthquake and Possible Seismic Clustering during the Fourth to Sixth Centuries AD in the Eastern Mediterranean: A Review of Historical and Archaeological Data», *Journal of Structural Geology* 23: 545–62.

Stone, A. C., et al. 2009, «Tuberculosis and Leprosy in Perspective», *Yearbook of Physical Anthropology* 52: 66–94.

Stothers, R. B., und Rampino, M. R. 1983, «Volcanic Eruptions in the Mediterranean before A. D. 630 from Written and Archaeological Sources», *Journal of Geophysical Research: Solid Earth* 88: 6357–71.

Strauch, I. (Hg.) 2012, *Foreign Sailors on Socotra: The Inscriptions and Drawings from the Cave Hoq*, Bremen.

Straw, C. 1988, *Gregory the Great: Perfection in Imperfection*, Berkeley.

Strobel, K. 1993, *Das Imperium Romanum im «3. Jahrhundert»: Modell einer historischen Krise?: Zur Frage mentaler Strukturen breiterer Bevölkerungsschichten in der Zeit von Marc Aurel bis zum Ausgang des 3. Jh. n. Chr.*, Stuttgart.

Swain, S. 2007, «Introduction», in S. Swain, S. Harrison und J. Elsner (Hgg.), *Severan Culture*, Cambridge: 1–28.

Swain, S., und Edwards, M. (Hgg.) 2004, *Approaching Late Antiquity: The Transformation from Early to Late Empire*, Oxford.

Swain, S., Harrison, S., und Elsner, J. (Hgg.) 2007, *Severan Culture*, Cambridge.

Syme, R. 1971, *Emperors and Biography: Studies in the ‹Historia Augusta›*, Oxford.

–. 1983, *Historia Augusta Papers*, Oxford.

–. 1984, *Roman Papers III*, Oxford.

Tacoma, L. E. 2006, *Fragile Hierarchies: The Urban Elites of Third-Century Roman Egypt*, Leiden.

–. 2016, *Moving Romans: Migration to Rome in the Principate*, Oxford.

Tate, G. 1992, *Les campagnes de la Syrie du Nord du II au VII siècle: un exemple d'expansion démographique et économique à la fin de l'antiquité*, Paris.

Taylor, D. J., et al. 2010, «Filoviruses Are Ancient and Integrated into Mammalian Genomes», *BMC Evolutionary Biology* 10: 193.

Taylor, G. M., Young, D. B., und Mays, S. A. 2005, «Genotypic Analysis of the Earliest Known Prehistoric Case of Tuberculosis in Britain», *Journal of Clinical Microbiology* 2005: 2236–40.

Taylor, K. C., et al. 1993, «The ‹Flickering Switch› of Late Pleistocene Climate Change», *Nature* 7: 432–36.

Tchalenko, G. 1953–58, *Village antiques de la Syrie du Nord, I–III*, Paris.
Tchernia, A. 1986, *Le vin de l'Italie romaine*, Rom.
Telelēs, I. 2004, *Meteōrologika phainomena kai klima sto Byzantio: symboles stēn ereuna tēs hellēnikēs kai latinikēs grammateias*, Athen.
Temin, P. 2004, «Financial Intermediation in the Early Roman Empire», *Journal of Economic History* 64: 705–33.
–. 2013, *The Roman Market Economy*, Princeton.
Thompson, E. A. 1958, «Early Germanic Warfare», *Past & Present* 14: 2–29.
–. 1996, *The Huns*, Oxford.
Thurmond, D. L. 1994, «Some Roman Slave Collars in CIL», *Athenaeum* 82: 459–93.
Tiradritti, F. 2014, «Of Kilns and Corpses: Theban Plague Victims», *Egyptian Archaeology* 44: 15–18.
Todd, M. 2005, «The Germanic Peoples and Germanic Society», in A. K. Bowman, P. Garnsey und A. Cameron (Hgg.), *The Cambridge Ancient History*, Bd. 12: *The Crisis of Empire, A. D. 193–337*, Cambridge: 440–60.
Tomber, R. 2008, *Indo-Roman Trade: From Pots to Pepper*, London.
–. 2012, «From the Roman Red Sea to Beyond the Empire: Egyptian Ports and Their Trading Partners», *British Museum Studies in Ancient Egypt and Sudan* 18: 201–15.
Tomlin, R. S. O. 2014, «‹Drive Away the Cloud of Plague›: A Greek Amulet from Roman London», in R. Collins und F. McIntosh (Hgg.), *Life in the Limes: Studies of the People and Objects of the Roman Frontiers Presented to Lindsay Allason-Jones on the Occasion of Her Birthday and Retirement*, Oxford: 197–205.
Toner, J. P. 2014, *The Day Commodus Killed a Rhino: Understanding the Roman Games*, Baltimore.
Toohey, M., et al. 2016, «Climatic and Societal Impacts of a Volcanic Double Event at the Dawn of the Middle Ages», *Climatic Change* 136: 401–12.
Toubert, P. 2016, «La Peste Noire (1348), entre Histoire et biologie moleculaire», *Journal des savants*: 17–31.
Touchan, R., et al. 2016, «Dendroclimatology and Wheat Production in Algeria», *Journal of Arid Environments* 124: 102–10.
Treadgold, W. 1995, *Byzantium and Its Army, 284–1081*, Stanford.
Treggiari, S. 1991, *Roman Marriage: Iusti Coniuges from the Time of Cicero to the Time of Ulpian*, Oxford.
Treme, J., und Craig, L. A. 2013, «Urbanization, Health and Human Stature», *Bulletin of Economic Research* 65: 130–41.
Trombley, F. R. 2004, «Epigraphic Data on Village Culture and Social Institutions: An Interregional Comparison (Syria, Phoenice Libanensis, and Arabia)», *Late Antique Archaeology* 2: 73–101.
Trouet, V., et al. 2009, «Persistent Positive North Atlantic Oscillation Mode Dominated the Medieval Climate Anomaly», *Science* 324: 78–80.
Trueba, G. 2014, «The Origin of Human Pathogens», in A. Yamada et al. (Hgg.), *Confronting Emerging Zoonoses: The One Health Paradigm*, Tokio: 3–11.
Tsafrir, Y. 2000, «Justinian and the Nea Church», *Antiquité tardive* 8: 149–64.
Tsiamis, C., Poulakou-Rebelakou, E., und Petridou, E. 2009, «The Red Sea and the Port of Clysma: A Possible Gate of Justinian's Plague», *Gesnerus* 66: 209–17.
Turner, P. 1989, *Roman Coins from India*, London.
Usoskin, I. G., et al. 2016, «Solar Activity During the Holocene: The Hallstatt Cycle

and Its Consequence for Grand Minima and Maxima», *Astronomy and Astrophysics* 27295: 1–10.

Usoskin, I. G., und Kromer, B. 2005, «Reconstruction of the ^{14}C Production Rate from Measured Relative Abundance», *Radiocarbon* 47: 31–37.

Valtueña, A. A., et al. 2017, «The Stone Age Plague: 1000 Years of Persistence in Eurasia», bioRxiv 094243.

van Bekkum, W. J. 2002, «Jewish Messianic Expectations in the Age of Heraclius», in G. J. Reinink und H. Stolte (Hgg.), *The Reign of Heraclius (610–641): Crisis and Confrontation*, Groningen: 95–112.

Van Dam, R. 1982, «Hagiography and History: The Life of Gregory Thaumaturgus», *Classical Antiquity* 1: 272–308.

–. 2007, *The Roman Revolution of Constantine*, New York.

–. 2010, *Rome and Constantinople: Rewriting Roman History during Late Antiquity*, Waco.

van der Vliet, J. 2015, «Snippets from the Past: Two Ancient Sites in the Asyut Region: Dayr al-Gabrawi and Dayr al-'Izam», in G. Gabra und H. Takla (Hgg.), *Christianity and Monasticism in Middle Egypt*, Kairo: 161–88.

van Minnen, P. 1995, «Deserted Villages: Two Late Antique Town Sites in Egypt», *Bulletin of the American Society of Papyrologists* 32: 41–56.

–. 2001, «P. Oxy. LXVI 4527 and the Antonine Plague in the Fayyum», *Zeitschrift für Papyrologie und Epigraphik* 135: 175–177.

–. 2006, «The Changing World of Cities in Later Roman Egypt», in J.-U. Krause und C. Witschel (Hgg.), *Die Stadt in der Spätantike: Niedergang oder Wandel? Akten des internationalen Kolloquiums in München am 30. und 31. Mai 2003*, Stuttgart: 153–79.

Van Tilburg, C. 2015, *Streets and Streams: Health Conditions and City Planning in the Graeco-Roman World*, Leiden.

Vanhaverbeke, H., et al. 2009, «What Happened after the 7th Century AD? A Different Perspective on Post-Roman Anatolia», in T. Vorderstrasse und J. Roodenberg (Hgg.), *Archaeology of the Countryside in Medieval Anatolia*, Leiden: 177–90.

Varlık, N. 2014, «New Science and Old Sources: Why the Ottoman Experience of Plague Matters», *The Medieval Globe* 1: 193–227.

–. 2015, *Plague and Empire in the Early Modern Mediterranean World: The Ottoman Experience, 1347–1600*, New York.

Verjbitski, D. T., Bannerman, W. B., und Kapadia, R. T. 1908, «Reports on Plague Investigations in India», *Journal of Hygiene* 8: 161–308.

Vionis, A. K., Poblome, J., und Waelkens, M. 2009, «Ceramic Continuity and Daily Life in Medieval Sagalassos, SW Anatolia (ca. 650–1250 AD)», in T. Vorderstrasse und J. Roodenberg (Hgg.), *Archaeology of the Countryside in Medieval Anatolia*, Leiden: 191–213.

Visbeck, M. H., et al. 2001, «The North Atlantic Oscillation: Past, Present, and Future», *Proceedings of the National Academy of Sciences* 98: 12876–77.

Vollweiler, N., et al. 2006, «A Precisely Dated Climate Record for the Last 9 Kyr from Three High Alpine Stalagmites, Spannagel Cave, Austria», *Geophysical Research Letters* 33: L20703.

Vonmoos, M., Beer, J., und Muscheler, R. 2006, «Large Variations in Holocene Solar Activity: Constraints from ^{10}Be in the Greenland Ice Core Project Ice Core», *Journal of Geophysical Research* 111: 1–14.

Waelkens, M., et al. 1999, «Man and Environment in the Territory of Sagalassos, a Classical City in SW Turkey», *Quaternary Science Reviews* 18: 697–709.

–. 2006, «The Late Antique to Early Byzantine City in Southwest Anatolia. Sagalassos and Its Territory: A Case Study», in J.-U. Krause und C. Witschel (Hgg.), *Die Stadt in der Spätantike: Niedergang oder Wandel?: Akten des internationalen Kolloquiums in München am 30. und 31. Mai 2003*, Stuttgart: 199–255.

Wagner, D. M., et al. 2014, «Yersinia pestis and the Plague of Justinian 541–543 AD: A Genomic Analysis», *Lancet Infectious Diseases* 14: 319–26.

Walburg, R. 2008, *Coins and Tokens from Ancient Ceylon*, Wiesbaden.

Walker, D. R. 1976, *The Metrology of the Roman Silver Coinage*, Oxford.

Walker, M. J. C., et al. 2012, «Formal Subdivision of the Holocene Series/Epoch: A Discussion Paper by a Working Group of INTIMATE (Integration of Ice-Core, Marine and Terrestrial Records) and the Subcommission on Quaternary Stratigraphy (International Commission on Stratigraphy)», *Journal of Quaternary Science* 27: 649–59.

Walmsley, A. 2007, *Early Islamic Syria: An Archaeological Assessment*, London.

Wanner, H., et al. 2008, «Mid-to Late Holocene Climate Change: An Overview», *Quaternary Science Reviews* 27: 1791–828.

Ward-Perkins, B. 2000a, «Specialized Production and Exchange», in A. Cameron, B. Ward-Perkins und M. Whitby (Hgg.), *The Cambridge Ancient History*, Bd. 14: *Late Antiquity: Empire and Successors*, Cambridge: 346–91.

–. 2000b, «Land, Labour and Settlement», in A. Cameron, B. Ward-Perkins und M. Whitby (Hgg.), *The Cambridge Ancient History*, Bd. 14: *Late Antiquity: Empire and Successors*, Cambridge: 315–45.

–. 2005, *The Fall of the Rome: And the End of Civilization*, Oxford. (Deutsche Ausgabe: Ward-Perkins, B. 2007, *Der Untergang des Römischen Reiches und das Ende der Zivilisation*, Stuttgart).

Ware, C. 2012, *Claudian and the Roman Epic Tradition*, Cambridge.

Watts, E. 2015, *The Final Pagan Generation*, Oakland.

Wertheim, J. O., und Pond, S. L. K. 2011, «Purifying Selection Can Obscure the Ancient Age of Viral Lineages», *Molecular Biology and Evolution* 28: 3355–65.

Weinreich, O. 1913, «Heros Propylaios und Apollo Propylaios», *Mitteilungen des Deutschen Archäologischen Instituts, Athenische Abteilung* 38: 62–72.

Whitby, M. 1985, «Justinian's Bridge over the Sangarius and the Date of Procopius' de Aedificiis», *Journal of Hellenic Studies* 105: 129–48.

–. 1995, «Recruitment in Roman Armies from Justinian to Heraclius (ca. 565–615)», in A. Cameron (Hg.), *The Byzantine and Early Islamic Near East III: States, Resources and Armies*, Princeton: 61–124.

–. 2000a, «The Successors of Justinian», in A. Cameron, B. Ward-Perkins und M. Whitby (Hgg.), *The Cambridge Ancient History*, Bd. 14: *Late Antiquity: Empire and Successors*, Cambridge: 86–111.

–. 2000b, «The Army, c. 420–602», in A. Cameron, B. Ward-Perkins und M. Whitby (Hgg.), *The Cambridge Ancient History*, Bd. 14: *Late Antiquity: Empire and Successors*, Cambridge: 288–314.

–. 2004, «Emperors and Armies, AD 235–395», in S. Swain und M. Edwards (Hgg.), *Approaching Late Antiquity: The Transformation from Early to Late Empire*, Oxford: 156–86.

White, S. 2011, *The Climate of Rebellion in the Early Modern Ottoman Empire*, New York.

White, T. C. R. 2008, «The Role of Food, Weather and Climate in Limiting the Abundance of Animals», *Biological Reviews* 83: 227–48.

Whitewright, J. 2009, «The Mediterranean Lateen Sail in Late Antiquity», *International Journal of Nautical Archaeology* 38: 97–104.

Whittaker, C. R. 1994, *Frontiers of the Roman Empire: A Social and Economic Study*, Baltimore.

Wickham, C. 2005, *Framing the Early Middle Ages: Europe and the Mediterranean 400–800*, Oxford.

–. 2016, *Medieval Europe*, New Haven. (Deutsche Ausgabe: Wickham, C. 2018, *Das Mittelalter. Europa von 500 bis 1500*, Stuttgart).

Wiechmann, I., und Grupe, G. 2005, «Detection of Yersinia pestis DNA in Two Early Medieval Skeletal Finds from Aschheim (Upper Bavaria, 6th Century AD)», *American Journal of Physical Anthropology* 126: 48–55.

Wilkes, J. 1996, *The Illyrians*, Oxford.

–. 2005a, «Provinces and Frontiers», in A. K. Bowman, P. Garnsey und A. Cameron (Hgg.), *The Cambridge Ancient History*, Bd. 12: *The Crisis of Empire, A. D. 193–337*, Cambridge: 212–68.

–. 2005b, «The Roman Danube: An Archaeological Survey», *Journal of Roman Studies* 95: 124–225.

Wilson, A. I. 1998, «Water-supply in Ancient Carthage», in J. J. Rossiter et al. (Hgg.), *Carthage Papers: The Early Colony's Economy, Water Supply, a Private Bath and the Mobilization of State Olive Oil*, Portsmouth: 65–102.

–. 2002, «Machines, Power and the Ancient Economy», *Journal of Roman Studies* 92: 1–32.

–. 2007, «Urban Development in the Severan Empire», in S. Swain, S. Harrison und J. Elsner (Hgg.), *Severan Culture*, Cambridge: 290–326.

–. 2009, «Indicators for Roman Economic Growth: A Response to Walter Scheidel», *Journal of Roman Archaeology* 22: 71–82.

–. 2011, «City Sizes and Urbanization in the Roman Empire», in A. Bowman und A. Wilson (Hgg.), *Settlement, Urbanization, and Population*, Oxford: 161–95.

–. 2012, «Saharan Trade in the Roman Period: Short-, Medium-and Long-Distance Trade Networks», *Azania: Archaeological Research in Africa* 47: 409–49.

–. 2013, «The Mediterranean Environment in Ancient History: Perspectives and Prospects», in W. V. Harris (Hg.), *The Ancient Mediterranean Environment between Science and History*, Leiden: 259–76.

–. 2015, «Red Sea Trade and the State», in F. De Romanis und M. Maiuro (Hgg.), *Across the Ocean: Nine Essays on Indo-Mediterranean Trade*, Leiden: 13–32.

Wilson, E. O. 1998, *Consilience: The Unity of Knowledge*, New York. (Deutsche Ausgabe: Wilson, E. O. 1998, *Die Einheit des Wissens*, Berlin).

Wipszycka, E. 1986, «La valeur de l'onomastique pour l'histoire de la Christianisation de l'Égypte. À propos d'une étude de RS Bagnall», *Zeitschrift für Papyrologie und Epigraphik* 62: 173–81.

–. 1988. «La christianisation de l'Égypte aux IVe–VIe siècles. Aspects sociaux et ethniques», *Aegyptus* 68: 117–65.

Witakowski, W. (Hg.) 1996, *Pseudo-Dionysius of Tel-Mahre, Chronicle: Known Also as the Chronicle of Zuqnin. Part III*, Liverpool.

–. 2010, «Why Are the So-called Dead Cities of Northern Syria Dead?», in P. Sinclair et al. (Hgg.), *The Urban Mind: Cultural and Environmental Dynamics*, Uppsala: 295–309.

Witcher, R. E. 2011, «Missing Persons? Models of Mediterranean Regional Survey and Ancient Populations», in A. Bowman und A. I. Wilson (Hgg.), *Settlement, Urbanization and Population*, Oxford, 36–75.

Witschel, C. 1999, *Krise, Rezession, Stagnation?: Der Westen des römischen Reiches im 3. Jahrhundert n. Chr.*, Frankfurt am Main.

Wolf, G. 1990, *Salus populi Romani: Die Geschichte römischer Kultbilder im Mittelalter*, Weinheim.

Wolfe, N. D., Dunavan, C. P., und Diamond, J. 2007, «Origins of Major Human Infectious Diseases», *Nature* 447: 279–283.

Wolska-Conus, W. 1962, *La Topographie chrétienne de Cosmas Indicopleustès. Théologie et science au VIe siècle*, Paris.

–. (Hg.) 1968–73, *Topographie chrétienne*, Paris.

Woodbridge, J., und Roberts, N. 2011, «Late Holocene Climate of the Eastern Mediterranean Inferred from Diatom Analysis of Annually-Laminated Lake Sediments», *Quaternary Science Reviews* 30: 3381–92.

Woolf, G. 1998, *Becoming Roman: The Origins of Provincial Civilization in Gaul*, Cambridge.

Woolhouse, M., und Gaunt, E. 2007, «Ecological Origins of Novel Human Pathogens», *Critical Reviews in Microbiology* 33: 231–42.

Wrigley, E. A. 1988, *Continuity, Chance and Change: The Character of the Industrial Revolution in England*, Cambridge.

Xoplaki, E. 2002, *Climate Variability Over the Mediterranean*, Diss., Universität Bern.

Xu, L., et al. 2014, «Wet Climate and Transportation Routes Accelerate Spread of Human Plague», *Proceedings of the Royal Society of London B: Biological Sciences* 281: 20133159.

–. 2015, «The Trophic Responses of Two Different Rodent–Vector–Plague Systems to Climate Change», *Proceedings of the Royal Society of London B: Biological Sciences* 282: 20141846.

Ying-Shih, Y. 1986, «Han Foreign Relations», in D. Twitchett und M. Loewe (Hgg.), *The Cambridge History of China*, Bd. 1: *The Ch'in and Han Empires, 221 BC–AD 220*, Cambridge: 377–462.

Yong, E. 2016, *I Contain Multitudes: The Microbes within Us and a Grander View of Life*, New York. (Deutsche Ausgabe: Yong, E. 2018, *Winzige Gefährten. Wie Mikroben uns eine umfassende Ansicht vom Leben vermitteln*, München).

Zanchetta, G., et al. 2012, «Multiproxy Record for the Last 4500 Years from Lake Shkodra (Albania/Montenegro)», *Journal of Quaternary Science* 27: 780–9.

Zanchettin, D., Traverso, P., und Tomasino, M. 2008, «Po River Discharges: A Preliminary Analysis of a 200-Year Time Series», *Climate Change* 89: 411–33.

Zehetmayer, M. 2011, «The Continuation of the Antebellum Puzzle: Stature in the US, 1847–1894», *European Review of Economic History* 15: 313–27.

Zelener, Y. 2003, *Smallpox and the Disintegration of the Roman Economy after 165 AD*, Diss., Columbia University.

–. 2012, «Genetic Evidence, Density Dependence and Epidemiological Models of the ‹Antonine Plague›», in E. Lo Cascio (Hg.), *L'impatto della «peste antonina»*, Bari: 167–78.

Zhang, Z., et al. 2007, «Relationship between Increase Rate of Human Plague in China and Global Climate Index as Revealed by Cross-Spectral and Cross-Wavelet Analyses», *Integrative Zoology* 2: 144–53.

Zimbler, D. L., et al. 2015, «Early Emergence of Yersinia pestis as a Severe Respiratory Pathogen», *Nature Communications* 6: 1–10.

Zocca, E. 1995, «La ‹*senectus mundi*›: Significato, fonti, e fortuna di un tema ciprianeo», *Augustinianum* 35: 641–77.

Zuckerman, C. 1995, «The Hapless Recruit Psois and the Mighty Anchorite, Apa John», *Bulletin of the American Society of Papyrologists* 32: 183–94.

–. 2004, *Du village à l'empire: autour du registre fiscal d'Aphroditô, 525–526*, Paris.

–. 2013, «Heraclius and the Return of the Holy Cross», *Travaux et Mémoires* 17: 197–218.

BILDNACHWEIS

P.1	akg-images/De Agostini Picture Lib.
3.1, 4.1, 4.4, 4.6, 5.5	American Numismatic Society
3.9	https://commons.wikimedia.org/wiki/File:Ptolemy_Asia_detail.jpg
4.5	Bibliothèque nationale de France
5.6	akg-images/De Agostini Picture Lib./G. Dagli Orti
5.7, 6.1, 7.1	University of Oklahoma, History of Science Collections
6.2	© Science Source
6.4	Mit freundlicher Genehmigung der Biblioteca Medicea Laurenziana – MiBACT
7.3	akg-images/Bible Land Pictures/Zev Radovan. www.BibleLandPictures
7.5	Alinari/bridgeman images

REGISTER

Machen Sie mehr aus uns

Seit 2015 ist die Büchergilde Gutenberg eine Verlagsgenossenschaft – eine Gemeinschaft von Menschen, die sich zusammenfindet, um gemeinsame Ziele zu erreichen. Ein zentrales Ziel dieser Genossenschaft: Wir tragen bei zur Kultur einer kritischen und heiteren, einer gesprächsoffenen und liberalen Öffentlichkeit. Wir halten fest an unseren Idealen und unserem Engagement, das sich im Programm ausdrückt: Denn Demokratie, Meinungs- und Pressefreiheit sind nicht mehr selbstverständlich.

Deshalb laden wir Sie herzlich ein: Werden auch Sie Genossin oder Genosse der Büchergilde Verlagsgenossenschaft, stärken Sie diese Buchgemeinschaft. Machen Sie mehr aus uns. Je mehr wir sind, desto unabhängiger sind wir und können daran festhalten, das zu bieten, was sich so kein zweites Mal findet: die Kultur des besonderen Buches.